D.H. 로렌스(1885~1903)

D.H. 로렌스의 생가, 박물관 　노팅엄셔, 이스트우드

**로렌스와 프리다** '우리들이 살 집을 구했습니다. 생활하기에 좋습니다. 호수가 가까이 있지만 이 작은 마당에서는 보이지 않습니다.' 1912년(27세) 노팅엄 대학 시절의 은사 부인이며 여섯 살 연상인 프리다와 사랑에 빠져 둘이서 이탈리아·독일 등을 옮겨 다니다 돌아와 1914년에 결혼했다.

〈성가족(聖家族)〉 로렌스. 1926.

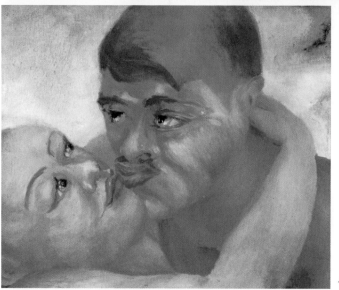

〈입맞춤〉 로렌스. 1928.

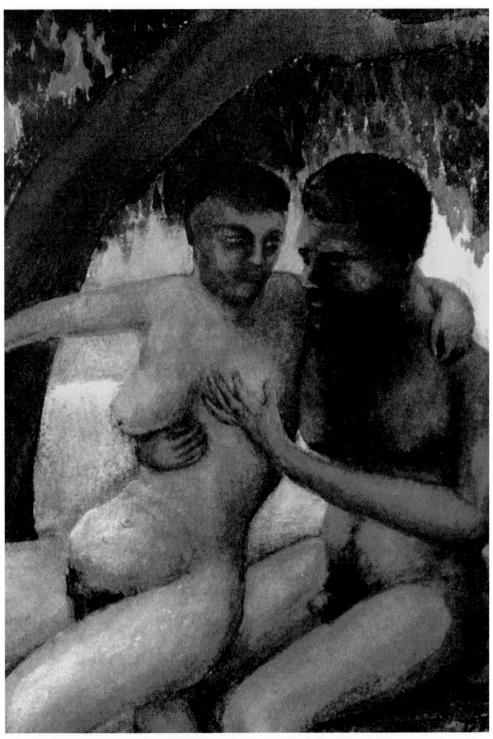

〈망고나무〉 로렌스. 1927. 이 그림은 1929년 런던 전시회에서 외설출판문법 위반으로 압수당한 13점 가운데 하나이다. 로렌스는《채털리 부인의 연인》집필을 시작했던 거의 같은 시기에 그림을 그리기 시작했다. 그 그림의 대부분은 독특하고도 생생한 관능성을 보여주는 나체화였다.

SYLVIA KRISTEL    NICHOLAS CLAY    SHANE BRIANT

# LADY CHATTERLEY'S LOVER

*Based on the novel by D.H. Laurence*

THE CLASSIC OF EROTIC LITERATURE

영화 〈채털리 부인의 연인〉 쥐스트 자캥 감독, 실비아 크리스텔·셰인 브리안트 주연. 1981.

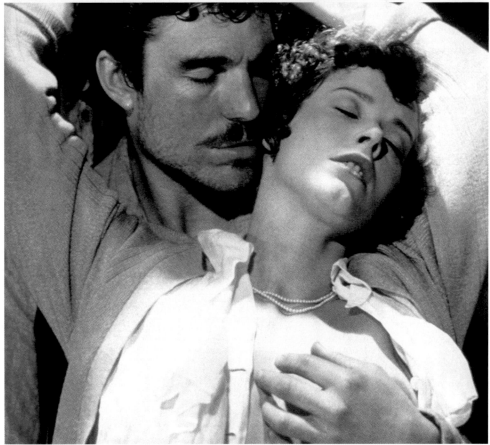

# D. H. Lawrence
# El amante de Lady Chatterley

《채털리 부인의 연인》 표지(2012)

▲⟨풍차가 있는 풍경⟩ 수채(1903)

◀⟨사람이 있는 해안 풍경⟩ 수채(연대 불명)

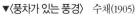

▼⟨풍차가 있는 풍경⟩ 수채(1905)

▲〈꽃이 있는 꽃병〉 수채(1912)


◀〈목가〉 수채(1911)


▼〈바다 풍경〉 파스텔과 수채(1911)

▲〈뉴멕시코 풍경〉 수
채(1924~25)

▶〈미트라로 가는
길〉 유화(1925)

▼〈뉴멕시코 카이오와
농장〉 유화(1925)

▲〈인디언 춤〉 수채(1924~25)

◀〈아마존과의 싸움〉 유화(1926)

◀〈목욕하는 남자들〉 유화(1926)

▼〈아라벨라(도로시)〉 요크의 초상 유화(1926)

▲〈보카치오 이야기〉 유화(1926)

◀〈날아서 낙원으로 돌아오다〉 유화(1927)

▼〈붉은 버드나무〉 유화(1927)

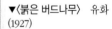

▲〈도마뱀〉 수채(1928)

▶〈하품〉 수채(1928)

▼〈건초더미 아래서〉 수채(1928)

▲〈레다〉  수채(1928)

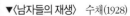

◀〈베란다의 가족〉  유화(1928)

▼〈남자들의 재생〉  수채(1928)

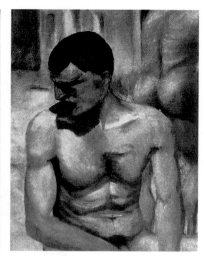

▲〈농부〉 유화(1928)

◀〈북해〉 유화(1928)

◀〈봄〉 수채(1929)

▼〈탄광사고〉 유화(1928)

World Book 94
David Herbert Lawrence
LADY CHATTERLEY'S LOVER
# 채털리 부인의 연인
D.H. 로렌스/유영 옮김

동서문화사

디자인 : 동서랑 미술팀

# 채털리 부인의 연인
차례

## 주요인물

**클리포드 채털리** 라그비 저택의 주인. 제1차 세계대전에서 중상을 입고 하반신이 마비되어 바퀴 의자를 타고 생활한다. 소설을 쓰는 데 열중하여 문단에서 작품을 인정받는다.

**콘스탄스 채털리**(코니) 클리포드의 아내. 산지기의 출현으로 여자로서의 자신을 깨닫는다.

**올리버 멜러즈** 채털리 집안의 산지기. 결혼 생활에 실패한 뒤 채털리 집안의 산지기가 된다.

**볼튼 부인** 클리포드의 간호사. 탄광 사고로 남편을 잃은 미망인으로 이야기하기를 좋아한다.

**마이클리스**(믹크) 희곡 작가. 그의 희곡이 미국에서 성공을 거두어 상당한 재산을 모은다. 채털리 집안에 초대된다.

**힐더** 코니의 언니.

**버더 쿠츠** 멜러즈의 아내. 다른 남자를 좋아하여 집을 나간다. 벌거중이나 멜러즈를 괴롭힌다.

# 《채털리 부인의 연인》에 대하여

《채털리 부인의 연인》의 여러 가지 해적판이 나도는데, 나는 이에 대처하기 위하여 1929년에 프랑스에서 염가 보급판을 발행했다. 한 권에 60프랑이었다. 나는 이것으로 유럽에서 《채털리 부인의 연인》의 수요가 충당되기를 바랐다.

미국에서 해적판이 출현한 것은 그야말로 눈 깜짝할 사이의 일이었다. 뉴욕에서는 원본이 피렌체로부터 미국에 도착해서 한 달도 채 되기 전에 벌써 최초의 해적판이 팔리고 있었다. 이것은 원본에서 만들어낸 사진판으로, 서점에서도 아무것도 모르는 독자들에게 마치 원본의 초판인 것처럼 팔고 있었다. 값은 원본의 초판본이 10달러인데 비해 해적판은 보통 15달러 정도였다. 해적판 구입자들은 기꺼이 이 사기 행위에 걸려들고 있었다.

이 용감한 행위를 흉내 내는 사람들이 차례차례로 늘어났다. 들은 바에 의하면 뉴욕이나 필라델피아에는 이것과는 또 다른 사진판이 있다고 하고, 나 자신도 그 오렌지색의 크로스 장정(裝幀)에 녹색 레벨이 붙은 불결한 느낌의 책을 갖고 있다. 이것은 잉크가 번진 듯한 사진판 책으로 나의 가짜 서명이 그려져 있다.

아마도 이 해적판 출판자가 어린 자기 아들에게라도 시킨 모양이다.

이 판은 1928년 끝무렵 뉴욕에서 런던으로 건너와 한 권에 30실링에 팔렸다. 이때 나는 피렌체에서 제2판 200권을 출판했었다. 이것은 한 권에 1기니(21실링)였다. 나는 이 판을 한두 해 내 곁에 놔두고 싶었으나 이 오렌지색의 불결한 해적판에 대항하기 위해 세상에 내놓지 않을 수가 없었다. 그러나 내가 출판한 것은 부수가 적었기 때문에 오렌지색 해적판은 여전히 나돌았다.

내게는 매우 음침한 느낌이 드는 판이 또 한 권 있다. 그것은 표지가 검고, 성서나 두꺼운 찬송가 책처럼 어두워 보인다.

이 판에는 진지함뿐만 아니라 진실성까지도 나타나 있다. 이 책의 속표지는 한 페이지가 아닌 두 페이지다. 모든 페이지에 미국을 나타내는 독수리 그림이 인쇄되어 있고, 독수리의 머리는 여섯 개의 별로 장식되어 있으며 발에서는 전광(電光)이 방사되고 있다. 그리고 이 그림 전체가 월계관을 이고 있다. 이 월계관은 이번의 문학적 도둑 행위를 표창하는 것이다. 전체적으로 이것은 사악(邪惡)한 느낌이 드는 책이다.

마치 얼굴을 검게 칠한 해적 키드 선장이 이제부터 널빤지를 건너게 해서 바다 속에 빠뜨리려 하는 남자를 향해 설교하고 있는 것 같다. 왜 이 해적판에 이와 같은 거짓을 꾸미는 속표지가 한 장 덧붙여져 있는지 나는 알 수 없다. 이 속표지는 이상하게 사람의 마음을 우울하게 한다. 사악한 지시 같은 것을 느끼게 한다. 이 책도 역시 사진판이다. 서명은 웬일인지 말소되어 있다. 이 한심한 책의 값은 판매자의 기분과 사는 사람의 어리석음에 따라 결정되는데 20~30내지 50달러 정도라고 한다.

이렇게 미국의 해적판은 적어도 세 종류가 되는데, 나는 그 밖에 한 종류 더, 역시 사진판으로 된 해적판이 있다는 말을 듣고 있다. 그러나 나는 그것을 직접 보지 못했으므로 믿지 않는다.

유럽에도 한 종류의 해적판이 있다. 이것은 1500권으로 되어 있는 판으로 발행처는 파리의 어느 서점인데, '독일에서 인쇄'라는 도장이 찍혀 있다. 정말로 독일에서 인쇄되었는가의 여부에 대해서야 어찌되었든, 이것이 인쇄되어 있는 것만은 틀림없다. 이것은 사진판이 아니다. 원본의 철자가 잘못된 것이 몇 군데 교정되어 있기 때문이다. 이것은 매우 훌륭한 책으로 원본과도 매우 닮았다. 그것은 서명이 없는 것과, 책 뒤의 귀퉁이에 녹색과 황색의 비단 천을 입힌 것으로 알 수 있다. 이 책은 일반 서점에서는 한 권에 100프랑으로 팔리고, 독자들에게는 3,4백 프랑 혹은 500프랑에 팔리고 있다. 그런데 책에 가짜 서명을 하고는 이것을 서명이 들어 있는 원판이라 하여 팔고 있는 매우 괘씸한 책 장수도 있다고 한다.

그러나 이런 일은 거짓말이라고 생각하고 싶다. 이런 해적판을 절대로 매매하지 않는 서점 주인도 있다. 감정적으로나 상업상의 배려로나 그들은 그런 짓을 하고 싶지 않은 것이다. 반면 일부 서점 주인들은 해적판이라도 판다. 그렇다고 그다지 열심히 파는 것은 아니다. 그들 역시 기왕이면 진짜판을 팔고 싶은 것만은 분명하다. 그러므로 비록 해적판을 완전히 내몰 만큼 강하진 못할지라도 그들에게는 해적판에 반대할 마음은 있는 것이다.

이 해적판들은 나의 아무런 승낙도 없이 발행되었다. 나는 그 어떤 곳에서도 돈 한 푼 받지 않았다. 그러나 다소 가책을 느낀 뉴욕의 어떤 서점 주인이 내게 약간의 돈을 보내왔다. 그는 말하기를, 이것은 그의 서점에서 판 책의 10퍼센트의 인세라고 했다. "이런 돈은 물통에 떨어뜨린 한 방울의 물에 불과하다는 것쯤 나도 잘 알고 있습니다"라고 그는 써 보냈다. 물론 이것은 '물통에서 넘쳐흐른 한 방울'이라는 뜻이다. 그러나 적은 금액이라고는 하나 한 방울 치고는 목돈이었으므로 해적판이 물통에 모은 돈은 굉장한 것이었으리라 생각된다.

유럽의 해적판은 뒤늦게나마 내게 한 가지 제안을 해왔다. 그들은 소매 서점 주인들이 완고한 것을 알자, 내게 이제까지 팔린 부수와 앞으로 팔릴 예정인 부수에 대해 인세를 지불하겠으니 그 대신 그들의 판을 인가하라는 것이었다. 그럴까? 하고 생각했다. 먹느냐, 먹히느냐 하는 이 세상에서 상관없지 않은가? 그러나 결단을 내리려 하자 역시 자존심이 방해를 했다. 유다는 언제나 키스하려고 기다리고 있다. 나도 그에게 키스를 돌려주어야 한다는 것이다!

나는 간신히 원판에서 이 사진을 삭제한 소형본을 출판하기로 했다. 값은 60프랑. 영국 출판업자들은 내게 삭제판을 만들도록 권했다. 틀림없이 잘 팔릴 거라고 했다. 아이들의 모래 장난용 작은 물통에 하나 가득 찰 정도의 돈은 벌 수 있을는지 모른다! 그들은 또 세상에 호화찬란하다고까지는 않더라도, 이 훌륭한 소설의 존재를 알려야 할 것이라고도 했다. 그래서 나는 그 권유에 따라 삭제판 제작을 시작했다. 그러나 잘못된 생각이었다! 그런 짓을 하느니 차라리 가위로 코를 잘라 버리는 편이 나았을 것이다. 책도 피를 흘리는 법이다.

심한 반발이 있었지만 나는 이 책을, 오늘날의 우리들에게 필요한 정직하고 건강한 하나의 책으로서 세상에 내보냈다. 처음에는 커다란 충격이었던 말도 시일이 지나면 대수롭지 않게 된다. 이것을 습관에 따라 정신도 타락하는 것이라고 말하겠는가? 아니, 그렇지는 않다. 글씨가 놀라게 한 것은 눈뿐이고 정신은 조금도 놀라지 않았던 것이다. 정신을 갖지 않은 사람들의 놀라움은 언제까지나 가라앉지 않을 것이다. 그러나 그들은 별로 아무렇지도 않게 생각한다. 정신력이 있는 사람들은 자기들이 놀라지 않았다는 사실을 안다. 또 실제로 결코 놀랄 만한 일이 아니었던 것이다. 그뿐 아니라 그들은 어떤 도움을 받은 것으로 느끼기조차 한다.

문제는 모두 여기에 있다. 오늘날 우리들은 우리들의 문화에 내재되어 있는 여러 가지 금기를 견디어낼 만큼 진화되어 있고, 그만한 교양도 있다. 이것은 깊이 명심해야 할 매우 중대한 사실이다. 아마도 십자군 전사들에겐 말이란 우리가 상상할 수 없을 만큼 강력한 계시적인 것이었으리라. 이른바 외설적인 말의 자극력은 중세기 사람들의 둔하고 몽롱한, 그리고 격한 성질에는 매우 위험한 것이었음에 틀림없다. 아니 아마 오늘날에도 굼뜨고 미련한, 아직 눈뜨지 않은 저속한 정신의 소유자에게는 마찬가지일 것이다. 그러나 정말로 교양 있는 사람이라면 설사 어떤 말을 듣더라도 본디의 정신적인 것은 지적, 상상적 반응을 나타낼 뿐이다. 사회적인 품성을 파멸케 하는 격하고 분별없는 육체적 반응 따위와는 인연이 멀다. 옛날 사람들의 정신은 너무 약하거나 또는 너무 미숙하기 때문에 자기의 육체라든가 육체의 역할을 명확하게 구별할 줄을 모르고, 육체에 대해서 생각할 때에는 언제나 몸을 태우는 듯한 육체적인 반응과 혼동해 버리는 것이다.

그러나 오늘날에는 그런 일이 없다. 문화와 문명은 우리에게 그러한 반응을 버리도록 가르쳤다. 우리들은 지금, 사고 뒤에 반드시 행동이 따르는 건 아님을 알고 있다. 사실 이 사고와 행동, 말과 행위는 제각기 다른 의식 형태이고 우리는 그에 의하여 두 개의 다른 생애를 보내고 있다. 이 두 가지에 연락을 갖게 하는 것이 우리에게는 정말로 중요한 일이다. 그러나 우리는 생각할 때에는 행동하지 않고, 행동할 때에는 생각하지 않는다. 중요한 것은 사고에 따라서 행동하고 행동에 따라 생각한다는 것이다. 그러나 우리는 사고하는 동안은 정말로 행동할 수 없고 행동하는 동안은 정말로 생각할 수 없다. 사고와 행동이라는 두 가지 형태는 서로 일치하지 않는다. 그러나 양자 사이에 조화가 이루어지지 않으면 안 된다.

이것이 이 책의 요점이다. 나는 남자도 여자도 성(性)을 충분히, 완전히, 정직하게, 청결하게 생각해 주었으면 한다.

그리고 우리가 성에 관해 완전히 만족스럽게 행동할 수는 없다 하더라도 적어도 사고에 있어서만은 완전하고 청결했으면 한다. 아직 아무것도 씌어 있지 않은 백지 같은 젊은 처녀나 젊은이들이 성에 대해서 무슨 말을 한다면 그것은 정말로 넌센스다. 처녀니 젊은이니 하는 것은 혼란된 고뇌인 것이다. 연령만

이 그것을 하나하나 풀어갈 수 있는 성적인 감각과 사고의 혼란물이다. 성에 대해 솔직히 오랫동안 생각하고, 그 속에서 버둥거리는 동안에 어느 틈엔가 우리는 겨우 가고 싶은 곳에 도달한다. 진정한, 완성된 순결성에 도달하는 것이다. 거기서 비로소 우리의 성에 대한 행동과 사고는 조화를 이루고 서로 간섭하는 일 없는 완전한 상태에 이르는 것이다.

나는 구태여 모든 여자들에게 산지기를 애인으로 쫓아다니라고 하는 것은 아니다. 산지기뿐만 아니라 누군가의 뒤를 쫓아다니라고 하는 것도 아니다. 오늘날 대부분의 남녀들은 성적인 간섭에서 벗어나, 성에서 떠난 완전히 티 없는 상태에 있을 때가 가장 행복한 것이다. 또한 성을 충분히 이해하고 인식하고 있는 사람이 행복한 것이다. 우리의 시대는 행위의 시대라기보다는 인식의 시대이다. 행위, 특히 성행위는 과거에도 많이 있었다. 싫증이 날 만큼 몇 번이나 되풀이되어 왔다. 그러나 그에 대응할 만한 사고나 인식은 없었다. 바야흐로 우리의 일은 성을 인식하는 일이다. 오늘날 성에 대한 완전한 인식은 성행위 그 자체보다 중요하다. 몇 세기 동안의 혼란 뒤, 사고는 지금 완전한 지식을 요구하고 있다. 육체는 실은 매우 쇠퇴해 있는 것이다. 오늘날의 성행위는 반은 장난이다. 요즘 사람들은 하지 않으면 안 되는 일이라 생각하고 성행위를 한다. 그런데 실제 성에 흥미를 갖는 것은 마음 쪽이고 육체는 마음의 자극을 얻지 않으면 움직이지 않는다. 우리의 조상들이 성에 대한 아무런 생각도 인식도 없이 다만 부지런히 행위를 되풀이해 왔기 때문에 이 행위는 점점 기계적이고 둔감한 하찮은 것이 되어 버리고 말았다. 지금에 와서 이 경험을 되살리는 것은 신선한 지적 인식뿐이다.

성에 있어서, 아니 온갖 육체적 행위에 있어서도 뒤떨어져 있는 사고를 회복해야 한다. 우리의 성에 대한 사고는 뒤떨어져 있다. 몽롱해 있다. 그것은 거칠고 어딘지 모르게 야수적이었던 우리 조상들의 잠재된 천한 공포에서 그다지 진화되어 있지 않다. 성과 육체 면에 있어서 우리의 정신은 아직 발달되어 있지 않다. 그러므로 우리는 이 뒤떨어진 사고를 되찾고 육체의 감각과 경험의 의식, 즉 감각과 경험의 균형을 이루어야 한다. 행위의 의식과 행위 그 자체의 균형을 가져야 한다.

이 두 가지에 조화를 가져오는, 다시 말해서 성에 대해서 올바른 경의를 품고 육체의 미묘한 경험에 대해서 올바른 두려움을 품게 하도록 노력하지 않으면 안 된다. 사고가 육체를 경멸하고 두려워하고, 또 육체가 정신을 증오하고 반항할 때 비로소 외설이 생긴다.

바커 대령의 이야기를 읽으면 무엇이 문제인지 알 수 있다. 바커 대령이란 남장(男裝)한 여자다. '대령'은 어떤 여자와 결혼하여 5년 동안 '행복한 부부 생활'을 보냈다. 가련한 그 아내는, 자신은 남편을 맞아 정상적이고 행복한 생활을 하고 있다고 생각한다. 마지막에 속임수가 드러났을 때, 이 부인이 받은 상처는 엄청나게 컸다. 이처럼 끔찍한 상황은 생각도 할 수 없다. 그러나 이처럼 속고 있을지도 모르는 여자, 앞으로도 계속 속을 여자는 몇 천 명, 아니 수없이 많을 것이다. 어째서일까? 그것은 그들이 아무것도 모르기 때문이다. 그녀들은 성에 대해 사고하지 못하기 때문이다. 이 점에 대해 그녀들은 백치와 같다. 처녀들이 열일곱 살쯤 되었을 때 이 책을 읽히면 좋을 것이다.

존경할 만한 교장이고 목사였으며 오랫동안 그야말로 '성스럽고 착했던' 남자가 예순다섯 살이나 되어 법정에서 소녀 강간죄로 벌을 받은 경우도 소녀가 아무것도 몰랐기 때문이다. 이 사건이 생겼을 때, 우연히 때를 같이하여 내무장관—그도 같은 연배의 사나이인데—은 성적인 문제는 무난하게 처리하라는 방침을 내놓았다. 또 한 사람의 공정하고도 '순수'하기 이를 데 없는 신사의 그 사건도 그에겐 아무것도 생각하게 하지 않았을까?

마음은 옛날 그대로의 육체와 육체의 힘에 대한 비굴한 공포를 지니고 있다. 해방을 필요로 하는 이들 여러 문제에 관해서 진보를 필요로 하는 것은 마음이다. 육체에 대한 공포는 아마도 수많은 인간을 미치게 했을 것이다. 스위프트와 같은 위대한 정신의 광기도 아마 그 원인의 일부를 여기에서 찾아낼 수 있으리라. 그가 정부 셀리아에게 바친 시를 보면 위대한 정신도 공포에 사로잡혔을 때는 어떻게 되는가를 알 수 있다. 즉 이 시는 '그러나……셀리아, 셀리아, 셀리아도 똥을 누는구나' 하는, 미친 듯이 반복되는 구절이 있는 것이다. 스위프트와 같은 위대한 두뇌도 자기가 어느 정도로 바보짓을 하고 있는지 모르는 것이다. 물론 셀리아도 똥을 누기는 한다! 똥을 누지 않는 사람은 없다. 만약 그녀가 똥을 누지 않는다면 그게 더 이상한 것이다. 그것은 더 절망적이다. 그러나 불쌍한 셀리아여, 그녀는 '연인' 때문에 자기의 자연적인 생리를 나쁜 것이라고 느끼게 되고 말았다. 무서운 일이다. 그 원인은 말(言)에 금기를 지니고 있었다는 것과, 육체적으로나 성적으로 마음을 충분히 발육시키지 않은 데에 있다.

청교도들이 곤란할 때 입을 다물어 버리는 방법은 성에 관한 저능아를 만들어 냈지만, 이와는 반대로 오늘날에는 젊고 혈기왕성한 지식인이 있다. 이들은 어떤 일에 관해서든 입을 다물지 않을뿐더러 '마음 내키는 대로 행동한다'. 진보적인 젊은이는 육체를 두려워한 나머지 그 존재를 부정하는 그런 짓은 하지 않는다. 반대로 그들은 육체를 일종의 장난감으로 즐기는 정반대의 극단으로 달린다. 이것은 다소 지저분한 장난이지만, 이 때문에 파멸에 떨어질 때까지 조금은 즐길 수가 있다. 이런 젊은이들은 성의 중요성을 비웃는다. 그들은 성을 한 잔의 칵테일처럼 생각한다. 그리고 이 칵테일을 마시며 그들보다 낡은 세대의 어른들을 비웃는다. 이런 젊은이들을 진보적인 뛰어난 젊은이라고 부른다. 그들은 《채털리 부인의 연인》과 같은 책을 경멸한다. 이 책에 씌어 있는 것은 그들에게는 너무나 단순하고 당연한 이야기이기 때문이다. 그들에게는 이 책에 씌어 있는 사랑은 구식인 것이다. 별로 떠들 것도 없지 않은가. 칵테일 같은 거란 말이다! 그들의 말을 빌리면 이 소설의 지성은 열네 살 소년 정도의 것이다. 그러나 열네 살의 소년에게는 아직 성에 대한 다소의 자연스러운 두려움과 공포심이 있으므로 소년의 지성은 젊은 칵테일 남자보다는 건전할 것이다. 칵테일 남자는 아무것도 존경하지 않고, 생각하는 건 다만 인생이라는 장난감으로 즐기는 일뿐이다. 그 가운데서도 성이 가장 주요한 장난감인데, 이 장난감으로 놀고 있는 동안에 그는 정신을 잃어버리고 만다. 그야말로 헤리오가브라스*¹인 것이다.

그리하여 노년에 이르러 품행이 좋지 않게 되기 쉬운 진부한 회색 청교도와, '우리는 무슨 짓을 해도 괜찮아, 생각나는 대로 무슨 짓을 해도 상관없다'는 젊고 의기 왕성한 남자들 사이에는 또 다른 종류의 인간이 있다. 이들은 정신이 부패한, 저속하고 무식한 인간이다. 그는 추한 것을 찾는다—그러나 이 책에 그런 것을 담아둘 여백은 없다. 그들 모두에게 내가 말할 것은 한 가지밖에 없다—도착(倒錯)이 좋으면 좋은 대로 할 수밖에 없노라고. 청교도주의의 도착, 그럴 듯한 방탕의 도착, 깨끗지 못한 마음의 도착, 나는 나대로 나의 입장을 버릴 생각은 없다. 인생은 영혼과 육체가 조화해서 비로소 견딜 수 있는 것이

---

*1 3세기 무렵 로마 황제.

된다. 이 두 가지는 본디 서로 어울리게 마련이며 상반되는 것이 아니다.

그런데 현대에는 이 둘 사이에 균형도 조화도 없다. 육체는 기껏해야 정신의 도구 정도일 따름이고, 나쁘게 되면 장난감으로 전락할지도 모른다. 실업가는 자신을 '적절'한 상태에 놓아둔다. 다시 말해서 자기 사업을 위해 건강 관리를 하고 있다. 젊은이들 중에도 자신을 적절한 상태에 놓아두기 위해 많은 시간을 허비하는 사람이 있지만, 그의 대부분은 의식적인 자기 몰입, 즉 나르시시즘에서 그렇게 하고 있다. 정신에는 판에 박은 일련의 사고 방식이나 느낌이 있으므로 육체는 훈련된 개처럼 거기에 따라 반응한다. 그런 개는 진정 탐이 나건 안 나건 인간의 사랑을 바란다. 사실은 상대편 손을 물어뜯고 싶을 정도인데도 상대가 하자는 대로 응한다. 요즘의 남자나 여자의 육체는 마치 잘 훈련된 개와 같은 것이다. 이 말은 누구보다도 해방된 젊은이에게 분명히 말할 수 있다. 무엇보다도 그들의 몸은 훈련된 개의 몸과 마찬가지다. 특히 이 개는 구식 개가 하지 않는 짓을 하도록 길들여져 있어, 그들은 자기들이 자유로우므로 참다운 생명과 그 밖의 갖가지 진실에 차 있다고 말한다.

그러나 그들은 이것이 거짓말이라는 것도 잘 알고 있다. 그것은 실업가 마음속 어딘가에서 자기가 하는 일이 모두 잘못이라는 것을 알고 있는 것과 비슷하다. 남자나 여자는 사실 개가 아니다. 다만 개처럼 보이고 개처럼 행동하는 데 지나지 않는다. 마음속 어딘가에 크나큰 회한과 마음을 에는 듯한 불만이 있다. 느긋하고 자연스러운 육체적 자아는 마비되었든가 죽었든가 해버렸다. 육체는 이미 곡마단의 구경거리로서 연기를 해보이는 것처럼, 마련된 생활을 하는데 지나지 않는다. 그 뒤는 붕괴가 있을 뿐이다.

자연스러운 상태로서의 육체에는 어떤 생활이 있을까? 육체의 생활은 감정과 정서의 생활이다. 육체는 참다운 기갈을 느낀다. 태양이나 눈(雪)에서 참다운 기쁨을 발견하고 장미꽃 향기나 라일락 덤불에서 참다운 즐거움을 느낀다. 참다운 노여움, 참다운 슬픔, 참다운 사랑, 참다운 정감, 참다운 따뜻함, 참다운 격정, 참다운 미움, 참다운 한탄을 안다. 모든 정감은 육체의 것이다. 정신은 그것을 인식할 따름이다. 우리는 매우 슬픈 소식을 들어도 머릿속에서만 감동할 뿐이다. 그러나 그로부터 몇 시간이 지나 잠이 들었을 때, 그 의식이 신체의 한복판에 이른다. 그때 비로소 진정한 슬픔이 심장을 에는 것이다.

지적 감각과 참다운 감각, 여기에는 커다란 차이가 있다. 오늘날 많은 사람들이 참다운 감각을 알지 못한 채 태어났다가 죽어 간다—그들은 강한 지적 감각을 나타내고 분명히 '풍부한 정서적 생활'을 가지고는 있으나, 그것은 모두 가짜인 것이다. 세상에서 말하는바 '비술(祕術)'이라고 하는 요술에는 평평한 테이블 거울 앞에 한 남자를 세운 것 같은 장면이 있다. 이 거울은 남자의 허리에서 머리까지를 비춘다. 그러므로 관중은 남자의 머리에서 허리, 다음은 허리에서 머리를 보게 된다. 요술에서 이것이 무엇을 뜻하는가 하는 것은 어쨌든 간에, 이것은 오늘날의 우리를 나타내는 것이다. 즉 현실의 감정면의 자아에는 실체가 없고 다만 정신의 허상이 있을 뿐인 생물을 나타내고 있다. 우리가 받는 교육은 애당초부터 우리에게 어떤 범위 내의 한정된 정감을 가르친다. 무엇을 느껴야 하며 무엇을 느껴서는 안 되는지, 또한 느껴야 할 것은 허용된 감정에 대해서 그것을 어떻게 느껴야 할 것인가를 가르친다. 그 밖의 감정은 존재하지 않는다고 우리에게 가르친다. 아무리 훌륭해도 그것이 새로운 경향의 책이면 속된 평론가는—물론 여태까지 그걸 훌륭하다고 느낀 사람은 한 사람도 없다고 말한다. 사람들은 한정된 수의 기성감정밖에 용납하려 하지 않는다. 그렇다면 19세기와 마찬가지다. 감정만을 느껴도 좋다는 이 방법은 나중에는 느낄 능력을 모조리 죽여 버리고 만다. 그 결과 우리는 그보다 고상한 정서에는 전혀 무능해지고 만다. 이런 일이 요즘 세기에 일어나는 것이다. 보다 고상한 정서는 완전히 사멸되어 버렸다. 지금 우리는 정서의 허위물을 만들어 내야만 한다.

지금보다 고상한 정서는 사랑을 말한다. 표현 방법은 여러 가지이지만, 이 모든 것을 포함한 사랑을 말한다. 이성을 사랑하고 싶다는 순수한 욕망, 동포의 사랑, 신의 사랑, 보다 고상한 정서라는 사랑, 환희, 희망, 참다운 증오, 정(正)과 부정에 대한 맹렬한 감각, 참다움과 허위, 명예와 불명예 등 온갖 것에 대한 참다운 신념이다. 신념이야말로 마음의 조용한 허락을 얻는 깊은 정서이다. 그러나 이런 것들은 오늘날 정도의 차이는 있지만 모두 죽어 버렸다. 그 대신에 있는 것은 감상적인 허위뿐이다.

우리의 시대만큼 감상적이고도 참다운 감정이 결여되고 허위의 감정이 과장되어 있는 시대는 없었다. 감상과 허위의 감정을 마구 주무르는 것이 일종의 게임처럼 되어 버렸다. 모든 사람들이 이웃 사람을 앞지르려 하고 있다.

라디오나 영화는 언제나 거짓 정서를 대표하는 것에 불과하다. 오늘날의 신문이나 문학도 마찬가지다. 사람들은 정서 속에서 뒹굴고 있다. 거짓 정서 속에서, 그들은 그것을 허겁지겁 먹는다. 그 속에서 살고 그 위에서 살며 거짓 정서를 줄줄 쏟아 낸다.

때로 그들은 거짓 정서만으로 매우 잘 해나가는 것처럼 보일 때가 있다. 그러나 그렇게 되면 그들은 점점 더 크게 붕괴한다. 그들은 엉망진창이 되어 버린다. 우리는 자신의 참된 감정을 오랫동안 속여 둘 수가 있다. 그러나 영원히 속일 수는 없다. 육체 그 자체가 보복을 한다. 마지막에는 사정없이 보복을 받는다.

다른 사람은 어떨까―다른 사람도 대개는 언제까지나 속여 둘 수가 있다. 모든 사람들을 거의 늘 속일 수도 있다. 그러나 거짓 감정으로 모든 사람을 끝까지 속일 수는 없다. 젊은 남녀가 거짓 사랑에 빠진다. 그리고 자기들 자신만이 아니라 상대편까지도 속인다. 아아 그러나 거짓 사랑이 맛좋은 과자로는 될 수 있을지언정 빵으로선 좋지 않다. 이것은 끔찍한 정서적인 소화불량을 일으키게 한다. 거기에 현대적인 결혼이 있고, 그 이상으로 현대적인 이혼이 있다.

거짓 정서가 문제가 되는 것은 이런 것으로 행복해지는 사람이 없을뿐더러 진심으로 만족하는 사람도, 평화를 얻는 사람도 없기 때문이다. 무엇보다도 심한 이런 거짓 정서에서 누구나 다 달아나려 하고 있다. 그들은 피터의 거짓 감정에서 달아나 아드리안의 거짓 감정으로 뛰어든다. 마거릿의 거짓 정서에서 버지니아의 거짓 정서로, 영화에서 라디오로, 이스트반에서 브라이튼으로 도망간다. 그러나 바꾸면 바꿀수록 사물은 같아지게 된다.

오늘날 사랑은 어떠한 감정보다도 더 거짓이 되었다. 젊은이에게 물어보면 알 것이다. 사랑은 그 무엇에도 지지 않는 최대의 거짓이다. 즉 사랑을 진지하게 생각하면 그렇게 된다. 사랑을 기분풀이로 가볍게 생각하고 있다면 달리 할 말은 없다. 그러나 일단 진지하게 생각하기 시작한다면 그것으로 끝난다.

젊은 여자들은 현실적으로 사랑할 만한 남자가 없다고 말한다. 젊은 남자들도 현실적으로 사랑에 빠질 만한 여자가 없다고 한다. 그러니까 그들은 남자도 여자도 비현실적인 상대와 사랑을 계속한다. 그것은 참다운 감정을 품을 수 없을 때는 거짓 감정을 품지 않을 수가 없다는 뜻이다. 아무튼 무언가 감정―이를테면 사랑에 빠진다든가―을 품지 않고는 살 수가 없기 때문이다. 그러나 한편 참다운 감정을 갖고 싶어 하는 젊은이들도 있다. 그들은 그것이 불가능한 것을 알면 죽도록 당황한다. 특히 사랑의 감정에 대해서는.

그러나 오늘날 사랑에 있어 존재하는 것은 거짓 감정뿐이다. 우리는 모두 모든 사람을—양친으로부터 밑으로 혹은 위쪽으로 향하여—정서적으로 믿어서는 안 된다고 배웠다. 참다운 정서를 결코 남에게 맡겨서는 안 된다. 이것은 우리에게 아직 정서가 조금이라도 남아 있다는 가정하에 하는 말이지만, 이것이 오늘날의 슬로건인 것이다. 그들에게 돈을 맡기는 것은 상관없다. 그러나 감정을 맡겨서는 안 된다. 그들은 틀림없이 그것을 짓밟아 버릴 테니까.

나는 사람들 사이에 이처럼 불신이 증대된 시대는 여태까지 없었다고 믿는다. 사회적 신뢰는 표면적이기는 하지만 그야말로 순수한 점이 있는데, 내 친구 중에는 내 물건을 훔치려는 사람도 없고, 앉으면 다칠 만한 의자에 나를 앉히려는 사람도 없다. 그러나 현실적으로 거의 모두라고 해도 좋을 만큼 내 친구들은 나의 정서를 비웃는다. 그들은 그렇게 하지 않고는 배길 수가 없는 것이다. 그것이 현대의 정신인 것이다. 사랑도 우정도 마찬가지다. 그것은 이 둘이 모두 기본적인 정서적 동정심을 속에 숨기고 있기 때문이다. 그런 이유로 가짜 사랑이 나타난다. 이것은 불가피한 일이다.

정서가 허위가 됐을 때, 이미 참다운 성(性)은 있을 수 없다. 성은 허위일 수 없는 유일한 것이다. 그리고 성의 위조는 모든 정서적 위조 행위 중에서도 최악의 것이 되는 법이다. 정서적인 위조물도 성에 대해서는 붕괴한다. 그런데 어떤 방법으로든 성에 접근해 감에 따라 정서적인 위조 행위는 증대되어 간다. 성에 도달하기까지 그것은 증대된다. 그리고 다음에 붕괴가 오는 것이다.

성은 거짓 정서를 맹렬히 거부한다. 성은 거짓 사랑을 사정없이 유린한다. 여태까지 한 번도 서로 사랑한 일이 없는데도 사랑하는 체하거나, 또는 정말로 사랑하고 있었던 것처럼 생각하는 사람들이 품고 있는 야릇한 증오는 우리 시대 특유한 것 중 하나이다. 이런 현상은 물론 다른 모든 시대의 것이기도 하다. 그러나 오늘날 이것은 거의 온 세계적인 현상이 되고 말았다. 진심으로 상대를 사랑한다고 생각하는 사람들이 있다. 그들은 오랫동안 이상적인 사랑을 품고 있었다고 줄곧 생각한다. 그런데 갑자기 굉장히 깊은 생생한 증오가 나타난다. 젊었을 때 나타나지 않더라도 그 증오는 이 행복한 부부가 쉰 살 가까이 되었을 무렵—성적인 생활에 커다란 변화가 일어날 무렵—까지 조용히 숨어 있다. 그리고 그때가 오면 큰 변동을 일으키는 것이다.

이보다 더 놀라운 일은 없다. 우리들 시대에서 남녀를 막론하고 예전에 한 번 사랑한 적이 있는 상대에 대해 품는 증오만큼 무서운 것은 없다. 그 증오의 형태도 매우 무섭다. 사람이 어떤 것인가를 잘 알면 이런 현상은 거의 차별 없이 온갖 장소에서 일어나고 있음을 알 수 있다. 잡역부로부터 매춘부, 공작부인에서 경찰관의 아내에 이르기까지 모두 똑같다.

또 만약 남녀를 불문하고 이 같은 사람들의 증오가 거짓 사랑에 대한 유기적인 반응 현상이라는 것을 깨닫지 못한다면 그것은 매우 무서운 일이다. 오늘날 사랑은 모두 거짓이다. 사랑은 진부한 것으로 타락해 버렸다. 젊은이들은 모두 사랑을 했을 때 어떻게 느껴야 하는지, 어떻게 행동해야 하는 것인지를 알고 있다. 그들은 실제로 그렇게 느끼고 그렇게 행동한다. 이것은 거짓 사랑인 것이다. 그러므로 보복은 열 배로 강하게 되돌아올 것이다. 성은, 즉 남녀의 성기관(性器官) 그 자체는 치명적이고 절망적인 노여움을 축적한다. 그 자신도 남에게는 거짓 사랑밖에 주지 않는 주제에 자기 자신에게 일정량의 거짓 사랑이 안겨지면 노여움을 축적해 버리는 것이다. 사랑 속에 섞인 엉터리 요소는 마지막에는 성을—각 개인의 가장 깊은 곳의 성을—노하게 한다. 그리고 때로는 죽인다. 아니, 성을 죽인다기보다 내부의 성을 늘 노하게 한다는 편이 더 타당할 것이다.

언제나 노여움의 시대라는 것이 있다. 이상하게도 특히 거짓 연애 놀이에 가장 깊이 빠져 있는 인간이 가장 큰 노여움에 빠지는 것이다. 조금이라도 진지한 사랑을 경험했던 사람들, 그들이야말로 가장 많이 속은 자임에도 불구하고 화를 내지 않는다.

그런데 참다운 비극은 우리가 철저하지 않다는 데에 있다. 결국 우리에게는 거짓만으로 이루어져 있는 사람도 없지만 참다운 사랑으로 되어 있는 사람도 없다. 비록 그것이 거짓일지언정, 남녀 쌍방이 모두 작기는 하나 참다운 불꽃이 타고 있는 결혼 생활도 많다. 그러므로 비극은 다음과 같은 점에 존재하는 것이다. 다시 말해서 현대라는 시대에는 가짜라든가 대용품이라든가 정서의 —특히 성적인 면에서의—교체가 무엇보다도 강하게 의식되고 있으므로, 그런 거짓 요소에 대한 노여움이나 불신감이 참다운 사랑의 교감인 참된 작은 불길까지도 압도하여 꺼버리기 쉽다는 것이다. 사실은 그 작은 참다운 불에 의

하여 두 남녀가 행복해질 수 있었는지도 모른다. 이른바 대부분의 '진보적'인 작가에게서 볼 수 있는 가짜 정서를 언제까지나 끈질기게 되풀이하고 있으면 이런 위험이 있는 것이다. 물론 그들이 그런 것을 하는 것은 감상적인 '달콤한' 작가들의, 이것과는 비교도 될 수 없는 어마어마한 사기 행위에 대한 균형을 잡기 위해서이기는 하지만.

나는 이제까지 나의 성에 대한 느낌에 대해 줄곧 악평을 들어 왔지만, 아마 지금 여기서 무언가 한 마디 해야 될 것 같다. 전날, 어떤 '진실한' 젊은이가 나에게 "나는 성이 영국을 부활시킬 수 있다고는 생각지 않습니다"라고 했다. 내가 그에게 할 수 있었던 대답은 "자네는 못해" 하는 정도의 것이었다. 아무튼 그에게는 성이 없었다. 가련하게도 자의식이 강하고 불안정한 자기애에 사로잡힌 성직자, 바로 그 젊은이였다. 그는 무언가를 소유한다는 것이 무엇을 의미하는지 몰랐다. 그로서는 사람에게 무언가가 있다 해도 '정신' 그 정도로밖에 생각할 수 없었다. 그것조차 갖지 않은 사람도 있다. 그렇다, 대개의 사람은 정신조차도 갖고 있지 않다. 그러니까 인간의 존재란 다만 우롱당하기 위한 것에 불과하게 된다. 그래서 그는 굳게 자기 자신의 이기심 속에 틀어박혀 힘없이 자신을 우롱하거나 진실을 찾아 헤맨다.

나는 이러한 총명한 젊은이가 성에 대해 묻거나 또는 이야기를 나누려고 망설여도 이제는 아무 말 하지 않기로 했다. 할 말이라고는 아무것도 없다. 나는 다만 무서운 피로를 느낄 뿐이다. 그들에게 있어 성이란 간단명료하게 여성의 속옷과 그 속옷을 주무르는 것을 의미하는 데 지나지 않는다. 그들은 안나 까레니나를 비롯하여 온갖 사랑을 테마로 한 문학서적을 읽는다. 아프로디테의 상(像)이나 그림도 보고 있다. 참으로 좋은 일이다. 그러나 오늘날의 자신들 문제에 이르면, 그들에게 있어서의 성이란 천한 젊은 여자나 비싼 속옷이 되어 버리고 만다. 그러한 젊은이들은 옥스퍼드 출신이든 노동자든 마찬가지다. 멋진 피서지 같은 데서 도시의 귀부인들이 한 계절 동안 댄스 파트너로서 젊은 등산가와 교제하는 그런 것이 좋은 예이다. 9월이 끝날 무렵 피서객들이 이미 거의 떠나고 없을 때, 등산가인 젊은 존이라는 농부도 수도(首都)에서 온 '부인'과 작별을 하고, 혼자서 빈둥빈둥 돌아다니고 있다. "여어, 존! 그녀가 돌아가 버려서 쓸쓸하겠군 그래!" "그렇지도 않아!" 그는 말한다. "그녀가 좋았던 점은 단지 고급 속옷을 입고 있었다는 것 정도일세."

젊은이에게 성이 의미하는 것은 그것이 전부이다. 성은 그들의 인생에 있어 생선회에 곁들인 파슬리 정도에 지나지 않는다. 그런 것으로 영국의 재생을 생각한단 말인가? 무슨 소리인가? 가련한 영국이여, 영국은 그 국민들에게 자기의 재생을 생각해 달라고 하기 전에 스스로 영국의 젊은이들 사이에 성을 재생시켜야 한다. 재생을 필요로 하는 것은 영국이 아니라 영국의 젊은이들이다.

사람들은 나를 야만스럽다고 비난한다. 나는 영국이 미개의 영역을 벗어나지 못했다고 생각하고 싶다. 그러나 내가 미개하다고 하며 야만이라고 부르는 것은 성에 관한 조잡한 어리석음과 무감각이다. 여성의 속옷을 여성의 가장 흥미 있는 것으로 생각하는 그런 남자야말로 미개하다고 할 만하다. 미개인이란 그런 인간을 말하는 것이다. 우리는 상대편 남자를 자극하기 위해 외투를 3벌이나 껴입었다는 천박한 여자의 이야기를 읽은 일이 있다. 그 여자는 바로 생각대로의 목적을 이루었다 한다. 성 속에서 성 행동 그 자체와 속옷을 주무르는 그런 행위밖에 볼 수 없다면, 나는 그 잡스러운 행위를 야만적이고 미개적인 것 중에서도 가장 저급한 것이라 말하겠다. 그리고 성에 관한 한 우리 백인 문명은 조잡하고, 야만적이고 추할 만큼 미개하다. 특히 영국과 미국이 그렇다.

그 증인은 현대 문명 최대의 해설자 가운데 한 사람인 버너드 쇼이다. 그는 —위에서부터 아래까지 완전히 옷으로 몸을 싼 여자나, 팔도 다리도 다 드러낸 현대 여성에 대해 이야기할 때—옷을 입은 것은 성을 자극하고, 몸을 드러내는 것은 성을 죽인다고 말했다. 그리고 교황은 여자를 옷으로 완전히 폭 싸버리려 한다고 말하며 우롱한다. 쇼는, 성에 대해서 무언가를 알고 있는 마지막 인간이 있다면 그것은 이 유럽의 최고 지위에 있는 성직자들이라고 한다. 또 그는 만약 유럽에 최고 지위의 창부 같은 것이 존재한다면, 그 여자야말로 교황에게서 성에 대한 것을 배우려는 유일한 인간이라고 말한다.

여기서 우리들은 현대에 무게를 갖고 있는 사상가들의 경솔함과 속악함을 볼 수가 있다. 현대의 반 나체 여자들은 옷을 입은 현대 남성의 마음에 그다지 큰 성적 감정을 자극하지 않는다. 또 반대로 말해서 이런 남성 역시 그녀들의 마음에 커다란 성적 감정을 느끼게 하지 않는다. 그러면 이것은 어째서일까? 왜 몸을 드러낸 현대의 여자들은 쇼의 1880년대의 옷으로 몸을 감싼 여자들에 비해서 성감을 자극하는 일이 훨씬 적은 것일까? 아마도 이것은 단순한 의복의 문제로서 생각하는 데에 어리석음이 있는 모양이다.

여자, 그 자체가 다이내믹하고 싱싱하다면 성은 하나의 힘이 된다. 그것은 그녀의 이성을 넘는 것이다. 그리고 그것은 내버려 두어도 자연히 성 특유의 마력을 방사(放射)하고, 남자를 끌어 남자에게 욕망의 원초적인 기쁨을 느끼게 한다. 그러므로 여자는 될 수 있는 대로 자기를 감추고, 자기의 몸을 지켜야 하는 것이다. 그녀의 성은 그 자체가 하나의 힘이고 그것이 그녀를 남자의 욕망 앞에 드러내 보이므로, 그녀는 스스로를 조심스럽게 신중하게 감추어야 하는 것이다. 만약 발랄하고 적극적인 성을 지닌 여자가 현대의 여자들처럼 자기 몸을 노출하거나 하면 남자들은 미친 듯이 그 여자에게 덤벼들 것이다. 마치 다윗이 바스시바*²에게 열중했듯이.

그러나 여자의 성에서 다이내믹한 유혹력이 없어지고 정지되거나 죽어버리게 되면 여자는 이번에는 남자를 끌려고 적극적인 태도를 취한다. 이미 자신에게는 남자를 끌 힘이 없다는 것을 알기 때문에 적극적으로 나오기 시작하는 것이다. 그러므로 무의식적이고 즐거운 것이었던 모든 행위가 마침내는 의식적이고 귀찮은 것으로 변한다. 여자는 자기의 몸을 점점 더 노출해 간다. 그리고 여자가 노출하면 할수록 남자는 점점 더 여성에게 성적인 반발을 느끼게 된다. 그러나 남자가 성적으로 반발을 느낀다 하더라도 사회적으로는 스릴을 느끼고 있다는 것을 우리는 잊어서는 안 된다. 이 두 가지는 현대에서는 대극적(對極的)인 사랑. 사회 생활에서 남자는 반 나체의 여자—거리에서 반 나체의 모습을 하고 있는 여자—를 좋아한다. 그것은 멋진 일이고 반항과 독립의 선언이며 자유이다. 그런 모습이 유행되는 것은 엄밀히 말해서 무성적(無性的) 또는 반성적(反性的)이기 때문이다. 오늘날에는 남자도 여자도 참다운 욕망을 느끼는 것을 피한다. 그들은 그 가짜를, 관념적 대용물을 갖고 싶어 하는 것이다.

그러나 우리는 매우 복잡하다. 많은 여러 가지의, 때로는 상반되는 욕망의 혼합물이다. 여자에게 성 따위는 잊어버리고 용감해지라고 선동하는 자가 한편으로 여자에게서 성이 상실된 것을 한탄하기도 한다. 여자 역시 마찬가지 경우가 있다. 사회적으로 스마트한 남자라든가 성을 느끼게 하지 않는 남자를

---

*2 헷사람 우리아의 아내. 구약 성서.

매우 찬양하는 여자들이 한편으로는 그건 '남자'가 아니라고 몹시 싫어하기도 한다.

요즘은 사회적으로 온갖 사람들이 공공연하게 한 무리가 되어서 거짓 성을 요구하고 있다. 그러나 그들도 인생의 어떤 시기에는 죽도록 증오를 가지고 거짓 성을 싫어할 때가 온다. 그리고 그런 사람들 중에서도 가장 심하게 그것을 싫어하는 것은 스스로 그런 거짓을 세상에 퍼뜨린 사람들 자신이다.

현대의 처녀들도 그럴 생각만 있으면 눈만 내놓고 온몸을 옷으로 싸서 감출 수 있다. 아랫단에 테를 넣은 페티코트를 입고 머리를 틀어 올릴 수도 있다. 그런 처녀들은 현대의 반 나체 처녀들이 남자의 마음에 주는 저 야릇하게 경화 (硬化)시키는 힘은 지니고 있지 않겠지만, 자신 역시 진정으로 남자들을 성적으로 끌려고 하지 않을 것이다. 만약 싸서 감출 성이 없다면 감춰 본들 무슨 소용이 있겠는가. 아니 감추어 보았자 아무런 도움도 되지 않는다. 일시적이기는 하지만 남자는 흔히 속고 싶어 할 때가 있다. 감춘 그 밑에 아무것도 없다는 것을 알면서도……

요컨대 여자란 성적인 생기(生氣)를 찬양하며 흔들리는데, 그녀들의 의지로는 억누를 수 없을 만큼 절망적인 정도로 매력적일 경우엔 늘 자신을 싸서 감추려 하는 법이다. 옷으로 우아하게 몸을 싸려고 한다. 1880년에 스커트의 뒤를 봉긋하게 하기 위해 허리에 댄 것이나 그와 비슷한 것에 속한 터무니없는 짓은, 다가오는 무성(無性) 시대에 대한 경고에 지나지 않는 것이었다.

성 그 자체가 하나의 힘인 이상 여자들은 온갖 종류의 매력적인 변장을 시도하고, 남자도 겉치장을 한다. 교황이 교회 안에서 여자가 피부를 드러내면 안 된다고 하는 것은 성을 내보여서는 안 된다는 것이 아니다. 그는 여자의 불근신(不謹愼) 속에 여자의 결여된 성이 폭로되기를 두려워하는 것이다. 교황도 성직자들도 거리나 교회 안에서 여성이 맨살을 드러내고 돌아다니는 것은 남녀 쌍방의 마음속에 좋지 않은 '모독적'인 상태를 만들어 내는 것이라고 결론을 내렸다. 그들의 말은 옳다. 그러나 내가 옳다는 것은 노출이 성욕을 자극하기 때문이라는 것은 아니다. 그렇지는 않다. 그렇다 하더라도 극히 드문 일이다. 쇼도 그것쯤은 안다. 그러나 여자의 육체가 아무런 욕망도 자극하지 않는다면 무엇인가 잘못된 것이다. 그것은 비록 여자들이 교회에 대해 다소나마 경의를 품고 있다 하더라도 현대 여성들의 노출된 팔은 실제에 있어 교회에 다니는 것과는 전혀 아무런 상관도 없는 경박함, 냉담함, 세속 냄새를 자극하는데 지나지 않기 때문이다. 이탈리아의 교회 안에서 보는 여성들의 노출된 팔은 전통적인 것이나 실은 불경(不敬)의 표시인 것이다.

가톨릭 교회에서도 특히 남부에서는 북부의 교회와 달리 성에 반대하지 않고, 쇼나 그와 같은 유(類)의 사회 사상가들처럼 무성적(無性的)이지도 않다. 가톨릭 교회는 성을 인정하고 결혼을, '생식을 위한 성적 결합을 바탕으로 한 비적(秘蹟)'이라고 한다. 그러나 남부에서의 생식은 북부와 달리 단순한 과학적인 행위나 사실이 아니다.

생식 행위에는 현재까지도 육욕적인 신비와 아득한 옛날에 주어져 있던 중대성이 담겨 있다. 남자는 힘을 간직한 창조자이고 거기에 그의 빛이 있는데, 북부의 교회나 쇼적인 사소한 논리는 그 모든 것들을 벗겨버리고 만다.

그러나 북부에서 사라져 없어진 이런 것들을 남부에서는 교회가 보존하려하고 있다. 남부와 교회는 이것이 인생에 있어 기본적으로 중요한 것이라고 알고 있다. 남자가 만약 아버지로서, 남편으로서 충실하고 만족된 인생을 보내고 싶다면, 자기가 잠재적인 창조자이고 법의 제정자라는 기분을 나날의 생활에서 갖지 않으면 안 된다. 결혼이 영원한 것이라는 관념은 아마도 남자에게나 여자에게나 마음의 평화를 위해 필요할 것이다. 비록 이 관념에 숙명적인 것이 달라붙어 있다 할지라도 이것은 없어서는 안 되는 관념이다. 가톨릭 교회는 사람들에게, 천국에는 결혼도 없고 이혼도 없다는 것을 생각하게 하기 위해 시간을 허비하지는 않는다. 교회는 결혼하면 그것은 영원이라고 주장한다. 사람들은 교회의 선언을 받아들인다. 그 운명과 그 선언의 권리를 인정한다. 성직자에게는 성은 결혼에의 시작이고, 결혼은 인간의 일상 생활의 시작이고, 교회는 보다 큰 생활을 위한 시작이다.

그러므로 성적 매력 그 자체는 교회에 있어서 치명적인 것이 아니다. 그 이상으로 치명적인 것은 노출된 팔이나 천박하게 보이는 반성적(反性的)인 도전이라든가 '자유'라든가 냉담성, 불경(不敬) 같은 것이다. 성이 교회 안에서는 비천한 것이고 불경한 것인지 모르지만 결코 냉담한 것은 아니거니와 무신론적인 것도 아니다. 그런데 현대 여성의 노출된 팔은 냉담한 무신론을 대표하는 것이다. 더욱이 이것은 위험하고 속악한 무신주의인 것이다. 물론 교회는 이것에 반대한다. 유럽 최고의 성직자는 아무튼 쇼보다는 성에 대해 조예가 깊다.

그는 쇼보다도 인간의 본질적인 성질을 잘 알고 있기 때문이다. 전통이란 것을 말하면 그에게는 천 년의 경험이 있다. 쇼는 하루에 뛰어오른 것이다. 극작가인 쇼가 현대 사람들의 거짓 성을 늘려주고 뛰어오른 것이다. 그는 물론 그렇게 할 수 있다. 가장 값싼 영화에도 그것은 가능하다. 그러나 쇼가 현실의 인간 속에 있는 보다 깊은 성에 관해 언급할 수 없는 것도 확실하다. 그런 것이 존재한다는 것조차 그는 알지 못하고 있는 것 같다.

또 쇼는 자기에게 필적하는 것으로서, 성에 대해 의견을 밝혀야 할 존재로서 유럽 창부의 장(長)—성직자의 장이 아니라—을 든다. 이 둘은 꼭 일치한다. 유럽 창부의 장은 쇼와 비슷한 성 지식을 갖고 있을 것이다. 그것은 거대한 양은 아니지만, 쇼와 마찬가지로 유럽 창부의 장은 남자의 위조된 성에 대해 여러 가지 방법으로 꾸며진 겉보기 만의 성에 대한 무한한 지식을 가지고 있을 것이다. 그러나 쇼와 똑같이 그녀도 남자의 참다운 성에 대해—계절이나 1년의 리듬을 갖고 동지(冬至)의 쓸쓸함과 부활제의 정열까지 띤 성에 대해—전혀 아무것도 모를 것이다. 왜냐하면 창부가 되기 위해 그녀는 그것을 버려야만 했었음에 틀림없기 때문이다. 그러나 어쨌든 그녀가 쇼보다는 좀더 알고 있을 것이다. 그녀는 남자의 내적인 생명 속에 있는 심원한 율동적인 성의 존재를 알고 있을 것이다. 왜냐하면 그녀는 몇 번이나 그것과 마주 대한 일이 있었을 테니까. 세상에 존재하는 모든 문헌이 창부란 궁극적인 면에서 성적으로 불능이고, 남자를 붙잡아 둘 힘이 없고, 남자 속에 존재하는 깊은 충성의 본능에 대해 노여움을 품고 있다는 것을 나타내고 있다. 세계 역사에 나타나 있듯이 남자의 충성의 본능은 불성실한 성적 방종의 본능보다도 좀더 깊고 강력한 것이다. 온 세계의 모든 문헌은, 남자에게서나 여자에게서나 충성의 본능이 얼마나 깊은 것인지, 남자나 여자가 얼마나 침착하지 못하게 이 본능의 만족을 추구하고 있는지, 또한 그들이 충성의 참다운 형태를 발견할 힘이 없다는 데에 초조감을 느끼고 있음을 나타내고 있다. 충성의 본능은 십중팔구 우리가 성이라고 부르는 거대한 복합의식 중에서도 가장 깊은 것이다. 참다운 성이 있는 데에는 충성에 대한 정열이 숨겨져 있다. 창부는 그것을 알고 있다. 왜냐하면 창부는 그것과 맞서기 때문이다. 그녀는 참다운 성을 갖지 않은 남자, 거짓 성밖에 갖지 않은 사나이만을 자기에게 붙들어 매어 놓을 수가 있다. 더욱이 그런 남자들을 그녀는 경멸한다. 진짜 성을 가진 남자들에 대해서는 창부들은 그들의 참다운 욕망을 채워줄 수 없다는 것을 생각지 않을 수가 없다.

창부의 장은 여러 가지를 알고 있다. 교황도 언제나 그것만을 생각하는 것은 아니지만 여러 가지 것을 알고 있다. 성의 문제는 모두 전통적으로 가톨릭 교회의 의식 속에 있는 것이다. 그러나 극작가의 장인 쇼는 성에 대해서는 아무것도 모른다. 그의 작품 속에는 이상한 공백이 있다. 그에게 있어 성은 오로지 충성과 일치되지 않는 것이고, 반대로 역시 충성과 일치되지 않는 것이 성이다. 결혼에는 성이 없다. 성적으로는 무(無)이다. 성은 불성실이라는 형태만으로 표현되는 것이며 성의 여왕은 창부이다. 만약 결혼한 뒤 어떤 기회에 성이 나타나거나 한다면 그것은 부부 중의 한 쪽이 누군가 다른 사람과 사랑에 빠져 결혼 생활 도중에 불성실하고자 원하기 때문이다. 불성실이 성이라는 것을 창부는 알고 있다. 부인들은 그런 문제에 관해서는 아무것도 모르고 또한 사실 아무것도 아니다.

이것이 우리들 시대의 극작가의 장이고 사상가의 장인 사람의 가르침이다. 속된 대중은 그 가르침을 그대로 곧이듣는다. 성은 장난할 때밖에 필요치 않은 것이다. 장난—불성실이라든가 간음—을 벗어나서 성은 존재치 않는다. 현대의 사상가의 장, 즉 경박할 만큼 자만심이 강한 쇼가 이 어이없는 이야기를 끈덕지게 설명했기 때문에 이 말이 거의 사실처럼 여겨지게 되고 말았다. 성은 거의 존재성을 잃어버리고 기껏해야 매음과 경박한 간음의 가짜 정도의 것으로 떨어지고 말았다. 그래서 결혼은 공허한 것이 되어 있다.

바야흐로 이 성과 결혼 문제는 가장 중요한 문제이다. 우리의 사회 생활은 결혼 위에 서 있다. 그리고 결혼은 사회학자의 말을 빌리면 재산 위에 서 있다. 결혼은 재산을 지키고 생산을 자극하는 최상의 방법으로 되어 있다. 이것이 결혼의 전부이다.

그러나 그럴까? 우리는 결혼에 관한 대혁명의 한복판에 서 있다. 결혼의 속박과 제한에 대해 열렬히 반항한다. 사실 현대인의 불행에 대한 책임의 4분의 3은 결혼에 있다고 하겠다. 결혼한 사람들, 미혼의 사람들을 두루 합쳐서 결혼 그 자체, 인간 생활에 부과되는 것으로서의 결혼에 강한 증오를 느끼지 않는 사람은 거의 없다. 정부에 대한 반란보다 결혼에 대한 반란이 훨씬 강력하다. 사람들은 모두, 만약 결혼하지 않고 살아갈 길이 발견된다면 결혼 제도는 물론 폐지될 것이라고 생각하고 있다.

그러나 우리가 스스로에게 물어 보아야 할 것은, 우리가 정말로 그것을 바라고 있느냐 하는 점이다. 우리는 여성의 절대적인 독립이라든가, 모성이나 아이들의 국가 양호라든가, 결혼의 필요성의 해소를 진정으로 요구하고 있는 것일까? 남자나 여자나 진정으로 하고 싶은 일을 해야 하는 것이기 때문에 그것을 바라는 것일까? 그러나 여기서도 또한 우리는 남자의 욕망은 이중 구조라는 것을 상기해야만 한다. 얕은 욕망과 깊은 욕망, 개인적이고 표면적이며 일시적인 욕망과, 그 욕망을 충족시키기 위해 오랜 시간을 필요로 하는 내적이고 비개인적인 큰 욕망. 순간순간의 욕망을 확인하는 것은 쉽다. 그러나 다른 욕망, 보다 깊은 욕망의 존재를 확인하기란 어렵다. 큰 소리로 외쳐대는 작은 욕망이 아니라 우리의 보다 깊은 욕망에 대해 이야기하는 것이야말로 현대 사상가의 장이 할 일인 것이다.

현대의 그리스도 교회는 적어도 인간 속에 존재하는 가장 크고 가장 깊은 욕망 몇몇을 승인할 뿐 아니라, 그 승인 위에 입각하고 있다. 그 욕망의 크기나 깊이는, 그것을 채우려면 몇 년이란 세월이 필요하다. 아니 한평생 혹은 몇 세기가 걸릴지도 모른다. 그리스도 교회의 성직자들은 독신을 지키고 있을지도 모르며, 교회 그 자체는 베드로라든가 바울이라는 하나하나의 바위 위에 세워져야 한다고도 할 수 있겠지만, 현실적으로는 결혼의 비해소성 위에 기초를 두고 있는 것이다. 결혼이 어느 정도 불안정한 것이 되거나 해소 가능한 것이 되고, 그래서 결혼의 영원성이 파괴되면 그리스도 교회는 붕괴된다.

그 까닭은 교회가 인류의 결합 요소 위에 세워져 있다는 점에 있다. 그리스도 세계에 있어서의 인류 결합의 첫 단계적인 요소는 결혼의 굴레이다. 결혼의 인연 혹은 결혼의 멍에는—어떤 표현이라도 상관없다. 독자가 좋을 대로 택하기 바란다—그리스도교 세계에 있어서의 인간 관계의 기본적인 결합 요소인 것이다. 한번 그것이 끊어지면 세계는 그리스도교가 출현하기 이전의 압도적인 국가 권력의 지배하로 되돌아가 버리고 만다. 로마 국가는 전능이었다. 로마의 아버지들은 국가나 마찬가지였다. 로마의 가족은 한 집안의 아버지가 다스리는 영토였다. 또한 정도의 차이는 있으나 국가의 세습적인 재산이기도 했다. 그리스에서도 마찬가지였다. 다만 로마에 비해 재산이라는 영속적인 느낌이 적을 뿐이었다. 그리스에서는 오히려 그 찰나적인 소유라는 화려한 느낌이 있었다. 로마에 비해 그리스에서의 가족의 존재라는 것은 훨씬 불안정하고 불확실한 것이었다.

그러나 어느 경우에도 가족이라는 것은 남자였다. 남자로써 국가를 만들고 있었다. 하기야 가족이라는 것이 여자를 뜻하며, 여자로써 국가가 구성된 나라가 지금도 있기는 하다. 아니, 옛날부터 있었다고나 할까. 그리고 가족이 없는 국가라는 것도 있다, 성직자의 나라가 그것이다. 거기서는 성직자적 지배가 전부이고, 그것이 가족 지배로서도 기능을 발휘한다. 또 소비에트 국가라는 것도 있다. 거기서도 또한 가족의 존재를 염두에 두고 있지 않다. 국가가 한 사람 한 사람의 인간을 직접 기계적으로 지배한다. 마치 거대한 종교 국가—이를테면 고대 이집트—가 한 사람 한 사람의 인간을 성직자에 의한 감독과 의식을 통해서 지배한 것과 비슷하다.

그런데 문제는 우리가 지금 말한 것 같은 국가 지배하로 돌아가기—혹은 전진하기—를 원하는지의 여부에 있다. 우리는 로마 제국하에 있는 로마 사람처럼 되고 싶은가? 로마 공화국하의 로마 사람처럼 되고 싶은가? 우리는 가족과 우리의 자유라는 점에서 헬라스*³의 도시국가 시민처럼 되고 싶은가? 우리는 고대 이집트 사람이 처했던 성직자 지배와 의식만능의 이상한 상황에 처해 보고 싶은가? 소비에트 국가에 의해 생매장을 당하고 싶은가?

나는 그 어느 것도 싫다. 싫다고 한 이상, 우리는 그리스도교가 인류 사회에 이룩한 최대의 공헌은 결혼 제도라는 유명한 격언에 입각하여 그 의미를 생각해 보아야 할 것이다. 그리스도교는 결혼—우리가 오늘날 알고 있는 형태의 결혼—을 이 세상에 가져왔다. 그리스도교는 국가 지배의 내부에 작지만 가족의 자치라는 것을 확립했다. 그리스도교는 결혼이라는 것을 어떤 면에서 침해하지 못하는 것, 국가도 침해할 수 없는 것으로 했다. 남자에게 준 자유 가운데서 최선의 것은 아마도 결혼제도일 것이다. 국가라는 왕국 내부에 그 자신의 작은 왕국을 만들어 준 것은 결혼이다. 그 위에 서서 거기를 발판으로 삼아, 부정한 국가에 맞서 싸울 독립된 발판을 그에게 만들어준 것은 결혼이다. 남편과 아내가 한두 사람의 신하를 거느리고, 사방 몇 야드의 영토를 가진 왕과 여왕이 되는 이것이 바로 결혼이다. 이야말로 참다운 자유인 것이다. 왜냐하면 남자나 여자나 아이들에게도 그것이 참다운 충족이기 때문이다.

---

*3 그리스의 옛 이름.

그럼, 우리는 그 결혼제도를 파괴하고 싶단 말인가? 만약 그것이 정말로 파괴되면 우리는 현재보다도 더 직접적으로 국가의 지배를 받게 된다. 우리는 국가—그것이 어떠한 국가이건 간에—의 직접적인 지배하로 전락하고 싶은 것일까?

교회는 결혼이라는 것을 세례나 성찬 같은 비적(秘蹟)의 하나로서 생각해 냈다. 결혼을, 남자와 여자가 성에 의해 결합되고, 죽음으로밖에는 결코 떨어질 수 없는 비적으로 삼은 것이다. 또한 죽음으로 인하여 서로 떨어져도 그 결혼에서는 해방되지 않는다. 한 인간에 관한 한 결혼이란 영원한 것이다. 결혼이란 두 개의 불완전한 개체가 하나의 완전한 개체를 만들고, 남자와 여자의 영혼을 짝 맞추어 생애를 통하여 그것을 함께 발전시키는 것이다. 결혼은 성스럽고도 불가침한 것이며 남녀는 교회의 정신적인 가르침에 따라 이 지상에서의 목적을 달성하기 위해 손을 맞잡고 결혼에의 길을 걸어가는 것이다.

이것이 남자의 인생에 대한 그리스도교의 위대한 공헌인 것이다. 그러나 이것은 자칫하면 놓치기 쉽다. 이것은 남자나 여자나 다 같이 인생의 목적 달성을 향하는 커다란 걸음인 것이다. 그렇지 않은가? 틀렸을까? 결혼은 남녀의 목적 달성을 위해 큰 도움을 주는 것이 아닐까? 아니면 결혼은 일종의 욕구불만에 지나지 않은 것일까? 이것은 참으로 매우 중요한 문제이므로 남녀 모두 이에 대답할 필요가 있다.

만약 우리가 비국교파 프로테스탄트의 사상을 택하여, 우리는 모두 독립된 각각 다른 존재이므로 우리에게 부과된 최고의 일은 우리 자신의 영혼을 구하는 일이라고 생각한다면 결혼은 확실히 그 목적을 위해서는 방해가 된다. 만약 내가 내 영혼만 구할 것이라면 결혼 따위는 생각하지 않는 게 좋다. 그것은 성직자나 은자들이 알고 있는 대로다. 또 만약 내가 다른 사람들의 영혼을 구할 것이라면 이런 경우에도 결혼 같은 것은 하지 않는 게 좋다. 그것은 사도나 성자들이 알고 있다.

그러나 만약 내가 나의 영혼도, 다른 누구의 영혼도 구하려 하지 않는다면? 나는 사실 그렇게 생각하는데, 구세(救世)라는 것이 나에게 있어 불가해한 것이라고 한다면? 그렇다면 '구제된다'는 것은 나로서는 그야말로 헛소리에 지나지 않는다. 잘난 체하는 헛소리다. 그리고 내가 이 구세주니 구제니 하는 것이 도대체 무슨 말인지 모른다면? 만약 내가 영혼이라는 것을 평생토록 발전시키고 충실하게 해야 할 그 무엇이라고 생각한다면? 지지하고, 양분을 공급하여 발전케 하고, 나아가 마지막 목표를 향해 충실토록 하게 해야 할 그 무엇이라고 생각한다면? 그러면 어떻게 될 것인가.

그렇게 생각했을 때 비로소 나는 결혼 혹은 결혼 같은 것이 필요하다는 것을 알았고, 또한 인간들의 일시적인 필요물이 아닌 영속적인 필요물이 무엇인가를 낡은 그리스도 교회가 가장 잘 알고 있다는 것을 깨달았다. 교회는 결혼을, 삶을 위한 것이라고 정했다. 영혼의 충족은 죽은 뒤로 연기되는 일이 없다. 결혼에 의해서 살아 있는 동안에 충족되는 것이다.

옛날 그리스도 교회는, 인생은 현세의 우리의 것이고 살아야 할 것, 특히 충실하게 살아야 할 것임을 알고 있었다. 베네딕트의 엄격한 규칙, 아시지 프란체스코의 난폭한 비양(飛揚), 그것들은 그리스도 교회의 변화 없는 천국에 있어서의 광휘였다. 생활의 리듬 그 자체는 한 시간마다, 하루마다, 계절마다, 해마다, 중요한 시기마다, 교회에 의해서 정해지고 사람들에게 주어졌다. 그리고 거친 광휘도 이 영원한 리듬 속에 끼워져 있었다. 우리는 남부 시골에서, 새벽녘이나 낮, 또는 저녁에 미사나 기도 시간을 알리는 귀에 거슬리는 종소리를 들을 때 그것을 느낀다. 그것은 일시적인 태양의 리듬이다. 그것을 우리는 축제에서, 행렬에서, 크리스마스·주현절·부활절·성령 강림절·만령절에서 느낀다. 이것이 1년의 순환인 것이다. 그것은 하지·동지·춘분·추분점을 지나는 태양의 움직임이고 계절의 변화이다. 그것은 남녀의 내적인 리듬이다. 사순절의 슬픔, 부활절의 기쁨, 성령 강림절의 경이, 세인트존의 불, 만령절 무덤의 촛불, 크리스마스의 불이 켜진 나무, 그것들은 모두 남자와 여자의 영혼 속에 불타오른 리드미컬한 정서를 나타내는 것이다. 남자들은 모두 정서의 커다란 리듬을 남자답게 경험하고, 여자들은 그것을 여자답게 경험한다. 그리고 남자와 여자와의 결합 속에서 그것은 완성된다.

어거스틴은 신은 우주를 매일 새롭게 창조한다고 했다. 살아 있는, 감정을 가진 영혼에게 있어 이 말은 진실이다. 새벽녘은 언제나 완전히 새로운 우주 위에 비쳐온다. 부활절은, 완전히 새로운 꽃이 되어 피는 신세계의 완전히 새로운 영광을 비춘다. 그리고 남자의 영혼도 여자의 영혼도 마찬가지로 삶의 무한한 기쁨과 변함없는 새로움을 갖추고 있다. 그러므로 남자도 여자도 1년의 리듬에 상당하는 결혼생활의 리듬 속에서 서로 일생을 통해서 신선한 존재인 것이다.

성은 우주에 있어서의 남자와 여자의 균형력이다. 인력이고, 반발력이고, 중간점의 통과이며, 새로운 인력이고, 새로운 반발력이다. 언제나 다르고 늘 새롭다. 마음이 침울한 사순절의 긴 중성적인 매력, 부활절 키스의 기쁨, 봄날의 성의 큰 잔치, 한여름의 정열, 가을의 느릿한 후퇴·반동·한탄, 다음에 오는 잿빛 시절, 추운 겨울날 기나긴 밤의 자극 등 성은 1년의 리듬을 통해 남자 속에서도 여자 속에서도 끊임없이 변화해 간다. 또한 지구에 대한 태양의 리듬 속에서 변해 간다. 아아, 만약 남자가 스스로를 1년의 리듬에서, 태양과 지구와의 결합에서 떼어 놓는다면, 그에게 있어서 그 이상의 파멸이 있을까? 아아, 만약 성이 해돋이나 일몰과 관계없는 것이 되고, 동지·하지·추분·춘분과의 마술적인 관계도 사라지고 단순한 개인적인 감각이 된다면, 이보다 더한 파멸이 있을까! 우리에게 문제되는 것은 바로 이 점이다. 우리는 뿌리에서 피를 흘리고 있다. 그것은 우리가 지구로부터, 태양으로부터, 별로부터 단절되었기 때문이다. 그리고 사랑은 비웃음으로 변해 있다. 그것은—가련한 꽃이여—우리가, 생명의 나무 줄기에서 잡아 뜯어 우리의 문명 테이블에 올려놓은 사랑의 꽃병 속에서 계속 피어 있기를 기대한 때문이다.

결혼은 인간의 생활을 생각하는 실마리인 것이다. 그러나 하늘을 도는 태양이나 머리를 늘어뜨린 지구를 떠나서 결혼은 있을 수 없다. 궤도를 달리는 유성(遊星)과 항성(恒星)의 장려함을 떠나서 결혼은 있을 수 없다. 남자란 해질 때와 날이 밝을 때를 비교하면 전혀 다른 존재가 아닐까? 여자 역시 마찬가지가 아닐까? 남녀의 변해 가는 조화와 그들의 변화의 불협화가 인생의 숨은 음악을 낳는 것이 아닐까?

인간의 일생이란 그런 것이 아닐까? 남자는 서른 살, 마흔 살, 쉰 살, 예순 살, 일흔 살에서 각각 달라진다. 그의 곁에서 생활하는 여자도 변화한다. 그러나 그들의 변화 속에는 무언가 이상한 연결이 존재하는 것이 아닐까? 청년기—아이를 낳는 시기, 개화기—활기찬 어린 시절, 여성의 인생이 변하는 시기—괴롭지만 새로운 인생의 출발이기도 한 시기, 정열은 기울기 시작하나 애정이 부드럽게 무르익기 시작하는 기쁨의 시기, 죽음이 다가오기 시작하는 고르지 못한 멍한 시기, 이 시기에는 남자와 여자가 서로를, 실은 정말 이별은 아니지만 멍한 이별의 불안을 느끼면서 서로를 바라본다. 그 모든 것을 통해서 균형·

조화·완결 같은 무언가 눈에 보이지 않는 미지의 상호 작용이 있는 것이 아닐까? 리듬을 좇아서 국면(局面)에서 국면으로 이동해 가는 무언가 소리 없는 교향곡이다. 각 악장에서 전혀 다른, 전혀 다르지만 그래도 남자와 여자라는 두 종류로 양립될 수 없는, 인생의 소리도 없는 이상한 노랫소리에 의해 만들어진 교향곡 같은 것이 존재하는 게 아닐까?

이것이 결혼이고 결혼의 신비인 것이다. 이 지상의 생애에서 스스로를 충족시키는 결혼이다. 천국에는 결혼이 없고, 결혼에 대한 굴복도 없다고 믿어도 좋을 것 같다. 그런 것이 모두 이 지상에서 이루어지지 않으면 안 된다. 만약 지상에서 이루어지지 않는다면 어디서도 이루어질 수 없다. 위대한 성자들이 사는 것은 물론, 예수가 사는 것조차 결혼이라는 영원한 비적에 새로운 충족과 새로운 아름다움을 덧붙이기 위한 것에 지나지 않는 것이다.

그러나—이 '그러나'라는 말은 우리의 가슴을 총알처럼 꿰뚫는다—결혼은 하나의 예외도 없이 모두 기본적으로 영원히 남근 숭배적인 것이다. 나날의 리듬, 다달의 리듬, 사철의 리듬, 해마다의 리듬, 10년, 100년의 리듬을 가지고 태양이나 지구, 달이나 혹성이나 항성과 결부되어 있지 않은 것은 결혼이 아닌 것이다. 피와 피의 조화가 아닌 것은 결혼이 아니다. 왜냐하면 피는 영혼의 본체이고, 가장 깊은 의식의 본체이기도 하다. 우리가 존재한다는 것은 피가 흐른다는 것이다. 우리가 살고 움직이고 존재를 유지하는 것은 심장과 간장에 의한다. 피 속에서는 분별하는 것, 존재하는 것, 혹은 느끼는 것이 동일 불가분인 것이다. 뱀도 사과도 거기에 분열을 일으키거나 하지는 않았다. 그러므로 피에 의해 두 사람이 연결되어 있을 때만 결혼은 참다운 결혼이 된다. 남자의 피와 여자의 피는 두 종류의 영원히 다른 흐름이므로 그 둘은 결코 혼합되는 일이 없다. 그것은 과학적으로도 증명되고 있다. 그러나 그 때문에 두 종류의 피는 인생의 모든 것을 에워싸는 두 줄기의 강이고, 섹스 속에서 이 두 줄기의 강은 섞이지도 혼란되지도 않고 접촉되며 서로 생기를 주는 것이다. 우리는 그것을 알고 있다. 남근은 여자의 피의 골짜기를 채우는 피의 원주(圓柱)인 것이다. 남자의 피라는 거대한 강은 그 강 밑바닥에 이르기까지 여자의 거대한 피의 강을 느낀다. 그러나 그 둘은 서로 그 경계를 양보하지 않는다. 그것은 온갖 교류 속에서도 가장 깊은 교류인 것이다. 사실 모든 종교는 그것을 알고 있다. 그리고 그것은 가장 위대한 신비의 하나이다. 사실 거의 모든 학문이나 예술이 나타내는 가장 위대한 것이고, 결혼이라는 신비적인 것의 최고의 성과를 나타내는 것이다.

이것이 성적 행위의 의미이다. 이 교류가 그런 것이다.

두 줄기의 강, 티그리스 강과 유프라테스 강—낡은 헛소리 같지만—의 접촉과 이 두 줄기의 강에 의한 메소포타미아 땅의 포위, 그리고 포위된 땅에는 극락이나 에덴 동산 같은 것이 있고, 여기서 인간이 태어난다. 이것이 그 의미인 것이다. 이것이 결혼이다. 이 두 줄기 강의 흐름, 이것이 참된 결혼이며 이것 이외의 결혼은 없다. 그것은 모든 종교가 알고 있는 일이다.

두 줄기 피의 강, 이것이 바로 남자와 여자인 것이다.

그것은 분명하게 구별된 두 줄기의 영원한 흐름이다. 그리고 그 두 줄기는 접촉하고, 교류하고, 서로를 새로운 존재로 하는 힘을 가지고 있다. 더구나 그렇게 하면서 미묘한 경계를 침범하는 일도 없고, 혼란을 겪는 일도, 섞이는 일도 없다. 그리고 남근이 그 두 가지 사이를 연결하는 고리인 것이다. 두 줄기 강을 하나로 만든다. 그 이중성을 띤 흐름에서 영원히 하나가 되는 흐름을 만들어 낸다. 그리고 두 개인 것을 일생을 통해서 점차 하나로 만드는 것, 그것이 시간의, 혹은 영원을 낳은 최고의 성과인 것이다. 거기서부터 인간적인 것 모두가 나타난다. 어린아이, 아름다움, 좋은 작품, 그러한 온갖 참다운 인간의 창조물이 나타난다. 그리고 우리들이 아는 한 신의 뜻도 여기에 있다.

신의 뜻은, 단일성이 생겨나 그것이 일생 동안에 이루어지는 데에 있고, 이 인간성의 위대한 이중의 피의 흐름 속에 단일성을 생기게 하는 데에 있다.

남자도 죽고 여자도 죽는다. 그리하여 분리된 영혼은 조물주에게로 돌아갈 것이다. 그것을 누가 알 것인가, 그러나 우리들 결혼한 남녀의 피의 단일성은 인간성에 관한 한 우주를 완결한다. 태양의 흐름과 별의 흐름을 완성시킨다.

물론 여기에는 상대물, 즉 거짓이 존재한다. 오늘날의 거의 모든 결혼은 거짓이다. 현대인은 단순한 개성에 지나지 않는다. 그리고 현대에서 두 남녀가 서로의 개성에 의해 '감동' 했을 때 결혼이라는 것이 이루어진다. 두 남녀가 가구·책·스포츠·오락 등에 같은 취미를 가졌다는 것을 알았을 때, 서로 이야기하는 것이 즐겁다고 생각했을 때, 서로 상대의 정신을 존경했을 때 그들은 결혼하는 것이다. 그리고 이 정신과 인격의 근친성은 남녀 간의 우정의 기초로서는 좋은 것이다. 그러나 결혼의 기반으로서는 치명적이다. 그 까닭은, 결혼은 불가피하게 성생활을 발생케 하고, 성생활—지금도 옛날도 미래도—은 남녀의 지적 개성적인 관계에 대해 어딘지 모르게 적의를 품고 있기 때문이다. 두 개성의 결혼은 소름이 끼칠 듯한 육체적 혐오로 끝난다는 것이 거의 공리(公理)처럼 되어 있다. 처음에는 서로 헌신적으로 대해 왔던 사람들이 나중에는 자기들도 설명할 수 없는 혐오감 때문에 고민한다. 그들은 그와 같은 상태가 된 것을 부끄럽게 여기고 그것을 감추려고 한다. 그러나 그럼에도 불구하고 그 사실은, 특히 서로에게는 가련할 정도로 감출 수 없는 것이 되는 것이다. 감정이 강한 사람들의 경우, 결혼 생활 속에서 축적되는 분노가 종종 미칠 것 같은 지경에까지 증대되어 버린다. 모든 것이 분명한 이유도 없이 그런 것이다.

그러나 그 참다운 이유는, 신경이나 정신이나 개인적 흥미가 갖는 배타적 공감이 성에 있어서의 피의 공감에 적대한다는 데 있다. 현대의 개성 숭배는 두 성 간의 우정에 있어서는 훌륭하지만 결혼에 있어서는 치명적이다. 현대인들은 결혼하지 않는 편이 좋다고 일반적으로 말할 수가 있다. 그러는 편이 자기의 개성에 대해 충실할 수가 있기 때문이다.

그러나 결혼을 하든 하지 않든 그 치명적인 사건은 생긴다. 공감이나 사랑이 개인적인 것뿐이라면 영혼은 조만간 노여움이나 증오에 사로잡히고 말 것이다. 그것은 좌절감과 피의 공감, 피의 접촉이 부정되어 있기 때문이다. 독신 생활에서는 이 부정이 쇠퇴하고 부패된다. 그러나 결혼생활에서는 그 부정이 하나의 노여움을 만들어낸다. 그리고 현대에서는 우리가 벼락을 못 피하듯이 이것을 피할 수가 없다. 그것은 영혼 현상의 일부인 것이다. 중요한 점은 성 그 자체가, 성적 만족이라든가 성적 충족과는 관계없이 개성과 개인적인 '사랑'을 위해 완전히 소용되고 있다는 것이다. 사실 성생활은, 피의 결혼에 있어서보다 아마도 '개인적' 결혼 쪽이 더 활발할 것이다. 여자는 영원한 연인이 될 만한 남자가 없는가 하고 한숨을 쉰다. 그리고 그녀는 거의 '개인적' 결혼에서 그런 상대를 얻는 수가 많다. 그러나 남자의 욕망에는 끝이 없고, 더욱이 그것은 어디에 도달하지도 않으며, 무엇을 충족시키는 일도 없기 때문에 그녀는 남자를 깊이 증오하기에 이른다!

이것은 성을 말하면서 내가 저지른 과오인 것이다. 나는 언제나 성이란 피의 공감과 피의 접촉을 의미하는 것이라고 추측해 왔다. 기술적으로는 그렇다. 그러나 사실은 현대의 성의 전부는 순수한 신경의 문제이다. 차디찬, 피가 통하지 않는 신경이다. 이것은 개인적인 성이다. 그리고 이 하얗고, 차갑고, 신경적, 시적(詩的), 개인적인 성—현대인이 알고 있는 성이란 이것뿐인 것이다—은 매우 기묘한 생리학적 또는 심리학적 효과를 가지고 있다. 두 줄기 피의 흐름은 남자와 여자 속에서 서로 접촉한다. 그것은 피의 정열과 피의 욕망적인 충동 속에서의 접촉과 마찬가지다. 그러나 피의 욕망적인 충동 속에서의 접촉이 적극적인 것이고 피 속에 새로운 것을 만들어 내는 데 대해, 이 신경적, 개인적 욕망의 존재 속에서는 피의 접촉은 불화를 끌어들이고 파괴적인 것이 된다. 그 결과로서 피는 희고 가난한 것으로 변해 간다. 개인적인, 또는 신경적인, 또는 정신적인 성은 피에 대해 파괴적으로 움직이는 분해 작용을 갖는다. 그에 대해 따뜻한 피의 욕망 속에서의 교접은 신진 대사의 작용을 준다. 신경질적인 성행위의 분해 작용은 일시적으로는 일종의 황홀 상태를 만들어내고 의식을 고양시킬는지 모른다. 그러나 이것은 알코올이나 마약의 힘처럼 혈액 중에 있는 어떤 종류의 혈구의 분해 결과이고 빈곤화에의 과정에 지나지 않는다. 이것은 현대인이 에너지를 상실하는 대표적 이유 중의 하나이다. 원기를 회복케 하고 기분을 일신케 하는 성행위가 반대로 우리를 피로케 하고 쇠약케 한다. 그러므로 젊은이가 '성에 의해 영국의 갱생'이라는 사고방식에 따라가지 못한다 해도 그의 기분은 알 수 있는 것이다. 사실상 현대의 성은 모두 개인적이고 신경적이며, 그 결과는 소모적이고 파괴적인 것이기 때문이다. 현대의 성행위가 파괴적 결과를 낳는 것은 부정할 수 없다. 이 파괴적 결과야말로 자위행위보다는 조금 낮다는 정도이다. 후자는 더욱 치명적인 것이다.

마지막으로 나는, 나의 비판자들이 내가 높이 제창하는 성이라는 사고를 어떻게 공격하고 있는지 생각해 볼까 한다. 그들은 성에 대해서는 하나의 형태를 알고 있을 따름이다. 사실 그들에게 있어서 성은 바로 단 하나의 형태를 취하고 있을 뿐이다. 신경적, 개인적, 파괴적인 '하얀' 성이다. 물론 이와 같은 것은 날조된 허위는 될 수 있겠지만 희망이 있는 것은 될 수 없다. 나는 잘 안다. 나는 이와 같은 성에서 영국을 구출할 수 없다는 것을 잘 안다. 동시에 성이 없는 영국의 갱생이라는 생각에도 희망을 품을 수 없다.

성을 상실한 영국에 희망을 느낄 수는 없다. 그것은 누구나 마찬가지다. 나는 성의 중요성을 설명해 왔는데, 실은 현대인들이 일반적으로 생각하고 있는 성은 내가 생각하는 종류의 성과는 전혀 다른 것이다. 내가 바라는 것은 전혀 다른 종류의 것이었다. 이 점에선 내가 어리석었는지도 모르겠다. 그러나 나는 성에 등을 돌리고, 영국의 갱생이 성의 완전한 무시에 의해 이루어진다고 믿을 수는 없다. 성이 없는 영국! 나로서는 그다지 희망이 있다고 여겨지지 않는다.

그것과는 다른 성—남녀 사이에 싱싱한 생명을 회복케 하는 고리를 맺어주는 따뜻한 피의 성—우리는 어떻게 하면 이것을 회복할 수가 있겠는가? 나는 모르겠다. 그러나 그것은 어떻게 해서든지 회복해야 한다. 만약 우리가 불가능하다면 우리보다 젊은 시대의 사람들이 그것을 해야 한다. 그렇지 않으면 우리는 모두 멸망해 버린다.

인생에 대항하는 새로운 충동은 피의 접촉 없이는 결코 얻어지지 않을 것이다. 신경적이고 부정적인 반동이 아니라 참되고 적극적인 피의 접촉이 없이는 얻어지지 않을 것이다. 또한 남녀 간에는 귀중한 피의 접촉이 있다. 이제까지도 늘 있었고, 앞으로도 언제나 존재할 것이다. 적극적인 성의 접촉이 있는 것이다. 동성애적인 접촉은 비록 그것이 남녀간의 불만족스런 신경적 성에서 오는 악성 반동의 산물이 아닌 경우에라도 보조적인 것에 지나지 않는다.

만약 영국이 갱생되어야 한다면—여기서 나는 갱생이 필요하다고 생각하는 어느 젊은이의 말을 썼는데(이 갱생이라는 말은 그가 사용한 말일 따름이다)—그것을 이루어 주는 것은 새로운 피의 접촉, 새로운 접촉, 새로운 결혼일 것이다. 그 갱생은 성적이라기보다는 오히려 남근적인 것이리라.

그것은 결혼의 쇄신도 될 것이다. 결혼은 참다운 남근적 결혼이 될 것이다. 또한 나아가 그 결혼은 율동적으로 움직이는 우주와 관련을 갖게 될 것이다. 우주의 율동에서 우리는 절대로 벗어날 수 없다. 벗어난다면 우리의 생명은 완전히 고갈되어 버린다. 초기 그리스도교도들은 옛날 이교도들의 우주적 의식의 리듬을 절멸시키려고 꾀했는데 어느 정도는 성공을 거두었다. 그들은 혹성과 황도대(黃道帶)를 멸망케 했다. 아마도 점성학이 그 무렵 이미 단순한 점술로 타락해 있었기 때문일 것이다. 그들은 1년 동안 행해지는 온갖 축제를 없애려고 했다. 그러나 교회는 인간은 다만 인간에 의해서만 사는 것이 아니라 회귀하는 해나 달이나 지구에 의해 살고 있다는 것을 알고 있어서, 성스러운 날이나 축제일을 거의 이교도들의 것과 마찬가지로 부활시켰다. 그리스도교를 믿는 농부들의 생활도 이교도 농부들의 생활과 변함없는 것이 되었다. 해돋이·

정오·일몰이라는 하루의 태양의 움직임 속에 중대한 순간에는 일손을 멈추고 예배를 한다. 그리고 나서 새로운 휴일—이것도 태고의 칠일 주기 중의 하루이다—그리고 신의 죽음과 부활의 날, 부활절, 성령 강림절, 바프테스마의 요한 축일(6월 24일), 11월의 죽음과 무덤의 정령들. 다음에 크리스마스, 그리고 세 박사의 날. 과거 몇 세기 동안 무수한 사람들이 교회 안의 이 리듬 속에서 생활했다. 커다란 인간 집단이 종교적 리듬을 잃었을 때, 그 사람들은 죽어 있다. 이제 희망은 없다. 그러나 프로테스탄티즘이 나타나자 그것은 인간의 생활 속에 있는 연간(年間)의 종교적 의식적 리듬에 큰 타격을 가했다. 비국교주의는 다시 이 관례적인 행사를 거의 끊어버리고 말았다. 지금 영국에는 가난하며 눈이 보이지 않는, 고리가 끊긴 인간밖에 없다.

회전하는 우주에 대해서 의식에 의해 적합하고, 보다 위대한 우주의 법칙에 영원히 굴복하려 하는 영원한 인간의 요구를 만족시키려 해도 영국인들에게는 정치와 은행 휴업일밖에 없는 것이다. 결혼 역시, 인간의 가장 큰 필요물임에도 불구하고 위대한 우주의 법칙의 지배를 잃고 같은 피해를 입고 있다. 우주의 리듬, 이것이야말로 언제나 변함없이 인생을 지배해야 할 것이다. 인류는 우주의 리듬으로 되돌아가야만 한다. 결혼의 영원성으로 되돌아가야만 한다.

지금 말한 것은 모두 나의 소설 《채털리 부인의 연인》에 대한 후기라든가 회고라고 해야 할 것이다. 인간에게 필요한 것이란 별로 없다. 그러나 그 얼마 안 되는 필요물에는 깊은 필요성이 있다. 우리는 그다지 필요한 것 없이 인생을 보내는 동안 잘못하여 우리의 보다 깊은 필요물을 일종의 광기 속에 잃어버리고 말았다. 인간이나 인간들의 얼마 안 되는 필요물에 관련된 조그만 도덕이라는 것이 있다. 슬프게도 우리가 살고 있는 것은 이 도덕에 의해서이다. 그러나 보다 깊은 도덕도 존재한다. 이것은 모든 여성, 남성, 국가, 민족, 계급에 관계되는 도덕이다. 이 위대한 도덕은 오랜 시간에 걸쳐서 인류의 운명에 영향을 준다. 그것은 인간의 보다 위대한 필요물에 관계된다. 그리고 가끔 보잘 것 없이 작은 필요물의 보잘 것 없는 도덕과 대립한다. 비극의 의식은 우리에게, 인간에게 중요한 필요물은 죽음의 지식과 경험이라고 가르친다. 사람은 누구나 자기 자신의 몸속에 숨어 있는 죽음을 알 필요가 있다고 가르친다. 그러나 비극의 전기(前期)나 비극의 후기보다 큰 의식은 우리에게—우리는 아직 비극의 후기에는 도달하지 않았지만—다음과 같이 가르친다. 즉, 인간에게 가장 중요한 것은 생과 사의 완전한 리듬을 영원히 새롭게 해 가는 일이다. 태양에 의한 1년이라는 리듬, 육체에 의한 일생이라는 1년, 하늘에 있는 별의 큰 1년, 영원한 영혼의 1년, 그와 같은 것들의 리듬을 언제나 새로운 것으로 해두는 것이다. 그것이 우리에게는 필요하고 우리에게 주어진 가장 높은 명령인 것이다. 그것은 마음과 영혼의 요구이고, 육체와 정신성의 요구이다. 결국 모든 것의 요구이다. 이와 같은 요구를 채우기 위해 무언가를 찾는다는 것은 무익한 일이다. Word(복음)나 Logos(신의 말, 그것이 몸으로 나타난 것이 그리스도)나 Utterance(맡겨진 또는 쓰인 말)라고 하지만 그것을 채울 수는 없다. 복음은 이미 주어져 있다. 우리에게 필요한 것은 거기에 기울일 참다운 주의뿐이다. 그러나 누가 우리를 행위 아래로 불러낼 것인가? 사계(四季)와 해(年)의 위대한 행위에, 영혼의 회전 행위에, 남자와 함께 하는 여자의 한평생의 행위에, 달의 운행이라는 조그마한 행위에, 태양의 운행이라는 커다란 행위에, 하늘에 있는 별의 보다 큰 최대의 행위에, 누가 우리를 연결지을 것인가? 그것은 지금 우리가 배워야 할 인생의 행위인 것이다. 우리는 복음을 배웠다고 생각한다. 그러나 아아, 우리의 현상을 보라. 우리는 말로는 완전할지 모르지만 행위에서는 착란되어 있다. 우리는 오늘날 우리의 '조그마한' 인생의 죽음에 대한 준비와, 회전하는 우주에 접촉한 보다 큰 인생 속에 환생하기 위한 준비를 해야만 한다.

이것은 실제적인 문제로서 관계되는 문제이다. 우리는 질서가 잡히고 조화된 우주, 광대한 우주에서 싱싱한 양분을 빨아들일 수 있는 관계로 되돌아가야만 한다. 그 길은 나날의 의식(儀式)을 통하는 데에 있고, 다시금 눈 뜨는 데에 있다. 우리는 다시 한번 새벽과 정오와 일몰의 의식을 행해야 한다. 불을 켜고 물을 따르는 의식을 행하고, 최초의 호흡, 마지막 호흡의 의식을 실행해야 한다. 이것은 개인과 가정의 용무이고 나날의 의식의 하나이다. 찼다가 기우는 달, 새벽의 별, 저녁별의 의식은 남자와 여자에게 있어서 각각 다를 것이다. 다음에 사철의 의식이 있다. 행렬이나 춤 속에 영혼의 드라마나 정열이 구현되어 있다. 이것은 공동 사회를 위한 의식이다. 남자들과 여자들, 사회 전체가 결속된 행위이다. 이런 갖가지 의식으로 우리는 되돌아가야만 한다. 그리고 우리는 그런 의식을 우리의 요구에 합치하도록 발전시켜야 한다. 현실은 우리 스스로의 커다란 요구의 충족이 불가능하기 때문에 파멸에 직면해 있는 것이고,

내적인 영양 보급과 신생(新生)의 위대한 근원에서, 영원히 우주에 계속 흐르는 근원에서 떨어져 있는 것이다. 인류는 죽음에 임박하고 있다. 허공에 뿌리를 드러낸 채 뿌리째 뽑힌 거대한 나무와 같은 것이다. 우리는 스스로를 다시금 우주 속에 심어주지 않으면 안 되는 것이다. 그것은 태고의 형태로의 복귀를 의미한다.

그것은 복음을 설명하는 것보다도 어려운 일이다. 복음은 우리가 모두 구원된다는 것을 알리기 위해 가져온 것이다.

오늘날 세상을 내다보면 우리의 인간성은 죄(그것이 어떠한 것이든)에서 구제되는 게 아니라 거의 완전히 상실되고—생명을 느끼지 못하게 되고—있다. 이미 무(無)에 가깝고, 절멸에 임박해 있음을 알 수가 있다. 우리는 길고 긴 길을 돌아가야만 한다. 관념론자의 사상보다도 옛날로, 플라톤보다도 옛날로, 삶의 비극의 사상보다도 옛날로 돌아가 다시 한번 우리들 자신의 다리로 설 수 있게 되어야 한다. 관념에 의한 구제의 복음과 육체로부터의 도피는 인간 생활의 비극 사상과 우연히 일치하기 때문이다. 구제와 비극은 동일물이다. 그리고 그 둘은 지금 문제되고 있는 양면이다.

아직 관념론자의 종교나 철학이 나타나기도 전에 인간은 이미 비극의 여행길에 오르고 있었다. 인류의 최근 3천 년간의 역사는 관념론, 실체의 결여, 비극으로의 여행이었으며, 지금 그 여행이 막 끝난 참이다. 그것은 극장에서 보는 비극의 종말과 비슷하다. 무대에는 시체가 사방에 흩어져 있다. 아니, 시체보다도 심하다. 의미도 없는 시체가 흩어져 있다. 그리고 막이 내린다.

그러나 인생의 장면에서는 막은 절대로 내려지지 않는다.

인생에서는 시체가 힘없이 쓰러지면 누군가가 그것을 치워야 한다. 누군가가 그것을 실어 내야만 한다. 그것은 명백하다. 비극과 관념의 시대는 이미 끝났다. 남은 주역(主役)들은 극도의 피로에 싸여 있다. 그러나 우리는 계속 살아야 하는 것이다.

지금 우리는 페시미즘에 해를 입고, 인생은 불모의 투쟁에 지나지 않으므로 목숨을 걸고라도 피해야 한다고 생각했던 대관념론자들이 파괴해 버린 위대한 관계를 다시금 수립해야 한다. 부처, 플라톤, 예수, 그들 세 사람 모두 인생에 관해서는 완전한 페시미스트였다. 그들은 행복이라는 것은 생활에서—나날의, 해마다의, 계절마다의 탄생, 죽음, 결실의 생활에서—자기를 추출하고 '불변' 혹은 영원한 정신 속에 사는 데 있다고 가르치고 있다. 그러나 오늘날, 거의 3000년의 세월이 지난 오늘날에 네 계절의 리드미컬한 생활에서도 탄생 혹은 죽음, 결실에서 우리가 거의 완전히 추출되어 본들 지금 우리에게는 이 같은 추출은 행복도 해방도 아니며 무(無)에 지나지 않는다는 것을 알게 된다. 그것은 무의 관성(慣性)을 가져온다. 위대한 구세주나 설교사들은 우리를 생활에서 떼어 놓는 데 지나지 않는다. 그것은 비극적인 부기(附記)였다.

우리에게 있어 우주는 죽어 있다. 다시금 삶을 얻는다는 것은 어떤 것인가? '지식'이 태양을 죽이고 그것을 흑점이 있는 가스 덩어리로 변하게 했다. '지식'이 달을 죽이고 그것을 천연두의 곰보 같은 차디찬 분화구를 가진 죽은 조그만 땅덩어리로 만들어 버렸다. 기계의 진보가 지구를 죽이고 이것을 얼마간 울퉁불퉁한 여행을 위한 지표(地表)로 만들어 버렸다. 이런 상태로 우리는 어떻게 하면 우리의 마음을 말로 다 할 수 없는 기쁨으로 채워 주는 구체(球體)를, 영혼의 하늘의 위대한 구체를 되찾을 수가 있을 것인가. 우리는 어떻게 하면 아폴로, 아티스,[4] 데메테르,[5] 피시파니[6] 저승의 홀 등을 되찾을 수가 있겠는가. 금성이라든가 오리온 성좌의 별까지도 어떻게 보겠는가.

우리는 그런 것을 되찾아야 한다. 그런 것은 우리의 영혼이, 우리의 위대한 의식이 살고 있는 세계이기 때문이다. 이성과 과학의 세계에서는 달은 죽은 땅의 세계이고, 태양은 전체가 가스이고 흑점이 있다고 한다. 이것이 추상적인 정신이 살게 된 메마른 불모의 조그마한 세계인 것이다. 우리의 작은 의식의 세계, 이 세계를 우리는 하찮은 일을 따지는 방관자적 기분으로 알고 있다. 우리는 자기 자신을 떼어버렸을 때 그처럼 세상을 보는 것이다. 모든 것을 천하게, 먼 기분으로 바라보는 것이다. 우리 자신을 잃지 않고, 세계를 인식할 때에는, 우리는 지구가 히아신스 같다든가, 하계적(下界的)이라고 생각하고, 달은 우리에게 우리의 신체를 기쁨으로 넘치게 해 준다든가 그것을 훔쳐 가리라고 생각한다. 우리는 태양이라는 거대한 황금의 사자가 으르렁거리기도 하고, 암사자가 새끼를 핥듯이 우리를 핥아서 대담하게 만들기도 하고, 혹은 잔뜩 화가 난 사자처럼 발톱을 세우고 우리에게 덤벼든다는 것도 알고 있다.

---

*4 소아시아 프리지아의 신.
*5 농업과 결혼의 여신.
*6 지옥의 여왕.

아는 길은 두 길이 있고, 지식엔 두 가지 종류가 있다. 그 두 가지 중의 하나는 방관자적 방법, 다시 말해서 지능적, 합리적, 과학적인 방법이다. 또 하나는 합체적(合體的)인 방법, 즉 종교적, 시적인 방법이다. 그리스도교는 드디어 프로테스탄티즘에서 우주와의 합체성을 잃고, 육체와의 합체성도 잃고, 성·정서·정열·지구·태양·별과의 합체성도 잃었다.

한편 관계는 삼중 구조가 되어 있다. 우선 첫째로 생(生)이 있는 우주와의 관계, 둘째로 남자와 여자와의 관계, 셋째로 인간과 인간과의 관계가 있다. 이것들은 세 가지가 다 단순한 정신이나 마음의 관계가 아니라, 피의 관계이다. 우리는 우주를 물질과 세력 같은 것으로 분해해서 인식하고, 남자와 여자를 따로따로의 인격—서로 관계없는 합체 불가능한 것—으로 만들어 버렸다. 그 때문에 지금 말한 세 가지 관계는 모두 정체(正體)가 없는 죽은 것이 되어 있다.

그러나 무엇보다도 인간 대 인간의 관계만큼 절망적으로 되어버린 것은 없다. 오늘날 인간들이 무엇을 느끼고 있는가를 철저히 분석해 보면, 그들은 서로 상대편 인간을 위협으로 여기고 있다는 결과가 나오지 않나 생각된다. 이것은 기묘한 일이다. 그러나 인간은 지적이고 관념적이 되면 될수록 다른 인간의 육체적 존재를 위협으로 느끼게 된다. 그들 자신의 존재에 대한 위협으로서 느끼는 것이다. 내 곁에 모여드는 인간은 모두 나의 생존을 위협하고 있다. 아니, 그 이상이다. 나의 존재까지 위협하고 있다.

우리의 문명은 이런 추한 사실을 기반으로 해서 그 위에 서 있다. 전쟁 소설의 광고문에, 이 책은 '우정과 희망, 진흙과 피'의 서사시다, 라고 씌어 있었는데 그 의미는 물론 우정과 희망이 마지막에는 진흙과 피투성이가 된다는 것이다.

성과 육체에 대한 개혁운동이 플라톤에 의해 대대적으로 전개되었는데, 이것은 '관념'을 목표로 하고 이 '정신적'·방관자적 지식을 목표로 하는 운동이었다. 성은 위대한 통합자이다. 성의 크고 느긋한 진동 속에서 인간을 합체적으로 함께 행복하게 하는 것은 심장의 따뜻함이다. 관념론자의 철학과 종교는 이것을 죽이려고 용의주도한 출발을 했다. 그리고 그들은 생각한 대로 했다. 그들은 목적을 달성했다. 우정과 희망의 마지막 커다란 분발은 진흙과 피 속에서 눌리고 말았다. 그리고 지금 인간은 모두 고립된 작은 실재(實在)로 화하고 있다. 지금 친절함은 일상 생활에서 입으로만 하는 질서—누구나가 '친절해야 한다'—로 되어 있지만 '친절함' 밑에는 냉랭한 심장이, 심장의 결여가, 냉담성이 있다. 참으로 황량하기 짝이 없다. 인간은 모두 다른 인간에게 있어 위협적인 것이다.

인간끼리는 위협이라는 형태로 상대편을 안다. 개인주의는 승리를 얻었다. 만약 내가 정말로 한 개인이라고 한다면 다른 모든 존재, 특히 다른 모든 인간들은 내게 대한 위협으로서 나와 대립한다. 이것이 오늘날 우리 사회의 특성이다. 우리는 모두 남에게 극도로 기분 좋게 대하고 있고 '선인(善人)'이다. 그것은 다만 우리가 서로 무서워하고 있기 때문에 그렇다.

위협감과 공포감을 동반한 고립감은, 일체감이라든가 동포와의 공동 사회 감각이 희박해지고 개인주의라든가 고립한 개성이라는 감각이 강해짐에 따라 점점 고조되어가는 운명에 있다. 이른바 '교양 있는' 계급이라는 것은 '개성'이라든가 개인주의를 맨 먼저 발달시키고, 또 맨 먼저 이 무의식적인 위협과 공포 상태로 떨어져 간다. 노동자 계급은 일체성과 합체성의 낡은 피의 온기를 수십 년간은 간직하지만 이윽고 그들도 그것을 잃는다. 그 다음에는 계급 의식이 차차 퍼진다. 계급간의 증오가 퍼진다. 계급간의 증오라든가 계급의식이라는 것은, 낡은 합체성이나 낡은 피의 온기가 허물어지게 되어 사람은 모두 자기를 고립된 존재로밖에 생각할 수 없게 된 것을 나타낼 따름이다. 다음에 대항, 투쟁을 위해서 서로 적대시하는 그룹이 발생한다. 시민 투쟁이라는 것은 자기 주장을 위한 필수 조건이 된다.

이것 역시 오늘날 사회 생활에 있는 비극이다. 옛 잉글랜드에서는 기묘한 피의 연결이 계급을 붙들어 매고 있었다. 지주나 지방 명사들은 거만하고 포악해서 부정을 저지르기도 했지만, 그러나 그들은 어떤 점에서 민중들과 일체성을 유지하고 있었다. 그들은 민중들의 피의 흐름의 일부였다. 우리는 그것을 피일딩이나 디포우에서 본다. 그러나 보잘 것 없이 작은 제인 오스틴 속에서는 그것이 사라져 버렸다. 이 노처녀는 이미 인물을 쓰지 않고 등장인물을 '개성화'하고 있다. 합체적 인식이 아니라 방관자적 인식을 행하고 있다. 나는 그녀가 골수에 사무치도록 불쾌하다. 그녀는 영국의 나쁘고 천한 속물적인 면을 대표하고 있다. 반대로 피일딩은 선과 관대함을 갖추고 있다는 의미에서 영국적이다.

《채털리 부인의 연인》에 대해 언급하기로 하자, 이 작품에는 클리포드 경이라는, 주위의 남자들이나 여자들과 관례적인 교제 외에는 모든 연관을 상실한 순수한 하나의 개성이 등장한다. 그의 모든 온기가 상실돼 난로도 심장도 식고 인간적인 존재가 아니게 되었다. 그는 우리 문명의 순수한 산물이지만 세계의 위대한 인간성의 죽음을 상징하는 것이기도 하다. 그는 예절대로의 친절은 갖추고 있다. 그러나 그는 따뜻한 동정이란 무엇을 의미하는지도 모른다. 그는 그만의 존재인 것이다. 그는 자신이 선택한 여자를 자기의 것으로 붙들어 놓지 못한다.

또 하나 등장하는 사람은 인간의 온기는 여전히 지니고 있다. 그러나 그는 쫓겨서 파괴에 직면하고 있다. 그에게로 달리는 여자가, 정말로 그와 그의 생명적인 의미를 지지하고 있는지 어떤지조차 의문이다.

나는 클리포드를 의식적으로 반신불수가 된 남자로 썼냐느니, 그것은 상징이라고 생각하냐느니 하고 종종 사람들에게서 질문을 받았다. 문학상의 친구들은 클리포드를 건전하고 능력 있는 남자로 해 두는 편이 좋지 않았을까, 하고 말한다. 그렇게 해놓고, 그런데도 아내가 달아났다고 하는 편이 좋았을 거라고 한다.

그 '상징'이 의식적이었는지 어떤지 나는 모른다. 내가 맨 처음 클리포드를 그렸을 때는 분명히 그렇지는 않았다. 처음에 클리포드와 코니를 만들어 냈을 때, 나는 이 두 사람이 누구이고 왜 등장했는지 자신도 알지 못했다. 그들은 그저 단순히 등장했을 뿐, 나는 그들에 대해 깊은 생각을 품고 있지 않았다. 그러나 이 소설 모두를 세 번이나 고쳐 썼다. 첫 번 원고를 다 쓰고 이것을 읽었을 때, 나는 클리포드의 불구는 오늘날 그가 속한 계급의, 클리포드와 같은 남자들 대부분에게서 볼 수 있는 마비, 깊은 정서적 정열적 마비를 상징하는 것임을 깨달았다. 클리포드를 하반신 불수의 사나이로 설정하는 것은 아마 코니에 대해 공평치 못하리라는 생각도 했다. 그러한 남편에게서 달아난다는 것은 더욱 코니의 사랑의 도피행을 속되게 한다. 그러나 이야기는 저절로 그렇게 되어 버렸기 때문에 나는 그대로 내버려 두었다. 그것을 상징이라고 하거나 안하거나 별문제로 하고, 이 이야기는 써 나가는 동안에 저절로 이렇게 된 것이다.

지금 나는 《채털리 부인의 연인》이 완성된지 약 2년 만에 이것을 쓰고 있는

데 무언가를 설명하거나 해석하거나 하기 위한 것은 아니다. 다만 이 소설의 배경으로서 필요하리라고 생각되는 나의 신념을 독자에게 알리기 위한 것일 뿐이다. 이 소설이 사회의 관례를 무시하고 쓰인 것만은 자명하다. 그러므로 결국 이 관례를 무시한 자세를 밝힐 어떤 이유를 들어야 할 필요가 있을 것이다. 이 소설은 대중을 난처하게 만들려는 어리석은 생각으로 쓴 것은 더더욱 아니다. 내가 금기로 되어 있는 어휘를 썼다 해도 거기에는 이유가 있었다. 남근적 현실에서 '승화'의 오점을 취급하기 위해서는 역시 남근적 언어, 비속한 말을 쓸 필요가 있다. 남근적 현실에 대한 최대의 모욕은 이 '보다 높은 차원으로서의 승화'이다. 그러므로 소설 속의 상류 계급 부인이 산지기와 결혼했다 하더라도—소설 속에서는 실제적으로 결혼하지 않았지만—그것은 '계급 혐오' 때문이 아니라 '계급의 거리가 있는데도 불구하고'인 것이다.

마지막으로 나는 얼마 전 해적판에 대한 글을 쓰고도—그 일부분에 대해서이지만—원작의 설명을 하지 않은 데 대한 불평스런 편지를 받았다. 원작의 초판은 피렌체에서 발행되었는데, 보드 지의 딱딱한 표지로 장정되어 있다. 표지의 색은 짙은 자색인데 표지 위에는 나의 표시인 불사조가 검정색으로 인쇄되고, 표지 뒤에는 흰 종이가 붙여져 있다. 종이는 질이 좋은 노르스름한 이탈리아 종이이다. 인쇄는 잘 되어 있기는 하지만, 그 정도면 보통 수준이다. 제본도 피렌체의 조그마한 제본소에서 했기 때문에 역시 그 정도다. 특히 숙련된 제본도 아니다. 그러나 기분 좋게 만들어진 책이다. 흔히 말하는 고급 책보다는 잘 되어 있다.

그리고 만약 이 책에 오자가 많다 하더라도—실제로 있지만—이것은 이 책의 조판이 이탈리아의 조그마한 인쇄소에서—가족들만으로 운영되는 인쇄소에서—인쇄되었으며 식자공들이 아무도 영어를 몰랐기 때문이다. 식자공 중 영어를 아는 사람이 없었기 때문에 그들은 여러 가지로 얼굴을 붉힐 만한 장면도 그 내용을 모르고 끝냈다. 그러나 그 교정지는 괴상한 꼴이 되었다. 식자공이 몇 페이지에 걸쳐 꽤 잘한 데도 있지만, 그들이 술이라도 마시고 작업한 부분은 언어가 기분 나쁜 죽음의 춤을 추기 시작한다. 아무튼 영어라고 할 수 없는 것이 되고 말았다. 그러므로 만약 오식(誤植)된 데가 아직 좀 남아 있더라도 오히려 그것만으로 끝난 것이 다행이라 하겠다.

한번은 어떤 신문이, 이 책을 조판한 조판공에게 책 내용을 속였다는 동정의 글을 발표한 적이 있다. 그러나 속이다니 당치도 않은 일이다. 그 조판공은 흰 콧수염을 기른 사나이인데, 그때 마침 두 번째 아내를 맞아들였을 때였다. 그는 일을 시작하기 전에 우선 이런 말을 들었다. "이 영어책에는 이러저러한 말이 씌어 있고, 어떤 종류의 것이 묘사되어 있다. 그런 일이 하기 싫으면 거절해 주시오." 그러자 그는 이렇게 물었다. "어떤 내용입니까?" 책 내용을 설명하자 그는 과연 피렌체인다운 무뚝뚝한 말투로 말했다.

"난 또 뭐라고, 겨우 그런 말인가요? 그건 우리가 매일 하는 것 아닙니까?"

그에게 있어 문제는 단지 그것뿐이었던 것 같다. 인쇄물의 내용은 정치적인 것도 아니고 도리에 벗어난 일도 아니므로 별로 깊이 생각할 게 없었던 것이다. 매일 행해지는 일이고 당연한 일인 것이었다.

그러나 이 책을 출판하기까지는 매우 힘이 들었다. 그토록 훌륭하게 만들어졌다는 것이 오히려 놀라운 일이었다. 그 인쇄소에는 이 소설의 반을 조판할 정도의 활자밖에 없었다. 그래서 우선 반을 짜고 1천 부의 분량만 인쇄하고서, 다시 만일의 경우를 생각하여 보통 종이에 200부를 찍었다. 이것이 부수는 적지만 제2판이 되었다. 그런 뒤 다음 해 해판(解版)하여 나머지 반을 짰던 것이다.

배부하는 일도 만만치 않게 고된 일이었다. 미국의 세관에서 순식간에 걸리고 말았다. 다행히 영국에서 걸리기까지는 약간 여유가 있었다. 그래서 사실상 제1판은 거의 전부—적어도 800부는 확실히—영국에 도착했을 것이다.

다음에 저속한 언론 공격의 폭풍이 닥쳐왔다. 그러나 이것은 피하기 어려운 일이었다.

"뭘, 그런 건 매일 하는 게 아닌가!" 조그마한 이탈리아인 조판공은 말했다.

"천만에! 무서운 일이다!" 영국의 신문은 고함을 쳤다.

"고맙소, 성을 이 정도로 진지하게 다룬 책을 나는 본 적이 없소. 나는 성이 상실된 책만 읽었기에 아주 싫증이 났었소." 피렌체의 가장 훌륭한 시민의 한 사람인 이탈리아인이 내게 말해 주었다.

"난 잘 모르겠어. 좀 지나친지 어떤지 도무지 알 수가 없군." 어떤 소심한 피렌체의 비평가는 말했다. 그도 이탈리아인이었다.

"여보게, 로렌스, 정말 거기까지 말해야 한다고 생각하나?" 내가 그렇다고 대답하자 그는 생각에 잠겨버리고 말았다.

"그렇죠. 한 남자는 머리가 영리한 바람둥이고, 다른 한 남자는 성적 불구자니까요." 어떤 미국 여성은 소설에 등장하는 두 남자를 비평했다.

"그러니까 코니는 나쁜 제비를 뽑은 게 아닐까……이번에도 또 말예요!"

# 채털리 부인의 연인

## 1

우리의 시대는 본질적으로 비극적인 시대이다. 그렇기 때문에 우리는 이 시대를 비극적으로 보려 하지 않는다. 세상에 큰 변동이 일어난 결과, 우리는 폐허 속에서 새로운 작은 희망을 품기 위해, 새로운 작은 보금자리를 짓기 시작했다. 그것은 상당히 어려운 일이다. 미래로 통하는 평탄한 길은 어디에도 없고, 장애에 부딪치면 길을 돌아가거나 기어서 넘어가야 한다. 사람은 어떠한 재난을 만나더라도 살아가지 않으면 안 된다.

이상이 콘스탄스 채털리가 처한 대체적인 상황이었다. 제1차 세계대전은 그녀의 머리 위에 있던 지붕을 무너뜨리고, 그녀의 운명을 비틀어놓았다. 그리고 그녀는 사람은 살아서 배워야 한다는 것을 깨달았다.

1917년, 그녀는 클리포드 채털리와 결혼했다. 클리포드가 휴가를 얻어 한 달 동안 고향에 돌아왔을 때였다. 그들은 한 달 동안 밀월을 보냈다. 그러고 나서 클리포드는 벨기에의 플랜더스로 돌아갔지만, 그로부터 여섯 달 뒤 다시 잉글랜드로 후송되어 왔다. 부상을 입어 거의 만신창이가 된 몸이었다. 아내 콘스탄스는 그때 스물세 살이었고 그는 스물아홉 살이었다.

삶에 대한 그의 집착은 놀랄 만한 것이었다. 그는 죽지 않았다. 만신창이가 된 몸도 그럭저럭 회복되는 것처럼 보였다. 2년 동안 치료를 받은 결과 그는 완치되었다는 선언을 받고 다시 자신의 삶으로 돌아올 수 있었으나, 허리 아래의 하반신은 영영 마비된 채였다.

그것은 1920년의 일이다. 클리포드와 콘스탄스 부부는 클리포드의 고향이며, 채털리 집안의 거주지인 라그비 저택으로 돌아왔다. 그의 아버지는 이미 세상을 떠나 이제 클리포드는 준남작이 되어 클리포드 경(卿)이고, 콘스탄스는 채털리 부인이다. 그들은 채털리 집안의 완전히 적막해진 저택에서 부족한 수입으로 살림을 하며 결혼생활을 시작하게 되었다. 클리포드에게는 손위 누이가 한 명 있었지만 오래 전에 집을 나가고 없었다. 그밖에 가까운 친척은 한 사람도 없었다. 그의 형은 전쟁에 나가 죽었다. 클리포드는 영원히 불구자가 되어 아이를 가질 수 없다는 사실을 알았지만 그나마 채털리 가문의 이름을 지키기 위해 연기가 자욱한 중부 지방으로 돌아온 것이다.

사실 그는 그다지 절망하지 않았다. 그는 휠체어를 타고 혼자 다닐 수 있었고, 소형 모터가 달리고 포장이 훌륭한 휠체어도 가지고 있었다. 그것을 타고 마당을 돌아다니기도 하고, 저택의 음울하고 웅장한 대정원 속을 혼자 천천히 몰고 다니기도 했다. 그러는 것을 그는 경박하게 여기는 척했지만, 사실은 무척 자랑스러워했다.

그때까지 너무나 심한 고통을 겪어온 결과, 고통을 참는 힘이 어느 정도 약해져 있었다. 언제나 조심스럽고, 밝으며, 기분이 좋아 보이기 때문에, 거의 쾌활할 정도라고 사람들은 말할지도 모른다. 혈색이 좋아 건강해 보이는 얼굴에, 연푸른색의 도발적인 밝은 눈, 넓고 억센 어깨에 튼튼한 두 팔, 값비싼 옷을 입고 런던의 고급번화가인 본드가(街)의 멋진 넥타이를 매고 있었다. 그러나 그 얼굴에는 불구자의 소심한 표정과 가벼운 공허감을 감출 수가 없었다.

그는 하마터면 목숨을 잃을 뻔했기 때문에, 약간 남아 있는 목숨이 그에게는 더할 수 없이 귀중하게 여겨졌다. 그처럼 커다란 타격을 입고도 살아남았다는 것을 얼마나 자랑스럽게 여기는지는, 그의 불안 섞인 밝음 속에 역력히 드러나 있었다. 그러나 그런 끔찍한 상처를 지니고 있기 때문에 그의 마음속에서는 뭔가가 죽어버리고 말았다. 감정의 어떤 부분이 사라지고 만 것이다. 남아있는 것은 무감각한 공허였다.

아내 콘스탄스는 부드러운 갈색 머리에 튼튼한 체격을 한, 혈색 좋은 시골여자 같은 느낌을 주었다. 동작은 느긋했지만 이상한 활기로 가득 차있었다. 깜짝 놀란 듯한 커다란 눈과 부드럽고 온화한 목소리에, 시골에서 갓 올라온 소녀 같은 모습이었다. 그러나 사실은 전혀 그렇지 않았다. 그녀의 아버지는 왕립 미술원 회원으로 한때는 유명했던 노(老) 멀컴 리드 경이었다. 그녀의 어머니는 예전에 번성했던, 라파엘 전파(前派)*¹ 시대에, 교양 있고 참신한 사회주

---

*1 이탈리아의 라파엘 이전 화가들의 사실주의적 작풍으로 돌아갈 것을 목적으로 한 영국의 화가 그룹.

의자 단체인 페이비언 협회의 한 사람이었다. 콘스탄스와 언니 힐다는 예술가와 교양 있는 사회주의자들 사이에서 예술적이고 자유로운 교육을 받았다. 두 자매는 파리와 피렌체, 로마 등지를 다니며 예술적 분위기를 흡수했다. 또 반대 방향인 헤이그나 베를린에 가서 사회주의자들의 대규모 회의도 참관했다. 그곳에서는 대표자들이 모든 문명국의 언어로 연설했지만, 난처해하는 사람은 아무도 없었다.

그래서 두 자매는 어렸을 때부터 예술이니 이상적 정치니 하는 것에도 전혀 거북함을 느끼지 않았다. 그런 것은 그녀들에게는 자연스러운 환경이었다. 그녀들은 국제인인 동시에 지방에 뿌리를 내린 사람으로서, 순수한 사회적 이상과 합치하는 예술상의 국제성과 지방성을 갖추고 있었다.

자매는 각자 열다섯 살이 되자 독일의 음악도시 드레스덴으로 유학을 갔다. 음악공부를 위해서였다. 그곳에서 그녀들은 즐겁게 지냈다. 학생들과 자유롭게 지내며, 남학생들과 철학이나 사회학, 예술상의 문제에 대해 토론할 때도 남자들 못지않게 우수했다. 여학생이었던 만큼 오히려 유리했다. 그녀들은 건장한 젊은이들과 기타를 치면서 숲 속을 돌아다녔다. 다같이 반더포겔의 노래를 불렀다. 완전한 자유였다. 자유! 그것은 참으로 멋진 말이었다. 열린 세계를 향해, 아침의 숲에 올라 충만한 에너지를 만끽하고, 멋진 목소리를 가진 젊은이들과 함께 마음껏 행동하며, 특히 하고 싶은 말을 얼마든지 할 수 있는 자유. 무엇보다 중요한 것은 대화였다. 정열적으로 이야기를 마음껏 주고받는 것이다. 연애는 하찮은 부산물에 지나지 않았다.

힐다와 콘스탄스는 열여덟 살이 되자 벌써 실험적인 연애 경험을 가지게 되었다. 그녀들과 정열적인 이야기를 주고받으며, 그토록 힘차게 노래하고 그토록 자유롭게 나무 그늘 속에서 함께 캠프생활을 즐겼던 젊은이들은 자연히 성애관계를 원했다. 처녀들은 망설였지만, 사랑 문제에 대해서는 이미 여러 번 서로 대화를 나누었기 때문에, 무척 중요한 것으로 생각하고 있었다. 남자들은 매우 겸허하게 그것을 열망했다. 처녀가 여왕처럼 뽐내며 자기 자신을 선물로 주는 것이 어떻게 나쁜 일일 수 있겠는가?

이리하여 자매는 자신과 매우 미묘하고 숨김없는 토론을 나눈 젊은이들에게 자기 자신을 선물로 주었다. 토론이나 논쟁이 중요한 것이지, 구애와 성교는 일종의 원시시대로 복귀하는 것이며 약간 급격한 타락 같은 것에 불가했다.

처녀들은 그 뒤 상대편 남자에게 품었던 애정이 식자, 자신의 사생활과 정신적인 자유를 침해당한 것처럼 느껴져서 남자들에게 싫증을 내게 되었다. 물론 처녀들이므로, 그 완전한 위엄과 인생의 의의는 모두 절대적이고 완전하며 순수하고 고상한 자유를 달성하는 데 있었다. 소녀의 삶에 달리 어떤 의미가 있겠는가? 낡아빠진 비천한 남녀관계와 복종은 떨쳐 버려야 한다.

그것을 아무리 감상적으로 생각하려 해도, 이 성에 관한 것은 태곳적부터 있는 하등한 인간관계이며, 종속의 하나였다. 이것을 찬미하는 시인들은 대부분 남자들이다. 여자들은 언제나 더 좋은 것, 더 고귀한 무언가가 있다는 것을 알고 있었다. 그리고 지금, 여자들은 전보다 더욱 명확하게 그것을 알고 있다. 여성의 아름답고 순수한 자유는 어떠한 성애보다 멋진 것이다. 단 한 가지 불행한 것은, 남성들은 이 문제에 있어서 여성보다 훨씬 뒤떨어져 있다는 사실이다. 남성은 개처럼 섹스를 강요한다.

여자는 거기에 따르지 않으면 안 되었다. 남자는 배를 주려 걸신들린 어린아이와 같다. 여자는 남자가 원하는 것을 줄 수밖에 없었다. 그렇지 않으면 아마 남자는 어린아이처럼 화를 내며 뛰쳐나가, 지금까지의 즐거운 관계를 망쳐 버리고 말 것이다. 그러나 여자는 자신의 내부에 있는 자유로운 자아를 포기하지 않고, 남자를 따를 수가 있다. 시인이나 성애론자들은 이 점을 충분히 고려하지 않았다. 여자는 사실은 자신을 포기하지 않고 남자를 받아들일 수가 있다. 확실히 여자는 남자의 힘에 지배당하지 않고도 남자를 받아들일 수 있는 것이다. 오히려 남자를 지배하는 힘을 얻기 위해 섹스를 이용할 수 있었다. 그러려면 성교시에, 여자는 스스로를 억제하여 자신은 절정에 달하지 않은 채, 남자를 만족시켜 정력을 다 써버리게 하면 되었다. 그런 뒤에 여자는 그 결합을 지속시켜서 남자가 한낱 여자의 도구가 되어 있는 동안, 자신의 오르가슴과 절정을 달성시킬 수 있는 것이다.

전쟁이 시작되어 자매는 서둘러 집으로 돌아가게 되기 전에, 둘 다 성경험을 가지고 있었다. 두 사람 다 남자와 말로서 친밀해지지 않으면, 즉 서로 대화를 주고받으면서 마음으로 관심을 품지 않으면, 연애에 빠지지 않았다. 현명한 젊은이와 시간약속을 하여 몇 달 동안 매일 같이 정열적으로 이야기를 나눈다는 것에는, 놀랍도록 심원하고 믿을 수 없는 흥분이 있었다. 그것은 실제로 경험하기 전에는 실감한 적이 없었던 일이었다! 낙원의 약속!

"너에게 대화를 나눌 수 있는 남자를 주리라."*2 이러한 말은 한 번도 들은 적이 없었다. 그것이 얼마나 멋진 약속인지 그녀들이 깨닫기 전에 이미 그것은 달성되었던 것이다.

그리고 이러한 영혼을 계몽하는 활발한 토론에 의해 싹튼 친밀감 뒤의 육체적인 관계가 다소 당연한 과정이라고 한다면, 그때는 그대로 그것에 몸을 맡기자. 그것은 하나의 장(章)이 끝남을 나타내는 것이다. 거기에는 또 그 나름의 흥분이 있다. 그것은 몸안의 떨림을 동반하는 기묘한 전율, 흥분시키는 유언처럼 자기주장의 마지막 경련이며, 또 한 문장의 마지막 말이나 주제의 단락을 표시하기 위해 삽입되는 별표의 줄과 매우 비슷하다.

1913년 여름방학에 귀국했을 때, 힐다는 스무 살이었고 코니(콘스탄스의 애칭)는 열여덟 살이었다. 아버지는 딸들이 이미 성경험을 가졌음을 똑똑히 눈치 챌 수 있었다.

프랑스의 누군가가 말했듯이 라무르 아베 파세 파르 라(사랑은 그곳을 스쳐 갔다)라는 것이다. 하지만 그녀들의 아버지도 그런 경험이 풍부한 남자로, 인생이란 될 대로 되게 마련이라고 생각하는 편이었다. 어머니는 그때 죽음을 몇 달 앞둔 신경병 환자였는데, 딸들에게는 '자신의 능력을 충분히 펼치면서 자유롭게 사는' 것만 바라고 있었다. 그녀 자신은 끝내 자신의 본모습을 보여주지 않았다. 그녀에게는 그것이 허용되지 않았던 것이다. 그 까닭은 알 수 없다. 어쨌든 그녀는 자기 몫의 재산을 가지고 있는 데다 자기 마음대로 할 수 있는 여자였으니까. 그녀는 남편을 비난했다. 하지만 실제적인 문제에서 그녀가 완전히 배제할 수 없었던 것은, 그녀의 마음 또는 영혼에 미치는 옛날과 다름없는 권위를 가진 영향이었다. 멀컴 경에게는 그것은 아무래도 상관없는 일이었기 때문에, 그는 자기 마음대로 행동하면서 신경질적으로 적의를 드러내는 드센 아내 엉덩이에 깔린 채로 있었다.

그래서 딸들은 자유로웠고, 드레스덴으로, 그리고 음악과 대학과 젊은이들 곁으로 다시 돌아갔다. 그녀들은 제각기 자신의 연인을 사랑했고, 또 그 연인들 또한 지적인 매력과 정열을 기울여 그녀들을 사랑했다. 그 젊은이들이 생각하고 말하고 쓰는 멋진 글과 말들은 모두 그 자매를 위해 생각하고 말하고

---

*2 존 키플의 《성스러운 결혼》에서.

쓴 것이었다. 코니의 연인은 음악을, 힐다의 연인은 기술을 공부하고 있었다. 그러나 그들은 오로지 자기 연인들을 위해서만 살았다. 말하자면, 그녀들의 마음과 지적 흥분 속에서만 살았다고 할 수 있다. 다른 면에서는, 그들 자신은 깨닫지 못했지만 은근히 무시당하고 있었다.

사랑이, 즉 육체적인 경험이 이 연인들 사이에 있었던 것은 그들도 분명히 알고 있었다. 남녀의 육체면에서, 그것이 얼마나 미묘하고 그러면서도 뚜렷한 변화를 가져다주는 것인지, 참으로 이상한 일이다. 여자는 훨씬 화려하고 싱싱해져서, 젊은이 특유의 날카로운 모습이 훨씬 부드럽고 섬세해지며, 표정이 수심에 잠기거나 의기양양해지기도 한다. 한편 남자는 훨씬 조용해지고 내면적이기 때문에, 어깨와 엉덩이의 윤곽에서도 완강함이 희미해지고 주저하기 쉬워진다.

몸 안에서 일어나는 실제의 성적 전율이라는 점에서는, 자매는 남성의 신비로운 힘에 굴복했다고 할 수 있었다. 그러나 재빨리 자기 자신을 되찾아, 성적 전율을 감각의 일종으로 받아들이고, 자유로운 입장을 지켰다. 남자들은 성을 경험하게 해준 여자들에게 감사하며, 자기 영혼이 여자에게 매혹되는 대로 가만히 내버려 두었다. 그러나 그 뒤에는 마치 1실링을 잃어버리고 6펜스짜리 은화를 주운 것처럼, 어쩐지 손해를 본 것 같은 눈치를 보였다. 코니의 애인은 조금 시무룩해지고, 힐다의 애인은 조롱을 띠는 듯했다. 하지만 그것이 남자인 것이다. 은혜도 모르고 결코 만족하는 법이 없다. 남자를 받아들이지 않을 때는 거부했다는 이유로 여자를 미워하고, 그들을 받아들였을 때도 무언가 다른 이유를 붙여 역시 여자를 미워한다. 그렇지 않으면 남자는 불만투성이 어린아이라는 것 외에 아무런 이유도 없이, 여자들이 할 수 있는 무슨 짓을 해도, 자신이 얻은 것에 조금도 만족할 줄 모른다.

그러나 전쟁이 발발하여, 5월에 어머니 장례식에 다녀온 지 얼마 안 되는 힐다와 코니는, 다시 황급히 고국으로 돌아가야 했다.

1914년 크리스마스를 앞두고 자매의 독일 연인들은 둘 다 전사했다. 두 자매는 눈물을 흘리며 슬퍼했지만, 마음속에서는 벌써 그들을 잊고 있었다. 그들은 이미 이 세상에 없는 사람이었던 것이다. 자매는 원래 어머니의 친정이었던 켄징턴의 아버지 집에서 살며, 케임브리지 대학의 젊은이들과 교제하고 있었다. 그들은 '자유'를 주장하며 플란넬 바지에 가슴이 벌어진 플란넬 셔츠를 입고, 좋은 교육을 받은 듯한 감정적인 분방함과 속삭이는 듯한 목소리, 지나치게 섬세한 신경을 가진 젊은이들이었다. 힐다는 그 케임브리지의 그룹 가운데서도 선배격인, 자기보다 열 살이나 많은 남자와 전격적으로 결혼했다. 그 남자는 재산이 꽤 많았고, 부모의 일을 물려받아 정부와 관련된 편한 일을 하며 철학적 논문을 쓰기도 했다. 힐다는 그 남자와 함께 웨스트민스터의 아담한 집에서 살며, 정부에서 일하는 사람들의 상류사회에 드나들었다. 그들은 일류라고는 할 수 없지만 그래도 국가의 진정한 엘리트집단이거나, 장차 그렇게 될 사람들이었다. 자기네들이 토론하고 있는 사항에 대해 잘 알고 있거나, 또는 잘 알고 있는 것처럼 말하는 사람들이었다.

코니는 전시(戰時)에 필요한 가벼운 봉사활동을 하면서 플란넬 바지를 입는 케임브리지의 비(非) 타협파 사람들과 교제했다. 코니의 '남자친구'는 본 대학에서 탄광업의 특수 기술을 연구하다가 급히 귀국한 22살의 젊은이 클리포드 채털리였다. 그는 본으로 가기 전에 케임브리지 대학에 2년 동안 다녔다. 지금 그는 어느 정예부대의 중위가 되어 있었다. 군복을 입고 있었기 때문에 모든 것에 대해 더욱 멋있게 비웃을 수 있었다.

클리포드 채털리는 코니보다 상류 계급에 속해 있었다. 코니는 유복한 인텔리 계급이지만, 그는 귀족이었다. 대귀족은 아니지만 어쨌든 귀족은 귀족이었다. 클리포드의 아버지는 준남작이고 어머니는 자작의 딸이었다.

그렇듯 클리포드는 코니보다 집안이 좋은 데다 '상류사회' 사람이기는 했지만, 그 나름대로 그녀보다 더 시골사람 같고 내성적이었다. 그는 편협한 '위대한 사회', 다시 말해 대지주의 귀족사회 속에서는 편안하게 행동할 수 있지만, 다수의 중류 또는 하류 계급 사람들이나 외국인들로 구성된 또 하나의 사회 속에서는 이내 겁을 먹거나 소심해졌다. 솔직하게 말해 그는 중류와 하류 계급 사람들이나 자기와 계급이 다른 외국인들을 약간 두려워했다. 모든 것에 걸쳐 특권이라는 비호를 받고 있는 신분임에도 불구하고, 그는 뭔가 몸이 마비되는 듯한 자기 자신의 무방비 상태를 의식하는 것이다. 묘한 일이지만, 이것이 바로 현대의 하나의 현상이다.

그래서 그는 콘스탄스 리드 같은 처녀의 독특하고 온화한 자신감에 매료되었다. 그녀는 이 외부 세계의 혼돈 속에서 그보다 훨씬 독립적이고 자유롭게 행동하고 있었다.

그럼에도 불구하고 그는 또한 반역자였다. 그는 자기 계급에 대해서도 반역했다. 반역이라고 하면 어쩌면 너무 의미가 강할지도 모르나 그처럼 강한 뜻은 아니다. 그의 경우는 다만 인습이나, 어떠한 종류이든 진정한 권위라는 것에 반대하는 일반적이고 흔해빠진 혐오감에 빠져 있을 뿐이었다. 아버지라는 존재는 모두 우스꽝스럽게 여겨졌다. 그 자신의 완고한 아버지는 특히 더 그랬다. 또 정부라는 것도 우스꽝스러웠다. 그 무렵 정부의 '눈치를 살피는' 정책이 특히 그러했다. 군대 또한 우스꽝스러웠다. 늙어빠진 장군들도 대개 그렇고, 얼굴이 붉은 키치너 육군원수(육군의 대군비 확장을 강행했다)는 가장 형편없었다. 전쟁마저도 우스꽝스러웠다. 그 전쟁에서 수많은 사람들이 죽기는 했지만.

사실 모든 것이 약간 또는 몹시 우스꽝스러웠다. 확실히 권위와 연관된 것은 모두, 군대고, 정부고, 또는 대학이고, 얼마쯤 다 우스꽝스러웠다. 또 지배계급이 약간이라도 통치하는 척하는 것이 우스꽝스러웠다. 클리포드의 아버지 제프리 경도 무척 우스꽝스럽게 보였다. 그는 자기 소유의 숲을 벌목하기도 하고 자기 탄광에서 광부들을 뽑아 전쟁터에 내보내기도 했다. 하지만 그 자신의 몸은 매우 안전했고, 애국심은 강했다. 그리고 자기 수입보다 많은 돈을 나라에 바치기도 했다.

미스 채털리─에마가 부상병을 간호하기 위해 중부 지방에서 런던에 왔을 때, 제프리 경과 그의 흔들림 없는 애국심에 대해 매우 온화하면서도 재치 있는 이야기를 해주었다. 클리포드의 형이자 상속인인 허버트는, 참호용으로 벌목되고 있는 나무가 자신의 소유였는데도 그만 웃음을 터뜨리고 말았다. 그러나 동생인 클리포드는 조금 불안한 듯한 얼굴로 빙그레 웃었을 뿐이다. 정말이지 모든 것이 우스꽝스러웠다. 그러나 그것이 너무나도 가까이에서 일어나, 정상적인 자기 자신까지 우스꽝스러워져 버릴 때는 어떻게 될까? 적어도 코니 같은 그와 다른 계급의 사람들은 무슨 일엔가 열중하고 있었다. 그들은 무언가를 믿고 있었다.

그들은 영국 병사나 징병에 대한 공포, 아이들에게 줄 토피캔디의 부족에 대해 상당히 진지했다. 물론 그와 같은 일에 대한 당국의 조치는 우스꽝스러울 만큼 잘못되어 있었다. 그러나 클리포드는 그런 것을 심각하게 생각할 수가 없었다. 그에게 있어서 당국이라는 것은, 토피캔디나 영국병사 때문이 아니라 처음부터 우스꽝스러운 것이었다.

게다가 당국은 스스로도 우스꽝스럽다고 느끼고 상당히 우스꽝스러운 짓을 했기 때문에, 그것은 당분간 완전히 《이상한 나라의 앨리스》에 나오는 미치광이들의 다과회 같은 것이었다. 이윽고 대륙에서 사태가 진전되자, 이쪽에서는 로이드 조지 수상이 사태수습에 나섰다. 그리고 그 사태는 조롱하고 있을 문제가 아니었기 때문에, 경박한 젊은이들도 더 이상 웃지 않았다.

1916년, 허버트 채털리가 전사하고 클리포드가 상속인이 되었다. 그는 그것에 대해서도 두려움을 느꼈다. 제프리 경의 아들이자 라그비 저택의 후계자라는 것의 중대한 의미는 그의 마음속 깊이 뿌리를 내리고 있었고, 거기서 벗어날 수 없는 운명에 있었다. 하지만 그것 역시 세상 돌아가는 것을 이해하고, 그 들끓고 있는 세상 속의 입장에서 보면 우스꽝스러운 일이라는 것을 그는 알고 있었다. 이제야말로 그는 상속인이 되어 라그비 저택에 대해 책임을 지기에 이르렀다. 그것은 엄청난 일이 아니겠는가? 또 그것은 훌륭한 일이기도 하지만, 동시에 참으로 우스꽝스러운 일이 아니겠는가?

제프리 경이라면 그러한 우스꽝스러움에 대해서는 생각도 하지 않을 것이다. 그는 창백한 얼굴로 긴장하여 자신의 세계에 틀어박혀, 수상이 로이드 조지이든 누구이든 조국과 자신의 사회적 지위를 지키겠다고 굳게 결심했다. 그는 진정한 영국인 잉글랜드에서 그렇게 버림받고 고립되어 법적으로 완전히 자격을 상실했기 때문에, 영국 하원의원이자 재무관인 호레이쇼 보틀리에게마저 호의를 품었다. 제프리 경은 자신의 조상이 잉글랜드와 영국의 수호성인 세인트 조지를 지지했던 것처럼 잉글랜드와 로이드 조지를 지지했지만, 옛날과 지금은 다르다는 것을 전혀 알지 못했다. 그래서 제프리 경은 나무를 베어 로이드 조지의 잉글랜드, 잉글랜드의 로이드 조지를 지지했던 것이다.

그는 또한 클리포드가 결혼하여 후손을 낳아주기를 원했다. 클리포드는 아버지를 어쩔 수 없는 구시대인으로 생각했다. 그러나 이 점에서는, 모든 것이 우스꽝스럽다거나 그 자신의 신분이 가장 우스꽝스럽다고 하는, 두려워서 주춤하는 듯한 인식을 제외하면, 그 자신은 조금 진보해 있었다. 왜냐하면 그는 마지못해 준남작이라는 신분과 라그비 저택을 지극히 진지하게 물려받았으니 말이다.

전쟁의 들뜬 흥분도 이미 사라지고…… 아니, 죽어 있었다. 너무도 많은 죽음과 공포, 남자는 성원과 위안을 필요로 했다. 안전한 세계에 닻을 내릴 필요가 있었다. 아내가 필요했다.

채털리 집안의 두 아들과 한 명의 딸은, 연고자는 있지만 묘하게 고립된 생활을 하며 라그비 저택에 함께 틀어박혀 있었다. 고립감과 작위와 영지가 있음에도 불구하고, 아니 어쩌면 그런 것이 있기 때문에 오히려 그들의 입장이 약하고 무방비하다는 느낌이 가족간의 유대를 더욱 강하게 다져주었다. 그들은 평생 동안 지낼, 공업이 활발한 그 중부 지방에서 고립되었다. 또 그들은 조롱하면서도 무척 마음을 쓰고 있는 제프리 경의 집요한 생각과 고집스럽고 폐쇄적인 성격 때문에, 그들 자신의 계급으로부터도 고립되었던 것이다.

채털리 집안의 세 남매는 지금까지 항상 서로 함께 의지하며 살아가자고 다짐해 왔다. 그러나 허버트가 죽은 지금, 제프리 경은 클리포드를 결혼시키고 싶어 하였다. 제프리 경은 그것을 거의 입 밖에 내지는 않았지만. 그는 너무나 말수가 적은 사람이었다. 그러나 결혼해야 한다는, 아버지의 심사숙고한 무언의 요구는 클리포드에게는 견딜 수 없는 것이었다.

에마는 반대했다. 클리포드보다 열 살 위인 그녀는, 동생의 결혼은 세 남매 사이의 약속을 깨뜨리는 배신행위라고 생각했다.

그러나 클리포드는 코니와 결혼해서 둘이서 한 달 동안의 밀월을 보냈다. 그것은 위기가 임박했던 해, 1917년의 일이었다. 부부는 마치 침몰하는 배에 함께 타고 있는 두 사람처럼 서로 단단히 의지하고 있었다. 결혼했을 때, 그는 아직 숫총각이었다. 성적인 부분은 그에게는 큰 의미를 가지지 않았다. 그 점만 빼면 부부는 매우 금슬이 좋았다. 코니는 섹스를 초월하고 남자의 '만족'을 초월한 이 친밀함을 조금은 기뻐했다.

아무튼 클리포드는 여느 남성과는 다른 것 같았고, 남자의 '만족'에 열중하지 않을 뿐이었다. 아니, 오히려 그러한 친밀함이 성적 만족보다 훨씬 깊고 훨씬 육체적이었다. 그리고 성교는 단순히 부수적이고 우발적인 일, 말하자면 부산물로서 그 특유의 민망한 모습으로 살아남아 묘하게 퇴화한 기관(器官)의 작용의 하나일 뿐, 사실은 필요 없는 것이었다. 그러나 코니는 아이를 간절하게 원했다. 시누이 에마에 대해 자신의 입장을 튼튼하게 다지기 위해서였다.

하지만 1918년 초에 클리포드는 거의 망가진 몸으로 송환되어 왔다. 아이는 아직 없었다. 그리고 제프리 경은 너무 상심한 나머지 세상을 떠나고 말았다.

## 2

코니와 클리포드가 라그비 저택으로 돌아온 것은 1920년 가을이었다. 동생의 배신에 아직도 화가 풀리지 않은 누이 에마는 이미 집을 나가 런던의 조그마한 아파트에서 살고 있었다.

라그비 저택은 18세기 중엽에 세워진 길고 나지막한 옛날식 갈색 석조 건물로, 그 뒤에 증축되어 이렇다할 특징이 없는 토끼장처럼, 복잡하고 어수선한 시골집이 되어 있었다. 저택은 떡갈나무가 우거진 꽤 훌륭한 옛 장원 속의 언덕 위에 서 있었다. 그러나 애석하게도 그리 멀지 않은 곳의 티버셜 탄광 굴뚝에서는 증기와 연기가 피어오르고, 멀리 안개가 축축하게 끼어 있는 언덕 위에서는 티버셜 마을에 흩어져 있는 조잡한 집들이 보였다. 그 마을은 거의 장원 문 앞에서 시작되어, 처참하리만치 추한 모습으로 1마일 가량이나 길게 뻗어 있었다. 집이라고 해야 연기에 그을린 작고 초라한 벽돌집들로, 예각을 이루는 검은 슬레이트 지붕이 뚜껑처럼 덮여있고, 고집스럽고 공허한 음울함을 띠고 있었다.

코니는 켄징턴 공원과 스코틀랜드의 구릉, 서식스 지방의 구릉지대를 늘 보며 살아왔다. 그것이 그녀가 알고 있는 잉글랜드였다. 그러므로 젊은 여자의 냉정한 눈으로 이 석탄과 철밖에 없는 중부 지방의, 영혼이라고는 전혀 느껴지지 않는 추악함을 한눈에 알아보았지만, 그녀는 그것을 있는 그대로 받아들였다. 믿을 수 없고 생각할 수도 없는 일이었기 때문이다. 라그비 저택의 몹시 음침한 방에 있으면 탄광에서 석탄을 치는 기계의 덜컹거리는 소리, 기중기가 내뿜는 증기 소리, 드나드는 화차의 철커덕거리는 소리, 운반 기관차의 귀에 거슬리는 작은 기적소리 같은 것이 들려왔다. 티버셜의 갱구 주변에서 버력더미가 몇 년 전부터 계속 타고 있었는데, 그것을 끄려면 몇 천 파운드의 비용이 들었다. 그래서 타는 대로 내버려 둘 수밖에 없었다. 그리고 흔히 있는 일이지만 그쪽에서 바람이 불어올 때는, 집안이 온통 지구의 배설물인 유황 냄새가 섞인 악취로 가득 찼다. 바람이 불지 않는 날에도 공기 속에는 늘 뭔가 땅속 같은 냄새가 섞여 있었다. 그것은 유황이나 철, 석탄, 그리고 산(酸) 같은 것이었다. 더욱 믿을 수 없는 일은, 크리스마스의 장미에조차 검은 그을음이 죽음의 하늘에서 내리는 신의 축복처럼 끊임없이 내려앉는 것이었다.

그렇다, 이곳은 그런 곳이었다. 다른 모든 것과 마찬가지로 숙명적인 것. 그것은 꽤 혹독한 것이지만 어떻게 불평할 수 있단 말인가? 불평한들 아무런 소용이 없다. 그것은 그저 존속할 뿐이다. 다른 모든 것과 마찬가지로 그것이 생활이라는 것이다. 밤에는 천장처럼 어둡고 낮게 드리운 구름에 붉은 점이 빛나며 쓰라린 화상처럼 얼룩이 되었다가 부푸는가 하면, 다시 오그라들면서 떨기도 했다. 그것은 용광로의 불이었다. 코니는 처음에는 일종의 공포를 느끼면서도 그것에 매료되었다. 땅속에서 살고 있는 듯한 느낌이었다. 그러나 얼마 뒤에는 그런 것에도 익숙해졌다. 그리고 아침이 되면 비가 내렸다.

클리포드는 런던보다 라그비 저택이 마음에 든다고 말했다. 이 지방에는 단호한 의지가 있고 사람들에게는 근성이 있었다. 그러나 그것 말고 무엇이 있을까 하고 코니는 생각했다. 그들에게는 사물을 바라보는 눈, 느끼는 마음이 없는 것이 분명했다. 사람들은 이 지방의 풍물과 마찬가지로 메마르고 볼품없고 우울하며 게다가 무뚝뚝했다. 그러나 분명치 않게 입 속으로 우물거리는 그들의 사투리와, 광부들이 하루 일을 마치고 아스팔트 길 위를 무리를 지어 집으로 돌아갈 때, 징이 박힌 탄광화가 내는 소리에는 무언가 느끼게 하는 것이 있었다. 그것은 몹시 불쾌하지만 조금은 신비롭기도 했다.

젊은 영주에게는 환영해주는 고향은 없었다. 환영잔치나 마을 대표자의 인사는커녕 꽃 한 송이 보내오는 자도 없었다. 그저 자동차를 타고 어두컴컴한 나무 터널을 지나 어둡고 습기가 많은 찻길을 달려가 물에 젖은 잿빛 양들이 풀을 뜯고 있는 대정원의 비탈길로 나온 뒤, 암갈색 정면을 드러내고 있는 저택이 서있는 작은 언덕에 도착했을 뿐이었다. 그곳에서 가정부와 그 남편이 발밑이 불안한 소작인처럼 어쩔 줄 몰라 하며, 우물우물 인사를 하려고 기다리고 있었다.

라그비 저택과 티버셜 마을 사이에는 교류가 없었다. 전혀 없었다. 모자에 손을 대어 인사하는 사람도 없고 허리를 굽히는 사람도 없었다. 광부들은 그저 물끄러미 쳐다볼 뿐이었다. 상인들은 코니에게는 아는 사람처럼 모자를 조금 벗어 보이지만, 클리포드에게는 어색하게 고개를 약간 숙일 뿐이다. 그들 사이에는 넘을 수 없는 깊은 골이 가로놓여 있었다. 게다가 양쪽 다 일종의 원한마저 품고 있었다. 처음에 코니는 마을에서 끊임없이 들려오는 원망에 시달려야 했다. 그러나 그녀는 그것에 대해 마음을 강하게 먹었다. 그러자 그것은 일종의 강장제가 되고, 어떤 생활신조 같은 것이 되었다. 그렇다고 그녀와 클리포드가 인기가 없는 것은 아니었다. 그들은 다만 광부들과 완전히 다른 종족에 속해 있었을 뿐이었다. 이 넘을 수 없는 골, 설명할 수 없는 막연한 불화는 트렌트 강 남쪽에는 존재하지 않는 것이었다. 그러나 중부지방과 북부 공업지대에는 이 넘을 수 없는 골이 존재하고 있었고, 그것을 넘어서는 교류는 있을 수 없는 일이었다. 너는 너대로 그쪽에서 꼼짝하지 마라, 나도 이쪽에서 가만히 있을 테니! 그것은 밑바닥에 흐르는 공통된 인간의 정을 기묘하게 부정하는 현상이었다.

그렇기는 해도 마을 사람들은 관념적으로는 클리포드나 코니와 같은 마음이었다. 살아있는 인간으로서는 어느 쪽이나, 내 일은 상관하지 말아 달라는 것이었다.

교구목사는 예순 살 가량의 선량한 사람이었다. 그는 열심히 일했지만, 마을 사람들의 내 일은 상관하지 말라는 침묵속의 태도 때문에, 개인으로서는 거의 실재하지 않는 자가 되고 말았다. 광부의 아내들은 거의 모두 감리파 신도\*3였고 광부들은 무종파였다. 그러나 성직자가 입고 있는 직무상의 제복은, 그 알맹이는 여느 사람과 똑같은 인간이라는 사실을 완전히 가려버린다. 뿐만 아니라 그는 애쉬비 선생님이라고 하는, 설교를 하고 기도를 드리는 일종의 자동장치 같은 취급을 받았다.

'아무리 당신이 채털리 부인이라 할지라도 우리도 당신과 마찬가지로 선량한 사람이라구!' 이 완고하고 직관적인 사람들에게 코니는 처음에는 무척 당황하고 난처했다. 그녀 쪽에서 사교적인 인사를 건네면 광부의 아내들은 기묘하게 경계하는 듯하면서도 짐짓 상냥한 태도를 보였다.

'어머나! 채털리 부인이 말을 다 걸어 주시다니, 내가 대단한 사람이 된 것 같군요! 하지만 부인이 나보다 고상하다고 생각하지는 말아주세요,' 하는 듯한 묘하게 불쾌한 태도였다. 코니는 여자들이 반 아첨하는 말투로 콧소리를 내는 것을 들어야 하는 것이 견딜 수가 없었다. 하지만 그것을 피하자면 지나갈 수가 없었다. 그것은 도저히 어떻게 할 수 없는, 불쾌한 비국교파적 불복종이었다.

클리포드는 그들을 상대하지 않았다. 그래서 그녀도 남편을 따르기로 했다.

---

\*3 영국에서 일어난, 엄격한 계율이 신교 일파.

마을 사람들과 얼굴이 마주치지 않도록 하며 그냥 지나치곤 했다. 그러자 그들도 그녀가 걸어 다니는 납인형이라도 되는 것처럼 물끄러미 쳐다볼 뿐이었다. 클리포드는 그들을 상대해야 할 일이 있을 때는, 오히려 거만하게 멸시하듯 대했다. 그렇게 되면 누구라도 가까이 하고 싶은 마음이 들지 않는다. 실제로 그는 자기와 같은 계급이 아닌 사람에 대해서는 대개 거만하게 굴며 경멸했다. 친해지려는 노력은 전혀 하지 않고, 자신의 입장에서 한발작도 물러서지 않았다. 그는 그들에게 사랑도 미움도 받지 않았다. 즉 그의 존재는 버럭더미나 라그비 저택 자체처럼 하나의 사물에 지나지 않았던 것이다.

그러나 이제 불구자가 된 클리포드는 극단적으로 소심해지고 자의식이 강해져 있었다. 그는 자기를 돌봐주는 하인 외에는 누구도 만나기를 꺼려했다. 그것은 그가 휠체어에 앉아 있어야 하기 때문이었다. 그러면서도 그는 옷차림에 매우 세심한 주의를 기울였다. 고급 양복점에서 맞춘 양복에 예전처럼 본드 스트리트의 화려한 넥타이를 매고 있어서, 그 상반신은 여전히 세련되고 인상적으로 보였다. 그는 지금까지 현대의 여성화된 젊은이 같았던 적이 한번도 없었다. 혈색 좋은 얼굴에 넓은 어깨가 오히려 야성적이라고 해도 좋을 정도였다. 그러나 그의 매우 나직하고 우물거리는 듯한 목소리와 대담한 듯하면서도 겁먹은 것 같은, 자신이 있지만 또한 확신이 없는 듯한 눈에 그의 본성이 잘 드러나 있었다. 그의 태도는 역겨울 정도로 거만해지는가 하면 이내 다시 겸허해져서 자기를 겉으로 드러내지 않았기 때문에, 거의 겁쟁이라고 할 수도 있었다.

코니와 클리포드는 서로 현대적인 담담한 애정으로 결합되어 있었다. 그는 불구자가 되었다는 커다란 충격에 의해 마음에 너무나 큰 상처를 지니게 되었기 때문에, 아무렇게나 경솔한 언동을 할 수가 없었다. 그는 말하자면 상처를 입은 하나의 물체였다. 그리고 그러한 물체에게 코니는 뜨거운 정열로 충실했다.

하지만 코니는 그와 마을 사람들의 접촉이 실제로 얼마나 적은지 느끼지 않을 수 없었다. 광부들은 어떤 의미에서는 그의 부하이지만, 그는 그들을 인간으로보다는 물건, 생명의 집단으로보다는 탄광의 부품, 그리고 자기와 똑같은 인간으로보다는 가공되지 않은 자연 현상으로 보고 있었다. 어떤 면에서는 그들을 두려워했다. 불구자가 된 지금, 그들이 자기의 모습을 지그시 쳐다보는 것이 견딜 수가 없었다. 그리고 그들의 기묘하고 거친 생활은 고슴도치의 생활만큼이나 기괴하게 여겨졌다.

그는 멀리 떨어진 곳에서 관계를 유지했다. 그것도 현미경으로 들여다보거나 망원경으로 멀리 바라보는 것처럼. 말하자면 접촉을 하지 않는 것이다. 오직 세습적으로 라그비 저택과 그리고 가족 보호라는 밀접한 유대에 의한 에마를 제외하고, 다른 누구와도 실제로 접촉하는 일은 없었다. 코니는 자신도 실제로는 그와 접촉하지 않고 있다, 진정한 접촉은 하지 않고 있다고 느끼고 있었다. 아마도 근본적으로 접촉해야 할 일이 없었던 것이리라. 그야말로 인간다운 접촉의 결여였다.

그러나 그는 철저하게 그녀에게 의지하고 있었다. 끊임없이 그녀를 필요로 했다. 체격이 크고 건장하면서도 무력했다. 스스로 휠체어를 타고 혼자 다닐 수 있었고, 또 모터 달린 휠체어도 있어서 그것을 타고 천천히 정원 안을 돌아다닐 수도 있었다. 그러나 혼자 있으면 그는 길 잃은 아이 같은 느낌이 들었다. 조금이라도 자신의 존재를 확인하기 위해서는, 늘 코니가 옆에 있어주어야 했다.

그러나 그에게는 야심이 있었다. 그는 소설을 쓰는 데 열중했는데, 그것은 그가 지금까지 알았던 사람들에 대한 호기심을 부추기는 사소설이었다. 교묘하고 약간의 악의가 느껴지지만, 왠지 모르게 신비로운 문체에 무의미한 내용이기도 했다. 관찰은 비범하고 독특했다. 그러나 현실적으로 마음에 와 닿는 것이 없었다. 모든 것이 격리상태에서 일어난 일 같았다. 그러나 생활의 장이 주로 인공조명으로 비쳐진 무대 같은 오늘날에 있어서는, 그 소설은 현대 생활 다시 말해 현대의 심리에 묘하게 충실한 것이었다.

클리포드는 그 소설들에 대해 병적으로 예민했다. 그는 모든 사람들이 자신의 작품을 훌륭하다고, 더 이상 견줄 것이 없는 작품이라고 생각해주기를 바랐다. 그의 작품은 가장 현대적인 잡지에 실렸지만, 으레 그렇듯이 칭찬 반 비난 반이었다. 혹평은 클리포드에게는 칼로 찌르는 듯한 고문 같았다. 마치 그의 전 존재가 그 소설 속에 담겨 있는 듯했다.

코니는 온힘을 다해 그를 위해 애썼다. 처음에는 짜릿한 흥분을 느꼈다. 그는 온갖 것에 대해 단조롭고 집요하게, 자신의 생각을 굽히지 않고 그녀에게 얘기했는데, 코니는 거기에 대해 있는 힘을 다해 반응해야 했다. 그녀는 정신과 육체와 성의 모든 것을 동원하여 그의 소설 속에 감정을 이입하지 않으면 안 될 정도였다. 그것이 그녀를 흥분시키고 열중하게 했다.

성생활은 거의 없었다. 코니는 집안 살림을 보살펴야 했다. 그러나 오랫동안 제프리 경을 보살폈던 가정부도 있고, 또 이 집에 온 지 40년이나 되는 하녀, 아니 여자라고 할 수도 없을 것 같은 바짝 메마르고 지나치게 공손한 초로의 여자가 식사시중을 들고 있었다. 하녀들조차 젊은 사람은 아무도 없었다. 정말 오싹 소름이 끼치는 집이었다. 이런 집에서는 모든 것을 그대로 내버려두는 것밖에 무슨 일을 할 수 있겠는가! 아무도 쓰지 않는 수많은 방, 중부 지방 특유의 생활습관, 기계적인 청결함과 기계적인 질서! 클리포드는 자신이 런던 집에서 데리고 있던 경험 많은 하녀를 새로운 요리사로 데려올 것을 전부터 주장하고 있었다. 그 밖의 면에서는 이 집은 오로지 기계적인 무질서에 맡겨져 있는 것처럼 보였다. 모든 것이 꽤 질서정연하게, 엄격한 청결, 정확한 시간엄수로 돌아가고 있었고 상당히 엄격한 성실성도 유지되고 있었다. 그러나 코니 쪽에서 보면 그것은 정연하고 질서 있는 무질서였다. 그것을 유기적으로 이어주는 따뜻한 감정이 전혀 없었다. 집안은 사람들의 왕래가 끊긴 거리처럼 쓸쓸했다.

그건 그것대로 내버려두는 것밖에 그녀가 무엇을 할 수 있었을까? 결국 그녀는 아무것도 상관하지 않기로 했다. 귀족적이고 여윈 얼굴의 시누이, 미스 채털리가 이따금 찾아와서는, 집안에 아무런 변화가 없는 것을 보고 의기양양한 표정을 짓곤 했다. 그녀는 동생과의 연대감을 빼앗겼다는 이유로 코니를 결코 용납하려 하지 않았다. 동생과 힘을 합쳐 소설을, 그 책들을 탄생시킨 것은 그녀, 즉 에마였다. 그 채털리 집안의 남매가 그 속에서 표현한 것은 채털리 집안의 이야기였고, 그것은 세상 사람들의 눈에는 뭔가 새로운 것이었다. 그밖에는 평가할 만한 것이 아무것도 없었다. 그때까지 알려져 있던 사상과 표현형식과는 근본적인 연관성이 전혀 없는 것이었다. 그것은 채털리 집안의 이야기책이고, 완전히 사적인 것이었다.

코니의 아버지가 라그비 저택에 잠시 묵었을 때, 그는 살짝 딸에게 말했다. 클리포드의 작품은 세련된 것이지만 알맹이가 아무것도 없기 때문에 오래 가지 못할 것이라고. 코니는 평생 동안 자기 하고 싶은 대로 살아온, 그 건장한 스코틀랜드 출신의 기사(騎士)를 바라보았다. 그러더니 늘 무언가를 의심하는 듯한 커다랗고 푸른 눈이 멍하니 초점을 잃었다. 알맹이가 아무것도 없다고?

아무것도 없다는 것은 어떤 의미일까? 비평가가 칭찬하고 클리포드의 이름이 조금 유명해져서 그 덕택에 돈까지 벌게 되었는데…… 아버지는 어떤 뜻으로 클리포드의 작품에는 알맹이가 없다고 한 것일까? 도대체 그밖에 어떤 것이 또 있어야 한다는 말인가?

왜냐하면 코니는 젊은이의 기준으로 보고 있었기 때문이다. 다시 말해 지금, 실제로 있는 것이 모든 것이었다. 그리고 순간순간은 반드시 서로 연관성을 가지는 것은 아니며, 차례차례 계속될 뿐이다.

라그비 저택에 와서 두 번째 겨울의 일이었다. 그녀의 아버지가 말했다.

"코니, 네가 여러 가지 사정 때문에 데미 비에르제*⁴로 지내는 것을 나는 바라지 않는다."

코니는 멍하니 대답했다. "데미 비에르제. 왜요? 어째서 안 되는 거예요?"

"물론 네가 그런 상태를 싫어한다면 말이다!"

아버지는 당황하여 얼른 덧붙였다.

그는 클리포드와 단 둘이 있을 때도 그런 말을 했다.

"코니가 데미 비에르제로 있는 것은 그 애를 위해 좋은 일이 아니라고 생각하네."

"하프 버진이라고요?"

클리포드는 확인하기 위해 영어로 되물었다.

그는 잠시 생각에 잠기더니 곧 얼굴이 빨개졌다. 화가 나고 불쾌했다.

"어떤 면에서 좋지 않다고 하시는 겁니까?"

그는 거만하게 물었다.

"저 애는 점점 여위어 가고 있어, 앙상할 정도로. 저 아인 원래는 저렇지 않았네. 청어처럼 호리호리한 소녀가 아니었어. 튼튼한 스코틀랜드산(産) 송어란 말일세."

"물론 얼룩 하나 없는 깨끗한 송어지요!"

그 데미 비에르제 문제, 그녀가 하프 버진 상태라고 하는 그녀의 개인적인 문제에 대해 나중에 코니에게 얘기해야겠다고 그는 생각했다. 그러나 도저히 그 말을 꺼낼 수가 없었다. 그녀와는 무척 다정한 사이이기는 하지만, 아직 충

---

*4 불어로 반처녀(半處女).

분한 정도는 아니었다. 각자의 마음속에서는 그와 그녀는 일심동체였지만, 육체적으로는 그들은 서로 존재하고 있지 않았다. 그렇다고 비존재를 증명하기 위해 그 증거를 일부러 꺼내는 것은 둘 다 견딜 수 없는 일이었다. 그들은 극히 친밀하지만 육체의 접촉은 전혀 없었으니까.

그러나 코니는, 아버지가 클리포드에게 뭔가 이야기했고 클리포드의 마음속에 그 뭔가가 응어리져 있을 거라고 생각했다. 그녀는 그가 아무것도 모르고 또 자기 눈으로 보지 않는 한, 그녀가 데미 비에르제이든 데미 몽드(매춘부)이든 아무 상관하지 않을 것임을 알고 있었다. 눈에 보이지 않는 것, 마음으로 이해하지 못하는 것은 존재하지 않는 법이다.

코니와 클리포드는 벌써 2년 가까이나 라그비 저택에서, 클리포드의 건강과 그의 작품에 모든 정성을 쏟으면서 막연하게 생활하고 있었다. 그들의 관심은 끝없이, 오로지 그의 작품에만 쏟아지고 있었다. 둘은 서로 대화를 나누면서 작품을 창조하는 고통에 열심히 대처했지만, 공허 속에서 무슨 일인가가 일어나기 시작한 것처럼, 실제로 일어나고 있는 것처럼 느끼고 있었다.

그리고 거기까지는 생활이었다고 할 수 있었다. 물론 공허 속에서의 생활이긴 하지만, 그러나 그 밖의 것은 실재하지 않았다. 사실 라그비 저택은 그곳에 존재하고 있었고, 하인들도 그러했다. 그러나 그것은 유령 같은 것이며 사실은 존재하지 않았다. 코니는 자주 대정원과 그것에 이어지는 숲 속을 거닐면서 그 외딴 장소에서 고독과 신비감을 맛보았고, 가을에는 갈색 단풍잎을 밟고 봄에는 앵초를 따기도 했다. 그러나 그것은 모두 꿈과 같은 것이었다. 아니, 오히려 현실의 환영이라고 해도 좋았다. 그녀에게 있어서는 떡갈나무 잎도 거울 속에서 흔들리고 있는 것 같았고, 그녀 자신은 누군가가 읽은 적이 있는 소설 속의 인물로, 그저 그림자니 기억이니 하는 말에 지나지 않는 앵초를 따고 있는 것이었다. 그녀든 다른 무엇이든 실체가 없는 것이었다. 감촉이나 접촉 같은 것은 없었다. 다만 있는 것은 클리포드와의 이 생활, 복잡하고 자잘한 의식(意識) 위에서 복잡하게 얽어서 지어낸 이야기의 그 끝없는 긴 이야기, 멀컴 경이 알맹이가 아무것도 없고 따라서 오래 가지 못할 거라고 말한 그 이야기가 있을 뿐이었다. 어째서 그 속에 무엇이 있어야만 하는가? "그 날의 노고는 그 날만으로 족하다. 걱정할 필요가 없다."(마태복음) 현실의 양상은 그 순간으로 족하다. 오래 끌어봤자 아무 소용없다.

클리포드는 상당히 많은 친구, 엄밀하게 말하면 아는 사람들이지만 그들을 라그비 저택에 초대했다. 각계각층의 사람들, 비평가, 작가, 그리고 그의 작품에 좋은 평을 해줄 것 같은 사람들을 초대했다. 그들은 라그비 저택에 초대받는 것을 영광으로 생각하며, 그의 작품을 칭찬했다. 코니는 그런 것을 잘 알 수 있었다. 하지만 그것이 왜 안 된다는 건가? 그것은 거울 속에 비치는 순간적인 영상의 하나이다. 도대체 무엇이 잘못이란 말인가?

코니는 대부분 남자들인 그 손님들에게 안주인 노릇을 했다. 또 이따금 찾아오는 클리포드의 귀족 친척에 대해서도 안주인으로서 행동했다. 태도가 온화하고 혈색이 좋으며, 주근깨가 눈에 잘 띄는 시골여자 같은 코니는, 커다란 푸른 눈과 갈색 곱슬머리, 부드럽고 나지막한 목소리, 그리고 상당히 강한 느낌을 주는 허리를 가지고 있었다. 다소 고풍스럽지만 '여자답다'는 인상을 주었다. 납작한 가슴과 조그만 엉덩이의 소년을 연상시키는 '조그마한 청어 종류'는 아니었다. 또 지나치게 여성적이며, 현대적이고 세련된 여자도 아니었다.

그래서 그 남자들, 그 중에서도 이미 젊다고 할 수 없는 중년 남자들은 그녀에게 무척 친절했다. 하지만 그녀는 아주 조금이라도 즐기는 듯한 행동에도 가련한 클리포드가 얼마나 상심할 것인지 잘 알고 있었기 때문에, 남자들에게 필요 이상의 언동은 일체 하지 않았다. 그녀는 조용하고 무심한 태도로 남자들을 가까이 하지 않았고, 또 그럴 생각도 없었다. 클리포드는 유별나게 자부심이 강한 남자였다.

그의 친척들은 그녀에게 매우 친절하게 대했다. 친절한 것은 두려워할 필요가 없는 일이고, 그런 사람들은 자신을 조금이라도 위협할 걱정이 없는 사람에게는 존경심을 갖지 않는다는 것을 코니는 알고 있었다. 그래도 역시 그녀는 가까운 교제는 하지 않았다. 그들이 친절하게 대하든 가볍게 대하든 상관하지 않았다. 그들이 칼을 뽑아 방어할 필요를 느끼지 않도록 그냥 내버려 둔 것이다. 그들과는 친척으로서의 진정한 교제는 하지 않았다.

시간은 흘러갔다. 무슨 일이 일어나도 변하는 것은 아무 것도 없었다. 그녀가 정말 훌륭하게 세상과의 접촉을 피했기 때문이다. 그녀와 클리포드는 둘이서 여러 가지 생각과 그의 작품 속에 파묻혀 나날을 보내고 있었다. 집에는 늘 손님이 끊이지 않았고 그녀는 그들을 대접했다. 시간은 시계처럼 정확하게 흘러갔다. 아직 7시 반인 줄 알았는데, 시계는 벌써 8시 반을 가리키고 있는 것처럼.

<h2 style="text-align:center">3</h2>

그러나 코니는 자신이 점점 안정감을 잃어 가는 것을 느꼈다. 세상과 떨어져 있다는 고립감에서 오는 정신착란과도 같은 불안이 그녀를 사로잡았다. 그 것 때문에 움직일 마음도 없는데 팔다리가 꿈틀거리고, 등을 똑바로 세우고 싶은 것이 아니라 긴장을 풀고 누워 있고 싶은데 등줄기가 굳어버리는 일이 있었다. 그것은 그녀의 몸 어딘가, 자궁의 내부 같은 데가 전율하는 듯하여 결 국 물속에 뛰어들어 헤엄이라도 치지 않으면 거기서 달아날 수 없는 것 같은 느낌마저 드는 것이었다. 미쳐버릴 것처럼 안절부절못하는 그 불안감. 그리하 여 이유도 없이 두근거리는 가슴. 그녀는 점점 여위어 갔다.

그것은 견딜 수 없는 불안한 상태였다. 그녀는 클리포드를 내버려 둔 채 대 정원으로 달려가 라그비 수풀 속에 가끔 엎드려 있곤 했다. 집에서 벗어나기 위해…… 집과 모든 사람들로부터 달아나지 않으면 안 되었다. 숲은 그녀에게 는 유일한 피난처이고 안식처였다.

그러나 그곳은 사실 피난처도 안식처도 아니었다. 그녀는 숲과는 아무런 인 연도 관계도 없었기 때문이다. 다만 다른 모든 것에서 벗어날 수 있는 장소에 지나지 않았다. 실제로 그녀가 숲 자체의 정기를 느낀 적은 한번도 없었다. 숲 에 정말로 그런 신비한 것이 있다면 말이지만.

그녀는 자신의 정신이 이상해질지도 모른다고 막연하게 느끼고 있었다. 세 상과 단절되어 있었다. 실체가 있는, 살아 있는 세상과의 접촉이 없어진 것을 어렴풋이 깨닫고 있었다. 클리포드와 그의 작품이 있을 뿐이다. 그것도 존재감 이 없는, 즉 알맹이가 아무것도 없는 작품이다. 공허한 것에서 공허한 것으로. 그녀는 막연하기는 하지만 이해하고 있었다. 그러나 그것은 아무리 발버둥쳐 도 어찌할 수 없는 것이었다.

그녀의 아버지는 다시금 충고했다. "코니, 남자를 사귀는 게 어떻겠니? 네가 어디에 있든, 하고 싶은 것은 뭐든지 해 보는 게 좋다고 생각한다만."

그 해 겨울, 마이클리스가 며칠 동안 와있었다. 젊은 아일랜드 사람으로, 희 곡을 써서 벌써 미국에서 상당한 재산을 모은 사람이었다. 한때는 런던의 현 대적인 사교계에서 열광적인 환영을 받은 적이 있었다. 사교계를 드라마로 구성했기 때문이다. 그 뒤, 실은 더블린의 그 하잘 것 없는 부랑자가 런던 사교계를 웃음거리로 만든 것을 깨닫게 되자 반작용이 일어났다. 당장 마이클리스는 세상에서 가장 야비하고 몰상식한 인간이 되고 말았다. 사람들은 그가 반영주의자(反英主義者)라는 것을 알게 되었다. 이 사실을 깨달은 계급에게는, 그것은 가장 비열한 범죄보다 더 악질적인 것이었다. 그는 살해되어 쓰레기통에 내버려진 것이나 다름없는 처사를 당한 것이다.

그럼에도 불구하고 그는 런던의 메이페어 주택가에 방을 빌려, 신사의 상징인 본드가(街)를 어슬렁거렸다. 그곳은 일류 양복점이라도 돈만 지불하면 아무리 비열한 손님도 거절하지 않는 곳이었다.

클리포드는 그 서른 살의 청년을 하필이면 그 생애에서 가장 불운한 시기에 초대한 것이다. 그러나 클리포드는 망설이지 않았다. 수백만 명의 주목을 끌고 있는 마이클리스는 지금 말할 수 없는 냉대를 받고 있으므로, 라그비 저택의 초대를 받으면 아마 틀림없이 감지덕지할 것이다. 사교계에서 경멸당하고 있는 이 불운한 시기에 그런 호의를 베풀면, 바다 저편의 미국에서 클리포드를 위해 발 벗고 나서줄 것이 틀림없었다. 명성! 사람은 누구든지 정당하게 화제에 오르면 큰 명성을 얻을 수 있다. 특히 '대서양 저편'에서는 클리포드는 유망주였다. 그는 그야말로 건전한 자기선전 본능의 소유자라는 점에서는 두드러진 존재였다. 나중에 마이클리스는 희곡 속에서 클리포드를 고상하게 연출하여, 클리포드는 소위 인기인이 되었다. 그러나 그것도 반작용이 일어나기 전까지였고, 클리포드는 곧 자신이 조롱거리가 되었음을 깨닫게 된다.

코니는 클리포드의 유명해지고자 하는 무모하고 거만한 본성을 약간 의심스럽게 여겼다. 그것은 그 자신에게는 미지의, 따라서 불안을 안고 두려워하고 있는 그 광대한 무형의 세계에서 유명해지는 것이고, 더욱이 일류의 현대작가로서 유명해지는 일이었다. 코니는, 예술가는 자신을 선전하고 자신의 상품에 과대한 가치가 매겨지도록 노력하는 법이라는 것을, 성공을 거두었고 늙어서도 각광받고 싶어 하며 허세를 부리는 아버지 멀컴 경한테서 배우고 있었다. 그러나 아버지는 그림을 파는 다른 왕실예술원 회원들이 모두 이용하고 있던 기존의 판매중개인을 이용하고 있었다. 그러나 클리포드는 자신을 선전하는 새로운 수단을 찾아냈다. 게다가 모든 종류의 것을. 그는 라그비에 각계각층의 사람을 초대했지만 자신을 비하하는 일은 결코 없었다. 그러나 명성이라는 기

냄비를 하루빨리 세울 것을 결심하고 그 건설을 위해 적당한 것이면 아무 돌이나 이용한 것이다.

마이클리스는 운전기사와 하인까지 거느리고, 초대일에 딱 맞춰 세련된 차를 타고 도착했다. 복장은 걸어 다니는 본드가 그 자체였다. 그러나 그 모습을 보자, 잉글랜드의 명문에서 태어난 클리포드의 정신에 뭔가 걸리는 것이 있었다. 그, 마이클리스는 정말……확신할 수는 없지만, 실제로는 뭐라 할까, 그의 겉모습으로 암시하고자 것과는 전혀 다른 사람이었다. 클리포드에게 그것은 결정적이고 충분한 것이었다. 그러나 그 남자에 대해, 아니 그 남자의 놀라운 성공에 대해, 그는 충분하고도 남을 만큼 예의를 다했다. 세속적인 성공, 이른바 성공의 암캐신이 반쯤 겸손하고 반쯤 오만한 마이클리스의 발밑에서 이빨을 드러내며 호위하듯이 달라붙어 있었고, 클리포드는 그것에 완전히 겁을 집어먹었다. 왜냐하면, 만약 암캐신이 자신을 받아들여주기만 한다면, 그 역시 그 여신에게 몸을 팔고 싶었기 때문이다.

마이클리스는 런던의 최고급 지구의 모든 양복점과 모자가게, 이발소, 구둣가게에 출입하고 있음에도 불구하고 잉글랜드인이 아닌 것은 분명했다. 그렇다! 그는 결코 잉글랜드인은 아니었다. 잉글랜드인답지 않은 납작하고 창백한 얼굴과 행동거지. 게다가 어울리지 않는 불만. 그가 원한과 불만을 품고 있다는 것은, 순수한 잉글랜드 신사라면 누구라도 한눈에 알 수 있었다. 적어도 그들은 그런 것을 누구나 알 수 있도록 태도에 드러내는 것을 떳떳하게 여기지 않는 법이다. 딱하게도 마이클리스는 지금까지 내내 비난을 받으며 고통을 겪어왔기 때문에, 지금도 꼬리를 말아 넣은 개처럼 약간 주눅 든 표정이었다. 자신의 희곡을 내걸고 오로지 천부적인 재능과 그보다 더한 뻔뻔스러움만으로 연극계, 그것도 무대의 정면으로 돌진한 것이다. 그는 대중의 마음을 사로잡았다. 그리고 이제 불우한 나날은 끝났다고 생각했다. 그러나 슬프게도 그렇게는 되지 않았다. ……그것은 결코 끝나지 않을 것이다. 왜냐하면, 어떤 의미에서 그는 그들의 발에 짓밟히기를 원하고 있었기 때문이다. 그는 자신이 속하지 않은 잉글랜드의 상류계급에 합류하는 것을 늘 동경하고 있었다. 그러나 상류계급은 그에게 가하는 다양한 학대를 얼마나 즐겼던가! 그리고 그는 그들을 얼마나 증오했던가!

그래도 이 더블린 출신의 잡종견은 하인을 데리고 매우 말쑥한 차를 타고 온 것이다.

그에게는 뭔가 코니의 마음을 끄는 데가 있었다. 그는 허세를 부리지 않았다. 자신에 대해 환상을 품고 있지 않았다. 클리포드가 알고 싶어 하는 것은 뭐든지 영리하고 간결하게, 실제적으로 얘기해 주었다. 과장하거나 무턱대고 빠져들지 않았다. 이런 시골, 라그비까지 초대받은 것은 이용당하기 위해서라는 것을 알고 있는 그는 노련하고 빈틈없으며 대범한 실업가나 대기업가처럼, 스스로 질문공세에 응하며 가능한 한 필요 없는 감정은 배제하고 대답했다.

"돈 말인가요?"

"돈은 일종의 본능이지요. 돈을 버는 것은 인간에게 있는 자연스러운 특성 같은 것입니다. 그것은 특별할 것이 없는 행위이며, 결코 속이는 행위가 아닙니다. 인간의 본성에 있는 영구불변하는 자연욕구의 일종인 거죠. 일단 시작하면 돈은 생깁니다. 그 다음에는 계속하면 되는 거지요. 어떤 정도까지는 말입니다."

"그러나 어쨌든 시작해야 하는 것 아닌가요?"

클리포드가 말했다.

"그렇습니다. 그 속에 뛰어들지 않으면 안 됩니다. 밖에서 맴돌고 있으면 아무것도 되지 않으니까요. 용감하게 쳐들어가야 해요. 그렇게만 하면, 돈은 저절로 들어옵니다."

"그렇지만 당신은 희곡을 쓰지 않았으면 돈을 벌 수 있었을까요?"

"아마 벌지 못했을 겁니다. 저는 뛰어난 작가일지도 모르고 아주 형편없는 작가일지도 모릅니다. 그러나 작가, 그것도 극작가가 제 직업이고 그렇게 되었습니다. 그 점에 대해서는 의심의 여지가 없습니다."

"그래서 꼭 대중적인 극작가가 되어야 한다고 생각하시는 건가요?"

코니가 물었다.

그는 갑자기 그녀 쪽으로 몸을 돌렸다. "바로, 그겁니다. 거기에는 아무것도 없습니다. 대중적인 인기 같은 것에는 아무것도 없어요. 그런 점에서는 대중에게는 아무것도 없다는 얘기지요. 제 희곡에는 인기를 얻을 만한 것은 전혀 없습니다. 문제는 그런 것이 아니에요, 제 희곡은 마치 날씨 같은 것이지요……다만 그렇게 될 수밖에 없었던 겁니다.……지금으로서는 말입니다."

그는 깊은, 바닥 모를 환멸에 빠져 있던 그 활기 없이 약간 튀어나온 눈을 코니 쪽으로 돌렸다. 코니는 몸을 가볍게 떨었다. 그는 무척 늙어보였다……지층처럼, 그 안에 대대로 침전해 가는 여러 층의 환멸로 만들어진 한없이 늙은 사람. 하지만 동시에 어린아이처럼 불안해보였다. 어떤 의미에서는 추방자이지만, 그 시궁쥐 같은 삶에는 필사적인 용기가 있었다.

"적어도 그만한 나이에 이룰 수 있었던 것 치고는 놀라운 성공이군요."

클리포드는 생각에 잠기듯이 말했다.

"제 나이 서른…… 네, 서른입니다!"

마이클리스는 당돌하게, 날카롭고 묘한 웃음소리를 내며 말했다. 그것은 공허하면서도 의기양양한, 그리고 쓸쓸함이 섞인 웃음이었다.

"그래서 당신은 혼자신가요?"

코니가 물었다.

"어떤 의미입니까? 혼자 사느냐고 물으시는 겁니까? 하인이 있습니다. 자기는 그리스인이라고 말하는데 정말 무능한 녀석이지요. 하지만 그냥 데리고 있습니다. 그리고 전 결혼할 생각입니다. 예, 물론 결혼은 해야지요."

"마치 편도선이라도 제거해야겠다고 말하는 투로군요."

코니는 웃었다.

"결혼은 노력해야 하는 것일까요?"

그는 감탄하는 듯한 표정으로 그녀를 쳐다보았다.

"그렇군요, 채털리 부인. 어쩐지 그런 것 같아요. 제 생각은……실례지만……저는 잉글랜드 여성과는 결혼할 수 없을 것 같습니다. 아일랜드 여성도 그렇고."

"미국 여성은 어떨까요?"

클리포드가 말했다.

그는 공허하게 웃었다. "아, 미국 여자 말입니까? 아, 저는 터키 여자나 어디 더 동양 쪽의 여자를 찾아봐 달라고 제 하인에게 말해 두었지요."

코니는 엄청난 성공을 거둔, 이 기묘하고 음울한 남자에게 정말로 놀라움을 느꼈다. 그는 미국에서만도 5만 달러의 수입이 있다는 소문이었다. 그는 때때로 아름답게 보일 때가 있었다. 가끔 비스듬하게 아래쪽을 보고 있을 때 그 얼굴에 빛이 비치면, 상아로 조각된 흑인의 얼굴처럼 묵묵히 참고 견디는 아름다움이 나타났다. 상당히 튀어나온 눈과, 기묘한 활 모양의 선명한 눈썹, 움직임이 없는 꽉 다문 입, 순간적으로 드러나는 그 부동성(不動性). 부처가 희구했던 일종의 부동성과 초시간성(超時間性). 흑인들은 아무 것도 희구하지 않고, 이따금 그것을 겉으로 나타내는 일이 있었다. 그것은 그 인종 특유의 아주 오래된 묵종적(默從的)인 기질이다. 우리 백인들의 개인적인 저항이 아니라, 그 인종의 숙명에 대한 영겁의 묵종이다. 더 말하면, 어두운 강 속을 시궁쥐처럼 헤엄치는 것과 같다. 코니는 그에 대해 갑자기 묘한 동정심이 일어나는 것을 느꼈다. 그것은 연민이 섞인, 그리고 약간의 혐오감도 있는, 거의 애정이라고 할 수 있는 마음의 충동이었다. 아웃사이더! 이 사람은 아웃사이더이다! 그러나 세상에서는 그를 비열한 자로 부르고 있다. 그렇다면 클리포드가 얼마나 더 비열하고 독선적으로 보이는가! 얼마나 더 어리석게 보이는가!

마이클리스는 자신이 그녀에게 어떤 감명을 주었음을 이내 알아차렸다. 그는 완전히 무관심한 표정으로, 약간 튀어나온 연한 갈색의 커다란 눈을 그녀에게 향했다. 그는 그녀의 인품과 그녀에게 준 감명의 깊이를 가늠하고 있었던 것이다. 잉글랜드인과 함께 있으면, 그가 영원한 아웃사이더라는 것을 잊게 해주는 것이 아무것도 없었다. 연애를 할 때도 그랬다. 그러나 이따금 그를 동정해 주는 여자는 있었다……잉글랜드 여자도.

그는 클리포드에 대한 자신의 입장을 정확하게 이해하고 있었다. 두 사람은 종자가 다른 두 마리 개처럼 서로 으르렁거려야 할 사이였지만, 그러지 않고 억지미소를 교환하고 있었다. 그러나 부인에 관해서는 그는 그다지 확신할 수 없었다.

아침식사는 각자의 침실로 운반되었다. 클리포드는 점심 식사 전에는 나오는 일이 없기 때문에, 식당은 약간 쓸쓸했다. 침착성이 없고 가만히 앉아 있지 못하는 마이클리스는 커피를 마신 뒤 이제부터 무엇을 할지 생각했다. 11월의 맑게 갠 날이었다. 라그비 치고는 좋은 날씨였다. 그는 음침한 정원을 바라보았다. 정말 대단한 곳이로군!

그는 하인을 보내 채털리 부인에게 뭔가 도와줄 일이 없는지 물어보게 했다. 그는 셰필드까지 드라이브할 생각이었다. 채털리 부인의 대답이 왔다. 괜찮다면 자신의 거실로 와달라는 것이었다.

코니의 거실은 저택 중앙의 최상층인 4층에 있었다. 클리포드가 사용하는 방들은 물론 1층이다. 채털리 부인의 방에 초대를 받은 마이클리스는 기뻐하며 장님처럼 하인을 따라갔다. 아무것도 눈에 들어오지 않았고, 주위의 물건에 손을 대지도 않았다. 그는 코니의 방에서 르노아르와 세잔의 멋진 독일제 복제그림을 무심하게 둘러보았다.

"매우 쾌적한 방이군요."

그는 치통이라도 앓는 것처럼 이를 드러내며 기묘한 웃음을 지었다. "꼭대기 층에 방을 정한 것은 잘 하신 일입니다."

"네, 저도 그렇게 생각해요."

집안에서 단 하나의 화려하고 현대적인 방으로, 라그비 저택에서 그녀의 개성이 조금이나마 발휘되는 유일한 장소였다. 클리포드는 이 방에 와본 적이 한번도 없었고, 그녀 쪽에서도 사람을 불러들이는 일이 거의 없었다.

그녀와 마이클리스는 난로를 사이에 두고 마주앉아 얘기를 나눴다. 그녀는 그에 대한 것, 부모형제에 대한 것을 물었다. 그녀에게 타인은 언제나 놀라운 존재였다. 그리고 그녀는 누군가를 동정하게 되면 계급적인 감정 같은 것은 완전히 잊어버리는 성격이었다. 마이클리스는 자신에 대해 솔직하게, 꾸밈없이 완전히 솔직하게 털어놓으며 그의 쓰라린, 냉담한 들개의 영혼을 있는 그대로 드러내 보인 다음, 자신의 성공에 대해 복수심이 섞인 자만을 힐끗 내비쳤다.

"그런데 당신은 어째서 그렇게 외톨이로 계시는 건가요?"

코니가 물었다. 그러자 그는 다시 예리한 암갈색 눈을 크게 뜨고 그녀를 쳐다보았다.

그리고 허물없는 빈정거림을 담아서 물었다. "그런 별종도 더러 있는 법이지요. 하지만 당신 자신은 어떻습니까? 당신도 말하자면 언제나 혼자가 아닌가요?"

코니는 약간 놀라서 잠시 생각한 다음 대답했다.

"아주 약간은 그래요. 하지만 늘 그런 건 아니랍니다, 당신처럼."

"저는 완전한 외톨이란 말인가요?"

치통을 앓는 듯한 그 묘한 웃음을 지으며 그가 물었다. 그것은 무척 일그러진 웃음이었는데, 눈은 평소와 다름없이 음울하고 금욕적이라고 할까, 아니면 환멸을 느끼고 있다고 할까, 그것도 아니면 두려워하고 있는 것 같았다.

그녀는 그를 보면서 약간 숨이 막히는 듯 말했다. "하지만! 당신은 그래요, 아닌가요?"

그한테서 일종의 격렬한 호소를 느끼며, 그것 때문에 그녀는 평정을 잃을 지경이었다.

"그래요, 당신이 말씀하신 그대로입니다." 그는 고개를 돌리면서 주위를 두리번거렸는데, 거기에 오늘날의 서양에서는 거의 볼 수 없는 고대 민족의 그 신비로운 부동성이 나타나 있었다. 사실 코니가 사심에 사로잡히지 않고 객관적으로 그를 바라볼 힘을 잃은 것은 그 때문이었다.

그는 모든 것을 하나도 놓치지 않고 마음에 새겨두려는 듯한 눈길로 그녀를 쳐다보았다. 동시에 밤마다 울어대는 아기처럼, 외톨이인 그 남자는 그녀의 자궁에까지 울릴 정도로 가슴 속으로 그녀에게 호소하고 있었다.

"제 생각을 해주시다니, 정말 친절하시군요."

그는 간결하게 말했다.

"제가 당신을 생각해선 안 되나요?"

그녀는 격한 어조로, 거의 숨도 쉬지 않고 말했다.

그는 원망스러운 것처럼 얼버무리듯이 얼른 소리 내어 웃었다.

"아니, 그렇게 화내실 것까지는…… 잠시 손을 잡아도 될까요?"

갑자기 그는 최면술이라도 거는 것 같은 눈길로 그녀를 지그시 응시하며, 그녀의 자궁을 직접 자극하는 듯한 호소를 보냈다.

그녀는 정신이 아득해져서 몸을 움츠리며 가만히 그를 바라보았다. 그러자 그가 다가와서 그녀 옆에 무릎을 꿇었다. 그리고 두 손으로 그녀의 다리를 강하게 붙잡고 그녀의 무릎에 얼굴을 묻은 채 움직이지 않았다. 그녀는 완전히 몽롱해져서 눈앞이 흐려졌다. 그의 얼굴이 자신의 양 허벅지를 누르고 있는 것을 느끼며, 그의 화사한 목덜미를 놀란 눈으로 내려다보았다. 그녀는 매우 당혹스러워하면서도, 부드러운 동정심에서 무방비한 상태로 있는 그의 목덜미를 어루만졌다. 그러자 그는 격렬하게 몸을 떨었다.

그러고나서 그는 타는 듯한 눈을 크게 뜨고 그 두려운 애원을 담아 그녀를 올려다보았다. 그녀에게는 거기에 저항할 만한 힘이 전혀 없었다. 그녀의 가슴 속에서 그것에 응하고자 하는 한없는 열망이 솟아나 그의 몸을 감쌌다. 그에게는 무슨 일이든 해주어야 해, 무슨 일이든.

그가 사랑하는 방식은 기묘했지만 무척 부드러웠다. 걷잡을 수 없이 몸을 떨면서도 초연했고, 의식은 또렷하여 바깥에서 나는 소리를 모두 듣고 있으면서 여자에게는 참으로 부드럽게 대했다.

그녀는 단지 그에게 몸을 맡겼을 뿐, 그밖에는 아무런 의미도 없었다. 마침내 떨림이 멎자, 그는 죽은 듯이 가만히 누워 있었다. 그녀는 가슴 위에 얹혀 있는 그의 머리를 막연하게 연민을 보내듯이 어루만졌다.

그는 일어나서, 그녀의 두 손과 스웨이드 슬리퍼를 신은 두 발에 키스했다. 그리고 말없이 방 한구석으로 가서 그녀에게 등을 돌리고 서 있었다. 몇 분 동안 침묵이 흘렀다. 이윽고 그는 돌아서서, 난로 옆으로 돌아가서 앉아 있는 그녀에게 다시 돌아갔다.

"이젠 제가 싫어지셨겠지요?"

그가 원래의 조용한 목소리로 말했다. 그녀는 얼른 그를 올려다 보았다.

"제가요? 왜요?"

그리고 그는 다시 자신의 말을 정정했다. "모두들 대개 그러니까요. 그러니까 여자들은 아무래도 그렇게 되는 것 같더군요."

"지금은 결코, 당신이 싫어질 리가 없는 때인 걸요."

그녀는 분연하게 말했다.

"네, 알고 있습니다. 알고 있어요. 당연히 그래야지요! 당신은 정말 제게 다정히 대해주시는군요."

그는 처량하게 외쳤다.

그녀는 그가 어째서 이렇게 처량해하는 건지 알 수가 없었다.

"다시 한번 앉으시는 게 어때요?"

그녀가 말하자 그는 문 쪽으로 힐끗 시선을 보냈다.

"클리포드 경이……혹시 그분이 이곳에……?"

그녀는 잠시 사이를 두고 생각에 잠겼다.

그녀는 말한 뒤 그를 올려다보았다. "아마도! 클리포드가 알게 되는 것은 원치 않아요. ……이상하게 생각하는 것도 싫어요. 남편은 무척 상처받을 거예요. 하지만 전 나쁜 일이라곤 생각하지 않아요. 당신은?"

"나쁜 일이라니! 천만에요. 아니고말고요. 다만 당신이 저에게 너무나 친절하셔서……그것이 괴로울 뿐입니다."

그는 얼굴을 돌렸다. 그녀에게는 그가 당장이라도 흐느껴 울 것처럼 보였다.

"하지만 클리포드에게 알릴 필요는 없겠죠? 그러면 남편은 무척 괴로워할 테니까요. 만약 남편이 아무것도 모르고 있고 의심하지도 않는다면, 아무도 괴로워할 일은 없을 거예요."

그는 거의 달려드는 것처럼 말했다. "저는! 제 입으로는 아무 말도 하지 않을 겁니다. 남편께서 알고 있는지 확인해 보십시오. 제가 함부로 입을 놀린다는 건, 하! 하!"

그는 그런 생각을 비웃기나 하는 듯이 공허하게 웃었다. 그녀는 놀란 표정으로 그를 가만히 쳐다보았다. 그가 말했다.

"손에 키스한 뒤 가도 되겠습니까? 이제부터 차를 타고 셰필드에 가서 가능하면 그곳에서 점심을 먹고, 차 마시는 시간에 맞춰서 돌아올 생각입니다. 뭐 도와드릴 일이 없을까요? 저를 싫어하지 않는 것이 틀림없다고 생각해도 될까요? 그리고 앞으로도?"

그는 자포자기한 것 같은 냉소적인 어조로 말을 마쳤다.

그녀가 대답했다. "네. 싫어하지 않아요. 멋진 분이라고 생각하고 있는 걸요."

그가 격정적으로 말했다. "아! 저를 사랑한다는 말보다 그렇게 말해주시기를 바랐습니다. 그편이 훨씬 더 의미가 있지요, 그럼, 오후에. 그때까지 생각할 것이 많이 있겠군요."

그는 그녀의 두 손에 정중하게 키스하고 나갔다.

"그 애송이 녀석, 도저히 참을 수가 없어."

점심식사 때 클리포드가 그렇게 말하자 코니가 물었다.

"왜요?"

"껍데기를 한 꺼풀 벗기면, 굉장히 무례한 자야……그저 허풍을 떨며 속이려 할 뿐이지."

"모든 사람들한테서 냉대만 받은 탓일 거예요."

"그렇게 생각하오? 그리고 그 자가 자신의 빛나는 시간을 친절한 행위를 하는 데 사용할 거라고 생각하는 거요?"

"일종의 관대함을 지니고 있다고 생각해요."

"누구에게?"

"그건 잘 모르겠어요."

"당연하지. 당신은 파렴치한 것을 관대하다고 착각하고 있는 것 아니오?"

코니는 대답하지 않았다. 그런 것일까? 그럴지도 모른다. 있을 법한 일이다.

그러나 마이클리스의 파렴치함은 그녀에게는 일종의 매력이었다. 클리포드라면 소심하게 겨우 두세 걸음 걸어갈 곳을, 마이클리스는 전 행정을 성큼성큼 나아갔다. 마이클리스는 그만의 방식으로 세상을 정복해 버렸는데, 그것은 바로 클리포드가 원하는 일이었다. 하지만 그 방법과 수단은……? 마이클리스의 그것은 클리포드의 그것보다 더 경멸해야 하는 것이었을까? 그 가련한 아웃사이더가 스스로, 게다가 뒷문으로 들어와서 앞으로 마구 돌진한 방법이, 자기를 선전하여 유명해지려고 하는 클리포드의 방법보다 조금이라도 더 나쁜 것일까? 세속적인 성공이라는 암캐의 여신의 뒤에는, 수천 마리의 수캐들이 혓바닥을 늘어뜨리고 숨을 헐떡이면서 따라다니고 있다. 만약 성공이라는 관점에서 본다면, 맨 먼저 여신을 차지하는 놈이 수캐 중의 수캐이다. 마이클리스는 바로 그 수캐이기 때문에, 꼬리를 꼿꼿이 세우고 의기양양할 수 있는 것이다.

그러나 이상하게도 그렇지가 않았다. 그는 차 마시는 시간에 제비꽃과 백합을 한 아름 안고 돌아왔는데, 여전히 침울한 표정을 하고 있었다. 코니는 가끔, 어쩌면 그것은 적의의 화살을 피하기 위한 일종의 가면이 아닐까 하고 생각하였다. 어쨌든 그 표정은 거의 언제나 변하는 일이 없었으니까. 그는 정말로 그렇게 우수에 찬 사람인 것일까?

그의 자아를 억제한 처량한 남자의 모습은 그날 밤 내내 계속되었다. 하기는 클리포드는 그런 외면을 통해 그의 내면의 뻔뻔함을 느끼고 있었다. 코니는 그것을 느끼지 못했다. 왜냐하면, 아마도 그 내면은 여성에게 향해진 것이 아니라 오로지 남성에 대한, 그것도 남성의 교활함과 오만함에 대한 것이었기 때문이리라. 사람들이 마이클리스를 싫어하는 것은, 그 여윈 남자에게 그런 깨뜨릴 수 없는 정신의 뻔뻔스러움이 있기 때문이었다. 그가 아무리 예의를 차리며 그것을 숨기려 해도, 그와 함께 있다는 것 자체가 사교계 사람들에게는 모욕으로 생각되었던 것이다.

코니는 그를 사랑하고 있었다. 그녀는 짐짓 수만 놓으면서 남자들끼리 자유롭게 얘기하게 하여, 어떻게든 자신의 마음을 들키지 않도록 했다. 마이클리스는 더 말할 것도 없었다. 전날 밤과 조금도 다름없이 음울하고 공손하며 초연한 젊은이로서, 이 저택의 주인과는 멀리 동떨어진 입장에서 필요한 만큼만 말하며 장단을 맞춰주기는 했지만, 한 순간도 가까이 다가서는 일은 없었다.

그래서 코니는 틀림없이 오전에 있었던 일은 잊어버린 것이라고 생각했다. 그러나 잊은 것이 아니었다. 다만 그는 자신이 처한 입장을 잘 알고 있었다. ……여전한 아웃사이더의 입장, 태어나면서부터 아웃사이더인 인간의 입장이었다. 그는 연애행위가 있었다고 해서, 그것을 완전히 개인적인 것으로 받아들일 수는 없었다. 아무리 모두가 부러워하는 금목걸이를 목에 걸고 있어도, 연애행위가 자신을 들개에서 기분 좋은 상류사회의 개로 바꿔주지는 않는다는 것을 그는 잘 알고 있었다.

결정적인 사실은, 그는 영혼의 밑바닥에서부터 그야말로 아웃사이더이고 반사회적이라는 것으로, 겉모습이 제아무리 본드가 스타일일지라도 마음속으로는 그는 그 사실을 인정하고 있었다. 그에게는 고립이 필요했지만, 동시에 상류사회의 멋쟁이들과 순응하며 교제하는 겉모습도 필요했다.

그러나 이따금 가지는 정사는 위안과 평온을 위해서는 역시 좋은 것이었기 때문에, 마이클리스는 고맙게 생각하지 않을 수 없었다. 뿐만 아니라 마음으로부터 자연스럽게 친절을 베푸는 행위에는 사무치도록 감동하여 눈물을 흘리기까지 했다. 환멸을 느끼고 있는 듯한 그 창백하고 무표정한 얼굴 뒤에 숨어 있는 그의 어린 아기 같은 마음은, 부인에 대한 감사로 흐느껴 울며 다시 한번 그녀 곁으로 가고 싶은 마음이 간절했다. 동시에 그의 방랑자로서의 마음은 그녀를 사실은 외면하게 될 것임을 어렴풋이 느끼고 있었다.

그는 그녀에게 얘기를 말을 걸 기회를 얻었다. 거실에서 각자 방으로 가지고 돌아갈 촛대에 불을 붙이고 있을 때였다.

"방으로 찾아가도 될까요?"

"제가 그쪽으로 가겠어요."

"네, 좋습니다."

그는 오랫동안 기다렸다……마침내 그녀가 왔다.

그는 흥분하여 몸을 떨면서 사랑하는 타입의 남자였다. 오르가슴은 이내 찾아왔고 금방 끝나버렸다. 그의 벌거벗은 육체에는 기묘하게 어린아이처럼 불안한 데가 있었다. 어린아이가 알몸으로 있는 것 같았다. 그가 의지할 거라고는 재치와 교활함, 그야말로 그의 재능인 교활함에 있었다. 그런데 그것들의 작용이 배제된 경우, 그는 더욱 무방비상태가 되어, 미숙하고 부드러운 육체가 왠지 모르게 절망적으로 몸부림치고 있는 어린아이처럼 보이는 것이었다.

그는 그녀의 마음에 일종의 열렬한 동정과 동경을, 그리고 미친 듯한 육체적 욕구의 갈증을 자각시켰다. 그러나 그는 그 육체적 욕구를 만족시켜주지는 못했다. 언제나 눈 깜짝할 사이에 도달하여 끝내버린 뒤 이내 위축되어버렸다. 그녀가 망연자실하여 실망과 당혹감에 빠져 누워있는 동안, 그는 그녀의 가슴 위에 엎드려 뻔뻔스러움을 약간 회복하는 것이었다.

하지만, 곧 코니는 그의 오르가슴이 끝난 뒤에도 자신의 몸 안에 그가 계속 머물러 있도록, 그를 붙안고 있는 것을 배웠다. 그리고 그는 그 속에 있으면 마음이 관대해지고, 신기할 정도로 발기력이 강했다. 그녀의 몸 안에서 단단하게 머무른 채, 부인이 능동적으로 미칠 듯한 열정에 사로잡혀 몸을 움직여 스스로 오르가슴에 도달할 때까지, 그는 그저 가만히 몸을 내맡기고 있을 뿐이었다. 그리고 꼿꼿하게 발기를 유지하는 수동적인 상태에서, 그녀가 스스로 오르가슴의 쾌감을 얻는 그 광란의 순간, 그는 기묘하지만 자랑스러운 만족감을 느끼는 것이었다.

"아, 정말 좋았어요!"

코니는 떨리는 목소리로 속삭이며 그에게 달라붙은 채 미동도 하지 않았다. 그러면 그는 야릇한 자만을 느끼며, 마치 그 자리에 혼자 버림받은 듯이 누워 있었다.

그때 그는 사흘 밖에 머물지 않았다. 그동안 클리포드에게 첫날과 똑같은 태도로 대했는데, 그건 코니에 대해서도 마찬가지였다. 자신의 겉모습을 허물어뜨리는 일은 결코 하지 않았다.

그는 코니에게 늘 똑같은 슬프고 음울한 분위기의 편지를 보냈다. 그것은 때로는 기지가 넘치거나 성적 욕망이 없는 묘한 애정이 느껴지는 것이었다. 그녀에 대해 일종의 절망적인 애정을 느끼고 있는 것 같았지만, 그래도 본질적인 거리감은 여전히 남아 있었다. 그는 마음 속 깊이 절망하고 있었고, 절망하고 싶어 했다. 그리고 오히려 희망이라는 것을 증오하고 있었다.

'유니 만스 에스페랑스 아 트라베르셰 라 테르'('위대한 희망은 이 땅에서 사라졌다')*5라는 글을 어딘가에서 읽은 적이 있는데, 그것에 대한 그의 논평은 이러했다.

---

*5 알프레드 드 뮈세의 시 〈신에 대한 희망〉에서.

'그리고 그것은 어떠한 가치있는 모든 것을 모조리 말살하고 말았다.'

코니는 그를 결코 진정으로 이해하지는 못했지만, 그녀 나름대로 그를 사랑하고 있었다. 그리고 그녀의 마음속에는 언제나 그의 절망하는 모습이 반영되었다. 그녀로서는, 희망을 가지지 않고 사랑한다는 건 도저히 있을 수 없는 일이었다. 절망하고 있는 그가 사랑한다는 것은 결코 불가능한 일이었다.

이리하여 편지를 주고받거나 가끔 런던에서 데이트도 하면서, 두 사람의 관계는 상당 기간 지속되었다. 코니는 마이클리스의 성의 없는 오르가슴이 끝난 뒤에, 그에게서 떨어지지 않고 자신의 능동적인 움직임을 통해 얻을 수 있는 육체의 짜릿한 성감을 더욱 원했다. 그 역시 그녀에게 그런 전율을 주고 싶어 했다. 오로지 그것만을 위해 두 사람은 헤어지지 못하고 있었다.

또 그것은 자신감이라고도 할 수 있는, 미묘하고, 뭔가 맹목적이며, 다소 오만한 것을 그녀에게 주기에 충분한 것이었다. 그것은 자신의 성적 능력에 대한 거의 기계적인 자신감으로, 굉장한 즐거움을 동반하는 것이었다.

코니는 라그비 저택에 있을 때도 매우 쾌활했다. 그 자극적인 쾌활함과 만족감을 모두 클리포드를 격려하는 일에 쏟아부었다. 그 결과, 이 시기에 그는 최상의 작품을 썼고, 그의 기묘하고 무모한 방식으로나마 행복하다고 할 수 있었다. 여자의 몸 안에서 발기 상태를 유지하는 마이클리스의 수동적인 남성에서 코니가 얻은 성적 만족감이라는 수확을 실제로 거둔 것은 클리포드였다. 그러나 물론 그는 그런 사실을 꿈에도 알지 못했다. 만약 알았더라면, 결코 고맙다는 말은 하지 않았겠지만.

코니의 기쁨에 찬 쾌활함과 흥분으로 가득 찬 그 멋진 나날들이 지나가고, 완전히 사라져버림으로써 그녀가 기운을 잃고 신경이 곤두섰을 때, 클리포드는 얼마나 그 멋진 날들이 다시 돌아오기를 바랐는지 모른다! 어쩌면 그가 알았다 해도 코니와 마이클리스를 다시 만나게 해주고 싶어 하지 않았을까?

4

코니는 믹(사람들은 마이클리스를 그렇게 부르고 있었다)과의 정사에는 희망이 없다는 것을 끊임없이 예감하고 있었다. 그러면서도 다른 남자들은 아무런 의미도 없다고 생각했다. 그녀에게는 클리포드가 늘 붙어 있었다. 그는 그녀 생활의 대부분을 필요로 했고 그녀는 그것을 주었다. 그녀 역시 남자의 생활에서 많은 것을 원했지만, 클리포드는 그것을 줄 수가 없었다. 그에게는 그것이 불가능했다. 마이클리스와의 밀회가 이따금 있기는 있었다. 그러나 그녀는 머지않아 그것도 끝나게 되리라는 것을 예감하고 있었다. 그는 어떤 일이고 오래 지속하지 못하는 사람이었다. 모든 관계를 끊고 다시 원래의 외톨이로 돌아가 고립되는, 그야말로 고독한 남자가 되지 않으면 안 되었다. 그것이 바로 그의 본성의 일부이다. 그에게는 그것이 첫 번째 요구였다. 하기는 그는 언제나 여자 쪽에서 자기를 차버린 거라고 말했지만 말이다.

세상은 온갖 가능성으로 가득 차있는 것처럼 보이지만, 그 가능성도 대부분 개인적 경험에서는 극히 작은 것에 한정되어버린다. 바다에는 훌륭한 고기가 무수히 많다…… 아마 그럴 것이다! 그러나 그 대부분은 고등어나 청어이다. 만약 당신 자신이 그 고등어나 청어가 아니면, 바다에서 훌륭한 고기를 만나기란 좀처럼 힘들 것이다.

클리포드는 점점 유명해지고 돈도 벌게 되었다. 온갖 사람들이 그를 만나러 왔다. 코니는 거의 날마다 라그비 저택에서 그들의 방문을 받았다. 그러나 그들은 모두 고등어가 아니면 청어였고, 간혹 메기나 붕장어도 섞여 있었다.

정기적으로 찾아오는 손님들이 몇 명 있었다. 클리포드와 함께 케임브리지에 다녔던 사람들이다. 토미 듀크스는 군대에 계속 남아 준장이 되어 있었다. "군대는 나에게 사색할 시간을 주고, 그 덕택에 생활전선에 뛰어들지 않아도 된다"고 그는 말했다.

별에 관한 과학적 연구서를 쓴 아일랜드인 찰스 메이도 있다. 해먼드는 작가이다. 모두 클리포드와 비슷한 나이로 당시의 젊은 지식인들이었다. 그들은 모두 정신적인 생활을 믿고 있었다. 그것을 제외하면, 사람이 무엇을 하든 개인적인 문제이며, 하찮은 일이었다. 언제 화장실에 가는지 남에게 묻는 사람은 아무도 없었다. 그것은 당사자 말고는 관심 없는 일이다.

일상생활의 대부분이 그랬다. 돈을 어떻게 버는가, 아내를 사랑하고 있는가, 외도를 하고 있는가 등등. 이러한 일들은 모두 당사자하고만 관계가 있는 일이며, 화장실에 가는 것과 마찬가지로 타인에게는 아무런 흥미도 없는 일이었다.

해먼드는 키가 크고 여윈 남자로 아내와 두 아이가 있지만, 타이프라이터에 훨씬 더 열중하고 있었다. 그런 그는 말한다.

"성문제에 관한 요점이라고 하면, 사실은 그런 것에 요점 같은 건 없다는 것이 전부야. 엄밀하게 말하면, 문제가 없다는 거지. 우리는 남의 뒤를 따라 화장실 안까지 들어가고 싶어 하지는 않아. 그런데 도대체 왜, 여자와 함께 누워 있는 침대까지 쫓아가고 싶겠나? 문제는 바로 거기에 있네. 만약 전자와 마찬가지로 후자에도 관심을 기울이지 않는다면 문제가 없지. 그건 모두 완전히 무의미하고 무익한 일이야. 그릇된 호기심의 문제에 지나지 않는단 말일세."

"옳은 말이야, 해먼드, 그래! 하지만 만약 누군가가 줄리아에게 추파를 던지기 시작하면 자넨 속이 부글부글 끓기 시작할 걸. 그리고 그 자가 그것을 그만두지 않으면, 자네는 이내 비등점에 도달할 거야."(줄리아는 해먼드의 아내다.)

"그야 물론이지. 그 자가 누구이든 우리 집 응접실 한구석에서 오줌을 눠도난 화낼 거야. 어떤 일을 하는 데는 각각 장소가 정해져 있는 법이니까."

"그렇다면 만약 그 자가 정자 같은 곳에서 줄리아에게 구애하는 건 괜찮다는 건가?"

찰스 메이의 말투에는 약간 빈정거리는 데가 있었다. 그는 줄리아와 아주 잠깐 바람을 피운 적이 있었는데, 그때 해먼드는 미친 듯이 화를 냈다.

"물론 그 반대야. 섹스는 나와 줄리아 사이의 개인적인 일이라네. 그러니까 거기에 누가 끼어드는 걸 싫어하는 건 당연하지."

여윈 얼굴에 주근깨투성이인 토미 듀크스가 입을 열었다. 그는, 안색이 좋지 않고 상당히 뚱뚱한 메이보다 훨씬 아일랜드인답다.

"실제로, 실제로 해먼드, 자네는 소유욕이 강하고 자기주장도 강해. 그리고 성공을 꿈꾸고 있지. 난 군대에 들어간 뒤 세상의 관습이라는 것에서 과감하게 탈출해버렸네. 그래서 지금은, 남자의 자기주장과 성공에 대한 열망이 얼마나 강한지 알고 있어. 그 욕망이 너무 지나치게 발달해 있단 말이야. 우리의 개성은 모두 그쪽으로 치우치고 말았어. 그리고 물론 자네 같은 사람들은 아내의 내조가 있으면 좀더 멋지게 성공할 수 있다고 생각하지. 자네가 질투심이 무척 강한 것은 바로 그것 때문일세. 자네에게 섹스는 바로 그런 거야. 자네와 줄리아에게 성공을 가져다주는 데 없어서는 안 되는 소형발전기지. 만약 성공이 뜻대로 되지 않으면 자네는 바람을 피우기 시작할 걸, 찰리처럼. 그는 성공하지 못했어. 자네와 줄리아 같은 기혼자에게는 마치 여행객의 트렁크처럼 꼬리표가 붙어 있는 걸세. 줄리아에게 붙여진 것은 아놀드 B 해먼드 부인. 마치 기차에 실린 누군가의 가방처럼 말일세. 그리고 자네는 아놀드 B 해먼드 부인

댁의 아놀드 해먼드지. 아, 자네 말은 옳아. 정말 맞는 말이야. 정신생활에는 안락한 집과 맛있는 요리가 필요해. 게다가 자식도 필요하고. 하지만 그건 모두 성공을 추구하는 본능과 연결되어 있네. 그건 모든 것이 회전하는 축이 되어 있단 말일세."

해먼드는 상당히 불쾌한 모양이었다. 그는 자신이 정신적으로 고결하며 기회주의자가 아닌 것을 자랑으로 여기고 있었다. 그러나 그도 역시 성공을 간절하게 원하고 있었다.

메이가 말했다. "그래, 인간은 돈이 없으면 생활할 수 없는 것이 사실이야. 생활을 유지해 갈 수 있는 만큼은 있어야 하지. 자유롭게 생각하기 위해서도 어느 정도의 돈은 있어야 해. 그렇지 않으면 위장이 용서하지 않을 테니 말일세. 하지만 섹스를 할 때는 그 꼬리표는 떼버리는 게 좋다고 생각하네. 우리는 누구하고도 자유롭게 얘기할 수 있네. 따라서 우리의 마음을 끄는 여자라면 누구와도 자유롭게 섹스하는 것이 뭐가 나쁘다는 거지?"

"그건 호색적인 고대 켈트인이 한 말이군."

클리포드가 말했다.

"호색적이라고! 아니, 그게 어떻단 말인가? 나는 여자하고 같이 자는 것은, 함께 춤을 추거나 날씨에 대해 얘기하는 것과 마찬가지로 그녀에게 상처를 주는 일이 아니라고 생각하네만. 그건 사고를 교환하는 대신 감각을 교환하는 것에 지나지 않아. 호색적인 게 왜 나쁘다는 건가?"

"그럼 토끼처럼 닥치는 대로 하게나!"

해먼드가 말했다.

"안 되는 건가? 토끼가 뭐가 나쁜 거지? 신경질적이고 증오로 가득 차서 노이로제에 걸린 혁명적인 인간보다 토끼가 더 못하단 말인가?"

"그렇다 해도 우린 토끼가 아닐세."

해먼드가 말했다.

"물론 나에게는 내 생각이 있네. 삶과 죽음보다 더 중요하다고 할 수 있을 만큼 나하고 연관 있는 어떤 천문학 문제에서, 반드시 해야 하는 어떤 계산이 있는 거지. 그런데 이따금 소화불량이 일어나 일을 방해하지. 만약 굶주림으로 방해받는다고 하면, 비참한 일이 되겠지? 그와 마찬가지로 성에 굶주려도 방해가 돼. 그러면 어떻게 될까?"

"나는 도가 지나치는 데서 오는 성적 소화불량이 자네를 더욱 심각하게 방해했을 거라고 생각하는데?"

해먼드가 빈정거리듯이 말했다.

"그렇지 않아. 난 과식하지도 않고 섹스를 지나치게 즐기는 것도 아니야. 과식에 대해서는 각자가 결정할 문제지. 그런데 자네는 나를 완전히 굶기지 않으면 직성이 풀리지 않을 것 같군그래."

"천만에, 자넨 결혼할 수 있어."

"내가 결혼할 수 있다는 걸 자네가 어떻게 하나? 그건 내 정신 작용에 맞지 않을지도 몰라. 결혼하면 어쩌면……아마 내 정신 작용은 망가지고 말 걸. 난 그쪽으로 매끄럽게 회전하는 회전축을 가지고 있지 않거든. 그렇다고 수도승처럼 허름한 오두막에 개처럼 묶여 있어야 한다는 건가? 모든 것이 썩어서 심한 악취가 나고 있어. 난 오래 살면서, 내가 하고자 하는 계산을 하지 않으면 안돼. 때로는 여자도 필요하지. 그것을 과장할 생각은 없지만, 누가 나를 도덕적으로 비난하거나 금지명령을 내리는 건 거절하겠어. 옷가방도 아니고, 주소며 도착역 이름이 적혀 있는 내 꼬리표를 붙이고 돌아다니고 있는 여자 같은 건 쳐다보는 것조차 창피할 것 같네."

이 두 사람은 줄리아 문제로 서로를 용서하지 않고 있었다.

"재미있는 생각이군, 찰리."

듀크스가 말했다.

"섹스가 대화의 또 하나의 형식인 거로군? 그 경우 언어는 입에서 나오는 것이 아니라 행위로 나타나는 셈이지. 정말 그렇다고 생각해. 우리가 날씨에 대해 이야기를 주고받듯이 여자들과 감각과 감정을 서로 교환해도 괜찮다는 거지. 섹스는 남녀의 육체를 통한 정상적인 대화의 일종일지도 모르겠군. 여자와 얘기하는 건 공통되는 생각이 있어서야. 뭔가 흥미가 있어서 얘기하는 건 아니라는 거지. 마찬가지로 여자와 뭔가 공통되는 감정이나 공감이 없으면 같이 자지 않을 걸세. 하지만 만약……."

메이가 말했다. "만약 여자와의 사이에 올바른 감정과 공감을 느낀다면 함께 자도 된다고 생각하네. 그 여자와 함께 침대에 들어가는 것이 유일하고 적절한 길이야. 마치 누군가하고 얘기할 때, 흥이 나면 마음껏 다 떠들어버리는 것이 유일하게 옳은 것처럼 말일세. 거드름피우다가 이 사이에 혀끝이 끼어 씹어버려서는 안 되니까. 그저 하고 싶은 말을 분명하게 하면 되는 거야. 그쪽도 마찬가지이고."

해먼드가 말했다. "아니야. 그건 틀려. 이를테면 메이, 자넨 자네 정력의 절반을 여자 때문에 낭비하고 있어. 자넨 매우 뛰어난 지성을 가지고 있으면서도 실제로는 자네가 할 일을 다 못하고 있지 않나? 자네 내부의 너무나 많은 것이 반대 방향을 향하고 있어."

"그럴지도 모르지. 하지만 자네의 경우는 그 방면에 너무 무관심해, 해먼드. 결혼을 했든 안했든, 정신의 순결과 고귀함을 유지할 수 있어. 하지만 그건 지독하게 무미건조해질 걸세. 내가 보기에 자네의 순수한 정신은 잡동사니처럼 무미건조한 것이 되어가고 있어. 자넨 그것을 그저 가볍게 보고 있을 뿐이지만 말이야."

토미 듀크스 준장이 갑자기 웃음을 터뜨렸다.

"진정하게, 두 사람 다! 날 봐. 난 고상하고 순수하며 지적인 일 따위는 전혀 하지 않고 있어. 그저 내 생각을 약간 적어 둘 뿐이지. 더욱이 난 결혼도 하지 않고 여자들 뒤꽁무니를 쫓아다니지도 않네. 난 찰리 말이 옳다고 생각해. 찰리가 여자 꽁무니를 쫓아다니고 싶어 하든 말든 그건 완전히 그의 자유란 말일세. 난 그걸 말릴 생각은 없어. 해먼드는 말이야, 소유 본능을 가지고 있어서, 당연히 똑바른 길과 좁은 문이 그에게 어울리는 걸세《마태복음》. 머리 꼭대기에서 발끝까지 A, B, C로 가득하기 때문에, 한 권이 채 끝나기도 전에 그는 영국 문학자의 대열에 들어가 있을 걸? 그 다음은 날세. 난 아무것도 아냐, 그저 한심한 남자일 뿐이지. 자넨 어떤가, 클리포드? 자넨 섹스가 남자를 세속적인 성공으로 이끌어주는 발전기라고 생각하나?"

이런 경우, 클리포드는 좀처럼 많은 말을 하지 않았다. 자신의 장광설을 결코 풀어놓지 않는다. 그의 생각은 그럴 수 있을 만큼 풍부하지 않았다. 그는 몹시 당황하며 감정적이 되는데, 지금도 얼굴을 붉히며 불쾌한 듯이 보였다.

"글쎄! 난 '오르 드 콤바'(비전투원)라서 거기에 대해서는 할 말이 없네."

듀크스가 말했다. "천만에! 자네 상반신은 결코 오르 드 콤바가 아닐세. 자네에게는 건전하고도 손상되지 않은 정신생활이 있어. 자, 자네 의견을 들려주게."

그는 우물거렸다. "으음 그렇다 해도 내겐 별다른 의견이 없어. 뭐, 굳이 말한다면, 결혼은 한번으로 족하다는 것이 내 생각을 상당히 잘 표현하고 있는 것 같아. 물론 서로 사랑하는 부부 사이에는 성은 멋진 것이지만."

"어떻게 멋진데?"

토미가 물었다.

"아…… 그건 완전한 친밀감을 주는 거지."

클리포드는 이런 대화에서의 여자처럼 당황하며 말했다.

"그건 그렇고, 찰리와 난 섹스는 언어처럼 의사소통의 한 방법이라고 생각하네. 만약 어떤 여자가 나와 섹스에 대한 이야기를 시작한다고 치세. 그러면 얘기가 끝날 무렵에는, 적당한 때 여자와 함께 침대에 들어가는 것이 나에게는 자연스럽다는 거지. 그러나 불행히도 나에게 특별한 계기를 만들어 주는 여자가 없어서 말이야. 그래서 난 혼자서 자는 걸세. 그렇다고 해서 그게 뭐 어떻다는 건 아니야. 아무튼 난 그렇기를 바라네. 나로서는 도무지 알 수 없으니까 말이야. 내게는 그런 일을 하는 데 방해가 될 만한 천문학상의 계산도 하지 않고, 또 반드시 써야 할 불후의 명작도 없어. 그저 군대에서 빈둥거리는 한 인간일 뿐이지."

모두 입을 다물었다. 네 남자는 담배를 피웠다. 그곳에 앉아 있던 코니는 다시 바느질을 계속했다. 그렇다. 그녀는 그곳에 앉아 있었다! 아무 말 없이 앉아 있을 수밖에 없었다. 이런 지적 수준이 높은 신사들의 극히 중요한 고찰을 방해하지 않기 위해 생쥐처럼 가만히 숨을 죽이고 있어야 했다. 그런데도 그녀는 그 자리에 없어서는 안 되었다. 그녀가 없으면 이야기가 활기를 잃고, 생각이 잘 떠오르지 않았다. 코니가 없으면 클리포드는 무척 소심해져서, 신경을 곤두세우고 이내 겁을 먹고 말이 술술 나오지 않는 것이다. 토미 듀크스가 가장 잘 지껄였다. 그는 코니가 있으면 약간 흥분하는 경향이 있다. 그녀는 해먼드가 정말 싫었다. 정신적인 면에서는 몹시 이기적인 것처럼 보였다. 그리고 찰리 메이, 그는 어딘가 호감은 갔으나 천문학자로서는 약간 불쾌한 데가 있고, 또 단정치 못하다고 생각됐다.

이 네 사람의 대화에 귀를 기울이며 코니가 앉아 있었던 밤이 몇 번이었던가! 그 밖에도 한두 사람 더 끼어들 때가 있었다. 그들의 이야기가 언제 끝날지 알 수 없는 것도, 그녀의 마음을 심하게 흐트러뜨리지는 못했다. 특히 토미가 있을 때는 그들의 대화를 듣고 싶었다. 재미있었다. 남자들은 키스하거나 육체로 접촉하지 않고, 그들의 가슴 속을 헤쳐보였다. 그것은 무척 즐거운 일이었다. 그러나 이 얼마나 냉담한 마음이란 말인가!

그것은 또 다소 화가 나는 일이기도 했다. 그녀는 마이클리스를 그들보다 더 존경했는데, 그들은 그의 이름에 조그만 잡종의 교활한 야심가라느니, 교육을 받지 못한 최악의 망나니라느니 하면서, 멸시하는 듯한, 차마 들을 수 없는 모욕을 가했다. 잡종의 망나니이든 아니든, 마이클리스는 한 걸음마다 자기 나름의 결론을 내리고 있었다. 정신생활을 과시하고 수많은 언어를 늘어놓으며, 그저 그 결론 주위를 빙글빙글 맴도는 짓은 하지 않았다.

코니는 정신생활을 정말 좋아하고, 거기서 무척 자극도 받고 있었다. 그러나 거기에 너무 치우쳐 있다고 생각했다. 그녀는 자기 혼자 그렇게 부르고 있던 친구들과의 그 멋진 밤에, 자욱한 담배 연기 속에 앉아 있는 것을 좋아했다. 그저 말없이 앉아 있을 뿐인데도, 거기에 없으면 남자들은 이야기를 할 수 없다는 것이, 그녀에게는 더할 수 없이 즐겁고 자랑스럽기도 했다. 그녀는 사상에 커다란 존경을 품고 있었다…… 게다가 적어도 그들은 성실하게 생각하려고 애쓰고 있었다. 그러나 어찌된 셈인지, 고양이가 있지만 전혀 뛰어 오르려 하지 않는다고 할까, 얘기의 내용을 전혀 짐작도 할 수 없었다. 그들은 모두 한결같이 무언가에 대해 얘기하고 있는데, 그것이 무엇인지 그녀로서는 도무지 알 수가 없었다. 믹 또한 그것을 분명하게 얘기하지 않았다.

그러나 믹은 그저 자신의 인생을 걸어가며, 남이 자기를 속이려 한 것처럼 자기도 남을 속이려 하고 있을 뿐이었다. 그는 정말 반사회적이었다. 클리포드와 그 친구들이 비난하고 있는 것도 그 때문이었다. 클리포드와 친구들은 반사회적이지는 않았고, 적어도 그들은, 많든 적든 인류를 구하거나 계몽하는 문제에 열성을 가지고 있었다.

일요일 밤, 대화가 다시 사랑에 대한 문제로 옮아가 화제가 몹시 활기를 띠게 되었을 때는 무척 즐거웠다.

"뭔가 닮은 우리의 마음을 묶어주는 이 인연에 은총이 있기를!"

토미 듀크스가 찬미가에서 인용하여 말했다.

"그 인연이 무엇인지 알고 싶군. ……지금 우리를 이어주고 있는 인연은 서로에 대한 정신적 의견의 충돌일세. 그것 말고는, 애석하지만 인연 같은 건 없어. 우리는 어느 날 갑자기 갈라서면, 서로 악의에 찬 말을 퍼부을 걸세. 세상의 모든 지식인들이 그렇게 하는 것처럼 말이야. 그 점에서는 모두 마찬가지네. 이런 젠장! 어쨌든 모두가 그러니까. 그렇지 않으면, 서로 뿔뿔이 헤어져서도 달콤한 거짓말로 서로에 대해 느끼고 있는 언짢은 점을 감추는 거지. 묘한 것은, 정신생활은 아무래도 악의, 말로 표현할 수 없는 한없는 악의 속에 그 뿌리를 내리고 번성하는 것 같다는 거야. 그건 어느 시대에나 그랬어. 플라톤이 그린 소크라테스와 그를 둘러싼 친구들을 보게! 그의 글은 모두 험악한 악의로 가득 차 있어. 누군가 다른 인간을 갈기갈기 찢어놓는 것을 기뻐하고 있는 거지, 프로타고라스든 누구든! 그리고 아테네의 장군으로 소크라테스의 제자가 되었던 알키비아데스나, 토론에 가담한 다른 하잘 것 없는 제자들. 그렇기 때문에, 보리수 밑에 조용히 앉아 있는 부처나, 격렬하고 지적인 흥분 없이 평화롭게 제자들에게 일요일 설교를 한 예수가 좋다고 말하지 않을 수 없어. 그래, 정신생활이라는 건 근본적으로 어딘가 잘못되어 있어. 그건 악의적인 질투, 질투에 의한 악의에 뿌리박고 있는 걸세. 그대, 그 열매를 보고 나무를 알라(마태복음)."

"우리 모두가 그렇게 악의를 품고 있다고는 생각지 않네만."

클리포드가 반대했다.

"친애하는 클리포드. 우리 모두가 서로 상대편에 대해 말할 때의 모습을 생각해 보게나. 나 자신이 누구보다 심한 편이지만, 어쨌든 난 자연발생적인 악의가 생각해서 지어낸 달콤한 말보다 훨씬 좋아. 달콤한 말은 독이거든. 내가 클리포드는 정말 좋은 녀석이라고 말한다면, 그때는 '가엾은 클리포드!' 하고 동정을 받아야 할 거야. 어떤가 자네들, 나에게도 악의에 찬 말을 해 주게. 나도 자네들에게 조금은 의미 있는 존재라는 걸 알 수 있도록 말이야. 달콤한 말은 하지 말게, 그러면 난 끝장이니까."

"하지만 솔직하게 말해, 우린 모두 서로를 좋아한다고 생각하는데?"

해먼드가 말했다.

"사실은 그래야 하는 거지만…… 뒤에서는, 우리는 서로에 대해 끔찍하게 악의에 찬 말을 하고 있어! 그 중에서도 내가 제일 심하지."

"난 자네가 정신생활을 비판활동과 혼동하고 있다고 생각하네. 소크라테스가 비판활동이라는 것에 커다란 출발점을 만들었다는 자네의 의견에는 동의하네만. 하지만 말이야, 그는 그 이상의 일을 했어."

찰리 메이가 자못 위엄 있게 말했다. 이들은 겉으로는 겸손을 가장하고 있지만, 이렇게 묘하게 거드름피우는 데가 있었다. 그 말은 모두 교황의 성좌에서 들려오는 것처럼 무척 권위적으로 들렸고, 게다가 그것은 모두 겸손을 가장하고 있었다.

듀크스는 소크라테스에 대해 의견을 말하는 것은 거부했다.

"정말 맞는 말이야. 비판과 지식은 동일한 것이 아니지."

해먼드가 말했다.

"물론 달라요."

베리가 입을 열었다. 피부가 갈색이고 내성적인 청년으로, 듀크스를 만나러 왔다가 오늘 밤 머물게 된 것이다.

나귀가 말하는 것을 듣기라도 한 것 같은 표정으로 모두들 그를 쳐다보았다(민수기에서의 인용. 예언자 발람의 나귀가 갑자기 입을 열어 주인을 비난했다).

"난 지식에 대해 말하는 게 아니라, 정신생활에 대해 얘기하고 있는 거야."

듀크스가 웃었다.

"진정한 지식은 지각(知覺) 전체에서 나오네. 즉 두뇌나 정신에서와 마찬가지로 배와 페니스에서 나오는 것일세. 마음은 그것을 분석하고 합리화할 수 있을 뿐이야. 만약 지성과 이성을 다른 모든 것에 강요하는 짓을 한다면, 그것들이 할 수 있는 것은 다만 비판에 의해 죽음의 상태를 만들어내는 것뿐일세. 분명히 말하지만, 할 수 있는 건 그것뿐일세. 그건 매우 중요한 일이야. 그런데 아, 오늘날의 세계는 비판을 요구하고 있어…… 죽음에 이르게 하는 비판 말이야. 그러니 정신생활을 해야 하지 않겠나? 그리고 우리의 악의에 영광을 주어 썩어 빠진 낡은 장식을 벗겨내야 하네. 하지만 주의할 것은, 인간이 생활하고 있는 한은 어떤 의미에서 모든 생명을 가진 유기적 통일체라는 점이야. 하지만 정신생활을 시작하는 건 사과를 따는 것과 같지. 사과와 그 나무 사이의 연결, 그 유기적인 연결을 끊어버린 게 되는 걸세. 그리고 만약 생활이 온통 정신적인 것뿐이라면, 그때는 자신이 따버린 사과가 되는 거지. 나무에서 떨어져버린 걸세. 떨어진 사과가 썩어가는 것이 자연계의 필연인 것처럼, 그런 인간이 악의를 품게 되는 것도 논리적 필연이라는 거야."

클리포드는 눈을 커다랗게 떴다. 그에게는 그것은 아무런 의미도 없는 말이었다. 코니는 남몰래 혼자 웃었다.

"그렇다면 우린 모두 떨어진 사과로군그래?"

해먼드가 약간 빈정거리듯 퉁명스럽게 말했다.

"그럼 우리를 재료로 해서 사과주나 담으시지."

찰리가 말했다.

"하지만 볼셰비즘*6에 대해서는 어떻게들 생각하시죠?"

무슨 일이든 모두 거기에 귀착시켜야 한다는 듯이 갈색 피부의 베리가 끼어들었다.

찰리가 큰 소리로 외쳤다. "브라보! 여러분! 볼셰비즘에 대해선 어떻게들 생각하시나?"

"자, 자! 볼셰비즘에 대해 한번 파헤쳐 볼까!"

듀크스가 말했다.

"볼셰비즘은 너무 큰 문제인데?"

해먼드는 진지하게 고개를 저으면서 말했다.

"난, 그건 이른바 부르주아에 대한 그들의 지나친 증오에 지나지 않는다고 생각하네. 게다가 부르주아라는 게 뭔가 하는 것도 충분히 정의되어 있지 않고. 물론 정의는 여러 가지 있지만 그 중에서도 결국 자본주의를 말하는 거네. 감정이니 열정이니 하는 것은 역시 부르주아적인 게 틀림없으니까, 그런 것을 갖고 있지 않은 새로운 인간을 만들어 내야 하는 거지. 그리고 개인, 특히 이성적 개인은 부르주아야. 그렇기 때문에 탄압하지 않으면 안 돼. 모두 더욱 위대한 것, 소비에트 사회라는 것에 열중하지 않으면 안 되는 걸세. 유기체라는 것도 부르주아적이야. 그러니까 이상적인 것은 기계적인 것이어야 하지. 비유기적인 한 단위를 이루며, 다수의 다양한, 그리고 똑같이 없어서는 안 되는 부분으로 구성된 것은 기계밖에 없네. 각 개인은 기계의 한 부품이고, 또 그 기계의 동력은 증오, 부르주아 계습에 대한 증오일세. 나는 볼셰비즘이란 그런 거라고 생각하네."

토미가 말했다.

"맞는 말이야! 그리고 그것은 또, 공업의 이상을 완벽하게 설명한 것으로 생각되는군. 그건 간결하게 표현된 공장주인의 이상일세. 공장 주인은 증오가 동

---

*6 러시아 사회민주 노동당 다수파의 정치사상.

력이라는 것은 부정하겠지만 말이야. 하지만 역시 그건 증오야. 생활 자체에 대한 증오. 이 중부 지방을 좀 보게, 만약 그런 것이 확실하게 기술되어 있지 않다면……증오는 모든 정신생활의 일부이며, 또한 그것은 논리적 전개의 산물이지."

"나는 볼셰비즘이 이론적이라는 말에는 반대야. 그것은 대전제(大前提)를 인정하지 않고 있으니 말이야."

해먼드가 말했다.

"하지만 여보게, 그건 물질적인 전제는 허용하고 있어. 또 순수한 정신도……배타적이기는 하지만."

"적어도 볼셰비즘은 밑바닥까지 떨어져버렸어."

찰리가 말했다.

"밑바닥이라고? 그건 바닥없는 바닥이야! 볼셰비키당은 가까운 장래에 세계 최고의 기계장비를 갖춘 세계 최강의 군대를 갖게 될 걸세."

"하지만 그런 건 오래 갈 리가 없어. 그런 증오 같은 건, 반드시 반동이 일어날 걸."

해먼드가 말했다.

"그래. 우리는 오랫동안 그걸 기다려 왔고……아직도 기다리고 있는 걸세. 증오라는 건 다른 것과 마찬가지로 성장하는 거네. 그건 생활에 사상을 강요하고 인간의 가장 깊은 본능을 억제하는 데서 오는 필연적인 결과지. 가장 심오한 감정을 어떤 사상에 따라 억제하는 거야. 우리는 일정한 방식에 따라 기계처럼 스스로 움직여 가지. 이론적 정신이 지배하고 있는 것처럼 보이지만 그것이 순수한 증오로 변하고 마는 걸세. 우리는 모두 볼셰비키지만, 다만 우리는 위선자라는 것뿐일세. 러시아인은 위선이 없는 볼셰비키야."

해먼드가 말했다. "하지만 소비에트식으로 하지 않더라도 여러 가지 방법이 있어. 급진적인 사회주의자는 정말 머리가 좋은 것도 아니야."

"물론 그렇지만, 때로는 어리석은 것이 현명할 때도 있어. 자네가 최후를 마치고 싶은 경우에 말이네. 내 개인적으론 볼셰비즘은 어리석다고 생각해. 하지만 우리 서구의 사회생활도 어리석은 것이야. 따라서 우리처럼 널리 알려진 정신생활까지 어리석다고 생각하지. 우리는 모두 갑상선호르몬의 결핍에 의한 크레틴 환자처럼 냉혹하고, 백치처럼 열정이 없어. 우린 모두 볼셰비키야. 다만 다른 이름을 붙이고 있는 데 지나지 않아. 우리는 자신을 신이라고 생각하고 있어…… 신과 같은 인간이라고! 바로 볼셰비즘과 같은 생각이지. 만약 우리가 신도 볼셰비키도 되고 싶지 않다면, 인간적이 되어야 해. 심장과 페니스를 가져야 하는 걸세. 왜냐하면 심장과 페니스는 같은 것이기 때문이지. 양쪽 다 믿을 수 없을 만큼 좋은 거라네."

모두 찬성하기 어렵다는 듯 말없이 있는 가운데 베리가 걱정스럽게 물었다.

"그럼 토미, 당신은 진정으로 사랑의 존재를 믿고 있는 거군요?"

토미가 말했다.

"오, 잘생긴 청년! 아니 아니, 내 천사 같은 친구여, 십중팔구는 노야! 오늘날 사랑은 수많은 어리석은 행위의 하나로 일컬어지고 있어. 사내들이 어린 사내아이 같은 엉덩이를 가진, 재즈를 좋아하는 여자아이와, 허리를 흔들어대면서 마치 두 개의 커프스단추처럼 성교를 하고 있네. 자넨 그런 종류의 사랑을 말하고 있는 건가? 아니면 공유재산이니, 입신출세니, 내 남편, 내 아내라고 하는 그런 사랑 말인가? 아니야, 나의 좋은 친구, 난 그런 것 절대로 믿지 않아!"

"그러나 뭔가를 진실로 믿고 있겠죠?"

"내가 말인가? 오, 지적이로군, 난 선량한 마음, 힘찬 페니스, 예민한 지성, 게다가 귀부인들 앞에서도 '제기랄!'이라고 말할 수 있는 용기를 가지는 것의 장점을 믿어."

"오, 당신은 그런 것을 모두 갖고 있어요."

베리가 말했다.

토미 듀크스가 큰 소리로 웃었다.

"자네는 천사야. 나도 그걸 갖고 있었으면 좋겠군! 그게 있다면 얼마나 좋을까! 그런데 아니야. 내 마음은 감자처럼 무감각하고, 페니스는 축 늘어져서 절대로 고개를 들지 않는단 말일세. 난 어머니나 숙모님 앞에서……알겠나, 두 사람은 진정한 여성들이라구, 그 앞에서 '제기랄!'이라는 말을 할 바엔 차라리 깨끗하게 내 페니스를 잘라 버리겠어. 게다가 나는 정말로 머리가 좋은 것이 아니란 말일세. 그저 별 볼일 없는 '정신 생활자'에 지나지 않아. 머리가 좋다는 건 멋진 일일 거야. 그렇다면, 사람은 입으로 말할 수 있는 부분과, 입 밖에 내는 것이 꺼려지는 부분까지 모두 생생하게 살아 있을 걸세. 페니스는 잠에서 깨어나 고개를 쳐들고, 진정한 지식인 누구에게나 '안녕하시오?' 하고 말하겠지. 르노아르는 자신의 페니스로 그림을 그린다고 말했다더군. ……정말 그랬단 말일세, 그 아름다운 그림을 말이야. 나도 내 것으로 무언가를 하면 좋을 텐데. 젠장! 이렇게 말로 지껄일 수밖에 없다니! 지옥에서 받을 모진 고통이 또 한 가지 늘어버렸어! 이건 애초에 소크라테스가 시작한 일이야."

"세상에는 좋은 여자도 있어요."

마침내 코니가 고개를 들고 입을 열었다.

남자들은 못마땅했다. 그녀는 아무것도 듣지 않는 척해야 했다. 그런 이야기를 한 마디도 놓치지 않으려고 귀를 기울이고 있었던 것을 스스로 인정한 것이 마음에 들지 않았다.

"오, 신이시여! '아무리 좋은 여자라도 나에게 다정하게 대해 주지 않는다면 아무 소용없지!'"*7

"천만에, 그 점은 절망적이야! 나에겐 여자와 함께 가슴을 두근거리는 것은 쉬운 일이 아니야. 마주 대하고 앉았을 때, 진정으로 갖고 싶은 여자가 없어. 또 난 억지로 여자와 시작하고 싶지 않아…… 절대로! 난 이대로 정신생활을 계속할 뿐이야. 그것이 내가 할 수 있는 유일한 성실한 일이지. 여자와 얘기를 하면 정말 행복할 때도 있어. 하지만 그 경우는 완전히 순결한 거란 말일세! 절망적으로 순결하지. 절망적인 순결! 여보게, 힐데브란트,*8 자넨 어떻게 생각하나?"

"순결하다면 훨씬 단순해지겠지요."

베리가 말했다.

"그렇지, 인생은 정말이지 너무 단순해!"

5

햇살이 희미하게 비치는 2월, 서리가 내린 어느 날 아침 클리포드와 코니는 정원을 가로질러 숲으로 산책을 나갔다. 클리포드는 모터 달린 휠체어를 몰고 그 옆에 코니가 따라가는 것이다.

얼어붙은 공기는 여전히 유황 냄새를 풍기고 있었지만, 두 사람 다 그것에는 익숙해져 있었다. 가깝게 보이는 지평선 주위로 안개가 서리와 연기 때문에 뿌

---

*7 조지 위저의 《사랑하는 남자의 결심》에서.
*8 교황 그레고리우스 7세의 본명. 사제의 독신제를지지.

연 젖빛으로 퍼져 있었다. 그 위쪽에는 푸른 하늘이 약간 보였다. 그 때문에 푸른 하늘은 울타리 속에 갇혀 있는 것 같은 느낌이었다. 생활은 언제나 울타리 속의 꿈이거나 광기이다.

대정원 안에서 기복을 이루고 있는 메마른 풀밭에서 양이 기침을 하고 있었다. 덤불 속의 움푹 팬 곳에서는 서리가 파르스름하게 보였다. 정원을 가로질러 숲의 출입구에 이르는 오솔길이 예쁜 분홍빛 띠처럼 뻗어있다. 클리포드가 최근에 갱구에서 나오는 자갈을 체로 쳐서 오솔길에 깔게 한 것이다. 지하의 암석과 폐물들이 불타서 유황이 날아가 버리면 밝은 분홍색이 되었다. 그것이 건조한 날에는 새우색으로 변하고, 비가 오는 날에는 더욱 짙어져서 엷은 게의 등딱지 같은 색깔이 된다. 오늘은 파르스름한 유백색 서리가 내려 엷은 새우빛을 띠고 있다. 발밑에 보이는 밝은 분홍색은 언제나 코니를 기쁘게 했다. 비가 오면 우산 장수가 웃는다는 말처럼, 어떤 불행도 누군가에게는 행운이 될 수 있다.

클리포드는 저택에서 나와 언덕 비탈을 주의 깊게 운전해 갔고, 코니는 줄곧 의자에 한 손을 얹고 있었다. 눈앞에 숲이 펼쳐지자, 가까운 곳에는 개암나무 숲, 그 뒤에는 보랏빛 떡갈나무가 빽빽이 자라고 있는 것이 보였다. 토끼가 갑자기 숲가에 튀어나와 입을 오물거리고 있다. 까마귀 떼가 느닷없이 검은 열을 지어 날아오르더니, 조그마한 언덕을 넘어 점점 사라진다.

코니가 숲의 나무문을 열자, 클리포드는 가장자리를 말쑥하게 깎은 개암나무 숲 사이의 언덕으로 올라가는 넓은 기마(騎馬)도로에 들어서서 휠체어를 천천히 움직여갔다. 그 숲은 옛날 로빈훗이 사냥을 했던 대삼림의 자취였고, 이 기마도로는 그 지방을 가로지르는 아주 오래된 길이었다. 그러나 지금은 물론 사유림을 지나가는 단순한 도로일 뿐이다. 그 도로는 맨스필드에서 뻗어와 북쪽으로 구비구비 돌아간다.

숲 속에서는 모든 것이 조용하게 멈춰 있었다. 땅에 떨어진 낙엽의 뒷면에 서릿발이 얼어붙어 있다. 어치가 날카로운 소리를 지르자, 수많은 새들이 날갯짓을 했다. 그러나 사냥할 만한 새나 꿩은 없다. 전쟁 중에 다 죽어버린 뒤, 클리포드가 다시 산지기를 고용할 때까지 숲은 보호자 없이 방치되어 있었던 것이다.

클리포드는 숲을 사랑했다. 그리고 그 오래 된 떡갈나무를 사랑했다. 그는 그것이 아주 오래 전부터 자기의 것이었던 것 같은 마음이 들었다. 그는 그 떡갈나무를 보호하고 싶었다. 이 숲을 세상과 격리하여 침해할 수 없는 땅으로 만들고 싶었다.

휠체어는 얼어붙은 흙덩이 위를 덜컹거리면서 비탈길을 천천히 올라갔다. 갑자기 왼쪽에 빈터가 나타났다. 거기에는 시들어서 뒤엉킨 양치류와 기울어져 있는 가늘고 긴 어린 나무, 톱으로 잘린 커다란 그루터기가 있을 뿐이다. 그 그루터기 윗면과, 달라붙어 있는 뿌리는 이미 생명이 없음을 보여주고 있었다. 나무꾼이 덤불과 나무 부스러기를 태운 흔적이 여기저기 거뭇거뭇하게 남아 있었다.

이곳은 제프리 경이 전쟁 중에 참호용 목재를 베어냈던 장소의 하나이다. 그 작은 산 전체는 찻길 오른쪽에 평온한 모습으로 있지만, 벌거숭이가 되어버려 묘하게 쓸쓸해 보였다. 떡갈나무가 서 있던 산꼭대기도 맨살을 드러내고 있었다. 그래서 거기에 서면 나무 사이로 탄광의 철도와 스택스 게이트의 새 공장들이 보였다. 코니도 전에 거기 서서 바라본 적이 있는데, 그곳은 완전히 격리된 이 숲의 틈새였다. 그곳이 세상과의 출입구였다. 그러나 그녀는 클리포드에게는 말하지 않았다.

이 벌거숭이가 된 장소에 올 때마다 클리포드는 이상하리만치 화가 났다. 그는 전쟁을 경험했고, 그것이 무엇인지 잘 알고 있었다. 그러나 이 민둥산을 보고서야 비로소 진정으로 화가 나는 것을 느꼈다. 그곳에 다시 나무를 심었지만, 아버지가 원망스러웠다.

휠체어가 비탈길을 천천히 올라가는 동안, 클리포드는 표정을 굳힌 채 앉아 있었다. 고갯마루에 오르자 그는 멈춰 섰다. 길고 몹시 울퉁불퉁한 내리막길은 위험해서 도저히 내려갈 자신이 없었다. 그는 푸른빛을 띠며 구불구불 돌아가는 찻길을 내려다보았다. 양치류와 떡갈나무 사이로 빠져나가는, 앞이 탁 트인 길이다. 길은 언덕 기슭에서 구부러져 더 이상 보이지 않았다. 그러나 옛날 말 위의 기사와 승용마를 탄 귀부인들에게는 무척 아름답고 완만한 곡선이었을 것이다.

"난 정말 이곳이 잉글랜드의 심장이라고 생각해."

클리포드는 2월의 엷은 햇살 속에서 미동도 하지 않고 코니에게 말했다.

"그렇게 생각해요?"

파란 털실로 짠 옷을 입은 그녀는 길가의 그루터기에 걸터앉으며 말했다.

"정말이오. 이곳이 옛날의 잉글랜드이고 바로 그 심장부지. 난 그래서 이 숲을 옛날 그대로 소중하게 보존할 생각이오."

"정말 그래요."

코니가 말했다. 그러자 스택스 게이트 탄광에서 11시를 알리는 기적소리가 들려왔다. 클리포드는 그 소리에 익숙해져 있어서 의식하지 못했다.

"난 이 숲을 완전하게 복원하고 싶어…… 아무도 손대지 못하게 해서."

거기에는 일종의 애수가 깃들어 있었다. 숲에는 아직도 원시적인 잉글랜드의 신비가 남아 있었다. 전쟁 중에 제프리 경이 그것을 벌채한 것은 큰 타격이었다. 나무들은 참으로 조용했다. 그 구불구불한 작은 가지를 하늘을 향해 뻗고, 갈색 양치류 사이에 튼튼한 잿빛 줄기로 우뚝 서있었다. 새들은 평화롭게 나무 사이를 날아다녔다. 옛날에는 사슴과 사냥꾼이 달리고, 수도자가 나귀를 타고 다녔던 곳이다. 숲은 그것을 기억하고 있다. 지금도 잊지 않고 있는 것이다.

클리포드는 희미한 햇살을 받으며 앉아 있었다. 그의 금발에 가까운 매끄러운 머리와 붉고 불룩한 얼굴을 햇살이 어루만지고 있었다.

"난 이곳에 올 때마다 아들이 없는 것이 마음에 걸려 못 견디겠소."

"하지만 이 숲은 당신 집안보다 더 오래전부터 있었잖아요."

코니가 온화하게 말했다.

"맞아! 하지만 우리 집안이 이 숲을 보호해 왔소. 우리 집안이 아니었으면 숲도 없었겠지…… 숲의 다른 부분처럼 옛날에 사라지고 없었을 거야. 우리는 낡은 잉글랜드를 보존해야 해!"

"꼭 그래야만 할까요? 만약 보존해야 한다면, 그것도 새로운 잉글랜드를 거스르면서까지 그래야 한다면, 그건 슬픈 일이라고 생각해요."

"만약 옛 잉글랜드가 조금도 보존되지 않는다면, 잉글랜드는 완전히 자취를 감추고 말 걸. 그러니까 이만한 땅을 소유하고 거기에 애착을 품고 있는 우리에게 그것을 보호할 의무가 있는 거요."

슬픔에 잠긴 것처럼 얘기가 잠시 끊어졌다.

"그래요, 얼마 동안은."

"잠깐 동안뿐이지! 우린 그것밖에 할 수 없어. 신분에 걸맞은 일밖에 할 수 없는 거요. 난 우리 집안이 이곳에 토지를 소유한 뒤 줄곧, 누군가가 어울리는 공헌을 해왔다고 생각하오. 인습을 타파하는 것도 좋지만, 전통은 지켜나가야 해."

다시 침묵이 흘렀다.

"어떤 전통이죠?"

코니가 물었다.

"잉글랜드의 전통 말이오. 다시 말해 이곳의 전통이지."

"그렇군요."

그녀는 천천히 말했다.

"그래서 아들이 있으면 좋겠다는 거요. 나 한 사람은 사슬의 한 고리에 불과하니까."

코니는 쇠사슬 얘기가 마음에 들지 않았다. 그러나 아무 말도 하지 않았다. 아이를 갖고 싶어 하는 그의 욕망이 개인적 감정에 의한 것이 아니라는 것이 묘하게 생각되었다.

"우리가 아이를 가질 수 없다는 건 참 유감이에요."

그녀가 말했다.

그는 파르스름한 눈을 크게 뜨고 그녀를 응시했다.

"만약 당신이 다른 남자의 아이를 낳는다 해도 그리 나쁠 것 같지 않은데. 우리가 그 아이를 라그비에서 키울 수 있다면, 그건 우리 아이가 될 것이고 또 이곳 사람이 되겠지. 난 부권(父權) 같은 건 그다지 믿지 않아. 만약 우리가 키우지 않으면 안 되는 아이가 있다면, 그건 우리 자신의 아이가 될 것이고, 그러면 모든 게 그런대로 잘 되어 나갈 거요. 한번 생각해 보지 않겠소?"

코니는 더 이상 참지 못하고 그를 올려다보았다. 아이, 내 아이가 그에게는 단지 '그것'이라는 지시대명사이다, 그것……그것……그것!

"하지만 그 다른 남자는 어떡하고요?"

그녀가 물었다.

"그게 그리 중요한 문제일까? 그런 일이 우리에게 정말로 깊은 영향을 주는 것일까? …… 예전에 당신은 독일에서 애인이 있었다 했지…… 그 일이 지금은 어떻소? 이미 아무 일도 아니지 않소? 우리가 평생 동안 행하는 그런 사소한 행위와 관계는 그다지 중요하지 않다고 나는 생각하오만. 그런 건 다 지나가

버리는 거지. 그게 지금 어디에 남아 있소?…… 어디에?…… 작년에 내린 눈이 지금은 어디에 남아 있소? 평생 지속되는 일이 중요한 거요. 즉, 나에게는 어디까지나 평생 지속되고 발전해가는 내 생활이 중요한 것이오. 그런데 어쩌다가 일어나는 관계는 얼마나 중요할까? 극히 드물게 가지는 성적 관계는 특히 더 그렇소. 사람들이 그런 것을 어리석을 정도로 과장되게 생각하지 않는다면, 새가 짝짓기를 하는 정도로 지나가 버리는 법이오. 아무래도 상관없는 일이고, 또 그래야 마땅한 거지. 중요한 것은 평생의 반려라는 거요. 그건 하루하루를 함께 하는 것이지 한두 번 함께 자는 것이 아니오. 우리 두 사람에게 무슨 일이 일어나더라도 나와 당신은 부부요. 우리에게는 서로 각각의 습관이 있소. 내 생각에는 이따금 일어나는 어떤 흥분보다 습관이 더 중요한 거요. 오랜 시일을 두고, 천천히 지속되는 것…… 우리는 그런 것에 의해서 살아가는 것이지, 어떤 종류이든 간혹 일어나는 발작적인 것에 의해서가 아니란 말이오. 두 사람의 인간이 함께 살아가면서 서로 조금씩 조화를 이루어, 서로에 대해 마음이 매우 복잡하게 공명해야 하오. 그것이 결혼의 진정한 비결이고, 섹스는 중요한 문제가 아니오. 적어도 섹스의 단순한 작용은 아니라는 뜻이지. 당신과 나는 결혼이라는 직물 속에 함께 얽혀 있는 것이오. 만약 우리 두 사람이 그런 관계에 충실하다면, 섹스 문제는 서로 의논해서 결정할 수 있을 거요. 치과에 가기 위해 약속을 하는 것처럼 말이야. 어쨌든 우리는 그 점에서는 운명의 함정에 빠져 육체적으로 꼼짝 못하는 상태가 되어버렸으니 말이오.”

코니는 가만히 앉아서, 일종의 경악과 공포를 느끼며 듣고 있었다. 그의 말이 옳은지 그른지 알 수가 없었다. 마이클리스가 있다. 나는 그를 사랑하고 있다. 그녀는 그렇게 생각했다. 그러나 그녀의 이 사랑은 아무래도 클리포드와의 결혼 생활에서 잠시 샛길로 벗어난 정도의 일밖에 되지 않았다. 오랫동안 고통과 인내의 세월을 거치며 서서히 몸에 밴 그 친숙한 습관에서의 일탈. 인간의 마음은 일탈을 필요로 하고 있으며, 그것을 부정해서는 안 될 것이다. 그러나 샛길로 벗어나는 행위의 특징은 다시 가정으로 돌아온다는 것에 있다.

“그래서 제가 어떤 남자의 아이를 낳아도 상관하지 않겠다는 거예요?”

그녀는 다시 물었다.

“물론이오, 코니. 체면과 선택에 대한 당신의 건전한 본능을 신뢰해야 하오. 당신이 형편없는 인간을 가까이 할 리는 없을 테니까.”

그녀는 마이클리스를 떠올렸다! 그 사람은 클리포드가 형편없는 인간이라고 생각하는 바로 그런 인간이었다.

"하지만 어떤 사람이 형편없는 인간인지에 대해서는 남자와 여자는 서로 느끼는 게 다를지도 몰라요."

그가 받았다.

"그럴 리 없소. 당신은 나에게 호의를 가졌어. 그러니 당신이 내 마음에 전혀 맞지 않는 남자를 선택할 리가 없지 않소? 당신의 생리적 리듬이 그것을 허용치 않을 거요."

그녀는 잠자코 있었다. 이렇게 생각이 다르다면 논리적으로 대답할 수 없을지도 모른다.

"그렇다면 그 일을 당신에게 알려 주기를 바라는 건가요?"

그녀는 훔쳐보듯이 그를 올려다보면서 물었다.

"천만에, 난 모르는 편이 좋겠소...... 당신은 내 생각에 진심으로 동의하겠지? 그러니까 함께 사는 긴 생애에 비하면, 이따금 있는 섹스 같은 건 아무 문제도 아니라는 생각 말이오. 누구나 섹스보다는 긴 생애에 필요한 것을 중요시할 거라고 생각하지 않소? 섹스를 약간 이용하는 것뿐이오. 왜? 우리에게는 그것밖에 방법이 없으니까. 그러한 일시적인 흥분은 과연 중요한 것일까? 인생의 모든 문제는 세월을 거치면서 원만한 인격을 서서히 쌓아올리는 것이 아닐까? 아니, 완전무결한 생활을 보내는 것이라고 해야 할까? 붕괴된 삶에서는 아무것도 얻을 수 없소. 만약 섹스에 대한 불만이 당신을 붕괴시키게 된다면, 그때는 밖에 나가서 정사를 가져요. 마찬가지로 아이가 없는 것이 당신을 붕괴시킨다면, 그때는 가능하면 아이를 가져야 할 거요. 그러나 말이오, 이런 것을 권유하는 건 단지 당신의 완전무결한 생활을 위해서요. 그것이 장기적이고 조화로운 삶을 만들어내기 때문이지. 당신과 나 사이에서는 그것이 가능하다고 생각하오. 그렇지 않소?...... 우리가 필요한 사항에 순응하고, 동시에 그 순응을 우리의 견실한 생활에 짜 넣어 한 장의 직물로 만들어낸다면 말이오. 동의하지 않소?"

코니는 그의 말에 다소 압도되는 기분이었다. 그의 말이 이론적으로 옳다는 것은 알고 있었다. 그러나 실제로 그와 함께 살아온 생활을 돌이켜보면, 그녀는...... 어쩐지 망설여졌다. 나머지 인생을 그의 삶 속에 계속 짜 넣어가는 것이 과연 자신의 운명일까? 그밖에는 어떻게도 할 수 없단 말인가?

정말 그런 것일까? 클리포드와 견실한 생활을 함께 짜 올려 그야말로 한 장의 직물을, 오직 이따금 사랑의 모험이라는 꽃을 도드라지게 새긴 직물을 만들어내는 것으로 만족해야 하는 것이 그녀의 운명인 것이다. 그러나 내년에는 자신이 어떤 마음이 될지 알 수 없는 일이 아닐까? 도대체 어떻게 하면 알 수 있단 말인가? 어떻게 하면 '예스'라고 대답할 수 있을까? 오랜 세월이 지난 뒤에? 말해버린 순간 단숨에 사라져버리는 짧은 '예스'라는 대답. 그런 나비처럼 가벼운 말에 도대체 왜 속박되어야 한단 말인가? 물론 그 말은 팔랑팔랑 날아올라 이내 사라져버리지만, 다른 예스와 노가 끝없이 이어진다. 나비들이 이러 저리 날아다니는 것처럼.

"당신 말이 맞는다고 생각해요, 클리포드. 그러니까 제가 이해할 수 있는 범위에서는 저도 찬성이에요. 다만 그 때문에 생활에 새로운 면이 나타날지도 모르겠군요."

"그러면 생활에 완전히 새로운 면이 나타나지 않는다면 찬성이란 말이지?"

"네, 그래요, 정말 그렇게 생각해요."

그녀는 샛길에서 달려 나온 갈색 스패니얼종 개를 가만히 바라보았다. 그것은 코를 쳐들고 그들을 향해 흥분한 듯이 나지막하게 짓고 있었다. 그러자 개 뒤에서 총을 든 사내가 소리 없이 빠른 걸음으로 나타나더니, 마치 달려드는 것처럼 이쪽을 향해 오다가, 이내 걸음을 멈추고 고개를 숙여 보인 뒤 방향을 바꿔 언덕을 내려갔다. 이번에 새로 온 산지기였을 뿐인데 코니는 무서워서 소름이 끼쳤다. 그가 너무 민첩하고 위협적인 태도로 나타났던 것이다. 그녀가 그를 만난 것은 그런 상황에서였는데, 어디선지 모르게 갑자기 덮친 위협 같았다.

그 사내는 짙은 초록색 벨벳 바지에 각반을 차고 있었다. 그런 구식 옷차림에 붉은 얼굴, 붉은 콧수염, 먼 곳을 바라보는 듯한 눈길이었다. 그는 빠른 걸음으로 언덕을 내려갔다.

"멜러스!"

클리포드가 그를 불렀다.

사내는 몸을 돌려, 민첩하고 작은 몸짓으로 병사처럼 경례를 붙였다.

"휠체어를 돌려서 좀 밀어주게나. 그렇게 하면 잘 나갈 테니까."

사내는 곧 총을 어깨에 메고 아까처럼 기묘하게 재빠른, 그러나 마치 모습을 숨기고 있는 듯이 소리 내지 않고 다가왔다. 그는 중키에 적당히 마른, 말이 없는 사람이었다. 코니 쪽은 전혀 쳐다보지도 않고 휠체어만 보고 있었다.

"코니, 새로 온 산지기인 멜러스요. 자네, 아직 마님께 인사를 드린 적이 없지, 멜러스?"

"예."

그는 무관심한 투로 즉시 대답했다.

사내는 우뚝 선 채 모자를 벗었다. 그러자 금발에 가까운 숱 많은 머리가 드러났다. 그는 조금도 두려워하는 빛이 없이, 개인적인 감정이 전혀 없는 완벽한 눈으로 그저 그녀가 어떤 여자인지 알아내려는 듯이 코니의 눈을 정면으로 들여다보았다. 그녀는 조금 부끄러워졌다. 그래서 부끄러운 듯 고개를 숙이자, 그는 모자를 왼손에 바꿔 들고 신사처럼 가볍게 허리를 굽혔다. 그러나 말은 한 마디도 하지 않고, 모자를 손에 든 채 잠시 가만히 서 있을 뿐이었다.

"여기 온 지 오래 되었나요?"

코니가 물었다.

"여덟 달 됩니다, 부인…… 마님."

그는 침착하게 말을 고쳤다.

"이곳이 마음에 드시나요?"

그녀는 그의 눈을 응시했다. 그는 비웃는 듯이, 어쩌면 조금은 무례하게 눈을 약간 가늘게 떴다.

"예, 물론입니다. 감사합니다, 마님! 저는 여기서 자랐으니까요."

그는 다시 한 번 허리를 굽힌 뒤 몸을 돌려 모자를 쓰고, 휠체어를 붙들려고 성큼성큼 걸어갔다. 그의 마지막 말은 느릿하고 굵은 목소리에 사투리까지 느껴졌다…… 어쩌면, 역시 놀리고 있는 것일까? 왜냐하면 그때까지는 사투리를 전혀 쓰지 않았기 때문이다. 그는 어쩌면 거의 신사일지도 모른다. 아무튼 그는 묘하게 기민하고 독립적인 남자로, 고독하지만 자신감이 있어 보였다.

클리포드는 작은 엔진을 움직이기 시작했다. 사내는 조심스럽게 휠체어를 잡고 어두운 개암나무숲으로 완만하게 굽어지는 비탈길을 향해 돌려놓았다.

"이제 됐습니까, 클리포드 경?"

"아니야, 휠체어가 도중에 서게 될지도 모르니까 함께 가주지 않겠나? 아무래도 이 엔진은 언덕을 오르기에는 좀 힘이 딸려서 말이야."

사내는 개를 찾는 듯 힐끗 돌아보았다. 배려심이 있는 눈길이었다. 스패니얼은 주인을 쳐다보며 꼬리를 살랑살랑 흔들었다. 사내의 눈에서 엷은 미소가, 개를 멸시하는 건지 조롱하는 건지 그러나 부드럽게 잠시 떠오른 뒤 사라지자, 다시 무표정한 얼굴로 돌아갔다. 사내가 휠체어의 손잡이를 잡고 균형을 유지하면서, 세 사람은 꽤 빠른 속도로 언덕을 내려갔다. 사내는 고용인이라기보다 휴가 중인 병사처럼 보였다. 코니는 어딘지 모르게 토미 듀크스 준장과 닮은데가 있다고 생각했다.

개암나무 숲에 다다르자 코니는 뛰어가서 대정원으로 들어가는 문을 열었다. 그녀가 문을 붙잡고 있는 동안, 두 남자는 그곳을 지나가면서 그녀의 얼굴을 쳐다보았다. 클리포드는 뭔가 불만스러운 듯한 얼굴이고, 또 한 사람은 놀라움과 호기심이 담긴 차가운 눈길이었다. 그녀가 어떤 표정을 하고 있는지 편견 없이 보고 싶었던 것이리라. 한편, 그녀는 그의 무표정한 푸른 눈에서 고뇌와 초월이 섞인 표정을 보았지만, 그러나 일종의 따스함도 있었다. 그러나 무엇 때문에 그렇게 초연하고 무뚝뚝한 것일까?

문에 들어선 뒤 클리포드는 휠체어를 일단 세웠다. 그러자 사내는 공손하게 얼른 문을 닫으러 갔다.

클리포드는 조용하고 침착한 목소리로 물었지만 언짢은 기색이 역력했다.

"왜 뛰어가서 문을 열었소? 그건 멜러스가 할 일이었소."

"당신이 그대로 곧장 가실 줄 알았어요."

"그래서, 당신을 뒤에서 쫓아오도록 내버려 둘 줄 알았단 말이오?"

"오, 클리포드, 가끔은 뛰는 것도 좋은 일이예요!"

멜러스는 다시 휠체어를 붙잡았지만 완전히 무관심한 표정이었다. 하지만 코니는 그가 모든 것을 눈치 채고 있는 듯한 느낌이 들었다. 그는 휠체어를 밀며 정원 안의 언덕과 약간 험한 비탈을 올라가면서, 입을 벌리고 상당히 숨이 차는 듯한 모습이었다. 그는 실제로는 오히려 허약한 체질이었다. 기묘할 정도로 활력에 차 보였으나 다소 허약하고 억압되어 있었다. 여자의 직감으로 그녀는 그렇게 느꼈다.

코니는 휠체어를 먼저 보내고 뒤쳐져서 따라갔다. 구름이 잔뜩 끼어 있었다. 안개 낀 둥그런 숲에 나직이 보였던 손바닥만한 푸른 하늘이 다시 차단되었다.

안개가 천장처럼 내려와 축축하고 찬 기운이 느껴졌다. 눈이 내릴 것 같았다. 잿빛, 온통 잿빛뿐이었다. 온 세상이 지친 듯이 보였다.

휠체어는 분홍빛 언덕 꼭대기에서 기다리고 있었다. 클리포드가 코니를 찾아 뒤돌아보았다.

"피곤한 건 아니겠지?"

"네, 조금도!"

그러나 실은 지쳐 있었다. 묘하고 안타까운 동경, 일종의 불만이 가슴속에 솟아오르고 있었다. 그것을 클리포드는 알아채지 못했다. 그런 것을 알아차릴 수 있는 사람이 아니었다. 그러나 처음 보는 그 사내는 그걸 알 수 있었다. 코니에게는 그녀의 세상과 삶의 모든 것이 지칠 대로 지쳐버린 것처럼 보였다. 그 불만은 이 언덕보다 훨씬 오래 된 것이었다.

집에 도착하자 뒤꼍으로 돌아갔다. 그곳에는 계단이 없기 때문이었다. 클리포드는 몸을 흔들어 움직여서, 가까스로 낮은 실내용 휠체어에 옮겨 탔다. 무척 힘이 센 그는 두 팔을 사용하여 민첩하게 움직였다. 그러면 코니가 죽어서 무거운 짐이 된 그의 두 다리를 들어 올리는 것이다.

산지기는 그만 가도 좋다고 할 때까지 부동자세로 기다리면서, 모든 것을 하나도 빠뜨리지 않고 주의 깊게 지켜보았다. 그는 뭔가 두려운 듯 얼굴이 창백해졌다. 코니가 클리포드의 움직이지 않는 두 다리를 팔에 안아 올리고, 그녀가 그러고 있는 동안 클리포드가 몸을 돌려 다른 휠체어로 옮겨 타는 것을 본 것이다. 섬뜩한 느낌이 들었다.

"그럼 멜러스, 도와줘서 고맙네."

클리포드는 형식적으로 말하고, 하인들의 방으로 통하는 복도를 향해 휠체어를 움직이기 시작했다.

"더 시키실 일은?"

그는 꿈결처럼 몽롱한 목소리로 말했다.

"없네. 잘 가게!"

"안녕히 계십시오, 나리!"

"잘 가요! 고마웠어요, 휠체어를 밀고 그 언덕을 올라가줘서…… 힘들지 않았나요?"

코니는 문 밖에 서 있는 산지기를 돌아보면서 말했다.

마치 꿈속에서 깨어난 듯한 그의 눈이 한 순간 그녀의 눈과 마주쳤다.

"천만에요, 전혀 힘들지 않았습니다!" 그가 서둘러 대답했다. 그러고 나서 그는 다시 사투리를 그대로 드러냈다. "마님, 안녕히 계십시오!"

"그 산지기, 어떤 사람이에요?"

점심식사 때 코니가 물었다.

"멜러스 말이오? 당신도 보았잖소?"

클리포드가 말했다.

"네, 하지만 어디서 왔어요?"

"어디서 오다니! 원래 티버셜 사람이야. 아마 광부의 아들일걸."

"그래서 그 사람도 광부였나요?"

"탄광 근처에서 대장간을 한 모양인데, 전쟁 전에는 2년가량 여기서 산지기를 했지…… 그러다가 군에 입대했소. 아버지께선 늘 그 사람을 신용했어. 그래서 제대하고 대장간 일을 하러 탄광에 갔는데, 내가 여기 데려다가 산지기로 고용한 거요. 그를 고용할 수 있었던 건 행운이었지. 이 부근에서 산지기 노릇을 제대로 할 만한 사람을 찾는 건 불가능에 가까우니까. 게다가 이 고장 사람을 아는 사람이 아니면 곤란하거든."

"그런데 결혼은 안 했나요?"

"했지. 그런데 마누라가 툭하면 남자하고 달아나더니, 결국 지금은 스택스게이트의 광부하고 살고 있다더군."

"그럼 그 사람 지금은 혼자군요?"

"그런 셈이지! 마을에는 어머니가 있고…… 또 아마 아이도 하나 있을 걸?"

클리포드는 약간 튀어나온 듯한 파르스름한 눈으로 그녀를 보았지만, 그 눈속에 어떤 알 수 없는 표정이 나타나 있었다. 그는 겉으로는 기민해보였지만, 내면은 중부 지방의 대기처럼 안개와 자욱한 연기로 덮여 있었다. 그리고 그 안개가 표면으로 몰래 다가오는 듯했다. 그래서 그가 그 특유의 명확한 정보를 전하면서 그 특유의 눈길로 코니를 응시했을 때, 그녀는 그의 마음의 이면이 안개와 공허로 충만해 있음을 느꼈다. 그것이 그녀를 두렵게 했다. 그것은 그를 인격이 없는 사람, 거의 백치에 가까운 사람처럼 느껴지게 했다.

그녀는 인간 정신의 대법칙 가운데 하나를 희미하게나마 이해하기에 이르렀다. 즉 감정에 지배되는 정신이 심한 충격으로 타격을 받았을 때, 그것이 생명을 앗아가지 않는다면, 정신은 육체가 회복됨에 따라 회복되는 것 같다는 것이었다. 그러나 그것은 겉모습에 불과하다. 실제로는, 그것은 단순히 지난날의 습관을 되찾는 기계적인 작용에 지나지 않는다. 정신이 받은 상처는 서서히, 아주 서서히 자각되기 시작한다. 마치 타박상의 아픔이 마냥 천천히 깊어가서 결국 마음 구석구석까지 차오르는 것처럼. 그리고 이미 회복되어 잊어버렸다고 생각될 무렵, 바로 그때, 최악의 상태에서 무서운 후유증에 부딪치지 않으면 안 되는 것이다.

클리포드의 경우가 그랬다. 그는 일단 '회복'되어 라그비 저택으로 돌아왔다. 그리고 소설을 쓰면서, 여러 가지 일들이 있었음에도 불구하고 삶에 자신감을 얻고 모든 것을 잊고 평정을 되찾은 것처럼 보였다. 하지만 몇 년이 흐른 지금, 그의 마음속에 서서히 아주 서서히 불안과 공포라는 마음의 상처가 고개를 쳐들고 퍼져 가는 것을 코니는 느꼈다. 그것은 한때 매우 깊게 숨어 있었기 때문에, 마치 전혀 존재하지 않는 것처럼 조금도 느껴지지 않았다. 지금 그것은 불안이 퍼져가는 가운데 거의 마비상태가 되어 그 존재를 뚜렷하게 드러내기 시작했다. 그는 지적인 면에서는 지금도 활발했다. 그러나 마비상태, 그 너무나도 큰 충격의 상처는 그의 감정면에서의 자아 속에서 점차 퍼져가고 있었다.

그리고 그것이 그의 내부에 퍼져감에 따라, 코니는 자신의 내부에도 그것이 전해져 오는 것을 느꼈다. 마음속의 공포, 공허감, 모든 것에 대한 무관심이 서서히 그녀의 마음속에 퍼져 갔다. 클리포드는 마음이 깨어 있을 때는 아직 재기발랄한 대화를 할 수 있고, 또 말하자면 미래를 내다볼 수가 있었다. 설령 코니가 아이를 낳아, 라그비에 후계자를 안겨준다는 문제에 대해 그가 숲 속에서 얘기했을 때처럼. 그러나 이튿날이 되면 재기 넘치는 말은 모조리 낙엽이 메말라 가루가 되어, 한 줄기 바람과 함께 날아가는 것 같은, 실제로는 아무런 의미도 없는 것으로 생각되었다. 그것은 젊은 에너지로 가득 차 나무에 붙어 있는, 생명력 넘치는 잎의 무성한 말들은 아니었다. 그것은 무력한 생명체의 수많은 낙엽이었다.

그녀에게는 도처에서 그렇게 생각되었다. 티버셜 마을의 광부들은 또다시 파업 이야기를 하고 있었는데, 코니는 거기서도 그것이 에너지의 발현이 아니라 지금까지 잠자고 있던 전쟁의 상처가 천천히 표면에 떠올라, 사회적 불안이라는 커다란 고통과 불만에 대한 무감각 상태를 불러일으키고 있는 것처럼 여겨졌다. 그 상처는 깊은, 매우 깊은…… 비뚤어지고 비인간적인 전쟁의 상처였다. 정신과 육체의 깊은 곳에 있는 상처의 크고 검은 핏덩어리를 없애버리기 위해서는, 여러 세대에 걸친 생명있는 피와 오랜 세월이 필요하다. 그리고 새로운 희망이 필요한 것이다.

가엾은 코니! 세월이 흐름에 따라 그녀의 정신에 영향을 미친 것은, 자신의 인생은 공허한 것이 아닌가 하는 두려움이었다. 클리포드와 그녀의 정신생활은 점점 공허한 느낌을 띠기 시작했다. 그들의 결혼 생활은, 그가 말했듯이, 친밀함이 습관이 되는 것에 기초를 둔 원만한 생활이라는 것이었지만, 그런 생활의 모든 것이 완전한 공백, 공허한 것이 되는 날들이 있었다. 그것은 말일 뿐이었다. 매우 많은 말에 지나지 않았다. 유일한 현실은 공허함이고, 그 위를 위선적인 언어가 덮고 있는 것이다.

클리포드는 성공을 거두었다. 세속적인 성공이었다. 누가 뭐래도 그는 유명인이라고 할 수 있었다. 그의 작품은 천 파운드 가량의 돈을 벌어주었다. 어디서나 그의 사신을 볼 수 있었다. 어떤 미술관에는 그의 흉상이 있고, 그의 초상화가 있는 미술관도 두 군데나 되었다. 현대 작가 중에서도 가장 현대적인 인물로 인정받고 있었다. 자기선전에 대한 불구자 특유의 신비로운 직관으로 4, 5년 사이에 젊은 '지식인' 중에서도 가장 저명한 한 사람이 되었다. 어디가 이지적인지 코니는 잘 알 수 없었다. 클리포드는 인간이나 그 동기에 대한 분석이 실로 교묘했지만, 결말에 있어서도 모든 것을 하나하나 분석하여 그대로 내버려둔다는 것이 약간 우스꽝스럽기는 했다. 그러나 그것은 강아지가 소파의 쿠션을 갈기갈기 찢어버리는 것과 같은 것이었다. 단지 강아지와 다른 것은, 유치하고 장난치기를 좋아하는 것이 아니라, 묘하게 늙고, 게다가 오히려 완고하고 자만이 강하다는 것이다. 그것은 이상하고 또한 무의미한 것이었다. 그것이 코니의 마음 깊은 곳에서 되풀이하여 반향한 듯한 느낌이었다. 그것은 모두 무의미하고 공허하다는 것의 놀라운 과시였다. 과시! 과시! 과시!

마이클리스는 어떤 희곡의 주인공으로 클리포드를 등장시켰다. 그는 이미 줄거리를 만들어 놓고 있었고, 제1막은 완성되어 있었다. 왜냐하면 무의미한 것을 과시하는 일에 있어서는 마이클리스가 클리포드보다 한 수 위였기 때문이다. 그것은 이 두 사람에게 아주 약간 남아 있는 정열, 과시하고 싶은 정열이었다. 성적으로는 두 사람 다 죽어 있다고 할 수 있을 정도로 정열이 없었다.

게다가 지금 마이클리스가 추구하고 있는 것은 돈이 아니었다. 클리포드도 돈을 목표로 움직인 적은 한 번도 없었다. 하기는 기회가 있다면 돈을 벌었다. 돈이라는 것은 성공의 상징이기도 했으므로. 두 사람이 원하고 있는 것은 성공이었다. 두 사람 다 진정한 과시를 하고 싶었던 것이다. 일시적이나마 대중의 마음을 사로잡은 어떤 남자 특유의, 그야말로 자기현시라는 것을.

그것은 참으로 기묘했다…… 그 암캐신에 대한 매음(賣淫)이라는 것은. 코니는 그런 것에 대해선 문외한이었고 또 그런 흥분에는 무감각했기 때문에, 이것 또한 그녀에게는 허무한 것이었다. 남자들은 헤아릴 수 없을 만큼 많이 몸을 팔았지만, 세속적인 성공을 위한 매음도 공허한 것이었다. 그것조차 공허했다.

마이클리스는 자신의 희곡에 대해 클리포드에게 편지로 알렸다. 물론 코니는 훨씬 전부터 알고 있었다. 클리포드는 이번에도 흥분했다. 이번에도 또 자신이 관중 앞에서 과시되는 것이다. 누군가가 자기를, 게다가 더욱 훌륭하게 보여주려는 것이다. 그는 마이클리스를 그 제1막과 함께 라그비 저택에 초대했다.

마이클리스가 왔다. 여름이었다. 그는 연한 색 양복에 하얀 스웨이드 장갑을 끼고 찾아와서, 코니에게 무척 아름다운 연자주색 난초를 가져다주었다. 그 제1막은 대성공이었다. 이번에는 코니까지 흥분했다. 그녀에게 남아 있는 약간의 활력이 되살아날 만큼 감동했다. 마이클리스가 자신에게 감동을 주는 재능에 감동했고, 코니의 눈에도 정말 멋지게…… 정말 아름답게 보였다. 그녀는 어떤 민족의, 더 이상 환멸을 느낄 수 없는 그 고대의 부동성, 아마 순수한 극도의 불순성을 그 사람 안에서 발견했다. 암캐신에 대한 절대적인 매음의 저편에서는 그는 순수하게 생각되었다. 상아의 곡선과 평면에서, 불순함 속의 순수함을 연상하게 하는 아프리카의 상아 두상(頭像)처럼 순수하게 느껴졌다.

마이클리스가 코니와 클리포드를 단번에 감동시켜버렸을 때, 채털리 부부와 공유한 그의 순수한 감동의 순간은, 마이클리스의 인생에서 최고의 순간의 하나였다. 그는 성공했고, 두 사람을 매료시켰다. 클리포드조차, 만약 이렇게 표현해도 된다면 일시적이나마 그를 사랑했다.

그리하여 이튿날이 되자, 믹은 전에 없이 불안한 모습이었다. 바지 주머니에 손을 찌른 채 침착성을 잃고 안절부절못하며 뭔가에 정신을 빼앗기고 있었다. 전날 밤 코니가 그를 찾아오지 않았던 것이다. 게다가 그는 그녀가 있는 곳을 알지 못했다. 농락이다!…… 그것도 그가 승리를 구가한 순간에.

그는 오전에 그녀의 거실로 올라갔다. 그녀는 그가 올 것을 알고 있었다. 그가 초조해하고 있다는 것은 한눈에 알 수 있었다. 그는 자신의 희곡에 대해 물었다.

"작품이 마음에 드셨나요?"

그는 자신의 작품에 대한 칭찬을 듣지 않고는 견딜 수가 없었다. 그것을 들으면, 섹스의 절정감 이상으로 최후의 덧없는 전율을 느끼는 것이었다. 그녀는 열광적으로 칭찬했다. 그러나 그러는 동안에도 그녀는 마음 깊은 곳에서는 그 희곡이 공허한 것임을 알고 있었다.

그는 마지막에 갑자기 말했다.

"그런데! 당신과 나는 어째서 서로의 관계를 분명히 하지 않는 겁니까? 왜 결혼하지 않는 거지요?"

"하지만 난 이미 결혼한 몸인 걸요."

그녀는 깜짝 놀라서 말했지만, 사실은 아무런 느낌도 없었다.

"아, 그거요?…… 문제될 것 없어요, 그는 이혼해줄 겁니다…… 우린 결혼해야 하는 것 아닌가요? 난 결혼하고 싶습니다. 그것이 나에게 가장 좋은 일이라는 걸 알고 있습니다…… 결혼해서 안정된 생활을 하는 것이. 난 지금 끔찍한 생활을 하고 있어요. 그저 나 자신을 난도질하면서. 아시겠어요? 당신과 난, 우리는, 서로를 위해 태어난 사람들이에요. 마치 장갑과 손처럼! 우리가 왜 결혼해서 안 되는 겁니까? 해서는 안 되는 이유를 알고 있나요?"

코니는 깜짝 놀라 그를 쳐다보았다. 그렇지만 아무 느낌도 없었다. 이런 남자들은 모두 똑같다. 모든 것을 무시해버리는 것이다. 그저 발기한 귀두 끝에서 마치 불꽃처럼 발사되어, 자신들의 오그라든 페니스와 함께 여자가 승천하는 것을 기대할 뿐이다.

그녀가 말했다.

"하지만 난 이미 결혼했다구요! 클리포드의 곁을 떠날 순 없어요."

그가 소리쳤다. "어째서요? 왜 안 되는 겁니까? 반년이 지나도 그는 당신이 없다는 것을 깨닫지 못할 겁니다. 그는 자기 외에 누군가가 살아있다는 걸 모르는 사람입니다. 내가 보는 한, 그 사람은 당신을 전혀 필요로 하지 않아요. 오로지 자기밖에 모르는 사람이니까요."

코니는 그건 맞는 말이라고 생각했다. 그러나 또한 믹은 자신이 이기심이 없다는 것을 보여주는 데 급급해 있다는 느낌도 들었다.

"남자란 모두 자기 밖에 모르는 존재가 아닌가요?"

"네, 다소는 그럴지도 모릅니다. 그건 인정해요. 남자는 그럴 수밖에 없어요. 남을 제치고 살아가기 위해서는 말입니다. 그러나 그게 중요한 게 아닙니다. 문제는 남자가 여자에게 어떤 시간을 줄 수 있는가, 지극히 즐거운 시간을 줄 수 있는가, 하는 일입니다. 만약 그럴 수 없다면, 그 남자는 여자에 대한 권리가 없는 겁니다……"

그는 잠시 최면술에 걸린 것처럼 커다랗게 열린 연갈색 눈으로 그녀를 응시했다.

그는 덧붙여 말했다. "생각건대 난 여자가 원하는 최고의 행복을 줄 수 있습니다. 그건 장담할 수 있다고 생각합니다."

"그래, 어떤 행복이죠?"

아직도 놀란 것처럼 그를 응시하는 그녀의 표정은 흥분으로 두근거리고 있는 듯했다. 그러나 마음속으로는 아무런 감정도 없었다.

"모든 종류의 행복입니다, 빌어먹을! 정말 모든 종류의. 옷과 어느 정도의 보석, 당신이 좋아하는 나이트클럽 같은 것도. 만나고 싶은 사람은 누구든지 만나고, 마음껏 즐기며…… 여행하고, 가는 곳마다 명사가 되는…… 빌어먹을, 온갖 종류의 즐거운 생활 말이오!"

그는 의기양양한 얼굴로 빛을 발하는 것처럼 그렇게 말했다. 코니는 눈이 부신 듯이 그를 바라보았지만, 실제로는 아무런 감흥도 없었다. 그가 보여준 열정이 담긴 미래도, 그녀의 마음의 표면조차 거의 건드리지 못했다. 그녀의 가장 외면적인 이기심도 거의 반응하지 않았다. 다른 때 같았으면 언제라도 흥분했겠지만. 그녀는 그런 얘기에서는 실제로 아무런 느낌도 받지 않았기 때문에, '사랑의 도피' 같은 건 생각도 할 수 없는 일이었다. 그저 앉아서 가만히 응시한 채, 다만 암캐신의 왠지 모르게 불쾌한 냄새를 맡고 있을 뿐이었다.

믹은 불안한 듯이 의자에서 몸을 내밀어, 신경질적인 눈빛으로 그녀를 노려보았다. 그는 허영심에서 그녀가 예스라고 대답해 주기를 원하고 있는 것일까? 아니면 오히려, 그녀가 예스라고 대답하지 않을까 두려워하고 있는 것일까! ― 그건 아무도 알 수 없는 일이다.

"그 문제는 좀 생각해봐야겠군요. 지금 당장은 대답할 수 없어요. 당신에게 는 클리포드가 아무 문제도 아닐지 모르지만, 그렇지 않아요. 몸이 얼마나 무 력한지 당신이 아신다면……."

"정말 지긋지긋하군요. 만약 자기의 신체장애를 빌미로 삼아 이득을 보려는 자가 있다면, 난 내가 얼마나 고독한지, 또 지금까지 얼마나 고독했는지, 그 밖 에 엄살과 우는 소리를 얼마든지 늘어놓을 수 있어요. 정말 넌더리가 나는군 요, 자신에게 팔만한 것이 신체장애밖에 없는 자가 있다니……."

그는 옆으로 돌아서서, 바지주머니에 찌른 손을 미친 듯이 움직였다. 그날 밤 그는 그녀에게 말했다.

"오늘은 내 방에 와주시겠습니까? 난 당신 방이 어딘지 잘 모르니까요."

"좋아요!"

그날 밤의 그는, 그 묘한, 어린 사내아이 같은 여린 알몸으로 전에 없이 홍 분한 모습을 보여주었다. 코니는 그의 오르가슴이 끝나기 전에 자기가 먼저 오르가슴에 도달하는 것은 불가능하다는 것을 알았다. 그는 그 어린 사내아 이 같은 알몸과 부드러움으로, 그녀의 마음속에 있는 충동적인, 채워지지 않 는 욕정의 갈증을 일깨워주었다. 그가 끝나버린 뒤, 그녀는 미친 듯한 격정에 사로잡혀 허리를 계속 상하로 꿈틀거리지 않으면 안 되었다. 그동안 그는 영웅 적으로, 자신의 모든 의지력과 자기헌신을 발휘하여 계속 발기를 유지하면서, 그녀가 야릇한 신음 소리를 나직하게 지르면서 오르가슴에 이를 때까지 그녀 속에서 버티고 있었다.

마침내 그녀의 몸에서 떨어졌을 때, 그는 신랄하고도 빈정거리는 듯한 목소 리로 나직하게 말했다.

"아무래도 당신은 남자와 함께 도달할 수는 없나 보군요. 당신 스스로 도달 해야만 하니. 주도권을 쥐는 건 당신이 아니면 안 되는 거군요!"

그 때의 그 사소한 말은 코니의 생애에 미치는 커다란 충격의 하나였다. 왜 냐하면 그 수동적인 자기헌신이 그의 유일한 성교법임이 명백했기 때문이다.

"무슨 뜻이에요?"

"무슨 뜻인지 몰라요? 당신은 내가 끝난 뒤에도 몇 시간이고 계속하지 않 소?…… 당신이 안간힘을 쓰며 스스로 도달할 때까지, 나는 이를 악물고 버티 고 있어야 한단 말이오."

형언할 수 없는 쾌감과 그에 대한 애정 같은 것을 느끼며 몸이 활활 타오르고 있는 순간에, 이 생각지도 못한 잔인한 말을 들은 그녀는 망연자실했다. 그도 현대의 대부분의 남자들처럼 시작하자마자 이내 끝내버렸다. 그래서 여자쪽에서 적극적으로 움직이지 않을 수 없는 것이다.

"하지만 당신도 내가 스스로 만족할 때까지 계속하기를 바라는 것 아니에요?"

코니가 다시 물었다.

그는 음울하게 웃으며 말했다.

"내가 그것을 원하고 있다고! 그것 참 멋진 생각이군! 그래요, 당신이 나를 공격하고 있는 동안 이를 악물고서라도 버티고 싶었소!"

"그런데 그게 아니었단 말이에요?"

그는 이 물음을 무시하고 말했다.

"어처구니가 없군, 여자들이란 모두 이렇다니까. 마치 그 속이 죽은 것처럼 전혀 느끼지 못하거나…… 아니면 남자가 다 끝날 때까지 기다렸다가, 그제야 비로소 혼자 기분을 내기 시작하지. 그래서 그동안 남자는 죽어라고 버티고 있어야 하고. 난 지금까지 나와 동시에 도달하는 여자는 한 번도 보지 못했소."

코니는 남자에 대한 이 신기한 정보의 하나를 건성으로 듣고 있었다. 자신에 대한 그의 반감……이해할 수 없는 야비함이 그저 어리둥절하고 놀라울 따름이었다. 자신이 정말 어리석게 느껴졌다.

"하지만 당신은 나도 만족하기를 바라지 않나요?"

그녀는 같은 말을 되풀이 했다.

"오, 그렇고 말고! 진심으로 그렇게 생각했소. 하지만 말이오, 여자가 도달하기를 기다리면서 버티는 건 남자에게 쉬운 일이 아니란 말이오!"

이 말은 코니의 생애에 결정적인 타격의 하나가 되었다. 그것은 그녀의 마음 속에서 무엇인가를 말살했다. 마이클리스에게 그리 열중하고 있었던 것은 아니었다. 그와 성적 관계에 들어가기 전에는 그를 원한 적이 없었다. 그녀가 적극적으로 그를 원하는 관계는 결코 아니었다. 그런데 일단 그가 그녀에게 행동을 일으키게 만들면, 그녀로서는 그를 상대로 자기도 오르가슴에 도달하는 것이 극히 자연스러운 일이라고 생각했다. 그녀는 그것 때문에 지금까지 그를 사랑했다고 할 수 있었다…… 그날 밤도 그를 사랑했고, 결혼하고 싶다는 생각까지 했을 정도인데.

그는 그것을 아마 본능적으로 알고 있었을 것이다. 그러기에 모래 위의 누각이라고 할 수 있는 그 정사를 단번에 허물어뜨리고 만 것이다. 마이클리스에 대한, 또는 남자에 대한 그녀의 성적인 감정은 그날 밤 송두리째 사라지고 말았다. 마치 마이클리스 따위는 처음부터 존재하지도 않았던 것처럼, 그녀의 인생은 그의 인생에서 완전히 분리되고 말았다.

그리하여 그녀는 우울한 나날을 보냈다. 이제는 클리포드가 말한 통합된 생활, 서로가 습관상 한 집에 있는, 두 사람의 장기적인 동거에 지나지 않는 이 공허하고 다람쥐 쳇바퀴 같은 단조로운 일상이 있을 뿐이었다.

공허! 인생이라는 거대한 공허를 받아들이는 것이, 살아가는 것의 하나의 목적처럼 생각되었다. 공허함의 총체를 구성하는, 분주하고 그러면서도 중요한 수많은 일상과 자질구레한 일들.


6

"요즘 남녀들은 어째서 진심으로 서로 좋아하지 않는 것일까요?"

코니가 토미 듀크스에게 물었다. 그녀에게 그는, 어쩐지 신탁을 전하는 역할을 하는 데가 있었다.

"왜요, 좋아하고 있지요! 인류가 창조된 이래, 지금처럼 남녀가 서로 좋아하는 시대는 없었다고 생각하는데요. 정말 서로 좋아들 하고 있어요! 내 경우만 하더라도…… 난 사실 진심으로 남자보다 여자가 더 좋습니다. 여자가 더 용감하고, 일반적으로 좀더 솔직하게 얘기할 수 있어요."

코니는 이 말을 곰곰이 생각했다.

"어머, 그래요? 하지만 당신은 여자를 전혀 사귀고 있지 않잖아요?"

"내가요? 지금 이렇게, 부인과 성심성의를 다하여 대화를 나누고 있는데요?"

"네, 대화는 하고 있지요."

"만약 당신이 남자라 해도, 당신께 정말 성실하게 이야기하는 것 말고 내가 무엇을 할 수 있겠습니까?"

"아마, 아무것도 하지 못할 거예요. 하지만 여자는……."

"여자는 상대가 자기를 좋아해주고 이야기해주기를 바라죠. 동시에 사랑해주고 몸을 요구해주기를 바랍니다. 하지만 난 그 두 가지는 서로 다른 문제라고 생각해요."

"하지만 그래서는 안 돼요!"

"확실히 물은 그렇게 너무 축축해서는 안 되지요. 수분이라는 점에서는 도가 지나쳐요. 바로 그겁니다! 난 여성을 좋아하고 이야기도 합니다. 그렇지만 그녀들을 사랑하거나 섹스를 요구하지는 않습니다. 내 경우 그 두 가지가 동시에 일어나는 일은 없어요."

"하지만 그건 동시에 일어나야 한다고 생각해요."

"좋습니다. 사물은 현재 있는 것 외에 다른 무엇이어야 한다는 문제는, 난 잘 모르는 분야라서."

코니는 이 말을 깊이 생각한 뒤 말했다.

"그건 진실이 아니에요. 남자들은 어떻게 서로 대화하고 친해지지도 않았는데, 여자를 사랑할 수 있다는 걸 알 수 있나요? 어떻게요?"

"글쎄요. 난 모르겠군요. 내가 그것을 일반화하여 말해봤자 무슨 소용 있겠습니까? 그저 자신의 경우밖에 모르는데요. 난 여성을 좋아하지만 섹스는 원하지 않습니다. 여성과 이야기를 나누는 건 좋아해요. 여성과 얘기를 나누면 어떤 면에서는 친밀한 기분을 느끼게 해주지만, 키스에 관한 한 여성과 난 생각이 정반댑니다. 그래서 그것으로 끝이지요. 하지만 내 경우를 일반적인 예로 생각하지는 마세요. 아마 거의 특수한 경우일 테니까요. 여성을 좋아하긴 해도 사랑하진 않아요. 만약 여성이 나에게 억지로 사랑을 강요한다면, 또는 어쩔 수 없는 상황으로 몰아넣으려 한다면, 여성을 증오하게 될지도 모릅니다."

"하지만 그건 슬픈 일이 아닌가요?"

"왜 슬프겠습니까? 전혀 그렇지 않습니다. 난 찰리 메이나 그밖에 연애를 하고 있는 남자들을 보고 있지만 조금도 부럽지 않아요. 만약 운명의 신이 내가 원하는 여성을 보내준다면 그야 고마운 일이지요. 어쨌든 난 갖고 싶은 여자는 아무도 알지 못하고, 또 만난 적도 없어요…… 아마 난 차가운 인간인 모양입니다. 그래도 정말 좋아하는 여성은 몇 사람 있습니다."

"저는 어때요?"

"무척 좋아합니다! 게다가 우리 사이에는 키스 같은 문제는 없지 않습니까?"

"전혀 없지요. 하지만 있어서는 안 되는 것일까요?"

"물론이지요. 신께 맹세코, 난 클리포드를 좋아합니다. 그렇지만 내가 그에게 키스를 한다면 당신은 뭐라고 하시겠습니까?"

"하지만 그 경우는 다른 것 아니겠어요?"

"우리에 관한 한 뭐가 다르다는 겁니까? 우리는 모두 지식인이고, 남자니 여자니 하는 것은 정지되어 있습니다. 그냥 일시적인 정지 상태지요. 당신은 지금 왜 나에게 유럽 대륙의 남자들처럼 우쭐대며 성에 대한 것을 과시하기를 바라는 겁니까?"

"그건 아니에요."

"그렇다면 됐습니다. 가령 내가 진정한 남자라 하더라도, 나에게 어울리는 여성을 만나는 일은 결코 없다는 건 확실합니다. 그렇다고 그게 슬픈 일은 아닙니다. 난 다만 여성을 좋아할 뿐입니다. 섹스 유희를 부추겨서 억지로 여자를 사랑하게 하려 하거나, 사랑하고 있는 척하게 하려는 건 누구일까요?"

"아, 전 아니에요. 하지만 뭔가 잘못되어 있는 게 아닐까요?"

"당신은 그렇게 느낄지 모르지만 난 그렇지 않아요."

"아니에요, 남자와 여자 사이에 뭔가 잘못되어 있다는 생각이 들어요. 여자는 이젠 남자에게 더 이상 매력의 대상이 아니에요."

"남자는 매력이 있나요, 여자에게?"

그녀는 그 질문의 이면을 곰곰이 생각했다.

"그다지 없는 것 같군요."

그녀는 솔직하게 대답했다.

"그럼 그 문제는 더 이상 얘기하지 말기로 하죠. 그리고 서로 예의바른 인간답게, 그냥 품위 있고 순수하게 지내는 겁니다. 인위적인 섹스의 강요 같은 건 질색입니다. 난 그런 건 사양하겠어요!"

코니는 그의 주장이 정말 옳다는 것을 느꼈다. 그러나 그 말을 듣고 보니 참으로 쓸쓸하게, 너무나 쓸쓸하게 혼자 방황하고 있는 것 같은 기분이 들지 않을 수 없었다. 마치 적막한 연못에 떠 있는 나무토막 같은 느낌이었다. 그녀에 대해 또는 무언가에 대해 도대체 무엇이 문제인가?

먼저 반감을 드러낸 것은 그녀의 젊음이었다. 이런 부류의 남자들은 무척 중늙은이 같고 냉담하다고 생각됐다. 모든 것이 케케묵고 차갑게 느껴졌다. 그리고 마이클리스는 그녀를 그토록 실망시켰다. 그는 아니었다. 남자들은 그녀를 원하지 않는다. 그들은 다만, 여자를 진심으로 원하는 것은 아니었다. 마이클리스도 그랬다. 그러나 원하는 척하면서 섹스 유희를 시작하는 망나니들, 그들은 그 이상으로 나쁘다.

그건 무척이나 쓸쓸한 일이었지만, 사람은 그것을 견뎌내야만 한다. 남자란 여자 편에서 볼 때 아무 매력도 갖고 있지 않은 것은 사실이었다. 만약 여자가 남자에게 그것이 있다고 스스로를 속이고 믿을 수 있다면, 그것이 가장 좋은 일이었다. 이를테면 코니가 마이클리스와의 경우에서 자신을 속이고 있었던 관계 같은 것이다. 동시에 한편으로는 일상생활이 계속되지만 거기에는 아무런 재미도 없었다. 사람들이 왜 칵테일파티를 열고, 재즈를 추며, 녹초가 될 때까지 찰스턴을 추는지, 그녀는 이해할 수가 있었다. 인간의 젊음이라는 것은 어떻게든 발산시켜야 하는 것이다! 그렇지 않으면 그 젊음 때문에 몸을 망치게 된다. 그렇다고 해도 이러한 젊음은 어쩌면 이다지도 무시무시한 것일까! 마치 므두셀라*⁹처럼 끔찍하게 늙은 기분이 든다. 그러나 그 젊음은 어찌된 셈인지, 여전히 소리를 내며 끓어오르는 것처럼 흥분하여, 편안한 기분을 주려하지 않는다. 하잘 것 없는 인생! 미래에 대한 희망도 없다! 그녀는 차라리 믹과 도망쳐서 한평생 칵테일파티나 재즈의 밤을 즐기는 편이 좋지 않을까 하는 생각까지 들었다. 아무튼 그런 삶이 그저 막연하게 지내다 무덤으로 들어가는 것보다는 나을 것 같았다.

그런 우울한 날들이 이어지던 어느 날 산책하려고 혼자 숲으로 나갔다. 그녀는 무거운 마음으로 아무것에도 관심을 기울이지 않고 자기가 어디에 있는지도 깨닫지 못하고 있다가, 그리 멀지 않은 곳에서 나는 총소리를 듣고 화들짝 놀랐다. 순간 화가 치밀어 올랐다.

잠시 뒤 그녀는 사람 목소리를 듣고 흠칫 놀라 뒷걸음질쳤다. 누군가가 있다! 그녀는 아무도 만나고 싶지 않았다. 그녀의 밝은 귀는 이내 또 하나의 소리를 듣고 걸음을 멈췄다. 어린아이가 훌쩍거리는 소리였다. 그녀는 귀를 쫑긋 세웠다. 누군가가 어린아이를 꾸짖고 있었다. 그녀는 축축한 길을 몸을 흔들면서 큰 걸음으로 걸어갔다. 분노가 극도에 달하여 욕설도 마다하지 않을 마음이었다.

모퉁이를 돌자 맞은편 길가에 두 사람의 모습이 보였다. 그들은 산지기와,

*9 969세까지 살았다는 히브리의 족장.

보라색 윗도리에 무명 모자를 쓰고 울고 있는 어린 계집아이였다.

"그치지 않을 테냐? 요 거짓말쟁이 녀석."

사내의 화난 목소리가 들리고, 아이는 그럴수록 목소리를 높여 흐느껴 울었다.

콘스탄스는 이글거리는 눈빛으로 성큼성큼 다가갔다. 사내가 돌아보고 그녀를 발견하자 냉담하게 인사했다. 그러나 안색은 화가 나서 창백했다.

"무슨 일이에요? 그 아이가 왜 울고 있는 거죠?"

코니는 엄격하게, 그러나 약간 숨찬 목소리로 물었다.

비웃음 같은 희미한 미소가 사내의 얼굴에 떠올랐다.

"글쎄, 당신이 이 아이한테 물어 보시지요."

그는 사투리로 무뚝뚝하게 대답했다.

코니는 마치 얼굴을 한 대 얻어맞은 듯한 기분이 되어 얼굴빛이 변했다. 그녀는 저항하는 마음을 집중하여 그를 쳐다보았다. 그녀의 짙고 푸른 눈이 약간 희미하게 빛났다.

"당신에게 물었어요!"

그녀는 숨가쁘게 말했다.

그는 모자를 들어올리며 약간 묘한 동작으로 머리를 숙였다. 그리고 다시 사투리로 돌아갔다.

"그렇군요, 마님. 그렇지만 전 말씀드릴 게 없는데요."

그는 병사처럼 공손했다. 이해할 수 없는 태도였지만, 다만 난처하다는 듯이 창백해져 있었다.

코니는 아이 쪽으로 돌아섰다. 아홉 살이나 열 살쯤 되어 보이는, 혈색 좋고 머리가 검은 아이였다.

"왜 그러니? 애야, 왜 울고 있는 건지 아줌마에게 말해 보렴!"

그녀는 이런 경우에 어울리는 부드러운 목소리로 말했다. 그러자 아이는 당황한 듯 더욱 서럽게 흐느껴 울었다. 코니는 한층 상냥하게 다시 물었다.

"자, 자, 울지 마, 아가! 무슨 일이 있었는지 내게 말해 주려므나!" 그 목소리는 정말 다정했다. 그러면서 자신의 털실로 짠 재킷 호주머니를 뒤지자 다행히 6펜스짜리 동전 한 닢이 나왔다.

그녀는 아이 앞에 몸을 구부리고 말했다.

"자, 이제 울지 마라! 이거 줄게!"

흐느낌이 훌쩍거림으로 바뀌더니, 눈물로 얼룩진 얼굴에서 주먹을 떼고, 영악한 까만 눈으로 힐끗 6펜스짜리 동전을 쳐다보았다. 그러고 나서 다시 더 큰 소리로 흐느껴 울었지만, 감정은 들어있지 않았다.

"그래, 그래, 자 말해보렴!"

코니는 어린아이의 조그만 손에 동전을 쥐어 주었다. 아이의 손이 그것을 꼭 쥐었다.

"그게요…… 그게요…… 고양이!"

흐느낌이 진정되자 코니는 부르르 몸을 떨었다.

"고양이가 어쨌는데, 응?"

잠시 뒤 주저하는 듯한 주먹이 6펜스를 움켜쥔 채 검은 가시덤불을 머뭇머뭇 가리켰다.

"저기요!"

코니가 보니 정말 커다란 검은 고양이가 있는데, 몸에 피를 묻힌 채 처참한 모습으로 널브러져 있었다.

"어머나!"

그녀는 혐오에 차 소리를 질렀다.

"그 놈은 밀렵꾼이랍니다, 마님."

산지기가 빈정거리듯이 말했다.

"그러니까 아이가 울지요. 어린애가 보는 데서 쐈다면 우는 게 당연해요."

그녀는 화난 눈으로 그를 돌아보았다.

그는 코니의 눈을 들여다보았다. 불필요한 말은 하지 않고 경멸하는 듯한 감정을 숨기려 하지 않았다. 코니는 다시 얼굴이 빨개졌다. 자기 혼자 소란을 피운 것 같았고, 이 남자는 자기를 존중하지 않는 것 같다는 느낌이 들었다.

그녀는 장난치듯 아이에게 물었다.

"이름이 뭐니? 나한테 가르쳐 주지 않으련?"

아이는 코를 훌쩍거리며 무척 자랑스러운 듯 새된 목소리로 말했다.

"코니 멜러스."

"코니 멜러스? 어머나, 참 예쁜 이름이구나! 아버지하고 함께 왔는데 아버지가 이 고양이를 쏜 거지? 하지만 이건 나쁜 고양이야!"

아이는 탐색하는 것처럼 대담한 검은 눈으로 코니와 그녀의 달래는 말을 품평하면서 말똥말똥 그녀를 쳐다보았다.

"나, 할머니한테 가고 싶어요."

"그래? 할머닌 어디 계시는데?"

"탄광주택에요."

아이는 팔을 들어 길 아래쪽을 가리켰다.

"탄광주택? 그래, 넌 할머니 집에 돌아가고 싶단 말이지?"

"응!"

그러자 갑자기 생각난 듯 아이는 몸을 떨며 흐느껴 울었다.

"그럼, 데려다 줄까? 할머니가 계신 곳으로? 아버지는 하실 일이 있으니까."

그녀는 산지기 쪽으로 몸을 돌렸다.

"당신 딸이죠?"

그는 그렇다는 뜻으로 고개를 조금 끄덕여 보였다.

"내가 집에 데려다 줄까요?"

"마님 좋으실 대로."

그는 다시 그 침착하고도 초연하며 날카로운 눈길로 그녀의 눈을 들여다보았다. 그는 분명히 무척 고독하고 독립적인 사람이다.

"그럼 나하고 함께 할머니한테 갈까?"

"응!"

아이는 다시 코니를 힐끗 올려다보았다. 그리고 억지웃음을 지어보였다.

코니는 그 아이가 싫었다. 응석받이로 자라 거짓말을 하는 어린 소녀였다. 그녀는 아이의 얼굴을 닦아주고 손을 잡았다. 산지기는 잠자코 고개를 숙였다.

"수고해요." 코니가 말했다.

그 집까지는 거의 1마일이나 되었다. 그 산지기의 그림 같은 작은 집이 보이기 시작할 때까지, 나이 많은 코니는 어린 코니에게 상당히 질려 있었다. 이 아이는 원숭이 새끼처럼 교활한 데다 완전히 자만하고 있었다.

집 문이 열려 있고 안에서 소리가 들렸다. 코니는 망설였다. 아이는 손을 놓고 집 안으로 뛰어 들어갔다.

"할머니! 할머니!"

"오냐, 벌써 돌아왔구나!"

토요일 오전이어서, 아이의 할머니는 난로에 흑연을 칠하고 있었다. 그녀는 거친 베로 만든 앞치마를 두른 채, 흑연을 칠하는 솔을 들고 코에 검댕까지 묻힌 모습으로 문까지 나왔다. 조그마한 몸집에 무뚝뚝한 여자였다.

"아니 이런! 이게 무슨 일이람!"

그녀는 코니가 자기 집 앞에 서 있는 것을 보고 깜짝 놀라 팔로 얼굴을 쓱 문질렀다.

"안녕하세요! 아이가 울고 있어서 데리고 왔어요."

노파는 흘깃 소녀를 돌아보았다.

"아니, 아버지는 어디 있니?"

아이는 할머니 치맛자락에 매달려, 지어낸 웃음을 보였다.

"같이 있었어요. 아버지가 도둑고양이를 쏘는 바람에 아이가 그만 놀랐나 봐요."

"아이구, 채틀리 마님이 이렇게 수고를 해주시다니, 정말, 정말 이렇게 고마울 데가! 마님께서 이런 수고까지 하실 필요는 없는데요."

노파는 아이 쪽으로 몸을 돌렸다.

"그리고, 너 혼자서도 올 수 있었을 텐데! 너 때문에 채틀리 마님이 이런 고생을 하시다니, 쯧쯧, 이렇게 성가시게 해드려서 되겠니?"

"조금도 성가시지 않았어요. 그저 잠시 산책한 정도인걸요."

코니가 웃으며 말했다.

"아니에요, 뭐라고 인사를 드려야 할지! 그럼 울고 있었던 거군요! 두 사람이 채 멀리 가기도 전에 틀림없이 무슨 일이 일어날 줄 알았다니까요. 이 아인 제 애비를 무서워하고 있어서, 원인은 바로 그거예요. 그 아이는 정말 이 어린 것에게는 완전히 남이나 마찬가지랍니다. 정말이지 모르는 사람 같아요. 그래서 도무지 서로 정이 들지 않는 거지요. 제 아들이지만 이상한 데가 있다니까요."

코니는 뭐라고 말해야 좋을지 알 수가 없었다.

"할머니, 이것 좀 보세요."

아이가 지어낸 웃음으로 방글거리면서 말했다.

노파는 계집아이의 손바닥에 놓인 6펜스짜리 동전을 내려다보았다.

"게다가 6펜스씩이나 주시다니, 마님, 이러시면 안 되는데. 채틀리 마님께서 너에게 은혜를 베풀어주셨구나! 정말 오늘은 아침부터 운이 좋구나, 애야!"

노파는 그 지방 사람들이 다 그렇게 하듯이 '채틀리'라고 발음했다. ─채틀리 마님께서 너에게 은혜를 베풀어주셨구나!─ 코니는 노파의 코에 자꾸만 눈길이 갔다. 그러자 노파는 이번에는 손등으로 아무렇게나 얼굴을 문질렀다. 그러나 검댕은 지워지지 않았다.

코니는 돌아가려고 했다.

"채틀리 마님, 정말 고맙습니다, 정말. 마님께 고맙습니다, 해야지!"

마지막 말은 아이한테 하는 말이었다.

"고맙습니다."

아이는 새된 목소리를 질렀다.

"그래, 착한 아이구나! 그럼 잘 있어."

코니는 웃으며 말하고 돌아오면서, 그 자리를 떠나게 된 것에 적잖이 마음이 놓였다.

그 야위고 거만한 사내에게 저런 자그마하고 빈틈없는 어머니가 있다니, 이상한 일이라고 생각했다.

한편, 노파는 코니가 돌아가자마자, 부엌에 있는 조그만 거울 앞으로 달려가서 들여다보았다. 거기에 비친 자기의 얼굴을 보자, 그녀는 어쩔 줄 몰라 하며 발을 동동 굴렀다.

"하기는 이런 누더기 앞치마를 두르고 더러운 얼굴을 하고 있는 모습을 봤으니, 나에 대해 틀림없이 좋게 생각해주시겠지."

코니는 천천히 라그비 저택으로 돌아갔다. '집'……이지만, 그 커다랗고 따분하며 많은 사람들이 섞여 사는 건물을 가리키는 것치고는 따뜻한 말이었다. 하지만 한때는 그 말이 꼭 들어맞았던 시기도 있었다. 그러나 어찌된 일인지 지금 그것은 사라지고 말았다.

코니는 자신의 세대에서는 위대한 말은 모두 말살되어버린 것 같은 느낌이 들었다. 연애, 기쁨, 행복, 가정, 어머니, 아버지, 남편, 이 모든 활력을 낳는 낱말들이 지금은 반쯤 죽은 상태가 되어, 날이 갈수록 사멸되어 가고 있다. 가정은 사람이 살아가는 장소이고, 연애는 그것으로 자기를 기만하지 않는 것이며, 기쁨은 멋진 찰스턴 춤에 어울리는 단어이고, 행복은 다른 사람을 속이는 위선적인 말, 아버지는 자기 자신의 삶을 즐기는 개인, 남편은 함께 살면서 언제나 활기차게 일하게 해주는 남자이다. 그리고 최후의 위대한 말인 섹스는, 잠시 동안 기운을 주지만 그 다음에는 이상하게 지치고 피곤하게 하는 흥분에 대한 칵테일 같은 용어에 지나지 않는다. 누더기처럼 너덜너덜하게 닳아버리고 말았다. 마치 사람의 몸을 구성하고 있는 소재 자체가 너무 싸구려여서, 점점 닳아서 없어져 버리는 것 같다.

결국 현실에 남아 있는 것은 완고한 금욕주의뿐이다. 그리고 거기에는 어떤 쾌락이 있었다. 공허한 생활의 경험 속에 차례로 나타나는 국면이나 경우에서도 어떤 짜릿한 만족이 있었다. 그렇다면 그것으로 족하다! 늘 마지막에 나오는 말은 이런 것이다. 가정, 사랑, 결혼, 마이클리스. 그것뿐이다. 그리고 죽을 때가 되어 인생에 대해 마지막으로 하는 말도 바로 그런 것들일 것이다!

돈은? 거기에 대해서는 그렇게 말할 수 없을지 모른다. 인간이 늘 원하는 돈. 돈, 성공, 그리고 토미 듀크스가 작가 헨리 제임스처럼 그렇게 부를 것을 고집했던 암캐의 여신. 돈은 영구불변의 필수품이다. 마지막 1페니를 써버린 뒤, 마지막으로 "그것으로 끝이야" 하고 말할 수는 없는 것이다. 그렇다, 만약 10분이라도 더 살 수 있다면 무엇인가에 쓸 몇 펜스의 돈이 필요하게 된다. 그저 기계적으로 일을 하는 데도 돈은 필요하다. 그것은 불가결한 것이다. 없으면 안 되는 것이 돈이다. 그 외에는 정말 다른 것은 없어도 된다. 그것뿐이다!

물론 살아 있는 것은 그 사람 자신의 탓은 아니다. 그러나 일단 살고 있는 한, 돈은 반드시 있어야 한다. 그것은 유일하고 절대적인 필수품이다. 그 밖의 것은 없어도 어떻게든 살아갈 수 있는 것이다. 그러나 돈이 없으면 아무것도 할 수 없다. 단호하게 말하지만, 그것으로 끝이다.

그녀는 마이클리스에 대해 생각했다. 그리고 그와 함께라면 가질 수 있었을지 모르는 돈에 대한 것을. 그러나 그녀는 그것마저도 갖고 싶지 않았다. 그녀는 자기가 도와서 클리포드에게 글을 쓰게 하여 벌어들이는 얼마 되지 않는 돈이 더 좋았다. 그 돈은 자신이 실제로 도와서 번 돈이었다! '난 클리포드와 힘을 합쳐 그 작품으로 1년에 1,200파운드를 벌고 있어.' 그녀는 자신에게 이렇게 들려주었다. 돈을 벌어라, 돈을! 어디서든 돈을 벌어라! 무에서 그것을 짜내라! 인간적 견지에서는 결코 자랑할 수 없는 행위이지만, 다른 것은 모두 하찮은 것이다.

이리하며 그녀는 클리포드의 곁으로 터벅터벅 돌아갔다. 다시 둘이서 힘을 합쳐, 공허한 것에서 다른 이야기를 지어내기 위해.

소설은 바로 돈을 의미했다. 클리포드는 자신의 작품이 일류 문학으로 인정받을 수 있을지에 대해 몹시 마음을 쓰는 것 같았다. 그녀는 엄밀하게 말해, 그런 건 아무래도 상관없었다. 아버지가 알맹이는 아무것도 없다고 말했을 때, '작년에는 1,200파운드를 벌었어요,' 하는 것이 그녀의 간결하고 최종적인 대답이었다.

만약 젊다면 돈이 어딘가 보이지 않는 곳에서 흘러나오기 시작할 때까지는, 이를 악물고 매달려서 버티는 수밖에 없다. 그것은 체력의 문제이고 또 의지력의 문제이다. 의지가 몸속에서 저도 모르는 사이에 힘차게 발산되면, 종이쪽지 위에 씌어진 한 마디는 돈이라는 불가사의한 공허한 것이 되어서 돌아온다. 그것은 일종의 마력이고, 분명히 승리이다. 암캐의 신이다. 그러니까 만약 몸을 팔아야 한다면 암캐신에게 팔아야 할 것이다. 다행한 일은 그녀가 암캐신에게 몸을 팔고 있는 동안에도 자신을 경멸할 수 있는 것이다. 그것이 좋은 점이다.

클리포드에게는 물론 아직도 어린아이 같은 금기와 미신적인 숭배물이 있었다. 그는 '진짜'라고 사람들이 생각해주기를 바라지만, 그것은 완전히 오만한 자의 하잘 것 없는 생각이다. 진정으로 좋은 것은 실제로 인기를 얻는 것이다. 아무리 좋은 것이라도 사람들이 돌아보지 않으면 아무것도 아니다. '진짜'라는 말을 듣는 사람들은 대부분 마치 버스를 놓치고 기회를 잃은 것 같다는 생각이 든다. 결국 인간은 한 번밖에 살지 못한다. 그러므로 만약 버스를 놓치면 다른 낙오자들과 함께 길바닥에 남겨지는 수밖에 없다.

코니는 내년 겨울에 클리포드와 함께 지낼 런던의 겨울에 대해 생각했다. 두 사람은 요행히 버스에 올라탄 것이다. 그러니 잠깐 동안은 맨 윗자리에 앉아서 자랑해도 좋지 않을까?

그러나 불행하게도, 클리포드는 자주 애매해지면서 방심 상태에 빠지는가 하면, 발작적으로 몽롱한 우울증에 사로잡히는 일이 많아졌다. 그의 정신적인 상처가 표면으로 나타나기 시작한 것이다. 코니는 비명을 지르고 싶은 심정이었다. 아아, 신이시여, 만약 의식 자체의 작용이 잘못된다면, 그때 자신은 어떻게 해야 한단 말인가? 아, 지긋지긋하다. 할 수 있는 일은 다 했는데! 난 끝내 버림받을 운명에 있는 것일까?

그녀는 이따금 몹시 우는 일이 있었는데, 울면서도 자신에게 말하고 있었다.

이 바보! 손수건이나 적시고 있다니! 울면 어떻게든 되는 것처럼!

마이클리스와 그 일이 있은 뒤로, 그녀는 아무것도 바라지 않겠다고 결심했다. 다른 방법으로 해결할 수 없는 일이라면, 그것이 가장 간단한 해결법인 것처럼 보였다. 그녀는 현재 자기가 가지고 있는 것 외에는 아무것도 바라지 않았다. 오직 자기가 가질 수 있는 것만으로 앞으로 나아가고 싶었다. 그것은 클리포드, 소설, 라그비 저택, 채털리 부인으로서의 의무, 그리고 돈과 명성 같은 것이다…… 그런 여러 가지 것들을 가지고 살아가고자 했다. 연애와 섹스 같은 종류의 것은 모두 그저 얼음사탕 같은 것일 뿐이다. 깨끗이 핥아먹고 잊어버리는 것이 상책이다. 만약 마음속으로 언제까지나 그것에 집착하지 않는다면 아무것도 아닌 일이다. 특히 섹스 따위는……! 아무것도 아니다. 그런 거라고 마음만 먹으면 문제는 해결된 것이나 마찬가지다. 섹스와 칵테일, 이 두 가지는 거의 비슷하게 오래가지 않고, 같은 효과가 있으므로, 결국 거의 같은 것이었다.

그러나 어린 아이, 아기! 그것은 역시 멋진 감동의 하나이다. 그녀는 신중히, 아주 신중히 그것을 실험해보고 싶었다. 그러나 문제는 상대가 돼줄 남자이다. 이 사람의 아이라면 하고 생각되는 남자가 이상하게도 한 사람도 없었다. 믹의 아이는? 생각만 해도 소름이 끼친다. 차라리 토끼새끼를 낳는 편이 낫겠다. 토미 듀크스는?…… 그러면 훌륭한 상대이다. 그러나 어찌된 일인지 그 사람한테서 아기, 즉 다음 세대를 연상하는 것은 불가능했다. 그는 결국 그 자신으로 끝이다. 그리고 또, 그 밖의 꽤 광범위한 클리포드의 친구 가운데 아이를 낳는다고 생각해 볼 때 경멸감이 느껴지지 않는 남자는 한 사람도 없었다. 애인으로서 그럭저럭 봐줄 수 있는 사람은 믹을 포함하여 몇 사람 있기는 했다. 그러나 아이를 갖는 상대로는! 후우! 그야말로 굴욕과 혐오밖에 느껴지지 않았다.

그렇다면 더 생각해볼 것도 없다!

그러나 코니는 마음속 깊은 곳에서는 아기 생각이 떠나지 않고 있었다. 아니야, 아니지! 몇 세대의 남자들을 나 자신의 체에 쳐서 어울리는 남자를 찾을 수 있을지 조사해 보자.—너는 예루살렘 거리나 골목길에 가서 한 남자를 찾을 수 있을지 시험해 보라.*[10]—남자들은 수없이 많지만 예언자가 말하

---

*10 구약성서 예레미야서에서.

는 예루살렘에서, 한 사람의 남자를 찾은 예는 없었다. 그러나 그저 한 남자라면? 그렇다면 얘기는 달라진다.

그녀는 그 상대는 외국인이 아니면 안 된다고 생각했다. 영국 사람도 아니고, 아일랜드 사람은 더더욱 아니다. 정말 진짜 외국 사람이어야 한다.

하지만 잠깐만! 이번 겨울에는 클리포드를 런던에 데리고 갈 예정이다. 그리고 그 다음 겨울에는 남프랑스나 이탈리아 같은 외국으로 데리고 가자. 기다리자! 그녀는 아이 문제에 대해서는 조금도 서두르지 않았다. 그것은 그녀 자신의 개인적인 관심사이지만, 특히 그녀 특유의 특이한 여성다움에서 마음속으로 진지하게 생각하는 문제이기도 하다. 그녀는 구태여 어쩌다가 만나는 남자에게 도박을 걸 생각은 없었다. 그건 확실하다. 애인은 거의 언제라도 만들수 있다. 그러나 아이를 낳게 해줄 남자가 되면…… 그건, 그건 전혀 다른 문제이다. "너는 예루살렘 거리나 골목길에……" 가야하는 것이다. 그것은 연애 문제가 아니라 남자의 문제이다. 그 남자는 개인적으로는 오히려 싫은 사람일지도 모른다. 그러나 만약 그 남자를 선택한다면 개인적인 혐오감이 무슨 문제일까? 그것은 여자 자신의 다른 부분과 관련이 있다.

예년처럼 비가 계속 내려 길이 물에 잠겼기 때문에 클리포드의 휠체어는 다닐 수가 없었다. 그러나 코니는 못 견디게 외출하고 싶었다. 지금 그녀는 매일처럼 혼자 나다니면서 대부분 숲 속에서 지냈다. 거기서는 완전히 혼자가 된다. 누구도 만날 일이 없는 곳이었다.

그러나 그날, 클리포드는 산지기에게 전할 말이 있었다. 마침 심부름하는 소년이 감기에 걸려 몸져누웠기 때문에—라그비 저택에서는 늘 누군가가 감기에 걸려 있다—코니는 자기가 산지기의 오두막에 가겠다고 나섰다.

공기는 따뜻하고, 온 세상이 서서히 죽어가고 있는 것처럼 미동도 하지 않았다. 잿빛으로 차갑게 질척이며, 쥐 죽은 듯 고요했다. 어지럽게 모여있는 탄광의 시설에서도 아무 소리도 들리지 않았다. 그도 그럴 것이, 탄광은 조업단축 중이었는데, 오늘은 특히 전면적으로 조업을 중단하고 있었다. 모든 것의 종말 같았다!

숲 속에서는 모든 것이 전혀 생기가 없이 정지되어 있었다. 다만 이따금 커다란 물방울이 마른 가지에서 떨어지면서 작은 공허한 소리를 내고 있었다. 그밖에는 고목 사이에 깊고 깊은 절망적인 타성, 침묵, 공허함이 있을 뿐이었다.

코니는 아무 생각 없이 걸어갔다. 그 오래된 숲 속에서는 고대의 우수 같은 것이 느껴졌지만, 왠지 모르게 그녀의 마음을 달래 주는 듯하여 바깥세상의 가혹한 비정함보다는 훨씬 마음에 들었다. 그녀는 지난날의 삼림의 흔적이 지닌 '영기'와, 늙은 나무의 말없는 과묵함이 좋았다. 그것은 바로 정적을 낳는 힘이자, 생기 넘치는 존재처럼 생각되었다. 그 고목들도 또한 기다리고 있다. 끈질기게 금욕적으로 기다리면서 정적을 낳는 내재능력을 발휘하고 있는 것이다. 어쩌면 오직 종언을 기다리고 있는 건지도 모른다. 베어지고 개간 당하는 삼림의 종말은 나무에 있어서 모든 것의 종말이다. 하지만 그 강하고 귀족적인 정적, 강고한 나무의 정적은 뭔가 다른 것을 의미하고 있었다.

그녀가 북쪽 숲을 빠져나오자 산지기의 집이 보였다. 아무도 살지 않는 집같았다. 박공지붕에 보기 좋은 굴뚝이 있는 거무스름한 갈색 돌의 그 시골집은, 고요하게 홀로 서있었다. 그러나 굴뚝에서 한 가닥의 연기가 피어오르고 있고, 집 앞에 나무울타리로 둘러싼 작은 뜰은 잘 개간되어 말끔하게 손질되어 있었다. 문은 닫혀 있었다.

막상 여기까지 오자, 그녀는 묘하게 사물을 꿰뚫어보는 듯한 눈을 한 그 사내를 만나는 것이 약간 꺼림칙한 기분이 들었다. 그에게 지시를 전하는 것이 싫어져서 그녀는 되돌아갈까 하고 생각했다. 하지만 가만히 문을 두드려 보았다. 아무도 나오지 않았다. 다시 한번 노크했다. 그러나 역시 노크소리는 작았고, 이번에도 아무 대답이 없다. 창문으로 들여다보니 작고 어두운 방이 보였는데, 마치 타인의 침입을 거절하는 듯한 거의 불쾌한 기분이 드는 분위기였다.

그녀는 가만히 귀를 기울였다. 집 뒤꼍에서 소리가 들리는 것 같았다. 노크소리가 저쪽에 들리지 않았으니, 이대로 그냥 돌아갈 수는 없다고 생각한 그녀는 용기를 냈다.

그녀는 집 옆으로 돌아갔다. 뒤꼍이 급한 비탈을 이루고 있어서 뒤뜰은 푹꺼져 있고, 낮은 돌담으로 에워싸여 있었다. 그녀는 집 모퉁이를 돌아서서 걸음을 멈췄다. 그곳에서 겨우 두어 걸음 되는 좁은 뒤뜰에서 그 사내가 몸을 씻고 있었다. 누가 있다는 것을 전혀 눈치 채지 못한 모양이었다. 벨벳 반바지가 가느다란 허리에서 미끄러져 내려가 알몸인 상반신이 허리까지 드러나 있었다. 그리고 하얗고 날씬한 등을 비눗물이 담긴 커다란 대야 위에 구부리고 머리를 담그고 있었는데, 재빠르고 작은 동작으로 기묘하게 머리를 흔들면서, 미끈한 흰 팔을 위로 올려 물놀이를 하고 있는 족제비처럼 재빠르고 능숙하게 귀에서 비눗물을 빼고 있었다. 게다가 완전히 혼자였다. 코니는 뒷걸음질쳐서, 집 모퉁이를 돌아 급히 숲으로 달아났다. 자신도 모르게 충격을 받고 있었다. 그래 봤자, 결국 한 남자가 몸을 씻고 있었을 뿐이다. 분명히 그것은 지극히 평범한 일이었다.

그렇지만 뭔가 묘하게 환상을 본 것 같은 경험이었다. 그것은 그녀의 몸 한가운데를 강하게 때리고 있었다. 볼품없는 반바지가 청결하고 섬세한 흰 허리 위로 미끄러져 뼈가 약간 드러난 것을 보는 순간, 완전히 혼자인 인간의 고독이 그녀를 압도해버렸다. 혼자 살며 또 정신적으로도 고독한 인간의 완전히 고독한 하얀 나체, 또 그보다 더욱, 순수한 인간이 가지는 그 아름다움. 그것은 아름다운 소재가 아니고, 아름다운 육체도 아니며, 흔들리는 광채이자 고독한 생명의 따뜻한 하얀 불꽃이었다. 그리고 그것은 사람이 손으로 만질 수 있는 윤곽, 즉 육체가 되어 드러나 있었다.

코니는 눈으로 들어온 충격을 자궁으로 받아들이고 있었다. 스스로 그것을 깨달았다. 그것은 몸 안에 머무르고 있었다. 그러나 이성으로는 웃어주고 싶은 기분이었다. 뒤뜰에서 몸을 씻고 있는 한 남자일 뿐이다! 게다가 역한 냄새가 날 게 틀림없는 누런 비누로! 그녀는 오히려 곤혹스러웠다. 어째서 이런 저속한 남의 사생활을 엿보게 되고 말았을까!

그래서 그녀는 평정함을 잃고 한동안 걸어가다가, 베어낸 나무 그루터기에 걸터앉았다. 머리가 혼란스럽고 생각을 가다듬을 수가 없었다. 그러나 혼란 속에서도 그녀는 그에게 전할 말은 전해야겠다고 결심했다. 끝까지 할 일은 하고 싶었다. 그 남자에게 옷을 입을 시간을 주어야 하지만, 외출해 버릴 시간까지 줘서는 안 된다. 아마 어디론가 나갈 차비를 하던 중이었을 것이다.

그녀는 귀를 기울이면서 천천히 되돌아갔다. 가까이 다가가니 오두막은 아까와 조금도 달라지지 않은 모습이었다. 개가 짖었다. 그녀는 문을 두드렸다. 자신도 모르게 가슴이 두근거리고 있었다.

남자가 가볍게 2층에서 내려오는 소리가 들렸다. 그리고 느닷없이 문이 열리는 바람에 그녀는 깜짝 놀랐다. 그는 딱딱한 표정이었으나 곧 웃음을 지었다.

"채털리 부인이시군요! 들어오십시오."

그의 태도는 흠잡을 데 없이 부드럽고 친절했다. 그녀는 약간 음침해 보이는 조그만 방으로 들어갔다.

"클리포드 경의 전갈을 가지고 왔어요."

그녀는 조용하고 약간 가쁜 듯한 목소리로 말했다.

남자는 그 푸른, 모든 것을 꿰뚫어보는 듯한 눈으로 그녀를 지그시 쳐다보고 있었다. 그래서 그녀는 고개를 약간 돌렸다. 그녀가 부끄러워하는 모습이 왠지 귀엽고 심지어 아름답기까지 하다고 그는 생각했다. 그는 곧 그 집의 주인답게 말을 꺼냈다.

"좀 앉으시겠어요?"

그는 괜찮다는 대답을 예상하면서 그렇게 권했다. 문은 열어둔 채였다.

"아니에요, 괜찮아요! 클리포드 경이 궁금해 하고 있어요, 당신이……."

그녀는 자신도 모르게 다시 그의 눈을 들여다보면서 말을 전했다. 그러자 그의 눈은 따뜻하고 부드럽게, 특히 여성 쪽에서 보면 멋있고 따뜻하며 부드럽고 또한 격의 없는 것처럼 보였다.

"알겠습니다, 마님. 곧 그렇게 하겠습니다."

명령을 받자 그는 갑자기 완전히 딴사람처럼 되어, 일종의 격식과 거리감을 띠기 시작했다.

코니는 망설였다. 이젠 가야 한다. 그러나 그녀는 뭔가 당황한 것 같은 표정으로 청결하게 잘 정돈된, 다소 음침한 작은 거실을 둘러보았다.

"여기서 혼자 사시나요?"

"예, 혼자 삽니다. 마님."

"그럼 어머니는?"

"마을에 있는 어머니의 집에 계십니다."

"그 아이하고 함께?"

"네, 아이하고 함께."

그러자 그의 평범하고 약간 여윈 얼굴에 뭐라 설명할 수 없는 조소의 표정이 떠올랐다. 그의 얼굴은 당혹스러울 정도로 쉴 새 없이 변하는 것이었다.

"아니"

코니가 무슨 말을 해야 할지 몰라 곤혹스러워 하고 있는 것을 보고 그가 말했다.

"어머니가 토요일마다 청소를 해주러 오시지요. 그 밖의 일은 제가 합니다."

코니는 다시 그를 쳐다보았다. 그의 눈이 다시 웃고 있었다. 약간 놀리고 있는 것 같기는 하지만, 따뜻하고 우울하며 어쩐지 친절한 듯한 미소였다. 그녀는 약간 놀랐다. 그는 바지와 플란넬 셔츠에 회색 넥타이를 매고 있었다. 머리는 부드럽게 젖어 있고, 얼굴은 창백한 편으로 약간 수척해 보였다.

웃음이 사라졌을 때의 그 눈은 아직 따뜻함을 잃지 않고 있었지만, 크나큰 고통을 겪은 적이 있는 듯한 모습이었다. 그러나 창백한 고독의 그림자가 그를 감싸자, 그에게 그녀는 현실적으로 거기에 없는 것이나 다름없었다.

그녀는 좀더 얘기를 하고 싶었으나 아무 말도 하지 않았다. 단지 다시 한번 그를 쳐다보면서 이렇게 덧붙였다.

"방해가 되지 않았는지 모르겠군요."

그는 눈을 가늘게 뜨고, 놀리는 듯한 엷은 미소를 힐끗 떠올렸다.

"머리를 빗던 참이었지만, 걱정 마십시오. 웃옷을 입지 못해서 실례했습니다. 누가 노크하고 있는 건지 몰랐거든요. 여기서는 아무도 노크하지 않아요. 예상치 못한 노크소리는 불길하게 생각되는 법이지요."

그는 문을 열기 위해 앞장서서 마당으로 내려갔다. 그 볼품없는 벨벳 웃옷을 벗고 셔츠만 입은 걸 보니, 그가 매우 늘씬한 체형이라는 것을 새삼 느낄 수 있었다. 여윈데다 등이 약간 굽기는 했지만. 그러나 그의 곁을 지나갈 때, 그 금발머리와 날카로운 눈매에는 뭔가 젊음과 생기 같은 것이 있었다. 아마 서른 일고여덟 살쯤 되어 보였다.

그녀는 자신의 뒷모습을 그가 보고 있는 것을 의식하면서 숲 속으로 걸어갔다. 그녀는 자기도 모르게 몹시 동요하고 있었다.

한편 그는 집 안으로 들어가면서 생각하고 있었다.

'멋진 여자군. 진짜 여자야! 그녀 자신이 알고 있는 것 이상으로 멋진 여자.'

그녀는 그가 몹시 신비롭게 생각되었다. 그는 전혀 산지기답지 않았고 누가 뭐라 해도 노동자처럼 보이지 않았다. 다만 이곳 사람들과 공통된 점을 지니고 있기는 했지만, 매우 별난 데가 있었다.

그녀는 클리포드에게 말했다.

"산지기 멜러스는 좀 이상한 사람이더군요. 어쩐지 신사 같지 않아요?"

클리포드는 말을 이었다.

"그 자가? 난 모르겠는데……"

"그 사람에게는 좀 특별한 데가 있지 않아요?"

"정말 좋은 사람이라고는 생각하지만, 난 그 자에 대해 거의 아무것도 몰라. 작년에 제대했으니 아직 1년이 채 되지 않았군. 그 전까지는 아마 인도에 있었을 걸. 거기서 뭔가 처세술 같은 것을 배웠을지도 몰라. 무슨 장교의 당번병을 하다가 그 덕에 진급했겠지. 군대에는 늘 그런 자들이 있어. 그렇지만 그런 건 아무 소용없는 것이지. 제대하면 다시 옛날로 돌아가지 않으면 안 되니까."

코니는 클리포드를 지그시 바라보며 생각에 잠겼다. 그에게는 신분상승을 꿈꾸고 있을지도 모르는 하층계급에 대한 기묘하고 편협한 거부반응이 있는 것을 그녀는 간파했다. 그것은 그와 같은 인종의 특징이라는 것을 그녀는 알고 있었다.

"하지만 그 사람에게는 뭔가 특별한 데가 있다고 생각하지 않아요?"

그녀가 다시 물었다.

"솔직히 말해 없다고 생각하오. 난 그런 걸 느낀 적이 없어."

그는 의아하고 불안한 듯이, 반쯤 의심하는 것처럼 그녀를 바라보았다. 한편 그녀는, 그가 사실대로 말하고 있지 않다는 느낌이 들었다. 그녀에 대해서도 진실을 말하지 않는 것이다. 그렇다. 정말로 이례적인 사람이라고 암시하는 듯한 얘기는 뭐든지 마음에 들어 하지 않았다. 그에게 있어서, 사람은 많든 적든, 자신과 같은 수준이거나 그 이하가 아니면 안 된다.

코니는 다시금 그녀와 같은 시대의 남성들이 옹졸하고 인색하다는 것을 절실하게 느꼈다. 그들은 정말 인색했고 인생을 몹시 두려워하고 있었다.

## 7

코니는 침실로 들어가자, 오랫동안 잊고 있었던 행동을 했다. 그녀는 옷을 모두 벗고 큰 거울 앞에 서서 자신이 알몸을 바라보았다. 무엇 때문에 보고 있는 건지, 또는 무엇을 보고 있는 건지 그리 또렷하게 의식하지는 않았지만, 램프를 이리저리 움직여 자신의 나체가 잘 보이도록 했다.

그리고 전에도 종종 그랬지만…… 인간의 몸, 나체는 얼마나 나약하고 상처받기 쉬우며 애처로운 것인지를 생각했다. 그것은 어쩐지 불완전한 미완성으로 보였다.

예전에는 상당히 멋지다는 말을 들었던 그녀였지만, 지금은 유행에 뒤떨어져 있었다. 여성스러움이 지나치고 사춘기 사내아이 같은 날렵한 느낌이 부족했다. 스코틀랜드인의 피가 섞여 있어서 키는 그리 크지 않지만 매끄럽게 미끄러지는 듯한 우아함이 있었다. 그건 만약 좋은 때를 만났으면, 어쩌면 아름다움이라고도 할 수 있는 것이었다. 피부는 조금 노르스름하고 팔다리에는 일종의 온화함이 깃들어 있었다. 그녀의 육체에는 탐스럽게 미끄러지는 듯한 풍만함이 있어야 했다. 그러나 지금 보니 뭔가 모자라는 데가 있었다.

그녀의 몸은 팽팽하게 흘러내리는 곡선을 성숙시키지 못한 채, 납작해지고 피부가 약간 거칠어져 있었다. 그것은 햇볕과 열을 충분히 받지 못한 것 같은 느낌이었다. 약간 잿빛이 감도는 윤기 없는 몸.

진정한 여자다운 육체는 바랄 수도 없게 되었지만, 소년 같은, 겉모습만이라도 소년 같은 투명한 몸매가 되지 못하고 윤택함이 없는 몸이 되어 있었다.

유방은 작은 편이고, 서양배 같은 모양을 하고 있다. 그것은 충분히 무르익지 않아 아직도 떫은맛이 나는 채, 의미 없이 거기에 늘어져 있었다. 그리고 복부는, 젊은 시절, 그 독일인 남자친구와 사귈 때 같은, 신선하고 풍만한 광택이 사라지고 없었다. 그 독일 청년은 진심으로 그녀의 몸을 사랑해주었는데. 그때는 복부 특유의 싱싱한, 뭔가를 기다리고 있는 듯한 모양을 하고 있었다. 그런데 지금은 탄력을 잃고 축 늘어진 채 약간 납작해져서, 점점 여위어가고 있다. 허벅지도 예전에는 여자답게 풍만하고 무척 활발하게 움직여서, 반짝반짝 빛이 나는 것 같았는데, 어찌된 일인지 그것도 납작하게 늘어져서 무의미한 것이 되어가고 있었다.

그녀의 몸은 칙칙하게 윤기를 잃고, 참으로 무의미하고 보잘것없이 되어가고 있었다. 그것이 그녀의 마음을 한없이 실망시키고 절망적으로 만들었다. 무슨 희망이 있단 말인가? 육체는 그 어떤 광채도 생기도 없이 늙어 있었다. 불과 스물일곱 살의 나이에 늙어버린 것이다. 그것은 육체의 경시와 절제에서 온 노화였다. 그렇다, 절제했기 때문이다! 상류층 부인들의 육체는 외부적인 조치를 받음으로써 우아한 도자기처럼 반짝반짝 빛을 발한다. 그 도자기 속은 텅 비어 있지만, 그녀에게는 그런 빛조차 없었다. 정신생활 때문이다! 갑자기 그녀는 급격한 분노를 느끼며 그것을 증오했다. 이것은 기만이다!

그녀는 또 하나의 거울에 비친 자신의 허리와 엉덩이를 보았다. 전보다 날씬해지기는 했어도 그녀에게는 잘 어울리지 않았다. 상체를 뒤로 틀어서 보니, 등허리의 잘록한 허리께에 잡힌 주름살이 약간 피곤에 지친 듯해 보였다. 전에는 생기에 넘쳐 있었는데. 허리와 엉덩이에 걸친 부드러운 곡선에서도 반짝이는 광택과 풍만한 느낌이 사라지고 없었다. 사라지고 말았다! 지금까지 그것을 사랑해준 것은 독일 청년뿐이었다. 하지만 그도 죽은 지 거의 10년이 된다. 세월은 흘러간다! 죽은 지 10년이나 지난 것이다. 그리고 자신은 아직 스물일곱 살. 그 건강한 남자친구가 품고 있었던 신선하고 어색한 욕정. 그때 내가 그것을 그토록 경멸했다니! 지금은 어디서 그런 것을 발견할 수가 있겠는가? 그것은 남자들한테서 사라지고 말았다. 마이클리스 같은 2초 동안의 서글픈 경련이 있을 뿐이다. 피를 뜨겁게 하고 온 몸에 생생한 활기를 불어넣는 건강하고 인간적인 욕정은 사라져버렸다.

그래도 그녀의 가장 아름다운 부분은, 등의 오목한 곳에서부터 길게 부드러운 하강선을 그리는 허리와, 잠을 불러일으키듯이 조용히 정적을 지키고 있는 둥그스름한 엉덩이라고 생각했다. 그것은 아랍인들이 말하는 모래언덕처럼 완만하고 긴 비탈을 이루며 부드럽게 아래로 흘러내렸다. 거기에는 아직도 생명의 희망이 남아 있다. 그러나 거기에도 풍만함이 빠져 있어, 채 성숙하지 못하고 시들어 가는 것처럼 보였다.

그녀의 육체의 앞부분은 그녀를 비참한 기분에 사로잡히게 했다. 그것은 여위어 탄력을 잃은 채 이미 시들었다고 할 수 있을 정도로 늘어지기 시작하여, 지금까지 진정한 삶을 시작하기도 전에 벌써 늙어가고 있었다. 그녀는 어쩌면 낳을 수 있을지도 모르는 아기에 대해 생각했다. 정말 난 아이를 낳을 수 있는 몸일까?

그녀는 잠옷을 입고 침대에 들어가 몹시 흐느껴 울었다. 그 쓰라림 속에서 그녀는, 클리포드와 그의 작품, 그가 한 말, 그리고 여자한테서 소중한 몸까지 빼앗아버린 클리포드와 그와 유사한 모든 남자들에 대해 차디찬 분노가 치밀어 올랐다.

'이건 부당해! 부당한 거야!'

육체에 받은 부당함에 대한 분노는 그녀의 영혼까지 불태웠다.

그러나 아침이 되면 변함없이 7시에 일어나 클리포드의 방으로 내려갔다.

개인적인 볼일은 모두 그녀가 도와주지 않으면 안 되었다. 그는 하인을 두지 않았고, 하녀는 싫다고 거절했다. 힘든 일은 어릴 때부터 아는 가정부의 남편이 해주었다. 그래서 그의 자잘한 일상생활은 코니가 시중을 들었다. 그것도 스스로 자청한 것이었다. 그것은 그녀에게 요구된 일이기도 했지만, 그녀는 처음부터 자신이 할 수 있는 일이라면 뭐든지 해야겠다고 마음먹고 있었다.

그 때문에 그녀는 라그비 저택을 비우는 일이 없었다. 어쩌다 외출해도 하루나 기껏해야 이틀 정도였다. 그 동안은 가정부인 베츠 부인이 클리포드의 시중을 들었다. 시간이 흐르면 으레 그렇게 되기 마련이지만, 클리포드도 그런 보살핌을 당연한 것으로 받아들였다. 당연히 그렇게 될 수밖에 없었다.

그러나 코니의 마음속 깊이 숨어 있는, 부당한 대우를 받으며 속고 있다는 느낌이 그녀 안에서 활활 타오르기 시작했다. 육체에 대한 부당한 처사를 한번 자각하면 그것은 위험한 감정이 된다. 그것은 출구를 필요로 한다. 그렇지 않으면 그것을 자각한 당사자를 서서히 파괴해 간다. 가엾은 클리포드, 그의 잘못은 아니었다. 그의 불행이 훨씬 더 큰 것이다. 그것은 모두 그 대재난 전체의 일부분이었다.

그렇다고 그가 비난받아야 할 점은 조금도 없는 것일까? 이 온정의 결핍, 이 자연스럽고 따스한 육체적 접촉의 결여, 그 점에서 그는 비난 받아 마땅하지 않을까? 그는 실제로 동정심이 전혀 없고 친절하지도 않으며, 이지적이고 차가운 태도에, 사려 깊고 신중한 데가 있을 뿐이었다. 남자가 여자에게 품는 따뜻한 마음은 결코 없었다. 그녀의 아버지 같은 사람도, 자기 하고 싶은 대로 살고 있고 앞으로도 그렇게 살겠지만, 그래도 약간의 남자다운 열정으로 아직도 여자를 위로할 수 있는 따뜻함을 지니고 있어서, 코니를 포근하게 감싸줄 줄 아는데.

그러나 클리포드는 그렇지 않았다. 그의 집안사람들은 한결같이 그랬다. 모두 속마음은 냉혹하고 개인적이며, 가족에 대한 정은 악취미에 지나지 않았다. 그런 것은 기대도 하지 않고 자신의 입장을 지켜가야 했다. 같은 계급, 같은 집안사람이면 그것으로 모두 충분히 잘 해나갈 수 있다. 그들끼리는 냉담한 태도로 스스로를 존중하고 자신의 입장을 지키며, 그렇게 하는 것에 대한 만족감을 즐길 수도 있을 것이다. 그러나 다른 계급, 다른 집안과의 사이에서는 그것은 통용되지 않는 일이었다. 그저 자신의 입장을 견지하면서, 자기가 지배

계급에 속해 있다고 느끼는 것만으로는 아무런 의미가 없다. 가장 현명한 귀족조차 지켜야 할 자신의 입장에 전혀 자신감을 가질 수 없고, 또 그들의 지배가 실제로는 허수아비에 불과할 뿐 전혀 지배가 아닐 때는 무엇이 문제일까? 무엇이 문제인가 말이다! 그것은 완전히 흥이 깨지는 난센스일 뿐이다.

코니의 마음속에 반항심이 꿈틀거리고 있었다. 이런 말들이 도대체 무슨 소용 있을까? 나의 희생, 나의 인생을 클리포드에게 바치는 것이 무슨 소용이란 말인가? 결국 나는 무엇을 위해 봉사하고 있는 것인가? 그것은 따뜻한 인간미가 조금도 없는 비천하게 태어난 유태인처럼 썩어빠진 성공이라는 암캐신에게 몸을 파는데만 초조한, 차디찬 허영의 정신이 아니겠는가? 자기가 지배 계급에 속해 있다는 냉정하고도 의기양양한 확신을 품고 있으면서도, 클리포드는 세속적인 성공을 쫓아 허덕이며 혓바닥이 축 늘어지는 것을 어쩌지 못하고 있는 것이다. 그 점에 있어서는 결국 마이클리스가 훨씬 더 위엄이 있고, 훨씬 큰 성공을 거두었다. 사실 클리포드를 자세히 들여다보면, 그는 어릿광대였고, 어릿광대는 비열한 사람보다 훨씬 굴욕적이다.

이 두 남자만 두고 말한다면, 코니에게는 마이클리스가 클리포드보다 현실적으로 훨씬 유용한 존재였다. 또 그녀를 더 필요로 하는 것도 마이클리스 쪽이다. 마비된 다리를 시중드는 일은 우수한 간호사라면 누구나 할 수 있다. 또 영웅적인 분투노력에 있어서는, 마이클리스는 영웅적인 시궁쥐이고 클리포드는 다분히 허세를 부리는 푸들 강아지였다.

그 무렵 저택에는 몇몇 손님들이 머물고 있었는데, 클리포드의 백모인 에바 베널리 부인도 그 중 한 사람이었다. 코가 빨갛고 여윈 예순 살의 미망인으로 아직도 귀부인다운 데가 남아 있었다. 그녀는 최상류로 일컬어지는 집안에 들어가 거기에 잘 적응하고 있다는 평판을 얻고 있었다. 코니는 이 부인을 좋아했다. 가식적인 데가 전혀 없고, 스스로 솔직해지려고 마음먹는 한, 단순 솔직 그 자체로서 겉으로는 친절했다. 내면적으로는 자신의 입장을 지키면서 남을 약간 낮춰본다는 점에서 노련한 부인이었다. 결코 잘난 체하는 교만한 여자는 아니지만, 대단한 자신가였다. 냉정하게 자신의 입장을 견지하며 다른 사람들이 자기를 존경하도록 하는, 상류사회의 사회적인 처세에 있어서는 흠잡을 데 없이 완벽했다. 그녀는 코니를 친절하게 대하며, 높은 관찰안으로, 날카로운 타래송곳처럼 코니의 여심 속에 파고 들려 했다.

그녀는 코니에게 말했다.

"내가 보기에 넌 정말 훌륭한 사람이야. 네가 클리포드에게 기적을 가져다주었어. 난 그 아이가 숨어있는 천재일 줄은 꿈에도 생각지 못했지. 그런데 그 방면에서 저렇게 인기를 끌고 있으니 말이다."

에바 백모는 클리포드의 성공을 진심으로 만족스럽게 생각하고 자랑스러워했다. 이로써 집안의 자랑거리가 하나 더 늘어난 셈이었다. 그녀는 클리포드의 작품에 대해서는 눈곱만큼도 관심이 없었다. 그런 게 무슨 필요가 있겠는가?

"아니에요, 제가 한 일이 아닌 걸요."

"틀림없어, 너 말고 누가 그런 일을 할 수 있겠니? 그런데도 넌 아무런 보상도 받지 못하고 있는 것 같구나."

"어째서요?"

"네가 이곳에 틀어박혀 있는 상태를 생각해보렴. 난 클리포드에게 말해 주었다. 언젠가 저애가 등을 돌리게 되면 그건 너의 자업자득이라고 말이다."

"하지만 그이는 저를 조금도 속박하지 않는 걸요."

"들어 보렴, 가엾은 아이."

에바 백모는 코니의 어깨에 그 여윈 팔을 얹었다.

"여자에겐 말이다, 자신의 생활이 있어야 해. 그렇지 않으면 나중에 후회하게 된단다. 정말 그래!"

그리고 그녀는 다시 브랜디를 한 모금 마셨다. 아마 그것이 그녀가 후회하고 있음을 나타내는 방법인 듯했다.

"하지만 전 정말로 제 자신의 생활을 하고 있는데요, 아닌가요?"

"난 그렇게 생각지 않아! 클리포드는 널 런던으로 데리고 가서 여기 저기 돌아다니게 해줘야 해. 그 아이의 친구들은 그 아이에게는 모두 재미있는 사람들이겠지. 하지만 너에게는 그 사람들이 무슨 가치가 있겠니? 나 같으면 그런 것 그리 좋게 생각하지 않을 거다. 넌 젊은 시절을 헛되이 보내고 있어. 그리고 그것을 후회하면서 노년, 아니 중년도 그렇게 보내게 될 거다."

부인은 브랜디의 위로 속에서 명상에 잠긴 듯 입을 다물었다.

그러나 코니는 런던에 가서 베널리 부인에게 이끌려 사교계에 드나들고 싶지는 않았다. 그녀는 진심으로 자기에게 현대적인 매력이 있다고 생각하지 않았고, 그런 사회가 재미있게 여겨지지도 않았다. 게다가 그 이면에 기묘한, 몸이 얼어붙는 듯한 차가움이 숨겨져 있는 것을 느꼈다. 마치 캐나다 래브라도 반도의 흙이, 표면은 작은 꽃들로 영롱하게 채색되어 있지만, 1피트 아래의 땅속은 얼어붙어 있는 것처럼.

라그비 저택에는 이밖에도 토미 듀크스와 해리 윈터슬로, 그리고 잭 스트레인지웨이스와 그의 아내 올리브가 머물고 있었다. 그래서 그의 친구들끼리 있을 때보다 훨씬 산만하여 모두들 조금 지겨워했다. 게다가 날씨까지 나빠서, 당구를 치고 소형 자동피아노의 반주에 맞춰 춤을 추는 게 고작이었다.

올리브는 미래 사회에 대한 책을 읽고 있었다. 그 사회에서는 아기가 병 속에서 탄생하기 때문에 여자는 출산에서 '해방'될 거라는 얘기였다.

그녀가 말했다.

"참 재미있는 생각이군요! 그렇게 되면 여자도 자신만의 생활을 할 수 있겠어요."

스트레인지웨이스는 아이를 갖고 싶어 했으나 그녀는 원하지 않았다.

"어째서 해방되고 싶어 하는 겁니까?"

윈터슬로가 추하게 웃음을 지으면서 그녀에게 물었다.

"그렇게 되었으면 좋겠어요. 그건 당연해요. 아무튼 미래에는 사람들이 더 영리해질 테니까, 여자가 여자로서의 기능에 의해 타락하게 되는 일도 없어지겠죠."

"그러면 여성들은 아주 하늘 높이 날아오르겠군요."

듀크스가 말했다.

클리포드가 말했다. "난 능력을 충분히 갖춘 문명은 육체적인 불능의 대부분을 제거해야 한다고 생각해. 이를테면 연애 같은 건 없어지는 편이 낫지. 만약 갓난아이를 병 속에 낳을 수 있게 된다면, 아마 없어질 거라고 생각하지만."

올리브가 소리쳤다.

"아니에요! 그렇게 되면 오히려 더욱 쾌락을 추구할 여지가 남게 될지도 몰라요."

베널리 부인이 생각에 잠기면서 말했다.

"난 이렇게 생각해. 만약 연애가 없어지면 뭔가 다른 것이 그것을 대신할 거야. 아마 모르핀 같은 것이 되겠지. 공기 속에 모르핀이 조금만 섞여있으면 모든 사람들의 기분이 좋아질 거야."

잭이 말했다.

"즐거운 주말을 위해 토요일에 에테르를 공기 중에 살포하는 정부? 그럴 듯한 얘기지만, 수요일쯤에는 우리는 어떻게 되어 있을까?"

베널리 부인이 말했다.

"자신의 육체를 잊어버릴 수 있는 한은 행복한 거란다. 자신의 육체를 의식하는 순간부터 불행은 시작되는 거야. 그러니까 문명이 뭔가 도움이 되는 거라면, 우리에게 자신의 육체를 잊도록 해주어야 해. 그러면 우리 자신도 모르는 사이에, 시간이 행복하게 지나가는 거지."

윈터슬로가 말했다.

"우리가 육체에서 완전히 해방되도록 도와주소서! 인간이 스스로 그 본성, 특히 육체적인 면을 개선해야 할 때야."

"우리 인간이 담배연기처럼 떠다니는 것인지, 한번 생각해 보세요."

코니가 말했다.

듀크스가 응했다.

"그런 일은 없을 겁니다. 우리가 가진 낡은 것은 무너지고 말 겁니다. 우리의 운명은 붕괴해 가고 있어요. 바닥없는 구렁텅이, 끝없는 나락으로 떨어지는 거지요. 하지만 믿어주세요. 그 심연에 걸치는 다리는 오직 한 가지, 남근이 될 겁니다."

"어머나, 그런 말도 안 되는 얘긴 그만 하세요, 장군님!"

올리브가 소리쳤다.

"나도 문명이 무너져가고 있다고 생각해."

에바 백모가 말했다.

"그럼 다음에는 어떻게 되는 겁니까?"

클리포드가 물었다.

"그야 난 잘 모르지만, 어쨌든 무언가가 일어날 거야."

이 나이 지긋한 부인은 말했다.

"코니는 몇 가닥의 연기 같은 인간에 대해 얘기하고, 올리브는 출산의 고통에서 해방된 여자니 병 속의 아기 이야기를 했고, 듀크스는 남근이 다음에 일어날 것에 이어질 다리라고 했는데, 과연 어떻게 될까?"

클리포드가 말했다.

올리브가 말했다.

"아이, 뭘 그리 고민하세요? 그보다 오늘의 화제로 돌아갑시다. 다만 병 속의 아기만은 빨리 실현됐으면 좋겠군요. 우리 가련한 여자들이 고통에서 벗어날 수 있게요."

토미가 말했다. "다음의 발전 단계에서는 진정한 인류가 나타날지도 모르지. 진정한, 이지적이고 건전한 남자와 건전하고 멋진 여자! 그것은 우리와는 다른 변화, 엄청난 변화가 아닐까? 지금의 우리는 남자라고 할 수 없고, 여자도 진짜 여자가 아니야. 현대의 인간은 단지 두뇌를 갖고 있는, 임시변통의 대용물에 지나지 않아. 기계적이고 지능적인 실험물이지. 모두 지능연령이 겨우 일곱 살 정도인, 우리 같은 약삭빠른 남자들의 집단이 아니라, 순수한 남자와 여자의 문명사회까지 출현할지도 몰라. 그건 연기 같은 인간이니 사육병 속의 아기니 하는 것보다 훨씬 더 경탄할 만한 일일 거야."

"아, 진정한 여자에 대한 얘기라면 전 항복하겠어요."

올리브가 말했다.

"우리의 정신만이 가치가 있다는 건 확실해."

윈터슬로의 말이다.

"술(스피리트)!"

잭이 위스키소다를 마시면서 말했다.

듀크스가 말했다.

"그렇게 생각하나? 그렇다면 나의 육체를 부활시켜 줬으면 좋겠군! 하지만 언젠가 우리 대뇌 속에 있는 결석이나 돈, 그 밖의 것을 없애버릴 때가 올 거야, 그때는 지갑의 민주주의가 아니라 접촉의 민주주의가 시작될 걸세."

코니의 마음에 뭔가 반향하는 것이 있었다.

"우리에게 접촉의 민주주의를 주소서, 육체의 부활을 주소서!"

어떤 의미인지는 전혀 알 수 없었다. 그러나 무의미한 것에 흔히 있는 일이지만, 그녀는 그 말에 위안을 받았다.

어쨌든 모든 것이 몹시 우스꽝스러웠고 모든 것이, 클리포드와 에바 백모, 올리브와 잭 부부, 윈터슬로, 그리고 듀크스까지, 답답해서 화가 날 정도로 지루했다. 지껄이고, 지껄이고, 또 지껄이고, 쉴 새 없이 계속 지껄여 댄다! 이게 도대체 뭐란 말인가!

그 뒤 머물던 손님들이 모두 돌아갔을 때도 상황은 전혀 호전되지 않았다. 그녀는 터벅터벅 계속 걸어 다녔지만, 격앙과 초조는 그녀의 하반신에 깊이 파고들었고, 그녀는 그것을 뿌리칠 수가 없었다. 하루하루가 기묘한 고통과 함께 삐걱거리면서 흘러가는 것 같았다. 그러나 아무 일도 일어나지 않았다. 다만 점점 여위어 갔을 뿐이다. 가정부가 그것을 알아차리고 그녀의 몸에 대해 물을 정도였다. 토미 듀크스까지 그녀가 아무 데도 불편하지 않다고 말해도 그렇지 않다고 우겼다. 다만 코니는 유령 같은 하얀 묘석(墓石)을 두려워하게 되었다. 이탈리아산 카라라 대리석의 그 특수하고 불길한 하얀 색이, 티버셜 교회 아래쪽 언덕 중턱에 틀니처럼 혐오스럽게 서 있었는데, 대정원에서 불길할 정도로 똑똑히 보이는 것이었다. 언덕에서 보기에도 무서운 틀니 같은 묘석들이 숲을 이루고 있는 모습은, 그녀에게 소름끼치는 공포를 느끼게 했다. 자신도 그곳에 묻혀, 이 불쾌하기 짝이 없는 중부 지대의 묘석이나 기념비 밑에서 잠들어 있는, 전율할 정도로 무서운 수많은 주검 중의 하나가 될 날이 그리 머지않은 것 같은 느낌이 들었다.

그녀에게는 도움이 필요했다. 스스로도 그것을 알고 있었다. 그래서 언니 힐다에게 짤막한 크리 드 쾨르(마음의 부르짖음)를 썼다.

"요즈음 몸이 좋지 않아. 어쩐 일인지 모르겠어."

스코틀랜드에서 살고 있는 언니 힐다가 급히 달려왔다. 3월의 어느 날, 경쾌한 2인승 자동차를 몰고 혼자 찾아왔다. 경적을 울리면서 오르막길을 올라와, 커다란 야생 너도밤나무가 두 그루 서 있는 타원형 잔디밭을 빙 돌아 저택 앞 평지에 차를 댔다.

코니는 현관 앞 층계로 뛰어나갔다. 힐다는 차를 세우고 내려서서 동생에게 키스를 했다.

"코니! 도대체 무슨 일이니?"

"아무 일도 아니야!"

코니는 약간 부끄러운 듯이 말했다. 그러나 힐다에 비해 자신이 얼마나 많은 고통을 받아왔는지 한 눈에 알 수 있었다. 이 자매는 둘 다 황금빛이 감도는 혈색 좋은 살결과 부드러운 갈색 머리, 그리고 날 때부터 튼튼하고 싱싱한 몸매였다. 그러나 지금의 코니는 여위어서 흙빛이 되어, 스웨터에서 나와 있는 목은 힘줄이 튀어나오고 누르스름했다.

"아니야, 넌 어디가 아픈 거야, 코니!"

힐다는 숨 가쁜 목소리로 조용히 말했다. 그 점은 두 사람 다 목소리가 닮아 있었다. 힐다는 코니보다 두 살 위다.

"아니야, 아픈 건 아니야. 아마 지쳐서 그럴 거야."

코니는 약간 애처롭게 말했다.

힐다의 얼굴이 싸움에서의 횃불처럼 빛났다. 겉으로는 온화하고 조용하게 보이지만, 옛날 아마존의 여전사 같은 그녀는 남자에게 순종하는 고분고분한 성격은 아니었다.

"불쾌한 집이구나!"

그녀는 진심으로 혐오하는 것처럼, 잡동사니의 더미 같은, 낡고 빈약한 라그비 저택을 바라보면서 조용히 말했다. 그녀는 얼핏 보아 잘 익은 서양배처럼 부드럽고 따뜻하지만, 실은 정말 구식 여장부였다.

그녀는 조용히 클리포드의 방에 들어갔다. 그는 정말 용모가 단아한 여자라고 생각하면서, 한편으로 마음이 위축되는 것을 느꼈다. 그의 처가 사람들은 채털리 집안 같은 예의범절이나 에티켓이 없었다. 그는 아내의 가족을 오히려 아웃사이더로 생각하면서도, 그들이 오면 어떻게 다뤄야 할지 몰라 쩔쩔매는 것이었다.

옷차림을 단정하게 매만지고 휠체어에 앉아 있는 그는, 반지르르한 금발머리, 건강해 보이는 얼굴, 약간 튀어나온 밝고 푸른 눈, 수수께끼에 싸인 것 같지만 교양 있어 보이는 표정을 하고 있었다. 그러나 그 모습이 힐다에게는 불쾌하고 멍청하게 느껴졌다. 그는 상대방이 어떻게 나올 것인지 가만히 기다리고 있었다. 침착한 태도였으나, 힐다는 그가 어떤 태도를 보이든 개의치 않았다. 싸울 준비를 하고 온 그녀에게는, 그가 교황이나 황제라 해도 상관하지 않았을 것이다.

"코니가 몸이 몹시 좋지 않은 것 같군요."

힐다는 아름다운 잿빛의 노려보는 눈으로 그를 응시하면서 온화한 목소리로 말했다. 코니와 마찬가지로 그녀도 소녀처럼 무척 얌전해 보였다. 그러나 그 이면에 숨어있는 스코틀랜드인 특유의 바위 같은 완고함을 그는 잘 알고 있었다.

"예, 좀 야윈 것 같습니다."

"거기에 대해 당신은 아무 조치도 하지 않으셨어요?"

"뭔가 조치가 필요하다고 생각하십니까?"

그는 매우 은근하면서도 잉글랜드인답게 의연하게 말했다. 이 은근과 의연함은 종종 양립할 때가 있다.

힐다는 대답하지 않고 그저 노려보기만 했다. 코니와 마찬가지로 재치 있게 즉각 응수하는 것은 서툴렀다. 클리포드 편에서는 그녀가 여러 말을 하는 편이 차라리 마음 편했겠지만.

드디어 힐다가 입을 열었다.

"코니를 의사에게 데려 가겠어요. 이 근처에 추천할 만한 의사가 있을까요?"

"글쎄요, 잘 모르겠는데요."

"그렇다면 런던으로 데리고 가겠어요. 거기엔 믿을 만한 의사가 있으니까요."

클리포드는 화가 나서 속이 끓어올랐지만, 잠자코 있었다.

힐다는 장갑을 벗으면서 말했다.

"오늘 밤은 여기서 폐를 끼치고 내일 제 차에 태워서 런던에 데리고 가겠어요."

클리포드는 분노로 얼굴이 노래지더니, 저녁에는 흰자위까지 누렇게 보였다. 그의 분노가 간장에까지 도달한 것이다. 그러나 힐다는 여전히 조신하고 소녀처럼 얌전했다.

"당신의 시중은 간호사나 누구한테 부탁해야겠군요. 사실은 하인이 더 좋겠지만."

모두가 겉으로는 냉정하게 저녁 식후의 커피를 마시고 있을 때, 힐다가 말했다. 그 말투는 온화하고 겉으로는 정중했다. 그러나 클리포드는 몽둥이로 머리를 세게 얻어맞은 것 같았다.

"그렇게 생각하십니까?"

그는 차갑게 물었다.

"그럼요! 그렇게 해야 해요. 런던이나, 그렇지 않으면 아버지와 제가 코니를 몇 달 동안 다른 곳으로 데리고 가야겠어요. 이런 상태로는 오래 견디지 못할 것 같아요."

"뭘 못 견딘다는 겁니까?"

"저 아이의 얼굴을 보지 못했어요?"

힐다는 눈을 크게 뜨고, 놀랍다는 듯이 그를 응시하며 물었다. 그 순간, 그는 삶아놓은 거대한 왕새우처럼 보였다. 적어도 그녀는 그렇게 생각되었다.

"이 일은 코니와 의논해보지요."

"전 이미 코니와 의논했어요."

클리포드는 지금까지 지겨울 만큼 오랫동안 간호사의 보살핌을 받아 왔다. 그는 간호사가 싫었다. 왜냐하면 간호사들은 최소한의 사생활도 지켜주지 않기 때문이었다. 게다가 하인이라고……! 그는 남자가 자기 주변에 얼쩡거리고 다니는 것은 질색이었다. 차라리 아무 여자라도 여자가 낫다. 그런데 왜 코니는 안 된다는 것일까?

두 자매는 자동차로 출발했다. 어쩐지 부활절의 어린 양을 연상시키는 코니는, 핸들을 잡고 있는 힐다 옆에서 무척 작게 보였다. 멀컴 경은 집을 비우고 있었으나 켄징턴 집은 닫혀 있지 않았다.

의사는 코니를 세심하게 진찰하고 그녀의 생활 전반에 대해 물었다.

"당신과 클리포드 경의 사진을 신문에서 몇 번 보았습니다. 꽤 명성이 자자하더군요. 당신들처럼 얌전한 소녀들도 성장하면 그렇게 되기 마련이지요. 하기는 당신은 지금도 여전히 얌전한 소녀이군요. 그런 신문에 실리는 명사가 되었어도 말입니다. 네, 신체적으로 나쁜 데는 아무 데도 없습니다. 하지만 그것으로 충분하다고는 할 수 없어요. 그것만으로는 안 돼요! 당신을 런던이나 외국으로 데리고 가서 기분 전환을 시켜줘야 한다고 클리포드 경에게 말해 주세요. 당신에게는 반드시 기분 전환이 필요합니다. 기력이 매우 떨어져 있어요. 남아 있는 힘이 조금도 없다는 얘깁니다, 남아있는 힘이. 이미 심장 부근의 신경이 약간 이상해져 있어요. 아, 물론 신경만 그렇다는 얘깁니다만. 칸이나 비스케이 만의 비아리츠 같은 곳이면 한 달이면 좋아질 겁니다. 하지만 지금과 같은 상태가 계속되면 안 되겠는데요. 정말이지 이대로 두면 어떤 결과가 될지 보장할 수 없습니다. 당신은 새로운 생명력을 보충하지는 않고 그저 소모만하고 있어요. 기분전환을 하지 않으면 안 됩니다. 적당하고 건전한 즐거움을 가져야 해요. 당신은 기력을 사용하기만 하지, 만드는 것은 전혀 하지 않는군요. 그래선 오래 버티지 못해요. 우울증! 우울증을 피해야 합니다."

힐다가 턱을 긴장시켰다. 그것은 무언가를 의미했다.

그들이 런던에 와있다는 소식을 듣고 마이클리스가 장미꽃을 들고 달려

왔다.

그가 소리쳤다.

"아니, 도대체 어디가 나쁜 겁니까? 예전의 모습이 없어요. 완전히 변해버리고 말았군요. 어째서 내게 알려주지 않았습니까? 나와 함께 니스로 갑시다! 시실리 섬에라도 갑시다! 자, 나를 따라 시실리로 가요! 그곳은 마침 지금이 가장 멋질 땝니다. 당신에게는 햇빛이 부족해요! 생명력이 모자라요! 그래서 점점 쇠약해지고 있는 겁니다. 나와 함께 갑시다! 아프리카로! 그 지긋지긋한 클리포드 경 따위는 돌아보지 말고 나를 따라 가는 겁니다! 그와 이혼하면 당장이라도 당신과 결혼하겠소! 함께 가서 살아봅시다! 부탁이오! 그 라그비 저택이라는 곳에 있으면 누구든지 다 죽고 말 거요! 끔찍한 집, 추악한 집이오! 그런 집에서는 누구라도 죽고 말 거요! 태양이 비치는 곳으로 나와 함께 갑시다! 당신에게 필요한 것은 햇빛과 약간의 정상적인 생활이니까!"

그러나 클리포드를 그 집에 버려둘 것을 생각하자, 코니의 마음은 조금도 움직이지 않았다. 그렇게 할 수는 없었다. 안 돼…… 안 돼! 그렇게 할 수는 없는 일이었다. 그녀는 라그비 저택으로 돌아가야 했다.

마이클리스는 지치고 말았다. 힐다는 그를 좋아하지 않았지만 클리포드에 비하면 그래도 나은 편이었다. 자매는 중부 지방으로 되돌아갔다.

힐다는 클리포드와 얘기했다. 그들이 돌아왔을 때, 그의 눈동자는 여전히 노란색이었다. 그도 나름대로 극도로 긴장해 있었던 것이다. 그러나 그는 힐다가 하는 말, 의사가 한 말, 물론 마이클리스가 한 말은 빼놓고, 모든 말을 듣지 않으면 안 될 입장이 되었지만, 그 최후통첩을 듣고 있는 동안 내내 앉은 채 한 마디도 하지 않았다.

"여기 주소가 적혀 있는데, 유능한 하인이라는군요. 그 의사가 맡은 환자를 돌보고 있었는데 한 달 전에 죽었답니다. 정말 좋은 사람이래요. 틀림없이 와 줄 거예요."

"하지만 난 환자가 아니니 하인 같은 건 필요 없습니다."

가련한 클리포드가 말했다.

"그리고 이건 간호사 두 사람의 주소예요. 한 사람을 만나 봤는데, 상당히 능력이 있어 보이더군요. 50살가량 된 여자인데 얌전하고 건강하고 친절할 뿐 아니라 나름대로 교양도 있고."

클리포드는 얼굴을 찌푸리고 있을 뿐 대답하지 않았다.

"알겠어요, 클리포드. 만약 내일까지 결정해주지 않으면 아버지께 전보를 쳐서 둘이서 코니를 데려가겠어요."

"코니가 가겠답니까?"

클리포드가 물었다.

"가고 싶지는 않지만 갈 수밖에 없다는 것은 자기도 알고 있어요. 저희 어머니도 너무 속을 태우며 사시다가 결국 암에 걸려 돌아가셨어요. 너무 위태로운 짓은 시키고 싶지 않아요."

그리하여 이튿날, 클리포드는 티버셜의 교구 간호사인 볼턴 부인에 대한 얘기를 꺼냈다. 틀림없이 가정부인 베츠 부인의 생각인 듯했다. 볼턴 부인은 마침 교구 간호사를 그만두고 앞으로 개인적으로 간호사 일을 시작하려던 참이었다. 클리포드는 생판 모르는 사람에게 자신을 맡기는 것에 묘한 두려움을 품고 있었다. 그러나 이 볼턴 부인은 옛날에 그가 성홍열에 걸렸을 때 간호해준 일이 있어서 안면이 있었다.

자매는 즉시, 티버셜에서는 완전히 상류 주택가에 있는 아직 새집의 느낌이 나는 볼턴 부인의 집을 찾아갔다. 나타난 것은 간호사 옷차림에 하얀 칼라와 앞치마를 두른, 마흔 남짓 되어 보이는 비교적 이목구비가 단정한 부인이었다. 물건들로 꽉 찬 좁은 거실에서 차를 끓이고 있던 참이었다.

볼턴 부인은 매우 정중하고 예의 바르며, 정말 멋진 여자로 보였다. 말씨에는 지방사투리가 조금 섞여 있어서 명확하지 않은 데가 있었지만, 정중하고 정확한 영어를 구사하고 있었다. 지금까지 오랫동안 병든 광부를 돌봐왔기 때문인지 자신을 상당히 높이 평가하고, 자만하는 데가 있었다. 요컨대 극히 사소한 일이지만, 그녀 나름대로 마을 지배층의 한 사람으로 존경받고 있는 여성이었다.

"네, 채털리 부인께서는 정말 안색이 좋지 않으시군요. 예전에는 무척 건강해 보였는데. 겨울 동안 점점 건강이 나빠지신 모양이군요. 정말 큰일이에요. 가엾은 클리포드 경! 모두가 그 전쟁 때문이에요. 그렇지 않아요? 전쟁에 큰 책임이 있어요!"

이리하여 볼턴 부인은 셰들로 박사의 허락이 나는 대로 곧장 라그비 저택으로 오기로 되었다. 사실은 앞으로 두 주일 더 교구에서 일해야 하지만, 아마 대신할 사람을 구할 수 있을 것이다.

힐다는 당장 셰들로 박사를 만나러 갔다. 그리고 다음 일요일, 볼턴 부인은 큰 가방 두 개와 함께 리버의 마차를 타고 라그비 저택에 왔다. 힐다는 그녀와 여러 번 얘기를 나눴는데, 그때마다 볼턴 부인은 기꺼이 응해주었다. 그녀는 무척 생기가 있고 젊었다. 약간 창백한 뺨에 열정으로 발그레한 홍조가 떠오를 때는 마흔일곱이라는 나이가 믿기지 않을 정도였다.

그녀의 남편 테드 볼턴은 22년 전 크리스마스 시즌에 탄광에서 사고로 죽고 그녀에게는 두 아이가 남겨졌는데, 그 중 한 아이는 아직 젖먹이였다. 그 젖먹이 이디스는 지금 셰필드의 부츠 캐시 약국에서 일하는 젊은이의 아내가 되어 있었다. 또 한 딸은 체스터필드에서 교사로 지내고 있는데, 데이트가 없는 주말에는 집으로 돌아왔다. 요즘 젊은이들은 어머니 아이비 볼턴이 젊었을 때와는 달리 인생을 마음껏 즐기고 있다.

테드 볼턴이 탄광이 폭발하여 죽었을 때, 그의 나이 스물여덟이었다. 앞쪽에 있던 감독이 모두에게 "엎드려!" 하고 소리쳤다. 거기에는 네 사람의 광부가 있었다. 모두 재빨리 엎드려 무사했지만, 테드는 미처 엎드리지 못하고 죽고 말았다. 그 뒤 조사에서, 테드는 공포에 사로잡힌 나머지 달아나려 했고, 명령에 따르지 않았으니 그의 과실이라는 것이 고용자 측의 주장이었다. 그래서 보상금은 겨우 300파운드밖에 받지 못했는데, 고용자 측은 사실은 본인의 과실로 죽은 것이니, 그것은 법정보상금이라기보다 특별히 주는 조위금인 것처럼 암시했다. 게다가 그 돈을 한꺼번에 준 것도 아니었다. 그녀는 조그마한 가게라도 차리고 싶었으나, 회사에서는 틀림없이 그녀가 술을 마시거나 해서 돈을 모조리 써 버릴 것이라며 그녀에게 매주 30실링씩 주었다. 그녀는 월요일 아침마다 사무실로 찾아가서 두 시간 동안 자기 차례가 오기를 기다리며 서 있어야 했다. 그렇게 거의 4년이나 월요일마다 갔다. 게다가 어린아이 둘을 거느린 그녀가 무엇을 할 수 있었을까?

그러나 그녀의 시어머니가 무척 잘해 주었다. 갓난아이가 아장아장 걷기 시작하자 낮 동안 두 아이를 돌봐주었다. 그 사이 아이비 볼턴은 셰필드까지 가서 야전병원의 강습을 받고, 4년째 되던 해 간호사 과정까지 마치고 자격증을 땄다. 그녀는 자립하여 아이를 키우기로 결심했다. 그래서 잠시 동안 보잘것없는 일자리였지만, 유스웨이트 병원에서 조수 일을 했다. 그러나 티버셜 탄광

회사가—사실상은 제프리 경이—그녀가 자립하여 살아갈 수 있다는 걸 알고 특별히 친절을 베풀어, 교구 간호사 자리를 주어 도와준 것이라고, 그녀는 회사를 변호하여 그렇게 말했다. 그 뒤 줄곧 거기서 일해 왔는데, 요즈음은 일이 좀 고된 것 같아 좀더 편한 일을 바라고 있었다. 하기는 교구 간호사는 늘 여기저기 돌아다녀야 할 일이 많아서 무척 힘들었다.

"네, 회사에서 저에게 참 고맙게 해주셨지요, 늘 하는 말이지만. 하지만 회사 사람들이 테드에 대해 말한 것만은 잊을 수가 없어요. 테드는 탄광 엘리베이터를 탄 누구보다 성실하고 대담한 사람이었으니까요. 그런데 회사의 주장은 남편에게 겁쟁이라는 낙인을 찍은 거나 다름없어요. 하지만 그 사람은 거기서 죽어버렸고, 회사 사람 누구에게도 뭐라고 하소연할 수가 없었어요."

그녀가 얘기하면서 보여준 것은 기묘한 희비가 뒤섞인 감정이었다. 그녀는 광부들을 좋아했다. 그래서 오랫동안 그들을 간병해 온 것이다. 그러나 그녀는 그들에 대한 우월감이 무척 강했다. 자신을 거의 상류 계급으로 생각하고 있었다. 그와 동시에 지배 계급에 대한 분노가 마음속에 쌓여 있었다. 고용자들! 고용자와 피고용자 사이의 분쟁에서는 언제나 피고용자 편이었다. 그러나 그런 분쟁이 없을 때는, 자기가 어엿한 상류계급의 한 사람이 되는 것을 동경했다. 상류 계급은 우월을 구하는 그녀의 특이한, 잉글랜드적인 열정을 자극하며 그녀의 마음을 유혹했다. 그녀는 라그비 저택에 오게 되어 가슴이 짜릿할 정도로 흥분했다. 채털리 부인과 이야기할 때는 전율마저 느꼈다.

'비천한 광부의 아내들과는 정말 하늘과 땅 차이야!'

그녀는 몇 번이나 그렇게 생각했다. 그러나 채털리 집안에 대한 원망, 고용자에 대한 원망이 그녀의 마음에 나타나는 것을 알 수 있었다.

"네, 그렇고말고요. 채털리 마님은 그러시다가 완전히 쇠약해지고 말거예요. 언니께서 보살펴주러 와 계시니 참 다행이에요. 남자들은 신분이 높은 사람이든 낮은 사람이든, 여자가 남자의 시중을 드는 것을 당연하게 여기고 있다는 것을 생각하지 못해요. 전 그 점에 대해 광부들에게도 늘 충고해준답니다. 하지만 클리포드 경에게는 무척이나 힘든 일일 거예요. 저렇게 장애인이 되셨으니. 이 댁 분들은 대대로 자존심이 높으신 분들이어서, 약간 가까이 다가가기 어려운 데가 있었죠. 하기는 그게 당연한 일이지만. 그런데 저렇게 되셨으니! 게다가 채털리 부인에게는 괴로운 일이지요. 아마 부인 쪽이 더 괴로우실지도 몰라요. 얼마나 슬프시겠어요? 전 테드와 단 3년밖에 함께 살지 못했어요. 하지만 정말로, 그 사람하고 함께 있었던 동안은 결코 잊을 수 없을 거예요. 그 사람은 천 명 중에 한 명 있을까 말까한 대단한 사람이었어요. 게다가 햇빛처럼 밝고 쾌활했죠. 그런 사람이 사고로 죽어버릴 줄 누가 생각이나 했겠어요? 지금도 믿어지지가 않아요. 제 손으로 그 사람의 죽은 몸을 씻어준 건 틀림없지만, 도무지 믿어지지가 않는답니다. 내게 있어서 그이는 결코 죽은 사람이 아니에요, 결코. 난 그것을 절대로 믿을 수가 없어요."

그녀의 말은 라그비 저택에서는 새로운 발언이었고, 코니에게는 매우 신기하게 들리는 말이었다. 그녀는 몹시 흥미를 느끼기 시작했다.

볼턴 부인은 처음 일주일가량, 라그비 저택에서 매우 조용하게 지냈다. 여태까지의 자신만만한 우월감은 자취를 감추고 약간 신경질적이 되었다. 클리포드에게는 수줍어하며, 거의 무서워하는 것처럼 제대로 말도 하지 못했다. 그에게는 그것이 오히려 마음에 들었다. 그는 곧 침착을 되찾고 볼턴 부인의 존재를 무시하면서 여러 가지 시중을 들게 했다.

"하찮은 여자지만, 쓸 만하더군."

클리포드가 그렇게 말했을 때, 코니는 깜짝 놀라 눈을 크게 떴지만 반박하지는 않았다. 같은 사람에 대해 두 사람이 받은 인상은 완전히 달랐던 것이다.

얼마 뒤 그는 이 간호사에 대해 매우 위엄있고 약간 거만한 태도를 취했다. 간호사는 오히려 그것을 예상하고 있었지만, 그는 무의식중에 그녀를 귀찮게 했다. 정말로 인간이란 남들이 예상하는 일을 곧잘 하고 싶어 하는 법이다! 광부들은 그녀가 붕대를 감아주거나 간호해주는 동안, 마치 어린아이처럼 그녀에게 말을 걸며 고통을 호소하곤 했다. 그러면 그녀는 자신이 매우 위대하고 심지어 초인적으로까지 느껴지는 것이었다. 그런데 클리포드 앞에서는 그녀는 자신이 하녀처럼 보잘것없이 느껴졌다. 그녀는 말없이 그것을 받아들이며 상류사회라는 것에 적응하려고 했다.

그녀는 예쁘고 갸름한 얼굴로 눈을 내리깔고, 말없이 그의 시중을 들었다. 그리고 매우 겸손한 말투로 이렇게 할까요, 저렇게 할까요 하고 묻는 것이었다.

"아니야, 아직 괜찮아, 나중에 하지."

"알겠습니다, 클리포드 나리."

"30분 뒤에 다시 와줘."

"알겠습니다, 클리포드 나리."

"나가는 길에 거기 있는 헌 신문은 가져가지."

"알겠습니다, 클리포드 나리."

그녀는 조용히 나갔다가 30분이 지나면 다시 조용히 들어온다. 가혹하게 혹사당하고 있었지만, 마음에 두지 않았다. 지금은 상류 사회를 체험하고 있는 중이다. 그녀는 클리포드를 원망하지도 혐오하지도 않았다. 그는 하나의 현상, 그녀에게는 미지의 것이지만 지금 배워가고 있는 상류 계급의 현상의 일부에 지나지 않았다. 그녀는 채털리 부인과 함께 있으면 마음이 편안해졌다. 결국 가장 중요한 관계에 있는 것은 한 집안의 안주인이었다. 볼턴 부인은 밤에 클리포드를 침대에 눕히고, 그의 방과 복도를 사이에 둔 방에서 거처하며, 한밤중에도 초인종이 울리면 건너갔다. 아침에 일어나면 그의 시중을 들며, 여자답게 상냥한 태도로 수염 깎아 주는 일부터 시작해서 일상생활을 눈치 빠르게 도와주며 흠잡을 데 없이 임무를 해냈다. 정말 솜씨가 좋고 유능했다. 얼마 지나지 않아 그녀는 자신의 뜻대로 그를 다루는 요령을 터득했다. 그의 턱에 비누거품을 칠하고 수염을 가만히 쓰다듬어 주었다. 그도 어차피 광부들과 다를 바가 없는 것이다. 그의 냉담함이나, 솔직함이 부족한 것은 그리 마음에 두지 않았다. 무엇보다 그녀는 새로운 경험을 하고 있는 중인 것이다.

그렇지만 클리포드는 코니가 자기를 돌보는 것을 그만두고 남에게 맡겨버린 것을 결코 용서하지 않았다. 그것은 부부 사이의 친밀함이라는 진실한 꽃을 시들게 하는 일이라고 생각했다. 그러나 코니는 마음 쓰지 않았다. 두 사람의 친밀함이라는 멋진 꽃은, 그녀의 눈에는 오히려 난초처럼, 그녀의 생명이라는 나무에 기생하며 초라한 꽃을 피우는 뿌리식물에 불과했다.

그녀는 이제 자기만의 시간이 많아졌으므로 위층의 자기 방에서 조용히 피아노를 치며 노래를 부를 수 있었다.

"쐐기풀을 건드리지 마라. 사랑의 굴레 풀기 어려우니"

그녀가 이 사랑의 굴레라는 것이 얼마나 풀기 어려운 것인가를 깨달은 것은 최근의 일이었다. 그러나 다행히도 그녀는 용케 그것을 풀어버렸다. 그녀는 혼자 있을 수 있게 된 것이 그에게 줄곧 이야기를 걸지 않아도 되게 된 것이 무척 기뻤다. 그는 혼자 있을 때는 잠시도 쉬지 않고 타자기를 두드렸다. 끝도 없이. 그러나 그가 일을 하지 않고 그녀가 옆에 있을 때는 끊임없이 얘기했다. 인간과 동기, 결과와 개성을 한없이 분석하는 것이다. 그런 얘기를 듣는 것은, 몇 년 동안은 좋았지만 이젠 싫증이 나서 더 이상 참을 수가 없었다. 그러므로 그녀는 혼자 있는 것이 좋았다.

그것은 마치 그와 그녀의 마음에 의식의 무수한 작은 뿌리들이 서로 뒤엉켜 자라나서, 더 이상 함께 있을 수 없는 하나의 헝클어진 덩어리가 되어 시들어 가는 상태였다. 지금 그녀는 그와 자신의 뒤엉킨 의식을 조용히 그리고 세심하게 한 오라기씩 천천히 풀어헤치고 있었다. 그러나 그런 사랑의 굴레는 다른 대부분의 굴레보다 더 풀기가 어려웠다. 그래도 볼턴 부인이 와준 것은 크게 도움이 되었다.

그는 아직도 예전처럼 코니와 다정하게 얘기를 나누고, 그녀가 책을 읽어주는 저녁을 기다리고 있었다. 그러나 이제 그녀는 10시에 볼턴 부인이 그 방에 들어오도록 정할 수 있었다. 10시가 되면 코니는 자기 방에 올라가 혼자 있을 수 있었다. 클리포드의 취침 시중은 볼턴 부인이 알아서 잘 해주었다.

볼턴 부인은 베츠 부인과 마음이 잘 맞아서 가정부 방에서 함께 식사를 했다. 그런데 묘하게도 고용인들의 방이 훨씬 더 가까워진 것처럼 느껴지는 것이었다. 전에는 무척 멀리 떨어져 있었는데, 지금은 클리포드의 서재 바로 옆에 있었다. 베츠 부인은 자주 볼턴 부인의 방에 앉아 있었는데, 코니는 클리포드와 둘이 있을 때 그녀들의 나직한 얘기소리가 들려오면, 노동자의 힘찬 목소리가 어쩐지 거실에까지 들어오는 것처럼 느껴졌기 때문이었다. 볼턴 부인이 온 것만으로도, 라그비 저택은 이렇게 변해버린 것이다.

이리하여 코니는 해방되어 다른 세상에 있는 느낌이었고, 숨결조차 달라진 느낌이었다. 그러나 여전히 자신의 뿌리가, 어쩌면 생명에 관계되는 뿌리가, 클리포드의 그것과 얼마나 얽혀 있는 것인지 두려웠다. 그러나 그래도 그녀는 훨씬 편하게 숨쉴 수 있게 되었고, 그녀의 인생에 새로운 국면이 시작되려 하고 있었다.

8

볼턴 부인은 코니에게도 여성다운 배려와 직업적인 보호본능에서 언제나 그녀를 소중하게 보호해 주었다. 늘 코니에게 산책할 것과 유스웨이트로 드라이브라도 하며 바람을 쐴 것을 열심히 권했다. 코니는 책을 읽거나 바느질을 한다고 하며 힘없는 모습으로 난롯가에 가만히 앉아, 거의 외출을 하지 않는 습관이 붙어있었다.

힐다가 돌아간 뒤, 바람이 심하게 불던 어느 날, 볼턴 부인이 말했다.

"이젠 산지기 오두막 뒤편에 있는 나팔꽃을 보러 숲으로 산책이라도 하시는 게 어떠세요? 그날로 다녀올 수 있는 곳 중에서는 가장 아름다운 경치를 볼 수 있는 곳이랍니다. 야생 나팔꽃을 방에 갖다 꽂아두시면 기분도 훨씬 나아질 거예요."

나팔수선화를 나팔이라고 불렀지만, 코니는 흔쾌히 그 충고를 받아들였다. 야생 나팔수선화!! 어차피 자업자득이라고 자신을 책망하며 고개를 늘어뜨리고 있어봐도 별 수 없었다. 벌써 봄이었다……

"계절은 돌아와도 나에게 새벽은 돌아오지 않고, 상쾌한 아침저녁도 없도다."*11

그리고 그 산지기—눈에 띄지 않는 꽃 속에 홀로 서있는 암꽃술 같은 그의 여윈 새하얀 몸! 그녀는 뭐라 형언할 수 없는 우울에 빠져 있느라 그에 대해서는 잊어버리고 있었다. 그러나 지금 무언가가 눈을 떴다……"현관과 정문 저 너머는 어슴푸레하고"*12……지금 해야 할 일은 현관과 정문을 열고 나가는 것이었다.

그녀는 전보다 건강해져서 좀더 잘 걸을 수 있었다. 게다가 숲 속에는 바람 결도 부드러워 대정원을 가로지를 때처럼 피곤하지 않을 것이었다. 그녀는 잊고 싶었다. 세상을, 저 끔찍한 썩은 육체의 사람들을 모두 잊고 싶었다.

"그대들은 다시 태어나야 한다. 나는 육체의 부활을 믿는다! 한 알의 밀알이 땅에 떨어져 썩지 아니하면 결코 싹트지 않으리! 크로커스가 싹틀 때, 나 또한 나와서 태양을 우러르리라!"(요한복음)

3월의 바람 속을 걸어가는 그녀의 의식 속에 여러 가지 말들이 쉴 새 없이 스치고 지나갔다.

햇살을 품은 작은 돌풍이 이상하게 밝게 불어치자, 숲가 개암나무 가지 밑의 애기똥풀이 그 햇살을 받아 밝은 노란색으로 반짝반짝 빛났다. 숲은 뭐라

*11 밀턴의 《실락원》에서.
*12 찰스 스윈번의 시 〈로마신화의 명계의 여왕 프로세르피나 동산〉에서.

말할 수 없이 고요하지만, 그래도 여전히 태양이 하늘을 지나감에 따라 돌풍이 춤을 추었다.

맨 처음 아네모네가 꽃을 피우자, 숲 전체가 수없이 피어 있는 작은 아네모네 꽃으로 창백하게 빛나고, 바람에 흔들려 여기저기 꽃받침이 떨어져 있었다. "세상은 그대의 숨결 때문에 창백해지다."*13

그러나 이런 경우 그것은 그리스 신화의 명계의 여왕 페르세포네*14의 숨결이다. 페르세포네가 어느 추운 날 아침 지옥에서 탈출했다. 차가운 미풍이 불고 머리 위에서는 작은 가지 사이에 걸려 뒤엉킨 바람이 분노의 신음소리를 내고 있었다. 그 바람 또한 이스라엘왕인 아버지를 배신하여 죽음을 당한 압살롬처럼 붙잡혀서 달아나려고 몸부림치고 있는 것이다(그는 달아나다가 긴 머리카락이 나뭇가지에 걸리는 바람에 붙잡혀 살해됐다). 초록색 페티코트 위에서 하얀 어깨를 드러내고 움찔움찔 흔들리고 있는 모습이 얼마나 추워 보이는지! 그래도 아네모네는 견디고 있었다. 길가에 몇 송이 일찍 피어있는 창백하고 작은 앵초도, 이제 막 벌어지기 시작한 노란 꽃망울도 모두 참고 견디고 있었다.

바람이 신음소리를 내고 나무들이 흔들리는 것은 머리 위뿐, 다만 차가운 기류가 내려오고 있다. 코니는 숲 속에서 이상하게 흥분을 느꼈다. 뺨은 홍조를 띠고 눈은 파랗게 불타고 있었다. 터벅터벅 걸으면서 앵초와 일찍 핀 제비꽃을 몇 송이 꺾었다. 달콤하고 싸늘한 향기가 났다. 달콤하고 싸늘한 향기. 그녀는 자신이 어디에 있는지도 모르는 채 발길 닿는 대로 나아갔다.

드디어 숲가에 있는 빈터까지 오자, 녹색으로 변한 돌집이 보였다. 쏟아지는 햇살을 받아 따뜻해진 돌벽은 버섯 뒷면의 살처럼 장밋빛으로 보였다. 현관문 옆에는 노란 재스민 꽃이 반짝반짝 빛나고 있었다. 문은 닫혀 있었다. 아무 소리도 들리지 않았다. 굴뚝에서 연기도 나지 않고 개 짖는 소리도 들리지 않았다.

가만히 뒤꼍으로 돌아가니, 그곳은 비탈로 되어있었다. 오늘 그녀에게는 나팔수선화를 보러 왔다는 구실이 있었다.

나팔수선화는 정말 그곳에 있었다. 줄기가 짧은 꽃이 사락사락 소리를 내며 떨고 있는데 무척 밝고 싱싱했다. 그러나 얼굴을 숨길 곳이 아무데도 없어서

---

*13 스윈번의 시에서.

*14 지옥의 여왕.

바람으로부터 고개를 돌리고 있는 것처럼 보였다.

나팔수선화는 줄곧 괴로워하면서도, 밝게 빛을 받고 있는 꽃잎을 작은 깃발처럼 흔들어 대고 있었다. 그러나 사실은 그렇게 하는 것을 정말 좋아하는 건지도 모른다. 아마 정말로 흔드는 것을 좋아하고 있는 것이리라.

콘스탄스는 어린 소나무에 등을 기대고 앉았다. 어린 소나무는 그녀의 등이 닿자 흔들리며 기울어졌다가, 탄력 있는 묘하고 강한 생명력으로 다시 일어섰다. 나무꼭대기에 햇살이 닿고 있는, 직립한 생명. 그녀는 자신의 손과 무릎에 따뜻하게 닿은 햇살이 곧장 나팔수선화에 쏟아져 내려, 나팔수선화가 금빛으로 변하는 것을 가만히 바라보았다. 그러자 꽃에서 타르 같은 냄새가 희미하게 느껴졌다. 혼자 조용히 앉아 있으니, 자신만의 고유한 운명의 흐름 속에 있는 것처럼 생각됐다. 그녀는 계선장(繫船場)의 보트처럼 줄곧 밧줄로 매어져, 이리저리 흔들리거나 부딪치고 있었다. 하지만 지금 그녀는 거기서 해방되어 떠다니고 있다.

햇빛은 냉기에 굴복했다. 나팔수선화는 그늘에 잠겨 조용히 고개를 숙였다. 낮에도, 길고 추운 밤에도, 고개를 숙이고 있는 연약한 나팔수선화는, 그러나 이렇게도 강인한 것이다!

그녀는 일어섰다. 몸이 약간 굳어 있었다. 나팔수선화를 몇 송이 꺾어 들고 그곳을 떠났다. 꽃을 꺾는 것을 좋아하지는 않지만 한두 송이 정도는 가져가고 싶었다. 그녀는 라그비 저택과 그 벽이 있는 곳으로 돌아가야 한다. 이제 그녀는 그곳이 싫었다. 특히 그 두꺼운 벽이. 벽, 언제나 벽이 있었다! 그러나 이 바람 속에서는 그런 벽도 필요한 것이리라.

집에 돌아오자 클리포드가 물었다.

"어디 갔다 왔소?"

"잠시 숲 저편으로 산책하고 왔어요. 보세요, 이 작은 나팔수선화, 예쁘죠? 이런 것이 흙 속에서 솟아나다니!"

"그리고 공기와 햇빛에서 나오는 것이기도 하지."

그가 말했다.

"하지만 흙 속에서 만들어지는 거잖아요?"

그녀는 얼른 응수했다. 그리고 그 즉각적인 반박에 스스로도 약간 놀랐다.

이튿날 오후, 그녀는 또 숲으로 갔다. 낙엽송 숲을 지나 구부러지고 올라가면서, 구불구불한 넓은 기마도로를 따라 존의 우물이라고 불리는 샘까지 갔다. 그 산중턱은 추웠다. 어둡게 그늘진 낙엽송 숲에는 꽃 한 송이 피어 있지 않았다. 그러나 얼음처럼 차가운 그 작은 샘은, 붉은빛이 감도는 하얗고 깨끗한 자갈이 깔린 조그마한 바닥에서 조용히 솟아나고 있었다. 어쩌면 이렇게도 차갑고 맑은 것일까! 보석처럼 반짝반짝 빛나고 있다! 새로 온 산지기가 자갈을 다시 깔아놓은 게 분명했다. 조금씩 넘치는 물이 졸졸 흘러나와 내려감에 따라, 방울 같은 물소리가 희미하게 들렸다. 잎은 떨어지고 뻣뻣한 털을 곤두세우고 있는 듯한 낙엽송 숲이 비탈에 잔인한 검은 그림자를 드리우면서 휘익, 휘익 하고 반향음을 내고 있는 것도 아랑곳하지 않고, 작은 방울 소리 같은 물소리가 초로롱초로롱 하고 들리는 것이었다.

그곳은 약간 험준하고 춥고 습기가 많았다. 그래도 그 샘은 몇 백 년 동안 물을 마시는 곳이었을 것이다. 그러나 지금은 그렇지 않다. 그 좁은 빈터에는 잡초가 우거져 있어 춥고 음산하다.

그녀는 일어서서 천천히 집 쪽으로 걷기 시작했다. 그러다가 오른쪽 저 너머에서 무언가를 때리는 듯한 소리가 희미하게 들려와, 걸음을 멈추고 가만히 귀를 기울였다. 망치 소리일까? 아니면 딱따구리 소리일까? 분명히 그것은 망치 소리였다.

그녀는 귀를 기울이면서 계속 걸어갔다. 그러자 어린 전나무 숲 사이로 나 있는 좁은 오솔길이 눈에 들어왔다. 끝이 막혀 있을 것 같은 길이었지만 지금까지 줄곧 사용되고 있다는 느낌이었다. 모험을 하는 기분으로, 그 길을 따라 무성한 어린 전나무 사이를 헤치고 나아가자, 곧 오래된 떡갈나무 숲으로 변했다. 오솔길을 더듬어 가는 동안, 바람 부는 숲의 호젓함 속에서 망치 소리가 한층 더 가까워졌다. 나무들은 바람 소리를 내면서도 조용함을 자아낸다.

사람들 눈에 띄지 않는 작은 빈터, 게다가 사람들 눈에 띄지 않는 작고 허름한 통나무오두막이 보였다. 아무리 그래도 지금까지 이곳에 한 번도 온 적이 없었다니! 그녀는 그곳이 새끼 꿩을 인공 사육하는 조용한 장소라는 것을 알았다. 산지기가 셔츠 바람으로 무릎을 꿇은 채 망치질을 하고 있었다. 지난번의 그 개가 짧고 날카로운 소리로 짖으면서 달려왔다. 그러자 산지기는 갑자기 고개를 들고 그녀를 보았다. 몹시 놀란 표정이었다.

그는 불쑥 일어나 고개를 숙여 보인 뒤, 그녀가 위태로운 걸음으로 다가오는 것을 말없이 지켜보았다. 그는 코니의 침입에 화가 나 있었다. 그는 자기에게 주어진 고독을, 그의 생활에 주어진 단 하나의 마지막 자유로서 소중히 간직하고 있었던 것이다.

"망치 소리, 무슨 일인가 하고 궁금해서요."

그녀는 힘이 빠지고 숨이 가쁜 것을 느끼면서 말했다. 그가 자기를 정면으로 응시하고 있어서 약간 두려운 기분이었다.

"새끼 꿩을 넣을 둥지를 만드는 중입니다."

그는 사투리를 그대로 드러내며 말했다.

그녀는 뭐라고 말해야 좋을지 몰랐다. 그리고 기운이 빠지는 것을 느꼈다.

"잠시 앉아 있고 싶은데요."

"오두막 안에 들어가 앉으시죠."

그는 그녀 앞을 지나 오두막에 가서, 목재와 잡동사니를 헤치고 개암나무로 대충 만든 의자를 꺼냈다.

"불을 좀 피워 드릴까요?"

그는 사투리가 가진 기묘한 소박함을 풍기면서 물었다.

"아, 아니에요. 그러실 필요 없어요."

그는 코니의 손을 보았다. 손이 새파랬다. 그는 재빨리, 한쪽 구석에 있는 작은 벽돌 난로에 낙엽송 나뭇가지를 날랐다. 잠시 뒤에는 노란 불꽃이 굴뚝을 타고 올라가고 있었다. 그는 벽돌이 깔린 난롯가에 자리를 만들었다.

"그럼, 잠시 앉아서 몸을 녹이십시오."

코니는 그가 시키는 대로 했다. 그에게는 코니를 순순히 복종하게 하는, 그 신비한 보호자의 권위 같은 것이 있었다. 그래서 코니는 앉아서 불에 손을 쬐며 장작을 넣었다. 그는 밖으로 나가서 다시 망치질을 하고 있었다. 코니는 사실은 구석의 불 옆에 마냥 앉아있고 싶지는 않았다. 문에서 구경하고 싶었지만, 어차피 폐를 끼쳤기 때문에 하라는 대로 따를 수밖에 없었다.

오두막은 참으로 편안했다. 니스를 칠하지 않은 전나무 판자를 벽에 붙이고, 그녀가 앉아 있는 의자 옆에 작고 소박한 테이블과 둥근 의자, 그리고 목수용 작업대, 커다란 상자, 갖가지 연장, 새 널빤지와 못이 있었다. 벽의 못에도 연장들이 걸려 있었다. 도끼, 자귀, 덫, 물건이 들어 있는 자루, 웃옷. 창문은 없고 열려있는 문으로 빛이 들어왔다. 잡동사니로 가득 차 있기는 하지만 일종의 도피처였다.

그녀는 사내가 망치를 탕탕 내려치는 소리에 귀를 기울였다. 그다지 즐거운 소리는 아니었다. 그는 마음에 부담감을 느끼고 있었다. 지금 이곳에 자신만의 은밀한 생활을 침범한 사람이 있는 것이다. 더욱이 위험한 인간, 여자였다! 그에게는 이제 혼자 있는 것이, 이 세상에서의 유일한 소망이 되어있었다. 그렇지만 그에게는 자신의 프라이버시를 지킬 만한 힘이 없었다. 요컨대 그는 고용된 사람이고, 지금 그의 생활을 침범한 사람은 다름 아닌 그의 고용주인 것이다.

그는 특히 여자와는 두 번 다시 관계를 맺고 싶지 않았다. 그는 두려웠다. 그것은 예전에 여자와의 관계에서 깊은 상처를 받았기 때문이었다. 만약 혼자 있을 수 없고 남의 간섭을 받아야 한다면 차라리 죽는 편이 나을 거라는 생각까지 들 정도였다. 바깥세상으로부터의 도피는 완벽했다. 이 숲이 그의 마지막 의지처였고, 거기에 그는 자신을 감추고 싶었다.

코니는 불 옆에서 몸이 따뜻해지는 걸 느꼈다. 그런데 불을 너무 세게 피운 모양이었다. 그래서 이내 더워지고 말았다. 그녀는 일어나 문 쪽으로 가서, 둥근 의자에 앉아 산지기가 일하는 모습을 지켜보았다. 그는 그녀에게 무심한 척 했지만 실은 알고 있었다. 그러나 완전히 몰두한 것처럼 일을 계속했다. 그의 갈색 개가 그 옆에서 꼬리를 깔고 앉아, 믿을 수 없는 세상을 경계하고 있었다.

그는 날렵한 몸을 조용하고도 재빠르게 움직여 만들고 있던 새둥지를 다 만든 뒤, 그것을 거꾸로 뒤집어 문이 잘 미끄러지는지 시험해본 다음 옆에 내려놓았다. 그런 다음 일어나서 헌 새장이 있는 곳으로 가서, 그것을 다시 망치질하던 장소로 가져갔다. 그는 웅크리고 앉아 창살의 상태를 시험해보았다. 양손 안에서 몇 개가 부러졌다. 그는 못을 뽑기 시작했다. 그런 뒤 다시 새장을 뒤집어 곰곰이 생각을 굴리고 있었다. 코니의 존재를 의식하고 있는 눈치는 조금도 없었다.

그래서 코니는 그를 유심히 지켜보았다. 전에 벌거벗은 그에게서 느껴졌던 그 쓸쓸한 고독감이, 지금 옷을 입고 있는 그에게서도 느껴졌다. 그는 혼자 있는 동물처럼 외로이 일에 열중하면서도, 또한 인간과의 모든 접촉에서 도피한 사람처럼 깊은 생각에 잠겨 있었다. 말없이 참을성 있게, 지금도 그녀로부터 도피하려 하고 있었다. 코니의 자궁에 짜릿하게 닿은 것은, 성급하고 정열적인 남자 내면의 조용함과 영속적인 인내였다. 앞으로 숙인 머리, 조용하고 재빠른 손놀림, 쭈그리고 앉아있는 호리호리하고 예민해 보이는 허릿매에서 그녀는 그것을 느꼈다. 뭔가 인내심 강하고 내향적인 것. 그의 인생 경험은 아마 자신의 것보다 훨씬 더 넓고 깊었을 거라고 그녀는 생각했다. 그리고 훨씬 더 절박한 것이었으리라. 그렇게 생각하자 그녀의 마음은 훨씬 가벼워졌다. 뭔가 자기에게는 책임이 없다는 기분이었다.

이렇게 그녀는, 시간이나 특수한 환경에 대해서는 전혀 의식하지 않고 꿈꾸듯이 오두막 앞에 앉아 있었다. 그녀가 바람에 실려 온 듯이 어느새 그곳으로 이동해 있었기 때문에, 그는 흘깃 그녀를 올려다보았다. 그녀의 얼굴에 참으로 차분하게 무언가를 기다리고 있는 듯한 표정이 보였다. 그에게는 그것이 기다리고 있는 표정으로 보였다. 그러자 그의 허리에서, 등뼈 뿌리 쪽에서 갑자기 엷은 불꽃이 일어나 조그마한 혀가 날름거리기 시작했다. 그는 마음속으로 신음했다. 그는 거의 죽음을 보는 것 같은 혐오감으로, 인간과의 더 이상의 친밀한 접촉을 두려워하고 있었다. 무엇보다 그녀가 어서 일어나서 자신의 개인생활에 상관하지 말고 가주기를 바랐다. 그녀의 의지, 여자로서의 의지, 그리고 현대여성으로서의 그녀의 주장이 두려웠다. 무엇보다도, 자신의 뜻을 관철하려는 그녀의 차가운 상류 계급의 오만함이 두려웠다. 왜냐하면 그는 어차피 고용된 사람에 지나지 않았기 때문이다. 그래서 그는 그녀가 거기에 있는 것이 싫었다.

코니는 갑자기 불안을 느끼며 제정신으로 돌아왔다. 그녀는 자리에서 일어섰다. 오후의 햇살도 이미 기울어지고 있었다. 그러나 코니는 그곳을 떠날 수가 없었다. 코니는 그가 있는 쪽으로 다가갔다. 그는 일어서서 부동자세를 취했다. 그 여윈 얼굴은 딱딱하고 무표정하지만, 눈은 그녀를 보고 있었다.

그녀가 말했다.

"여긴 무척 좋은 곳이군요. 정말 잘 쉬었어요. 여태까지 이곳엔 한번도 와본 적이 없었어요."

"그렇습니까?"

"앞으로 이곳에 가끔 와서 쉬고 싶군요."

"좋겠지요."

"당신이 여기에 없을 때는 자물쇠를 채워두나요?"

"그렇습니다, 마님."

"나도 열쇠를 가져도 될까요? 이따금 여기 와서 쉴 수 있도록? 열쇠, 두 개 없어요?"

"없는 줄 아는데요."

그의 말투가 사투리로 돌아갔다. 코니는 주저했다. 그는 꺼리고 있었다. 그러나 오두막은 그의 것이 아니다.

"열쇠를 하나 가지고 있으면 안 될까요?" 그녀는 온화한 목소리로 다시 물었지만, 그 목소리에는 자신의 고집을 관철하기로 결심한 여자 특유의 울림이 담겨 있었다.

"또 하나를 말씀입니까?"

그는 비웃음이 어린 분노를 한 순간 드러내며 흘깃 그녀를 쳐다보았다.

"네, 여벌로요."

그녀는 얼굴을 붉히면서 대답했다.

"어쩌면 클리포드 경께서 알고 계실지도 모릅니다."

그는 슬그머니 회피하듯이 말했다.

"그렇겠군요! 남편이 하나 가지고 있을지 모르겠어요. 아니면 당신이 가지고 있는 것으로 똑같이 하나 더 만들게 하죠. 하루면 충분할 테니까, 그동안 열쇠를 빌려줄 수 있겠죠?"

"잘 모르겠군요, 마님! 이 근처에 열쇠를 만드는 사람이 있다는 얘긴 못 들었는데요."

코니는 갑자기 화가 나서 얼굴이 새빨개졌다.

"좋아요, 내가 어떻게 해보겠어요."

"알겠습니다, 마님."

두 사람의 눈이 마주쳤다. 그의 눈에는 혐오와 경멸, 그리고 어떻게 하든지 결코 아랑곳하지 않겠다는 차갑고 불쾌한 표정이 떠올라 있었다. 그녀의 눈은 거절당한 것 때문에 활활 타오르고 있었다.

그러나 그녀는 마음을 가라앉혔다. 그의 비위를 거슬렀을 때, 그가 자신을 싫어한다는 것을 안 것이다. 또 그가 자포자기한 기분이라는 것을 알았다.

"잘 있어요!"

"안녕히 가십시오, 마님."

그는 인사를 하고 홱 얼굴을 돌렸다. 그의 내부에 오랫동안 잠들어 있던 다

스릴 길 없는 분노, 방종한 여자에 대한 분노라는 감정을 그녀가 깨우고 만 것이다. 그러나 그는 무력했고, 스스로 그것을 잘 알고 있었다.

코니는 그 방자한 남자에 대해 화를 내고 있었다. 게다가 고용인인 주제에! 그녀는 기분이 상해 집으로 돌아갔다.

둥근 언덕의 커다란 너도밤나무 밑에서 볼턴 부인을 만났다. 코니를 찾고 있던 중이었다.

"지금쯤 돌아오실 거라고 짐작했어요."

볼턴 부인이 쾌활하게 말했다.

"그렇게 늦었어요?"

코니가 물었다.

"네……클리포드 나리께서 차를 기다리고 계십니다."

"당신이 차를 드리지 그랬어요?"

"그건 제가 해야 할 일이 아닌 것 같아서요. 클리포드 나리께서 좋아하시지 않을 겁니다."

"어째서? 이해할 수가 없군요."

그녀는 집안에 들어가 클리포드의 서재로 갔다. 물이 끓고 있는 낡은 놋쇠 주전자가 쟁반에 놓여있었다.

그녀는 모자와 스카프를 벗지도 않고, 쟁반 앞에 서서 꺾어 온 꽃을 놓고 차관을 집어 들었다.

"제가 늦었나요, 클리포드? 미안해요! 하지만 왜 볼턴 부인에게 차를 끓여달라고 하지 않았어요?"

그가 빈정거리듯이 말했다. "그 생각을 미처 못했군. 그 여자가 차 마시는 자리에서 안주인 역할을 하리라고는 전혀 생각 못했거든."

"어머, 이 은 찻주전자가 마치 신성불가침한 것이라는 듯이 말씀하시는 군요?"

그는 이상하다는 듯이 그녀를 쳐다보며 물었다.

"오후 내내 뭘 했소?"

"산책한 뒤에 오두막에 앉아 있었어요. 그 커다란 호랑가시나무에 아직도 열매가 달려 있는 걸 아세요?"

그녀는 스카프를 벗었으나 모자는 그대로 쓴 채 앉아서 차를 따랐다. 토스트는 틀림없이 딱딱하게 말라서 가죽 같을 것이다. 그녀는 찻주전자에 뚜껑을 덮고, 꺾어온 제비꽃을 꽂을 작은 컵을 꺼내러 일어섰다. 가엾게도 제비꽃은 시든 줄기 위에 축 늘어져 있었다.

"금방 살아날 거예요!"

그녀는 그것을 컵에 꽂아 그가 향기를 맡을 수 있도록 그 앞에 두었다.

"주피터의 아내 주노의 눈꺼풀보다 아름답구려(셰익스피어 《겨울이야기》 제4막 3장)!" 그가 인용해서 말했다.

"진짜 제비꽃하고는 조금도 관계가 없는 것 같은데요? 엘리자베스 왕조 사람들은 좀 수식이 지나쳐요."

그녀는 차를 따랐다.

"존의 샘에서 멀지 않은 그 오두막에 열쇠가 하나 더 없을까요? 꿩을 키우고 있는 곳 말이에요."

"있을지도 몰라. 그런데 왜?"

"오늘 우연히 그곳을 발견했어요. 여태까지 한번도 본 적이 없었는데, 매력적인 곳이더군요. 이따금 거기 가서 앉아 있어도 괜찮겠죠?"

"멜러스는 거기 있었소?"

"네! 그 사람의 망치 소리가 나서 찾아가게 된 거예요. 그 사람은 내가 방해하는 것을 싫어하는 것 같았어요. 열쇠가 또 하나 없느냐고 물었더니 아주 무례할 정도였어요."

"뭐라고 했는데?"

"별 것 아니에요. 다만 그 사람 태도가 그렇다는 거예요. 열쇠에 대해서 모른다고 하더군요."

"아버지 서재에 하나 있을지도 몰라. 그런 일은 모두 베츠가 알고 있소. 그런 건 모두 거기에 있으니 베츠더러 찾아달라고 하리다."

"네, 그렇게 해주세요."

"그래, 멜러스가 그렇게 무례했단 말이오?"

"아이, 별 일 아니에요, 정말! 하지만 그 사람은 자기 영토 안에 누가 마음대로 들어오는 걸 좋아하지 않는 것 같았어요."

"그럴 테지."

"하지만 왜 그러는지 모르겠어요. 뭐, 그 사람 집도 아니잖아요? 그 사람 개인의 집이 아닐 텐데, 내가 그곳에서 쉬고 싶을 때 왜 그렇게 하면 안 되는 건지 모르겠어요."

"그건 그렇지! 그 자는 자신을 과대평가하고 있는 모양이야."

"그렇게 생각하세요?"

"그게 틀림없어. 그 자는 자기를 특별한 인간으로 생각하고 있어. 언젠가 이야기했지만, 그자는 사이가 원만하지 않았던 아내가 있었소. 그래서 아마 1915년에 군대에 들어가서, 인도로 파견된 것 같아. 어찌된 일인지 한때는 이집트 기병대에서 제철병 노릇을 했지. 언제나 말(馬)과 관계있는 일을 하면서. 그 방면에서는 재간 있는 자니까. 그 뒤 인도의 한 연대장의 눈에 들어 중위로 진급했소. 그래서 장교가 된 거요. 그 연대장과 함께 인도로 돌아가 북서 국경지대에 나가 있었던 모양이오. 병에 걸렸지만 연금도 나오고 해서, 아마 지난해까지 군대에 있었을 걸? 그런 경우 당연한 일이지만, 그런 남자는 예전의 계급으로 쉽게 돌아가기가 힘들지. 그러니 앞으로도 틀림없이 적응하기 힘들 거야. 그렇지만 내가 시키는 일은 꼬박꼬박 완수하거든. 내게는 멜러스 중위라는 티를 별로 보이지 않아."

"그렇게 심한 더비셔 사투리를 쓰면서 용케도 장교가 되었군요."

"그렇지도 않아…… 다만 이따금 생각난 듯이 얘기할 때 외에는. 그런 사람치고는 제법 훌륭한 영어를 구사할 줄 알지. 또 병졸로 내려갔을 때는 병졸다운 말을 쓰는 게 낫다고 생각한 거겠지."

"왜 지금까지 그런 이야기를 해주지 않았어요?"

"아, 난 그런 이상한 경험담이라는 것이 싫어. 그건 모든 질서를 파괴하는 거니까. 그런 일이 있었다는 건 유감스러운 일이야."

코니는 그 말에 동의하고 싶은 마음이었다. 어디에도 적응하지 못하고 불만만 품고 있는 사람이 무슨 쓸모가 있겠는가?

맑은 날씨가 계속되자 클리포드도 숲으로 가기로 했다. 바람은 아직 차가왔지만 견딜 수 없을 정도는 아니었다. 햇살이 마치 생명 그 자체인양 따뜻하게 가득 비치고 있었다.

코니가 말했다. "놀라워요. 이렇게 날씨가 좋은 날에는 정말 마음까지 완전히 달라져요. 평소에는 공기까지 반쯤 죽은 것 같은 느낌인데. 인간은 공기마저 죽이고 있는 것 같아요."

"인간이 그렇게 하는 거라고 생각하오?"

"네, 그래요. 이곳의 주민들 모두한테서 나오는 어쩔 수 없는 권태, 불만, 분노를 품은 증기가 공기 속의 생명력을 죽이는 거예요. 그게 틀림없어요."

"아마 대기 속의 무언가의 상태가 인간의 생명력을 약화시키는 것이 아닐까?"

"아니에요, 우주에 해독을 끼치고 있는 건 바로 인간이에요."

그녀는 단언했다.

"인간이 자기의 보금자리를 스스로 더럽힌다는 말이군."

휠체어는 계속 앞으로 나아갔다. 개암나무 숲 속에는 고양이 꼬리 같은 이삭꽃이 엷은 황금빛으로 매달려 있고, 양지바른 곳에는 아네모네가 활짝 피어, 마치 생명의 기쁨을 큰 소리로 외치고 있는 것 같았다. 그것은 인간도 꽃과 함께 큰 소리로 기뻐할 수 있었던 옛날과 조금도 다를 바가 없었다. 사과꽃 같은 향기가 아련하게 났다. 코니는 클리포드에게 그 꽃을 서너 송이 꺾어 주었다.

그는 꽃을 받아 들고 신기한 듯이 들여다보았다.

"그대 아직 빼앗기지 않은 조용한 신부여."

그는 키츠의《그리스 항아리에 부치는 노래》를 인용해서 말했다.

"그리스 항아리보다는 이 꽃에 훨씬 어울리는 시로군."

"빼앗기는 건 정말 끔찍한 말이에요! 무언가를 빼앗는 건 인간뿐이죠."

"글쎄 난 모르겠는 걸…… 달팽이나 그 밖의 것은,"

"달팽이는 그냥 먹기만 할 뿐이고, 게다가 꿀벌은 강탈하지 않아요."

그녀는 무슨 일에나 시를 인용하는 그에게 화가 났다. 제비꽃은 주노의 눈꺼풀이고, 아네모네는 더럽혀지지 않은 신부다. 그녀는 언어를 얼마나 증오했던가! 언제나 그녀와 생활 사이에 끼어드는 것이 정말 싫었다. 만약 뭔가가 강탈한다고 하면 그건 언어가 하는 것이다. 이 기성품의 단어와 어구들이 하는 것이다. 그리고 살아있는 모든 것으로부터 생명의 즙을 모조리 빨아먹는다.

클리포드와의 산책은 그리 성공적이었다고 할 수 없었다. 그와 코니 사이에는 서로 모르는 척하고 있는 일종의 긴장상태가 있었는데, 역시 그것 때문이었다. 갑자기 그녀는 여자로서의 본능의 힘을 모두 짜내어 그를 밀어내려 했다. 그녀는 그한테서 떨어지고 싶었다. 특히 그의 의식, 그의 인용구, 그의 마음에 달라붙은 망상, 끝없이 도는 수레바퀴 같은 망상, 그리고 그 자신의 언어에서 떠나고 싶었다.

비 오는 날이 계속되었다. 그러나 하루 이틀 지나자 그녀는 빗속을 뚫고 다시 숲으로 나갔다. 숲 속으로 들어가서는 곧장 오두막을 향해 걸음을 옮겼다. 비는 내리고 있었으나 그리 차갑지는 않았다. 어두컴컴한 빗발 속에 죽은 듯이 고요한 숲 속은, 너무나 멀리 떨어져 있어서 가까이 다가가기 어려운 느낌이었다.

그녀는 빈터에 갔다. 아무도 없었다. 오두막에는 자물쇠가 채워져 있었다. 그녀는 허술하게 지은 현관 바로 아래의 통나무 층계에 앉아 몸을 웅크리고 추위를 견뎠다. 그렇게 앉아 채 비를 바라보면서, 조용하게 울리는 빗소리와, 바람이 부는 것 같지도 않은데 우듬지에서 바람이 묘하게 술렁거리는 소리에 가만히 귀를 기울였다. 묵은 떡갈나무가 주위에 빽빽이 서 있는데, 튼튼한 잿빛 기둥은 비에 젖어 거무스름하지만 통통하니 생기가 있고, 커다란 가지는 하늘로 마구 뻗어있다. 바닥에 잡초는 거의 없고 아네모네가 드문드문 피어 있다. 낙엽관목인 말오줌나무와 불두화나무가 한두 그루, 그리고 자줏빛으로 뒤엉켜 있는 검은딸기도 있다. 오래된 황갈색의 양치류는 녹색 아네모네의 주름잡은 칼라 같은 꽃잎 밑에 거의 숨어 있다. 아마 이곳은 강탈당하지 않은 장소의 하나인 듯했다. 강탈당하지 않은 곳! 온 세상이 강탈당하고 있는데도.

강탈해서는 안 되는 것도 몇 가지 있다. 이를테면 정어리 통조림같은 것 하나라도 강탈해서는 안 된다. 또 수많은 여성들이 그러하고, 남성도 그렇다. 그러나 대지는!⋯⋯

빗발이 가늘어지기 시작하면서 떡갈나무 숲의 어두움도 엷어져 갔다. 코니는 돌아가고 싶었다. 그런데도 계속 앉아 있었다. 점점 추워졌다. 그러나 가슴 속에 간직한 분노를 꺾어버리는 듯한 무력감으로, 마치 마비된 것처럼 거기서 꼼짝도 하지 않았다.

강탈당하다! 결코 접촉하지 않아도 강탈당하는 일이 있는 법이다. 강탈이란 죽은 말로 하면 외설적인 의미가 되고, 낡은 관념으로는 망상이라는 의미가 된다.

비에 젖은 갈색 개가 달려왔다. 그러나 짖지는 않고 흠뻑 젖은 꼬리를 위로 치켜들고 있다. 남자가 운전기사처럼 비에 젖은 검은 방수복을 입고 뒤따라

왔는데, 얼굴이 약간 상기되어 있었다. 그녀를 보았을 때 그의 빠른 걸음이 조금 멈칫거리는 듯했다. 그녀는 현관 아래의 손바닥만한 마른 땅에 일어섰다. 그는 말없이 고개를 숙여보인 뒤, 천천히 다가왔다. 그녀는 떠나려고 했다.

"막 가려던 참이었어요."

"안에 들어가려고 기다렸습니까?"

그는 그녀가 아니라 오두막을 보면서 물었다.

"아니에요, 잠깐 비를 피하면서 앉아 있었을 뿐이에요."

그녀는 위엄 있는 조용한 목소리로 말했다.

그는 그녀를 쳐다보았다. 그녀는 추워하는 것 같았다.

"그럼, 클리포드 경은 열쇠를 또 하나 갖고 계시지 않으십니까?"

"네, 하지만 괜찮아요. 이 현관 밑에서는 조금도 젖지 않고 앉아 있을 수 있으니까요. 그럼 잘 있어요!"

그녀는 그의 말투에 들어있는 강한 사투리가 싫었다.

그녀가 가려고 하자, 그는 그녀를 자세히 바라보았다. 그런 다음 윗옷을 들어올리고 반바지 호주머니에 손을 넣어 열쇠를 꺼냈다.

"이 열쇠는 당신이 갖고 계시는 게 좋을 것 같군요. 전 뭔가 다른 방법으로 키우겠습니다."

그녀는 그를 쳐다보며 물었다.

"무슨 뜻이에요?"

"꿩을 기를 장소 말입니다, 좋은 곳을 따로 찾아보겠다는 얘깁니다. 당신이 여기 있고 싶을 때, 제가 주위에서 얼쩡거리고 있으면 싫어하실 테니까."

그녀는 사투리에 당혹해하면서, 그 말의 의미를 이해하려고 그를 쳐다보았다.

"어째서 보통 영어로 말하지 않나요?"

그녀는 싸늘하게 물었다.

"제가요? 이게 보통 말이라고 생각하는데요."

그녀는 화가 나서 잠시 말문이 막혔다.

"그러니까 열쇠를 원하시면 이 열쇠를 받으십시오. 아니면 먼저 안의 짐을 모두 옮기고 나서 내일 열쇠를 드릴까요? 그러는 게 좋겠습니까?"

그녀는 점점 더 화가 났다.

"당신 열쇠를 갖고 싶진 않아요. 이곳을 비워달라고 하고 싶지도 않아요. 당신을 여기서 쫓아낼 생각은 조금도 없으니까요. 달갑지 않은 친절이군요. 그저 오늘처럼 이따금 여기 와서 앉아있고 싶을 뿐이에요. 현관 앞이라면 정말 편안하게 앉아있을 수 있으니까, 이제 열쇠 얘기는 제발 그만해요."

그는 다시 짓궂은 푸른 눈으로 그녀를 바라보았다.

그는 느릿하게 사투리로 말하기 시작했다.

"하지만 마님께서 오신다면 오두막이든, 열쇠든, 뭐든지 마음대로 사용하셔도 됩니다. 다만 이 시기에는 알을 품고 있는 새가 있어서 저도 그곳을 자주 둘러봐야 합니다. 그 녀석들을 돌보기 위해서지요. 겨울에는 이곳에 올 일이 없지만, 봄에는 클리포드 경이 꿩을 기르라고 하실 거고, 마님은 이곳에 계실 때 제가 늘 주위에서 얼쩡거리는 걸 바라지 않으실 겁니다."

그녀는 잘 이해할 수 없었지만 놀라는 얼굴로 듣고 있었다.

"당신이 여기 있는 걸 내가 왜 싫어할 거라는 거죠?"

그는 이상하다는 듯이 그녀를 쳐다보았다.

그는 퉁명스럽게, 그러나 의미심장하게 말했다.

"전 신경이 쓰입니다!"

그녀의 얼굴이 확 달아올랐다. 그녀는 마지막으로 말했다.

"알겠어요! 난 방해하지 않겠어요. 하지만 여기 앉아 꿩을 돌보는 것을 구경하는 것이 왜 안 되는 일인지 도무지 모르겠군요. 난 그렇게 하는 것을 좋아했을 거예요. 하지만 그것이 당신에게 방해가 된다면, 난 당신을 방해할 생각은 없으니 걱정 말아요. 당신은 클리포드 경이 고용한 산지기이지 내가 고용한 사람은 아니니까요."

그 말은 좀 이상했지만 그녀는 왜 그런지 알 수가 없었다. 그녀는 그것을 무시했다.

"아닙니다, 마님. 이곳은 마님의 오두막입니다. 언제라도 쓰고 싶으실 때 쓰십시오. 일주일 전에 예고만 해주신다면 저를 그만두게 하실 수 있습니다만. 다만……."

"다만 뭐지요?"

그녀는 어리둥절하여 물었다.

그는 모자를 묘하고 우스꽝스러운 모습으로 뒤로 젖혔다.

"다만 여기 오셨을 때, 당신 혼자만의 장소로서 제가 얼쩡거리는 것을 원하지 않으시겠지요?"

그녀는 화를 내면서 물었다.

"왜 그렇게 생각해요? 당신은 문명인이잖아요? 내가 당신을 두려워해야 한다고 생각하나요? 당신이 여기에 있든 없든, 왜 내가 당신에게 마음을 써야 해요? 그게 왜 그렇게 중요한 일인가요?"

그는 얼굴 가득 짓궂은 웃음을 힐끗 떠올리면서 그녀를 쳐다보았다.

"그렇지 않습니다. 마님, 절대로."

"그래요? 그럼 어째서지요?"

"그렇다면 마님을 위해 열쇠를 하나 더 마련할까요?"

"아니, 그럴 필요 없어요! 난 갖고 싶지 않으니까."

"아무튼 그렇게 하겠습니다. 이런 장소는 열쇠가 두 개 있는 편이 좋을 겁니다."

"아무리 생각해도, 당신은 좀 거만한 것 같군요."

코니는 얼굴을 붉히면서 약간 숨 가쁘게 말했다.

"아닙니다, 아니에요!" 그가 빠르게 말했다. "그런 말씀 마십시오. 아닙니다! 저는 조금도 그런 마음 없습니다. 다만 당신이 여기 오시면 전 얼른 사라져야 한다고 생각했을 뿐입니다. 그렇게 되면, 일이 커져서, 어딘가 다른 곳에서 이 일을 시작하는 것 말입니다, 하지만 만약 마님께서 제가 있어도 상관없다고 하시면, 그때는…… 이 집은 클리포드 경의 것이니 뭐든지 마님 하고 싶으신 대로, 원하시는 대로 하시면 됩니다. 다만 저에게 신경 쓰지 말아 주셨으면 합니다. 하찮은 일이지만 꼭 해야 할 일을 하는 거니까요."

코니는 뭐가 뭔지 전혀 알 수 없어 어리둥절한 채 그곳을 떠났다. 모욕을 당하고 몹시 화가 난 건지 그렇지 않은 건지 도무지 알 수가 없었다. 아마 그 남자의 말에는 정말로 다른 뜻은 없었을 것이다. 즉 내가 그에게 방해받고 싶어 하지 않을 거라고 그 쪽에서 상상하고 있는 것이다. 난 그런 생각은 꿈에도 하지 않는데! 어쩌면 그가, 그의 그 하찮은 존재가 마치 무척 중대한 영향력을 가지고 있는 것처럼.

그녀는 자신이 무엇을 생각하고 무엇을 느끼고 있는지 모르는 채, 혼란스러운 머리로 집으로 돌아갔다.

## 9

코니는 자신이 클리포드를 혐오하고 있는 것에 놀랐다. 뿐만 아니라 지금까지 늘 그를 진심으로 싫어했던 것 같은 느낌이 들었다. 증오는 아니었다. 그 정도의 열정은 없었다. 다만 뿌리 깊은 육체적 혐오감이었다. 원래 그와 결혼한 것은 남이 모르는 육체적인 점에서 그가 싫었기 때문이라는 생각까지 들었다. 그러나 물론 사실은 정신적으로 그에게 매료되어 흥분했기 때문에 결혼한 것이다. 그는 어떤 면에서는 그녀가 도저히 미칠 수 없는 스승으로 생각되었다.

그러나 지금은 정신적인 흥분도 식어버리고 육체적인 혐오감만 느낄 뿐이었다. 그것은 그녀의 몸속 깊은 곳에서 솟아났다. 그리고 그것이 자신의 생명을 얼마나 파먹어 가고 있는지를 깨달았다.

그녀는 마음이 허전해지면서 기댈 곳이 아무 데도 없다는 느낌이 들었다. 외부로부터 뭔가 도움의 손길이 나타나기를 바랐다. 그러나 이 세상 어디서도 도움의 손길은 나타나지 않았다. 사회는 광기에 사로잡혀 있는 것 같아서 무서웠다. 문명사회는 미쳐서 돌아가고 있었다. 돈과 이른바 사랑이 문명사회의 두 가지 열광이다. 그 중에서도 돈이 훨씬 심했다. 개인은 돈과 사랑이라는 이 두 가지 관행 속에서 지리멸렬하게 광란하면서 자아를 드러내고 있었다. 마이클리스를 보라! 그의 생활과 활동은 바로 광기이다. 그의 성애(性愛)는 일종의 광기였다.

그리고 클리포드도 마찬가지였다. 그의 모든 말, 그의 모든 작품, 자신을 전면에 내세우려 하는 그 맹렬한 분투, 그것은 바로 광기였다. 더욱이 그것은 갈수록 악화되어 진정한 광기가 되어가고 있었다.

코니는 공포 때문에 한꺼번에 밀려오는 피로를 느꼈다. 그러나 다행히 클리포드는 그의 정신적 지배의 대상을 코니한테서 볼턴 부인에게 옮겨가고 있었다. 그 자신은 그것을 깨닫지 못했다. 광기에 사로잡힌 사람들이 대부분 그렇듯이, 그의 광기는 자신이 의식하지 못하는 여러 가지 일에 의해, 다시 말해 그의 의식 속의 광대한 불모지에 의해 측정될 수 있을지도 모른다.

볼턴 부인은 많은 점에서 칭찬할 만했다. 묘하게 친절한 티를 내거나 끝까지 자신의 뜻을 관철하려는 데가 있었지만, 그것은 현대 여성에게 있는 광기의 한 징후였다. 자신은 오로지 겸손하게 남을 위해 살고 있는 것으로 생각하고 있었다. 클리포드는 그녀의 마음을 사로잡았다. 그것은 클리포드가 언제나, 또는 빈번하게, 흡사 더욱 예민한 직관에 의한 것처럼 그녀의 의지를 꺾어버렸기 때문이다. 그의 의지가 그녀 자신보다 훨씬 예민하고 훨씬 섬세했던 것이다. 그녀가 보기에 그것은 그가 가진 매력이었다.

아마도 전에는 코니에게도 그것이 매력으로 보였을 것이다.

"오늘은 날씨가 무척 좋군요." 볼턴 부인은 비위를 맞추는 것 같기도 하고, 설득하는 것 같기도 한 목소리로 말했다. "오늘은 휠체어로 산책을 좀 하시는 게 어떻겠어요? 햇살이 정말 좋아요."

"그래? 그 책을 좀 집어 줘, 그 노란 책 말이야. 그리고 그 히아신스는 내갔으면 좋겠군."

그녀는 Y음을 넣어 비유티풀이라고 발음한다.

"네? 이렇게 아름다운데요! 게다가 향기가 무척 좋아요."

"난 그 냄새가 싫군. 왠지 음울해."

"어머나, 그렇게 생각하세요?"

그녀는 깜짝 놀라 소리쳤다. 조금은 불쾌했지만 그러면서도 그의 심상치 않은 결벽에 감탄하지 않을 수 없었다. 그녀는 히아신스를 방에서 내갔다.

"오늘 아침에는 제가 면도를 해드릴까요? 아니면 손수하시겠습니까?"

그녀의 목소리는 언제나와 마찬가지로 부드럽게 달래는 듯하지만, 추종적이면서도 지배하고 싶어 하는 목소리이다.

"글쎄. 좀 기다려 주겠나? 어느 쪽이든 결정하는 대로 벨을 누를 테니."

"알겠습니다, 클리포드 나리!"

그녀는 매우 고분고분하게 부드러운 목소리로 대답하고 조용히 물러갔다. 그러나 이렇게 거절당할 때마다 그녀의 마음에 새로운 의지가 샘솟는 것이었다.

잠시 뒤에 그가 벨을 울리면 이내 그녀가 나타난다. 그러면 그는 말하는 것이었다.

"오늘 아침에는 당신한테 면도를 부탁할까?"

그녀의 심장이 흥분으로 고동친다. 그녀는 한층 더 온화하게 말한다.

"알겠습니다, 클리포드 나리."

그녀는 부드럽고 조심스러운 손길로, 다소 느리기는 하지만 매우 능숙하게 면도를 한다. 처음에는 얼굴에 너무 부드러운 그녀의 손끝이 닿으면 불쾌한 느낌이 들었다. 그러나 지금은 그것이 점점 관능적으로 느껴져서 좋아하게 되었다. 그는 거의 매일 그녀에게 얼굴을 맡겼다. 그녀의 얼굴이 바로 옆에 있고, 실수할세라 조심하는 그녀의 시선이 한 곳에 집중되어 있다. 그녀의 손길은 서서히 그의 뺨과 입술, 턱선, 목을 따라 차차 익숙해져 갔다. 그는 영양상태도 좋고, 차림새도 단정하며, 얼굴과 목덜미도 매우 아름다운 더할 나위 없는 신사였다.

그녀 또한 이목구비가 단정했다. 갸름한 얼굴은 창백하고 무표정했다. 눈은 명랑하지만 아무런 표정도 보여주지 않았다. 그녀는 서서히, 더할 나위 없이 부드럽게, 거의 애정을 담아 그의 목덜미를 조여 갔고, 그는 그녀가 하는 대로 그녀에게 굴복하고 있었다.

지금 그녀는 클리포드를 위해 거의 모든 일을 해주었고, 그도 하녀가 하는 비천한 일을 그녀가 해주는 것을 그리 민망해 하지 않고, 코니와 함께 있는 것보다 그녀와 함께 있는 것을 오히려 더 편안하게 여겼다. 그녀는 그를 다루는 것을 좋아했다. 하녀가 하는 가장 비천한 일에 이르기까지, 그의 몸을 완전히 자기가 맡아 관리하는 것이 기뻤다. 어느 날 그녀는 코니에게 말했다.

"남자 분들은 누구나 알고 보면 다 어린아이예요. 지금까지 티버셜 탄광에서 일하는 가장 건강한 남자들도 몇 사람 다루어보았지만, 어디 아픈 데라도 생겨서 돌봐주면 모두 아기가 된답니다. 그저 몸만 커다란 아기 말이에요. 정말 남자란 대부분 다 마찬가지예요."

처음에 볼턴 부인은, 신사에게는 다시 말해 클리포드 같은 진정한 신사에게는 틀림없이 어딘가 다른 점이 있을 거라고 생각했다. 그래서 클리포드는 그녀보다 우위에 있었다. 그런데 점차, 그녀의 말을 빌리면, 그의 참모습을 알아감에 따라 그도 다른 남자들과 마찬가지로 어른의 육체로 성장한 어린아이라는 것을 알게 되었다. 그러나 묘한 기질과 그것을 억제하는 훌륭한 태도와 능력을 겸비하고, 또 그녀가 상상조차 할 수 없는 모든 방면에 걸친 기발한 지식을 가진 어린아이였다. 그는 그 지식으로 아직도 그녀를 누를 수가 있었다.

코니는 이따금 그에게 말하고 싶을 때가 있었다.

"제발 부탁이니 저 여자에게 너무 모든 것을 맡기지 않도록 하세요!"

그러나 결국 그런 말을 하게 되었을 정도로, 자신이 그를 돌봐주지 않았다는 것을 깨달아야 했다.

지금도 밤 10시까지 함께 지내는 것이 부부의 습관이었다. 그때는 얘기를 나누기도 하고, 함께 책을 읽거나 그의 원고를 들여다보기 했다. 그러나 그런 일에는 이제 조금도 흥미가 없었다. 그의 원고는 이제 지겨웠다. 그래도 그녀는 그를 대신해 역시 충실하게 타자를 쳐 주었다. 그러나 곧 그것마저도 볼턴 부인이 하게 될 것이다.

왜냐하면 코니는 볼턴 부인에게 타자기를 배우면 어떻겠느냐고 권했기 때문이다. 볼턴 부인은 언제나 즉석에서 응하는 사람이어서, 당장 타자를 배우기 시작하여 열심히 연습하고 있었다. 그 결과, 지금은 클리포드가 가끔 그녀에게 편지를 구술하면, 그녀는 속도는 약간 느리지만 정확하게 타자를 칠 수 있었다. 그는 어려운 단어나 이따금 나오는 프랑스어의 철자를 무척 참을성 있게 가르쳐주었다. 그녀가 그것을 얼마나 기뻐하는지, 그녀를 가르치는 것이 재미있을 정도였다.

요즘 코니는 저녁식사 뒤에도 두통을 구실로 자기 방으로 일찍 올라갔다.

"아마 볼턴 부인이 피켓 상대를 해드릴 거예요."

그녀는 클리포드에게 말했다.

"난 괜찮으니 당신은 방에 가서 좀 쉬도록 해요."

그러나 그녀가 사라지면 즉시 벨을 누르고 볼턴 부인을 불러 트럼프 놀이인 피켓이나 베지크, 때로는 체스까지 상대하게 하는 것이었다. 그는 그런 놀이들을 그녀에게 모두 가르쳐 주었다. 한편 코니 쪽에서는, 볼턴 부인이 소녀처럼 상기된 얼굴로, 조심조심, 자신의 퀸이나 나이트에 자신 없는 손가락을 대었다 뗐다 하는 것을 보는 것은 묘하게 불쾌한 일이었다. 클리포드는 반쯤 놀리는 듯한 우월감으로 엷은 웃음을 지으며 그녀에게 말한다.

"자두브(기다려요)라고 말해야지."

그녀는 놀란 눈을 빛내면서 그를 올려다본 뒤, 수줍어하며 순순히 말한다.

"자두브!"

그랬다. 그는 교육하고 있었던 것이다. 그리고 그것이 재미있었다. 그것은 지배력을 느끼게 해주었다. 그리고 그녀는 전율 같은 흥분을 느꼈다. 그녀는 이른바 상류계급 사람들이 알고 있는 것, 돈 이외에 그들을 상류계급답게 만드는 모든 것을 조금씩 몸에 익히기 시작했다. 그것이 그녀에게 짜릿한 흥분을 느끼게 했다. 그것은 동시에 그가 그녀를 언제나 곁에 두고 싶어 하도록 만드는 일이었다. 그녀의 순수한 흥분은 그에 대한 교활하고 깊은 아첨이 되어 있었다.

코니의 눈에는 클리포드가 차차 본성을 드러내고 있는 것처럼 느껴졌다. 약간 속되고, 약간 평범하며, 활력이 사라지고 상당히 뚱뚱해졌다. 아이비 볼턴의 기교와 겸손하기는 하지만, 그 지배하고 싶어 하는 마음이 훤히 들여다보였다. 그 여자가 클리포드한테서 받는 순수한 감동은 코니를 매우 놀라게 했다. 그녀가 그에게 사랑을 느끼고 있다고 말한다면 잘못된 표현일 것이다.

그러나 상류계급의 남자이며 그 칭호를 가지고 있는 신사, 소설과 시를 쓸 줄 알고 또 신문에도 사진이 실리는 이 작가와의 교제에, 그녀는 가슴 두근거리는 흥분을 느꼈다. 그 흥분은 기묘한 정열로 고조되어갔다. 그에게 '교육'을 받는 것은 그녀의 마음에 어떤 연애보다 훨씬 깊은 흥분과 반응을 불러일으켰다. 사실을 말하면 둘 사이에 연애는 있을 수 없다는 엄연한 사실 때문에, 그녀의 또 하나의 열정, 즉 지식과 그것에 대한 특이한 열정으로 그야말로 뼛속까지 파고드는 흥분에 몸을 맡길 수 있었던 것이다.

그녀가 어느 정도 그를 사랑하고 있는 것은 틀림없었다. 사랑이라는 말에 어떤 의미를 부여하든지 그녀는 무척 아름답고 무척 젊어 보이며, 잿빛 눈은 때로는 매력적으로 보일 때도 있었다. 그와 더불어 그녀에게는 마음속에 간직한 은밀한 만족감, 승리감이라고도 할 수 있는 만족감이 있었다. 아아, 그런 숨겨진 만족이란 것! 코니는 그런 것을 얼마나 혐오했던가!

그러나 클리포드가 그 여자에게 끌린 것은 이상한 일이 아니었다. 그녀는 자기 나름대로 끈질기게, 그를 절대적으로 숭배하며, 그가 마음대로 자신을 이용하도록 그의 명령에 완전히 복종했다. 그가 거기에 몹시 만족감을 느끼는 것은 당연한 일이었다.

두 사람이 오랫동안 대화를 주고받는 것을 코니는 자주 들었다. 아니, 주고받는다기보다 얘기하는 것은 주로 볼턴 부인 쪽이었다. 그녀는 티버셜 마을의 여러 가지 소문이야기를 거침없이 그에게 들려주었다. 그것은 소문 이상의 것이었다. 한결같이 전원생활을 그린 19세기의 여류작가 개스켈 부인과 조지 엘리엇, 미트포드 여사를 하나로 합쳐서, 거기에 그들이 묘사한 것보다 더 많은 것을 보탠 것이었다. 볼턴 부인이 한번 얘기를 시작하면, 마을사람들의 생활은 그 어떤 책보다 재미있었다. 모든 마을 사람들과 매우 가깝게 알고 지냈고, 그들에 대해 그런 특별하고 열렬한 흥미를 가지고 있었기 때문에, 그녀의 이야기에 귀를 기울이는 것은 약간 점잖지 못한 일이기는 했지만, 참으로 흥미진진했다. 그녀는 처음에는 클리포드에게 그녀의 이른바 '티버셜 이야기'를 들려주고 싶어 하지 않았다. 그러나 한번 얘기보따리를 풀어놓자 그런 기분은 사라지고 말았다. 클리포드는 글의 '소재'를 얻기 위해 들었는데, 그 소재는 무궁무진했다. 그의 천부적인 재능이란 바로 이런 것임을 코니는 실감했다. 개인적인 소문 이야기에 대한 명쾌한 글재주가 있고, 거기에 재치가 있고 편견이 없다는 것은 명백했다. 물론 그녀가 '티버셜 이야기'를 할 때 느껴지는 열정은 놀라운 것이었다. 정말 자신을 잊고 이야기하는 것 같았다. 그리고 그녀가 알고 있는 사건들은 믿기 어려울 정도로 신기한 것이었다. 그녀가 한 이야기를 책으로 엮으면 수십 권은 되었을 것이다.

코니는 그녀의 이야기에 자신도 모르게 빠져들었다. 그러나 나중에는 언제나 약간 부끄러움을 느꼈다. 그렇게 열광적인 호기심으로 들을 일이 아니었다. 요컨대 타인의 가장 개인적인 이야기를 듣는 것은 좋지만, 최소한 괴로움에 허덕이다 무너져버린 어떠한 인간에게도 존경심과 섬세하고 분별력 있는 동정심을 가지고 있어야 하는 것이다. 왜냐하면 풍자도 동정의 한 형태이기 때문이다. 우리의 삶에 진정으로 영향을 주는 것은, 우리가 동정을 보내거나 철회하는 방법이다. 그것이 적절하게 다뤄진 소설이 지극히 중요한 것은 바로 이 점에서이다. 소설은 우리의 동정적인 의식의 흐름에 활기를 부여하여 새로운 장소로 안내할 수 있고, 또 죽은 것이나 다름없는 자를 혐오하여 우리의 동정을 거두게 할 수도 있다. 그렇기 때문에 소설은 잘만 다뤄지면, 인생의 가장 비밀스러운 부분을 파헤칠 수 있다. 왜냐하면, 특히 생활의 '정열적인' 비밀스러운 부분이야말로, 민감한 의식의 흐름이 정화되고 활성화되면서, 물러가기도 하고 차오르기도 할 필요가 있기 때문이다.

그러나 소설도 역시 소문과 비슷하여, 정신에 대해 기계적이고 감각적인 거짓 동정이나 혐오를 불러일으킬 수도 있다. 소설은 가장 타락한 감정조차, 그것이 관습적인 '순수'한 것인 한 미화할 수 있다. 그런 뒤에, 소설은 소문 이야기와 마찬가지로 결국 부도덕해지며, 또한 겉으로는 언제나 천사처럼 정신적인 견해를 가지기 때문에 소문 이야기와 마찬가지로 오히려 점점 더 부도덕해지는 것이다. 볼턴 부인의 소문 이야기는 언제나 정신적인 견해를 가지는 천사

편에 서있었다.

'그는 매우 악한 사람이었지만 그녀는 무척 좋은 사람이었어요.'

그녀는 이렇게 말했다. 그런데 코니는 볼턴 부인의 이야기를 듣고 안 것이지만, 그 여자는 단순히 말을 잘하는 사람이고, 남자 쪽은 성급하면서 정직한 사람이라고 생각했다. 그러나 볼턴 부인이 동정을 부정(不正)하고 관습적인 방향으로 돌리고 있는 동안, 성급하면서 정직한 사람은 '나쁜 사람' 취급을 받고, 말만 번지르르한 사람은 '훌륭한 사람'으로 간주되는 것이다.

이런 이유에서 소문 이야기는 굴욕적인 것이다. 그리고 같은 이유로 대다수의 소설, 특히 통속 소설도 역시 굴욕적이다. 대중은 이제 악덕의 매혹에만 반응한다.

그러나 볼턴 부인의 이야기에서 티버셜 마을의 최근 모습을 알 수 있었다. 그것은 밖에서 보는 것처럼 따분하고 단조로운 것이 아니라, 끔찍하고 소란스럽고 혼란된 생활로 생각되었다. 물론 클리포드는 그 이야기 속에 나오는 대부분의 사람들을 알고 있었지만, 코니는 그 중 한두 사람밖에 몰랐다. 그러나 마을은 사실 잉글랜드의 한 마을이라기보다 오히려 중앙아프리카의 밀림지대 같았다.

"지난주에 미스 올소프가 결혼한 이야기는 아마 들으셨겠지만, 정말 놀랍지 않으세요? 구둣방 제임스 올소프 영감의 딸 말이에요. 그 사람들은 파이크로프트에 새 집을 지었답니다. 영감님은 지난해에 넘어진 게 원인이 되어 돌아가셨지요. 여든세 살이었는데도 젊은이처럼 정정한 분이었어요. 그 영감님이 지난해 겨울, 베스트우드에서 아이들이 만들어 놓은 미끄럼길에서 넘어져 넓적다리가 부러졌어요. 그래서 가엾게도 인생을 마친 거지요. 정말 어이없는 재난이었어요. 그런데 영감님은 자신의 재산을 모조리 딸인 태티에게 물려주고 아들들에게는 한 푼도 남기지 않았답니다. 태티는 벌써 쉰……맞아요, 지난해 가을에 쉰셋이었어요. 그 집안은 모두 믿음이 깊은 사람들이지요. 정말로! 태티만 하더라도 아버지가 돌아가실 때까지 30년이나 주일 학교에서 교사로 지냈어요. 그 뒤, 태티가 킨브룩 출신의 남자와 사귀기 시작했어요. 아시는지 모르겠지만 윌콕이라든가 하는 코가 빨갛고 좀 세련된 초로의 남자인데, 제재소에서 일하고 있대요. 아무리 봐도 예순다섯 살쯤 되었을 텐데, 둘이서 팔짱을 끼고 다니기도 하고, 문 앞에서 키스하는 모습을 봤으면 누구나 마치 한 쌍의 젊은 연인 같다고 생각했을 거예요.

　네, 그래요. 그리고 그녀는 모든 사람에게 잘 보이도록 파이크로프트 거리로 나있는 창가에서 그 남자의 무릎에 앉아 있답니다. 그 남자에게는 이미 마흔이 넘은 아들이 있다는데, 2년 전에 부인을 잃었지요. 만약 제임스 올소프 영감님이 노해서 무덤에서 벌떡 일어나지 않는다면, 그건 단지 사람은 부활할 수 없기 때문일 거예요. 어쨌든 그렇게 엄격하게 키웠거든요. 두 사람은 결혼해서 남쪽의 킨브룩에 가서 살고 있어요. 사람들 말로는 그 여자는 아침부터 저녁까지 온종일 실내복차림으로 돌아다닌다는군요. 정말 볼만한 구경거리 아니겠어요? 그 나이에 그런 행동을 하다니 소름이 끼치는군요. 그건 젊은 사람들보다 훨씬 꼴불견이고 불쾌한 광경이지요. 전 그건 활동사진 탓이라고 생각해요. 그렇다고 활동사진을 못 찍게 할 수는 없는 일이지요. 그래서 전 언제나 말한답니다. 유익하고 좋은 영화를 보아라. 멜로드라마나 연애영화는 제발 가까이 하지 말라고 말이에요. 아무튼 아이들에게는 보이지 않는 게 제일이에요. 하지만 말은 그렇게 해도, 어른들이 아이들보다 더 나빠요. 게다가 늙은이들이 제일 나쁘죠. 도덕이니 하는 얘기! 아무도 귀 기울이는 사람이 없어요. 서민들은 모두 자기 하고 싶은 대로 하며 살지요. 그 점에서는 오히려 그들이 훨씬 마음 편하게 산다고 해야할 거예요.

　하지만 요즈음은 모두 주머니 끈을 졸라매지 않으면 안 된답니다. 요즘 탄광 경기가 그리 좋지 않아서 주머니 사정이 나쁘거든요. 그래서 모두들 불평만 늘어놓으니 안타까운 일이에요. 특히 여자가 더 심하죠. 남자들은 묵묵히 잘 견딘답니다. 가엾게도 남자들이 뭘 할 수 있겠어요? 하지만 여자들은 얼마나 어리석은 짓을 하는지! 메리 공주의 결혼을 축하한다고 기부금을 내며 허세를 부리려 하니까요. 그래놓고, 사방에서 보내온 호화로운 선물에 대한 얘기를 들으면 정신을 잃고 야단들이죠. 그럼 난 뭐야! 다른 사람들과 내가 어디가 다르단 말이지? 스완에드거 백화점에선 그분에게 모피 외투를 여섯 벌씩이나 보냈다던데, 나에게도 한 벌쯤 주면 어때서? 내가 보낸 10실링이 아깝다, 보답으로 무엇을 줄지 궁금하군 그래. 우리 아버지는 도무지 벌이가 없어서 나에게 최신 스프링코트 한 벌도 사주지 못하는데, 그 분은 마차가 넘칠 만큼 선물을 받고 있어. 이제, 부자들은 그동안 돈을 실컷 써봤을 테니, 우리 같은 가난뱅이들도 필요한 만큼 돈을 가져도 좋을 때 아니야? 난 정말 새 스프링코트를 갖고 싶단 말이야, 하지만 그걸 어떻게 마련해야 하지? 이렇게 궁시렁거리는 거지요. 그래서 난 그런 여자들에게 말해 주었지요. 당신들은 옷을 예쁘게 차려 입지는 못하더라도, 입고 먹고 사는 데 불편하지 않는 것만도 고맙게 생각하라고요. 그러면 그 사람들은 곧 내게 덤벼든답니다.

'그럼 왜 메리 공주는 누더기를 걸치고 돌아다니면서 아무것도 가지지 않은 것을 감사하지 않는 거예요? 그런 사람들은 짐마차 몇 대 분이나 받는데, 난 새 봄옷 한 벌도 없다구요. 정말 수치스러운 일이에요. 공주라고! 공주에 대한 어이없는 잠꼬대 같은 소리! 결국 문제는 돈이에요. 공주는 잔뜩 가지고 있으면서도 더 많은 걸 받는단 말이에요! 나도 똑같은 사람인데 내게는 아무것도 주지 않아요! 나한테 교육이니 하는 말 따위는 하지 말아요. 문제는 돈이라구요. 난 정말 봄옷 한 벌을 갖고 싶은데, 돈이 없어서 가질 수 없는 거니까—'

그 사람들은 옷에 대한 것밖에 생각하지 않아요. 겨울코트 한 벌에 7, 8기니를 쓰는 걸 아무렇지도 않게 생각한답니다. 광부의 딸들이 말이에요, 아시겠어요? 그리고 어린애 여름 모자 하나에도 2기니나 쓴다니까요. 그 2기니짜리 모자를 쓰고 초기 감리교회에 가는 거죠. 우리가 어렸을 땐 3실링 반짜리 여름 모자를 쓰고도 좋아했는데, 금년 감리교 기념축제에 주일학교 아이들을 위해 조립식 연단을 마련한다고 들었는데, 천장에 닿을 것 같은 어마어마한 관람석 같은 것이라더군요. 주일학교 1학년 여학생을 가르치는 미스 톰슨이, 그 연단에 앉는 소녀들의 새 옷에 천 파운드 이상의 돈이 들 거라고 말하는 걸 들었어요. 이런 세상이랍니다! 하지만 그녀들을 말릴 수는 없어요. 옷에 대해서는 모두들 제정신이 아니랍니다. 그건 사내아이들도 마찬가지예요. 젊은 아이들은 동전 하나라도 있으면, 옷이니, 담배니, 조합 매점에서 술을 마시거나 일주일에 두세 번씩 셰필드에 놀러가 자신을 위해 다 써버린답니다. 정말 완전히 딴 세상 같다니까요! 게다가 젊은이들은 아무것도 두려워하지 않고 아무것도 존경할 줄 몰라요.

나이 먹은 남자들은 정말 참을성 있고 선량하지요. 여자들이 제멋대로 하게 내버려 둔답니다. 그러니까 이렇게 되는 것도 당연한 거지요. 정말 여자들은 마물(魔物)이에요. 하지만 젊은 남자들은 그들의 아버지와는 달라졌어요. 정말 조금도 희생할 생각이 없거든요. 오로지 자기밖에 몰라요. 가정을 가지기 위해 다소라도 저축하면 어떻겠느냐고 말할라치면, 그들은 이렇게 대꾸한답니다. 그런 건 나중에 해도 돼요, 난 가능한 한 즐길 생각이에요, 그 밖의 일들은 모두 어떻게 되겠지 라는 거지요. 그들은 난폭하고 이기주의라고나 할까요? 모든 것은 나이 많은 사람들이 다 떠맡고 있고, 어디를 보나 앞날은 비관적이랍니다."

클리포드는 자신의 마을을 새로운 시각으로 보기 시작했다. 지금까지는 언제나 마을이 두려웠다. 마을은 어쨌든 변하지 않는 것이라고 생각하고 있었다. 그러나 지금은?

"그 사람들 사이에 사회주의니 볼셰비즘이니 하는 게 퍼져 있나?"

클리포드가 물었다.

볼턴 부인이 말했다.

"오! 두세 명의 목소리 큰 사람들이 한 얘기를 누가 말씀드렸나 보군요. 하지만 거의가 빚을 지고 있는 여자들이에요. 남자들은 거기에 관심도 없어요. 우리 티버셜 마을 사람들이 언젠가 '빨갱이'가 되는 일은 결코 없을 거예요. 그렇게 되기에는 너무 예의바른 사람들이지요. 하지만 젊은이들은 가끔 쓸데없는 말을 하기도 한답니다. 그런 것에 정말 관심이 있어서가 아니라, 그저 호주머니 속에 조금이라도 돈이 더 있었으면 하는 것뿐이랍니다. 소비조합에서 쓰거나 셰필드에 놀러가기 위해서요. 그들에게 관심이 있는 것은 그것뿐이에요. 돈이 한 푼도 없을 땐 빨갱이의 선동에 귀를 기울이겠지만 그걸 진짜로 곧이듣는 사람은 없어요."

"그렇다면 위험하진 않다는 얘기군?"

"네, 그렇고말고요. 아니, 경기만 좋으면 그렇겠지요. 하지만 불황이 오래 계속되면 젊은이들은 분노를 터뜨릴지도 몰라요. 그들은 제멋대로 자란 이기주의자이 틀림없으니까요. 하지만 어떤 방법으로 무슨 짓을 저지를지는 저도 모르겠어요. 어떤 일에도 진지한 법이 없답니다. 그저 오토바이를 타고 우쭐대거나 셰필드의 팔레 드 당스(무도장)에서 춤을 출 때만은 다르지만요. 그들의 착실한 모습을 보는 건 꿈도 못 꿀 얘기예요. 착실한 사람들은 야회복으로 정장하고, 팔리(팔레 드 당스의 애칭)에 가서 처녀들 앞에서 보란 듯이 새로운 찰스턴이니 뭐니 하는 것을 추는 거지요. 정말로 가끔은 야회복을 입고 팔리에 가는 젊은 광부들로 버스가 가득 차는 일이 있을 거라고 생각해요. 또 자동차나 오토바이에 처녀들을 태우고 쌩하니 가버리는 젊은이들도 있는 건 말할 것도 없지만요. 젊은이들은 던캐스터나 더비 경마에 대한 일이 아니면 진지하게 생각하지 않는답니다. 어쨌든, 경마에서는 모두들 어느 경주에나 돈을 걸고 있으니까요. 그리고 축구! 하지만 축구도 옛날과는 달라요. 완전히 달라졌어요. 그것은 너무 힘이 든다나요. 그보다는 토요일 오후에 오토바이를 타고 노팅엄이나 셰필드로 달리는 걸 좋아한답니다."

"하지만 그런 데 가서 무엇을 하지?"

"그냥 돌아다니는 거지요. 그리고 어딘가, '황제'(미카도) 같은 화려한 찻집에서 차를 마시거나…… 처녀들과 함께 팔리, 활동사진관, 엠파이어에 가는 거지요. 처녀들도 젊은이들과 마찬지로 자유로워요. 마냥 하고 싶은 짓만 멋대로 한답니다."

"그렇게 할만한 돈이 없을 땐 어떻게 하지?"

"어떻게 해서든지 마련하는가 봐요. 게다가 추잡한 이야기를 주고받곤 한답니다. 이렇게 젊은이들 모두가 원하는 것은 오직 즐기기 위한 돈이고, 처녀들도 예쁜 옷을 사기 위해서는 역시 마찬가지여서, 도저히 과격주의 같은 것에 물들 수가 없어요. 다른 일에는 도통 관심이 없거든요. 사회주의자가 될 정도의 머리도 없다니까요. 어떤 일이든 정말로 진지하게 생각하는 성실함이 전혀 없고, 앞으로도 그건 결코 달라지지 않을 거예요."

코니는 하층 계급도 다른 모든 계급과 전혀 다를 바 없다고 생각했다. 티버셜에서든, 메이페어에서든, 켄징턴에서든 똑같은 짓을 되풀이하고 있을 따름이다. 현대에는 단 하나의 계급밖에 없다. 그건 바로 돈을 원하는 젊은이들이다. 돈을 숭배하는 남자와 돈을 숭배하는 여자. 그 둘의 유일한 차이는 얼마를 벌었는가와 얼마를 원하는가이다.

볼턴 부인의 영향으로, 클리포드는 광산업에 새로운 흥미를 갖기 시작했다. 자신이 그 일원이라는 것을 자각하기 시작한 것이다. 그리고 새로운 자기주장 같은 것이 생겼다. 요컨대 그는 티버셜 마을의 진정한 지도자이고, 또 사실은 그가 탄광 그 자체였다. 그것은 새로운 권력의식으로, 지금까지는 공포 때문에 피하고 있었던 것이었다.

티버셜 탄광은 점점 쇠락해가고 있었다. 탄갱은 두 개 밖에 없었다. 옛날부터 있던 티버셜과 뉴런던이다. 지난날 티버셜은 유명한 탄광이었고 또한 막대한 이익을 올렸다. 그러나 전성시대는 끝나있었다. 뉴런던은 그리 부자라고는 할 수 없었지만 그럭저럭 잘 해나가는 편이었다. 다만 요즈음처럼 불경기 때는 먼저 버림받는 건 뉴런던 같은 탄광이었다.

"티버셜 남자들 가운데 일자리를 잃고 스택스게이트나 화이트오버로 옮겨 간 사람들이 많아요." 볼턴 부인이 말했다.

"전쟁 뒤에 지은 스택스게이트의 새 공장을 보신 적 없으시죠, 나리? 언젠가 꼭 한번 보시는 게 좋을 겁니다. 아주 최신식 공장이에요. 탄갱 입구에 번듯한 화학공장이 있는데 도무지 탄갱 같지가 않다니까요. 말을 들으니 석탄보다 화학부산물에서 훨씬 많은 돈을 번다나 봐요. 뭐라고 하는지는 잊어버렸지만. 그리고 광부들을 위해서 굉장히 좋은 새 주택, 멋진 아파트예요! 그런 것들 때문에, 물론 전국에서 변변치 않은 하층민들이 수없이 찾아왔지요. 하지만 수많은 티버셜 사람들도 그곳에서 그럭저럭 잘 하고 있답니다. 그곳 남자들보다 훨씬 잘 하고 있대요. 그곳에 있는 사람들은 티버셜은 이제 끝나버렸다고 말하지요. 앞으로 이삼 년만 지나면 티버셜은 폐쇄해야 한다고 말한답니다. 그리고 뉴런던이 먼저 무너질 거래요.

정말 티버셜 탄광이 문을 닫으면 어떻게 될까요? 파업하는 동안에도 그렇게 힘들었는데, 만약 정말로 영원히 폐쇄된다면 아마 세상이 끝난 것 같을 거예요. 제가 처녀였던 시절에 이곳은 전국에서 가장 좋은 탄광이었어요. 남자들은 이곳에서 일할 수 있는 걸 행운이라고 생각했지요. 티버셜은 정말 경기가 좋았어요. 하지만 지금은 침몰하고 있는 배와 같아서, 지금이 바로 탈출해야 할 때라고 남자들은 말하고 있어요. 정말 무서운 얘기 아니겠어요? 물론 마지막 순간이 닥칠 때까지 떠나지 않을 사람도 많아요. 그 사람들은 최신식 광산을 탐탁해 하지 않아요. 그렇게 깊은 탄갱이나 기계로 해치우는 일을 좋아하지 않는 거지요. 그 중에는 철제인간(鐵製人間)이라고 그들이 부르고 있는 그 채탄용 기계를 단순히 무서워하는 사람도 있답니다. 지금까지 사람이 줄곧 일해 왔던 장소잖아요? 게다가 또 그런 것은 낭비라는 거예요. 하지만 낭비라고 하는 것도, 알고 보면, 임금 면에서 돈이 적게 드니 훨씬 많이 절약하는 셈이지요. 이제 얼마 가지 않아 땅 위에서는 사람 손이 필요하지 않게 될 거라고 봐요. 모두 기계가 하게 되는 거죠. 그렇지만 옛날, 양말 짜는 기계를 버려야 했을 때도 모두 그렇게들 말했다는군요. 저도 조금 기억이 나요. 하지만 기계가 늘어나면 사람도 반드시 늘어나게 마련이에요. 아무래도 그렇게 될 것 같아요. 스택스게이트에서 생산할 수 있는 화학제품을 티버셜에서는 생산할 수 없다고 하던데, 그건 이상한 얘기예요. 서로 3마일도 떨어져 있지 않으니까요. 하지만 그렇다고들 하더군요. 남자들이 좀더 좋은 조건에서 일할 수 있고, 여자도 채용할 수 있도록, 뭔가 손을 쓸 수 없다는 건 수치라고요.

젊은 처녀들은 매일 셰필드까지 걸어다니고 있어요. 이렇게 모두가 티버셜 탄광은 이제 끝이어서 침몰해가는 배와 같고, 쥐들이 가라앉는 배에서 달아나듯이 남자들도 탄광에서 떠나야 한다고 모든 사람들이 말하고 있어요. 만약 티버셜 탄광이 새롭게 살아남는다면 세상이 깜짝 놀랄 텐데 말이죠! 하지만 모두 얘기만 무성할 뿐이니. 물론 전쟁 중에는 전쟁경기라는 것이 있었지요. 그 무렵 제프리 경께선 스스로 피신탁인이 되어, 어떻게든 돈을 영원히 안전하게 만드셨지요. 그런 거예요! 하지만 지금은 고용주나 탄광소유자도 돈벌이가 그리 시원치 않다고 하더군요. 믿을 수 없는 얘기예요. 그야 저 같은 사람은 탄광이란 영원히 계속되는 걸로 생각했으니까요. 제가 처녀였던 시절에는 이런 일이 일어날 줄 누가 상상이나 했겠어요? 하지만 뉴잉글랜드 탄광은 폐쇄되었고, 콜윅우드 탄광도 마찬가지예요. 정말 그 잡목림을 지나가면, 그곳에 콜윅우드가 나무들 사이에서 버림받은 채 서있는 것은 결코 잊을 수 없는 광경이랍니다. 갱구 주위에는 덤불이 우거져 있고 선로는 빨갛게 녹슬어 버렸고, 마치 죽음 그 자체 같아요. 죽어버린 탄광이죠. 만약 티버셜이 폐쇄된다면, 정말 그렇게 된다면, 우린 도대체 어떻게 해야 할까요? 생각만 해도 몸서리가 쳐져요. 파업이 있기 전에는 그렇게 늘 떠들썩했고, 파업할 때에도 갱내 환기용 송풍기는 쉰 적이 없었지요, 핏포니(갱내용 조랑말)를 데리고 올라갈 때 말고는요. 정말 묘한 세상이에요. 해가 갈수록 자기들이 어떻게 될 것인지 자기도 알 수 없게 되어 가니 말이에요. 정말 그렇답니다."

사실 볼턴 부인의 이야기는 클리포드의 마음에 새로운 투지를 불어넣었다. 그의 수입은 많다고는 할 수 없었지만, 볼턴 부인이 지적한 것처럼, 아버지의 신탁재산이 있어서 안전했다. 탄광은 실제로 그에게는 관심 밖의 일이었다. 그가 획득하고 싶었던 것은 다른 세계, 문학과 명성의 세계였다. 그런 인기의 세계이지, 노동의 세계가 아니었다.

그는 지금 인기상의 성공과 일에서의 성공을 구별할 수 있었다. 그것은 쾌락을 추구하는 대중과 노동으로 지고 새는 대중. 그는 사적인 개인으로서 소설을 씀으로써, 쾌락을 추구하는 대중을 즐겁게 해주고 있었다. 그리고 그는 인기를 얻었다. 그러나 쾌락을 추구하는 대중 밑에는 불쾌하고 지저분한, 아니 무서운 노동대중이 있다. 그들 또한 자기를 부양해주는 자가 없으면 안 된다. 생활에 필요한 것을 노동대중에게 제공하는 것이, 향락적인 대중에 그것을 주는 것보다 훨씬 냉혹한 일이다. 그가 소설을 써서 성공을 향해 나아가는 동안, 티버셜 탄광은 파산을 향하고 있었다.

그는 이제, 세속적인 성공의 암캐신에게는 두 가지 커다란 욕망이 있음을 깨달았다. 하나는 작가나 화가가 여신에게 바치는 감언과 추종, 또 애무와 아첨에 대한 욕망이고, 다른 하나는 고기와 뼈다귀에 대한 끝없는 물욕이다. 세속적인 성공이라는 암캐신에게 바치는 고기와 뼈다귀는 공업에서 돈을 버는 사람들이 제공하는 것이었다.

그렇다, 이 암캐신 때문에 서로 욕지거리를 해대는 수캐 무리에는 두 가지 그룹이 있다. 아첨하는 그룹, 오락이나 소설, 영화, 연극을 여신에게 제공하는 자이다. 다른 한 그룹, 존재감은 훨씬 적지만 훨씬 용맹한 종류로, 고기, 다시 말해 돈이라는 실물을 주는 자이다. 오락을 제공하는 쪽인 화려한 멋쟁이 수캐들은 이 암캐신의 사랑을 차지하려고 서로 다투며 으르렁거린다. 그러나 그것도, 필요불가결한 자, 즉 뼈다귀와 고기를 가지고 오는 자들 사이에서 일어나는, 무언(無言)의 미친 듯한 전투에 비하면 아무것도 아니었다.

그러나 볼턴 부인의 영향으로, 클리포드는 이 다른 하나의 전투에 참여하여, 공업생산이라는 비정한 수단을 통해 성공이라는 암캐신을 사로잡고 싶어졌다. 그리하여 그의 정신이 떨치고 일어난 것이다. 어떤 의미에서 볼턴 부인은 그를 한 남자로 만든 셈이었는데, 그것은 코니가 하지 못했던 일이었다. 코니는 그를 고립시키고 예민해지게 만들어, 그 자신과 자신의 사회적인 지위를 의식하게 했다. 볼턴 부인이 한 것은 단지 바깥 세상에 대해 눈뜨게 한 것뿐이었다. 내면적으로 그는 과일의 속살처럼 유연해지고, 다른 사람의 영향도 쉽게 받아들이기 시작했다. 그러나 외견상으로는 일을 잘하는 유능한 인물로 보이기 시작했다.

그는 분발하여 한번이라도 더 산에 오르게 되었다. 산에 도착하면, 지하광차를 타고 갱도로 내려가, 그대로 작업현장까지 옮겨갔다. 전쟁 전에 배워 알고 있었으나 지금은 까맣게 잊어버린 줄 알았던 일들이 곧 다시 생각났다. 일어설 수 없는 그가 거기서 지하광차에 앉아있으면, 함께 있는 갱내 감독이 강력 칸델라로 석탄층을 비춰주었다. 그는 말은 거의 하지 않았다. 그러나 그의 마음은 활동하기 시작하고 있었다.

그는 자신이 가지고 있던 탄광산업에 관한 기술전문서적을 다시 읽고, 정부의 보고서를 조사했으며, 또 독일어로 씌어진 광산업과 석탄 및 이판암의 화학적 특성에 관한 최신 저작물을 정독했다. 물론 가장 가치 있는 발견은 가능한 한 비밀에 부쳐져 있었다. 그러나 채탄 분야에서의 연구나 방법과 수단의 고찰, 석탄의 부산물과 화학적 장래성을 고찰해보니, 현대 공업기술자들의 명석한 두뇌와 발명의 재능, 기분 나쁠 만큼의 현명함은 마치 그들이 정말로 악마에게 지혜를 빌린 것이 아닌가 하는 생각이 들 정도로 놀라운 것이었다. 이 산업공학은 미술이나 문학이라는, 빈약하고 감정적이며 어리석은 것보다 훨씬 흥미진진했다. 그 영역에서 인간은 새로운 것을 발견하여, 그것을 실천하려고 분투하고 있는 신이나 악마 같았다. 이런 연구에서 인간의 지능연령은 헤아릴 수 없을 만큼 고령에 도달해 있었다. 그러나 감정적인 인간생활에 있어서는, 자력으로 성공을 획득한 이런 종류의 사람들은 열세 살가량의 연약한 소년의 지능연령이라는 것을 클리포드는 알았다. 이 모순은 참으로 크고, 소름이 끼칠 정도로 끔찍한 것이었다.

그러나 그것은 일단 제쳐두기로 하자. 인간이 감정적이라든가 '인간적인' 정신면에서는 대개 어리석어지는 것 등을 클리포드는 조금도 마음에 두지 않았다. 그런 것은 모두 상관하지 말고 내버려 두자. 클리포드는 현재 채탄업의 전문적인 사항과, 티버셜을 곤경에서 구출하는 것에만 관심을 두었다.

그는 매일 탄갱에 내려가 연구하며 총지배인과 지상감독이나 갱내감독, 그리고 기술자들에게 그들이 꿈에도 생각지 못한 괴로운 경험을 하게 했다. 권력! 새로운 권력의식이 온몸에 흐르는 것을 느꼈다. 이러한 자들 모두를 지배하고 또 다수의 광부들을 지배하는 권력, 그는 그것을 알게 된 것이다. 그는 모든 것을 자신의 손안에 쥐려고 했다.

그는 정말 다시 태어난 것처럼 보였다. 새로운 생명이 그에게 돌아온 것이다. 예술가로서, 또 자의식 강한 인간으로서 고립된 사생활에서는 코니와 함께 점점 죽어가고 있었다. 지금은 그런 것은 모두 상관하지 말고 내버려 두자. 그는 오직 석탄이나 탄광에서, 생기가 몸속으로 한꺼번에 흘러들어오는 것을 느꼈다. 갱내의 곰팡내 나는 공기조차 그에게는 산소보다 상쾌했다. 탄갱은 권력의 식을, 권력을 주었다. 나는 대단한 일을 하고 있는 것이다. 또 앞으로도 대단한 일을 하려는 것이다! 그는 승리를 얻고 싶었다, 승리를. 단 그것은 정력과 악의를 모두 소모하면서, 소설에서 획득한 것과 같은 단순한 인기가 아니라 한 남자로서의 승리였다.

처음에 그는 해결법은 전기에 있다고 생각했다. 석탄을 전력으로 바꾸는 것이다. 그 뒤 새로운 지식이 전해졌다. 연료를 자급하는 기계를 갖춘 신식 증기 기관차가 독일인에 의해 발명되었는데, 그것은 화부를 필요로 하지 않았다. 또 그 기계에는 신식연료를 공급해야 했다. 그것은 특수한 조건에서 소량으로도 고열을 내는 것이었다.

극도로 천천히, 맹렬하게 고온으로 타들어가는 새로운 농축연료에 대한 지식이 비로소 클리포드의 마음을 사로잡았다. 이런 종류의 연료가 연소되기 위해서는 단순한 공기의 공급 외에 일종의 외적인 자극이 필요한 것이 틀림없었다. 실험을 시작한 그는, 자신이 화학에 재능이 있다는 것을 알았다. 두뇌가 명석한 한 젊은이를 자신의 조수로 고용했다.

그는 자신만만했다. 그는 마침내 자신의 껍데기에서 탈출했다. 자신의 껍데기에서 탈출하고 싶다는, 마음에 간직한 일생의 열망이 이루어진 것이다. 예술은 그것을 성취시켜 주지 못했을 뿐만 아니라, 오히려 사태를 더욱 악화시켰다. 그러나 이제 가까스로 그것을 성취한 것이다.

그는 볼턴 부인이 자신을 얼마나 후원해주었는지 깨닫지 못했다. 자기가 그녀를 얼마나 의지하고 있는지도 알지 못했다. 그럼에도 불구하고 그녀와 함께 있을 때는 그의 목소리는 저절로 낮아지고, 약간 천박할 정도로 허물없고 친근한 태도가 되어 버린 것은 분명했다.

코니와 함께 있으면 그는 약간 딱딱해졌다. 자신이 모든 것에서 그녀에게 빚을 지고 있는 것만 같았다. 그래서 그녀가 단지 겉으로 만이라도 그에게 존경을 보여주는 한, 그녀에게 최대의 존경과 배려를 표시했다. 그러나 그가 은근히 그녀를 두려워하고 있는 것은 분명했다. 그의 마음속에 생긴 새로운 아킬레스건, 즉 약점이 있었던 것이다. 그리고 이 아킬레스건과 약점으로, 여자, 그것도 아내 코니 같은 여자라면, 그를 치명적인 불구로 만들 수 있을 것이었다. 그는 언제나 왠지 모르게 약간 비굴해져서, 그녀를 두려워하며 그녀에게 지극히 친절하게 대했다. 그녀에게 말을 걸 때는 목소리가 약간 긴장했다. 그녀가 있을 때는 언제나 입을 다물기 일쑤였다.

오직 볼턴 부인과 있을 때만, 그는 한 집안의 주인인 자신을 마음으로 느낄 수 있었다. 그는 그녀의 목소리와 거의 다를 바 없이 자연스러 목소리로, 그녀와 함께 많은 얘기를 오랫동안 계속했다. 그리고 그녀에게 수염을 깎게 하고 온몸을 마치 어린아이처럼, 진짜 어린아이처럼 스폰지로 씻게 했다.

## 10

이제 코니는 혼자 있는 시간이 많아졌다. 지금은 라그비 저택을 찾아오는 사람도 거의 없었다. 클리포드는 이제 방문객을 원하지 않게 되었고, 친구들과도 거리가 멀어졌다. 그는 이상하게 변해버렸다. 그는 라디오를 더 좋아했다. 상당한 돈을 들여 설치했는데, 그것이 기가 막히게 잘 들렸다. 전파가 불안정한 중부 지방에서도, 때로는 마드리드나 프랑크푸르트의 방송을 들을 수 있었다.

그래서 몇 시간이고 혼자 앉아, 꽤 크게 울리는 스피커에 귀를 기울였다. 그런 모습에 코니는 그저 놀랍고 어이가 없었다. 그러나 그는 꼼짝 않고 앉아서 공허하고도 황홀한 표정으로, 마치 넋을 잃은 듯이, 뭐라 형용할 수 없는 그 물건에 가만히 귀를 기울였다. 그렇지 않으면 귀를 기울이고 있는 것처럼 보였다.

그는 정말로 듣고 있는 것일까? 아니면 그의 내부에서 다른 뭔가가 움직이고 있는 동안, 그가 늘 복용하고 있는 수면제 같은 역할을 하는 것일까? 코니는 이해할 수가 없었다. 그녀는 자기 방으로 달아나거나, 밖에 나가 숲으로 달아났다. 이따금 공포심 같은 것이 가득 차오를 때가 있었다. 모든 문명인의 광기가 시작되는 것이 아닌가 하는 공포였다.

그러나 클리포드는 능률적인 껍질을 이루는 딱딱한 외부와 다육질의 내부를 가진 생물이라고 할 수 있는 것, 현대의 산업과 경제계의 놀라운 게나 새우의 일종으로, 기계처럼 강철의 껍질과 안쪽에 부드러운 육질체를 가진 갑각류의 무척추 동물로 변신하여 산업 활동이라는 그 이질적이고 불길한 것을 향해 떠밀려가고 있었다. 그리하여 코니는 정말로 완전한 고립상태가 되어 있었다.

그녀는 자유롭지도 않았다. 클리포드에게는 그녀가 곁에 없으면 안 되기 때문이었다. 그는 그녀에게 버림받는 것이 아닐까 하는 신경질적인 두려움을 품고 있는 것 같았다. 그의 기묘한 다육질 부분, 감정적이고 인간으로서의 개인적인 부분은 어린아이 같아서, 거의 백치처럼 두려워하며 그녀에게 의지하고 있었다. 그녀는 그의 아내 채털리 부인으로서 그곳에, 다시 말해 라그비 저택에 있어야만 했다. 그렇지 않으면 그는 들판에서 백치처럼 헤맬 것이다.

이 놀라운 의존심을 코니는 혐오감을 느끼면서도 이해했다. 그가 탄광의 지배인들이나 위원회 사람, 또는 젊은 과학자들과 이야기하고 있는 것을 들을 때면, 코니는 그의 날카로운 통찰력과 지배력, 이른바 실제적인 사람들에 대한 물질상의 지배력에 경탄했다. 그는 실무가, 더욱이 놀라울 만큼 빈틈이 없고 권력 있는 실무가인 사장이 되어 있었다. 코니는 그것은 바로 그의 인생의 중대한 전환기에 볼턴 부인에게서 받은 영향임을 간파했다.

그러나 이 빈틈없는 실무가도 자신만의 감정생활에서는 거의 백치나 다름없었다. 그는 코니를 숭배했다. 그녀는 그의 아내이자 높은 존재였다. 그리고 그는 야만인이 우상을 숭배하듯이, 비록 더없는 공포와 증오를 느끼면서도 그녀를 숭배하였다. 그가 원하는 것은 오직 코니가 맹세해 주는 것, 자신을 버리지 않겠다고 자신을 배반하지 않겠다고 맹세해주는 것뿐이었다.

"클리포드"

그녀가 말했다—그것은 그녀가 숲의 오두막 열쇠를 얻은 뒤의 일이었다.

"당신, 정말로 내가 아이를 낳아주길 바라는 거예요?"

그는 다소 튀어나온 듯한 푸른 눈으로 은밀한 불안의 빛을 띠며 그녀를 쳐다보았다.

"그 일이 우리 사이에 아무런 영향을 주지 않는다면 상관없소."

"무엇에 대한 영향 말인가요?"

"당신과 나에게, 우리의 애정에 말이오. 만약 거기에 영향을 주는 것이라면, 그때는 전적으로 반대요, 아, 물론, 어쩌면 언젠가는 나 자신의 아이를 가질 수 있을지도 모르지만."

그녀는 깜짝 놀라 그를 쳐다보았다.

"다시 말해, 가까운 장래에 나에게 그런 능력이 되돌아올지도 모른다는 얘기요."

그녀가 여전히 놀란 눈을 크게 뜨고 있자, 그는 불쾌해졌다.

"그럼, 당신은 내가 아이를 낳는 걸 싫어하는 거군요?"

그는 궁지에 몰린 개처럼 재빠르게 말했다.

"분명히 말해 두지만 나에 대한 당신의 애정이 변하지 않는다면 나도 진심으로 찬성해요. 하지만 그 일로 거기에 변화가 생긴다면 절대로 반대라는 뜻이오."

코니는 차가운 공포와 경멸로 그저 잠자코 있을 뿐이었다. 이런 이야기는 그야말로 어리석고 무의미한 넋두리에 지나지 않는다. 그는 지금 자기가 무슨 말을 하고 있는지도 모르고 있다.

"그런 일로 당신에 대한 감정이 변할 리가 있겠어요?"

그녀는 일종의 자조를 담아 그렇게 말했다.

"그렇소! 그게 중요한 점이야! 그렇기만 하다면 난 조금도 상관없어. 집안을 뛰어다니는 아이가 있고, 그 아이를 위해 미래를 설계하는 건 매우 즐거운 일 아니겠소? 뭔가 노력할 수 있는 목표가 있어야 해. 게다가 그것이 당신의 아이라는 걸 인식하지 않으면 안 돼요. 안 그렇소? 그렇게 하면 그 아인 동시에 나 자신의 아이로 생각될 테니까. 이런 문제에서 중요한 것은 당신이니까 말이오. 그건 알고 있겠지. 응? 나하고는 관계가 없으니까. 난 제로처럼 무력해. 생명에 관한 한, 당신은 위대한 존재요. 그것은 알고 있겠지? 그러니까 나에게 관한 한해서는 그렇다는 것뿐이오. 당신 없이는 나는 완전히 무와 같다는 의미지. 난 당신을 위해, 당신의 미래를 위해 살아 있는 거요. 나 자신에게 나는 없는 것과 같소."

코니는 더욱 깊어지는 곤혹과 반감 속에서 그 말을 끝까지 들었다. 그것은 인간의 존재를 해치는 끔찍한 반면(半面)뿐인 진리의 일종이었다. 온전한 정신이라면 어떤 남자가 여자에게 그런 말을 할 것인가! 하기는 남자들이란 제정신이 아니다. 조금이라도 명예심이 있다면, 어떤 남자가 여자에게 생명의 책임이라는 끔찍한 짐을 지워주고, 그 공허감 속에 여자를 내팽개쳐 둔단 말인가?

뿐만 아니라 반시간도 못되어 코니는, 클리포드가 열에 들뜬 충동적인 목소리로 볼턴 부인에게 말을 거는 것을 들었다. 마치 반은 정부이고 반은 유모인 것처럼 욕정이 없는 열정을 담아, 그 여자에게 자신의 본심을 드러내고 있던 것이다. 볼턴 부인은 그에게 정성들여 야회복을 입혀주고 있었다. 사업상의 중요한 손님이 몇 사람 와 있었다.

코니는 이런 때, 정말로 죽는 편이 낫다고 생각할 때가 가끔 있었다. 불쾌한 기만과 어리석음의 놀라운 잔인성에 코니는 당장이라도 죽을 것 같은 비참한 심정이 되는 것이었다. 그녀는 클리포드의 놀라운 사업상의 능력에는 얼마간 압도당하는 데가 있었지만, 그가 개인적인 숭배를 표명한 것은 그녀를 당혹하게 만들었다. 그들 부부 사이에는 아무것도 없었다. 그녀는 지금은 그의 몸에 손을 대는 일조차 하지 않았다. 그도 그녀에게 접근하지 않았고, 그녀의 손을 다정하게 잡아주는 일도 없었다. 그렇다, 두 사람은 접촉이 전혀 없었기 때문에, 그는 우상숭배 선언을 하며 그녀를 괴롭힌 것이다. 그것은 그야말로 성적 불능에 의한 잔인성이었다. 그녀는 미칠 것 같은, 또는 죽어버릴 것 같은 느낌이 들었다.

그녀는 틈만 나면 숲으로 도피했다. 어느 날 오후, 존의 샘가에 앉아, 생각에 잠겨 물이 차갑게 거품을 일으키는 것을 보고 있는데, 산지기가 큰 걸음으로 다가왔다.

"마님, 열쇠를 만들었습니다."

그는 인사하면서 그녀에게 열쇠를 내밀었다.

"아, 고마워요!"

그녀는 깜짝 놀라서 말했다.

"오두막이 아직 깨끗하게 정리되진 않았지만, 괜찮으시다면…… 대강 치워놓긴 했습니다만."

"그렇게 수고를 끼칠 생각은 없었어요."

"뭐, 별로 수고한 것도 없습니다. 일주일 정도 후에는 암꿩이 알을 품게 됩니다. 그 녀석들도 마님을 무서워하지는 않을 겁니다. 아침저녁 돌봐야하지만 가능한 한 방해하지 않도록 하겠습니다."

"당신이 나에게 방해가 되는 일은 없을 거예요. 만약 내가 방해가 된다면 차라리 오두막에 가지 않는 게 좋겠군요."

그는 날카로운 푸른 눈으로 그녀를 바라보았다. 부드러운 표정이었지만 서먹함이 느껴지기도 했다. 그러나 적어도 그는 정신이 온전하고, 설령 여위고 병든 몸처럼 보여도 건전했다. 그는 기침에 시달리고 있었다.

"기침을 하는군요."

그녀가 말했다.

"별 일 아닙니다. 감기지요. 지난번 폐렴의 후유증으로 기침을 합니다만, 별 것 아닙니다."

그는 그녀에게서 거리를 유지하며, 그 이상 가까이 오려 하지 않았다.

그녀는 오전이나 오후에 자주 그 오두막을 찾아갔다. 그는 한 번도 그곳에 오지 않았다. 일부러 피하고 있는 것이 틀림없었다. 자신만의 사생활을 지키고 싶어 하는 것이다.

오두막은 깨끗이 정리되어 있고, 난로 옆에 조그마한 탁자와 의자가 있었다. 그밖에도 불쏘시개와 가느다란 장작이 조금 쌓여 있고, 자신의 존재를 떠올리지 않도록 각종 도구와 덫은 가능한 한 떨어진 곳에 치워져 있었다. 바깥 빈 터 옆에는 잔가지와 짚으로 엮은 작은 지붕을 나지막하게 얹어 새가 쉴 수 있도록 했는데, 그 밑에 새집이 다섯 개나 있었다.

어느 날 그녀가 찾아가자, 두 마리의 갈색 암꿩이 새집 속에서 경계하는 듯한 날카롭고 사나운 눈초리로 웅크리고 앉아있었다. 암컷은 알을 품고 무척 자랑스러운 듯이 깃털을 곤두세우고는, 따뜻하게 품어주는 일에 최선을 다해 몰두하고 있는 것이었다. 그것을 본 코니는 가슴이 찢어지는 것 같았다. 나는 뭔가? 이렇게 고독하고, 여자로서의 역할을 다하지 못하는 전혀 여자라고 할 수 없는 나는 저 새와 비교하면 무서운 물체에 지나지 않는다.

그 뒤, 다섯 개의 새집을 암꿩들이 다 차지하고 있었다. 세 마리는 갈색이고, 회색과 검은 색이 한 마리씩이었다. 그것들은 한결같이 털을 곤두세우고, 암컷의 충동, 암컷의 본능으로 털을 한껏 부풀리고는 부드럽게 파묻힐 것처럼 엄숙하게 알 위에 웅크리고 앉아있었다. 코니가 그 옆에 쪼그리고 앉자 번쩍이는 눈으로 그녀를 지켜보며, 가까이 다가오는 것에 대한 암컷의 분노와 경고인 짧고 날카로운 외마디소리를 지르는 것이었다.

오두막 안의 모이통에 밀이 들어 있었다. 코니는 그것을 손바닥에 놓고 암꿩에게 내밀었다. 그러나 어느 녀석도 먹으려 하지 않았다. 다만 한 마리가 사나운 기세로 그녀의 손바닥을 쪼았다. 깜짝 놀란 코니는 무서움을 느꼈다. 그러나 먹으려고도 마시려고도 하지 않고 오로지 알을 품고 있는 이 어미들에게 뭔가를 꼭 주고 싶었다. 그녀는 작은 깡통에 물을 담아 가지고 왔다. 그 중한 마리가 그것을 마시는 것을 보고 그녀는 기쁨을 느꼈다.

그녀는 매일 암꿩들을 찾아갔다. 세상에서 그녀의 마음을 따뜻하게 녹여주는 것은 그 암꿩들뿐이었다. 클리포드에게 비난을 받으면, 그녀의 머리끝에서 발끝까지 오한이 훑고 지나갔다. 볼턴 부인의 목소리와 찾아오는 실업가들의 떠드는 소리에도 그녀는 오한을 느꼈다. 이따금 마이클리스한테서 오는 편지에서도 그녀는 똑같은 오한을 느꼈다. 이런 일이 오래 계속되면 자기는 반드시 죽고말 거라고 생각했다.

그러나 때는 봄, 숲에서는 히아신스가 피기 시작하고 개암나무 새싹은 초록색 빗방울이 툭툭 떨어지는 것처럼 움트고 있었다. 이런 봄인데도 모든 것이 냉담하다는 건 얼마나 무서운 일인가? 이토록 냉담하다는 것은! 다만 저렇게 숭고하게 깃털을 부풀려 알을 품고 있는 어미 꿩의 뜨거운 여체만은 따뜻했다! 코니는 줄곧, 당장이라도 정신을 잃을 것 같은 상태에서 아슬아슬하게 살고 있는 것 같은 느낌이었다.

그 뒤 개암나무 밑에 앵초가 무더기로 피어 있고, 오솔길에 제비꽃이 가득 흩어져 있는 아름다운 화창한 어느 날이었다. 코니가 오후에 새집에 가보니 아주 조그만 새끼 꿩 한 마리가 가슴을 잔뜩 젖히고 둥지 앞에서 소리 내며 돌아다니고 있고, 암꿩은 걱정이 되어 연신 새끼를 부르고 있었다. 그 가냘프고 조그마한, 검은 무늬의 회갈색 꿩은 그때 온 세상에서 가장 활발하고 가장 빛나는 생물이었다. 코니는 쪼그리고 앉아 황홀하게 그것을 바라보았다. 생명, 생명, 순결하게 빛나는, 두려움을 모르는 새 생명, 새 생명. 이렇게도 작은데, 이렇게도 두려움이 없다니! 어미의 미친 듯한 경고에 응답하여 둥지 속으로 다시 어색한 걸음으로 서둘러 돌아가 어미의 날개 밑으로 사라져버릴 때도, 사실은 두려워하고 있는 것이 아니라 게임, 살아가는 게임으로 생각하고 있을 것이다. 그러니까 또 금방 그 조그맣고 뾰족한 머리를 어미의 금갈색 깃털 사이로 다시 내밀고, 우주를 말똥말똥 관찰하고 있는 것이 아니겠는가!

코니는 완전히 매료되어 넋을 잃고 바라보았다. 그와 동시에 자기 속의 여성이 내팽개쳐 있다는 고뇌를 이때처럼 통절하게 느낀 적도 없었다. 그것은 더이상 견딜 수 없는 정도에 이르러 있었다.

지금 그녀에게는 한 가지 욕망밖에 없었다. 그것은 숲 속의 빈터에 가는 일이었다. 그 이외의 것은 모두 괴로운 꿈에 지나지 않았다. 그러나 때로는 안주인으로서의 의무에 얽매여 온종일 저택에 있어야 할 때도 있었다. 그럴 때는 허전하고 또 허전하여 미쳐버릴 것만 같았다.

어느 날 저녁, 그녀는 손님이 있든 말든 상관하지 않고 차를 마신 뒤 저택을 빠져 나갔다. 늦은 시간이어서, 그녀는 다시 불려 들어갈까봐 두려운 듯이 서둘러 정원을 가로질러 갔다. 숲 속으로 들어가자 이미 태양은 장밋빛으로 가라앉는 중이었다. 그래도 그녀는 꽃이 피어 있는 길을 서둘러 걸어갔다. 머리 위는 아직 한동안은 밝을 것이다.

그녀는 상기된 얼굴로 거의 무의식 상태에서 빈터에 도착했다. 산지기가 있었다. 셔츠 바람으로 어린 새끼꿩들이 밤사이 안전하게 지낼 수 있도록 새집을 닫고 있는 중이었다. 그러나 아직 세 마리의 새끼 꿩들이 담갈색의 조그만 발로 짚으로 만든 지붕 밑을 민첩하게 아장거리며 돌아다니고 있었다. 걱정스러운 듯한 어미가 들어가자고 불러도 들은 척도 하지 않는다.

"새끼 꿩이 너무 보고 싶어서요!"

그녀는 가쁜 숨을 몰아쉬며 산지기를 거의 모르는 사람인 것처럼 부끄러워하며 힐끗 쳐다보았다.

"더 늘어났나요?"

그가 대답했다.

"지금까지 서른여섯 마립니다. 꽤 좋은 성적이지요."

그에게도 새끼 꿩이 알을 까고 나오는 모습은 호기심을 부추기는 즐거운 광경인 것이다.

코니는 맨 끝의 새집 앞에 쪼그리고 앉았다. 세 마리의 새끼 꿩도 둥지 속으로 뛰어 들어갔다. 그러나 그 맹랑한 머리가 노란 깃털을 잽싸게 헤치고 나타났다가 다시 숨었다고 생각한 순간, 한 마리의 구슬 같은 조그만 머리 하나가 어미의 커다란 몸에서 밖을 관찰하고 있었다.

"한 번 만져보고 싶군요!"

그녀는 새집 창살 사이로 살그머니 손가락을 집어넣었다. 하지만 어미가 무서운 기세로 그녀의 손을 쪼아서 코니는 깜짝 놀라 얼른 손을 움츠렸다.

그녀는 놀란 목소리로 말했다.

"어머나, 나를 쪼는군요! 내가 싫은가 봐요. 해치려고 한 것이 아닌데!"

서 있던 남자는 그녀 머리 위에서 웃음소리를 내더니, 그녀 옆에 무릎을 벌리고 앉아 한 손을 둥지 속에 천천히 자신감 있게 집어넣었다. 어미는 그의 손을 쪼았으나 그렇게 심하게 굴지는 않았다. 그의 손이 천천히, 천천히, 확고하고 부드러운 손길로 늙은 암컷의 깃털 속을 더듬더니, 연약하게 울고 있는 새끼 꿩을 꺼냈다.

"여기!"

그는 코니 쪽으로 손을 내밀었다. 그녀는 그 조그마한 황갈색의 물체를 두 손에 받아 들었다. 그러자 그것은 믿을 수 없이 작고 가느다란 다리로 손바닥에서 일어섰다. 코니의 손 안에서 거의 무게가 없는 다리를 떨면서 균형을 유지하고 있는 조그만 생명이 예쁘고 귀여운 머리를 대담하게 쳐들고, 조심스럽게 주위를 둘러보면서 작은 소리로 '삐약' 하고 울었다.

"어쩌면 이렇게도 귀여울까! 깜찍하기도 하지!"

그녀는 가만히 말했다.

그녀 옆에 쭈그리고 앉았던 산지기도 그녀 손 안의 대담한 새끼 꿩을 재미있다는 듯이 들여다보았다. 문득 그는 그녀의 손목에 눈물이 한 방울 떨어지는 것을 보았다.

그는 일어서서 그곳을 떠나 다른 새집으로 걸어갔다. 그때 갑자기, 그의 허리께에 그 옛날의 불꽃이 번쩍이며 솟구쳐 오르는 것을 느꼈기 때문이었다. 영원히 조용하게 쉬고 있어주기를 바랐던 불꽃이었다. 그는 그녀로부터 등을 돌리고 불꽃과 싸웠다. 그러나 그것은 불꽃을 튀기며 아래쪽으로 옮겨 붙어, 무릎 속에서 빙글빙글 돌고 있었다.

그는 돌아서서 그녀를 바라보았다. 그녀는 무릎을 꿇고 새끼 꿩이 다시 어미한테 뛰어가도록, 오로지 맹목적으로 두 손을 내밀고 있었다. 그녀에게는 뭔가 침묵하는, 의지할 데 없는 외로움이 있었다. 그의 몸 안에서 그녀에 대한 연민이 불타올랐다.

자신도 모르게 그는 재빨리 다가가 그녀 옆에 쭈그리고 앉아 어미 꿩을 무서워하는 그녀의 손에서 새끼 꿩을 받아 새집 속으로 돌려보냈다. 그의 가슴 깊숙한 곳에서 갑자기 불길이 더욱 강렬하게 타올랐다.

그는 걱정스러운 듯이 그녀를 쳐다보았다. 코니는 얼굴을 돌리고 그녀가 살고 있는 시대의 모든 외로움의 고통을 온몸으로 드러내며 까닭도 없이 울고 있었다. 그의 마음은 갑자기 불티가 되어 재빨리 녹아내렸다. 그는 팔을 뻗어 그녀의 무릎에 손을 얹었다.

"울지 마십시오."

그가 조용히 말했다.

그러자 그녀는 두 손에 얼굴을 묻고, 마음이 슬픔으로 찢어질 것 같아 이제 어떻게 되든 상관없다는 심정이 되었다.

그는 그녀의 어깨 위에 손을 얹었다. 그 손은 부드럽고 조용하게 움직이기 시작하더니, 그녀의 등의 곡선을 타고 무의식적으로 내려가면서, 맹목적으로 어루만지다, 쪼그리고 앉아 있는 그녀의 허리 곡선으로 옮겨갔다. 거기서 그의 손은 부드럽게, 부드럽게, 옆구리의 곡선을 무의식 속에 본능적으로 애무했다.

그녀는 손수건을 꺼내 아무렇게나 얼굴을 닦았다.

"오두막 안으로 들어가시겠습니까?"

그는 평소의 조용한 목소리로 말했다.

그리고 그녀의 팔을 가만히 붙잡고 일으켜 세우더니, 오두막으로 천천히 데리고 가서, 안에 들어가서야 손을 놓았다. 그런 다음 의자와 탁자를 한쪽으로 치우고, 커다란 상자에서 갈색 군용담요를 꺼내 바닥에 천천히 펼쳤다. 그녀는 꼼짝도 하지 않고 선 채, 그의 얼굴을 흘깃 쳐다보았다.

그의 얼굴은 창백하고 무표정했다. 마치 운명에 순순히 복종하려는 남자의 얼굴 같았다.

"거기에 누우십시오."

그는 온화하게 말하고는 문을 꼭 닫았다. 방안이 칠흑같이 어두워졌다.

그녀는 기묘하게 순순히 담요 위에 누웠다. 그러자 욕망을 억제하지 못하는 손이 가만히 어루만지는 듯 몸에 닿더니 그녀의 얼굴을 더듬는 것이 느껴졌다. 무한한 위로와 자신감으로 가득 찬 그 손이 그녀의 얼굴을 가만히, 가만히 어루만지다, 마지막으로 뺨에 입술이 부드럽게 닿았다.

코니는 잠자고 있는 것처럼, 꿈속을 헤매는 것처럼, 미동도 하지 않고 누워 있었다. 그러자 그녀는 그의 손길이 가만가만 그러나 기묘하게 망설이듯이 어색하게 더듬고 있는 것을 느꼈다. 몸이 바르르 떨렸다. 그러나 그 손은 원하는 장소에서 옷을 벗기는 방법을 알고 있었다. 그는 몸에 꼭 들러붙는 얇은 명주 원피스를 천천히, 조심스럽게 아래로 끌어내려 발에서 벗겨 냈다. 그런 다음 격렬한 환희에 몸을 떨면서, 그녀의 따뜻하고 부드러운 몸을 어루만지며, 잠시 그녀의 배꼽에 키스했다. 그러자 이내 그녀 안에 들어가지 않을 수 없었다. 그녀의 가만히 움직이지 않는 부드러운 몸의, 이 세상의 평화 속으로 들어가지 않으면 안 되었다. 그 부인의 몸 안에 들어가 있는 것은, 그에게는 순수한 평화의 순간이었다.

코니는 잠자고 있는 것처럼, 내내 잠자고 있는 것처럼, 가만히 누워 있었다. 처음부터 끝까지 움직인 것도 그였고 오르가슴도 그만의 것이었다. 코니는 이미 자신의 만족을 위해 아무것도 하지 못하게 되어 있었다. 그의 두 팔이 그녀를 단단히 죄고 있는 것도, 또 그의 몸의 격렬한 움직임과 정액이 그녀의 몸 안에서 분출된 것도, 잠 속에서 일어난 일인 것 같았다. 그리고 그가 끝마친 다음, 가쁜 숨을 몰아쉬며 그녀의 가슴에 기대며 조용히 누웠을 때, 그녀는 가까스로 그 꿈결에서 깨어나기 시작했다.

그녀는 이상한 생각이 들었다. 그저 막연하게 신비롭다고 생각했다. 왜 그럴까? 왜 이런 일이 필요하단 말인가? 그것이 그녀한테서 어두운 슬픔의 커다란 구름을 걷어버리고 이토록 평화를 안겨준 것은 어째서일까? 정말 이게 현실 속에서 일어난 일일까? 현실인 것일까?

고민하는 현대 여성으로서의 그녀의 머리는 아직 평화를 얻지 못하고 있었다. 이것이 현실일까? 그리고 그녀는 알았다. 만약 이 남자에게 스스로 몸을 맡겼다면, 이것은 현실이다. 그러나 만약 자기를 위해 자기 자신을 잃어버리지 않았다면 그것은 없었던 일이다. 그녀는 자기가 늙었다는, 헤아릴 수 없을 만큼 나이를 먹었다는 느낌이 들었다. 그리고 마침내 더 이상 자기 자신의 무거운 짐을 견딜 수가 없었다. 그 고뇌를 풀기 위해서는 남자에게 몸을 허락하지 않으면 안 되는 것이다. 그 고뇌를 풀기 위해서는.

사내는 신비로울 정도로 조용히 누워 있었다. 그는 무엇을 느끼고 있을까? 무엇을 생각하고 있는 것일까? 그녀는 알 수가 없었다. 그녀에게 그는 정체를 알 수 없는 남자, 모르는 남자였다. 지금은 그저 기다리는 수밖에 없다. 그의 신비로운 조용함을 감히 깨뜨릴 수 없기 때문이다. 그는 그녀에게 팔을 둘러 땀으로 젖은 몸을 그녀에게 꼭 붙인 채 누워 있었다. 그런데도 전혀 모르는 사람인 것이다. 그러나 불안하지는 않았다. 바로 그의 조용함 자체가 평화였으니까.

이윽고 그가 눈을 뜨고 그녀한테서 몸을 뗐을 때, 그것을 알 수 있었다. 그것은 뭔가 버림받은 것 같은 느낌이었다. 그는 어둠 속에서 그녀의 옷을 무릎까지 끌어올렸다. 그리고 잠시 서서 자신의 옷매무새를 가다듬는 것 같았다. 그런 다음 조용히 문을 열고 밖으로 나갔다.

떡갈나무를 비추고 있는 저녁놀 위에, 작은 달이 찬연하게 빛나고 있는 것이 그녀에게 보였다. 그녀는 재빨리 몸을 일으켜 옷을 입고 매무새를 가다듬었다. 그리고 오두막 문 쪽으로 걸어갔다.

숲 속은 완전히 그림자가 져서 거의 암흑에 가까웠다. 그러나 머리 위의 하늘은 수정처럼 투명했다. 빛은 거의 비치고 있지 않았다. 산지기가 아래쪽의 어둠 속에서 나와 그녀에게 다가왔다. 얼굴만 창백한 반점처럼 어둠 속에 떠올라 있었다.

"그럼, 가실까요?"

"어디로?"

"문까지 바래다 드리지요."

그는 자기 나름대로 계획을 세우고 있었다. 그는 오두막에 자물쇠를 채우고 그녀 뒤에서 따라왔다.

"후회하시는 건 아니겠지요?"

그는 그녀와 나란히 걸으면서 물었다.

"아뇨, 아뇨! 당신은?"

"그 일에 대해선! 후회하지 않습니다!"

그리고 잠시 사이를 두고 덧붙였다. "하지만 그밖에도 여러 가지 일들이 있으니까요."

"여러 가지 일들이라뇨?"

"클리포드 경이나 다른 사람들, 복잡한 모든 일들."

"복잡한 일들? 뭐가요?"

그녀는 실망하여 되물었다.

"언제나 그렇게 되는 법이니까요. 저뿐만 아니라 당신에게도 말입니다. 늘 복잡한 일이 있지요."

그는 어둠 속을 확고한 걸음걸이로 계속 걸었다.

"그래서 당신은 후회하고 있군요!"

그녀가 말했다.

그는 하늘을 올려다보면서 대답했다.

"조금은! 이미 그런 일은 완전히 끝났다고 생각했습니다. 그런데 다시 시작하고 말았어요."

"무엇을 시작했다는 거예요?"

"생활입니다."

"생활!"

그녀는 묘한 흥분을 느끼면서 그 말을 되풀이했다.

"그것은 생활입니다. 아무리 피해도 소용없어요. 그러니까, 만약 정말 피할 수 있다면 그건 거의 죽는 것이나 다름없지요. 그러니까 내 마음이 다시 어쩔 수 없이 열렸다면, 그렇게 되는 수밖에 없어요."

그녀는 그 일을 그런 식으로는 보고 있지 않았지만, 그러나······

"그건 바로 사랑이에요."

그녀는 밝게 말했다.

"뭐, 그게 무엇이든 간에 말입니다."

두 사람은 말없이 저물어 가는 숲 속을 지나 문 있는 곳에 이르렀다.

"하지만 날 싫어하는 건 아니죠?"

그녀는 깊은 생각에 잠기면서 물었다.

"천만에요."

그는 대답했다. 그리고 갑자기 그녀를 다시 자신의 가슴에 꼭 끌어안았다. 인간의 오랜 충동, 결합하고 싶다는 욕정에 사로잡혀서.

"나에게는 좋은 일이었습니다. 좋았어요. 당신은?"

"네, 나도."

그녀는 다소 사실과 다르게 말했다. 그 일에 대해서는 그리 확실한 느낌이 없었기 때문이다.

그는 열정을 담아 몇 번이고 가만히, 가만히 키스했다.

"세상에 다른 사람들이 많지 않았으면 좋겠어요."

그는 서글프게 말했다.

그녀는 웃었다. 두 사람은 정원으로 들어가는 문까지 왔다. 그가 문을 열어 주었다.

"그럼, 여기까지만."

"네!"

그녀는 악수라도 하려는 듯이 손을 내밀었다. 그러나 그는 그것을 두 손으로 받았다.

"다시 가도 될까요?"

그녀는 헤어지기가 아쉬운 듯이 물었다.

"그럼요, 좋고말고요!"

그녀는 그를 남기고 대정원을 가로질러 갔다.

그는 뒤에 서서, 그녀가 푸르스름한 지평선 속에 떠올라 어둠 속으로 사라져 가는 것을 지켜보았다. 사라져 가는 그녀를 쓰라린 듯한 기분으로 지켜보았다. 자신이 혼자 있고 싶었던 바로 그때, 다시 여자가 나타났고 관계를 맺고 말았다. 그녀 덕분에 그는, 역시 오직 혼자 있고 싶어 하는 남자의 그 엄격한 은둔생활을 잃어버리게 되고 만 것이다.

그는 돌아서서 숲의 어둠 속으로 들어갔다. 모든 것은 정지되고 달은 이미 져버렸다. 그렇지만 밤의 소음, 스택스게이트의 엔진 소리, 간선도로를 오가는 자동차 소리는 들려오고 있었다. 그는 벌채되어 맨살을 드러낸 언덕을 천천히 올라갔다. 그리고 꼭대기에서 그 지방의 전원, 스택스게이트의 반짝이는 불빛의 행렬, 그보다 작은 티버셜 탄광의 불빛, 티버셜 마을의 노란 불빛, 그리고 밤공기가 무척 맑았기 때문에, 희미한 장밋빛의 먼 용광로에서 나오는 붉은 불꽃, 흘러나오는 고열의 금속의 장밋빛과 함께, 어두운 전원 곳곳에서 불빛이 보였다. 스택스게이트의 불쾌하게 번쩍이는 전등! 그것들 속에 숨어있는 설명할 길 없는 악의 심지, 그리고 중부지방 공업생산지의 밤이 품고 있는 모든 불안, 시시각각 변해가는 공포. 그는 스택스게이트의 기중기가 오후 7시에 교대하는 광부들을 갱내로 내려주고 있는 소리를 들었다. 탄광은 3교대로 돌아가고 있었다.

그는 다시 언덕을 내려가 숲의 암흑과 은둔 속으로 걸어 들어갔다. 그러나 격리된 숲이라는 것은 착각이라는 것을 알고 있었다. 공업의 소음이 고독을 깨뜨리고, 번쩍이는 조명은 눈에는 보이지 않지만 그것을 조소하고 있는 것 같았다. 인간은 이제 은둔하여 고립할 수 없게 되었다. 세상이 은둔자를 허용하지 않는 것이다. 그리고 지금 그는 여자와 관계를 맺고, 스스로 고통과 악운의 새로운 사슬을 짊어지게 되었다. 그것이 무엇을 의미하는지 그는 경험으로 알고 있었다. 그것은 여자 쪽의 잘못이 아니었다. 또 사랑 때문도 아니고 섹스 때문도 아니었다. 잘못은 저쪽, 하계의 저 불쾌한 전등과 엔진의 악마적인 소음에 있었다. 그리고, 전등을 휘황하게 밝히고 뜨거운 금속을 분출하며, 교통기관이 핑음을 내고 있는, 기계의 탐욕과 흡사한 기구와 기계화된 탐욕의 세계에 거대한 악이 존재하면서, 순응하지 않는 것은 뭐든지 남김없이 파괴하려고 도사리고 있다. 그것은 머지않아 숲을 파괴할 것이고, 그렇게 되면 초롱꽃도 더 이상 싹을 틔우지 않을 것이다. 상처받기 쉬운 것은 쇳덩어리의 회전과 주행에 짓밟혀 소멸해버릴 것이 틀림없다.

그는 한없이 다정한 마음으로 그 여자를 생각했다. 가련하고 외로운 여자! 그녀는 그녀 자신이 알고 있는 것보다 훨씬 좋은 여자다. 그리고, 아! 그녀가 교제하고 있는 저 딱딱하고 무정한 자들에게는 아까울 정도로 좋은 여자다. 가련하게도 그녀에게도 야생 히아신스처럼 상처받기 쉬운 데가 있다. 현대 여성처럼 견고한 고무제품이나 백금제품의 강인함이 있을 리가 없다. 그래서 그들은 그녀를 파괴할 것이다. 그들은 태어날 때부터 약한 생물을 모조리 죽여버리듯이 그녀를 죽일 것이 분명하다. 연약하다! 어딘가 그녀는 연약했다. 성장 중인 히아신스의 연약함을 연상케 할 정도로 연약했다. 그것은 셀룰로이드 같은 요즘 여자들한테서는 사라지고 없는 것이었다. 그러나 그가 아주 잠시 동안 그녀를 마음으로 보호할 것이다. 비정한 철의 세계와 기계화된 탐욕스러운 부(富)의 신이 두 사람을, 그 자신뿐만 아니라 그녀도 죽여버릴 때까지는.

그는 총을 들고 개를 데리고 자신의 어두운 오두막으로 돌아갔다. 램프를 켜고 난로에 불을 지핀 뒤, 빵과 치즈, 어린 양파와 맥주로 저녁 식사를 했다. 그가 사랑하는 정적 속에 그는 혼자였다. 방은 깨끗하게 정돈되어 있으나 약간 삭막하게 느껴졌다. 그러나 불빛은 밝고 난롯가는 깨끗하며, 하얀 리놀륨 식탁보를 깐 탁자 위에 걸린 석유램프가 환하게 비춰주고 있었다. 그는 인도에 관한 책을 읽으려 했으나 그날 밤은 읽을 수가 없었다. 불 옆에 셔츠 바람으로 앉아, 담배는 피우지 않고 맥주잔을 옆에 두었다. 그리고 코니를 생각했다.

사실을 말하면, 그는 그 일에 대해 후회하고 있었다. 그것은 거의 그녀를 위해서였다. 그에게는 막연히 예감하는 감각이 있었다. 그것은 부정이나 죄악에 대한 것은 아니었다. 그래서 그 점에 대해 양심에 걸리는 일은 없었다. 양심은 주로 사회를 두려워하거나, 자기를 두려워하는 일이라는 것은 알고 있다. 그는 자기를 두려워하지는 않았다. 그러나 사회를 두려워하고 있다는 것은 자각하고 있었다. 사회라는 것은 악의를 가진, 약간 광기에 사로잡힌 짐승이라는 것을 그는 본능적으로 알고 있었기 때문이다.

그 여자! 만약 그녀가 이곳에 함께 있을 수 있고, 그밖에는 세상에 아무도 없다면! 욕정이 다시 뜨겁게 끓어올라, 페니스가 살아있는 산새처럼 움직이기 시작했다. 동시에 우울한 기분, 전등이라는, 사악한 빛을 번쩍번쩍 발하는 그 외계의 괴물을 향해 자신과 여자를 드러내는 것에 대한 공포가 어깨를 무겁게 짓눌렀다. 가련한 젊은 여자! 그녀는 그에게 그냥 젊은 여자에 지나지 않았다. 그러나 자신이 이미 그 몸 속에 들어갔고, 지금 다시 욕정에 사로잡혀 있는 젊은 여자였다.

그는 4년 동안 남자한테서도 여자한테서도 떨어져 혼자 살아왔기 때문에, 욕정이 담긴 묘한 하품을 하면서 기지개를 켜고 일어서더니, 다시 웃옷을 주워 입고 총을 들고 램프불을 낮춘 다음, 개를 데리고 별이 총총한 바깥으로 나갔다. 욕정과 외계의 심술궂은 괴물에 대한 공포에 사로잡혀, 천천히 그리고 조용히 숲 속을 한 바퀴 돌았다. 그는 어둠을 사랑하고 그 속에 몸을 묻었다. 밤의 어둠은 일종의 부로도 생각되는 그의 욕정이 부풀어 오르는 데 적합했다. 페니스가 움직이기 시작하여 안절부절못하게 되면, 허리에 정욕의 불꽃이 이글거리며 동요하기 시작했다. 아아, 만약 저 외계의 그 번쩍이는 괴물 전기장치와 싸워, 생명의 연약함과 여자의 연약함, 그리고 욕정이라고 하는, 나면서부터 지닌 부를 보호하기 위해 다른 남자들이 함께 있어 준다면! 함께 싸워줄 사람들이 있다면! 그러나 남자들은 모두 외계에 있고 그 괴물을 자랑으로 여기며, 기계화된 탐욕 또는 탐욕스러운 기계화가 밀려오는 속에서 승리를 구가하거나 짓밟히고 있다.

한편 콘스탄스는 거의 아무 생각도 하지 않고 정원을 지나 급히 집으로 돌아갔다. 아직까지 그녀는 그것을 생각해 볼 여유도 없었다. 저녁 식사에 늦은 건 아니겠지.

그러나 문이 모두 닫혀 있어서 약간 난감했다. 벨을 누르는 수밖에 없었다. 볼턴 부인이 문을 열어 주었다.

"아, 마님이시군요! 혹시 길을 잃으신 게 아닌가 했어요!"

그녀는 약간 장난스럽게 말했다.

"하지만 클리포드 나리께서 마님을 찾지는 않으셨어요. 린리 씨가 오셔서 지금 얘기를 나누시는 중이에요. 저녁까지 남아 계실 모양인데요, 마님."

"그래요?"

"저녁식사를 15분가량 늦출까요? 그러면 천천히 옷을 갈아입으실 수 있을 테니까."

"그렇게 해 줘요."

린리 씨는 불부 출신의 나이 지긋한 탄광 총지배인으로, 클리포드를 만족시킬 만한 박력은 없는 사람이었다. 그는 전후(戰後)의 상황과 전후의 '태업'주의의 광부들에게 대응하지 못했다. 그러나 코니는 린리 씨를 좋아했다. 물론 그 부인의 아첨을 듣지 않아도 된다면 더 좋겠지만.

린리 씨는 저녁 식사 때까지 머물렀다. 코니는 크고 기름한 푸른 눈과, 실제로는 무슨 생각을 하고 있는지 도무지 알 수 없게 만드는 온화하고 침착한 태도에, 매우 겸손한 데다 세심한 배려와 재치가 있어서, 남자들이 무척 호감을 갖는 안주인이었다. 그녀는 그런 여자를 충분히 연출해 왔기 때문에 그것은 그녀의 제2의 천성이라고 할 수 있었으나, 역시 그것은 어디까지나 제2의 것일 수밖에 없었다. 그러나 기묘하게도 그것을 연출하고 있는 동안, 그녀의 의식에서 모든 것이 사라지고 없었다.

그녀는 자기 방으로 올라가서 혼자 생각에 잠길 수 있을 때까지 참을성 있게 기다렸다. 그녀는 언제나 기다렸는데, 그것이 그녀의 장점인 것 같았다.

그러나 마침내 자신의 방에 들어가자, 여전히 막연하고 혼란스러운 느낌이었다. 어떻게 생각해야 할지 알 수가 없었다. 그는 정말 어떤 사람일까? 정말 나를 좋아하는 것일까? 꼭 그런 것 같지는 않다고 그녀는 생각했다. 그러나 친절한 사람임에는 틀림없었다. 일종의 따뜻하고 소박한 온정, 기묘하고 당돌하기는 하지만, 그것이 그를 향해 나의 자궁을 열게 한 것이라고 할 수 있다. 그러나 그는 어떤 여자에게도 그런 친절을 베푸는 것이 아닐까? 설사 그렇다 하더라도 그것은 이상하게 편안함과 위로를 주는 것이었다. 게다가 그는 정열적인 사람이었다. 건전하고 정열적이었다. 그러나 어쩌면 그는 나에게 특별한 사람이 아닐지도 모른다. 어느 여자에 대해서나, 나를 대할 때와 똑같이 할지도 모른다. 그것은 개인으로서 상대하는 태도는 아니다. 그에게 있어서 나는 사실은 평범한 여자에 지나지 않는 것이다.

그러나 어쩌면 그것만으로도 그래도 나은 편이었다. 결국 그는 내 안의 여성에 대해 친절을 베푼 셈인데, 지금까지 그런 식으로 대해준 남자는 한 사람도 없었다. 남자들은 코니라는 인간에 대해서는 친절하게 대해주었지만, 여성의 부분은 경멸하거나 완전히 무시하고, 오히려 잔인하게 취급했다. 그들은 콘스탄스 리드라는 아가씨, 그리고 훗날의 채털리 부인에게는 무척 친절했지만, 나의 자궁에는 친절하지 않았다. 그런데 산지기는 콘스탄스니 채털리 부인이니 하는 것은 완전히 무시하고, 오직 나의 엉덩이와 가슴을 부드럽게 애무해준 것이다.

이튿날 그녀는 다시 숲으로 갔다. 조용한 잿빛 오후였다. 짙은 녹색의 산쪽 풀이 개암나무 숲 아래에 퍼져 있고, 모든 나무들이 움을 틔우려고 말없이 안간힘을 쓰고 있었다. 오늘 그녀는 그것을 자신의 몸으로 느낄 수 있었다. 거대한 나무속에서 수액의 물결이 위쪽으로, 새싹의 끄트머리까지 올라가, 거기서 피 같은 적동색의 작은 불꽃같은 떡갈나무 잎 속으로 밀고 들어간다. 그것은 부풀어 올라 위로 올라가서 하늘로 퍼져가는 밀물 같았다.

그녀는 빈터에 가보았다. 그는 보이지 않았다. 그가 있지 않을까 하고 반쯤 기대하고 있었다. 새끼 꿩이 둥지에서 나와, 여기저기 곤충처럼 가볍게 뛰어다니고 있고, 노란 어미가 걱정스러운 듯이 울고 있었다. 코니는 앉아서 그것을 바라보며 기다렸다. 마냥 기다리고 있었다. 새끼 꿩도 거의 눈에 들어오지 않았다. 그녀는 기다렸다.

시간이 꿈속처럼 천천히 흘러갔다. 그는 오지 않았다. 혹시나 하고 그저 반쯤 희망을 걸고 있었다. 그는 오후가 되어도 나타나지 않았다. 오후의 차 마시는 시간까지는 돌아가야 했다. 그녀는 미련을 떨치지 못한 채 집으로 돌아갔다.

집으로 돌아오는 길에 가랑비가 내리기 시작했다.

"비가 또 오오?"

그녀가 모자를 터는 것을 보고 클리포드가 물었다.

"그냥 가랑비예요."

그녀는 약간 완강하게 생각에 잠긴 채 묵묵히 차를 준비했다. 오늘은 정말 산지기를 만나고 싶었다. 어제 일이 정말 사실이었는지 확인하고 싶었다. 정말 현실 속의 일이었을까?

"나중에 책이라도 좀 읽어 줄까?"

클리포드가 말했다.

그녀는 그를 쳐다보았다. 뭔가 눈치를 챈 것일까?

"봄이 되면 어쩐지 기분이 좋지 않아요, 좀 쉬고 싶군요."

"당신 좋을 대로 하구려. 혹시 어디가 아픈 건 아니겠지?"

"아니에요, 그저 약간 피곤할 뿐이에요, 봄을 타나 보지요. 볼턴 부인과 무슨 게임이라도 하시는 게 어때요?"

"아니오, 라디오를 들을 생각이오."

그의 목소리에서 묘한 만족감이 느껴졌다. 그녀는 침실로 올라갔다. 거기서도 스피커에서 바보처럼, 벨벳 같은 점잖빼는 목소리로 길에서 뭔가를 외치는 소리가 들리기 시작했는데, 그것은 바로 옛날의 행상인들이 물건 파는 소리를 흉내 내며, 고상한 척 거드름피우는 대목이었다. 그녀는 낡은 보라색 비옷을 걸치고 부엌문으로 살그머니 빠져 나갔다.

가랑비가 베일처럼 세상을 뒤덮어 신비로운 정적에 싸여 있었지만, 그리 차갑지는 않았다. 서둘러 정원을 가로질러 가는 바람에, 몸이 후끈거려 비옷 앞자락을 열어 젖혀야 했다.

가랑비가 내리는 해질녘의 숲은, 새알과 반쯤 올라온 새싹이며 절반쯤 벌어진 꽃망울의 신비로 가득 차서 고요하게 정지한 채 비밀에 싸여 있었다. 어두컴컴한 숲 속의 나무들은 모두 옷을 벗은 것처럼 벌거숭이가 된 채 검게 빛나고 있다. 지상의 푸른 식물도 신선한 목소리로 콧노래를 부르고 있는 것 같았다.

빈터에는 역시 아무도 없었다. 새끼 꿩은 거의 다 어미 품속으로 돌아갔고, 한두 마리의 모험심이 강한 새끼들만 지붕 아래의 마른 땅을 쪼며 돌아다니고 있었다. 하지만 그 녀석들도 자신의 행위에 자신감이 없는 듯했다.

역시 그는 와 있지 않았다. 일부러 피하는 것이리라. 아니면 무슨 일이 생긴 것일까? 그래, 오두막에 가서 확인해 보는 게 좋을 거야.

그러나 그녀는 기다리는 운명으로 태어난 사람이었다. 그녀는 가지고 있던 여벌 열쇠로 오두막 문을 열었다. 모든 것이 구석구석 잘 정돈되어 있고, 사료용 곡물은 상자 속에 들어 있으며, 담요는 선반 위에 개켜져 있고, 한쪽 구석에 짚다발이 깔끔하게 쌓여 있었다. 폭풍우용 램프가 못에 걸려 있고, 탁자와 의자는 그녀가 누웠던 원래의 자리로 돌아가 있었다.

그녀는 문 앞 의자에 앉았다. 모든 것이 죽은 듯이 조용했다! 가느다란 비가 조용히, 엷은 막을 친 것처럼 아련하게 바람에 춤추고 있었다. 바람이 소리 없이 불고 있었다. 소리를 내는 것은 아무것도 없었다. 나무들도 엷은 황혼의 빛을 받으며 조용히 그러나 싱싱하게 강인한 존재처럼 서 있었다. 모든 것이 너무나 싱싱해 보였다!

다시 밤이 다가왔다. 이제 돌아가지 않으면 안 된다. 그는 일부러 피하고 있는 것이다.

그때 갑자기 그가 큰 걸음으로 빈터에 들어왔다. 운전기사 같은 검은 방수용 웃옷이 비에 젖어 반짝이고 있었다. 그는 재빨리 오두막에 눈길을 주고는 목례를 한 다음, 방향을 바꾸어 새집 쪽으로 걸어갔다. 거기서 말없이 쭈그리고 앉아 모든 것을 주의 깊게 살핀 뒤, 밤을 대비하여 어미꿩과 새끼들을 주의 깊게 새집 안에 몰아넣었다.

잠시 뒤 그는 천천히 그녀에게 다가왔다. 그녀는 여전히 의자에 앉아 있었다. 그는 현관 앞에서 그녀 앞에 섰다.

"와 계셨군요."

그는 사투리의 억양으로 말했다.

그녀는 그를 올려다보면서 말했다.

"늦었군요."

"네!"

그는 숲 쪽을 보면서 대답했다.

그녀는 의자를 옆으로 밀며 조용히 일어섰다.

"안에 볼일이 있나요?"

그녀가 물었다.

그는 꿰뚫어보듯이 그녀를 내려다보았다.

"부인이 매일 밤 여기에 오시는 걸 다른 사람들이 이상하게 생각하지 않을까요?"

그녀는 당황하여 그를 쳐다보았다.

"왜요? 난 여기 온다는 건 말했어요. 하지만 그들은 아무것도 몰라요."

"하지만 곧 알게 될 겁니다. 그렇게 되면 어떻게 하시겠습니까?"

그녀는 어떻게 대답해야 좋을지 몰랐다.

"어떻게 안단 말이에요?"

"언젠가 반드시 알게 됩니다, 그들은."

그는 그것이 숙명인 것처럼 말했다.

그녀의 입술이 약간 떨렸다.

"그럼, 하는 수 없지요."

그녀는 말을 얼버무렸다.

"아닙니다! 여기에 오시지 않으면 됩니다. 그걸 원하신다면."

그는 낮은 소리로 덧붙였다.

"하지만 그러고 싶지 않아요."

그녀는 중얼거렸다.

그는 숲 속으로 눈길을 돌리고 말없이 있었다.

"하지만 모두가 알게 되면 어떻게 하시겠습니까?

"그 점을 생각해 보십시오. 남편의 고용인인 내가 그 상대라면, 그게 얼마나 굴욕적인 일이 될지 생각해 보십시오."

그녀는 자신을 외면하고 있는 그의 얼굴을 쳐다보았다.

그녀는 말을 더듬었다.

"그건 그건 나 같은 여자는 필요치 않다는 말인가요?"

"생각해 보십시오! 만약 모두가 알게 되면 어떻게 될지…… 클리포드 경과…… 그 밖에 또 여러 가지 소문과……."

"그렇군요, 집을 나가면 되겠군요."

"어디로 말입니까?"

"어디든지! 나에게는 내 재산이 있어요. 어머니가 2만 파운드를 신탁해두셨어요. 그건 클리포드도 손댈 수 없는 돈이에요. 그 돈이면 난 나갈 수 있어요."

"하지만 당신은 아마 나가고 싶어 하지 않을 겁니다."

"그렇지 않아요! 나에게 어떤 일이 생기든 난 괜찮아요."

"네, 그렇게 생각할 뿐이지요! 그러나 신경이 쓰이게 될 겁니다. 그렇게 되지 않을 수 없어요. 귀부인이 산지기와 관계를 맺고 있다는 사실을 잊어서는 안 됩니다. 난 신사 같은 건 도저히 흉내도 낼 수 없는 사람이에요. 당신은 틀림없이 후회하게 될 겁니다. 틀림없이."

"그렇지 않아요! 무엇 때문에 신분 따위를 걱정하겠어요? 난 그런 칭호 같은 건 정말 싫어요. 사람들이 나를 그렇게 부를 때마다 조롱당하는 것 같아요. 아니, 그건 정말로 조롱하는 거예요! 당신도 그렇게 부를 때는 날 놀리고 있는 거예요."

"내가요?"

그는 그제야 비로소 똑바로 그녀를, 그녀의 눈을 들여다보았다.

"난 부인을 놀리고 있지 않습니다."

그녀는 자신의 눈을 들여다보고 있는 그의 동공이 크게 확대되면서, 어둡게, 그야말로 어둡게 그늘이 지는 것을 보았다.

그는 메마른 목소리로 물었다.

"정말 부인은 그 위험에 대해서는 조금도 걱정하지 않으시는 겁니까? 그것은 생각해볼 일입니다. 때를 놓친 뒤에는 생각해도 소용없습니다."

그의 목소리에는 애원하고 있는 듯한 묘한 경고의 울림이 있었다.

그녀는 안타깝다는 듯이 말했다.

"하지만 난 그래도 잃을 게 아무것도 없는 걸요. 그런 칭호가 어떤 것인지 안다면, 내가 그런 것을 기꺼이 버릴 거라는 걸 알게 될 거예요. 당신은 자신의 일로 두려워하는 건가요?"

그는 짤막하게 대답했다.

"네! 나는 그렇습니다. 나는 두렵습니다. 두려워하고 있어요. 여러 가지가 두렵습니다."

"어떤 것 말인가요?"

그는 머리를 뒤로 묘하게 움직여 바깥세상을 가리켰다.

"여러 가지 일! 모든 사람들! 그 전부!"

그러고 나서 그는 허리를 굽혀 갑자기 그녀의 불행한 얼굴에 키스했다.

"그렇다면, 난 걱정하지 않겠습니다. 끝까지 가봅시다. 나머진 어떻게 되든 상관없습니다. 하지만 만약 당신이 나중에라도 후회한다면!"

"나를 버리지 말아요."

그녀는 애원했다.

그는 손을 그녀의 한쪽 뺨에 대고 다시 갑자기 키스했다.

그는 조용히 말했다.

"그럼 안으로 들어갈까요? 그 비옷을 벗으십시오."

그는 총을 걸어두고 젖은 가죽코트를 벗은 뒤 담요에 손을 뻗었다.

"담요를 한 장 더 가져왔습니다. 원하신다면 덮으실 수 있도록."

"난 오래 있을 수 없어요. 저녁 식사 시간이 7시 반이니까요."

그는 흘깃 그녀를 쳐다본 다음 손목시계를 들여다보았다.

"좋아요."

그는 문을 닫고, 매달려 있는 폭풍우용 램프에 작게 불을 붙였다.

"언젠가 천천히 시간을 가질 수 있겠지요."

그는 담요를 조심스럽게 깔고, 한 장은 그녀가 벨 수 있도록 접었다. 그런 다음 잠시 의자에 앉아 그녀를 끌어당겨 한 팔로 껴안으면서 비어있는 손으로 그녀의 몸을 더듬었다. 코니는 그가 자신의 몸을 더듬다가, 숨을 들이마신 채 멈추는 소리를 들었다. 치마 속의 얇은 페티코트 속에 아무것도 입고 있지 않았던 것이다.

"아아! 당신 몸을 만지는 건 뭐라고 표현할 수가 없는 기분이군요!"

그는 손가락으로 그녀의 허리와 엉덩이의 섬세하고 따스하게 숨겨진 살결을 애무하면서 말했다. 그는 얼굴을 아래로 숙이더니, 그녀의 배와 넓적다리에 뺨을 몇 번이고 비벼댔다. 그녀는 자신의 알몸이 그에게 그토록 황홀감을 주는 것일까 하고 새삼 이상한 생각이 들었다. 그녀의 숨겨진 살아있는 몸뚱아리를 만짐으로써, 그가 그녀에게서 발견하는 매력, 거의 몰아의 매력이라는 것을 그녀는 이해할 수가 없었다. 왜냐하면, 그것은 욕정에 의해서만 의식되는 것이기 때문이다. 그리고 욕정이 사라지거나 일어나지 않을 때는, 매력에 의한 가슴의 황홀한 고동은 이해하기 어렵고 또 약간 혐오스럽기까지 한 것이다. 피가 통하는 살아 있는 몸뚱아리를 만지는 매력은 시각에 의한 매력보다 훨씬 더 깊다. 그의 뺨이 자기의 넓적다리와 배, 엉덩이 위로 미끄러져가면서, 콧수염과 부드럽고 숱이 많은 머리카락이 그녀의 몸에 착 달라붙어 마치 솔질하듯 스쳐가는 것을 느끼자, 무릎이 바르르 떨기 시작했다. 몸속의 훨씬 깊은 곳에서 새롭게 물결치는 자극, 새로운 음부가 출현한 것 같은 느낌이 들었다. 그러자 그녀는 반쯤 두려운 기분이 들었다. 제발 그렇게 애무하지 말기를 바라는 마음도 일어났다. 마침내 그는 그녀의 몸을 품에 안으려 하고 있었다. 그런데도 그녀는 그저 가만히 기다리고 있을 뿐이었다.

그리고 그에게 있어서 순수한 평화를 의미하는, 신음과 함께 안도하는 완성의 느낌을 높이려고 그녀 속으로 힘차게 들어왔을 때도, 그녀는 여전히 꼼짝하지 않고 있었다. 그녀는 자기가 좀 소외되고 있는 듯한 느낌이 들었다. 그러나 그것이 어느 정도 자신의 잘못이라는 것은 알고 있었다. 그 단절은 자신이 원한 것이었다. 지금의 경우, 그녀는 아마 그렇게 하지 않을 수 없었던 것이리라. 몸 안에서의 그의 움직임, 깊이 몰입한 격정적인 움직임, 정액이 쫙 퍼질 때의 그의 갑작스러운 경련, 그 뒤에 천천히 가라앉는 힘을 느끼면서, 그녀는 미동도 하지 않고 누워있었다. 엉덩이에서의 그 공격, 분명히 그것은 약간 우스꽝스러운 것이었다. 여자 쪽에서는, 그리고 그런 정사에 아무런 협조도 하지 않았다면, 분명히 남자의 엉덩이의 그 공격은 지극히 우스꽝스럽다. 확실히 그 남자가 이런 자세로 이런 행동을 하는 것은 지극히 우스운 것이었다.

그러나 그녀는 아무 반응도 하지 않고 가만히 누워 있었다. 그가 끝내버렸을 때도, 전에 마이클리스에게 그랬던 것처럼 기를 쓰고 자기 스스로 만족을 얻으려고 애쓰지는 않았다. 그저 가만히 누워 있었을 뿐이다. 그러자 눈에 서서히 눈물이 고이더니 주르륵 흘러 내렸다.

그도 조용히 누워 있었다. 그러나 그녀를 꼭 껴안고 그녀의 애처롭게 드러난 다리를 자신의 다리로 덮고 따뜻하게 해주려고 했다. 그는 친밀한, 의심할 것 없는 온정으로 그녀에게 착 달라붙어 있었다.

"춥지 않소?"

그는 작은 목소리로 조용히, 마치 그녀와 친밀한 듯이 아주 친밀한 듯이 속삭였다. 그러나 그녀는 소외감과 거리감을 느끼고 있었다.

"아니에요, 이제 가봐야겠어요!"

그녀는 온화하게 말했다.

그는 크게 한숨을 내쉬고 그녀를 더욱 바싹 끌어안았다가 팔의 힘을 풀었다.

그는 코니의 눈물의 의미를 이해하지 못했다. 그녀도 자기와 같은 마음일 거라고만 생각했다.

"가봐야 해요."

그녀가 되풀이했다.

그는 몸을 일으켜 잠시 코니 옆에 무릎을 꿇었다. 그리고 그녀의 넓적다리 안쪽에 키스를 한 뒤 그녀의 스커트를 내려 주었다. 희미한 램프 불빛 속에서 무의식적으로 옆으로 돌아서지도 않고 자기 옷의 단추를 채웠다.

그는 따뜻하고 확신이 있는 평화로운 얼굴로 그녀를 내려다보면서 말했다.

"언제 한번 제 집에도 오십시오."

그러나 그녀는 힘없이 누운 채, 뭔가 생각하면서 그를 물끄러미 올려다보았다. 낯선 사람이다! 모르는 사람이다! 그녀는 그가 조금 원망스럽기도 했다.

그는 웃옷을 걸친 다음 모자를 찾았다. 바닥에 떨어져 있었다. 그리고 총을 메었다.

"그럼, 가십시다!"

그는 그 따뜻하고 부드러운 눈으로 그녀를 내려다보면서 말했다.

그녀는 느릿느릿 몸을 일으켰다. 가고 싶지 않았다. 그렇다고 여기 계속 있는 것도 불쾌했다. 그는 그녀의 얇은 비옷을 입혀주고, 매무새가 단정한지 살펴주었다.

그리고 문을 열었다. 바깥은 완전히 캄캄했다. 현관 밑에 있던 그의 충실한 개가 그를 보자 반가워하며 벌떡 일어났다. 가랑비가 칠흑 같은 어둠 속에서 잿빛으로 멀어져가고 있었다.

"램프를 가지고 갑시다. 아무도 없을 테니까."

그는 오솔길을 램프를 낮게 흔들며 앞장서서 걸어가면서, 비에 젖은 풀과 뱀처럼 검게 빛나는 나무뿌리, 창백하게 보이는 꽃을 밝게 비춰주었다. 나머지는 온통 잿빛 안개비와 칠흑 같은 어둠뿐이었다.

"언젠가 제 집에도 한번 오십쇼. 안 그렇습니까? 어차피 교수형을 당할 바에는 새끼 양을 훔칠 게 아니라 차라리 큰 양을 훔치는 게 낫지요."

그가 묘하게 끈덕지게 요구하자 그녀는 난처했다. 두 사람 사이에 공통되는 것은 아무것도 없었고, 그도 사실은 결코 그녀에게 얘기하고 있는 것이 아니었다. 코니는 자신도 모르게 그의 사투리에 화가 나기 시작했다. "한 번 오십쇼" 하는 사투리는 자기에게가 아니라 아무 여자에게나 하는 말처럼 생각되었다. 코니는 기마도로에 있는 디기탈리스 잎을 발견하고 자신들이 어디쯤 걷고 있는지 대략 짐작할 수 있었다.

그가 입을 열었다.

"7시 15분이군요. 시간은 충분합니다."

그의 말투가 달라져 있었다. 그녀의 서먹서먹한 기색을 눈치 챈 모양이었다.

개암나무 울타리와 문 쪽으로 향하는 기마도로의 마지막 모퉁이를 돌자, 그는 램프불을 껐다.

"여기서부터는 길이 보일 겁니다."

그는 코니의 팔을 부드럽게 잡았다.

그러나 걷기가 쉽지 않았다. 발밑의 지면의 상태를 도무지 알 수가 없었다. 그는 발로 더듬으면서 앞으로 나아갔다. 이런 일에는 익숙했다. 문에 다다르자 그는 손전등을 그녀에게 주었다.

"정원 안은 좀 밝겠지만, 그래도 길을 잃을지 모르니 가지고 가십시오."

사실, 정원의 빈터에서는 잿빛 유령 같은 빛이 아른아른 보였다. 갑자기 그가 그녀를 끌어당겨, 그녀의 옷 속에 손을 쑥 집어넣고, 그녀의 따뜻한 몸을 비에 젖어 차가운 손으로 더듬었다.

그는 갈라진 목소리로 말했다.

"당신 같은 여자의 몸을 만질 수만 있다면 난 죽을 수도 있습니다. 잠시만 더 이렇게 있으면 안 될까요?"

그녀는 갑자기 또다시 자기를 요구하는 남자의 욕망을 느꼈다.

"안돼요, 이젠 뛰어가야 해요."

그녀는 약간 거칠게 말했다.

"그래요?"

그는 갑자기 태도를 바꿔 코니를 놓아주었다.

그녀는 몸을 돌렸다. 그러나 곧 다시 돌아서서 말했다.

"키스해줘요!"

그는 확실하게 분간할 수 없는 그녀에게 몸을 굽혀 왼쪽 눈 위에 키스했다. 그녀가 입술을 내밀자 그는 거기에 가만히 키스했지만 이내 떨어졌다.

그는 입술에 키스하는 것을 싫어했다.

그녀는 떨어지면서 말했다.

"내일 가겠어요! 만약 갈 수 있다면."

그가 어둠 속에서 대답했다.

"아! 너무 늦지는 마십시오."

벌써 그의 모습은 보이지 않았다.

"잘 가요!"

"안녕히 가십시오, 마님!"

그녀는 걸음을 멈추고 비에 젖은 어둠 속을 돌아보았다. 그의 모습이 어슴푸레하게 보일 뿐이었다.

"왜 그런 식으로 말하는 거죠?"

"아닙니다. 그럼 안녕히. 어서 뛰어가십시오."

그녀는 만질 수도 있을 것 같은 어두운 잿빛 밤을 향해 자꾸자꾸 들어갔다. 옆문이 열려 있어서, 그녀는 누구에게도 들키지 않고 자기 침실로 몰래 들어갈 수 있었다. 방문을 닫았을 때 식사 종이 울렸다. 그러나 그래도 목욕은 하고 싶었다—목욕을 하지 않고는 견딜 수가 없었다.

그녀는 자기 자신에게 말했다.

"앞으로는 이렇게 늦지 말아야지. 너무 초조하니까."

이튿날 코니는 숲에 가지 않았다. 그 대신 클리포드와 함께 유스웨이트에 갔다. 그는 이제 가끔 자동차를 타고 외출할 수 있어서, 건장한 청년을 운전기사로 고용하고 있었다. 그래서 필요한 경우 클리포드가 차에서 내리는 것을 도울 수 있는 것이다. 클리포드는 특히 대부인 레슬리 윈터를 만나고 싶었다. 윈터는 유스웨이트에서 그리 멀지 않은 시플리 저택에서 살고 있었다. 그는 나이가 지긋한 신사이자 재산가이며, 에드워드 왕조 시대에 전성기를 누렸던 부유한 탄광주의 한 사람이었다. 그 무렵 에드워드 왕은 사냥을 하기 위해 시플리 저택에 여러 번 머문 적이 있었다. 고풍스러운 회반죽을 칠한 훌륭한 집으로, 매우 우아하게 꾸며져 있었다. 윈터는 독신이었는데, 자신의 삶의 스타일을 자랑으로 여기고 있었다. 그러나 그 저택은 탄광으로 에워싸여 있었다. 레슬리 윈터는 클리포드를 마음에 들어 했지만, 신문에 나오는 사진이나 문학작품 때문에 인간적으로는 그를 그다지 존경하지 않았다. 그 노인은 에드워드 왕조풍의 멋쟁이였지만, 생활은 생활일 뿐이며 글을 쓰는 사람들을 무슨 별종처럼 여기고 있었다. 그 대지주는 코니에게는 언제나 무척 정중했다. 그녀는 매력적이고 착실한 여자인데 클리포드를 돌보느라 상당히 수척해졌다고 생각하고 있었다. 또 그녀가 라그비 저택에 후계자를 안겨줄 가능성이 전혀 없다는 것을 유감으로 여기고 있었다. 그 자신도 후계자가 없었다.

클리포드의 산지기와 관계를 맺고 있고, "우리 집에도 한 번 오십쇼" 하는 말을 했다는 것을 안다면, 이 노인은 과연 뭐라고 말할지 코니는 궁금했다. 나를 혐오하고 경멸하겠지, 무엇보다 그는 노동자 계급이 주제넘게 나서는 것을 거의 혐오하고 있으니까. 만약 상대가 그녀와 같은 계급의 사람이라면 아무렇지도 않게 생각하겠지만. 어쨌든 코니는 천성적으로, 착실하고 순종적이며 여자다운 외모를 타고 났고, 또 그것은 아마 그녀의 본성의 일부일 것이다. 윈터는 그녀를 '귀여운 아가'라고 부르며, 그녀가 원한 것도 아닌데 18세기의 귀부인을 그린 아름다운 세밀화를 선물했다.

그러나 코니는 산지기와의 정사를 생각하느라 여념이 없었다. 결국 진정한 신사이며 상류층인 윈터 씨는 그녀를 한 사람의 인간으로서, 또 분별 있는 개인으로서 대접했다. 그가 '자네'라거나 '너'라고 부르는 다른 모든 여자들과 코니를 동일시하지는 않았다.

그녀는 그날도, 다음날도, 또 그 다음 날도 숲에 가지 않았다. 그가 자신을 원하고, 자신을 기다리고 있다고 생각되거나 그런 느낌이 든다고 생각되는 한은 숲에 가지 않았다. 그러나 나흘째가 되자 그녀는 몹시 안절부절못하며 마음이 불안해졌다. 그래도 역시, 숲으로 가서 다시 한 번 자신의 넓적다리를 그 사내를 향해 벌리고 싶은 마음은 도저히 들지 않았다. 그녀는 자신이 할 수 있는 일을 이것저것 뭐든지 생각해 보았다. 셰필드까지 드라이브를 하거나 여기저기 방문하는 것을 생각해 보았지만, 그런 일은 모두 생각만 해도 불쾌했다. 결국 그녀는 숲이 아니라, 그 반대쪽을 산책하기로 결정했다. 그녀는 정원 울타리 반대쪽에 있는 작은 철문을 지나 메어헤이로 가기로 했다. 조용하고 흐린 봄날이어서, 따뜻하게 느껴질 정도였다. 그녀는 자신도 의식하지 못하는 사이에 생각에 잠겨, 주위를 돌아보지도 않고 계속 걸어갔다. 정말 아무것도 의식하지 않았기 때문에, 메어헤이 농장의 개가 사납게 짖는 소리에 뛸 듯이 놀라 걸음을 멈췄다. 메어헤이 농장! 그 목초지는 라그비 대정원의 울타리까지 이어져 있어, 그곳 사람들은 이웃인 셈이었다. 그러나 코니가 찾아간 것은 무척 오랜만이었다.

"벨!"

그녀는 커다란 흰색 불테리어를 불렀다.

"벨! 나를 잊었니? 나야, 모르겠어?"

그녀는 개를 무서워했다. 벨은 뒷걸음질치며 큰 소리로 짖었다. 그러나 그녀는 그 집 마당을 지나 토끼사육장으로 가는 오솔길로 나가고 싶었다.

플린트 부인이 나타났다. 그녀는 콘스탄스와 비슷한 나이로, 전에 교사로 지낸 적이 있었는데, 코니의 눈에는 아무래도 거짓말을 잘하는 어리석은 여자로 보였다.

"어머나! 채털리 부인 아니세요?"

플린트 부인은 순식간에 눈을 빛내며 소녀처럼 얼굴을 붉혔다.

"벨, 벨! 채털리 부인께 그렇게 짖어 대다니, 벨! 조용히 해!"

그녀는 달려가서 손에 들고 있던 흰 천으로 개를 쫓은 뒤 코니에게 왔다.

"전에는 나를 알아봤는데."

코니는 악수를 하면서 말했다. 플린트 집안은 채털리 집안의 토지에 세들어 있었다.

"물론 알고 있고말고요, 그냥 관심을 끌려고 그러는 거예요."

플린트 부인은 반짝이는 눈으로 올려다보면서 말했지만, 당황하여 흥분한 표정이었다. "그렇지만 뵌 지 너무 오래 되어서요. 그동안 별고 없으신가요?"

"네, 덕분에 잘 있어요."

"겨우내 못 뵈었군요. 잠깐 들어오셔서 아기를 좀 보시지 않겠어요?"

코니는 망설였다.

"글쎄요. 그럼, 잠깐만."

플린트 부인은 집안을 치우려고 급히 안으로 뛰어 들어갔다. 코니는 그 뒤에서 천천히 따라 들어갔으나, 불 위에서 쇠 주전자의 물이 펄펄 끓고 있는 어두운 부엌에서 머뭇거리고 있었다.

플린트 부인이 안에서 나왔다.

그녀가 말했다.

"죄송합니다. 어서 들어오세요."

그들은 거실로 들어갔다. 난로 앞의 누더기 깔개 위에 아기가 앉아 있고, 탁자 위에는 아무렇게나 차가 준비되어 있었다. 어린 하녀가 부끄러운 듯이 우물거리면서 뒷걸음으로 복도로 물러갔다.

한 돌쯤 되어 보이는 건강한 아기는, 머리카락은 아버지를 닮아 붉고 눈은 말똥말똥한 연푸른색이었다. 계집아이이지만 무서움을 모르는 아이였다. 너덧 개의 쿠션 사이에 앉아 요즘 유행하는 과장스럽게 표현된 헝겊 인형과 다른 장난감에 에워싸여 있었다.

코니가 말했다.

"참 예쁜 아기로군요! 게다가 이렇게 자란 것 좀 봐! 아주 큰 아이 같은데요!"

그 아기가 태어났을 때 숄을 선물로 보냈고, 크리스마스 때는 셀룰로이드로 만든 오리를 보냈다.

"애야, 조세핀! 널 보러 오신 분이 누구지? 이 분이 누구일까, 조세핀? 채털리 부인이시란다, 채털리 부인, 너도 알지?"

그 묘하고도 깜찍한 아기는 체면 차리지 않고 코니를 빤히 쳐다보았다. 마님이나 부인이라는 귀족의 존칭은 이 어린아이에게는 아직 아무런 의미도 없는 것이었다.

"자, 이리 온!"

코니는 아기에게 말했다.

아기는 아랑곳도 하지 않았다. 그래서 코니는 아기를 안아 올려 무릎에 앉혔다. 아기를 무릎에 안고 있으니, 얼마나 따뜻하고 사랑스러운지! 게다가 부드럽고 작은 팔이며, 아무런 의식이 없는 조그맣고 건방진 다리.

"마침 혼자서 차를 마시려던 참이었어요. 루크는 시장에 나갔기 때문에 이렇게 아무 때나 마신답니다. 채털리 부인, 함께 드시겠어요? 늘 댁에서 마시는 것과는 다르겠지만, 그래도 괜찮으시다면……."

코니는 늘 익숙하게 마시던 차를 떠올리고 싶지는 않았지만, 승낙했다. 테이블을 새로 차리는 한바탕의 소란 뒤에, 최상의 찻잔과 최상의 찻주전자가 나왔다.

"너무 애쓰지 말기 바래요."

코니가 말했다.

그러나 플린트 부인이 아무런 수고를 하지 않는다면 어떻게 차를 즐길 수 있겠는가? 그래서 코니는 아기를 돌보며, 그 여자다운 조그만 아기의 두려움을 모르는 용감함이 즐거웠고, 그 부드럽고 어리고 따뜻한 촉감에서 깊은 관능적인 기쁨을 느꼈다. 어린 생명! 게다가 이렇게도 두려움을 모르고 이렇게도 무방비하기 때문에, 이렇게 대담무쌍한 것이리라. 그런데 나이 먹은 사람들은 모두 두려움을 느끼기 때문에 배타적인 것이다.

그녀는 약간 진한 듯한 차를 한 잔 마시고 버터를 바른 맛있는 빵, 그리고 병에 든 자두를 먹었다. 플린트 부인은 코니가 마치 늠름한 기사라도 되는 것처럼 흥분하여, 뺨을 붉히고 눈을 반짝이면서 자랑스러운 듯 새침하게 가슴을 내밀고 있었다. 두 사람은 여자들끼리 주고받는 수다를 즐겁게 늘어놓았다.

"대접이 변변찮아서……"

플린트 부인이 말했다.

"집에서 먹는 것보다 훨씬 맛있었어요."

코니는 진심으로 말했다.

"어머나, 그래요?"

플린트 부인은 물론 믿지 않았다.

이윽고 코니는 일어섰다.

"이제 그만 가봐야겠군요. 남편은 내가 어디 갔는지 모르고 있어요. 도대체 어떻게 된 걸까 생각하고 있을 거예요."

플린트 부인은 흥분한 듯이 웃었다.

"설마 이런 곳에 계실 줄은 모르시겠지요? 틀림없이 사람을 시켜 찾으실 거예요."

"잘 있으렴, 조세핀."

코니는 아기에게 키스한 뒤, 몇 가닥 안 되는 붉은 머리카락을 손으로 헝클어뜨렸다.

플린트 부인은 이미 자물쇠를 잠그고 빗장을 건 정문현관을 열겠다고 고집을 부렸다. 그래서 코니는 쥐똥나무 울타리로 둘러싸인 작은 정원으로 나갔다. 오솔길 양쪽에는 부드럽고 도톰한 앵초가 두 줄로 피어 있었다.

"앵초가 참 예쁘군요."

플린트 부인이 웃었다.

"루크는 제멋대로 피었다고 말한답니다. 조금만 가지고 가세요."

그녀는 벨벳 같은 연노랑색 꽃을 열심히 땄다.

"됐어요, 그거면 충분해요."

그들은 정원의 작은 문까지 왔다.

"어느 길로 가시겠어요?"

플린트 부인이 물었다.

"토끼사육장 옆으로 가겠어요."

"네에, 아 참! 소가 울타리 안에 있어요. 하지만 아직 이쪽에는 오지 않았을 거예요. 그런데 문이 잠겨 있어서 넘어가야 해요."

"걱정 말아요."

"울타리 안을 약간 내려간 곳까지는 모셔다 드릴 수 있어요."

그들은 들토끼들이 뜯어먹어 빈약해진 목초지를 내려갔다. 숲에서는 새들이 해질녘의 환희의 노래를 열심히 부르고 있었다. 한 남자가 뒤에 처진 소를 불러 모으고 있고, 소들은 짓밟힌 목초지를 느릿느릿 건너갔다.

"오늘 저녁엔 젖 짜기가 늦어지는군요. 루크가 어두워지기 전에는 돌아오지 않는다는 걸 소들도 알고 있다니까요."

그들은 산울타리까지 왔다. 그 저편에는 어린 전나무가 빽빽이 우거져 있었다. 조그마한 나무문이 있지만 잠겨 있다. 안쪽의 풀숲에 병이 하나 놓여 있는데, 비어 있다.

플린트 부인이 설명했다.

"저건 산지기의 우유병이랍니다. 우유를 여기 갖다 놓으면 그 사람이 와서 가져가지요."

"그 사람은 언제 오나요?"

"그야 언제든, 이 부근에 있을 때지요. 주로 오전에 와요. 그럼 채털리 부인, 안녕히 가세요. 꼭 다시 들러주세요. 오늘 무척 즐거웠어요, 마님이 찾아주셔서."

코니는 울타리를 타넘고, 깊이 우거져 가지가 곤추서 있는 어린 전나무 사이의 좁은 오솔길로 들어갔다. 차양 넓은 모자를 쓴 플린트 부인은 목초지를 뛰어서 돌아갔다. 역시 그녀는 교사다운 데가 있는 여자였다. 콘스탄스는 어린 나무가 밀생해 있는, 새로운 이 일대의 숲은 별로 좋아하지 않았다. 불쾌하고 숨이 막힐 것 같았다. 그녀는 고개를 숙이고, 플린트 부인의 아기 생각을 하면서 서둘러 걸어갔다. 귀엽게 생긴 아이지만, 아버지처럼 안짱다리가 될 것 같았다. 그럴 기미가 벌써 보이고 있었다. 하지만 어쩌면 자라면서 나을지도 모른다. 어쨌든 아기가 있다는 것은 얼마나 마음을 따뜻하게 해주고 만족감을 주는 것일까? 그래서 플린트 부인도 그 아이를 그토록 자랑스럽게 보여주었던 것이 아닌가! 아무튼 그녀는 코니가 가지고 있지 않은 것, 또 명백하게 가질 수 없는 것을 가지고 있었다. 뿐만 아니라 플린트 부인은 모성애를 과시하고 있었다. 그래서 코니는 조금, 아주 조금 질투를 느꼈다. 그녀가 그렇게 느끼는 것은 어쩔 수 없는 일이었다.

생각에 잠겨 있던 그녀는 깜짝 놀라 공포의 짧은 비명을 질렀다. 거기에 한 남자가 있었던 것이다.

산지기였다. 이스라엘의 예언자 발람의 당나귀처럼, 오솔길을 막아서서 그녀를 방해한 것이다.

"여기는 어쩐 일이십니까?"

그가 놀라서 말했다.

"당신이야말로 어떻게 이곳에?"

그녀는 숨을 헐떡이며 말했다.

"당신은 어떻게? 오두막에 갔다 온 겁니까?"

"아니에요! 메어헤이에서 오는 거예요."

그가 호기심에서 탐색하듯이 그녀를 쳐다보자, 그녀는 잘못이라도 저지른 것처럼 고개를 숙였다.

"그래서, 지금 오두막으로 가는 길입니까?"

그는 약간 강한 어조로 물었다.

"아니에요! 갈 수 없어요. 메어헤이에 있었는데, 집에는 아무 말도 하지 않고 나왔거든요. 늦어서 이제 뛰어가야 해요."

"나한테서 달아나려는 것 같군요."

그는 희미하게 비웃는 듯한 웃음을 띠며 물었다.

"아니에요, 그런 게 아니라 다만……."

"다만?"

그는 성큼 그녀에게 다가와서 그녀의 몸에 팔을 둘렀다.

그의 몸의 앞부분이 무섭게 접근해 오며 생동하고 있는 것을 그녀는 느꼈다.

"아니, 지금은 안돼요, 지금은 안 된다니까요."

그녀는 그를 밀어내면서 소리쳤다.

"왜 안 됩니까? 아직 6시밖에 안 됐는데요. 30분이나 있어요. 난 당신이 필요해요."

그는 그녀를 꼭 끌어안았다. 그녀는 그가 절박한 상태에 있다는 것을 느꼈다. 그녀의 지금까지의 본능으로는 자신의 자유를 위해 싸워야 했다. 그러나 마음속에 있는 뭔가 다른 것이 소극적이고 무력하며 묵직하게 느껴졌다. 그의 몸은 그녀와 접촉하자 절박해져 있었고, 그녀에게는 더 이상 싸울 힘이 없었다.

그는 주위를 둘러보았다.

"갑시다, 여기서 빠져 나갑시다."

그는 빽빽하게 서있는 전나무 숲을 꿰뚫을 듯이 들여다보면서 말했다. 전나무는 이제 겨우 반쯤 자란 어린 나무였다.

그가 코니를 돌아보았다. 그의 눈이 긴장으로 날카롭게 번쩍였다. 애정이 담겨 있지 않은 것을 그녀는 알아보았다. 그러나 그녀는 이미 의지를 잃어버린 뒤였다. 기묘한 추가 팔다리에 무겁게 매달려 있는 것 같았다. 그녀는 굴복하려 하고 있었다. 체념하려 하고 있었다.

그는 가시덤불이 뒤엉켜서 빠져나가기 힘든 나무의 벽을 헤치며, 그녀를 데리고 마른 나뭇가지가 쌓여 있는 작은 빈터로 갔다. 두어 개의 죽은 나뭇가지를 집어 던진 뒤 웃옷과 조끼를 벗어 그 위에 깔았다. 이제 셔츠와 반바지 차림으로 옆에 서서, 마법에 홀린 듯한 눈길로 그녀를 바라보면서 기다리는 동안, 코니는 그곳에 있는 나뭇가지 아래에 동물처럼 눕지 않으면 안 되었다. 그러나 그는 더욱 조심스럽고 신중했다―그녀가 불편하지 않도록, 불편하지 않도록 똑바로 눕혀주었다. 그러나 그는 그녀의 속옷 끈을 찢어버리고 말았다. 그녀가 그에게 전혀 협조하지 않고, 그저 죽은 듯이 누워 있기만 했기 때문이었다.

그도 자기 몸의 앞부분을 드러냈다. 그가 그녀의 몸 안에 들어오자, 그의 드러난 살이 압박해오는 것을 그녀는 느꼈다. 그는 잠시 동안 그녀 안에서 가만히 정지한 채 부풀어 오르더니, 부르르 몸을 떨었다. 그런 다음 그가 몸을 움직이기 시작하자, 어찌할 길 없는 갑작스러운 오르가슴 상태가 되어, 그녀의 몸 안에서 작은 물결이 이는 듯한, 새롭고 이상한 전율이 그녀 안에서 눈을 떴다. 부드러운, 깃털처럼 부드러운 불꽃이 너울거리다가, 겹쳐지고 포개지듯 잔물결을 일으키며, 끝없이 잔물결을 일으키며 밀려와서, 아름답게, 더할 수 없이 아름답게 빛을 발하기 시작하자, 그녀의 뜨거워진 내장이 모조리 녹아내리는 것이었다. 그것은 잔물결처럼 소리를 내면서 최고조에 도달해가는 방울소리 같았다. 그녀는 마지막에 몇 번인가 지른 미친 듯한 가냘픈 신음소리를 의식하지 못한 채 누워 있었다. 그러나 너무 빨리, 너무 빨리 끝나고 말았다. 그런데도 그녀는 이제 스스로 움직여 강인하게 자기 자신의 종결로 이끌어갈 수가 없었다. 전과는 달랐다. 이상했다. 더 이상 자기 스스로 아무것도 할 수가 없는 것이다. 이제, 자기 자신의 만족을 얻기 위해, 사정없이 남자를 꽉 붙잡고 있을 수가 없었다. 그가 점점 오므라들며 물러가서, 마침내 몸 안에서 빠져나가 사라져버리는 무서운 순간이 오는 것을 느끼면서도, 그녀는 그저 가만히 기다리고 기다리면서 마음속으로 신음하는 수밖에 없었다. 그러나 그때, 자궁 전체가 활짝 열리며 유연해져서, 마치 조수 속에 있는 말미잘처럼 조용히 소리치며, 남자에게 다시 한번 들어와 자신을 만족시켜달라고 외치고 있었다. 그녀는 욕정에 사로잡혀 자신도 모르게 그에게 매달렸다. 그는 아직 그녀한테서 완전히 빠져나가지는 않고 있었다. 그녀는 자신의 꿈틀거리는 야릇한 율동 속에서 그의 부드러운 봉오리가 야릇한 율동적인 팽창운동과 함께 그녀의 몸속으로 달려오는 것을 느꼈다. 그것은 팽창하고, 또 팽창하여, 마침내 그녀의 밀착감을 충분히 채워주기에 이르렀다. 그리고 그 뒤에 말로 표현할 수 없는 운동이 다시 시작되었지만, 사실은 운동이 아니라, 심층을 향해 소용돌이치는 순수한 감각이며, 그녀의 몸의 모든 조직과 의식을 통과하여, 점점 심부로 소용돌이치며 파들어 가서, 마침내 그녀는 하나의 완전한 동심원적 감각의 유동체가 되었다. 그녀는 무의식 속에서 거의 알아들을 수 없는 신음소리를 내며 가만히 누워 있었다. 그 소리는 가장 깊은 어둠 속에서 울려 나오는 것이었고, 생명의 소리였다. 남자는 그의 생명이 그녀의 몸속으로 질주하기 시작했을 때, 그 목소리를 자신의 몸 아래에서 뭔가 외경심과 비슷한 기분으로 들었다. 그리고 신음소리가 잦아듦에 따라 그의 움직임도 차차 가라앉고, 곧 아무런 의식도 없이 미동도 하지 않고 누워 있었다. 그에게 밀착되어 있던 그녀도 힘이 서서히 느슨해지며 역시 기진맥진하여 가만히 있었다. 두 사람은 누운 채, 아무것도, 서로의 존재도 의식하지 않고, 무아의 경지를 헤매고 있었다. 하지만 그가 이윽고 정신을 차려, 자신의 무방비한 알몸을 깨닫기 시작하자, 그녀에게도 그의 몸에서 자신을 포용하고 있는 힘이 풀려가는 것이 느껴졌다. 그는 떨어지려 하고 있는 것이다. 그녀는 마음속으로 만약 그가 자신의 벗은 몸을 버려두고 돌아보지 않는다면 참을 수 없을 거라고 생각했다. 그는 이제부터 언제나 자신의 몸을 덮어서 가려주지 않으면 안 되는 것이다.

이윽고 그는 몸을 일으켜 그녀에게 키스하더니, 그녀에게 완전히 옷을 입혀 준 뒤, 자신의 옷을 입기 시작했다. 그녀는 여전히 움직이지 않고 누운 채 나뭇가지를 올려다보았다. 그는 일어나 주위를 살피면서 바지의 혁대를 바짝 졸라맸다. 발에 코를 올리고 얌전히 누워 있는 개를 제외하면, 주위는 나무가 우거지고 정적에 싸여 있다. 그는 다시 섶나무 가지 위에 앉아서 말없이 코니의 손을 잡았다.

그녀는 몸을 돌려 그를 쳐다보았다.

"이번엔 둘이 함께 도달했군요!"

그녀는 대답하지 않았다.

"그런 때는 말할 수 없이 좋아요. 대개는 한평생을 살아도 그런 걸 모르지요."

그는 뭔가 꿈꾸는 듯한 말투였다.

그녀는 생각에 잠겨 있는 그의 얼굴을 들여다보았다.

그녀가 물었다.

"그래요? 그래서 좋았나요?"

"좋고말고요. 하지만, 그런 건 신경 쓰지 마십시오."

그는 그녀의 눈을 들여다보았다. 그는 코니가 이야기하는 것을 원치 않았다. 그래서 그는 몸을 굽혀 키스했다. 그녀는 그가 영원히 그런 식으로 키스해 줬으면 좋겠다고 생각했다.

마침내 그녀는 일어나 앉았다.

"함께 절정에 도달하는 게 흔치 않은 일인가요?"

그녀는 순진한 호기심에서 물었다.

"한번도 경험하지 않는 사람이 꽤 많지요. 그런 사람들은 어딘가 음란한 분위기로 알 수 있어요."

그는 무심코 얘기하고는 이내 얘기를 꺼낸 것을 후회했다.

"다른 여자하고도 그렇게 같이 도달했어요?"

그는 흥미가 솟는 걸 느끼며 그녀를 쳐다보았다.

그는 말했다.

"모르겠는걸요. 모르겠어요."

그는 말하고 싶지 않은 것은 절대로 말하지 않는다는 것을 코니는 알았다.

그녀는 그의 얼굴을 가만히 쳐다보았다. 그러자 그에 대한 욕정이 몸 안에서 다시 꿈틀거리기 시작했다. 그러나 가능한 한 그것에 저항했다. 왜냐하면, 그것은 그녀 자신에게 있어서 자기를 잃는 일이 되기 때문이었다.

그는 조끼와 웃옷을 입고 다시 오솔길까지 숲을 헤치며 나아갔다.

태양의 마지막 햇살이 거의 수평으로 숲을 비추고 있었다.

그가 말했다.

"난 함께 가지 않겠소. 그 편이 좋을 것 같아요."

그녀는 돌아서기 전에 아쉬운 듯이 그를 쳐다보았다. 개는 그가 돌아오기를 이제나저제나 하고 걱정스러운 듯 기다리고 있었고, 그는 이제 아무것도 할 말이 없는 것 같았다. 못다 한 말이 아무것도 없었다.

코니는 자신의 마음속에 있는 또 하나의 새로운 것의 깊이를 실감하면서 천천히 집으로 돌아갔다. 그녀 안에는 또 하나의 자신이 살아 있었다. 자궁과 내장 속에서 불타오르며 부드럽게 녹아가고 있었다. 그리고 그녀 자신이 그 남자를 사모하고 있었다. 걸어가면서, 그를 사모한 나머지 무릎에서 힘이 빠져 나가는 것을 느꼈다. 그녀의 자궁과 내장 속은 지금 생기를 되찾아 싱싱하게 살아나고 있었지만, 참으로 소박한 여자처럼 그를 애모하기에는 연약하고 무력했다. ―남자의 그것은 어린아이 같은 느낌이었어. 그녀는 마음속으로 그렇게 말해 보았다. 그것은 내 안에 있으면 어린아이 같은 느낌―바로 그것이었어. 마치 지금까지 꼭 닫혀 있었던 그녀의 자궁이 열리고, 무거운 짐 같지만, 그래도 사랑스러운 새로운 생명으로 가득 찬 것 같았다.

'만약 나에게 아기가 있다면' 그녀는 자신을 향해 생각했다. '만약 그가 내 뱃속에 어린아이로 있어준다면!' 그렇게 생각하자, 팔다리가 뜨거워졌다. 그리고 자기만의 아이를 가지는 것과, 몸 속 깊은 곳에서 애타게 사모하는 남자의 아이를 가지는 것의 커다란 차이를 깨달았다. 전자는 어떤 의미에서는 일반적인 일이었다. 그러나 내장과 자궁에 사모하는 남자의 아이를 가지는 것, 이 생각은 자신이 지금까지의 자신과 무척 달라졌다는 것을 느끼게 하고, 또 마치 모든 여성다움의 중심으로, 또 창조를 위한 잠 속으로 깊이, 깊이, 가라앉는 것처럼 느끼게 해주었다.

그녀에게 새로운 경험이었던 것은 정욕이 아니라, 애타게 그리는 애모의 정이었다. 그것을 그녀는 늘 두려워했다는 것을 스스로 알고 있었다. 그러한 감정은 자신을 무력하게 만드는 것이었으니까. 만약 그를 너무 사랑하면, 그때는 자신을 잃고 세상에서 숨어사는 존재가 되지 않을까 하고 다시금 두려워하고 있는 것이다. 게다가 숨어사는 여자가 되고 싶지는 않았다. 그것은 미개인 여자 같은 노예다. 노예가 되어서는 안 된다. 그녀는 자신의 애모의 정이 두려웠지만, 당장 그것과 싸우려고 하지도 않았다. 그것과 싸울 수 있다는 것을 스스로 알고 있기 때문이었다. 그녀의 가슴 속에는, 자신의 자궁 안에서 부드럽게 가득 팽창해 있는 애모의 정과 싸워 그것을 말살해버리는 것도, 그럴 마음만 있으면 할 수 있다는 악마 같은 의지가 있었다.

아아! 그렇다. 바커스 축제의 무녀 배컨트처럼, 또 바커스 축제의 제사장 이아코스를 만나기 위해 숲 속을 달려가는 바커스의 여신도들처럼 정열적이 되어야 한다. 이아코스의 원기 왕성한 남근은 그것에 독자적인 인격을 지니고 있는 것이 아니라, 여신도에게 봉사하는 순전한 신의 하인이었다. 인격을 가진 개인으로서의 남성, 그런 자는 단호하게 침입을 거부하라. 제사장은 단순히 신전의 하인이고, 원기 왕성한 남근의 운반자이자 관리인이며, 그녀 자신의 소유물이었다.

이리하여 새로운 자각의 흐름 속에서, 이전의 그 격렬한 욕정이 한때 그녀의 마음속에 불타올랐다. 남자는 그의 봉사가 실행되고 나면 산산이 부서지고 마는 하잘 것 없는 것, 단순한 남근의 운반자로 떨어지고 마는 것이었다. 코니는 팔다리와 몸속에서, 바커스의 그 여신도가 전광석화처럼 여지없이 남자를 무너뜨리는 여자의 힘을 느꼈다. 그러나 그것을 느끼는 한편, 마음은 무거웠다. 그런 힘은 바라지 않았다. 그것은 이미 경험으로 알고 있는 일로, 아이를 낳지 못하는 불임이다. 사모하는 마음이야말로 그녀의 보물이었다. 그것은 도저히 헤아릴 수 없는 것, 참으로 깊고, 실로 부드러우며, 완전히 신비로운 것이었다. 그래, 맞아! 격렬하고 왕성한 여자의 힘은 내던져버리자. 그것에 너무 열중해 있었던 그녀는 이젠 싫증이 났다. 말없이 사모의 노래를 부르는 자궁과 내장의 깊은 곳에서, 생기로 가득한 새로운 욕조에 푹 몸을 담그자. 남자를 두려워하기에는 아직 이르다.

그녀는 클리포드에게 말했다. "메어헤이까지 산책을 하고 플린트 부인과 차를 마시고 왔어요. 아기가 보고 싶었거든요. 무척 귀여웠어요. 머리가 빨간 거미줄 같은, 정말 귀여운 아이더군요! 플린트 씨는 시장에 가고 없어서, 플린트 부인과 그 아이와 셋이서 차를 마셨어요. 어디에 갔나 궁금해 하셨죠?"

"그래, 궁금했소. 하지만 어디서 차라도 마시는가보다고 생각했지."

클리포드는 다소 질투 섞인 어조로 말했다. 선견지명이라고 해야 할까, 그는 그녀에게서 지금까지 없었던 새로운 것, 그로서는 전혀 이해할 수 없는 것을 느꼈지만, 그것은 틀림없이 아기 탓일 것으로 생각하기로 했다. 그는 코니를 괴롭히고 있는 것은 오직 아이가 없는 것, 다시 말해 자연스러운 방법으로는 아이를 낳을 수 없는 것뿐이라고 생각하고 있었다.

"마님이 대 정원을 가로질러 철문 쪽으로 가시는 것을 봤어요. 그래서 아마 목사관에 가시나보다 했지요." 볼튼 부인이 말했다.

"그럴까 생각하다가 메이헤이 쪽으로 갔어요."

두 여인의 눈이 마주쳤다. 볼튼 부인의 밝은 잿빛 눈은 탐색하는 듯한 눈길이었다. 코니의 푸른 눈은 베일을 쓰고 있는 것 같은 묘한 아름다움이 있었다. 볼튼 부인은 마님에게 애인이 생겼다는 것을 거의 확신하고 있었다. 그러나 도대체 어떻게 해서, 또 그 상대는 누구인 것일까? 어디 사는 남자일까?

"네, 이따금 외출하셔서 사람들을 자주 만나시는 것이 마님께도 좋을 거예요. 저도 클리포드 경께 말씀드렸지요, 마님께서 좀더 세상 사람들과 사귀시면 건강에 무척 좋을 거라고요."

"그래요, 나가길 잘한 것 같아요. 게다가 정말 기묘하게 귀엽고 깜찍한 아기였어요, 클리포드. 꼭 거미줄 같은 머리카락은 밝은 오렌지색이고, 무척 맹랑하고 기묘한 눈은 연푸른 도자기 같았어요. 물론 여자아이라서 그렇겠죠. 그렇지 않으면 그렇게 대담하지는 않을 거예요. 배를 타고 세계일주를 했던 프랜시스 드레이크의 어렸을 때 모습보다 더 대담해보였다니까요."

"맞아요, 마님. 그집 아이들은 다 그렇더군요. 언제나 교활한 빨강머리 집안이지요."

"한 번 보고 싶지 않으세요, 클리포드? 당신에게 보여주고 싶어서 차 마시러 오라고 초대했는데."

"누구를?"

그는 무척 불안해져서 코니를 쳐다보며 물었다.

"플린트 부인에게 아기를 데리고 오라 했어요, 다음 월요일에."

"당신 방에서 차를 대접하구려."

"어머, 아기를 보고 싶지 않으세요?"

"아, 그야 보고말고. 하지만 차 마시는 시간 내내 함께 앉아 있는 건 아무래도……."

"어머나"

코니는 베일에 가린 듯한 눈을 크게 뜨고 그를 보면서 말했다.

그녀는 정말 그의 마음을 알 수가 없었다. 그는 어쩐지 다른 사람이 되어 있는 것 같았다.

"마님 방에서 드시면 더 소탈하고 편안하게 차를 드실 수 있을 거예요. 게다가 플린트 부인도 나리께서 계시는 것보다 훨씬 편할 거고요."

볼턴 부인이 말했다.

코니에게 애인이 생겼다는 것을 그녀는 확신했다. 그녀의 마음에는 뭔가 흥분하고 있는 것이 있다. 상대가 누구일까? 짐작이 가지 않는다. 어쩌면 플린트 부인한테서 힌트를 얻을 수 있을지도 모른다.

코니는 그날 밤은 목욕하고 싶은 마음이 일어나지 않았다. 그의 맨살이 자기에게 닿는 느낌, 그녀에게 밀착한 그의 끈적끈적한 느낌은 그녀에게는 소중한 것이었고, 어떤 의미에서는 신성했다.

클리포드는 무척 불안해하고 있었다. 저녁 식사 뒤에도 좀처럼 코니를 놓아 주려 하지 않았다. 그녀는 혼자 있고 싶어서 견딜 수가 없었다. 그녀는 그를 조용히 바라보고 있었는데, 묘하게 순종적이었다.

"함께 카드놀이라도 할까? 아니면 책이라도 읽어 줄까? 그것도 아니면 뭘?"

그는 불안한 듯 말했다.

"책을 읽어주세요."

"뭘 읽을까…… 시? 산문? 아니면 희곡?"

"라신*15이 좋겠어요."

라신을 진짜 프랑스 사람처럼 장중한 어조로 읽는 것이 그의 특기였다. 그러나 지금은 그 재주도 녹이 슬어 스스로 그것을 약간 의식하는 데가 있었다. 사실은 그는 라디오를 듣고 싶었다. 코니는 플린트 부인의 아기를 위해 자기 옷을 뜯어서 앵초 빛 비단으로 작은 아기 옷을 부지런히 짓고 있었다. 집에 돌

---

*15 17세기 프랑스의 신고전파 작가.

아와서 저녁 식사 전에 미리 마름질해 놓았던 것이다. 그녀는 클리포드의 책 읽는 소리가 이어지는 동안, 바느질을 하면서 온화하고 조용한 자신만의 기쁨에 잠겨 있었다.

몸 안에서는 깊게 울리는 종소리의 여운 같은 욕정의 여운이 느껴졌다.

클리포드가 라신에 대해 그녀에게 뭔가 이야기했다. 그녀는 그 말이 끝난 뒤에야 무슨 말인지 겨우 이해했다.

그녀는 그를 올려다보면서 대답했다.

"네, 맞아요! 정말 멋진 구절이죠?"

그는 옆에 앉아 있는 그녀의 반짝이는 깊고 푸른 눈과 부드럽고 평온한 모습에 새삼스럽게 놀라움을 느꼈다. 지금까지 그녀가 이토록 부드럽고 평온한 모습이었던 적은 한번도 없었다. 마치 뭔가 그녀에게 감돌고 있는 뭐라 말할 수 없이 은근한 향기에 취한 것처럼, 그는 그녀한테서 억제할 수 없는 매력을 느끼고 있었다. 그래서 그는 어찌할 바를 몰라서 낭독을 계속했지만, 그녀에게는 프랑스어를 말할 때의 목구멍 소리가 굴뚝을 빠져나가는 바람 소리처럼 들렸다. 그녀는 라신에 대해 한 마디도 듣고 있지 않았다.

봄이 나무의 새싹 속에 들어가, 희미하게, 기쁜 듯한 신음소리를 지르며 술 렁이고 있는 숲처럼, 그녀는 자신만의 부드러운 황홀감에 젖어 있었다. 그 남자가, 그 신비롭고 멋진 남근을 가진 그 이름 없는 남자가, 그녀와 같은 세상에서 아름다운 다리로 움직이고 있는 것을 느낄 수 있었다. 그리고 자신의 몸 안에, 모든 혈관 속에, 그 사람과 그 아이를 느꼈다. 그 사람의 아이는 새벽을 고하는 여명처럼 그녀의 모든 혈관에서 고동치고 있었다.

"손도 없고, 눈도 발도 황금의 보물 같은 머리카락도 없고, 아무것도 가지지 않은 그녀……"라는 스윈번의 시처럼.

그녀는 숲과 같은 상태였다. 움트고 있는 수많은 새싹들이 알아들을 수 없는 신음소리를 지르며, 어둡게 서로 뒤엉켜있는 떡갈나무 숲 같은 것이었다. 동시에 욕망이라는 새들은 그녀의 더할 수 없이 복잡하게 뒤엉킨 몸속에서 잠자고 있었다.

클리포드의 목소리는 손뼉을 치는 듯, 목구멍을 울리는 듯한 이상한 음색으로 계속되었다. 그것은 참으로 이상한 것이었다! 옆에서 몸을 굽히고 책에 열중해 있는, 기묘하고 탐욕스럽고 높은 교양을 갖추고 있으며, 넓은 어깨, 모양만 갖춘 다리를 가지고 있는 그는, 얼마나 이상한 존재인가! 뭔가 뛰어난 인물인 것 같은 날카롭고 냉혹한 불굴의 의지를 지녔지만, 따뜻함이 없는, 따뜻함이 전혀 없는, 그는 얼마나 기이한 인간이란 말인가! 열정은 없지만 특별히 기민하고 냉혹한 의지를 지닌 그 미래의 인간들 가운데 한 사람일 것이다. 코니는 그에게 두려움을 느끼며 약간 몸을 떨었다. 그러나 그때 생명의 부드러운 불꽃이 클리포드보다 더 강했다. 그리고 진실은 그에게는 숨겨져 있었다.

낭독이 끝났다. 그녀는 깜짝 놀랐다. 그러나 시선을 들었을 때는 더욱 깜짝 놀랐다. 클리포드가 아직도 창백하고 불길한 눈으로 그녀를 증오하듯이 응시하고 있었던 것이다.

"고마워요! 당신의 라신 낭독은 정말 훌륭해요!"

그녀는 부드럽게 말했다.

"당신의 듣는 태도만큼은 훌륭하겠지."

그가 잔인하게 말했다.

"무얼 만들고 있소?"

"아기 옷이에요. 플린트 부인의 아기에게 주려고요."

그는 얼굴을 돌렸다. 아기, 아기, 그녀의 마음속에는 오직 아기밖에 없었다.

그는 연설투로 말했다.

"결국 사람이 원하는 것은 모두 라신한테서 얻을 수 있소. 정돈되고 질서가 유지되고 있는 감정은 혼란스러운 감정보다 중요한 것이지."

그녀는 베일에 싸인 듯한 눈을 크게 뜨고 멍하니 그를 응시했다.

"네, 확실히 그렇다고 나도 생각해요."

"현대 사회는 감정을 해방했기 때문에 저속한 것이 되고 말았소. 우리에게 필요한 것은 고전적인 억제요."

"그래요."

그녀는 그가 공허한 얼굴로 라디오의 감정적이고 허튼 소리를 듣고 있는 모습을 떠올리면서 천천히 말했다.

"사람들은 감정을 지니고 있는 척하지만 사실은 아무것도 느끼고 있지 않아요. 그게 낭만적이라고 생각하는 거지요."

"정말 그래."

실제적인 문제에서는 그는 몹시 피곤했다. 이 날 밤 여러 가지 일들이 그를 지치게 했던 것이다. 차라리 전문서적이나 탄광 지배인을 상대하거나, 라디오를 듣는 편이 나았을 것을.

볼턴 부인이 엿기름을 넣은 우유를 두 잔 들고 들어왔다. 클리포드에게는 수면제를 대신하고, 코니에게는 원래대로 건강을 회복하기 위한 것이었다. 그것은 볼턴 부인이 제안한, 말하자면 자기 전에 꼭 마시는 술이었다.

그걸 마시고 난 코니는 이제 나갈 수 있게 된 것이 기뻤다. 또 클리포드의 잠자리 시중을 들지 않아도 되는 것도 좋았다. 그의 컵을 받아 쟁반 위에 놓고 방밖에 내놓기 위해 쟁반을 들었다.

"잘 자요, 클리포드. 푹 주무세요! 라신의 작품은 꿈속처럼 마음에 와 닿더군요. 그럼, 안녕!"

그녀는 벌써 문을 향해 돌아서 있었다. 그에게 밤 키스도 하지 않고 나가려는 것이었다. 그는 날카롭고 차가운 눈길로 그녀를 좇았다. 그런가! 저녁 내내 그녀를 위해 낭독해주었는데, 키스도 해주지 않다니. 그녀에게는 그런 뿌리 깊은 박정한 데가 있었다. 키스가 설령 형식적인 것에 지나지 않는다 해도, 생활은 그러한 형식적인 것에 좌우되는 것이다. 그녀는 진정한 과격주의자(볼셰비키)이다. 그녀의 천성은 과격주의적이다. 그는 차가운 분노를 품은 눈으로, 그녀가 나간 문을 노려보았다. 분노가 불타올랐다!

다시 밤의 공포가 그를 덮쳐왔다. 그는 온몸이 마치 날카로운 신경들로 이루어져 있는 것 같았다. 그리고 기운을 내어 일에 몰두하고 있지 않은, 따라서 정력이 왕성하지 않을 때나, 라디오에 귀를 기울이고 있지 않은, 따라서 완전히 이도저도 아닌 채 무력하게 있을 때, 그런 때는 불안과 위험하고 절박한 공허감에 사로잡혔다. 그는 무서웠다. 코니는 만약 그럴 마음만 있다면, 클리포드한테서 그 공포를 제거해줄 수 있었다. 그러나 그녀에게 그럴 마음이 없는 것은 명백했다. 그녀는 그렇게 하고 싶어 하지 않았다. 그녀는 무정했다. 그가 그녀를 위해 해준 모든 것에 대해 차갑고 무정했다. 자신의 생활을 그녀에게 바쳤는데, 그녀는 그에게 박정했다. 오직 자신의 생각대로 하고 싶어 할 뿐이었다. '숙녀는 자신의 의지를 사랑한다', 바로 그것이었다.

지금 그녀를 사로잡고 있는 것은 아기였다. 다만 아기는 자신만의 것, 오로지 자신만의 것이고, 그의 것이어서는 안 되었다.

클리포드는 그런 셈치고는 무척 건강했다. 혈색 좋은 얼굴, 떡 벌어진 튼튼한 어깨에, 가슴은 두툼하고 전체적으로 살집이 좋았다. 그러면서도 그는 죽음을 두려워했다. 무서운 공허가 어딘가에서 왜 그런지 모르게 그를 위협하고 있는 것 같았다. 공허감, 그의 정력은 감퇴하여 이 공허감이 될 것이다. 정력이 감퇴하자, 그는 이따금 자신은 죽었다고, 정말로 죽었다고 느낄 때가 있었다.

그리하여 그의 약간 튀어나온 파르스름한 눈에 묘한 표정이 떠올랐다. 남의 눈을 꺼리는 듯하면서도 다소 잔인하고 무척 차가우며, 동시에 뻔뻔스럽다고 할 수 있는, 무척 특이한 눈빛이었다, 그 철면피 같은 눈빛은. 그는 마치 인생 따위는 아무것도 아니라는 듯, 인생에 승리를 거두고 있는 것 같았다. '의지의 신비를 누가 측량할 수 있으랴…… 그것은 천사도 이길 수 있는 것이거늘……'[16]

그러나 그의 공포의 대상은 잠 못 이루는 밤이었다. 그럴 때는 정말 무서웠다. 사방에서 소멸이 그를 덮쳐왔다. 그런 때 생명이 사라졌는데도 살아있는 것은 소름끼치는 일이었다. 살아있기 위해 밤에는 죽어있는 거라고 할 수 있을까?

그러나 이제는 벨을 누르면 볼턴 부인을 부를 수가 있었다. 그러면 그녀는 언제라도 와주었다. 그것은 커다란 위안이었다. 그녀는 실내복 차림으로 오는데, 머리를 땋아 등 뒤에 늘어뜨리고 묘하게 소녀 같은 모습이어서 정체가 혼란스러웠다. 땋아 늘인 갈색 머리에 몇 가닥 백발이 섞여 있기는 했지만. 그녀는 커피나 약용 꽃인 카밀레로 차를 만들어 준다. 그런 다음 체스나 카드놀이를 함께 한다. 그녀는 그동안 거의 졸면서도 체스에 여자 특유의 묘한 재능이 있어서, 이길 맛이 날 정도로 만만치 않은 실력을 보여주었다. 밤이 자아내는 조용한 친밀감 속에 두 사람은 함께 앉아 있거나, 그녀는 앉아 있고 그는 침대에 누워 있다. 독서용 램프가 그 쓸쓸한 불빛으로 두 사람을 비춰주고 있지만, 그녀는 거의 졸고 있고 그는 거의 공포에 사로잡혀 있다. 그러면서도 두 사람은 게임을 한다. 함께 게임을. 그것이 끝나면 한 잔의 커피와 비스킷을 함께 먹으며 밤의 정적 속에서 거의 아무 말도 하지 않지만, 서로에게 안도하는 한때를 보내는 것이다.

그런데 그녀는 이날 밤 채털리 부인의 애인이 도대체 누구인지 궁금하게 생

---

[16] 미국작가 에드거 앨런 포의 시 〈리지아〉를 모방한 것.

각하고 있었다. 그러자 가장 사랑하는 남편 테드가 떠올랐다. 죽은 지 오랜 세월이 흘렀지만, 그녀에게 있어서는 완전히 죽은 것은 결코 아니었다. 남편을 생각할 때마다 세상에 대해, 특히 고용주들에 대해, 그들이 남편을 죽였다는 오랜 원한이 되살아났다. 그들이 남편을 실제로 죽인 것은 아니지만, 그녀의 감정으로는 그들이 죽인 것이었다. 그리고 그것 때문에 어딘가 마음 깊은 곳에서 그녀는 허무주의자였고 실제로 무정부주의자였다.

그녀의 졸고 있는 머리 속에는, 테드에 대한 생각과 채털리 부인의 누군지 모르는 애인에 대한 생각이 뒤엉켜 있었다. 그러자 그녀는 클리포드 경과, 그가 지지하는 모든 사람들에 대한 커다란 원한을 코니와 공유하고 있다고 느꼈다. 그러나 그러면서도 그 장본인과 6펜스를 걸고 카드놀이를 하고 있는 것이다. 그리고 준남작과 카드놀이를 하는 것과 게임에 져서 6펜스를 잃는 것도, 그녀의 만족감의 원천이 되어주었다.

카드놀이를 할 때 그들은 반드시 내기를 했다. 그러면 그는 게임에 열중할 수가 있었다. 대부분은 그가 이겼다. 오늘 밤에도 그가 이기고 있었다. 그래서 새벽의 최초의 징후가 나타날 때까지 그는 자려고 하지 않았다. 다행히 4시 반쯤에는 날이 밝기 시작했다.

코니는 이 시간이면 침대에서 깊이 잠들어 있다. 그러나 산지기는 잠을 이루지 못하고 있었다. 그는 새집을 닫고 숲을 한 바퀴 돈 뒤 집에 돌아와 저녁 식사를 했다. 그러나 그는 침대에 들어가지 않고 난롯가에 앉아 생각에 잠겨 있었다.

그는 티버셜에서 자란 소년 시절과 오륙 년에 걸친 결혼 생활에 대해 생각했다. 아내를 생각하면 언제나 쓰디쓴 기분이었다. 아내는 무척 야비한 여자였다. 그러나 1915년 봄에 군대에 들어간 뒤로는 그녀를 만난 적이 없었다. 그녀는 지금도 여기서 3마일도 떨어지지 않은 곳에서 살고 있다. 옛날보다 더 야비한 여자가 되어. 그는 살아 있는 동안은 두 번 다시 그녀를 만나고 싶지 않았다. 그는 군인으로서 외국에서 지낸 생활을 떠올렸다. 인도, 이집트, 그리고 다시 인도로 가서 말을 상대하며 아무 생각 없이 맹목적으로 지냈던 날들, 그를 마음에 들어 했고 그도 존경했던 대령과 그 덕분에 중위가 되어 장교로 지냈던 몇 년. 대위로 진급할 전망은 충분했다. 그 뒤 대령이 폐렴에 걸려 죽고, 그 또한 가까스로 죽음을 면한 일. 건강을 해치고 심한 불면증에 걸려, 제대한 뒤 영국으로 돌아와 다시 노동자가 된 일.

그는 그때 안정되지 못한 생활을 하고 있었다. 이 숲에 있으면 적어도 한동 안은 안전하게 지낼 수 있을 거라고 생각했다.

지금까지는 밀렵하는 사람이 없었다. 그래서 그는 꿩을 기르지 않으면 안 되었다. 그렇다면 그에게는 발포할 총도 필요 없을 터였다. 그는 혼자가 되어 세상과 멀리 떨어져 살고 싶었다. 그가 바라는 것은 그것뿐이었다. 일종의 은 신처가 있어야 했다. 게다가 이곳은 그가 태어난 고향이었다. 그리고 어머니도 있다. 하기는 어머니는 그에게 그다지 의미가 없는 존재였다. 그래서 하루하루 연명하면서, 사람들과 교제하지도 않고, 아무런 희망도 없이 살아갈 수 있었 다. 그것은, 자신이 어떻게 처신해야 할지 몰랐기 때문이다.

그는 어떻게 해야 할지 몰랐다. 몇 년 동안 장교 생활을 하면서 아내나 가족 을 거느린 다른 장교나 문관들과 교제했기 때문에 출세하고 싶은 야망은 완 전히 잊고 있었다. 그가 아는 한 중류나 상류 계급에는 일종의 어떤 완고함이, 이상하게 따지고 캐기를 좋아하는 집요함은 있었으나 생명감이 결여되어 있었 다. 그것은 그의 마음을 냉담하게 만들고 그들에게 이질감을 느끼게 했다.

그래서 그는 다시 자신의 계급으로 돌아왔다. 그런데 거기에는 몇 년 동안 떠나 있던 사이에 그가 잊어버리고 있었던 일, 그야말로 혐오감을 갖게 하는 편협하고 야비한 행동이 얼마나 불쾌한 것인지 알 수 있었다. 그는 이제야 매 너가 얼마나 소중한 것인지 비로소 안 것이다. 또 반 페니짜리 동전이나 일상 생활의 사소한 일에 대해 걱정하지 않는 척하는 것도 얼마나 중요한지 깨달았 다. 그러나 보통사람들 사이에서는 허세가 없었다. 베이컨 값이 1페니 싸고 비 싸고 하는 것이 복음서의 수정보다 중요한 일이었다. 그는 그것을 참을 수가 없었다.

거기에 또 임금투쟁이 있었다. 그는 유산계급 속에서 살아왔기 때문에 임금 투쟁에 뭔가의 해결을 기대하는 것은 전혀 무익하다는 것을 알고 있었다. 죽 음 외에는 해결책이 없는 것이다. 단 하나의 길은 상관하지 않는 것, 임금에 대 해 상관하지 않는 것이었다.

그러나 자신이 가난하고 비참한 지경에 이르면 상관하지 않을 수가 없다. 아무튼 그것은 사람들이 관심을 두는 유일한 일이 되어가고 있었다. 돈에 대 한 걱정은 커다란 암덩이 같은 것으로, 모든 계급의 사람들을 병들게 하고 있다. 그는 돈에 집착하지 않기로 결심했다.

그렇다면 무엇이 있는가? 돈에 대한 걱정 외에 인생은 무엇을 주었는가? 아무것도 없다.

그러나 그는 그리 쾌적하지는 않지만 혼자 사는 것에 만족하면서, 결국 돈 많은 남자들이 아침식사 후 사살하기 위한 꿩을 사육할 수 있었다. 그것은 무익한 일, 지극히 무익한 일이었다.

하지만 지금 왜 걱정하고, 왜 번민하는 것인가? 그 여자가 그의 생활 속에 들어오기 전까지는 그는 아무런 근심도 없고 번민도 없었는데. 그는 그녀보다 거의 열 살이나 위였다. 그리고 경험 면에서는 밑바닥에서부터 시작하여, 그녀보다 천년이나 연륜이 있었다. 둘 사이의 관계는 점점 친밀해져 가고 있었다. 그들이 서로 단단하게 얽히고 결합되어, 둘이서 함께 생활하지 않으면 안 되는 날을 그는 예상할 수 있었다. '사랑의 굴레는 풀기 어려운 것이니까!'

그럼 그 다음에는 어떻게 될까? 그 다음에는? 밑바닥부터 다시 시작해야 하는 것인가? 그 여자를 끌어들이지 않으면 안 된단 말인가? 그녀의 장애인 남편과 불쾌하기 짝이 없는 투쟁을 하지 않으면 안 된단 말인가? 그리고 또 자기를 증오하는 야비한 아내와도 그러한 투쟁을 또? 비참한 일이다, 너무도 비참한 일이다! 게다가 그는 이미 젊은 나이도 아니고 단순히 건강할 따름이었다. 태평한 성격도 아니었다. 모든 괴로운 일, 불쾌한 일에 상처받을 것이다! 게다가 그 여자까지!

하지만 그들 두 사람이 클리포드 경이나 그의 아내로부터 떠난다 해도, 설령 두 사람이 거기서 빠져 나갈 수 있다 해도, 둘이서 그 뒤 무엇을 할 것인가? 그 자신 어쩌려는 것인가? 어떻게 생활해 나갈 작정인가? 아무튼 그는 뭔가 해야만 할 것이다. 그녀의 돈과 그 자신의 약간의 연금만 믿고 그저 빈둥거리는 게으름뱅이가 될 수는 없다.

그것은 해결할 수 없는 문제였다. 미국에 건너가 새로운 공기를 마셔볼까 하는 생각밖에 나지 않았다. 그는 달러는 전혀 신용하지 않았다. 아마 어쩌면 다른 방법이 있을지도 모른다.

그는 가만히 앉아서 쉴 수도 잠을 잘 수도 없었다. 한밤중까지 앉아서 망연하게 괴로운 번민에 빠져 있던 그는 갑자기 의자에서 일어나 웃옷과 총을 집어 들었다.

그는 개에게 말했다.

"자, 나가자. 우리에겐 밖이 가장 좋아."

별이 총총한 밤이었지만 달은 없었다. 그는 조용한 걸음으로 천천히 조심하면서 숲 속을 살피며 돌아다녔다. 그가 싸워야 하는 유일한 상대는 메어헤이 쪽에서 토끼에게 덫을 놓는 광부들, 특히 스택스게이트의 광부들이었다. 그러나 지금은 번식기여서 광부들도 조금은 자제하고 있었다. 그래도 역시 밀렵자를 찾아 순찰구역을 소리 없이 걷는 것은, 신경을 안정시키고 여러 가지 생각에서 벗어날 수 있게 해주었다.

약 5마일을 걸어야 하는 순찰구역을 천천히 주의 깊게 돌고 나자 피곤이 몰려왔다. 언덕 꼭대기에 올라가 사방을 둘러보았다. 스택스게이트 탄광 쪽에서 나는, 발을 끄는 듯한 희미한 소리 외에는 아무 소리도 들리지 않았다. 탄광은 일을 쉬는 일이 없었다. 또 공장의 휘황한 전등불의 행렬 말고는 불빛도 거의 보이지 않았다. 온 세상이 어둠과 자욱하게 깔린 연기 속에 잠들어 있었다. 새벽 2시 반이었다. 그러나 잠을 자는 중에도 마음이 불안한 무자비한 세계에서, 기차와 도로 위의 대형트럭이 소음을 내며 움직이고 있고, 용광로에서는 뭔가 장밋빛 번개 같은 섬광이 번쩍이고 있었다. 그것은 철과 석탄의 세계로 철의 무자비함과 석탄의 연기였고, 또 그 세계의 모든 것을 움직이는, 지칠 줄 모르는 끝없는 탐욕이었다. 탐욕만이 세계가 잠들어 있는 동안에도 꿈틀거리고 있다. 탐욕만이.

추워서 그는 기침을 했다. 상쾌하고 차가운 바람이 언덕을 훑고 지나갔다. 그는 그 여자를 생각했다. 지금이라면, 한 장의 담요 속에서 자신의 품에 따뜻하게 안고 자기 위해, 자신이 가질 수 있는 것, 또는 앞으로 가질 수 있을지도 모르는 모든 것을 버릴 수 있었다. 거기서 그녀를 안고 같은 담요 속에서 따뜻하게 잠드는 것이다. 그저 함께 잘 수만 있다면, 영원한 희망과 지금까지 쌓아온 모든 것을 버려도 좋았다. 그녀를 품속에 안고 자는 것 말고는 아무것도 필요치 않다고 생각했다.

그는 오두막으로 가서 혼자 담요를 덮고 마루에 누워 잠을 청했다. 그러나 잠이 오지 않았다. 추웠기 때문이다. 게다가 그 자신의 채워지지 않은 육체적 욕구를 비참할 정도로 느끼고 있었다. 자기가 혼자 있다는 불완전한 상태를 참혹할 정도로 통감했다. 그녀를 갖고 싶었다. 그녀를 만지고, 완성의 한 순간,

그녀를 꼭 끌어안고 자고 싶었다.

그는 다시 일어나 밖으로 나갔다. 이번에는 대정원으로 가는 문 쪽으로 갔다. 그런 다음 천천히 오솔길을 따라 저택 쪽을 향했다. 이미 4시가 가까웠다. 공기는 여전히 맑고 차가웠다. 날이 밝아오는 기척은 아직 없었다. 어둠에는 익숙했으므로 사물을 잘 식별할 수 있었다.

천천히, 천천히, 그 커다란 저택에 자석처럼 끌려갔다. 그녀 가까이 있고 싶었다. 그것은 욕정이 아니었다. 그것이 아니었다. 다만 말없이 그녀를 자기 품 안에 끌어 안고 싶은 불완전한 고독을 그가 참혹하게 느끼고 있었기 때문이다. 어쩌면 그녀를 발견할 수 있을지도 모른다. 어쩌면 그녀를 자기 쪽으로 불러낼 수 있을지도 모른다. 그렇지 않으면 그녀의 방으로 가는 길을 찾을 수 있을지도 모른다. 그토록 그는 절박했다.

그는 천천히 저택으로 가는 비탈길을 몰래 올라갔다. 그러고 나서 그 높다란 언덕 꼭대기에 있는 거목을 돌아 찻길로 나갔다. 찻길은 현관 앞의 마름모꼴 잔디밭을 크게 한 바퀴 돌고 있었다. 저택 앞의 그 커다랗고 평탄한 마름모꼴에 두 그루의 당당한 너도밤나무가 벌써 모습을 드러내기 시작했다. 그것은 어두운 밤하늘에 검은 모습으로 우뚝 서있었다.

저택이 그곳에 낮고 길게 망막한 모습으로 서있는데, 아래층 클리포드의 방에만 불이 켜져 있었다. 그러나 그를 무자비하게 끌어당기는 가느다란 실 저쪽 끝을 쥐고 있는 여자, 그녀가 어느 방에 있는지는 알 수 없었다.

그는 총을 한 손에 들고 조금 더 다가가서, 찻길에 가만히 선 채 저택을 주의 깊게 바라보았다. 어쩌면 지금이라도 그녀를 발견하여 어떻게든 그녀 곁으로 갈 수 있을지도 모른다. 저 저택은 난공불락의 요새는 아닐 것이다. 게다가 그는 밤도둑보다 더 민첩하게 움직일 수 있다. 그녀가 있는 곳으로 왜 갈 수 없단 말인가?

그는 기다리면서 가만히 서 있었다. 그 사이에 등 뒤에서 새벽하늘이 희미하게 서서히 밝아왔다. 집안의 불빛이 꺼지는 것이 보였다. 하지만 볼턴 부인이 불 꺼진 방에서 짙푸른 색의 낡은 비단 커튼을 젖히고 창가에 서있는 것까지는 보이지 않았다. 그녀는 새벽이 다가오는 박명을 바라보며 클리포드가 아침이 온 것을 알고 안심할 수 있도록, 날이 밝아오기만을 기다리고 있었다. 클리포드는 날이 밝은 것을 알면 이내 잠들기 때문이었다.

그녀는 창가에서 기다리면서 졸린 눈으로 서있었다. 그러다가 뛸 듯이 놀라 하마터면 비명을 지를 뻔했다. 바깥 찻길에 한 남자가 서있는 것이 아닌가! 희끄무레한 빛 속의 검은 그림자를, 그녀는 졸던 눈을 번쩍 뜨고 가만히 살펴보았다. 그러나 클리포드 경의 잠을 깨울 만한 소리는 내지 않았다.

새벽빛이 살금살금 세상에 비쳐들기 시작하자, 검은 그림자는 작아져서 윤곽이 더욱 뚜렷해졌다. 총과 각반과 헐렁한 윗옷을 겨우 알아볼 수 있었다. 산지기 올리버 멜러스 같았다. 분명했다. 냄새를 맡으며 개가 그림자처럼 그를 기다리며 돌아다니고 있지 않은가!

하지만 저기서 그는 무엇을 하고 있는 것일까? 집안사람을 깨우려는 것일까? 왜 저곳에 서 있는 것일까, 미동도 하지 않고 집을 올려다보고 있는 모습이 상사병에 걸린 수캐가 암캐가 있는 집밖에 서 있는 것 같았다.

아, 그래! 볼턴 부인의 뇌리를 총알처럼 스치는 것이 있었다. 채털리 부인의 연인이다! 그가 그 사람이었어, 그가!

어떻게 이런 일이! 아니, 그녀, 아이비 볼턴 자신도 한때 잠시 그를 짝사랑했던 적이 있지 않았던가? 그는 열여섯 살의 소년이고 그녀는 스물여섯 살의 처녀였던 시절이었다. 그 무렵 그녀는 공부하던 중이었는데, 해부학이며 그 밖에 여러 가지를 배우는 데 그가 여러모로 큰 도움을 주었다. 그는 총명한 소년이어서 셰필드 공립중학교에서 장학금을 받으며 프랑스어와 그 밖의 뭔가를 공부했다. 그러나 결국 말에 편자를 박아 넣는 대장장이가 되었다. 무엇보다 말이 좋아서라고 그는 말했다. 그러나 사실은 밖에 나가 세상과 맞서는 것이 두려워서였다. 다만 그것을 인정하고 싶지 않았을 뿐이었다.

그러나 그는 멋진 청년으로 그녀를 많이 도와주었는데, 사물을 남에게 분명하게 이해시킬 줄 아는 재주가 있었다. 그는 클리포드 경만큼 머리가 좋았고, 언제나 여성의 편에 섰다. 남자보다 여자와 함께 있는 일이 많다는 평판이었다.

그리고 결국 그는 자신을 스스로 학대라도 하는 것처럼 버사 쿠츠와 결혼했다. 자학적으로 결혼하는 사람도 실제로 있는 법이다. 그리고 그런 결혼을 하는 사람은 무언가에 실망한 사람이다. 그러니 그 결혼이 실패로 끝난 것은 당연한 일이었다. 그는 전쟁 중 내내 집에 돌아가지 않았다. 육군 중위니 뭐니 하는 자리까지 올라, 누가 뭐래도 어엿한 신사가 되었다. 정말 훌륭한 신사라고 할 수 있었다! 그랬던 그가 티버셜로 돌아와 산지기가 될 줄이야! 기회가 찾아와도 그것을 잡을 수 없는 사람이 있는 것은 사실이다! 게다가 형편없는 인간인 것처럼 다시 티버셜 사투리를 쓰고 있다니. 그녀, 아이비 볼턴은 그가 참으로 신사답게 말할 줄 안다는 것을 알고 있었다.

아니 그럼! 그렇다면 마님은 저 사람을 좋아하고 있단 말인가! 그래, 저 사람의 매력에 빠진 것은 마님 한사람만이 아니었어. 그에게는 뭔가 매력이 있어. 하지만 생각해 봐! 한쪽은 티버셜에서 태어나고 자란 남자, 한쪽은 라그비 저택의 안주인. 이런 놀라운 일이! 정말 이건 지위와 권세를 자랑하는 채털리 집안으로서는 뺨을 얻어맞는 것과 같은 끔찍한 모욕일 거야.

한편 산지기는 주위가 밝아질수록 깨달아가고 있었다. 부질없는 일이다! 너 자신의 고독에서 벗어나려 해도 부질없는 일이다. 너는 한평생 자신의 고독을 지키지 않으면 안 된다. 다만 이따금 마음의 틈바구니를 메울 수는 있을 것이다. 이따금 말이다! 그런 때를 조용히 기다리지 않으면 안 된다. 자신의 고독을 받아들이고, 평생 그것을 지켜야 한다. 그리고 마음의 틈바구니를 메울 수 있을 때는, 그것을 받아들여야 한다. 그러나 그것은 저절로 찾아오지 않으면 안 된다. 억지로 오게 할 수는 없는 일이다.

그녀를 찾기 위해 그를 끌고 왔던 처절한 욕정이 갑자기 툭 소리를 내며 끊어졌다. 그렇게 하지 않으면 안 되기 때문에, 그가 그것을 놓아버린 것이다. 양쪽에서 서로 다가가는 것이 아니면 안 된다. 그리고 만약 그녀가 그에게 오지 않는다면, 그녀의 뒤를 억지로 쫓아가지는 않을 생각이다. 그래서는 안 된다. 돌아가서 그녀가 오기를 기다려야 한다.

그는 다시 고독을 받아들이고, 천천히 생각에 잠기면서 그곳을 떠났다. 그렇게 해야 한다는 것을 깨달은 것이다. 그녀 쪽에서 오지 않으면 안 된다. 자기 쪽에서 그녀를 찾아 쫓아다니는 건 헛된 일이다. 부질없는 일이다!

볼턴 부인은 그가 사라져가는 모습을, 그의 개가 뒤를 따라가는 모습을 바라보았다.

"오, 저런! 설마 저 사람일 줄은 꿈에도 생각지 못했어. 하지만 저 사람이라고 해서 놀라울 것도 없는 일이지. 테드가 죽은 뒤, 그가 젊었던 시절에 나에게도 친절하게 대해주었거든. 그나저나 만약 그 분이 아신다면 뭐라고 하실까!"

그녀는 의기양양한 듯이, 이미 잠들어 있는 클리포드를 힐끗 보면서 방에서 조용히 빠져나갔다.


11

코니는 라그비 저택의 창고 하나를 정리하고 있었다. 이런 창고가 여러 개 있어서, 집안은 마치 토끼사육장 같았다. 채털리 집안은 지금까지 아무것도 팔아치우지 않고 있었다. 제프리 경의 아버지는 그림 애호가였고, 어머니는 16세기 르네상스 시대의 가구를 좋아했다. 제프리 경 자신은 교회에서 법의를 넣는 데 쓰는, 조각이 새겨진 오래된 떡갈나무 상자를 좋아했다. 그렇게 그 방은 몇 대나 이어져 내려오고 있었다. 클리포드는 현대회화를 싼 값에 사모았다.

그래서 그 창고방 안에는 에드윈 랜드시어 경*17의 실패작이나, 감상적인 종교화가 윌리엄 헨리 헌트의 새둥지가 있었다. 또 아카데미 회원들의 작품도 있었는데, 그것은 이 왕립 미술원 회원의 딸을 깜짝 놀라게 하는 작품이었다. 그녀는 어느 날, 창고를 샅샅이 조사해서 그 안의 물건들을 전부 정리해야겠다고 결심했다. 그리고 괴상하게 생긴 가구에도 흥미를 느꼈다.

파손되거나 벌레가 먹지 않도록 정성들여 포장한, 오래된 가정용 요람이 있었다. 자단으로 만든 것이었다. 그녀는 포장을 풀어헤치고 그것을 보지 않을 수 없었다. 거기에는 어떤 매력이 있었다. 그녀는 오랫동안 그것을 바라보았다.

거들어주고 있던 볼턴 부인이 한숨을 내쉬었다.

"그걸 쓸 일이 없다는 건 정말 유감이에요. 이런 요람은 이젠 유행에 뒤떨어진 것이긴 하지만."

"필요하게 될지도 몰라요, 어쩌면 아기를 갖게 될 수도 있으니까."

코니는 새 모자를 살지도 모른다고 말할 때처럼, 아무렇지도 않게 불쑥 말했다.

"클리포드 경의 몸에 무슨 변화가 일어난다면 말인가요?"

볼턴 부인이 머뭇거리며 말했다.

"아니! 현재의 상태 그대로라도! 그분은 그저 근육이 마비되어 있는 것일 뿐이니까 거기에는 전혀 영향을 주지 않아요."

코니는 숨을 쉬듯이 자연스럽게 거짓말을 했다.

---

*17 영국의 동물화가.

그것은 클리포드가 그녀의 머릿속에 주입했던 생각이었다. 그는 자주 이렇게 말하곤 했다.

"물론 나도 언젠가 아이를 가질 수 있을지 몰라. 난 실제로 엉덩이나 다리의 근육은 마비되었어도 완전한 불구가 된 건 아니니까 능력이 간단하게 회복될지도 모르지. 그렇게 되면 정자를 옮길 수 있을지도 모르오."

실제로 그는 정력이 왕성한 기간이 있어서, 탄광 문제에 온 힘을 쏟아 몰두하고 있을 때는 마치 성적능력이 되돌아온 것 같은 느낌이었다. 코니는 그를 보면서 두려움을 느꼈다. 그러나 그녀는 자신을 보호하기 위해, 영리하게도 그의 암시를 이용할 줄 알았다. 그녀는 가능하면 어떻게든 아이를 낳고 싶었다. 물론 그의 아이는 아니지만.

한순간 볼턴 부인은 숨을 삼키며 어안이 벙벙해졌다. 그러나 그녀는 그 말을 믿지는 않았다. 그 말에는 어떤 책략이 있음을 알아차렸다. 그러나 오늘날의 의사들은 그런 일을 할 수 있다. 정자를 이식하는 수단을 이용할지도 모른다.

"어머, 마님, 그렇다면 제발 그렇게 되게 해달라고 기도해야겠지요. 그렇게 된다면 얼마나 좋을까요? 마님께나 모든 사람에게 말이에요. 아! 라그비 저택에 아기가 생긴다면 정말 모든 게 달라질 거예요."

"그렇겠죠?"

코니가 말했다.

그녀는 쇼틀랜드 공작부인이 주최하는 다음 자선 바자회에 보내기 위해 60년 전의 왕립미술원의 그림을 석 장 골랐다. 이 공작부인은 '바자 공작부인'으로 불리며, 전부터 바자에서 팔 물건을 보내달라고 주내(州內)의 사람들에게 부탁하고 있었다. 액자에 든 석 장의 왕립미술원 회원의 작품은 틀림없이 그녀를 기쁘게 해줄 것이다. 어쩌면 그 그림을 이유로 부인이 직접 방문해올지도 모른다. 전에 그녀가 찾아왔을 때, 클리포드는 얼마나 화를 내었던가!

그러나 볼턴 부인은 마음속으로 큰일 났군, 하고 생각했다. 당신이 우리에게 마음의 준비를 시키고 있는 것은 올리버 멜러스의 아이인가요? 아이구 맙소사! 그렇다면 라그비 저택의 요람에서 티버셜의 아이가 자라게 되겠지! 그런 짓을 하다니, 정말 부끄럽지도 않다는 말인가!

이 창고방의 기이한 물건들 중에, 검은 옻칠을 한 약간 큼지막한 상자가 있었다. 약 6, 70년 전에 정교하게 만든 것으로, 온갖 물건들이 참으로 세심하게 갖춰져 있었다. 맨 윗칸에는 정선된 화장도구 세트가 있었다. 솔, 병, 거울, 빗, 상자종류, 안전한 케이스에 들어 있는 세 개의 아름다운 소형 면도칼까지. 그리고 작은 면도용 물그릇도 있었다. 그 밑칸에서는 일종의 사무용품들이 나왔다. 압지(押紙), 펜, 잉크병, 봉투, 메모장, 그리고 재봉용구 일체, 모양이 서로 다른 가위 세 개, 골무, 바늘, 명주실, 무명실, 계란 모양의 바대, 모두 그야말로 최고급품으로, 세련된 것들이었다. 그밖에 약간의 약품이 있고, 아편 팅크, 몰약 팅크, 말린 정향 등의 상표가 붙어있는 병이 있었다. 그러나 속은 모두 비어 있었다. 모든 것이 신기한 것들이었다. 전부 담으니, 꼭꼭 눌러 담아 빵빵해진 주말여행용 소형가방 정도의 크기였다. 그 안쪽은 모든 것이 그림퍼즐처럼 꼭 맞게 채워져 있었다. 아마도 병 속에 든 것이 엎질러지는 일은 없을 것 같았다. 빈틈이 하나도 없었으니까.

그 옻칠 상자는 제작도 설계도 참으로 놀라운 것으로, 빅토리아 왕조의 기교의 극치를 이룬 것이었다. 그러나 어쩐지 기괴한 느낌이 들었다. 채털리 집안 사람은 누구나 틀림없이 그렇게 느꼈을 것이다. 왜냐하면 그것은 한번도 사용된 흔적이 없었기 때문이다. 거기에는 어떤 독특한 분위기, 즉 인간의 마음이 들어 있지 않다는 느낌이 있었다.

그러나 볼턴 부인은 흥분했다.

"이것 좀 보세요! 솔이 어쩌면 이렇게 아름다울까요? 무척 비싼 물건이겠지요? 면도할 때 쓰는 솔까지 세 개나, 그것도 훌륭한 것들뿐이군요! 그뿐만이 아니에요, 그리고 그 가위는 또 어떻고요! 모두 돈으로 살 수 있는 최상의 물건들이에요. 정말 아름다운 물건들이군요!"

코니가 말했다.

"그래요? 그럼 당신이 가져요."

"원, 당치도 않습니다! 마님!"

"아니에요. 어차피 영원히 쓰이는 일 없이 이렇게 여기 있을 바에는. 만약 당신이 가지지 않겠다면 이 그림과 함께 공작부인에게 보내겠지만. 하지만 그분에게 그렇게까지 할 필요는 없으니 당신이 가져요!"

"어머나, 마님! 뭐라고 감사의 말을 해야 할지 모르겠어요."

"그럴 것까진 없어요."

그래서 볼턴 부인은 흥분으로 얼굴을 밝은 분홍빛으로 물들이며, 그 커다랗고 새까만 상자를 두 팔로 안고 유유히 내려갔다.

베츠 부인이 그녀와 그 상자를 이륜마차에 싣고 마을에 있는 그녀의 집까지 데려다 주었다. 그녀는 일부러 그 상자를 자랑하기 위해 친구들을 초대하지 않을 수 없었다. 여교사, 약제사 부인, 회계담당 보조의 아내인 위든 부인 등이었다. 모두들 훌륭한 상자라고 감탄했다. 그것이 끝나자, 이번엔 채털리 부인의 아기에 대해 소곤거리기 시작했다.

"기적이란 어느 시대에나 결코 사라지지 않는 것이군요!"

위든 부인이 말했다.

그러나 볼턴 부인은 확신하고 있었다. 정말 아기가 태어난다면 클리포드 경의 아이일 거라고. 암, 그렇고 말고!

그 일이 있은 뒤, 얼마 되지 않아 교구목사가 조용히 클리포드에게 말했다.

"정말로 라그비 저택의 후계자가 태어날 거라고 기대해도 될까요? 아, 만약 그렇다면 자비로운 하나님의 은총이 내리신 겁니다."

"그렇소! 희망을 가져도 괜찮겠지요."

클리포드는 가벼운 조소를 담아, 동시에 일종의 확신을 가지고 말했다. 그리고 어쩌면 실제로 자신의 아이일 수도 있다고 믿기 시작했다.

그 뒤 어느 날 오후, 레슬리 윈터—세상 사람들이 부르는 대로 따르자면—윈터 나리가 찾아왔다. 호리호리한 체격에 흠잡을 데 없는 일흔 살, 볼턴 부인이 베츠 부인에게 말했듯이 완벽한 신사였다. 정말 한 치의 흐트러짐도 없는 신사였다! 하지만 말할 때마다 점잖게 "에—, 에—"하는 그 고풍스러운 말투는 옛날의 주머니가발보다 더 시대에 뒤떨어진 듯했다. 시간은 나는 듯이 지나가면서 이런 아름다운 낡은 깃털을 떨어뜨리고 가는 법이다.

두 사람은 탄광에 대해 의논하고 있었다. 클리포드의 생각은 그의 탄광에서 나는 석탄이 질이 나쁜 석탄이라 해도, 어떤 종류의 축축한 산성(酸性) 공기를 상당한 압력으로 공급하면, 고열을 내며 타는 단단한 압축연료를 제조할 수 있다는 것이었다. 오랫동안 관찰한 결과, 특히 습기찬 강풍이 부는 날에는 갱구가 기세 좋게 타오르며 거의 연기도 나지 않고, 뒤에 남은 재도 잘 타지 않는 분홍색 자갈 대신 고운 분말의 재가 된다는 것이다.

"허나 그 연료를 쓰기에 적합한 기계가 어디에 있을까?"

윈터 씨가 물었다.

"제가 만들 겁니다. 그리고 저 자신이 그 연료를 쓰는 겁니다. 그래서 거기서 생기는 전력을 파는 거지요. 틀림없이 가능할 거라고 생각합니다만."

"만약 자네가 그걸 할 수 있다면야 정말 훌륭한 일이지. 훌륭하네, 자네, 에 —, 정말 훌륭해! 나도 뭔가 도와줄 수 있다면 좋겠네만, 난 이미 퇴물이 되어 버린 것 같아. 또 내 탄광도 나처럼 시대에 뒤떨어졌어. 그러나 내가 죽은 뒤에는 자네 같은 인물이 나올지도 모르지. 정말 훌륭해! 그렇게 되면 광부들을 모두 고용할 수 있게 되겠지. 게다가 자네는 석탄을 팔 필요가 없어지거나, 아니면 팔려고 하지도 않게 되겠지. 참 훌륭한 생각일세. 부디 성공하기 바라네. 만약 내게도 아들이 있다면 틀림없이 시플리 탄광을 위해 새로운 아이디어를 많이 생각해줬을 텐데, 암! 그런데 말일세, 소문을 듣자하니 라그비 집안에 후계자에 대해 희망을 가져도 될 것 같던데, 무슨 근거가 있는 얘긴가?"

"그런 소문이 있습니까?"

"그런가 보네. 그래서 필링우드에서 온 마셜이 나한테 묻더군. 소문에 대해 내가 말할 수 있는 건 그것뿐이지만, 물론 근거 없는 얘기라면 다시는 입 밖에 내지 않겠네."

클리포드는 불안한 듯이, 하지만 묘하게 밝은 눈빛으로 말했다.

"그게 말입니다. 희망은 있습니다, 희망은 있어요."

윈터는 방 저쪽에서 다가와 클리포드의 손을 잡았다.

"오, 클리포드 군, 자네의 그 말이 나에게 어떤 의미를 가지는지 자넨 상상도 하지 못할 걸세! 또 자네가 자식의 탄생을 기대하면서 일하고 있다는 말을 듣게 되다니. 게다가 자네는 다시금 티버셜 마을의 남자들을 전부 고용할지도 모르니 말일세. 아, 여보게! 민족의 생활수준을 유지하고, 일하고 싶은 자에게는 누구든지 일자리가 기다리고 있다니!"

노인은 진심으로 감동했다.

그 다음 날, 코니는 유리 꽃병에 키 큰 노란 튤립을 꽂고 있었다.

클리포드가 말했다.

"코니 당신이 라그비 저택에 후계자를 안겨줄 거라는 소문이 파다한 것을 알고 있소?"

코니는 공포로 눈앞이 캄캄해졌지만, 꽃을 만지작거리면서 가만히 움직이지 않았다.

"아뇨! 그건 농담이에요? 아니면 심술?"

그는 잠시 사이를 둔 뒤 대답했다.

"그 어느 쪽도 아니었으면 좋겠소. 그게 예언이 되었으면 해."

코니는 꽃꽂이를 계속했다.

"오늘 아침에 아버지한테서 편지가 왔어요. 7, 8월에 알렉산더 쿠퍼 경이 베니스의 에스메랄다 별장에 나를 초대한 것을 아버지가 승낙하셨다고 알려 왔더군요."

"두 달씩이나?"

"그동안 줄곧 머물 생각은 없어요. 당신도 같이 안 가시겠어요?"

"난 외국 여행은 안 해."

클리포드는 지체없이 대답했다.

그녀는 꽃을 창가로 가져갔다.

"내가 가는 것도 반대예요? 올여름에 가기로 약속한걸요."

"얼마 동안 머물 작정이오?"

"가능하다면 한 3주일."

잠시 침묵이 흘렀다.

클리포드는 천천히, 그리고 약간 우울한 듯이 말했다.

"그래. 3주일 정도라면 견딜 수 있겠지. 당신이 틀림없이 돌아올 거라는 절대적인 확신이 나에게 있다면 말이지만."

"틀림없이 돌아오고말고요."

그녀는 차분하고 명쾌하게 확신을 가지고 대답했다. 물론 그녀는 마음속으로 다른 사람을 생각하고 있었다.

클리포드는 그녀의 확신에 감동했다. 그리고 아무튼 그녀를 믿었고, 그것이 자신을 위한 것이라고 믿었다. 그러자 그는 커다란 안도감과 함께 기쁨을 느꼈다.

"그렇다면 괜찮을 것 같은데, 당신 생각은 어떻소?"

"저도 그렇게 생각해요."

"변화를 즐기고 싶은 모양이구려."

그녀는 묘한 푸른 눈으로 그를 올려다보며 말했다.

"다시 한 번 베니스를 보고 싶어요. 그리고 어딘가 조약돌이 많은 섬에서 베니스의 후미를 헤엄쳐 건너보고도 싶어요. 리도 섬은 싫어요. 게다가 알렉산더 쿠퍼 경과 쿠퍼 부인은 아무래도 좋아지지 않을 것 같은 예감이 들어요. 하지만 힐다 언니가 함께 가주고 우리 전용의 곤돌라가 있으면, 아! 그렇다면 무척 멋질 거예요. 당신도 함께 가면 정말 좋을 텐데."

그녀는 진심으로 그렇게 말했다. 그런 방법으로 그를 행복하게 해주고 싶은 마음이 간절했다.

"아, 하지만 파리 북부역이나 칼레 부두에서의 내 모습을 상상해보구려."

"그게 뭐 어때서요? 어떤 남자들이 들것처럼 만든 의자로 운반되는 것을 본 적이 있어요. 전쟁 때 부상당한 사람들이었지만. 게다가 우린 줄곧 자동차로 여행할 수 있잖아요."

"남자를 두 사람은 데려가야 할 거야."

"그렇지 않아요, 필드가 따라가면 잘할 거예요. 그리고 그쪽에 가면 또 한 사람쯤은 얼마든지 있을 거예요."

그러나 클리포드는 고개를 저었다.

"아니, 올해는 그만둡시다, 올핸 안 되겠어! 아마 내년에는 갈 수 있을 거요."

그녀는 우울한 기분으로 방에서 나왔다. 내년이라고! 내년에는 어떻게 될지! 그녀 자신도 사실은 베니스에 가고 싶지 않았다! 특히 지금은. 그 사람이 있는 지금은. 그러나 그녀는 일종의 훈련으로서 갈 생각이었다. 그리고 또, 만약 아이가 생긴다면 클리포드는 그녀가 베니스에서 애인을 만들었다고 생각할 것이라는 이유에서도.

벌써 5월이 되었다. 6월에는 출발할 예정이었다. 사람은 언제나 이렇게 계획을 세우고 준비를 한다. 사람의 생활은 언제나 사람을 준비한다. 사람을 움직이고 사람을 부리는 추진력. 게다가 그것은 인간이 현실적으로 도저히 통제할 수 없는 추진력이다.

5월이지만 다시 추워지고, 비가 많이 내렸다. 춥고 습기찬 5월, 보리나 풀에는 좋은 계절이다. 오늘날에는 보리와 풀이 매우 중요해졌다! 코니는 유스웨이트에 들어가지 않을 수 없었다. 채털리 집안 영지의 작은 마을인 그곳에서는 지금도 채털리 집안은 여전히 엄연하게 채털리 집안으로 통하고 있었다. 그녀는 필드가 운전하는 차를 타고 혼자 외출했다.

신록의 계절 5월임에도 그 지방은 음울했다. 제법 쌀쌀한 데다 연기에 섞여 비가 내리고, 공기 속에서는 엔진의 배기가스가 느껴졌다. 인간은 오직 자신의 저항력으로 살지 않으면 안 되었다. 이곳 사람들이 모두 추하고 완고한 것도 무리가 아니었다.

자동차는 티버셜 마을에 길게 늘어서있는 지저분하고 불규칙한 집들을 지나, 언덕길을 부지런히 올라갔다. 시커먼 벽돌집, 뾰족한 모서리가 반짝반짝 빛나고 있는 검은 슬레이트 지붕, 석탄가루로 시커멓게 물든 진흙, 검은 색으로 젖어 있는 거리, 그것은 마치 음울함이 모든 사물에 침투한 것 같은 모습이었다. 자연미라고는 눈을 씻고 찾아봐도 없다. 모든 새와 짐승들이 지닌 형태미에 대한 본능은 전무한 상태. 인간의 직관적 능력의 소멸은 소름이 끼칠 정도이다. 잡화점에 쌓여있는 비누, 야채가게 앞에 있는 대황근과 레몬, 양품점에 걸려있는 천박한 모자, 모든 것들이 추악한 모습으로 스쳐 지나가면, 회반죽을 금색으로 마구 칠한, 소름 끼칠 듯이 끔찍한 영화관이 이어진다. 비에 젖은 그림 광고판에는 '여자의 사랑'이라고 씌어 있다. 그리고 새로 지은 원시 그리스도교의 커다란 교회, 노출된 벽돌과 녹색과 짙은 자주색이 섞인 커다란 창유리가 참으로 고풍스럽다. 더 높은 곳에는 웨슬리파 교회의 거무튀튀한 벽돌 건물이 철책과 거무스름한 관목 뒤에 서있다. 조합 교회당은 스스로는 고급스러운 것으로 생각하고 있지만 조잡한 사암으로 지어졌고, 그리 높지 않은 첨탑이 있다. 거기서 약간 지나간 곳에는 새로 지은 학교 건물이 있다. 값비싼 분홍색 벽돌, 철책 안에는 자갈을 깐 운동장, 모든 것이 무척 시선을 끄는 것으로, 교회와 감옥을 혼합한 것 같은 인상이었다.

음악 수업을 하고 있던 5학년 여학생들이 마침 라, 미, 도, 라 연습을 마치고 '즐거운 동요'를 부르기 시작했다. 즉흥노래라 해도 이보다 더 노래 같지 않은 노래는 상상할 수 없을 정도이다. 대충 노래한 뒤에, 이상하게 큰 소리로 외치기 시작했다. 그것은 미개인의 그것과도 달랐다. 미개인들의 노래에는 그래도 미묘한 리듬이 있다. 동물의 그것과도 달랐다. 동물이 큰 소리를 지르는 데는 뭔가 의미가 있다. 그것은 지상의 어떤 것과도 다른데, 그런데도 노래라는 이름으로 불리고 있다. 코니는 필드가 연료를 보충하고 있는 동안, 앉아서 울렁거리는 가슴으로 그것을 듣고 있었다. 이런 민족은 과연 앞으로 어떻게 될 것인가? 생생한 직감적 재능이 완전히 죽어버리고, 오로지 기묘하고 무감정한 외침과 무서운 의지의 힘만 남아있는 국민은?

석탄을 실은 마차가 빗속에 철거덕거리며 언덕을 내려온다. 필드는 언덕위
로 차를 몰아, 크지만 허름한 포목점과 옷가게, 우체국을 지나 한적한 곳에 있
는 작은 시장으로 들어갔다. 샘 블랙이 '태양'의 문에서 밖을 내다보고 있다가,
채털리 부인의 차를 향해 인사를 했다. '태양'은 술집이 아니라 여관이라고 자
칭하는 곳으로, 주문을 받으러 돌아다니는 행상인들이 머물고 있다.

교회는 왼쪽으로 벗어난 검은 숲 속에 있었다. 차는 '광부의 무기'를 지나 내
리막길을 미끄러져 간다. 이미 '웰링턴', '넬슨', '세 개의 술통', 그리고 '태양'을
지났고, 이제 '광부의 무기'를 지나 '공원회관', 그리고 요란하게 신축된 '광부의
복지', 몇 채의 신축 별장을 지난 뒤, 어두운 산울타리와 짙은 녹색의 밭 사이
에 있는 스택스게이트로 향하는 검은 도로로 나왔다.

티버셜 마을! 이것이 티버셜 마을이다! 유쾌한 잉글랜드! 셰익스피어의 잉글
랜드다! 아니, 그게 아니라, 코니가 그곳에 살게 되면서 실감하고 있는 오늘날
의 잉글랜드였다. 그곳은 신인류를 낳았지만 그들은 금전과 사회적, 정치적 면
에서는 지나치게 의식과잉이고, 자연발생적 직관적인 면에서는 죽어 있다, 그
야말로 죽어 있을 뿐이다. 그들은 모두 반쯤 시체가 되어 있다. 그러나 나머지
절반에게는 무섭도록 완고한 의식이 있다. 그런 의식에는 뭔가 불길하고 반체
제적이며 비밀스러운 느낌이 있다. 그건 바로 저승이다. 그러므로 도무지 예측
할 수가 없다. 거의 시체나 다름없는 인간의 반응을 우리가 어떻게 이해할 수
있겠는가? 셰필드에서 온 커다란 트럭이 제철소의 공원들, 지쳐서 이상하게
일그러진 사람을 닮은 왜소한, 모습의 존재들을 가득 싣고 매틀록으로 소풍
을 가는 것을 보았을 때, 코니는 연민의 정으로 현기증이 날 것 같았다. 그녀
는 생각했다. 아아, 신이여! 인간이 인간에게 무슨 짓을 한 것인가? 지도자들
은 동포에 대해 어떤 일을 해왔는가? 그들은 동포를 인간 이하로 끌어내리고
말았다. 그리고 이젠 어디에도 동료의식은 존재할 수 없다. 그것은 바로 악몽이
었다.

그녀는 점점 커지는 공포 속에서 그런 모든 것에 까끌까끌한 모래 같은 음
울한 절망을 다시 느꼈다. 산업노동자로서의 이러한 인간들과 그녀가 알고 있
는 상류계급에는 희망이 없었다. 이미 희망은 어디에도 없었다. 그녀는 그래도
여전히 아기를, 그것도 라그비 저택의 후계자를 낳고 싶어 한다! 라그비 저택

의 후계자를! 그녀는 두려움에 부르르 몸을 떨었다.

그러나 멜러스는 바로 이러한 모든 것 속에서 나타난 것이다! 그건 틀림없는 사실이지만, 멜러스는 그녀와 마찬가지로 그 모든 것에서 고립되어 있다. 그의 내부에도 동료의식은 남아있지 않았다. 그것은 죽어버렸다. 동료의식은 죽어있었다. 이 문제에 관한 한, 고립과 절망만이 있을 뿐이다. 그리고 이것이 잉글랜드이고, 잉글랜드의 대부분이다. 그 중심지에서 차를 타고 달려온 코니는 그것을 알 수 있었다.

자동차는 스택스게이트를 향해 올라갔다. 비가 그치자 공기 속에 묘하게 투명한 5월의 빛이 어른거렸다. 그곳은 물결처럼 길게 기복을 이루며 남쪽으로는 피크 지방을, 동쪽으로는 맨스필드와 노팅엄을 향하고 있다. 코니가 가는 곳은 남쪽이었다.

높은 지대로 올라갈수록, 왼쪽에서 기복을 이루고 있는 대지에서 솟아난 높은 언덕에는 그늘에 덮인 웅장한 워숍 성(城)의 거대한 몸체가 검은 잿빛으로 보였다. 그 기슭 부근에는 불그스름한 회반죽이 아직 새로워 보이는 광부 주택이 있고, 다시 그 아래쪽에는 공작과 다른 주주들의 호주머니 속에 1년에 수만 파운드씩 이익을 가져다주는, 그 거대한 광산에서 배출되는 깃털 모양의 검은 연기와 하얀 증기가 피어오르고 있었다. 그 우람한 옛 성은 폐허가 되어 있었다. 그러나 아직도 그것은 아래쪽의 따뜻한 미풍을 타고 살랑거리는 깃털 모양의 검은 연기와 하얀 수증기 위, 하늘을 배경으로 지평선 상에 그 거대한 몸으로 우뚝 서 있다.

차는 스택스게이트를 향해 방향을 바꾼 뒤부터 고원을 계속 달렸다. 이 가도에서 보면 스택스게이트는 단 하나의 거대한 신축 호화호텔 '코닝스비 집안의 무기'로, 한길에서 벗어난 미개척지에 홀로 빨강, 흰색, 금색으로 서 있다. 그러나 눈을 돌려 자세히 살펴보면, 왼쪽에 일정한 간격을 두고 정원이 있는 아름다운 '현대풍의' 집들이 도미노의 패처럼 늘어서 있는 것을 볼 수 있다. 기괴한 '명수들'이, 불의의 공격을 받은 지면 위에서 두고 있는 기묘한 도미노 게임인 것이다. 그리고 이 주택단지 뒤에는, 그야말로 현대적인 광산과 화학공장, 긴 갱도의 놀랍고 무시무시한 모든 건축물들이 머리 위에 거대하게, 지금까지 인류가 한번도 본 적이 없는 모습으로 웅장하게 서 있다. 광산 자체의 수직갱 승강기 주축대와 갱구는 그 거대한 신식 설비 속에서 거의 눈에 띄지도 않을 만큼 초라하다. 그리고 그 전면에 도미노 게임의 주택들이 놀란 듯한 모습으로, 게임이 시작되기를 기다리며 영원히 서있는 것이다.

이것이 전쟁 뒤에 새롭게 지상에 출현한 스택스게이트이다. 그러나 실은 코니도 몰랐던 사실이지만, 아까 그 '호텔'에서 반마일 가량 아래쪽에 옛날의 스택스게이트가 있어, 작고 낡은 탄광과 거무스름한 낡은 벽돌집, 한 두 개의 예배당과 가게와 작은 선술집이 한두 채씩 있던 고장이었다.

그러나 그곳은 이제 아무도 아랑곳하지 않는 곳이 되었다. 대량의 깃털 같은 연기와 증기가 위쪽의 새로운 공장에서 피어오르고 있는 바로 그곳이 지금의 스택스게이트이다. 그곳에는 교회도 선술집도 가게도 없다. 있는 것이라곤 오직 큰 '공장'뿐인 그곳은, 온갖 신들의 사원이 있는 올림피아, 곧 현대의 성지라고 할 수 있다. 그밖에는 모델주택과 호텔이 있다. 호텔은 얼핏 보기에 일류 같은 외관을 갖추고 있지만 실은 광부들의 술집에 지나지 않는다.

이 신천지가 지상에 출현한 것은 코니가 라그비 저택에 온 뒤의 일이었다. 그 모델주택은 방방곡곡에서 흘러들어온 부랑자들로 가득 차더니, 결국 그들은 하필이면 클리포드의 영지의 토끼를 밀렵하는 것을 생업으로 삼게 되었다.

자동차는 고지대를 따라 오르내리며, 주(州)의 전망을 죽 바라보면서 계속 달렸다. 이전에는 당당한 위엄을 갖춘 주였다. 앞쪽에 채드윅 저택의 거대하고 호화로운 위용이 지평선 위에 다시 나타났다. 벽보다 창문이 많은, 가장 유명한 엘리자베스 왕조풍 가옥의 하나이다. 그것은 당당한 풍격으로 대 장원 위에 홀로 서있지만 외면당하고 있다. 건물은 아직도 유지되고 있으나 다만 관광명소로서일 뿐이다.

"보십시오, 우리의 조상인 당당한 영주들이 살던 모습을!"

그것은 과거의 이야기이다. 현재는 저 아래쪽의 저지대에 있다. 미래가 어디에 있는지는 신만이 안다. 자동차는 유스웨이트로 내려가기 위해, 광부들의 작고 낡고 검게 그을린 오두막 사이를 벌써 돌아가고 있었다. 그 유스웨이트는 습기 찬 날에는 하늘에 있는 모든 신들을 향해, 연기와 함께 깃털 같은 증기를 뭉실뭉실 피어올리고 있었다. 아래쪽 골짜기에 있는 유스웨이트 셰필드행 철도의 강철 선로가 골짜기를 따라 실처럼 깔려 있고, 또 탄광과 높은 굴뚝으로 연기와 불꽃을 피어올리고 있는 제철소, 그리고 교회의 서글픈 작은 나선형 첨탑, 그것들은 당장이라도 거꾸러질 듯한 모습으로 여전히 연무를 뚫고 서 있다. 코니는 이러한 유스웨이트에 언제나 기묘한 감동을 느꼈다. 그곳은 옛날부터 시장이 서는 마을로 골짜기의 중심지였다. 거기서 제일 큰 여관은 '채털리 집안의 무기'였다. 그곳, 유스웨이트에서는 라그비 저택은 외부인이 생각하는 것처럼 그냥 한 집안이 아니라, 그 지역 전체로서의 라그비로 알려져 있다. 티버셜 근처의 라그비 저택, 또는 라그비의 '영지'라고 하는 식으로.

광부들의 검게 그을린 작은 집들은 백 년 전이나 다름없이 낡은 모습으로 보도 위에 친밀한 듯 다닥다닥 늘어서 있었다. 도로는 주택가로 변해 있었다. 그리고 언덕 아래로 내려가면, 성이며 대저택이 지금도 유령처럼 우뚝 솟아 있는 탁 트이고 기복 있는 풍경은 이내 잊어버리게 된다. 혼잡스럽게 노출된 철로를 넘으면 바로, 주조공장과 다른 공장들이 주위에 우뚝 서 있지만, 너무 커서 벽밖에 보이지 않는다. 그곳에서는 강철이 어마어마한 반향음과 함께 철컹거리는 소리, 거대한 트럭이 지축을 울리는 소리, 그리고 기적소리가 울리고 있다.

일단 한 번 더 내려가 마을의 꼬불꼬불한 중심지에 들어서면, 교회 뒤에 2세기 전의 세계가 펼쳐진다. '채털리 집안의 무기'와 오래된 약국이 서 있는 구부러진 가로이다. 옛날에는 성과 거구를 웅크리고 있는 듯한 저택이 있는, 황폐하고 광대한 세계로 통하는 가로였다.

길모퉁이에서 순경이 손을 들자, 철을 실은 세 대의 트럭이 초라하고 낡은 교회를 뒤흔들면서 털털거리며 지나갔다. 순경은 그 트럭이 지나간 뒤에야 간신히 채털리 부인에게 인사를 할 수 있었다.

바로 그런 모습이었다. 구불구불한 자치도시 주민들의 가로에 접하여, 광부들의 검게 그을린 낡은 주택단지가 도로를 따라 다닥다닥 붙어있다. 이 주택단지 바로 뒤에는, 더욱 최근에 지어 분홍색이 더 선명한 약간 큰 집들이 골짜기를 가득 뒤덮고 있는데, 그런대로 약간 근대적인 노동자들의 집이었다. 또 그 저편에 성이 있고 기복이 있는 넓은 지대에서는 연기가 증기에 부딪쳐 일렁이고 있고, 불그스름한 벽돌로 지은 구획이 차례차례 보이는데, 그것은 새로운 채탄업자들의 거주지였다. 때로는 움푹한 곳에 또 때로는 비탈의 능선을 따라 늘어선 그 모습은 소름이 끼칠 정도로 추악하다. 그 중간에, 옛날 사륜마차가 다니고 시골집이 있었던 잉글랜드, 로빈훗의 잉글랜드의 그 시절을 떠올리게 하는 무너진 잔해들이 있고, 그곳에서 광부들은 일이 없을 때는 수렵 본능을 억제하며, 음울하게 사냥감이 걸리기를 기다리는 듯이 어슬렁거리고 있다.

잉글랜드, 나의 잉글랜드여! 그러나 그 잉글랜드는 어느 것인가? 잉글랜드의 당당한 저택은 멋진 사진이 되어, 엘리자베드 왕조시대의 사람들과 교제하고 있는 것 같은 착각을 불러일으키고 있다. 선량한 앤 공주와 톰 존스*¹⁸ 시대 이래의 영주들의 아름답고 고풍스러운 저택은 그곳에 남아 있다. 그러나 연갈색의 치장 회반죽 위에는 매연이 떨어져 시커멓게 그을음이 덮여 있다. 그 회반죽이 황금빛을 잃은 것은 이미 오래 전이었다. 그리고 잉글랜드의 저 당당한 저택과 마찬가지로 그것들은 하나하나 버림받는다. 오늘날 그것들은 점점 파괴되어 가고 있다. 잉글랜드의 시골집은 그곳에 현존하고 있지만, 절망적인 전원의 벽돌집에 회반죽을 덕지덕지 칠한 것이다.

요즈음에는 저 훌륭한 주택들도 헐리고 있는 중으로, 조지 왕조 시대의 영주 저택은 사라져가고 있다. 순전한 조지 왕조풍의 낡은 건축물인 프리슬리 저택은, 코니가 자동차를 타고 지나가던 날 한창 헐리고 있는 중이었다. 그것은 잘 손질되어 전쟁 무렵까지는 웨덜리스 집안사람들이 호화롭게 생활하고 있었다. 그러나 지금은 너무 커서 유지비가 많이 드는 데다 그 지방 자체가 너무 불쾌한 곳이 되고 말았다. 상류층 신사들은 더욱 쾌적한 장소로 옮겨간다. 그들은 자신들의 돈이 어디서 나오는지 직접 보지 않고도 돈을 쓸 수 있는 좀 더 즐거운 곳으로 옮겨가는 것이다.

이것이 역사이다. 하나의 잉글랜드는 다른 잉글랜드를 말살한다. 광산은 이들 대저택을 풍요롭게 해주었다. 그런데 지금 그 광산이 이 저택들을 말살하려 하고 있다. 지금까지 시골집들을 말살해버린 것처럼, 공업의 잉글랜드가 농업의 잉글랜드를 말살한다. 새로운 잉글랜드가 옛 잉글랜드를 말살한다. 그 연속성은 유기적인 것이 아니고 기계적이다.

유한계급에 속해 있는 코니는 옛 잉글랜드의 자취에 애착을 느끼고 있었다. 옛 잉글랜드가 이 무시무시하고 암담한 새 잉글랜드에 의해 정말로 말살되고 있으며, 그 말살은 완전히 끝날 때까지 중단되지 않을 거라는 것을 그녀가 실감하는 데는 몇 년의 세월이 필요했다. 프리슬리 저택은 사라졌다. 이스트우드 저택도 사라졌다. 쉬플리 저택과 윈터 나리가 사랑하는 시플리 저택도 사라져

---

*18 18세기의 작가 헨리 필딩의 소설에 나오는 주인공.

가고 있다.

코니는 시플리 저택에 잠시 들렀다. 탄광철도의 건널목 가까운 곳에 장원으로 들어가는 뒷문이 열려 있었다.

시플리 탄광은 바로 숲 정면에 있었다. 뒷문이 열려 있는 것은, 광부들이 다니는 길이 사유지인 장원을 경유하도록 되어 있기 때문이다. 그들은 장원 속을 서성거렸다.

자동차가 관상용 연못을 지나갈 때, 광부들이 연못에 신문을 던져 넣는 광경이 보였다. 자동차는 저택까지 사도(私道)를 달렸다. 저택은 높은 지대 옆에 18세기 중엽부터 서있는, 매우 쾌적한 치장 회반죽이 칠해진 건물이었다. 상수리나무 가로수가 늘어서 있는 아름다운 오솔길은 더 오래된 집으로 통하는 길이었다. 그 영주의 저택은 차분한 느낌으로 펼쳐져 있었다. 조지 왕조시대의 창유리가 즐거운 듯이 반짝반짝 빛나고 있고, 그 뒤쪽에 참으로 아름다운 정원이 있었다.

코니는 이 저택 내부가 라그비 저택보다 훨씬 마음에 들었다. 훨씬 밝고 균형이 잡혀있으며 또 우아했다. 방의 벽은 크림색으로 칠한 나무판자벽이고, 천장은 금빛을 띠고 있다. 모든 것이 더할 수 없이 정연하게 유지되고 있고, 모든 설비는 비용을 아끼지 않아 흠 잡을 데가 없다. 복도도 널찍하고, 아름답고 부드러운 곡선을 그리며 활기에 차있다.

그러나 레슬리 윈터는 독신이었다. 그는 자기 집을 더할 수 없이 사랑해 왔다. 그러나 대장원은 그가 소유한 광산 중의 셋과 경계를 접하고 있었다. 그는 사상적으로 관대한 사람이었다. 그는 광부들을 기꺼이 장원 안에 들어올 수 있게 했다. 광부들이 나를 부유하게 만들어주지 않았더라면! 그렇게 생각하고, 몰골사나운 사람들이 연못가를 서성거리는 것을 보았을 때, 그곳은 대장원의 사유지가 아니다, 그래, 하면서 연못 있는 데까지는 묵인했지만, 아마도 이렇게 말하고 싶었으리라.

"광부들은 사슴만큼도 풍취를 높여주지는 않지만 훨씬 많은 이익을 가져다주거든."

그러나 그것은 금전적으로 황금기였던 빅토리아 여왕 시대 후반기의 일이었다. 그 무렵 광부들은 '선량한 노동자'였다.

윈터는 이 저택에 들렀던 귀빈인 당시의 프린스 오브 웨일스, 곧 영국황태자에게 변명 비슷하게 이런 말을 한 적이 있었다. 그러자 황태자는 약간 후음(喉音)이 섞인 영어로 대답했다.

"물론 그렇겠지. 만약 샌드링엄 별장 지하에 석탄이 매장되어 있다면 나도 잔디밭에 탄광을 개발하여, 그것을 으뜸가는 조원술(造園術)로 여길 거네. 아, 정말 사슴과 광부를 바꾸고 싶군. 상당한 가격을 치르더라도. 게다가 당신네의 광부들은 모두 선량한 사람들이라고 하더군."

그러나 그 황태자는 아마 돈의 매력과 산업주의의 혜택을 과대평가한 것이리라.

그 황태자는 국왕이 되었고, 그리고 그 국왕은 서거했다. 지금은 다른 왕이 즉위했는데, 그 왕의 주된 직무는 빈민을 위한 무료 급식소를 개설하는 데 있는 것 같았다.

그리고 그 선량한 노동자들은 어찌된 일인지 시플리 저택을 에워싸게 되었다. 새로운 탄광촌이 대장원과 접하여 형성되었다. 그러자 영주는 어쩐지 그 주민들이 재류외국인인 것 같은 느낌이 들었다. 그는 사람은 선량하지만 사뭇 거드름피우는 태도로, 자신을 영지와 광부들의 주인이라고 평소에 생각하고 있었다. 지금은 새로운 정신이 자신도 모르는 사이에 침투하여, 그는 어느새 따돌림을 받는 꼴이 되어 있었다. 이제 어디에도 있을 곳이 없게 된 것은 바로 그 자신이었다. 그건 의심할 여지없는 사실이었다. 광산업은 그 자신의 의지를 지니고 있었다. 그리고 그 의지는 신사계급인 소유자에게 저항했다. 광부들은 모두 그 의지 쪽에 가담하고 있었지만, 그것을 거스르는 행동을 하기는 어려웠다. 그랬다가는 그곳에서 쫓겨나거나, 생활에서 완전히 밀려나거나, 둘 중의 하나였다.

군인이었던 윈터 나리는 그것을 참고 견뎌왔다. 그러나 그는 이제는 저녁 식사 뒤에 정원을 산책하고 싶지 않았다. 그는 거의 집안에만 틀어박혀 지냈다. 언젠가 그는 코니와 함께, 모자는 쓰지 않은 채 검은 에나멜 구두에 자주색 명주양말을 신고, 점잖게 "에—, 에—"를 연발하면서, 문까지 걸어간 적이 있었다. 그때 몇몇 광부들이 모여서 선 채 인사는커녕 아무 말도 하지 않고 가만히 쳐다보고 있는 사이를 지나가면서, 코니는 우아한 숫사슴이 우리 속에서 야비한 눈길을 받고 움츠러드는 것처럼 이 집안 좋은 강마른 노인이, 움츠러들었다는 것을 느꼈다. 광부들이 개인적인 적의를 품고 있는 것은 아니었다. 그런 것은 결코 아니었다. 그러나 그들의 차가운 기질이 그를 밀어내고 있었다. 그리고 마음 깊은 곳에는 어떤 뿌리 깊은 원한이 서려 있었다. 그들은 '그를 위해' 일했다. 그리고 자신들의 추악함 속에서, 그 우아하게 훌륭한 복장을 차려 입은 고귀한 존재에 대해 분개했다.

'도대체 이 자가 뭐란 말인가?'

그들이 분개한 것은 그들 사이의 차이에 대해서였다.

어딘가 영국인적인 은밀한 심정 속에서 그는 다분히 군인정신의 소유자였으므로, 그들이 그러한 차이에 대해 분개하는 것은 당연한 일이라고 생각했다. 이익을 독차지하는 자신 쪽이 약간 잘못되었다는 기분도 들었다. 그러나 역시 그는 하나의 조직의 대표자였고, 따라서 무슨 일이 있어도 밀려나고 싶지 않았다.

다만 죽는 경우는 다르다. 그것은 코니가 방문한 뒤 어느 날 갑자기 그를 덮쳤다. 그의 유언장에는 클리포드의 이름이 관대하게도 적혀있었다.

상속인들은 즉시 시플리 저택을 헐도록 주문했다. 유지비가 너무 많이 들었기 때문이다. 그곳에서 살려는 사람은 아무도 없었다. 그래서 집은 해체되었다. 상수리나무 가로수도 베어졌다. 장원의 나무들은 베어지고 땅은 택지용지로 분할되었다. 그곳은 유스웨이트와 가까웠다. 이 묘한 사막 같은 '지주가 없는 또 하나의 땅'에 칸막이벽으로 나눠진 연립주택의 새로운 작은 주택가가 급히 건설되었는데, 무척 산뜻한 모습이었다. 그것이 바로 시플리 주택단지이다!

코니가 마지막으로 방문한 지 1년도 되지 않아 생긴 변화였다. 그곳에 시플리 주택단지가 들어선 것이다. 새로운 거리에, 붉은 벽돌로 두 채씩 붙여서 지은 '교외주택'이 질서정연하게 늘어섰다. 열두 달 전까지 그곳에 치장 회반죽을 바른 대저택이 있었다고는 아무도 상상할 수 없을 정도였다.

그러나 이것이 바로 20세기 초 에드워드 왕조의 조원술의 후기단계로, 그것은 잔디밭 위에 풍치(風致) 탄광을 설치하는 그런 종류의 것이었다.

하나의 잉글랜드는 다른 잉글랜드를 말살한다. 윈터 나리 일족이나 라그비 저택의 잉글랜드는 사라지고 말았다. 죽은 것이다. 그 말살은 아직도 끝나지 않았다고 할 수 있다.

그 뒤에 일어나는 일은 무엇일까? 코니는 상상도 할 수 없었다. 다만 새로운 벽돌주택지가 들판으로 번져가고, 새 건축물이 탄광에 당당하게 들어서며, 비단양말을 신은 신식 여자들이나, 건들거리면서 '팔리' 댄스홀이나 공제조합에 들어가는 새로운 젊은 광부들이 눈에 띄는 정도였다. 젊은 세대는 낡은 잉글랜드를 전혀 의식하지 않는다. 의식의 연속성에는 단절이 있고 거의 미국적이 되어 있다. 그러나 사실은 공업에 의한 단절이다. 다음에는 어떻게 될 것인가?

코니는 늘 다음에 오는 것은 아무것도 없다고 느끼고 있었다. 타조처럼 머리를 모래 속에 집어넣거나, 적어도 펄떡펄떡 살아있는 남자의 가슴에 머리를 묻은 채 현실을 직시하고 싶지 않았다.

세상은 무척 복잡하고 암담하며 소름끼칠 만큼 두려웠다. 서민의 수는 너무 많았고, 그래서 더 무서웠다. 그녀는 돌아오는 길에 그런 생각을 하면서, 광부들이 탄광에서 검은 잿빛이 되어, 등을 구부리고 한쪽 어깨를 높이 치커든 채 징을 박은 무거운 구두를 아무렇게나 끌면서 느릿느릿 걸어오는 것을 보았다. 지하에 있는 잿빛 얼굴, 두리번거리는 하얀 눈, 갱도의 낮은 천장 때문에 움츠러든 목, 볼품없는 어깨. 남자들이여! 남자들이여!

슬프게도 어떤 의미에서는 참을성 강하고 선량한 인간이라고 할 수 있고, 또 어떤 의미에서는 존재감이 없다고도 할 수 있었다. 남자들이 당연히 가지고 있어야할, 조금이나마 가치 있는 것은 태어나면서부터 그들한테서 소멸되고 말았다. 그래도 역시 그들은 남자이다. 그들은 아이를 낳고 아버지가 된다. 여자는 그들에게 아이를 낳아줄 수 있다. 끔찍한 일이다! 생각만 해도 끔찍하다! 그들은 참으로 선량하고 친절하다. 그러나 그들은 절반에 지나지 않는다. 잿빛을 띤, 인간의 절반일 따름이다. 지금까지의 그들은 '선량'했다. 그러나 그것조차, 그들의 절반이 가지는 선량함이다. 만약 그들 속에서 죽어버린 것이 언젠가 다시 일어선다면! 하지만 안 된다. 그것은 생각만 해도 무서운 일이다. 코니는 생산노동자 계급이 정말 두려웠다. 그들은 너무나 불길하게 생각되었다. 아름다움이란 전혀 없고 직관력도 없었다. 언제나 '탄광 속에' 있는 인생.

그런 남자들한테서 태어난 아이! 신이여, 아아 신이여!

그러나 멜러스도 그런 아버지한테서 태어난 사람이었다. 완전히 아버지뿐인 것은 아니라고 할 수 있지만, 40년이라는 세월이 인간성이라는 점에서 차이를, 무서운 차이를 낳았다. 철과 석탄은 남자들의 육체와 정신을 깊이 좀먹고 있었다.

추악함의 화신! 게다가 그것은 살아있다! 그들은 모두 어떻게 될 것인가? 어쩌면 석탄이 없어지는 것과 함께 지구상에서 다시 자취를 감출지도 모른다.

석탄이 그들을 요구했을 때, 수천 명의 무리를 이루어 어디선가 나타난 것이었다. 어쩌면, 석탄층에 서식하는 불길한 동물군에 지나지 않는 건지로 모른다. 또 다른 실재하는 생물로서, 금속세공사가 철의 원소를 위해 일하는 지수화풍(地水火風)의 정령으로 간주되는 것처럼, 그들은 석탄의 원소에 봉사하는 정령일 것이다. 남자들은 인간이 아니라, 석탄과 철과 점토에서 태어난 생명이다. 탄소와 철분과 규소라는 원소로 구성된 생물상, 다시 말해 지수화풍의 정령이다. 그들은 아마 석탄의 광택, 철의 무게와 푸른빛, 저항력, 유리의 투명성 같은, 광물이 지닌 기묘하고 비인간적인 매력을 어느 정도 지니고 있을 것이다. 야릇하게 비틀려 있는 광물계의 원소생물, 물고기가 바다에, 벌레가 썩은 나무에 서식하는 것처럼, 그들은 석탄과 철과 점토 속에서 살고 있다. 광석의 분쇄에서 태어난 생명!

코니는 집에 도착한 것이 기뻤다. 현실을 직시하지 않아도 되어서다. 클리포드와 이야기를 나누는 것조차 기뻤다. 왜냐하면 광업과 철의 중부지방에 대한 공포심 때문에, 그녀에게 일종의 묘한 감정이 유행성 감기처럼 몸 안에 퍼져 있었기 때문이다.

"물론 미스 벤틀리네 가게에서 차를 마셔야 했어요."

그녀가 말했다.

"그랬소? 윈터 씨가 차 정도는 대접해주었을 텐데."

"그야 그렇지만, 미스 벤틀리를 실망시키고 싶지 않았거든요."

미스 벤틀리는 안색이 좋지 않은 노처녀로, 커다란 코와 낭만적인 기질의 소유자였는데, 마치 성찬식이라도 올리는 것처럼 온 정성을 다해 차를 내주었다.

"내 안부를 물어 보던가?"

클리포드가 물었다.

"그럼요! 부인께 클리포드 경께선 좀 어떠신지 여쭤 봐도 될까요? 하시더군요—당신을 그 유명한 캐벨 간호사[19]보다 훨씬 높게 평가하고 있는 게 틀림없어요."

"그래서, 아주 잘 있다고 말했겠지?"

---

*19 브리셀 병원의 간호부장. 1차대전 중 독일군이 벨기에를 점령했을 때 연합군 병사의 탈출을 도와 독일군에게 처형되었다.

"그럼요! 그랬더니 그분은 내가 마치 천국의 문이 당신 앞에 열렸다는 말이라도 한 것처럼 기쁜 표정을 지으시더군요. 그래서 만약 티버셜 마을에 오실 일이 있으면 꼭 당신을 만나러 오시라고 했어요."

"나를? 도대체 뭣 때문에! 나를 만나러 온다고?"

"물론이에요, 클리포드. 그렇게 숭배하는데 조금이라도 보답을 해드려야지요. 그분 눈에는 카파도키아의 성 조지*20도 당신에 비하면 아무것도 아닌 걸요."

"그래, 그 여자가 올 것 같소?"

"네, 그 분은 얼굴을 붉히더군요! 아주 잠깐이었지만 무척 아름답게 보였어요. 가엾게도! 왜 남자들은 진정으로 자신을 사모하는 여자와 결혼하지 않는 걸까요?"

"여자들은 너무 늦게 숭배하기 시작하거든. 어쨌든 온다고 했소?"

"어머나!"

코니는 미스 벤틀리의 숨 막히는 듯한 목소리를 흉내 내어 말했다.

"부인, 언젠가, 만에 하나라도, 너그럽게, 그런 염치없는 짓을 용서해 주신다면, 그러더군요."

"너그럽게 염치없는 짓을 용서해 주신다면이라니! 정말 어리석군! 하지만 그녀가 불쑥 나타나는 일은 없었으면 좋겠는걸. 그런데, 차 맛은 어땠소?"

"네, 짙은 립톤 차였어요! 그렇지만 클리포드, 당신은 미스 벤틀리나 그녀 같은 수많은 여성들에게 프랑스의 〈장미꽃 이야기〉*21의 주인공이 되어 있다는 것, 아세요?"

"그렇다 해도 그다지 좋은 줄 모르겠는걸."

"아마 그런 사람들은 신문에 나온 당신 사진은 모두 소중하게 간직해 두고, 매일 밤 당신을 위해 기도하고 있을 거예요. 정말 굉장한 일 아니에요?"

그녀는 옷을 갈아입으러 자기 방으로 올라갔다.

그날 밤 그는 말했다.

"당신은 정말로 결혼에는 뭔가 영원한 것이 있다고 생각하오?"

그녀는 그를 쳐다보았다.

---

*20 용에게서 처녀를 구한 영국의 수호성인.
*21 13세기의 궁정내에서의 연애 이야기.

"하지만 클리포드, 당신이 말하는 영원은 마치 뚜껑 같은 것이나, 아니면 아무리 멀리 가도 뒤에 끌려오는 기나긴 쇠사슬처럼 들리는군요."

그는 곤혹스러운 표정으로 그녀를 쳐다보았다.

"내가 말하고 싶은 것은 말이오, 베니스에 간다면, 뭔가, 오 그랑 세뤼(진지)한 연애를 기대하고 가는 것은 아니겠지, 하는 거요."

"베니스에서 진지한 연애를 한다고요? 아니에요, 분명히 말해 두지만! 베니스에서는 연애 같은 건 오 트레 프티 세뤼(극히 사소한 장난)으로도 생각하지 않을 거예요."

그녀는 묘하게 경멸하는 듯이 말했다. 그는 그녀를 보면서 눈썹을 찌푸렸다.

아침에 그녀가 아래층으로 내려가자, 산지기의 개 플로시가 클리포드의 침실 밖 복도에 앉아서 코를 희미하게 킁킁대고 있었다.

그녀는 작은 소리로 말했다.

"어머, 플로시! 여기서 뭘 하고 있는 거니?"

그리고 클리포드의 방문을 가만히 열었다. 클리포드는 침대용 책상과 타자기를 옆으로 밀어 놓은 채 일어나 앉아 있고, 산지기는 침대 발치에서 부동자세로 서 있었다. 플로시가 뛰어 들어갔다. 멜러스가 머리와 눈짓으로 희미하게 다시 나가도록 명령하자, 개는 슬금슬금 밖으로 나갔다.

코니가 말했다.

"잘 잤어요, 클리포드? 벌써 일하시는 거예요?"

그리고 산지기를 보며 아침인사를 했다. 그는 멍한 눈으로 그녀를 보면서 입안으로 우물거리듯이 대답했다.

그러나 그녀는 그가 거기 있다는 것만으로도 욕정의 숨결이 훅 하고 와 닿는 것을 느꼈다.

"제가 방해되나요, 클리포드? 미안해요."

"아니오, 그리 중요한 일은 아니오."

그녀는 다시 살그머니 방에서 나와 2층에 있는 푸른색의 자기 방으로 올라갔다. 창가에 앉아 있으려니까 산지기가 기묘한, 소리를 내지 않는 걸음으로 눈에 띄지 않도록 찻길을 내려가는 것이 보였다. 그에게는 타고난 조용한 특질이 있었고, 초연한 자존심과 또 연약함이 있는 일면도 아울러 가지고 있었다. 어차피 고용인이야! 클리포드의 고용인 가운데 한 사람!

"친애하는 브루투스여, 우리가 아랫사람인 것은 운명 탓이 아니라 우리들 자신 때문이라네."(셰익스피어의 《줄리어스 시저》)

그는 아랫사람인 것일까? 그가? 그는 나를 어떻게 생각하고 있을까?

화창한 날씨였다. 그래서 코니는 볼턴 부인의 도움을 받으며 정원을 손질하고 있었다. 어쩐 까닭인지 이 두 여인은, 인간 사이에 존재하는 동정심의 기묘한 줄다리기 같은 것을 통해 서로 가까이 다가가고 있었다. 둘이서 카네이션에 버팀목을 세우거나, 여름에 피는 작은 화초를 심었다. 둘 다 그런 일을 좋아했다. 코니는 특히 묘목의 부드러운 뿌리를 검은 진흙을 이긴 것에 꽂아 땅 속에 묻는 것에 큰 기쁨을 느꼈다. 이 봄날 아침, 그녀는 자신의 자궁에도 전율을 느꼈다. 햇빛이 자궁에 닿아 기분 좋게 해주는 것 같은 느낌이 들었다.

"남편과 사별한 지 벌써 꽤 오래 되었겠군요?"

코니는 작은 묘목을 한 포기 더 집어 들어, 구멍 속에 넣으면서 볼턴 부인에게 말했다.

볼턴 부인은 매발톱꽃 묘목을 하나하나 정성들여 분리하면서 말했다.

"23년이나 되었지요. 그 양반이 집으로 운반되어 온 지 23년이나 지났어요."

그 끔찍한 최후에 코니의 마음은 갑자기 흔들리기 시작했다.

"집으로 운반되어 왔다니!"

그녀가 물었다.

"왜 사고를 당했는지에 대해 생각하기도 하나요? 당신과의 생활은 행복했겠죠?"

그것은 여자에게 여자만이 할 수 있는 질문이었다. 볼턴 부인은 손등으로 얼굴에 흐트러진 머리를 쓸어 올렸다.

"모르겠어요, 마님. 그 사람은 무엇에든 굴복하는 사람이 아니었어요. 게다가 다른 사람들과 함께 행동하려 하지 않았죠. 그리고 이 세상의 어떤 것도 피해가는 것을 싫어했답니다. 일종의 완고함이었겠죠. 그것이 결국 죽음을 앞당긴 거지요. 그 사람은 정말 아무것도 상관하지 않았어요. 전 탄광 때문이라고 생각해요. 결코 탄광에 들어가는 게 아니었는데. 하지만 그이의 아버지가 어렸을 적부터 탄광에 들어가게 했답니다. 그러다가 스무 살이 넘으니 그만 둔다는 게 쉬운 일이 아니었던 거지요."

"탄광이 싫다고 했나요?"

"아뇨, 그런 말은 한번도 하지 않았어요! 무슨 일이든 싫다고 말하는 법이 없는 사람이었답니다. 그저 이상한 표정을 지을 뿐이었죠. 몸을 도사리는 짓은 질색인 사람이었으니까요. 정말 전쟁터에 용감하게 뛰어들어 맨 먼저 죽어버리는 젊은이 같다고 할까요? 그 사람은 사실, 두뇌가 말라붙어버려 아무 생각도 없는 사람이 아니었어요. 단지 아무것도 걱정하지 않는 사람이었지요. 전 늘 이렇게 말했어요. '당신은 아무것도, 누구도, 상관하지 않는 사람'이라고요. 그런데 그런 그 사람이 신경을 쓰는 것이 있었어요. 제가 첫애를 낳을 때, 미동도 하지 않고 가만히 앉아있던 모습, 그리고 모든 일이 별 탈 없이 끝났을 때, 저를 쳐다보던 처절한 눈빛! 고생한 사람은 제 쪽인데 오히려 그이를 위로해줘야 했답니다. '걱정 마세요, 여보, 걱정 말아요' 하고. 그랬더니 그이는 힐끗 저를 쳐다보면서 그 기묘한 웃음을 짓더군요. 그리고 아무 말도 하지 않았어요. 그렇지만 그 뒤 밤에 같이 자도 정상적인 즐거움을 가지지 못했다는 생각이 들어요. 정말로 거기에만 몰두하는 일은 결코 없었지요. 전 자주 말해 주었어요. '여느 때처럼 하세요, 어서요' 라고. 가끔 그러 듯이 사투리로요. 그래도 그 사람은 아무 말도 하지 않고 역시 열중하려 하지 않았어요. 어쩌면 할 수 없었던 건지도 모르지요. 더 이상 제게 아이를 낳게 하고 싶지 않았던 것 같아요. 전 늘 그 사람의 어머니를 비난했어요. 그 사람을 산실에 들여보낸 것을요. 그런 데는 남자가 있을 곳이 아니었던 거예요. 남자란 한 번 생각에 빠지면 필요 이상으로 크게 생각하니까요."

"그렇게도 걱정을 했어요?"

코니가 놀라서 물었다.

"아무래도 그 출산의 고통이 자연스러운 것이라고 생각되지 않았던 모양이에요. 그 때문에 그 사람은 소박한 부부애의 기쁨을 망치고 만 거예요. 전 말했어요. '내가 괜찮다는데 왜 당신이 그토록 걱정하는 거예요? 그건 내 의무인 걸요.' 하지만 그 사람은 그저 '그건 안 돼' 하고 말할 뿐이었어요."

"아마 그분은 너무 민감했던 모양이군요."

코니가 말했다.

"그래요! 남자란 알고 보면 다 그렇답니다. 입장이 다른 데도 너무 신경과민이 되는 거지요. 게다가 그 사람은 자신도 모르는 사이에, 탄광을 싫어했던 것 같아요. 뚜렷한 이유도 없이 말이에요. 죽었을 때는 무척 편안한 표정으로, 마치 자유의 몸이 된 것 같았어요. 정말 잘생긴 남자였죠. 그 사람을 보니 그저 가슴이 찢어질 것 같았어요. 마치 죽고 싶었던 것처럼 정말 조용하고 맑은 표정이었으니까요. 아, 가슴이 찢어질 것만 같았어요. 정말 그랬답니다. 하지만 그것도 다 탄광 탓이었지요."

볼턴 부인은 비통한 눈물을 약간 흘렸지만, 그녀보다 코니가 더 많은 눈물을 흘렸다. 따뜻한 봄날이었다. 흙냄새와 노란색 꽃향기가 주위에 감돌고, 갖가지 초목이 싹을 틔우고 있는 조용한 정원은 싱그러운 햇살로 가득했다.

"당신에겐 무척 끔찍한 일이었겠군요!"

코니가 말했다.

"네, 마님! 처음엔 도저히 믿어지지가 않았어요. 그저 '여보, 난 어떡하라고 나만 남겨두고 가버렸어요!' 하고 울부짖을 뿐이었어요. 그렇게 소리치면서 울수밖에 없었지요. 하지만 왠지 그 사람이 돌아올 것만 같았답니다."

"그렇지만 그분은 결코 당신 혼자 남겨 두고 싶진 않았을 거예요."

"그럼요 마님, 그건 그저 저의 어리석은 넋두리였을 뿐이에요. 그리고 전 줄곧 그 사람이 돌아오기를 기다렸어요. 특히 밤에는 잠도 자지 않고 계속 생각했지요. 어째서 그 사람은 나와 함께 이 침대 속에 있지 않는 걸까, 하고요! 제 감정은 그 사람이 죽은 것을 도저히 믿지 않았던 거지요. 그 사람은 다시 제 곁으로 돌아와 저와 함께 누워 있어야 한다는 느낌이 들었을 뿐이에요. 그것만이 제 유일한 바람이었어요. 내 옆에 있는 그 사람의 따뜻한 체온을 느끼는 것이. 그 사람은 이제 절대로 돌아오지 않는다는 걸 알게 될 때까지는 헤아릴 수 없는 고통이 있었어요. 그렇게 되는 데는 여러 해가 걸렸지요."

"그분과의 접촉 말이지요?"

코니가 말했다.

"그래요, 마님, 그 사람과의 접촉이에요! 전 지금까지 그것을 한번도 잊은 적이 없었고, 앞으로도 결코 잊지 않을 거예요. 그리고 만약 하늘에 천국이라는 것이 있다면 그 사람은 거기서, 제가 잠들 수 있도록 저를 마주 보고 누워있을 거예요."

코니는 걱정이 되어, 추억에 깊이 잠긴 그녀의 단정한 얼굴을 힐끗 쳐다보았다. 티버셜에서 태어난 한 사람의 정열적인 인간이 거기에 있었다! 죽은 남편과의 접촉감! 사랑의 굴레는 정말 풀기 어려운 것이다.

"무서운 일이군요, 한번 자신의 핏속에 남자를 받아들인다는 것은."

그녀가 말했다.

"네, 마님! 정말 괴로운 것은 바로 그거랍니다. 세상 사람들이 모두 그 사람이 죽기를 원했던 것이 아닌가 하는 생각이 들어요. 탄광은 아마 그 사람을 죽이고 싶어 했을 거라는 느낌. 아! 만약 탄광이 없었더라면, 탄광을 경영하는 사람들이 없었더라면, 나를 혼자 남겨두고 가는 일도 없었을 텐데 하고 생각했지요. 그렇지만 남자와 여자가 결합하면, 모두들 두 사람을 갈라놓고 싶어 하는 법이랍니다."

"육체적으로 결합했을 때 말이지요?"

"맞아요, 마님! 세상에는 냉혹한 사람들이 많답니다. 그리고 매일 아침 그 사람이 일어나 탄광으로 갈 때마다, 안 돼, 탄광에 가는 건 안 돼, 하고 생각했어요. 하지만 그 사람이 달리 무엇을 할 수 있었겠어요? 남자 하나가 뭘 할 수 있을까요?"

기묘한 증오가 여자의 마음에 이글거리며 타올랐다.

갑자기 코니가 물었다.

"하지만 그 접촉감이라는 건 그처럼 오래 지속되는 걸까요? 당신이 남편을 그토록 오랫동안 피부로 느낄 수 있었다니."

"어머나, 마님. 그것 말고 오래 지속될 수 있는 것이 뭐가 있겠어요? 아이들은 언젠가는 모두 둥지를 떠납니다. 하지만 남자는, 글쎄요, 음—. 하지만 그것조차도, 남편의 접촉감이라는 생각조차도, 세상 사람들은 저한테서 지워버리려고 한답니다. 제 아이들까지도 그러고 싶어 한다니까요. 뭐, 우리도 어느새 마음이 통하지 않게 된 건지도 몰라요, 어쩌면. 하지만, 그 느낌만은 좀 다른 것이에요. 아마 결코 상관하지 않는 것이 좋겠지만. 하지만 그 점에서는 남자한테서 한번도 몸속을 뜨겁게 애무 받아본 적이 없는 여자를 보면 아무리 화려하게 차려 입고 하느작거리며 돌아다녀도, 그저 불쌍한 인형으로밖에 보이지 않아요. 아, 전 제 자신에게 충실하게 살 거예요. 세상 사람들에 대해서는 그리 중요하게 생각하지 않아요."

## 12

코니는 점심 식사를 마치자 곧바로 숲 속으로 갔다. 눈부시게 화창한 날씨였다. 맨 먼저 핀 민들레가 태양 같은 얼굴을 내밀고 있고, 첫 데이지 꽃이 새하얗게 피어 있었다. 개암나무숲은 레이스 자수처럼 반쯤 자란 이파리와, 마지막 잿빛으로 칙칙하게 수직으로 늘어져 있는 수상화로 가득했다. 노란 아네모네는 큰 무리를 지어 활짝 피어 있었다. 그곳은 노란색, 초여름의 강렬한 노란색이었다. 넓은 범위에 걸쳐 파르스름하게 제멋대로 자라고 있는 앵초에는 이미 수줍은 티를 찾아볼 수 없었다. 진초록색의 히아신스는 온통 바다처럼 무성하다. 꽃봉오리는 엷은 푸른색 열매가 동동 떠있는 것처럼 보인다. 한편 기마도로에는 물망초가 아련하게 흔들리고 있고, 참매발톱 꽃은 잉크 같은 보랏빛 주름장식을 막 펼치려 하고 있다. 덤불 밑에는 블루버드의 알껍질이 몇 개 있다. 가는 곳마다, 무리를 이루고 있는 꽃봉오리와 생명의 힘찬 약동이 있었다.

산지기는 오두막에 없었다. 모든 것이 평화롭고, 갈색 새끼 꿩은 기운차게 뛰어 다니고 있었다. 코니는 산지기를 찾으려고 그의 집 쪽으로 걸어갔다.

집은 숲가에 햇빛을 받고 서있었다. 조그마한 뜰에 겹수선화가 열어둔 현관문 가까이에 무리지어 피어 있고, 빨간 데이지 꽃이 오솔길 양쪽에 장식 띠처럼 피어 있었다. 개 짖는 소리가 들리더니 플로시가 달려 나왔다.

열려 있는 문! 그렇다면 그가 집안에 있는 것이다. 햇살이 붉은 벽돌 바닥에 내리쬐고 있었다. 오솔길을 따라 걸어가자 창문너머로, 그가 셔츠바람으로 식탁에 앉아 식사하는 모습이 보였다. 개가 천천히 꼬리를 흔들면서 조용히 한번 짖었다. 그는 일어나 붉은 손수건으로 입을 닦은 뒤, 계속 우물거리면서 나왔다.

"들어가도 될까요?"

"들어오시죠!"

횅한 방안을 햇빛이 비쳐들고 있고 아직도 양고기 냄새가 났다. 난롯불 앞의 뚜껑 달린 냄비에서 요리된 것이리라. 난로의 시렁 위에 뚜껑 달린 냄비가 아직도 걸려 있고 그 옆의 하얀 난로바닥에 검게 그을린 수프냄비가 종이 위에 놓여 있었다. 불은 빨갛게 타오르고 있지만 불기운은 이미 약해져 있고, 갈고리에 걸린 찻주전자가 소리를 내며 끓고 있다.

식탁 위의 접시에는 먹다 남은 감자와 양고기가 있었다. 그리고 빵이 들어있는 바구니와 소금, 맥주가 담긴 파란 잔도 있다. 식탁보는 하얀 오일클로스. 그는 그늘 속에 서있었다.

그녀가 말했다.

"식사가 늦었군요. 어서 식사를 계속하세요!"

그녀는 문 옆의 햇빛이 비치는 곳에 놓여 있는 나무 의자에 앉았다.

"유스웨이트에 다녀 올 일이 있었거든요."

그는 식탁 앞에 앉았으나 먹지는 않았다.

"어서 드세요."

그녀가 말했지만 그는 음식에는 손을 대지 않고 물었다.

"마실 걸 좀 드릴까요?"

그러더니 다시 일어서려 했다.

"차는 어떻습니까! 물이 펄펄 끓고 있으니까요."

"내가 준비하겠어요."

그녀는 일어서면서 말했다. 그가 어쩐지 우울한 표정을 짓고 있어서, 그녀는 그가 난처해하고 있는 거라고 생각했다.

"그럼, 찻주전자는 저기에 있습니다."

그는 다갈색의 작은 코너용 찬장을 가리켰다.

"찻잔도. 그리고 차는 당신 머리 위의 선반에 있어요."

그녀는 검은 찻주전자와, 선반에서 차단지를 꺼내왔다. 찻주전자를 끓는 물에 헹군 뒤 그것을 어디에 버려야 할지 몰라 망설이며 잠시 생각했다.

그가 어른 알아차리고 말했다.

"밖에다 뿌리세요. 깨끗하니까요."

그녀는 문으로 가서 오솔길에 물을 버렸다.

'이곳은 정말 멋진 곳이야. 이곳이야말로 정말로 조용한 숲 속 같아.'

떡갈나무에는 갈색이 섞인 노란 잎이 피어나고 있었다. 마당에 핀 빨간 데이지는 빨간 플러시 바지의 단추 같았다. 그녀는 움푹 팬 커다란 사암판 문지방에 힐끗 시선을 주었다. 지금은 그것을 넘는 사람이 거의 없었다.

"이곳은 참 기분 좋은 곳이군요. 이렇게 아름답고 조용하다니! 모든 것이 생기로 가득 차있어요."

그는 다시 음식을 먹기는 했지만, 식욕이 나지 않는 듯 느릿한 동작이었다. 그래서 그녀는 그가 실망하고 있음을 느낄 수 있었다. 그녀는 잠자코 물을 부은 뒤, 이곳 사람들이 하는 대로 난로 안의 시렁 위에 얹었다. 그는 접시를 밀어 놓고 안으로 들어갔다. 자물쇠가 덜컥거리는 소리가 나더니, 그가 접시에 치즈와 버터를 담아서 들고 왔다.

그녀는 찻잔 두 개를 식탁 위에 놓았다. 찻잔은 원래부터 두 개밖에 없었다.

"차 드시겠어요?"

그녀가 말했다.

"그럼, 마실까요? 설탕은 그 찬장 안에 있어요. 그리고 작은 크림 단지도. 우유는 저장실 항아리 속에 있습니다."

"그 접시를 치울까요?"

그녀가 물었다. 그는 희미하게 비웃는 듯한 웃음을 지으며 그녀를 쳐다보았다.

"좋으실 대로."

그는 천천히 치즈 바른 빵을 먹으면서 말했다. 그녀는 뒤꼍으로 가 차양이 있는 싱크대로 갔다. 그곳에는 펌프가 있었다. 왼쪽에 있는 문이 식품저장고 문인 것이 분명했다. 문고리를 벗기자 그녀는 웃음이 터져 나올 것 같았다. 그가 식품저장고라고 말한 그곳은 석회수로 하얗게 한 식기선반이 하나 있을 뿐이었다. 그래도 그 속에는 맥주통이 있고 접시 몇 장과 식품도 약간 있었다. 그녀는 노란 항아리에서 우유를 조금 떠냈다.

"우유는 어디서 가져오나요?" 식탁으로 돌아온 그녀가 물었다.

"플린츠네 집에서 가져옵니다. 사육장 끝에 병을 놓아두지요. 당신과 만났던 바로 그곳."

그러나 그는 여전히 의기소침했다.

그녀는 크림 단지를 든 채 차를 따랐다.

"난 우유는 필요 없어요."

그가 말했다. 그리고 무슨 소리를 들은 듯 문 쪽으로 재빨리 눈길을 보냈다.

"문을 닫는 게 좋겠군요."

그가 말했다.

"유감이에요. 올 사람이 누가 있어요?"

"그럴 염려는 거의 없지만 그래도 알 수 없는 일이니까요."

"설사 온다 해도 무슨 상관이에요? 그저 차 한 잔 마실 뿐인데요. 스푼은 어디 있죠?"

그는 팔을 뻗어 식탁 서랍을 열었다. 코니는 문에서 햇살이 비쳐드는 쪽에 앉았다.

"플로시!"

그는 계단 밑의 조그만 깔개 위에 누워 있는 개를 불렀다.

"가! 어서 가봐!"

그가 손가락을 세웠다. 그의 명령에는 무척 힘이 있었다. 개는 지체 없이 부근을 정찰하러 나갔다.

"오늘 무슨 울적한 일이라도 있었나요?"

그는 푸른 눈을 얼른 들어 그녀를 똑바로 쳐다보았다.

"울적한 일? 아니오, 지겹습니다! 내가 붙잡은 밀렵꾼 두 사람 때문에 출두 명령을 받고 갔다 와야 했지요. 난 도무지 인간이 싫어요."

정확한 영어로 딱딱하게 말하는 그의 목소리에는 분노가 담겨 있었다.

"산지기 일이 싫은가요?"

"산지기 노릇 말이오? 그렇지 않아요. 혼자 있게만 해준다면 말이오. 하지만 경찰서니 뭐니 하는 데 가서 시간을 허비하거나, 바보 같은 인간들이 내 일을 처리해주기를 기다려야 할 때는…… 아, 그래요, 화가 나지요……"

그런 다음 그는 일종의 내키지 않는 익살을 섞어서 빙긋 웃었다.

"당신은 정말 자립생활을 할 수 없었나요?"

"나 말입니까? 내 연금으로 일하지 않고 그런대로 살아갈 수 있느냐는 의미라면 가능했겠지요. 가능하고말고요! 하지만 난 일을 해야 해요. 그렇지 않으면 죽어버릴 겁니다. 다시 말해, 뭔가 열중할 수 있는 것이 없어서는 안 돼요. 또 혼자 일어서서 일을 할 마음도 들지 않고. 누군가 다른 사람을 위한 일이 아니면 안 돼요. 그렇지 않으면 화가 나서, 한 달 만에 집어치우게 될 걸요. 그러니 그냥 여기서 사는 것이 좋습니다. 특히 요즘은……"

그는 놀리는 듯한 얼굴로 그녀에게 웃음을 던졌다.

다시 그녀가 물었다.

"그런데 왜 그렇게 기분이 좋지 않은 거예요? 언제나 그렇게 기분이 좋지 않은 건가요?"

그가 웃으면서 말했다.

"뭐, 거의 그렇다고 할까요? 아마 짜증을 삭이지 못해서 그런가 봅니다."

"무슨 짜증?"

"짜증이 나요! 그게 어떤 건지 모르십니까?"

그녀는 입을 다물었다. 그리고 실망했다.

'지금 그의 마음은 내 쪽으로 향하고 있지 않아.'

"난 다음 달에 잠시 여행을 떠나려고 해요."

"호오! 어디로?"

"베니스."

"베니스! 클리포드 경과 함께? 얼마나?"

"한 달 가량이에요. 그리고 클리포드는 가지 않아요."

"그분은 이곳에 남습니까?"

"네! 그런 몸으로 여행하는 건 싫어하거든요."

"안됐군요."

그가 동정하며 말했다.

얘기가 잠시 끊어졌다.

"내가 없다고 날 잊는 건 아니겠지요?"

그녀가 물었다. 그는 다시 눈을 들어 그녀를 정면으로 쳐다보았다.

"잊는다고요? 어떻게 그럴 수 있겠습니까? 그건 기억력의 문제가 아닙니다."

그럼 뭐예요, 하고 그녀는 묻고 싶었다. 그러나 묻지 않았다. 그 대신 잘 들리지 않는 목소리로 말했다.

"어쩌면 아기를 낳을지 모른다고 클리포드에게 말했어요."

이번에는 그도 긴장했는지 탐색하는 듯한 눈으로 그녀를 가만히 응시했다.

그는 이윽고 입을 열었다.

"정말입니까? 그래, 클리포드 경은 뭐라고 하던가요?"

"상관없다는 군요. 자신의 아이인 것처럼 보이기만 하면 그이는 좋아할 거예요, 틀림없이."

그녀는 그를 마주 쳐다볼 용기가 없었다.

그는 오랫동안 침묵을 지키다가 다시 그녀의 얼굴을 응시했다.

"물론 나에 대해서는 아무 말 하지 않았겠지요?"

"네, 말하지 않았어요."

"음, 내가 대신 씨를 뿌려 준 사람일 거라고는 생각하지 않겠지요. 그럼 어디서 아이를 얻은 것으로?"

"베니스라면 혹시 연애를 할지도 모르니까요."

그가 천천히 말했다.

"그렇겠군요. 그럼 그것 때문에 가는 겁니까?"

"연애를 하기 위해서가 아니에요."

그녀는 호소하듯 그를 올려다보면서 말했다.

"그럼 그렇게 보이도록 하는 거군요?"

침묵이 흘렀다. 그는 반은 조소, 반은 고통이 섞인 웃음을 지으며 창 밖을 물끄러미 내다보았다. 그녀는 그의 쓴웃음이 싫었다.

그가 갑자기 그녀에게 물었다.

"그렇다면 당신은 임신에 대한 조심을 하지 않은 거로군요? 하기는 나도 하지 않았지만."

그녀는 힘없이 말했다.

"그래요. 그런 건 싫어요."

그는 그녀를 바라본 뒤, 다시 창밖을 향해 그 독특한 쓴웃음을 희미하게 지었다. 숨 막히는 듯한 침묵이 흘렀다.

마침내 그는 그녀를 향해 비꼬는 투로 말했다.

"그렇다면 그것 때문에 내가 필요했던 거군."

그녀는 고개를 떨어뜨렸다.

"아뇨, 그렇지 않아요, 정말이에요."

"그럼 뭡니까, 정말은?"

그는 이를 가는 것처럼 물었다.

그녀는 원망스러운 듯이 그를 올려다보며 말했다.

"모르겠어요."

그는 웃음을 터뜨렸다.

"그렇게 말하면 내가 어떻게 알겠소?"

긴 침묵이 이어졌다. 차디찬 침묵이었다.

드디어 그가 말문을 열었다.

"그렇다면 마님 뜻대로지요. 당신이 아이를 낳으면, 클리포드 경이 어떻게 하든 마음대로요. 난 잃을 것이 아무것도 없어요. 그뿐이겠소? 나에게 특별히 좋은 경험을 하게 해주었소. 정말 기막히게 좋은 경험을!"

그리고 그는 하품을 입 속으로 깨물며 기지개를 켰다.

"당신이 나를 이용했다 하더라도 내가 이용당한 것이 이번이 처음도 아니고. 하지만 이번처럼 즐거웠던 적은 없었던 것 같소. 물론 그런 일을 아주 점잖은 짓이라고 생각지는 않지만."

그는 다시 기지개를 켰는데, 묘하게도 근육이 떨리고 턱이 이상하게 굳어졌다.

"하지만 난 당신을 이용한 것이 아니에요."

그녀는 호소하듯이 말했다.

"무엇이든 마님 분부대로 하지요."

"아니에요, 난 당신의 몸이 좋았어요."

그는 대답하면서 웃었다.

"그랬던가요? 그렇다면 우린 서로 마찬가지군요. 나도 당신의 몸이 마음에 들었으니까요."

그는 야릇하게 어두워진 눈길로 그녀를 바라보았다.

"지금 2층으로 올라갈까요?"

그는 억제한 듯한 목소리로 물었다.

"아뇨, 여기서는 안 돼요, 지금은 안 돼요."

그녀는 무거운 목소리로 대답했다. 그래도 만약 그가 그녀를 지배하는 힘을 사용했더라면 그녀는 따를 수밖에 없었을 것이다. 그녀에게는 그에게 저항할 힘이 없었기 때문이다.

그는 다시 얼굴을 돌리고, 그녀에 대해서는 잊어버린 듯이 보였다.

그녀가 말했다.

"당신이 나를 만지듯이 나도 당신을 만지고 싶어요. 난 아직 당신의 몸을 진정으로 만져본 적이 한번도 없어요."

그는 그녀를 보고 다시 미소 지었다.

"지금 말이오?"

"아뇨, 이곳이 아니라 오두막에서! 안되나요?"

"내가 어떤 식으로 당신 몸을 만지던가요?"

"당신이 내 몸을 손으로 더듬을 때 말이에요."

그가 그녀를 쳐다보자, 그녀의 가라앉은 불안한 눈길과 마주쳤다.

"그럼 내가 손을 더듬어 당신을 만지는 것이 좋다는 거군요."

그는 여전히 비웃으면서 물었다.

"네, 당신은?"

그리고 그는 말투를 바꾸었다.

"아, 나 말이오? 그래요, 묻지 않아도 아실 텐데요."

그것은 사실이었다.

그녀는 일어나서 모자를 집어 들었다.

"이제 그만 가야겠어요."

"가시겠습니까?"

그는 정중하게 대답했다.

그녀는 그가 자신의 몸을 만지며 뭐라고 말해주기를 바랐다. 그러나 그는 아무 말도 하지 않고 예의 바르게 기다리고 있었다.

"차, 잘 마셨어요."

"마님께서 직접 차를 따라주시는 영광을 입고도 감사의 말을 잊었군요."

그가 말했다.

그녀는 오솔길을 걸어가고 있고, 그는 문 앞에 서서 희미하게 씩 웃고 있었다. 플로시가 꼬리를 치켜들고 달려왔다. 코니는 말없이 한 걸음 한 걸음 숲 속으로 들어가면서, 그가 그 자리에 서서 얼굴에 불가해한 웃음을 지으며 자신의 뒷모습을 지켜보고 있음을 알고 있었다.

그녀는 실망과 곤혹을 느끼며 풀이 죽어서 집으로 돌아갔다. 이용당했다고 한 그의 말이 아무래도 마음에 걸렸다. 어떤 의미에서 그 말은 영 틀린 말은 아니었다. 그러나 그런 말을 해서는 안 되었다. 그래서 그녀의 마음은 다시 두 가지의 모순된 감정, 그에 대한 분노와 그와 화해하고 싶은 욕망 사이에서 방황했다.

그녀는 무척 불안하고 초조한 마음으로 차를 마신 뒤, 곧 자기 방으로 올라갔다. 그러나 방에 있어도 마찬가지로 안절부절못했다. 어떻게든 해결하지 않으면 안 된다. 오두막으로 가는 수밖에 없다. 하지만 만약 그 사람이 그곳에 없다면? 그렇다면 어쩔 수 없는 일이다.

그녀는 몰래 옆문을 빠져 나가, 약간 불쾌한 기분으로 곧장 길을 더듬어 갔다. 숲속의 빈터에 이르자 그녀는 몹시 불안해졌다. 그러나 그는 그곳에 다시 와있었다. 셔츠 바람으로 쭈그리고 앉아 새집에서 암꿩을 꺼내 새끼 꿩들 사이에 풀어놓았다. 새끼 꿩은 아직은 약간 볼썽사납지만, 암꿩보다 훨씬 예쁘게 자라있었다.

그녀는 곧장 그에게 다가갔다.

"이봐요, 나 왔어요!"

"예, 알고 있습니다!"

그는 허리를 펴면서 재미있다는 듯이 그녀를 올려다보았다.

"이 시간에 어미를 풀어놓는 거예요?"

"예, 오랫동안 새집 안에만 있어서 뼈와 가죽만 남았어요. 그런데도 모두들 밖에 나가 먹이를 찾으려 하지 않아요. 알을 품는 어미에게는 자기라는 것이 없어요. 그저 알과 새끼밖에 모르지요."

불쌍한 어미새. 그렇게 맹목적인 희생을 하다니! 자신이 낳지 않은 알에게까지! 코니는 동정심을 느끼며 암꿩을 바라보았다. 스스로도 어떻게 할 수 없는 침묵이 남자와 여자 사이에 가로막혀 있었다.

"안으로 들어가겠소?"

"나를 원하는 거예요?"

그녀는 믿을 수 없다는 듯 물었다.

"예, 당신이 들어가겠다면."

그녀는 잠자코 있었다.

"그럼, 들어갑시다."

코니는 오두막으로 따라 들어갔다. 그가 문을 닫자 방안이 캄캄해졌다. 그는 전처럼, 램프에 조그맣게 불을 켰다.

"속옷은 벗고 왔소?"

"네!"

"그럼, 나도 벗겠소."

그는 담요를 펴고, 한 장은 덮으려고 옆에 두었다. 그녀는 모자를 벗어 머리를 풀어헤쳤다. 그는 앉아서 구두와 각반을 풀고 코르덴바지를 벗었다.

"자, 누우시죠!"

셔츠만 남았을 때 그가 말했다. 그녀가 말없이 순순히 따라하자, 그는 그녀와 나란히 누워 담요를 끌어 함께 덮었다.

그리고 그녀의 젖가슴이 드러나도록 그녀의 옷을 등 쪽으로 완전히 젖혔다. 그는 젖가슴에 가만히 키스하고 젖꼭지를 입술로 깨물면서 섬세하게 애무했다.

"아! 당신은 좋은 여자요. 당신이 좋아요."

그는 갑자기 바짝 다가오는 듯한 동작으로 그녀의 따뜻한 배에 얼굴을 부비면서 말했다.

한편, 그녀는 두 팔을 그의 셔츠 속으로 넣고 끌어안아 보았지만 두려웠다. 그의 가늘고 매끄러운 알몸이 무척 강하게 생각되어 두려웠다. 난폭한 듯한 근육이 두려웠다. 두려워서 몸이 오그라드는 것 같았다.

그가 작은 한숨을 내쉬면서 "아아! 당신은 멋있어요!" 하고 말했을 때, 그녀 안에서 무언가가 부르르 떨었고, 마음의 뭔가가 저항하며 경직되었다. 공포를 느끼게 하는 육체적 친밀함과, 그가 성교할 때의 이상한 성급함 때문에 굳어진 것이었다. 그래서 이번에는 그녀 자신의 욕정의 예민한 황홀감에 빠질 수가 없었다. 그녀는 힘이 빠진 두 손을, 몸부림치듯 힘을 짜내고 있는 그의 몸 위에 올려놓은 채 누워 있었지만, 그녀의 마음은 그녀의 몸이 무엇을 하고 있든, 머리 꼭대기에서 냉정하게 내려다보고 있는 것 같았다. 그가 엉덩이를 부딪쳐오는 모습이 우스꽝스럽고, 그의 페니스가 어서 빨리 배설의 절정감에 도달하고 싶어 안달하는 것처럼 보이는 것이 익살스럽게 느껴졌다. 그렇다, 이것이 바로 성애(性愛)라는 것이다. 이 우스꽝스러운 엉덩이의 율동, 축축하게 젖은 조그마한 페니스가 초라하기 짝이 없는 모습으로 시들어버리는 것. 이것이 성스러운 신이 내려주신 사랑이다! 현대인이 그러한 행위를 경멸하는 것은 정상이다. 그것은 일종의 연기이기 때문이다. 어떤 시인이 말했듯이, 인간을 창조한 신은 인간을 이성적(理性的)인 생물로 만들면서도 이런 우스꽝스러운 자세를 강요하고, 이 우스꽝스러운 연기를 맹목적으로 열망하도록 만든 것을 보면, 신은 상당히 악의적인 유머감각의 소유자인 것은 틀림없는 사실이다. 모파상조차 그것을 굴욕적인 용두사미(龍頭蛇尾)라고 생각했다. 인간은 성교라는 행위를 경멸하면서도 여전히 그것을 하고 있다.

그녀의 묘한 여심(女心)은 차갑게 조소적이 되어 멀리 떨어져 있었다. 그리고 꼼짝도 하지 않고 누워 있었으나, 허리를 쳐들어 남자를 밀어내고 그의 불쾌한 압박과 그가 우스꽝스럽게 엉덩이를 부딪치며 덮쳐누르는 것에서 빠져 나가고 싶은 충동에 사로잡혔다. 그의 육체는 우스꽝스럽고 뻔뻔하며 불완전했고, 그 세련되지 않은 어색함이 약간 혐오감을 불러일으켰다. 왜냐하면 인간이 완전히 진화하면 이런 행위와 이러한 '기능'이 제거될 것은 확실하기 때문이다.

그러면서도 그가 끝난 뒤, 이내 끝난 뒤, 미동도 하지 않고 누운 채 침묵 속에 빠져들어, 멀리 그녀의 의식이 미치지 않는 아주 먼 곳까지, 움직임이 없는 이상한 거리가 생겨버렸을 때, 그녀의 마음은 슬픔으로 차오르기 시작했다. 그녀는 그가 바닷가의 돌멩이처럼 자신을 그 자리에 버려두고, 썰물이 빠지듯 점점 멀어져 가는 것처럼 느껴졌다. 그는 물러가고 그의 마음은 그녀한테서 멀어져 간다. 그도 그것을 알고 있다.

그녀는 정말 슬퍼져서, 자신의 이중적인 의식과 반응에 괴로워하며 흐느껴 울기 시작했다. 그러나 그는 전혀 아랑곳하지 않았고, 심지어 눈치 채지도 못했다. 울고 있는 동안 점점 감정이 북받쳐 올라, 그녀의 몸이 흔들리고 그의 몸도 흔들렸다.

그가 말했다.

"아아! 이번엔 잘 안됐군. 당신은 거기에 있지 않았소."

—그렇다면 그는 알고 있었던 거야! 그녀는 더욱 더 심하게 흐느껴 울었다.

"하지만 그게 뭐 어떻다는 거요? 어쩌다가 한번씩은 그럴 수도 있는 거지요."

"난…… 당신을 사랑할 수가 없어요."

그녀는 갑자기 가슴이 찢어지는 듯한 아픔을 느끼고 흐느껴 울었다.

"사랑할 수가 없다고요? 오, 그렇게 애태우지 말아요! 꼭 그래야 한다는 법은 없으니까. 있는 그대로 받아들여요."

그는 아직도 그녀의 가슴에 손을 얹고 있었다. 그러나 그녀는 벌써 그에게서 손을 떼고 있었다.

그의 말은 작은 위로가 되었다. 그녀의 흐느낌 소리는 더욱 커졌다.

"그럴 것 없어요. 인생의 고락은 있는 그대로 받아들여야 해요. 이번에는 좀 쓴 편이었던 것뿐이오."

그녀는 격렬하게 흐느껴 울었다.

"하지만 난 당신을 사랑하고 싶어요. 그런데 잘 되지 않아요, 그게 무섭기만 해요."

그는 반은 곤혹스러운 듯 반은 재미있는 듯 씩 웃었다.

"무서워할 것 없어요, 당신이 그렇게 생각한다 해도. 그리고 당신이 그렇게 만든 것도 아니고, 나를 사랑하려고 너무 마음 쓸 것 없어요. 억지로 그럴 필요는 조금도 없으니까. 바구니에 가득 담긴 밤 속에는 썩은 밤도 섞여 있게 마련이지요. 인생에서는 달콤한 것도 신 것도 있는 그대로 받아들여야 해요."

그는 이미 그녀의 가슴에서 손을 떼고 그녀를 만지지 않고 있었다. 그리고 지금 그의 살이 닿아있지 않다는 것이 그녀의 앵돌아진 마음에 만족을 주었다. 그녀는 사투리가 도무지 싫었다.

'thee니 tha니 thysen이니 하고 말하는 사람이니, 그럴 마음만 있으면 일어나 그대로 내 위에 가로막고 선 채, 내가 보는 앞에서 그 볼품없는 코르덴바지의 단추를 채울 수도 있는 거야. 이러니저러니 해도 마이클리스는 그래도 뒤로 돌아서는 정도의 예의는 차릴 줄 아는 사람이었지. 그런데 이 남자는 자신에게 너무 자신만만해서, 다른 사람들이 얼마나 자기를 촌뜨기에다 무례한 사람으로 보고 있는지 모르고 있어.'

그러나 그가 조용히 일어나 그녀를 두고 떠나려 하자, 그녀는 공포에 질려 그에게 매달렸다.

"안 돼요! 가지 말아요! 날 두고 가지 말아요! 야속하게 그러지 말아요! 안아 줘요! 꼭 안아 줘요!"

그녀는 자기가 무슨 말을 하는 지도 모른 채 미친 듯이 그에게 매달리면서, 맹목적인 광란상태에서 속삭였다. 그녀는 자기 자신으로부터, 자기 마음속의 분노와 저항으로부터 구원받고 싶었다. 그러나 그녀를 사로잡고 있는 그 마음속의 저항에서 벗어나기란 쉬운 일이 아니었다.

그는 그녀를 다시 끌어당겨 안았다. 그러자 그녀는 갑자기 그의 품안에서 한없이 작아져서 조그맣게 안겨들었다. 그것은 사라져 있었다. 그 마음의 저항은 사라지고 없었다. 그녀의 마음은 이상하리만치 평화롭게 녹아들기 시작했다. 그리고 그의 품안에서 점점 작아지면서 눈부시게 변해감에 따라, 그녀는 그에게 한없는 욕망을 부추기기 시작했다. 그녀에 대한, 그녀의 부드러움에 대한, 품에 안은 그녀의 예민한 아름다움에 대한, 강렬하면서도 부드러운 욕정이 핏속에 흘러들어와, 모든 혈관이 화상을 입은 것처럼 짜릿하게 아파오는 것이었다. 그의 순수하고 온화한 욕정이 담긴 손이, 가만히, 정신이 아찔해지도록 황홀하게 애무하면서, 그녀의 비단결처럼 매끄러운 허리의 굴곡을 쓰다듬은 뒤, 부드럽고 따뜻한 엉덩이의 골짜기를 더듬어 아래로 내려가, 서서히, 서서히, 그녀의 가장 민감한 속살에 이르렀다. 그녀는 욕정의 불꽃같은, 그러면서도 부드러운 그의 손길을 느끼며, 자기 자신이 그 불꽃 속에서 녹아드는 것만 같았다. 그녀는 마침내 자제심을 잃고 말았다. 그의 페니스가 침묵하는 무서운 힘과 자기주장을 나타내며 일어나서 자신을 누르고 있는 것을 느끼자, 그녀는 그를 향해 자신을 송두리째 내맡겼다. 단말마 같은 전율과 함께 그녀는 굴복했다. 그리고 그를 향해 자신의 모든 것을 활짝 열어젖혔다. 그런데, 아아! 만약 지금 그가 부드럽게 해주지 않는다면 얼마나 참혹할 것인가! 그녀는 모든 것을 완전히 그에게 드러내고 있으면서도 그녀 스스로는 아무것도 할 수 없는 상태였다.

그녀는 몸 안으로 들어오는, 성적인 힘으로 가득 차 가차 없이 들어오는 침입을 생각하자, 너무 이상하고 무서워서 다시 몸을 부르르 떨었다. 그것은 나의 부드럽게 열린 몸에 마치 칼처럼 찌르고 들어올지도 몰라. 그 순간 난 즉사해버릴 거야. 그녀는 갑자기 엄습한 공포의 격렬한 고통에 사로잡혀 그에게 매달렸다. 그러나 그것은 이상하게도 느리고 온화한 힘으로 밀고 들어왔다. 이를테면 창세기의 천지장조기와 같은 평화롭고 둔중한 원시시대의 부드러움이 있는 암흑의 침입이었다. 그러자 공포는 가슴 속에서 가라앉고, 그녀의 가슴은 편안한 황홀에 잠겨, 마음에 남아있던 것은 모든 것이 사라지고 말았다. 그녀는 대담하게 모든 것을, 자신의 모든 것을 드러내며, 성난 흐름 속에 휩쓸려 들어갔다.

그녀는 이를테면 바다와도 같았다. 다만 검푸른 파도만이 일어나 상하로 움직이며, 커다란 놀이 되어 물결치면서 암흑의 전신이 천천히 움직이고 있는 그녀는, 그 암흑 속의 어떤 덩어리를 일렁일렁 흔들고 있는 대해 같은 것이었다. 아! 그리고 그녀 몸 안의 아득한 아래쪽에서, 대해가 둘로 갈라져 제각각 물결치면서 멀리 이동하는 큰 파도가 되었다. 그런 다음 마침내 그녀의 국부에 이르자, 침입물이 피스톤처럼 점점 깊숙이 들어옴에 따라, 더욱 더 안쪽에 닿고, 심해는 부드러운 침입의 중심에서 둘로 갈라져 넘실거리며 움직였다. 그녀는 더욱 더 깊게, 깊게, 노골적으로 파헤쳐지고, 그녀의 큰 물결은 더욱 무겁게 어딘가의 기슭을 향해, 그녀가 몸에 두르고 있는 것을 벗겨내면서 밀려갔다. 그리고 감지할 수 있는 그 미지의 것이 더욱 가까이 돌입해 오자, 그녀 자신의 물결은 그녀한테서 멀어져서, 그녀를 내버려두고 점점 먼 곳으로 넘실거리며 사라졌다. 그리고 마침내, 부드러운, 몸이 떨려오는 경련을 일으키며 그녀의 모든 원형질의 국소에 닿는 것이 있었다. 그녀는 그것이 자신의 핵심에 닿은 것을 지각했다. 사랑의 완결이 다가왔고 그녀는 승천했다. 그녀는 승천하고, 그 존재는 사라졌다. 그녀는 다시 태어난 것이다. 한 사람의 여자로서.

아! 너무나 황홀했어! 너무나 황홀했어! 그녀는 흥분이 식어가는 가운데, 그 황홀감의 모든 것을 실감으로 이해했다. 이제 그녀의 몸은 온통 부드러운 사랑으로 가득 차, 그 이름 없는 남자에게, 그리고 또 그 덧없이 맹목적으로 시들어가는 음경에, 매달렸다. 음경은 가득히 차있던 힘을 맹렬하게 찔러 넣은 뒤, 한없이 부드럽고 연약해져서, 어느새 물러가려 하고 있었다. 그 신비롭고 예민한 물건이 물러가며 그녀의 몸에서 빠져나가자, 그녀는 자신도 모르게, 아, 가버렸어 하고 소리치며, 다시 도로 찾으려고 몸부림쳤다. 그것은 그야말로 더할 나위 없는 것이었다! 그녀는 그것이 말할 수 없이 사랑스러웠다!

그리고 이제야 겨우 그 작은 꽃봉오리 같은 과묵하고 부드러운 음경을 알게 된 그녀의 입에서, 다시 경탄과 비통의 작은 외침이 새나왔다. 힘으로 가득했던 그것의 연약함과 덧없음을 탄식하고 슬퍼하는 그녀의 여심이었다.

그녀는 신음했다.

"아아, 정말 좋았어요! 정말 좋았어요!"

그러나 그는 아무 말도 하지 않고 아직도 그녀 위에 엎드린 채 가만히 키스했을 뿐이다. 그러자 그녀는 몸을 바쳐 다시 태어난 자로서의 더할 수 없는 기쁨에서 신음소리를 냈다.

이제 그녀의 마음에는 그에 대한 기묘한 경이로움에 눈을 떴다. 남자! 자신에게 미치는 남성의 신비로운 잠재력! 그녀의 두 손은 아직도 조금 두려움을 느끼면서 그의 몸을 더듬고 있었다. 그녀는 지금까지의 그가 그러했듯이, 그 묘한 적의를 품고 일종의 혐오감을 불러일으키는 자, 남자가 무서웠다. 그러나 지금 그를 만져보니, 그것은 바로 인간의 딸과 함께 있는 신의 아들 같은 느낌이었다. 그의 몸의 감촉은 어쩌면 이리도 아름답고, 피부의 조직은 어쩌면 이리도 순결하단 말인가! 민감한 육체의 이러한 정지는 얼마나 아름답고, 힘차며, 게다가 순결하고 섬세한 것일까! 내부에 간직한 힘과 섬세한 육체의 이러한 완전한 정지! 얼마나 아름답단 말인가! 얼마나 아름답단 말인가! 그녀의 손은 머뭇머뭇 그의 등을 타고 내려가, 엉덩이의 그 부드럽고 작은 둥근 언덕에 이르렀다. 아름다워, 정말 아름다워! 별안간 새로운 의식의 작은 불꽃이 그녀를 훑고 지나갔다. 이곳의 이 아름다움은 도대체 어찌된 것일까? 조금전만해도 그저 불쾌감만 느꼈던 곳이건만. 따뜻하게 살아있는 엉덩이의 뭐라 표현할 수 없는 황홀한 촉감! 생명 속의 생명의 원천. 순수하고 따뜻한 힘을 간직한 사랑스러움. 그리고 두 다리 사이에 있는 고환의 기묘한 무게감! 이 얼마나 신비로운가! 그리고 이렇게 손 안에 부드럽고 묵직하게 들어오는 참으로 기묘하고 신비로운 무게감! 근원, 사랑스러운 모든 것의 근원, 모든, 가장 아름다운 것의 태곳적부터의 근원이다.

그녀는 외경과 공포에 가까운 경탄의 소리를 지르면서 그에게 매달렸다. 그는 그녀를 꼭 끌어안았지만 말은 없었다. 그는 입을 열려고 하지 않았다. 그녀는 그에게 더욱 밀착하여, 더 가까이 오로지 그의 관능적이고 경탄할만한 것에 다가가고 싶었다. 그러자 그의 이해하기 힘든 완전한 정지상태에서, 다시 천천히 무겁게 물결치는 듯한 남근의 발기를, 되살아난 힘을 다시 느꼈다. 그녀의 마음은 일종의 외경심에서 부드럽게 녹아갔다.

이번에 그녀의 몸 안에 들어간 것은 완전히 평화롭고, 무지갯빛처럼 변환하여, 의식으로는 붙잡을 수 없었다. 그녀는 원형질처럼, 무의식 속에서 온몸이 생동감 있게 떨리는 것을 느꼈다. 그것이 어떤 것인지 그녀는 알지 못했다. 전에 그런 적이 있었는지도 생각나지 않았다. 다만 그것은 지금까지 경험했던 어떤 것보다 아름다웠다. 그것만은 알 수 있었다. 그리고 완전한 정지 속에서 완전한 무아의 경지에 이르러, 시간이 얼마나 흘렀는지도 모르고 있었다. 그도 또한 그녀를 안은 채 꼼짝도 하지 않고, 그녀와 함께 바닥없는 고요 속에 잠겨 있었다. 따라서 훗날, 이 무의식의 상태에 있었던 것에 대해 두 사람이 언급하는 일은 결코 없을 것이다.

주위에 대한 의식이 돌아오기 시작했을 때, 그녀는 그의 가슴에 매달리면서 소곤거렸다.

"아, 내 사랑! 아, 내 사랑!"

그는 말없이 그녀를 꼭 껴안았다. 그의 품속에서 한없이 작아진 그녀는 더이상 바랄 것이 없었다.

그러나 그의 침묵은 불가해한 것이었다. 그의 두 팔이 무척 조용하고 이상한 느낌으로, 그녀를 마치 꽃인 것처럼 안고 있었다.

그녀가 속삭였다.

"어디 있는 거예요, 당신? 어디 있어요? 말해 줘요! 무슨 말이든 해줘요!"

그는 부드럽게 키스하면서 속삭였다.

"오, 나의 연인!"

그러나 그녀는 그의 말의 의미를 알지 못했고, 그가 어디에 있는지도 몰랐다. 그가 침묵하고 있으면 그녀에게는 그가 사라져버린 것처럼 느껴졌다.

"나를 사랑해요?"

그녀가 속삭였다.

"아, 다 알면서 그러오?"

"그래도 말해 줘요."

그녀는 애원했다.

"오, 이런! 당신은 그걸 느끼지 못했단 말이오?"

그는 애매하게, 그러나 조용하고 자신 있게 말했다. 그러자 그녀는 더욱 더 그에게 찰싹 감겨들었다. 그의 마음은 애정으로 그녀보다 훨씬 편안해져 있었지만, 그녀는 그에게 다짐을 얻고 싶었다.

"정말 나를 사랑하고 있는 거지요?"

그녀는 단정적으로 속삭였다. 그러자 그의 손이 욕정의 떨림이 아니라 배려와 친밀감으로, 그녀를 한 송이 꽃을 대하듯 가만히 애무했다. 그러나 여전히 그녀에게는 사랑을 확인하고 싶은 마음이 계속 떠나지 않았다.

"언제나 사랑해주겠다고 말해 줘요."

그녀는 다시 애원했다.

"응!"

그는 방심한 듯이 대답했다. 그녀는 자기가 던진 질문이 그를 자기로부터 멀리 쫓아내고 있음을 느꼈다.

"이제 그만 일어날까요?"

마침내 그가 물었다.

"안돼요!"

그러나 그의 의식이 흩어지면서, 바깥의 소리에 귀를 기울이고 있는 것을 퍼뜩 눈치챘다.

"곧 어두워질 텐데."

그녀는 그의 목소리에서 상황의 절박함을 알았다. 그녀는 여자에게는 자유로운 시간이 없다는 슬픔을 담아 그에게 키스했다.

그는 일어나서 램프 불을 돋우고 옷을 입기 시작하자, 곧 옷에 싸여 보이지 않게 되었다. 그리고 그 자리에 선 채 그녀 위에서 반바지 벨트를 죄면서, 크게 열린 어두운 눈으로 그녀를 내려다보았다. 얼굴은 다소 상기하여 불그레하고 머리카락은 헝클어져 있지만, 희미한 불빛을 받아 묘하게 포근하고 고요하고 아름다웠다. 그러나 그것은 그를 향해, 자신도 모르게 참 아름답다고 감탄의 말을 하는 것을 꺼리는 듯한 아름다움이었다. 그것은 그녀로 하여금, 그에게 바짝 달라붙어 그를 꼭 끌어안고 싶다는 생각이 들게 했다. 왜냐하면 그녀에게, 소리를 지르며 그에게 안겨들어, 자신의 몸 안에 그를 소유하고 싶은 마음이 들게 하는 그의 아름다움에는, 마음이 따뜻하지만 약간 활기를 잃은 거리감이 있었기 때문이었다. 그녀는 그를 소유하는 것은 조금도 바라지 않았다. 그래서 담요 위에 부드러운 곡선을 그리고 있는 엉덩이를 드러낸 채 누워 있었다. 그는 그녀가 무슨 생각을 하는지 알지 못했지만, 그에게도 그녀는 아름답고, 무엇보다도 그가 그 안에 들어갈 수 있는 부드럽고 경이로운 여자였다.

"당신을 사랑하기 때문에 당신 안에 들어갈 수 있는 거요."

"나를 좋아해요?"

그녀는 설레는 마음으로 물었다.

"모든 것을 잊게 해주기 때문에 당신 안에 들어갈 수 있어요. 당신이 나를 연 것은, 내가 당신을 사랑하기 때문이오. 당신을 사랑하니까 아까처럼 당신 안에 들어갔던 것 아니오?"

그는 몸을 굽혀 그녀의 부드러운 옆구리에 키스하고 뺨을 부빈 다음 거기를 완전히 가려주었다.

"그럼, 절대로 나를 버리지 않을 거죠, 네?"

"그런 말은 아예 꺼내지도 마시오."

"그렇지만 내가 당신을 사랑하고 있다는 것, 정말 믿는 거지요?"

"방금 전에 나를 그토록 사랑하지 않았소? 어느 때보다 더, 스스로 생각하지 못했을 만큼 크게 열고. 그렇지만 당신이 그런 생각을 하기 시작하면, 앞으로 어떻게 될지 아무도 알 수 없어요!"

"싫어요, 그런 말 하지 말아요! 그리고 내가 당신을 이용하려 했다고 진심으로 생각하는 건 아니죠?"

"무엇 때문에?"

"아기를 갖기 위해서라든가……."

"지금은 누구나 어디서나 아이를 가질 수 있지요."

그는 앉아서 각반을 차면서 말했다.

그녀가 소리쳤다.

"오, 아니에요! 진심으로 그런 말 하는 건 아니죠?"

그는 눈을 위로 치떠 그녀를 보면서 말했다.

"음, 글쎄요! 오늘은 정말 최고였소."

그녀는 가만히 누워 있었다. 그는 살며시 문을 열었다. 하늘은 짙푸른 색이고, 그 끝은 수정 같은 청록색이었다. 그는 밖에 나가 개에게 조용히 말을 걸면서, 암꿩을 새집에 몰아넣었다. 한편 그녀는 누운 채 생명과 존재의 신비로움에 경탄하고 있었다.

그가 돌아왔을 때도 그녀는 집시여인처럼 발갛게 달아오른 얼굴로 여전히 그곳에 누워 있었다. 그는 그녀 옆의 둥근 의자에 걸터앉았다.

"떠나기 전, 밤에 내 집에 한번 와야 해요. 오겠소?"

그는 두 손을 무릎 사이에 늘어뜨리고 눈썹을 치켜 올려 그녀를 보면서 물었다.

"오겠소?"

그녀는 그의 말을 흉내 내며 놀렸다.

그는 씩 웃었다.

"좋소, 오겠소?"

그는 같은 말을 되풀이 했다.

"좋소."

그녀도 사투리를 흉내 내어 말했다.

"응?"

그가 말하고,

"응?"

그녀는 되풀이했다.

"와서 나와 함께 하룻밤을 지내는 거요, 반드시. 언제 오겠소?"

"언제가 좋겠소?"

그녀가 말했다.

"안돼, 당신은 그렇게 말해선 안 돼요. 그럼 언제 오겠소?"

"아마, 일요일쯤."

"일요일쯤? 좋소!"

"좋소!"

그는 그녀에게 짤막한 웃음을 던졌다.

"안돼요, 당신은 흉내 낼 수 없소."

그가 단언했다.

"왜 나는 할 수 없소?"

그가 웃었다. 그녀는 사투리를 흉내내보았지만, 아무래도 무척 우스꽝스러웠다.

"자, 이제 당신은 가야하오!"

그가 말했다.

"나, 안 가면 안 되겠소?"

"나, 안 가면 안 돼요? 해야지요."

그가 정정했다.

그녀가 따졌다.

"당신은 그렇게 말하지 않았잖아요, 난 왜 그렇게 말하면 안 되죠? 불공평해요."

"그렇지 않아요."

그는 몸을 앞으로 내밀고, 그녀의 얼굴을 가만히 어루만졌다.

"하지만, 당신의 칸트는 참 좋더군. 이 세상에 남아있는 최고의 칸트이던걸. 당신이 마음이 내킬 때는 말이오! 당신이 그것을 원할 때!"

"칸트라니 그게 뭐예요?"

그녀가 물었다.

"응? 그걸 모른다고? 칸트 말이오! 아래쪽의 거기에 있는 당신을 가리키지! 내가 당신 안에 들어갈 때 내가 얻는 그것, 내가 당신 속에 들어갈 때 당신이 받아들이는 그것, 그건 그곳에 있는 대로의 그것이고, 그 부근 전부를 말하는 거요."

그녀는 놀랐다.

"그 부근 전부를 말하는 거요! 칸트! 그럼, 성교와 비슷한 말이군요."

"아니, 천만에! 성교란 그저 그걸 하는 것이오. 동물은 성교를 하지요. 그러나 칸트는 훨씬, 그 이상의 것이오. 그건 당신 자신이오. 알겠소? 당신에게는 동물 이상의 것이 많이 있어요. 물론 당신도 성교를 하지! 칸트를 말이오. 아아, 그건 당신의 멋진 거기를 가리키는 말이오."

그녀는 일어나서 그의 두 눈 사이에 키스했다. 그녀를 보고 있는 그 눈은 무척 어둡고 조용하며, 뭐라 말할 수 없이 따뜻하고 참을 수 없이 아름다웠다.

그녀는 말했다.

"그래요? 그래서 나를 원하는 거예요?"

그는 대답하지 않고 그녀에게 키스했다.

"이젠 가야지요. 먼지를 털어 주겠소."

그의 손이 곡선을 이룬 그녀의 몸을 털어주었다. 욕정이 아닌 깊은 배려와 이해를 담은 손길로.

그녀가 황혼 속을 걸어 집으로 돌아갈 때는, 온 세상이 꿈결처럼 느껴졌다. 정원의 나무들은 밀물에 닻을 내린 배처럼 불룩하게 일렁이는 것처럼 보이고, 집으로 가는 언덕의 오르내리는 구릉은 생기로 넘치고 있었다.


## 13

일요일에 클리포드는 숲으로 산책하고 싶어졌다. 상쾌한 아침이었다. 배꽃과 자두꽃이 곳곳에 놀랍도록 하얀 모습으로 세상에 출현해 있었다.

온 세상에 꽃이 한창인데, 클리포드는 남의 힘을 빌려 의자에서 휠체어로 옮겨 앉아야만 한다는 것이 가슴 아팠다. 그러나 그는 이미 그런 것은 마음에 두지 않았고, 장애인인 자기 자신에게 일종의 자부심까지 품고 있는 것처럼 보였다. 코니는 그의 위축된 다리를 들어 올려 옮겨 주는 일이 언제나 힘에 부쳤다. 지금은 볼턴 부인이나 필드가 그 일을 대신 해주고 있다.

코니는 찻길 맨 꼭대기의 병풍처럼 늘어서 있는 너도밤나무 숲에서 그를 기다렸다. 그의 휠체어는 병약자처럼 천천히 거드름을 피우며 조금씩 먼지를 일으키면서 다가왔다. 아내가 있는 데까지 오자 그는 말했다.

"비지땀을 흘리는 준마에 올라탄 클리포드 경 같지 않소?"

"적어도 콧김만은 뿜어내고 있군요!"

그녀가 웃으면서 말했다.

그는 길고 낮은 갈색의 낡은 집 정면에 휠체어를 세우고 주위를 둘러보았다.

"라그비 저택은 눈도 깜박하지 않는군 그래! 뭐, 그렇게 못할 것도 없지. 나는 인간의 지혜가 만들어낸 위대한 기계에 타고 있고, 그건 준마보다 훨씬 훌륭한 거니까."

"맞아요. 그리고 말 두 필이 끄는 전차를 타고 하늘을 달리는 플라톤의 정신도, 지금이라면 포드 자동차를 타고 갔을 거예요."

"그렇지 않으면 롤즈로이스겠지? 플라톤은 귀족이었으니까!"

"그렇군요! 이젠 채찍을 휘두르며 혹사시킬 검정말은 필요하지 않아요. 플라톤은 현대인들이 그의 검정말이나 흰말보다 더 좋은 것을 타고 다니고, 또 말은 한 마리도 없이 오직 엔진 하나만으로 달리고 있을 줄은 꿈에도 생각하지 못하고 있을 거예요!"

클리포드가 말했다.

"엔진과 가솔린만으로지! 내년에는 이 낡은 건물을 좀 손질해야겠어. 거기에 쓸 천 파운드쯤은 마련할 수 있을 것 같아. 하지만 노임이 너무 비싸서 말이오."

"네, 좋은 생각이에요. 다만 더 이상 파업이 없으면 좋겠어요!"

"또 파업을 해봤자 그들이 뭘 어쩌겠소? 석탄산업을 파괴할 뿐이지. 뒤에 남는 건 그것뿐이오. 올빼미처럼 영리한 척하는 그들도 그걸 깨닫고 있을 거요."

"어쩌면, 석탄산업이 파괴되어도 상관없다고 생각하고 있을지도 몰라요."

"어린아이 같은 소리 말아요! 호주머니를 불룩하게 채워줄 정도는 아니더라도, 석탄산업은 그 자들의 배를 채워주고 있으니까."

그는 기묘하게도 볼턴 부인의 콧소리가 섞인 말투를 사용하고 있었다.

"하지만 얼마 전에 당신은 보수적인 무정부주의자라고 하지 않았어요?"

그녀가 순진하게 물었다.

그가 되물었다.

"그래서, 내가 한 말의 뜻을 알았단 말이오? 내가 말하고 싶었던 건 다른 게 아니라, 엄밀하게 개인적인 것에 한해, 사람은 자신이 되고 싶은 것이 되고, 좋아하는 것을 생각하고, 좋아하는 것을 할 수 있다는 것이었소. 단, 생활양식을 바꾸지 않는 한 말이오. 그리고 정치적 기구도."

코니는 잠자코 몇 걸음 걸은 다음 완강하게 말했다.

"달걀은 그 껍질이 완전하기만 하다면 속은 썩어도 상관없다는 말처럼 들리는군요. 하지만 달걀은 썩으면 저절로 부서지고 말아요."

"나는 인간이 달걀과 같다고는 생각하지 않소. 설사 천사의 알이라고 해도. 나의 귀여운 복음전도사님."

화창한 아침이어서 그런지 그는 무척 기분이 좋았다. 종달새가 정원 위를 날며 쉴 새 없이 지저귀고 있고, 멀리 움푹 들어간 곳에 있는 탄광은 소리도 없이 수증기를 뿜어내고 있었다. 그 정경은 전쟁 전과 거의 달라진 것이 없었다. 코니는 사실 논쟁할 마음 같은 건 조금도 없었다. 게다가 그녀는 클리포드와 함께 숲으로 가고 싶지도 않았다. 그래서 그녀는 약간 완고한 기분으로 그의 휠체어를 따라 걸어갔다.

그가 말했다.

"아니야. 잘 관리하면 이제 파업은 없을 거요."

"어떻게요?"

"파업이 일어날 수 없게 할 테니까."

"그러면 광부들이 가만히 있겠어요?"

"우리는 그들에게 물어 보고 하지 않아. 그들이 모르는 사이에 하는 거지. 그들 자신을 위해, 석탄산업을 구제하기 위해."

"당신 자신을 위한 것이기도 하겠지요?"

"당연하지! 모두를 위해서요. 그러나 나 자신을 위해서라기보다 그들을 위해서지. 난 탄광이 없어도 살아갈 수 있소. 그러나 그들은 그렇지 않아. 그들은 탄광이 없으면 굶어죽게 돼. 내겐 그것 말고도 저축해논 것이 있소."

그들은 낮은 골짜기를 지나 광산과 그 너머, 언덕을 기어오르는 뱀처럼 티버셜 마을의 검은 뚜껑 같은 지붕들이 늘어서 있는 것을 바라보았다. 퇴락한 갈색 교회에서 종이 울리고 있었다. 일요일, 일요일, 일요일이라고!

"그렇지만 광부들이 당신에게 조건을 제시할까요?"

"그들은 그렇게 할 수밖에 없을 걸. 이쪽에서 부드럽게만 대한다면 말이오."

"그렇지만 서로 이해할 수는 없는 것일까요?"

"물론이야, 다만 사업이 개인보다 우선한다는 것을 그들이 이해해준다면 말이지."

"하지만 당신은 꼭 석탄산업을 소유해야만 하나요?"

"반드시 그런 건 아니오. 하지만 내가 실제로 그 소유자인 한, 단호하게 그렇게 하지 않으면 안돼. 재산의 소유권은 이제 종교적인 논쟁이 되고 있소. 그리스도와 성 프랜시스*22 이래 내내 그랬지만. 논점은 '네가 가지고 있는 모든 것을 가난한 자에게 베풀어 주라.'(마태복음)는 것이 아니라, '산업을 장려하고 가난한 자에게 일자리를 주기 위해, 네가 가지고 있는 모든 것을 사용해야 한다'는 데 있소. 그것이 모든 사람들의 입에 먹을 것을 주고 모든 사람들의 몸에 옷을 입혀주는 유일한 길이오. 우리가 가진 것을 모조리 가난한 사람들에게 줘버리는 것은, 필연적으로 우리뿐만 아니라 가난한 자에게도 기아를 가져다 주게 되는 거요. 모든 사람이 함께 굶주리는 것은 결코 고상한 목적이 아니오. 전반적인 빈궁도 결코 유쾌한 것이 못되지. 빈곤은 추악한 것이오."

"그럼, 불평등은요?"

"그건 운명이요. 목성은 왜 해왕성보다 클까? 사물의 구조를 개조하는 게 가능할 것 같소?"

"하지만 이런 시기와 질투, 불만이 일어나기 시작하면"

그녀가 말을 꺼내기 시작했다.

"온 힘을 다해 막아야지. 누군가가 기업을 책임지고 관리해야 해."

"그럼 누가 그 일을 하나요?"

"사업을 소유하고 또 경영하는 사람이지."

오랜 침묵이 흘렀다.

"그런 사람은 아무래도 나쁜 사장 같은데요."

"그럼, 그들이 어떻게 했으면 좋겠소?"

"사장이라는 신분을 그리 진지하게 생각하지 않는 것 같아요."

"당신이 귀족부인으로서의 신분을 생각하고 있는 것보다, 그들 쪽이 훨씬 진지하게 자신의 신분을 생각하고 있소."

---

*22 13세기 이탈리아 사람으로 그리스도의 생활을 본받아 재산과 가족을 버렸다.

"그건 나에게 억지로 떠맡겨진 거예요. 사실은 나, 그런 건 원하지 않아요."

그녀는 자기도 모르게 속마음을 드러내고 말았다. 그는 휠체어를 세우고 그녀를 쳐다보았다.

"지금 책임을 회피하려는 것은 누구일까? 당신이 말하는 사장의 신분이니 하는 책임에서 지금 벗어나려고 하고 있는 것은 누구일까?"

"하지만 난 사장의 신분 같은 건 바라지 않는 걸요."

그녀는 항의했다.

"아! 하지만 그런 말을 하는 건 비겁하기 때문이오. 당신은 그런 신분이고 그런 운명이오. 그러니 거기에 어울리는 생활을 해야 해. 광부들에게, 지금 그들이 가지고 있고 가질 수 있는 모든 것을 주는 것은 누구일까? 그들의 정치적 자유는 대단한 것은 아니라 해도, 교육, 위생설비, 건강상태, 책과 음악 같은 온갖 것들을 그들에게 주어온 것은 누구일까? 광부가 광부에게 주었나? 아니오! 잉글랜드의 모든 라그비 집안과 시플리 집안이 자신들의 몫을 나눠준 것이고, 또 앞으로도 계속 주어야 하는 거요. 그것이 당신이 지닌 책임이란 말이오."

코니는 그 말을 듣고 얼굴이 새빨개졌다.

"뭔가 주고 싶기는 하지만, 나에게는 허락되어 있지 않아요. 지금은 어떤 것이든 팔고 돈을 받게 되어 있어요. 그래서 지금 당신이 말한 것도 모두, 라그비나 시플리가 그 사람들에게서 상당한 이익을 취하고 팔고 있는 거지요. 모든 것이 팔리고 있어요. 당신은 가슴에서 우러나온 진정한 동정심은 한 조각도 주고 있지 않아요. 뿐만 아니라 그 사람들한테서 자연스러운 생활과 인간성을 빼앗아버리고, 이런 산업에 종사하는 공포를 주고만 것은 누구죠? 누가 그런 일을 했을까요?"

그는 창백해진 얼굴로 물었다.

"그러니 나보고 어떻게 하라는 거요? 나를 약탈하러 오라고 그들에게 부탁할까?"

"티버셜 마을은 왜 그렇게 불쾌하고 왜 그렇게 끔찍할 만큼 추할까요? 어째서 저 사람들의 생활은 그렇게도 절망적일까요?"

"그곳은 그들이 스스로 티버셜을 건설한 거요. 그들에게는 자유 표현의 일부분이지. 그들 스스로 좋은 티버셜을 건설하여, 그들 나름의 좋은 생활을 하고 있어요. 나는 그들을 대신하여 그들과 같은 생활을 할 수는 없지만. 딱정벌레는 말이오, 모두 그에 어울리는 생활을 영위해야 하는 거요."

"그렇지만 당신은 당신을 위해 그 사람들에게 일을 시키고 있어요. 당신의 탄광에서 생활하고 있다구요."

"전혀 그렇지 않아. 딱정벌레는 스스로 자신이 먹을 것을 찾게 마련이오. 나를 위해 일하도록 강요당하고 있는 사람은 한 사람도 없소."

"그들의 생활은 산업 속에 짜여져 있어서 절망적이고, 우리의 생활도 마찬가지예요."

그녀가 소리쳤다.

"난 그렇게 생각지 않아. 그건 바로 낭만적인 말의 유희일 뿐, 거의 숨이 끊어져서 사라져가고 있는 낭만주의의 유물일 뿐이오. 코니, 당신은 조금도 절망적인 모습으로 거기 서 있는 것처럼 보이지는 않아."

그 말은 사실이었다. 그녀의 짙푸른 눈은 빛나고 있고, 뺨은 발갛게 달아올라 있어, 절망에 빠져 쓰러지기는커녕 반항적인 열정으로 가득 차있는 것 같았다. 그녀는 무성한 풀숲 여기저기에 솜 같은 어린 앵초가 아직도 솜틸에 싸여, 윤곽이 아련하게 보이는 것을 깨달았다. 그리고 그녀는 클리포드가 하는 말은 완전히 틀렸다고 자신이 느끼는 것은 어째서일까 하고 분노하면서 생각했다. 그러나 그것을 그에게 말할 수는 없었다. 그의 어디가 잘못되어 있는 건지 정확하게 말할 수가 없었던 것이다.

"광부들이 당신을 미워하는 것도 무리가 아니에요."

그가 대답했다.

"그들은 나를 미워하고 있지 않소! 잘못 생각해선 안돼. 그들은 당신이 말하는 식으로 한다면 인간이 아니오. 당신은 모르고 있소, 또 결코 당신이 이해할 수 있는 동물이 아니오. 자신의 착각을 다른 사람에게 강요해서는 안돼요. 대중은 언제나 마찬가지였고, 앞으로도 달라지진 않소. 폭군 네로의 노예는 우리의 광부나 포드 자동차의 노동자들과 거의 다를 바 없었소. 네로의 광산노예와 농업노예들 말이오. 그들은 노동자계급이고, 그것은 불변하는 계급이오. 어떤 한 사람의 개인이 노동자계급에서 출현할지도 모르지만, 그 출현이 대중을 바꾸지는 않소. 하층계급은 변하지 않는 것이오. 그건 사회 과학상의 가장 중요한 사실 중의 하나요. 빵과 오락을 주어라! 다만 오늘의 교육은 서커스의 나쁜 대용물에 지나지 않소. 오늘날 잘못되어 있는 것은, 우리가 교육과정의 서커스적인 유쾌한 부분을 어이없이 망쳐버리고, 노동자계급을 약간의 교육으로 해쳐버렸다는 것이오."

클리포드가 평민에 관한 견해에서 정말로 흥분하기 시작했을 때 코니는 공포감을 느꼈다. 그가 한 말에는 뭔가 파괴적인 진실이 있었다. 그러나 그것은 절멸에 이르는 진리였다.

그녀가 얼굴이 새파래져서 입을 다무는 것을 보자, 클리포드는 다시 휠체어를 움직여, 숲의 문 앞에서 다시 멈출 때까지 아무 말도 하지 않았다. 문은 그녀가 열었다.

"그래서, 지금 우리 상류계급이 손에 들어야 할 것은 채찍이지 칼이 아니오. 하층계급은 세상이 시작된 이래 지배당해 왔고, 세상이 끝날 때까지 지배당하지 않으면 안 될 거요. 그들에게 자치 능력이 있다는 것은 완전한 위선이나 익살이오!"

"그렇지만 당신은 지배할 수 있나요?"

"나 말이오? 그럼, 할 수 있지! 나의 마음과 의지는 불구가 아니오. 다리로 지배하는 게 아니란 말이오. 내 나름대로 지배를 분담할 수 있소. 얼마든지. 내 몫의 분담 말이오. 그리고 당신이 나에게 아들을 낳아주면, 그 아이가 내 뒤를 이어서 상속분을 지배할 수 있을 거요."

"하지만 그 아이는 당신의 친자식이 아닐 것이고, 당신과 같은 지배계급에서 태어나지도 않을 텐데요. 아, 만약이라는 가정하의 얘기지만."

그녀는 말을 얼버무렸다.

"상관없소, 그 아이의 아버지가 누구이든, 건강한 사내아이로 지능이 정상 이하가 아닌 한은. 건강하고 보통 수준의 지능을 가진 사내아이를 선사해 주구려. 그러면 내가 유능한 채털리 집안사람으로 완벽하게 키워 내겠소. 중요한 것은 아버지가 누구인가가 아니라 어떤 운명으로 태어나는가 하는 것이오. 어떤 아이든 지배계급 속에 있으면 그 나름대로 성장하여 지배자가 되고, 왕이나 공작의 아들이든 하층계급에서 자라면, 결국 대량생산품의 평민이 될 거요. 그것이 환경의 절대적인 강제력이지."

"그렇다면 평민은 태어나면서부터 정해지는 것이 아니고, 귀족이라는 것도 혈통이 따로 있는 게 아니라는 얘기군요."

"그렇소, 코니. 그런 것은 모두 낭만적인 환상일 뿐이오. 귀족은 일종의 직무이고 운명의 일부요. 그리고 하층계급은 운명의 다른 일부 직무를 맡는 거지. 개인이라는 건 거의 문제가 되지 않아요. 어떤 직무에 맞춰 교육되고 적응하는가 하는 문제일 뿐. 귀족을 만드는 것은 개인이 아니라, 귀족 전체가 직무를 수행하는 것에 있어요. 그리고 평민을 평민이게 하는 것은 대중 전체의 직무 수행인 것이오."

"그럼 우리 모든 인간에게 공통되는 인간성이란 없단 말이군요."

"뭐, 좋도록 생각하구려. 우리는 모두 배를 채우지 않으면 안돼. 하지만 표현상의, 또는 실행상의 직무수행에 있어서는 지배계급과 봉사계급 사이에는 간격이, 절대적인 간격이 있어요. 그 두 가지 직무는 서로 상반되는 것이오. 그리고 그 직무가 개인을 결정짓는 거요."

코니는 멍한 눈으로 그를 바라보았다.

"더 안 가시겠어요?"

그는 다시 휠체어를 움직였다. 더 이상 할 말이 없었다. 그는 그 특유의 약간 방심한 듯한 무표정으로 돌아가 있었다. 그것은 코니에게는 견디기 힘든 것이었다. 어쨌든 숲 속에서는 그와 더 이상 논쟁하지 않기로 했다.

두 사람 앞에 벽처럼 서 있는 개암나무 숲과 선명한 잿빛 나무 사이에 기마 도로가 숲을 가르며 달리고 있었다. 휠체어는 천천히 나아가 개암나무 그림자를 넘어선 찻길로, 우유거품처럼 떠올라있는 물망초 사이를 조용히 흔들리면서 들어갔다. 클리포드는 중앙의 코스를 나아갔다. 그곳에는 보행자의 통행에 의해 꽃 사이를 지나가는 통로가 나 있었다. 그러나 코니는 휠체어를 뒤따라 걸으며, 바퀴가 선갈퀴와 자난초 위를 흔들리며 나아가, 덩굴식물의 조그맣고 노란 꽃받침을 짓밟는 것을 보고 있었다. 바퀴는 물망초 속을 지나 항적 같은 자국을 남기며 나아가고 있었다.

그곳에는 온갖 꽃들이 피어 있었다. 맨 먼저 피는 히아신스가 웅덩이에 괸 물처럼 파랗게 여기저기 피어 있었다.

클리포드가 말했다.

"정말 당신이 말한 그대로야, 참으로 아름답군! 정말 놀라워. 잉글랜드의 봄처럼 아름다운 데가 또 있을까!"

그 말은 마치 봄마저 의회의 법령에 의해 꽃을 피우는 것처럼 들린다고 코니는 생각했다. 잉글랜드의 봄이라고! 아일랜드의 봄이나 유대의 봄은 안 된단 말인가? 휠체어는 천천히 나아가, 밀처럼 곧추선 튼튼한 히아신스 수풀을 지나 잿빛 산우엉 잎사귀를 밟으며 지나갔다. 벌채된 뒤의 빈터에 왔을 때는 햇살이 꽤 강하게 내리쬐고 있었다. 히아신스가 여기저기서 밝은 푸른색을 펼치고 있는데, 다른 방향에서 보면 라일락 색과 보라색이 되는 것이었다. 그리고 그 사이에는 고사리가 다갈색 곱슬머리를 쳐들고 마치 이브에게 새로운 비밀을 속삭이는 새끼 뱀처럼 무리지어 있는 것이 보였다.

클리포드는 휠체어를 계속 움직여 언덕 끝까지 갔다. 코니는 뒤에서 천천히 따라갔다. 떡갈나무 새싹이 갈색으로 부드럽게 돋아 있었다. 모든 것이 낡고 단단함 속에서 조용히 빠져 나오고 있었다. 가지치기를 한 것이 많았고, 울퉁불퉁한 떡갈나무도 더없이 부드러운 어린잎을 피워, 박쥐의 날개처럼 연한 갈색의 작은 날개를 햇살 속에 펼치고 있었다. 어째서 사람만이 몸 안에 새로움, 새싹을 틔우는 신선함을 조금도 갖지 못한단 말인가! 진부한 인간이여!

클리포드는 언덕 꼭대기에 이르자 휠체어를 세우고 아래를 내려다보았다. 히아신스가 넓은 기마도로를 마치 홍수가 밀려오는 것처럼 파랗게 뒤덮고, 비탈을 따뜻한 푸른빛으로 비추고 있었다.

클리포드가 말했다.

"원래 무척 아름다운 색이지만 그림을 그리는 데는 도움이 되지 않아."

"그래요!"

코니는 무심하게 대답했다.

"샘 있는 데까지 모험해 볼까?"

클리포드가 말했다.

"휠체어가 다시 올라올 수 있을까요?"

"둘이서 해봅시다. 호랑이굴에 들어가지 않고는 호랑이새끼를 얻을 수 없으니까."

이리하여 휠체어는 다시 천천히 움직이기 시작하여, 주위에 파란 히아신스가 가득히 피어 있는 넓고 아름다운 길을 흔들거리며 내려갔다. 히아신스의 얕은 여울을 지나가는 수많은 배들의 마지막 배여! 오오, 현대문명의 마지막 항해에 나선 거친 바다 위의 마지막 쪽배여! 오오, 이상한 바퀴가 달린 야릇한 작은 배여, 어디로 가고 있는가? 이 얼마나 유장한 항해인가!*23 클리포드는 만족스러운 기분으로 조용히 모험의 키를 잡고 있었다. 고풍스러운 검은 모자를 쓰고, 트위드 재킷을 입고, 가만히 앉아 주의를 게을리 하지 않는다. 오, 선장이여, 나의 선장이여! 찬란한 우리의 항해는 끝났다!*24 아니, 아직 완전히 끝난 것은 아니다. 잿빛 옷을 입은 콘스탄스가 흔들리며 내려가는 휠체어가 지나간 자국을 따라 내려가고 있다.

그들은 오두막으로 가는 좁은 오솔길을 지나갔다. 그러나 그 길은 휠체어가 다닐 만큼 넓지는 않았다. 간신히 한 사람이 지나다닐 정도의 넓이밖에 되지 않았다. 휠체어는 비탈 아래에 이르자 거기서 빙글 방향을 돌리더니 이내 시야에서 사라졌다. 그때 뒤에서 낮은 휘파람 소리가 들려왔다. 재빨리 돌아보니 산지기가 큰 걸음으로 그녀를 향해 내려오고 있었다. 그의 뒤에는 개가 따라오고 있다.

"클리포드 경은 오두막에 가시는 건가요?"

그가 그녀의 눈을 들여다보면서 물었다.

"아뇨, 그냥 샘 있는 데요."

"아, 다행이군요, 그분을 만나지 않아도 되겠어요. 오늘 밤에 당신을 만날 생각이었소. 정원 문에서 10시에 기다리겠소."

그는 다시 그녀의 눈을 똑바로 쳐다보았다.

"그래요⋯⋯"

그녀는 애매하게 대답했다.

클리포드가 코니를 부르는 경적소리가 들려 왔다. 그녀는 호주의 원주민처럼 "쿠—이" 하고 소리쳐 대답했다. 산지기는 얼굴을 약간 찌푸리더니 씩 하고 웃었다. 그는 한 손으로 그녀의 가슴을 밑에서부터 가만히 쓰다듬었다. 그녀는 깜짝 놀라 그를 쳐다본 뒤, 클리포드에게 한 번 더 "쿠—이" 하고 소리친 뒤 언덕을 달려 내려갔다. 남자는 언덕 위에서 그녀를 지켜보다가 희미하게 씩 웃고는 오던 길로 돌아갔다.

그녀는 클리포드가 천천히 샘 쪽으로 올라가는 것을 보았다. 샘은 어두운 낙엽송 수풀 언덕을 올라간 중턱에 있다. 그녀가 따라잡았을 때는 이미 샘가

─────────

*23 로버트 브리지스의 〈지나가는 배〉에서.

*24 월트 휘트먼의 시 〈오, 선장이여, 나의 선장이여〉에서.

에 도착해 있었다.

"이 녀석이 참 수고했어."

그는 휠체어를 가리키며 말했다.

코니는 낙엽송 숲가에서 유령처럼 자라고 있는 커다란 잿빛 산우엉 잎을 보았다. 이곳 사람들은 그것을 '로빈 훗의 대황(大黃)'이라고 부르고 있었다. 샘가에 있는 그것은 얼마나 조용하고 음울하게 보이는지! 그러나 샘물은 무척 밝게 빛나며 퐁퐁 솟아나고 있었다. 또 그곳에는 좁쌀풀과 푸른 자난초가 약간 피어 있었다. 문득 둑 아래를 보니 노란 흙이 움직이고 있었다. 두더지였다! 분홍빛 손으로 흙을 헤친 뒤, 분홍빛의 조그마한 코끝을 쳐들어 얼굴을 송곳처럼 내밀고 맹렬하게 흔들면서 나타났다.

"두더지는 코끝으로 보는 것 같아요."

"눈을 사용하는 것보다 나으니까. 마시겠소?"

"당신은?"

그녀는 나뭇가지에 걸려 있는 법랑 컵을 들고 허리를 굽혀 물을 가득 떠서 그에게 내밀었다. 그는 한 모금 한 모금 물을 마셨다. 그녀는 다시 몸을 굽혀 자신도 조금 마셨다.

"아, 얼음처럼 차가워요!"

그녀가 숨이 가쁜 듯 말했다.

"물맛이 좋군! 물을 마시면서 소원을 빌었소?"

"당신은?"

"응, 빌었지. 하지만 내용은 말하지 않겠소."

딱따구리가 딱딱 나무를 쪼는 소리가 들린 뒤, 낙엽송 숲을 빠져나가는 뜨뜻미지근하고 불쾌한 바람을 그녀는 느꼈다. 위를 올려다보니 푸른 하늘에 흰 구름이 흘러가고 있었다.

"구름이에요!"

"하얀 어린 양 같군."

그 작은 빈터를 그림자 하나가 스치고 지나갔다. 그 두더지가 멀리 이동하여 부드러운 황토 위에 올라앉아 있었다.

"저런 불쾌한 동물은 죽여야 해."

클리포드가 말했다.

"저 모습 좀 보세요! 설교단의 목사님 같잖아요?"

그녀는 선갈퀴 가지를 몇 개 꺾어서 그에게 가지고 왔다.

"갓 베어낸 마른 풀이군! 지난 세기의 낭만적인 귀부인 같은 향기가 나는데? 그녀들은 뭐니 뭐니 해도 분별심이 있었지!"

그녀는 흰 구름을 물끄러미 쳐다보았다.

"비가 올 것 같아요."

"비? 왜, 비가 왔으면 좋겠소?"

그들은 귀로에 올랐다. 클리포드는 조심스럽게 내려갔다. 빈터의 어두운 바닥에 이르자 오른쪽으로 돌아 백 야드 가량 더 가서 길을 버리고, 긴 비탈 아래에 왔다. 그 주변은 히아신스가 밝게 햇살을 받고 있었다.

"자, 노처녀 양, 부탁해."

클리포드가 휠체어를 비탈길로 돌리며 말했다.

꽤 가파르고 울퉁불퉁한 비탈이었다. 휠체어는 마지못해 악전고투하는 모습으로 천천히 바퀴자국을 더듬으며 올라갔다. 그럭저럭 힘겹게 나아가 온통 히아신스가 만발한 곳까지 왔을 때, 휠체어가 갑자기 덜컹거리며 헐떡이더니 히아신스 속에서 조금 빠져나오자 딱 멈춰 서고 말았다.

코니가 말했다.

"산지기가 올지도 모르니까 경적을 울려 보세요. 조금 밀어 달라고 하죠. 같이 밀면 어떻게 될 거예요."

"휠체어를 잠깐 쉬게 합시다. 바퀴 밑에 돌을 괴어 주구려."

코니는 돌을 찾았다. 그리고 그들은 기다렸다. 잠시 뒤 클리포드는 다시 모터를 작동시켜 휠체어를 움직이기 시작했다. 휠체어는 망가진 것처럼 묘한 소리를 내면서 비틀거렸다.

"내가 밀어볼게요!"

코니가 뒤로 돌아가면서 말했다.

그가 화를 내며 말했다.

"안돼! 밀지 마! 사람이 밀어야 움직인다면 이까짓 게 무슨 소용이야! 돌을 괴어 줘!"

한번 더 쉬고 다시 움직여 보았다. 그러나 아까보다 상태가 더 나빴다.

그녀가 말했다.

"내가 밀지 않으면 안 되겠어요. 아니면 경적을 울려서 산지기를 부르세요."

"잠깐 기다려!"

그녀는 기다렸다. 그가 다시 한 번 해보았지만 좋아지기는커녕 더욱 더 나빠졌다.

"그럼 경적을 울리세요. 내가 미는 게 안 된다면."

"에잇 참! 좀 조용히 해!"

그녀는 잠시 입을 다물었다. 그는 다시 그 작은 모터를 부숴버릴 것처럼 힘껏 시도해보았다.

그녀가 충고했다.

"그러다간 완전히 망가지고 말겠어요, 클리포드. 그리고 신경의 에너지만 낭비할 뿐이에요."

"내가 내려가서 이 지긋지긋한 기계를 살펴볼 수만 있다면! 아마 멜러스가 고장난 데를 찾을 수 있을 거요."

그는 격분하여 말했다. 그리고 요란하게 경적을 울렸다.

구름이 부드럽게 뭉치기 시작한 하늘 아래 마구 짓밟힌 꽃 속에서 두 사람은 기다렸다. 정적 속에서 산비둘기가 꾸르르 꾸꾸! 하고 울기 시작했다. 클리포드는 경적을 울려 산비둘기의 울음을 그치게 했다.

곧 산지기가 의아한 듯이 큰 걸음으로 모퉁이에서 나타나 인사를 했다.

"자네, 모터에 대해 좀 아는가?"

클리포드가 다짜고짜 물었다.

"잘 모릅니다. 고장입니까?"

"보다시피!"

클리포드가 소리쳤다.

남자는 휠체어 옆에 쭈그리고 앉아 걱정스러운 듯이 작은 엔진을 열심히 들여다보았다.

그는 침착하게 말했다.

"이런 기계에 대해서는 전혀 모릅니다만 가솔린과 기름이 충분히 들어있다면……."

"잘 살펴보게, 어디 부서진 데가 없는지."

클리포드가 딱딱하게 말했다.

멜러스는 총을 나무에 기대 놓고, 윗옷을 벗어 그 옆에 던졌다. 갈색 개는 앉아서 주인을 지키고 있었다. 멜러스는 쭈그리고 앉아 기름투성이의 조그만 엔진을 손가락으로 두드리며 깨끗한 셔츠에 묻은 기름얼룩에 화를 내면서 휠체어 밑을 살펴보았다.

"부서진 데는 없는 것 같은데요."

그는 일어나서 모자를 뒤로 젖히고 앞머리를 쓰다듬으면서 생각하는 모습이었다.

"그 밑의 연접봉은 살펴보았나? 괜찮은지 봐주게!"

멜러스는 땅에 엎드리고 목을 뒤틀어, 엔진 밑에서 몸을 뒤척이며 손가락으로 여기저기 건드려보았다. 남자란 대지에 배를 깔고 엎드려 있을 때, 참으로 작고 연약하고 가련해 보인다고 코니는 생각했다.

"제가 보기엔 이상이 없는 것 같습니다."

그가 입을 다문 채 우물거리듯 말하는 소리가 들려왔다.

"자네가 고칠 수 있을 거라고는 생각하지 않았네만."

클리포드가 말했다.

그는 재빨리 몸을 일으켜 다시 광부들이 하듯이 발뒤꿈치를 들고 쭈그리고 앉았다.

"아무래도 저는 못하겠는데요! 망가진 데는 확실히 없는 것 같습니다."

클리포드는 엔진을 걸고 기어를 넣었다. 휠체어는 꿈쩍도 하지 않았다.

"좀더 세게 해보시면 어떻겠습니까?"

산지기가 제안했다.

클리포드는 그 참견이 불쾌했지만, 엔진을 금파리처럼 부릉부릉 울려보았다. 그러자 휠체어는 기침을 하듯 쿨룩거리더니 신음소리를 내며 약간 나아지는 듯했다.

"소리를 들으니 많이 좋아진 것 같군요."

멜러스가 말했다.

클리포드는 이미 기어를 넣고 휠체어를 덜컹 움직이고 있었다. 휠체어는 환자처럼 휘청거리면서 힘없이 앞으로 움직였다.

"이제 조금만 밀어주면 잘 나갈 것 같습니다."

산지기가 뒤로 돌아가면서 말했다.

클리포드가 소리쳤다.

"저리 비키게! 혼자 갈 테니까."

둑에 있던 코니가 끼어들었다.

"하지만 클리포드! 이 기계로서는 너무 무리라는 걸 알면서 왜 그렇게 고집을 부리세요?"

클리포드의 얼굴이 분노로 새파랗게 질렸다. 그는 조종레버를 재빨리 전후로 움직였다. 휠체어는 종종걸음 치듯 비틀비틀 몇 야드 앞으로 나아간 뒤, 유난히 아름다운 꽃밭이 될 것 같은 히아신스 밭 한가운데 서고 말았다.

산지기가 말했다.

"더 이상 안 되겠습니다! 힘이 딸려요."

"전에는 올라갔어."

클리포드가 차갑게 말했다.

"이번엔 안 될 겁니다."

클리포드는 대답하지 않았다. 그는 엔진을 이리저리 만지작거리기 시작했다. 마치 일종의 음정을 고르는 것처럼, 엔진을 빨리 돌리기도 하고 천천히 돌리기도 했다. 숲에 불쾌한 소리가 메아리쳤다. 그러다가 갑자기 브레이크를 홱 늦추고 기어를 세게 넣었다.

"그러다간 안에서부터 망가지겠군."

산지기가 중얼거렸다.

휠체어는 병자처럼 비틀거리다 옆의 도랑을 향해 돌진하기 시작했다.

"클리포드!"

코니가 소리치며 달려갔다.

그러나 산지기가 이미 휠체어를 붙잡고 있었다. 클리포드는 있는 힘을 다해 압력을 넣어, 휠체어를 가까스로 기마도로 위에 올려놓았다. 휠체어는 이상한 소리를 내면서 언덕과 싸우고 있었다. 멜러스가 뒤에서 쉬지 않고 계속 밀었고, 휠체어는 기어코 명예를 회복하겠다는 듯이 안간힘을 쓰며 올라갔다.

"보게, 이렇게 되지 않는가!"

클리포드가 의기양양하게 말하며 어깨 너머로 뒤를 돌아보았다. 그러자 바로 눈앞에 산지기의 얼굴이 있었다.

"자네가 밀었나?"

"밀지 않으면 움직이지 않습니다."

"손을 놓게, 밀지 말라고 하지 않았나!"

"움직이지 않는다니까요."

"내가 하도록 해주게."

클리포드는 최대한 힘을 넣어 소리쳤다.

산지기는 손을 놓고, 옷과 총을 가지러 돌아갔다. 휠체어는 금방이라도 질식할 것처럼 보였다. 움직이는 힘은 없었다. 클리포드는 꼼짝 못하고 휠체어에 앉아 분노로 창백하게 질려 있었다. 그는 손으로 레버를 힘껏 당겼다. 그의 다리는 아무 쓸모가 없었다. 휠체어에서 이상한 소리가 났다. 화가 난 데다 조급한 마음으로 작은 핸들을 움직이자, 더욱 요란한 폭음이 났다. 하지만 휠체어는 꿈쩍도 하지 않았다. 아무리 해도 움직이려 하지 않는 것이다. 그는 엔진을 끄고 분노로 몸을 굳힌 채 앉아있었다.

콘스탄스는 둑에 앉아 마구 짓밟힌 참혹한 히아신스를 바라보았다.

"잉글랜드의 봄처럼 아름다운 데가 또 있을까!"

"내 나름대로 지배를 분담할 수 있소."

"지금 우리 상류계급이 손에 들어야 할 것은 채찍이지 칼이 아니오."

"지배 계급!"

산지기가 윗옷과 총을 들고 큰 걸음으로 올라왔다. 플로시도 조심스럽게 그의 뒤를 따라왔다. 클리포드는 멜러스에게 엔진을 어떻게 해달라고 부탁했다. 코니는 모터에 대한 것은 아무것도 모르지만, 지금까지 몇 번인가 고장을 경험한 적이 있었기 때문에, 전혀 존재하지 않는 것처럼 참을성 있게 둑 위에 앉아 있었다. 산지기는 다시 땅바닥에 배를 깔고 엎드렸다. 지배계급과 봉사계급의 축소판을 보는 것 같았다.

그는 일어나서 참을성 있게 말했다.

"자, 다시 한 번 해보십시오."

조용한 목소리로, 마치 어린아이에게 하는 듯한 말투였다. 클리포드가 시험해 보았다. 그러자 멜러스는 얼른 뒤로 돌아가서 밀기 시작했다. 휠체어는 나아가고 있었다. 엔진의 힘이 절반, 나머지는 멜러스의 힘이었다.

클리포드는 분노로 얼굴이 노래져서 돌아보았다.

"거길 놓게!" 산지기가 붙잡고 있던 손을 얼른 놓자, 클리포드가 덧붙였다.

"그렇게 밀면 휠체어의 상태를 알 수가 없잖아!"

멜러스는 총을 내려놓고 윗옷을 입기 시작했다. 이제 그가 할 일은 없었다. 휠체어는 천천히 뒷걸음질치기 시작했다.

"클리포드, 브레이크를!"

코니가 소리쳤다.

그녀와 멜러스와 클리포드가 동시에 행동을 일으켰고, 코니와 멜러스의 몸이 가볍게 부딪쳤다. 휠체어는 멈춰 섰다. 한 순간 모두들 말이 없었다.

"내가 혼자서는 아무것도 못한다는 것이 증명되었군!"

그의 얼굴은 분노로 흙빛이 되어 있었다. 아무도 대꾸가 없었다. 총을 어깨에 메고 있는 멜러스의 얼굴은, 오로지 자신을 억제하고 있을 뿐 기묘하게 무표정했다. 플로시는 주인의 두 다리 사이에서 주위를 경계하며, 휠체어를 커다란 의혹과 반감으로 말똥말똥 쳐다보다가 불안한 듯이 움직이며, 세 사람의 인간관계의 틈바구니에서 어쩔 줄 몰라 하고 있었다. 한 폭의 활인화(活人畵)처럼 짓밟힌 히아신스 속에 배치된 듯한 세 사람은 아무도 입을 열지 않았다.

"휠체어를 밀 수밖에 없겠군."

클리포드가 마침내 냉정과 침착을 가장하며 말했다.

대답이 없었다. 멜러스의 방심한 듯한 얼굴은 아무 말도 듣지 못한 것 같은 표정이었다. 코니는 걱정스러운 듯이 그를 힐끗 쳐다보았고 클리포드도 뒤돌아보았다.

"멜러스, 휠체어를 집까지 밀어주겠나!"

그는 차디찬 우월감을 담은 목소리로 말했다.

"내가 자네가 기분 상할 말을 했나?"

그는 빈정대는 말투로 덧붙였다.

"천만에요, 클리포드 경! 휠체어를 밀어달라고 하셨습니까?"

"그래주게!"

멜러스는 휠체어에 다가갔다. 그러나 이번에는 그것도 소용없었다. 브레이크가 너무 단단히 걸린 것이었다. 둘이서 밀었다 당겼다 하다가 산지기는 결국 다시 총을 내려놓고 윗옷을 벗었다. 이제 클리포드는 아무 말도 하지 않았다. 결국 멜러스는 휠체어 뒤쪽을 땅에서 들어올리는 동시에 발로 밀어 바퀴를 풀려고 했다. 그러나 실패하고 휠체어는 쿵 하고 떨어졌다. 클리포드는 휠체어

양쪽을 붙잡고 있었다. 멜러스는 너무 무거워서 숨을 헐떡였다.

"그만 해요!"

코니가 그에게 소리쳤다.

"바퀴를 이쪽으로 당겨주시면 될 것 같은데요."

그가 방법을 가르쳐주면서 그녀에게 말했다.

"안돼요! 휠체어를 들어올리는 건 그만 둬요! 다치겠어요."

그녀는 화가 나서 새빨개진 얼굴로 말했다.

그러나 그는 그녀의 눈을 들여다보면서 괜찮다고 고개를 끄덕였다. 그래서 그녀는 다가가서 바퀴를 잡아주지 않을 수 없었다. 그가 휠체어를 들어올리자 그녀가 바퀴를 휙 당겼다. 휠체어가 휘청하며 흔들렸다.

"제발!"

클리포드가 공포에 사로잡혀 소리쳤다.

그러나 다행히 성공이었다. 브레이크가 풀린 것이다. 산지기는 바퀴 밑에 돌을 괸 뒤 둑에 가서 앉았다. 너무 힘을 썼기 때문에 심장이 크게 고동치고 얼굴이 창백해져서 의식마저 가물가물한 것 같았다. 코니는 그를 보며 화가 나서 울음이 터질 것만 같았다. 침묵과 정적, 허벅지 위에 놓인 그의 두 손이 떨리고 있는 것이 보였다.

"어디 다치지 않았어요?"

그녀는 그에게 다가가서 물었다.

"아닙니다, 괜찮습니다!"

그는 화난 것처럼 얼굴을 돌렸다.

물을 끼얹은 듯 조용했다. 클리포드의 금발 뒷머리는 움직이지 않았다. 개까지 미동도 하지 않았다. 하늘은 온통 구름으로 뒤덮여 있었다.

이윽고 멜러스는 한숨을 내쉰 뒤 빨간 손수건으로 코를 풀었다.

"지난번 폐렴으로 체력이 많이 약해졌습니다."

아무도 대답하지 않았다. 코니는 저 휠체어와 체격이 큰 클리포드를 들어올리는 데 필요한 힘의 양을 가늠했다. 그건 정말 힘든 일이었다. 너무나 힘든 일이었다! 설사 그것 때문에 그가 죽지는 않았다 하더라도!

그는 일어나서 다시 옷을 집어 들어 그것을 의자 손잡이에 걸쳤다.

"그럼, 시작할까요, 클리포드 경?"

"자네가 괜찮다면!"

그는 몸을 구부려 바퀴에 괸 돌을 치운 뒤 휠체어에 체중을 실었다. 그는 이제껏 코니가 본 바로는, 전에 없이 안색이 나쁘고 또 방심한 상태였다. 클리포드는 무겁고 언덕은 가팔랐다. 코니는 산지기에게 다가갔다.

"나도 밀겠어요!"

그리고 분노한 여자의 에너지로 힘껏 휠체어를 밀기 시작했다. 휠체어의 움직임이 빨라졌다. 클리포드가 돌아보았다.

"그럴 필요가 있소?"

"물론이죠. 당신은 이 사람을 죽일 작정인가요! 당신이 모터를 움직여준다면, 그만큼……."

그러나 그녀는 말을 끝마칠 수가 없었다. 벌써 헉헉 숨을 차올랐던 것이다. 그녀는 힘을 약간 늦추었다. 아무튼 놀랄 만큼 힘이 드는 일이었다.

"아! 좀더 천천히 하십시오."

그녀 옆의 남자가 눈에 희미한 웃음을 띠면서 말했다.

"정말 어디 다친 건 아니죠?"

그녀가 격한 어조로 물었다.

그는 고개를 저었다. 그녀는 작고 짧고 민감한 그의 손을 쳐다보았다. 햇볕에 그을려 갈색이 되어 있었다. 자신을 애무해준 손, 지금까지 한번도 자세히 본 적이 없었던 손이었다. 그것은 지금 그와 마찬가지로, 마치 그녀의 손이 닿지 않는 곳에 있는 것처럼, 그녀에게 그것을 쥐어보고 싶은 생각이 일어날 만큼, 묘한 내면의 고요함을 보이며 가만히 움직이지 않고 있는 것 같았다. 그러자 그녀의 영혼이 갑자기 송두리째 그에게로 흘러갔다. 그는 입을 다문 채 그녀의 손이 미치지 않는 곳에 있었다!

그 동안 그는 팔다리에 다시 힘이 돌아오는 것을 느꼈다. 그는 왼손으로는 힘차게 밀면서, 오른손으로는 그녀의 하얗고 동그란 손목을 애무하면서 가만히 쥐었다. 그러자 불꽃같은 힘찬 연정이 그에게 힘을 불어넣으면서 등과 허리를 타고 내려갔다. 그녀는 갑자기 상체를 구부리고 그의 손에 키스했다. 그 동안 클리포드의 뒷머리는 그들 바로 앞에 있었고, 반짝이는 머리카락은 미동도 하지 않았다.

언덕 꼭대기에서 그들은 쉬었다. 코니는 손이 자유로워져서 기뻤다. 그녀는 이 두 남자 사이의 우정이라는 덧없는 꿈을 품은 적도 있었다. 한 사람은 남편이고 또 한 사람은 그녀의 자식의 아버지. 지금 자신의 꿈이 배를 움켜잡고 웃을 정도로 어리석은 것이었음을 그녀는 깨닫고 있었다. 이 두 남자는 불과 물처럼 서로 적대하고 있다. 물과 불은 서로를 멸하는 것이다. 그리고 증오한다는 것이 얼마나 기묘하고 이해하기 힘든 것인지 그녀는 비로소 이해했다. 처음으로 의식적이고 명확하게 클리포드를 증오하고 있었다. 격렬하게, 마치 그가 지구상에서 말살되어 마땅한 사람인 것처럼. 그리고 이상하게도 그를 증오하고 그것을 스스로 인정하니 얼마나 자유롭고 활기찬 기분인지! '이제 그를 증오하게 되었으니, 함께 살 순 없어.' 하는 생각이 그녀의 마음에 떠올랐다.

평지에서는 산지기 혼자 휠체어를 밀 수 있었다. 클리포드는 그녀와 가볍게 얘기를 주고받으며, 자신이 완전히 평정을 찾았다는 것을 보여주려고 애썼다. 프랑스의 항구도시 디에프에 있는 에바 백모님과 멀컴 경에 대한 얘기였는데, 멀컴 경은 코니에게 편지를 보내 그의 소형자동차로 베니스까지 함께 갈 것인지, 아니면 기차로 힐다와 갈 것인지 물어왔던 것이다.

코니가 대답했다.

"기차로 가는 게 더 좋겠어요. 자동차로 긴 여행을 하는 건 싫어요. 특히 먼지가 많을 때는요. 하지만 힐다의 생각도 물어봐야겠어요."

"당신 언니는 자기 자동차에 당신을 태우고 가고 싶어 할 걸."

"아마 그렇겠죠! 여기서는 밀어야겠군요. 이 휠체어가 얼마나 무거운지 당신은 아마 모를 거예요."

그녀는 휠체어 뒤로 돌아가 산지기와 나란히 분홍빛 자갈길을 천천히 밀면서 나아갔다. 그녀는 누가 보더라도 상관없다고 생각했다.

"여기서 기다릴 테니 가서 필드를 불러오는 게 어떻겠소? 그는 힘이 세니까 이런 일은 잘 할 거야."

"이제 거의 다 온 걸요."

그녀가 숨을 헐떡이며 말했다.

그러나 꼭대기까지 갔을 때, 그녀도 멜러스도 얼굴의 땀을 닦아야 했다. 이상한 일이지만 이 뜻하지 않은 공동작업은 그 어느 때보다 훨씬 더 두 사람의 마음을 서로 다가가게 했다.

저택 현관까지 왔을 때 클리포드가 말했다.

"멜러스, 무척 고마웠네. 어쨌든 다른 종류의 모터를 마련해야겠어, 그러면 돼. 부엌에 가서 식사를 하고 가지 않겠나? 이제 곧 식사 때니까."

"고맙습니다, 클리포드 경. 하지만 오늘은 일요일이라 어머니와 함께 점심을 먹기로 되어 있습니다."

"그럼 좋도록 하게."

멜러스는 윗옷을 걸치고 코니에게 인사한 뒤 돌아갔다. 코니는 몹시 화가 나서 자기 방으로 올라갔다.

점심 식사 때, 그녀는 결국 자신의 감정을 억제할 수가 없었다.

"당신은 어쩌면 그렇게 불쾌할 정도로 동정심이 없는 거예요, 클리포드?" 그녀가 그에게 말했다.

"누구에게?"

"산지기에게 말이에요! 만약 그런 것이 당신이 말하는 지배계급이라면, 난 당신이 불쌍하다고 생각해요!"

"왜?"

"그 사람은 내내 병을 앓고 있어서 몸이 약한 사람이에요! 맹세코 만약 내가 봉사계급이라면, 당신이 봉사를 기다리도록 만들겠어요. 당신이 휘파람을 불며 재촉할 정도로 기다리게 하겠어요."

"으음, 그 얘기는 나도 믿소."

"만약 산지기가 다리가 마비되어 내내 휠체어에 앉아 있다면, 그래서 당신이 한 것과 같은 행동을 했다면, 당신은 그 사람에게 어떻게 했을까요?"

"이봐요, 귀여운 복음 전도사님, 그렇게 인품과 개성을 혼동하는 건 악취미요."

"그리고 당신처럼 심술궂고, 무익하고, 지극히 당연한 동정심도 없는 것이야말로, 상상도 할 수 없을 만큼 저급한 악취미예요. 노블레스 오블리주(귀족의 책임)라구요? 어이가 없군요, 당신과 당신이 말하는 지배계급이란 게!"

"그래서 그 책임상, 내가 무엇을 어떻게 해야 한다는 거요? 내 산지기 때문에 필요 이상의 감정을 소비하라는 거요? 그건 거절하겠소. 그런 건 모두 우리 복음전도사님에게 맡기리다."

"마치 그 사람은 당신과 같은 인간이 아니라는 소리 같군요!"

"내가 고용한 산지기이고, 그래서 일주일에 2파운드씩 돈을 주고 집까지 주

었소.'

"그에게 돈을 준다고요? 그 일주일에 2파운드와 집은 대체 무엇에 대한 대가라고 생각해요?"

"그의 노동에 대해서지."

"흥! 나 같으면 일주일에 2파운드의 돈과 집은 당신이나 가지라고 하겠어요."

"아마 그 자도 그렇게 말하고 싶을 걸. 하지만 그 자에게는 그런 사치를 부릴 여유가 없어!"

"당신과 지배? 당신은 지배하고 있지 않아요. 자만하지 마세요. 다만 당신의 몫 이상의 돈을 얻고 있을 뿐이에요. 그리고 일주일에 2파운드를 주고 자신을 위해 사람을 부리면서, 그렇게 하지 않으면 굶어죽는다고 협박하고 있어요. 지배? 그래, 그 지배로 당신은 무엇을 생산하고 있죠? 당신의 마음은 가랑잎처럼 메말라있어요. 그저 당신의 돈으로 약한 자를 괴롭히고 있을 뿐이에요. 유대인이나 쉬버 같은 전쟁으로 부자가 된 사람처럼."

"매우 점잖은 말씀이군, 채털리 부인!"

"분명히 말하지만, 당신은 오늘 숲 속에서 너무나 점잖게 행동하더군요. 난 옆에서 당신이 정말 부끄러웠어요. 우리 아버님이 당신보다 열 배나 인간적이에요, 신사인 당신보다."

그는 손을 뻗어, 볼턴 부인을 부르기 위해 초인종을 눌렀다. 그러나 얼굴은 창백했다.

그녀는 격분하여 혼잣말을 중얼거리면서 자기 방으로 올라갔다.

"저들은 뭐든지 돈으로 사려고 해! 하지만 그는 나를 산 것은 아니야. 그러니까 그와 함께 있을 필요가 없지. 고작 셀룰로이드로 만든 심장을 가진 죽은 물고기 같은 신사! 그러면서도 저들은 예의범절이니, 겉으로만 우수니 친절이니 하면서 멋대로 사람을 속이고 있어! 동정심 따위는 셀룰로이드 심장만큼도 가지고 있지 않으면서."

그녀는 그날 밤의 계획을 세우고, 클리포드를 자신의 마음에서 지워버리기로 결심했다. 그를 증오하고 싶지는 않았다. 어떤 감정으로도 그와 밀접한 관계를 갖고 싶지 않았다. 자신의 본심을 그가 알게 하고 싶지 않았고, 특히 산지기에 대한 마음은 아무것도 알리고 싶지 않았다. 고용인에 대한 그녀의 태도 때문에 전부터 사소한 말다툼은 있었다. 그는 그녀가 너무 친근하게 군다고 생각했고, 그녀는 남이 관련되어 있는 곳에서 그가 고용인에 대해 바보처럼 무감각하고 완고하며, 고무처럼 강인하다고 생각했다.

그녀는 저녁 식사 때 여느 때처럼 아무 일 없었다는 듯이 조용히 아래층으로 내려갔다. 그는 아직도 창백한 표정이었다. 지병인 간장의 발작이 다시 일어나려 하고 있는 것이다. 이런 때 그는 정말로 이상하게 변한다. 그는 프랑스어 책을 읽고 있었다.

"당신 프루스트를 읽은 적이 있소?"

"읽어 봤는데 지루하더군요."

"그는 실은 참으로 비범한 사람이오."

"그럴지도 모르죠! 하지만 난 지루했어요. 그 궤변은 정말! 감정이 없더군요. 단지 감정에 대한 말만 있을 뿐이에요. 그 오만한 지성에는 넌더리가 나요."

"그럼 오만한 야성이 좋단 말이오?"

"어쩌면! 하지만 오만하지 않은 것이 나을지도 모르죠."

"글쎄, 난 프루스트의 섬세함과 점잖은 무질서가 좋던걸."

"그런 건 감각을 마비시키는 것이에요, 정말로."

"그게 나의 아내, 복음 전도사님의 말씀이군."

두 사람은 또 시작했다. 또 시작하고 말았다! 그러나 그녀는 그와 싸우지 않을 수 없었다. 그는 거기에 해골처럼 앉아, 그녀에게 해골처럼 차디찬 잿빛의 반감을 발산하고 있는 것처럼 보였다. 지금 당장이라도 그 해골에 덥석 붙잡혀 그 늑골의 골격에 짓눌릴 것 같은 느낌이었다. 그도 정말로 화를 내고 있었다. 그런 그를 보자 그녀는 조금 무서워졌다.

그녀는 가능한 한 빨리 자기 방으로 올라가 아직 초저녁인데도 잠자리에 들었다. 그러나 9시 반이 되자 일어나 복도로 나와 귀를 기울였다. 아무 소리도 들리지 않았다. 그녀는 실내복을 걸치고 아래층으로 내려갔다. 클리포드와 볼턴 부인은 내기 카드놀이를 하고 있었다. 아마 한밤중까지 계속될 것이 틀림없었다.

코니는 방으로 돌아와 잠옷을 흐트러진 침대 위에 벗어 던지고, 얇은 테니스복과 그 위에 모직물 평상복을 입은 뒤, 바닥이 고무로 되어 있는 테니스화를 신고 가벼운 상의를 걸쳤다. 그것으로 준비는 다 갖추어졌다. 만약 누군가를 만나면 잠깐 밖에 산책 나가는 것처럼 보일 것이다. 그리고 아침에 돌아올 때는, 아침 식사 전에 종종 그렇게 하고 있는 것처럼, 이슬을 밟고 잠시 산책하고 오는 것이 될 것이다. 유일한 위험은 누군가 밤에 그녀의 방에 들어가는 것 정도인데, 그건 만에 하나도 없는 일이다.

베츠는 아직 문을 잠그지 않고 있었다. 그는 10시에 문을 잠그고 아침 7시에 문을 연다. 그녀는 아무에게도 들키지 않고 소리 없이 빠져 나갔다. 반달이 비치고 있어서 주위가 희끄무레하게 밝았지만, 짙은 잿빛 옷을 입은 그녀를 선명하게 비춰줄 정도는 아니었다. 그녀는 정원을 가로지르며 걸음을 서둘렀다. 그러나 밀회의 기쁨에 마음이 조급해서가 아니라, 마음속에 분노와 반항심이 불타오르고 있었기 때문이다. 아무도 몰래 연인을 만나러 갈 때 어울리는 심정은 아니었다. 그러나 아 라 게흐 코말라 게흐(전시(戰時)에는 전시답게!

## 14

정원 문 가까이 가자, 빗장이 딸각 열리는 소리가 들렸다. 벌써 그가 숲 속 어둠 속에서 그녀를 보고 있었던 것이다!

그가 어둠 속에서 말했다.

"빨리 오셨군요. 아무 일 없었소?"

"전혀!"

그는 그녀 뒤에서 재빨리 문을 닫고 어두운 지면을 향해 등불을 비춰주었다. 어둠 속에서도 아직 파르스름한 꽃이 피어 있는 게 보였다. 그들은 떨어져서 잠자코 걸어갔다.

"오늘 아침 휠체어 때문에 어디 다치지는 않았나요?"

"아니, 아무 데도!"

"폐렴을 앓았을 땐 어땠어요?"

"아, 별 것 아닙니다. 심장이 좀 약해진 것하고 폐의 탄력이 줄어든 정도지요. 폐렴을 앓으면 그렇게 됩니다."

"그럼 심한 운동을 해선 안 되겠군요."

"너무 오래 계속해선 안 되지요."

그녀는 다시금 분노를 느끼며 말없이 걸어갔다.

"클리포드를 미워하나요?"

그녀가 드디어 말을 꺼냈다.

"미워해요? 아닙니다! 그런 사람들을 너무 많이 보아왔기 때문에 미워하거나 해서 마음을 어지럽히는 일은 없지요. 그런 타입을 좋아할 수 없다는 것을 알고 있으니까 그저 하는 대로 내버려 둘 뿐이오."

"그런 타입이란 어떤 사람인가요?"

"아, 그건 당신이 더 잘 아실 텐데요. 약간 여자 같은 젊은 신사, 게다가 구슬을 갖고 있지 않은."

"무슨 구슬?"

"구슬 말이오! 남자의 불알!"

그녀는 그 말을 듣고 생각에 잠겼다.

"하지만 그게 타입의 문제가 되나요?"

그녀는 약간 곤혹스러워하며 물었다.

"남자가 바보 같으면 뇌가 없다고 하고, 야비한 자라면 인정이 없다고 하고, 겁쟁이라면 배짱이 없다고 하지요. 그리고 그 용기 있는 야생적인 남자다움을 전혀 갖지 못한 남자는 구슬이 없다고 하는 거요. 기개가 없을 때 말이오."

그녀는 그 말을 곰곰이 생각했다.

"그래서 클리포드는 기개가 없는 사람이란 말인가요?"

"기개가 없는 데다 비열해요. 그런 사람들은 정면으로 대항하면 대개 다 저래요."

"그럼, 당신은 기개 없는 남자가 아니라고 생각하나요?"

"글쎄, 그리 완벽하진 않지만!"

이윽고 저 멀리 노란 불빛이 보였다.

그녀는 걸음을 멈췄다.

"불이 켜져 있어요!"

"언제나 하나는 켜 놓습니다."

그녀는 다시 그와 나란히, 그러나 몸이 닿지 않도록 걸었다. 그러면서도 그녀는 도대체 무엇 때문에 그와 함께 걷고 있는 것일까 하는 이상한 기분이 들었다.

자물쇠를 열고 함께 나란히 들어가자 그는 문을 잠갔다. 마치 감옥 같다고 그녀는 생각했다. 주전자가 빨간 불 위에서 칙칙 끓고 있고 테이블에는 찻잔이 놓여 있었다.

그녀는 난로 옆에 있는 나무로 만든 팔걸이의자에 앉았다. 쌀쌀한 바깥에서 방안에 들어오니 따뜻했다.

"구두를 벗어야겠어요, 젖어버렸어요."

그녀는 앉은 채, 번쩍거리는 난로 철책 위에 양말을 신은 발을 올려놓았다. 그는 식품저장실에 가서 먹을 것을 가지고 왔다. 빵과 버터에 압축한 설육(舌肉). 그녀는 몸이 따뜻해지자 상의를 벗었다. 그는 그것을 문에 걸었다.

"마실 것은 코코아, 홍차, 아니면 커피로 하겠소?"

그녀는 테이블을 보면서 대답했다.

"아무것도 생각 없어요. 하지만 당신은 드세요."

"아니, 난 괜찮아요. 개를 좀 먹여야겠군."

그는 조용한 가운데 필연적으로 저벅저벅 소리를 내며 벽돌 바닥을 걸어가, 갈색 그릇에 개 먹이를 담아 주었다. 스패니얼 개는 불안한 듯이 그를 올려다보았다.

"그래, 이게 네 저녁이다. 저녁 안 주는 줄 알고 걱정했지?"

그는 계단 밑 깔개 위에 그릇을 놓았다. 그리고 각반과 구두를 벗기 위해 벽 앞의 의자에 앉았다. 개는 음식은 먹지 않고, 다시 그에게 와서 난처하다는 기색으로 그를 올려다보며 앉았다.

그는 천천히 각반을 풀었다. 개가 더 바싹 다가왔다.

"왜 그래? 이곳에 다른 사람이 있으니까 불안한 거냐? 하긴 너도 틀림없는 여자렷다! 자, 어서 가서 먹어."

그가 개의 머리에 손을 얹자 암캐는 머리를 비스듬히 기울여 그에게 기대려고 했다. 그는 개의 비단 같은 긴 귀를 살살 잡아당겼다.

"자! 가서 저녁 먹어, 어서!"

그는 깔개 위에 있는 그릇 쪽을 향해 의자를 기울였다. 개는 얌전하게 가서 먹기 시작했다.

"개를 좋아해요?"

코니가 물었다.

"아니, 사실은 그렇지도 않아요. 하지만 사람들에게 너무 길이 들어, 언제나 따라다니죠."

그는 각반을 끄른 뒤 무거운 구두의 끈을 풀고 있었다. 코니는 불길에서 시선을 돌렸다. 이 작은 방은 어쩌면 이렇게도 아무런 장식이 없는 것일까! 다만 그의 머리 위 벽에 아주 크게 확대된 젊은 부부의 사진이 걸려 있었다. 그와 뻔뻔해보이는 젊은 여자인데, 의심할 여지없이 그의 아내가 분명했다.

"당신인가요?"

코니가 그에게 물었다.

그는 몸을 비틀어 머리 위에 있는 확대 사진을 보았다.

"예! 바로 결혼하기 전에 찍은 거지요. 내가 스물한 살 때."

그는 무표정하게 그것을 쳐다보았다.

"그 사진 마음에 들어요?"

"마음에 드느냐고요? 아니! 그런 생각은 한번도 해본 적 없어요. 모두 그 여자가 이렇게 걸어 놓은 거지."

그는 다시 구두를 벗기 시작했다.

"마음에 안 든다면 왜 걸어 둬요? 아마 부인은 저걸 원하고 있을 텐데."

그는 갑자기 빙그레 웃으며 그녀를 올려다보았다.

"그 여잔 가져갈 만한 물건은 짐마차로 모두 가져갔소, 이것만 남겨놓고."

"그럼 어째서 그냥 두고 있나요? 감상적인 이유에서?"

"아니오, 난 이걸 보는 일이 없으니까. 거기 있는 줄도 몰랐을 정도요. 우리가 여기 온 뒤로 내내 거기에 걸려 있었지만."

"태워버리는 게 어때요?"

그는 다시 몸을 휙 틀어 사진을 보았다. 갈색과 금박이 섞인 액자가 섬뜩한 느낌이 들었다. 사진에 있는 사람은 약간 높은 칼라에 면도를 한, 매우 기민하고 젊어 보이는 남자였다. 그리고 약간 뚱뚱하고 교활해 보이는 젊은 여자가 머리를 곱슬곱슬하게 지져 부풀리고 검은 새틴 블라우스를 입고 있었다.

"그것도 나쁘지 않겠군요."

그는 구두를 벗고 슬리퍼를 신은 뒤 의자 위에 올라서서 사진을 내렸다. 엷은 녹색 벽지에 허연 자국이 커다랗게 남았다.

"어차피 먼지를 털 필요는 없을 것 같군."

그는 그것을 벽에 기대 세우고, 부엌에 가서 망치와 장도리를 가지고 돌아왔다. 조금 전에 앉았던 자리에 앉아서 사뭇 그답게, 즉시 조용히 일에 몰두하여, 커다란 액자 뒤에 붙여진 종이를 뜯어내고, 뒤판을 고정하고 있는 못을 뽑기 시작했다.

　그는 이내 못을 뽑았다. 그리고 나서 뒤판을 뜯어낸 다음 튼튼한 하얀 대지(臺紙) 위에 붙여져 있는 확대사진을 꺼냈다. 그는 재미있다는 듯이 그것을 들여다보았다.

　"젊었을 때의 내 모습이군요. 젊은 부목사 같지 않소? 그리고 옛날의 그 여자. 거만한 여자였지요. 잘난척하고 뻔뻔스러웠소."

　"어디 봐요."

　코니가 말했다.

　그는 정말 무척 깔끔하게 면도를 하여 전체적으로 무척 청결해 보였고, 20년 전의 순결한 젊은이다운 모습이었다. 그러나 사진으로 보아도 그의 눈은 날카롭고 두려움이 없어 보였다. 여자는 턱이 각이 졌으나 그렇게 거만해 보이지는 않았다. 어딘지 매력적인 데가 있었다.

　"이런 건 절대로 두는 게 아니에요."

　코니가 말했다.

　"이 사진은 안돼요! 이런 건 절대로 만들게 해선 안돼!"

　그는 사진을 대지에 붙은 그대로 무릎 위에서 잘게 찢은 다음 난롯불 속에 던져넣었다.

　"이런 걸 넣으면 불이 잘 안 타겠지만."

　그는 유리와 뒤판을 조심스럽게 2층으로 가지고 올라갔다. 사진틀을 망치로 몇 번 때려 회반죽을 사방에 튀기면서 부숴버렸다. 그리고 그 파편을 부엌으로 가지고 갔다.

　"저건 내일 태워야겠소. 액자의 회반죽이 너무 두껍게 붙어 있어서."

　그는 주위를 깨끗이 치우고 다시 앉았다.

　"부인을 사랑했어요?"

　그녀가 물었다.

　"사랑했느냐고요? 당신은 클리포드 경을 사랑했소?"

　그러나 그녀는 그렇게 말을 슬쩍 돌리는 것이 싫었다.

　"그렇지만 그녀를 좋아했겠죠?"

　그녀가 우겼다.

　"좋아했을 거라고?"

그는 씩 웃었다.

"어쩌면 지금도 좋아하고 있는 것 아니에요?"

그는 눈을 크게 떴다.

"내가 말이오? 당치도 않소. 난 그 여자가 잘 생각나지도 않아요."

그가 조용히 말했다.

"왜요?"

그는 고개를 저을 뿐이었다.

"그럼, 왜 이혼하지 않아요? 언젠가는 당신에게 돌아올 거예요."

그는 날카롭게 그녀를 올려다보았다.

"그 여잔 나한테서 1마일 이내에는 다가오지 않을 겁니다. 내가 그 여자를 싫어하는 것보다 그 여자가 훨씬 더 나를 싫어하니까요."

"두고 봐요, 반드시 돌아올 테니."

"그런 일은 절대로 없을 거요. 이미 끝난 일인 걸. 그 여자를 보기만 해도 구역질이 날 것 같아요."

"당신은 반드시 그녀를 만나게 될 거예요. 법적으로도 헤어진 게 아니잖아요?"

"그렇소."

"그렇다면 돌아올 거예요. 그렇게 되면 그녀를 받아들이지 않으면 안 돼요."

그는 코니를 빤히 응시했다. 그런 다음 기묘하게 머리를 뒤로 젖혔다.

"당신 말이 맞을지도 모르겠소. 이곳에 돌아온 내가 어리석었지요. 하지만 난 막다른 길에 부딪친 것 같아서, 어디론가 가지 않으면 견딜 수가 없었소. 남자란 가련한 떠돌이 같은 존재지. 여기저기 바람 부는 대로. 하지만 당신 말이 맞아요. 깨끗이 이혼해버리겠소. 관청이니 법정이니 재판관이니 하는 것은 끔찍하게 싫지만, 내친 김에 해치워야겠어. 나는 이혼하겠소."

그녀는 그의 턱이 완강하게 굳어지는 것을 보았다. 그녀는 속으로 무척 기뻤다.

"이제 차를 한 잔 마시고 싶군요."

그는 일어나서 차를 따랐다. 그러나 표정은 딱딱했다.

테이블에 마주 앉았을 때 그녀는 물었다.

"왜 그 여자와 결혼했나요? 당신보다 신분이 낮았을 텐데. 볼턴 부인이 그 여자에 대해 얘기해줬어요. 당신이 왜 그 여자와 결혼했는지 볼턴 부인도 도저히 모르겠다고 하더군요."

그는 가만히 그녀를 응시했다.

"그럼, 얘기하지요. 내가 여자를 처음으로 안 것은 열여섯 살 때였소. 올러턴의 교장 딸이었는데 정말 귀엽고 아름다운 소녀였어요. 난 셰필드 중학교를 나와 초보적이기는 하지만 프랑스어와 독일어를 빨리 습득했기 때문에, 다들 머리가 좋은 젊은이라고 생각했지요. 그 소녀는 평범한 것을 싫어하는 낭만적인 여자 같았소. 그녀는 나를 부추겨 시를 쓰고 낭독을 하게 했어요. 어쩌면 그녀가 나를 어른으로 키워줬다고도 할 수 있을 거요. 난 그 소녀를 위해 불이 붙은 듯 맹렬하게 책을 읽고 사색을 했소. 버틀리 군청의 서기가 된 나는 야위고 얼굴은 창백한 남자로, 책에서 읽은 것들로 정신이 흥분한 상태였소. 모든 것에 대해 그녀와 이야기를 나누곤 했어요. 그것이 나의 모든 것이었소.

우리는 고대 페르시아의 수도 페르세폴리스, 아프리카 중앙 말리의 도시 톰북투에 대해서까지 이야기했지요. 이 근처 열 개의 주(州)에서 가장 문예적 교양이 있는 커플이었지. 나는 열광하여 오래도록 지껄여대곤 했지요. 정말 열광했소! 그러나 그 열광도 결국 연기가 되어 사라져버렸소. 그래도 그녀는 나를 찬미했지요. 그런 나에게 성욕은 수풀 속의 뱀처럼 예상하지 못했던 적이었소. 어쩐 일인지 그 소녀에게는 그것이 전혀 없었소. 적어도 그것이 자연스러운 장소에서도 그게 안 되었어요. 나는 점점 야위어 갔고, 갈수록 미칠 것 같은 심정이었소. 그래서 난 우리는 연인이 되어야 한다고 말했소. 언제나 그랬듯이 그녀를 타일렀지요. 그러자 그녀는 허락해주었소. 나는 흥분했소. 그런데 그녀는, 그런 쪽은 전혀 원하지 않더군. 그냥 원하지 않았소. 나를 무척 사랑했고, 이야기를 하거나 키스하는 것은 좋아했소. 그 점에서는 나에게 열을 올리고 있었지만, 다른 면에선 조금도 욕망이 없더란 말이오. 그런 여자들이 흔히 있지요. 그런데 내가 정말로 원한 것은 그 쪽뿐이었소. 그 점 때문에 둘 사이에 금이 가기 시작하더군. 난 잔인하게 그녀와 헤어지고 말았소.

그 뒤 다른 여자와 교제했는데 교사였소. 유부남과 불륜에 빠져 그 남자가 거의 미칠 지경이 되었다는 소문이 있는 여자였소. 매끄럽고 하얀 살결에, 다정한 연상의 여자로, 바이올린을 켰어요. 그런데 이 여자가 마물이었소. 연애에 대해서는 모든 걸 좋아했소. 섹스 외에는 말이오. 모든 방법으로 달라붙고,

어루만지고, 휘감기더군. 하지만 그 이상의 단계에서는 이를 악물고 혐오감을 드러낼 뿐이었소. 나는 억지로 강행했소. 그러자 그녀는 그 일로 나를 증오했고, 그래서 나는 또 실패하고 만 거요. 정말 지긋지긋하더군. 난 나를 원하고, 섹스를 원하는 여자를 바랐소.

그 다음에 만난 여자가 버사 쿠츠였소. 어렸을 때 이웃에 살아서 잘 알던 사이인데, 신분은 낮았어요. 그런데 버사는 버밍엄 어딘가로 돈벌러 가버렸소. 본인은 귀부인을 상대하는 일을 한다고 말했지만, 다른 사람들의 얘기론 호텔의 웨이트리스인지 뭔지 하는 일을 한다고 했소. 어쨌든 그 전의 여자에게 정나미가 떨어져 있던 무렵, 그러니까 스물한 살 때 버사가 돌아왔소. 잔뜩 뽐내며 세련되고 멋지게 차려 입었는데, 일종의 광채 같은 것이 느껴지더군. 그런 종류의 여자와 매춘부에게서 이따금 볼 수 있는 육감적인 광채 같은 것 말이오. 게다가 나는 몹시 끔찍한 상태에 있었소. 버틀리 군청도 그만둬버렸지. 거기서 아무리 서기 노릇을 해도 난 잡초에 지나지 않는다고 생각했거든. 난 티버셜에서 대장장이가 되어 닥치는 대로 일했소. 대개 말에 편자를 박는 일이었는데, 아버지가 그 일을 했고, 아버지와 늘 함께 있었던 나도 그 일을 좋아했소. 말을 다루는 일을 저절로 배웠지. 그래서 난 모든 사람들이 고상하다고 말하는 표준어로 말하는 것은 그만두고, 다시 사투리를 쓰기 시작했소. 집에서는 그래도 책을 읽었지만, 대장장이 노릇을 하면서 조랑말 두 마리가 끄는 이륜마차를 타고 제법 잘난척하고 다녔지요.

아버지는 돌아가실 때 내게 300파운드를 남겨 주셨소. 그래서 난 버사와 사귀기 시작했고, 난 그 여자가 천박한 것이 마음에 들었소. 천박한 여자가 오히려 좋았지. 나 자신도 천박해지고 싶었소. 그래서 그 여자와 결혼했는데 그녀는 그리 나쁘지 않았소. 그 순결한 여자들은 나를 거의 쓸모없는 남자로 만들었지만, 그 점에 있어서 그 여자는 나무랄 데가 없었소. 그 여자는 나를 요구했고, 섹스에 있어서는 아무것도 꺼리지 않았소. 그래서 나는 기뻐서 하늘에라도 올라간 듯한 기분이었소. 그 여자야말로 바로 내가 찾던 여자였으니까. 나와 그걸 하고 싶어 안달이 나 있는 여자였지. 그래서 난 마치 섹스광처럼 그녀와 함께 욕망을 채웠소. 그래선지 그 여자는 나를 약간 우습게보기 시작하더군. 어쨌든 내가 섹스에 대한 걸로 너무 기뻐하며, 이따금 그녀를 위해 침대에 아침 식사까지 가져다주곤 했으니까. 그녀는 무슨 일이든 될 대로 되겠지하는 식으로 내버려두는 타입이어서, 내가 일을 마치고 돌아가도 식사 준비도 제대로 하지 않았소. 그리고 내가 뭐라고 말하면 마구 덤벼들더군. 그래서 나도 거칠게 상대해주곤 했소. 그 여자가 나에게 찻잔을 던지면 난 목덜미를 움켜잡고 마구 졸라 주었지. 그렇게 되고 말았소! 그러나 그 여자는 나를 거만하게 대했소. 그리고 내가 그 여자를 요구해도 그녀는 그것을 거절하기 시작했소. 언제나 나를 거부했소. 잔인할 정도로. 그렇게 나를 다가오지도 못하게 해놓고는, 나에게서 욕망이 사라졌을 때 음란하게 덤벼들며 나를 못살게 굴더군. 그럴 때마다 난 언제나 지고 말았소. 그런데 내가 다 끝난 뒤에도 그녀는 결코 절정에 이르지 못하더군, 절대로! 그저 가만히 기다리고 있을 뿐이었소. 내가 30분 동안 버티고 있으면 그 여잔 더 오래 버티는 거요. 그리고 내가 절정에 도달하여 완전히 끝내버리면, 그 여잔 그때부터 시작하는 거였소, 자신의 만족을 위해. 그래서 난 그 여자가 꿈틀거리며 소리 지르다가 스스로 도달할 때까지, 그녀 속에서 버티고 있어야 했소. 그 여잔 아랫도리에 있는 여자의 그것으로 나를 꽉 붙들고 놓아주지 않았소. 그리고 마침내 도달하는 거요, 황홀 속에서. 그러고 나서 "아, 정말 좋았어요." 하는 거요! 나는 차츰 진절머리가 났지만 그 여자는 갈수록 더 심해지더군. 스스로 도달하기 위해 점점 더 광란하는 것 같았으니까. 그녀의 아랫도리로 나의 그것을 끊어버릴 것처럼, 마치 그것을 물어뜯으려 하는 새의 부리 같았소. 당신은 여자의 그것은 무화과처럼 말랑말랑하다고 생각하겠지? 천만에! 사실은, 살아있는 피를 마시기 위해 가시 있는 줄칼 같은 이빨을 가진 칠성장어처럼, 늙은 여자는 다리 사이에 새 부리 같은 것을 가지고 있소. 그녀들은 그것을 사용하여, 남자가 지쳐 나가떨어질 때까지 꽥꽥거리며 남자의 그것을 쪼는 거요. 자기중심, 자기중심, 자기중심, 모든 것이 자기중심이었소. 쪼고 찌르고 울부짖고. 여자는 섹스에서 남자들이 일방적이라고들 말하지만, 여자가 일단 그렇게 되면, 남자의 일방적인 것 따위는 여자가 분별없는 새 부리처럼 되는 것과는 도저히 비교할 수가 없다고 난 생각해요. 마치 늙은 창녀 같다니까! 하지만 그 여자는 정말 어떻게 할 수가 없더군요. 난 내가 그런 걸 얼마나 싫어하는지 그 여자에게 말해주었소. 그래서 그 여자도 안 하려고 노력하더군. 가만히 누워서 나에게 모든 것을 맡기려고 노력하는 것 같더군. 하지만 소용이 없었소. 그런 방법으로는, 내가 하는 방식으로는 아무것도 느끼지 못했던 거요. 그래서 자기 스스로 하지 않을 수 없었소. 자기가 마실 커피는 자기가 갈아야 했던 거지. 그렇게, 아무리 해도 미쳐서 날뛰지 않으면 안 되는 것처럼 다시 예전의 상태로 돌아가서, 스스로 도달하기 위해 당기고, 쪼고, 할퀴지 않고는 성이 차지 않았소. 그 여자는 마치 그 비비고 쪼는 부리 끝, 그곳의 뾰족한 끝부분 외에는 아무 감각도 없는 것 같았소. 늙은 창녀들은 그런 식으로 한다고 남자들이 흔히 얘기하더군. 그것은 그녀의 천박한 억지, 광란과도 같은 방자함이었소. 술주정뱅이 여자 같은! 그래서 결국 나는 더 이상 참을 수가 없었소. 우리는 각방을 썼소. 그건 그녀가 먼저 시작한 일이었지, 전부터 나한테서 떨어져 있고 싶을 때나 내가 폭군처럼 행동할 때 등, 잠시 동안이었지만. 그 여자는 자기 방을 갖게 되었소. 하지만 내 쪽에서 그 여자가 내 방에 오는 걸 원하지 않았소. 도무지 싫었거든.

난 섹스를 증오했소. 그러자 그 여잔 나를 증오하더군. 그 아이가 태어나기 전에 그 여자가 나를 얼마나 증오했는지 모를 거요! 그 여잔 증오로 아이를 밴 거라고 나는 자주 생각했소. 아무튼 아이가 태어난 뒤로 난 그 여자를 그냥 내버려 두었소. 그러다가 전쟁이 시작되었고 나는 지원했소. 그리고 그 여자가 스택스게이트에서 지금의 남자와 함께 살고 있다는 걸 안 뒤에 이곳으로 돌아온 거요."

그는 얘기를 중단했다. 얼굴이 새파래져 있었다.

"그런데 그 스택스게이트의 남자는 어떤 사람인가요?"

"입이 험하고 몸만 커다란 어린아이 같은 작자지요. 그 여자는 그 남자를 못살게 굴고 있을 거요. 둘 다 술주정뱅이죠."

"하지만 부인이 이곳으로 돌아온다면?"

"그러면 큰일이지! 그래요, 다시 집을 나가 종적을 감추는 수밖에."

침묵이 흘렀다. 불 속의 마분지는 하얀 재가 되었다.

"그럼, 가까스로 당신을 원하는 여자를 만나긴 했지만 너무 심한 여자를 만난 셈이군요."

"음, 그랬던 것 같소. 하지만 그래도 안돼요, 안돼요, 밖에 할 줄 모르는 여자보다, 그 여자가 나아요. 내 청춘의 순진한 연인이나 그 반대의 독을 품은 듯한 백합 같은 여자, 그 밖의 여자들보다는."

"그 밖의 여자들이라니요?"

"그 밖의 여자들? 그밖에는 없소. 다만 내 경험으로는 대부분의 여자들은 이런 것 같소. 즉 여자는 대부분 남자를 원하지만 섹스는 원하지 않는 것 같소. 계약의 일부로서 그것을 참고 있을 뿐이지. 좀더 구식인 여자들은 그저 비참하게 누워서 남자가 마음대로 하게 내버려 두지요. 나머지는 상관하지 않아요. 그러고 보면, 여자는 남자를 좋아하지만, 현실적인 일 자체는 여자에게는 하찮고 약간 불쾌한 것일 뿐이오. 그리고 대부분의 남자들은 그런 섹스를 좋아하지요, 난 싫어하지만. 하지만 그런 여자라도 좀 꾀가 있는 여자는 자기가 그렇지 않은 척하지요. 그녀들은 정열적으로 흥분하는 척하는 거요. 그건 정말 어리석은 얘기로, 모두 여자가 생각해낸 일이지. 그리고 뭐든지 좋아하는 여자가 있소. 모든 종류의 분위기와 포옹과 오르가슴, 단 자연스러운 것을 제외한 모든 종류 말이오. 이런 여자는 남자가 도달할 때 당연히 있어야 할 유일한 장소에 들어가 있지 않은데도, 남자를 도달하게 해버리는 거요. 그리고 다음에는 좀더 격렬한 여자가 있소. 내 아내처럼 어떻게든지 도달하지 않으면 못 견디고 스스로 도달하려는 극악한 여자. 적극파가 되고 싶어 하는 여자요. 그리고 그 안이 그야말로 죽어 있는 여자가 있소. 도무지 느끼지 못하는 거요. 게다가 자신도 그걸 알고 있죠. 또 남자가 완전히 도달하기 전에, 남자의 그것을 내보내 스스로 도달하도록 남자의 허벅다리에 자기의 허리를 비비대는 여자도 있소. 그런 여자는 대개 레즈비언이지요. 의식적이든 무의식적이든 여자에게 동성애 경향이 얼마나 많은지 알면 아마 놀랄 거요. 난 여자는 거의 모두 레즈비언이라고 생각해요."

"그래서 당신은 거기에 반대하나요?"

"죽이고 싶을 정도로. 진짜 레즈비언 여자와 함께 있으면 죽이고 싶어서 가슴이 정말로 끓어올라요."

"그럴 때 당신은 어떻게 해요?"

"그저 뒤도 안돌아보고 달아날 뿐이지."

"레즈비언이 호모보다 나쁘다고, 더 나쁘다고 생각해요?"

"그렇소! 그런 여자에게 엄청 시달려 왔으니까요. 이론 같은 건 모르지만 레즈비언과 함께 있으면, 그 여자가 스스로 레즈비언이라는 걸 알고 있든 모르고 있든, 난 분노가 치밀어 올라요. 아니, 난 더 이상 어떤 여자와도 관계를 가지고 싶지 않았소. 사람들과 사귀고 싶지 않았어. 나의 생활과 나의 체면을 지키고 싶었소."

그는 안색이 창백해지고 미간이 흐려졌다.

"그럼, 나를 만난 뒤 당신은 후회했나요?"

"후회했소. 하지만 기쁘기도 했지."

"그럼 지금은 어때요?"

"외부의 일을 생각하면 후회가 돼요. 여러 가지 복잡하고 추악한 싸움, 그런 것이 조만간에 일어나겠지. 그런 때는 마음이 무겁고 기운이 나지 않아요. 하지만 피가 끓어오를 때는 너무 기뻐서 마치 승리한 듯 의기양양해질 정도지요. 사실 난 비참한 생각에 사로잡혀 있었으니까요. 진정한 섹스는 사라졌다고 생각했소. 남자와 함께 정말 자연스럽게 오르가슴에 도달하는 여자는 없다, 흑인 여자를 제외하면. 그런데 우리는, 음, 우리는 피부가 하얀 백인이고, 그들은 약간 진흙 같은 색이니 말이오."

"그래서 당신은 나를 만난 것이 기쁜가요?"

"물론이오, 다른 일들을 잊을 수 있을 때는. 그러나 다른 일들을 생각하면 그냥 식탁 밑에 기어 들어가서 죽고 싶어요."

"왜 하필 식탁 밑에?"

그는 웃었다.

"왜라니! 숨어버리는 거지, 내 사랑."

"당신은 여자 문제로 끔찍한 경험을 한 것 같군요."

"난 나 자신을 속일 수가 없었소. 대부분의 남자들은 그런 일을 요령껏 하더군. 한 가지 태도를 결정하고 거짓을 받아들이는 거. 나는 도저히 나 자신을 속일 수가 없었소. 난 내가 여자에게 무엇을 원하고 있는지 알고 있기 때문에, 그것을 얻지 못했을 때 얻을 수 있었다는 거짓말은 절대로 할 수 없었소."

"그럼 지금은 그것을 얻었나요?"

"아마도 그런 것 같군요."

"그렇다면 어째서 그렇게 창백하고 어두운 얼굴을 하고 있죠?"

"생각나는 일이 가슴에 가득 차있고, 게다가 아마 나 자신이 두려운 모양이오."

그녀는 말없이 앉아 있었다. 밤은 점점 깊어갔다.

"그래서, 그게 중요한 일이라고 정말로 생각하는 거예요? 남자와 여자의." 그녀가 물었다.

"내게는 그렇소. 내게는 섹스는 생활의 핵심이오. 여자와 올바른 관계에 있다면."

"만약 그걸 얻을 수 없을 땐?"

"그럴 땐 없는 대로 사는 수밖에 없겠지요."

그녀는 다시 생각에 잠겼다가 또 물었다.

"그래서 당신은 언제나 여자를 정당하게 다뤄왔다고 생각하나요?"

"설마! 난 내 아내를 저렇게 만들어버리고 말았소. 거의 내 잘못이오. 내가 그녀를 망쳤어요. 게다가 나는 의심이 많아요. 당신도 머지않아 그렇게 생각하게 될 걸? 난 누군가를 진심으로 신뢰하기까지 오랜 시간이 걸려요. 말하자면 나 역시 거짓이 많은 인간인지도 모르지. 난 의심을 품어요. 하지만 애정을 잘못 보지는 않소."

그녀는 그를 쳐다보았다.

"당신의 피가 끓어오를 때는 자신의 몸을 의심하지 않겠죠? 그런 때는 믿는 거죠?"

"그래요, 슬픈 일이지만! 그래서 여러 가지로 곤란한 문제를 일으키는 거요. 그렇기 때문에 내 마음은 철저하게 믿지 않는 거지."

"당신의 마음은 의심하도록 내버려 두세요. 그런 거야 아무래도 상관없는 일 아니에요?"

개가 깔개 위에서 불쾌한 듯이 한숨을 쉬었다. 불은 재에 파묻혀 꺼져가고 있었다.

"우린 둘 다 싸움에 진 전사이군요."

그가 웃었다.

"당신도 싸움에서 졌소? 그런데도 우리 두 사람은 다시 싸움터로 돌아가려 하고 있는 거군."

"그래요. 난 정말 무서워요."

"그럴 거요."

그는 일어나서 그녀의 구두가 마르도록 잘 놓은 뒤, 자기 구두도 닦아서 불 옆에 놓았다. 아침에 기름칠을 할 생각이었다. 그는 불 속에서 마분지의 재를 최대한 가려냈다.

"재가 되었어도 더럽군."

그러고 나서 아침에 쓸 장작을 가지고 와서 난로 시렁에 올려놓았다. 그리고 개를 데리고 잠시 밖으로 나갔다.

그가 돌아오자 코니는 말했다.

"나도 잠깐 밖에 나갔다 오겠어요."

그녀는 혼자 어둠 속으로 들어갔다. 머리 위에 별이 빛나고 있었다. 꽃향기가 밤공기를 타고 전해왔다. 그녀의 구두가 다시 축축해 오는 것을 느꼈다. 그러나 그녀의 기분은 이대로 그한테서, 또 모든 인간들한테서 당장 달아나고 싶었다.

추웠다. 그녀는 몸을 부르르 떤 뒤 집안으로 돌아갔다. 그는 꺼져가는 불 앞에 앉아 있었다.

"아이, 추워!"

그녀는 몸을 떨었다.

그는 난로에 장작을 넣고, 그것이 굴뚝 가득 탁탁 소리를 내며 타오를 때까지 장작을 더 가지고 왔다. 일렁일렁 흔들리며 타오르는 노란 불꽃이 두 사람의 얼굴과 마음을 따뜻하게 감싸며 그들을 행복한 기분에 잠기게 했다.

그녀는 그가 입을 다문 채 서먹하게 앉아 있는 것을 보고, 그의 손을 잡았다.

"걱정하지 말아요! 할 수 있는 데까지 해보는 거예요."

"그래요!"

그는 일그러진 미소를 지으며 한숨을 쉬었다.

그녀는 불앞에 앉아 있는 그에게 다가가 그의 가슴에 안겨들었다.

그녀는 속삭였다.

"이젠 잊어버려요! 잊어버려요!"

난로에서 흘러나오는 따뜻한 불기운 속에서 그는 그녀를 끌어안았다. 마음속에 타오르는 연정 자체가 잊게 해주는 것 같았다. 그리고 그녀의 부드럽고 따뜻하고 무르익은 무게! 그의 피는 천천히 돌다가 다시 안정되기 시작하면서 힘과 저돌적인 활력이 되었다.

"그리고 어쩌면, 그 여자들도 사실은 그 안에서 당신을 정말로 사랑하고 싶었을 거예요. 다만 그렇게 할 수가 없었던 거지요. 그건 아마 그 여자들 탓만은 아니었을 거예요."

"그건 나도 알아요. 나 자신, 짓밟혀서 뼈가 부러진 뱀처럼 얼마나 비참했는 지 스스로 모를 거라고 생각해요?"

그녀는 갑자기 그에게 매달렸다. 그런 이야기는 두 번 다시 하고 싶지 않았 다. 그러나 뭔가 비뚤어진 마음이 그녀에게 말을 시키고 말았다.

"하지만 지금의 당신은 그렇지 않아요. 지금의 당신은 달라요. 짓밟혀서 뼈 가 부러진 뱀이 아니라구요."

"나 자신이 어떤 사람인지 나도 모르겠소. 그리고 앞으로 어두운 날들이 기 다리고 있소."

그녀는 그에 매달려 부인했다.

"아니에요! 왜? 어째서요?"

"우리 모두, 누구에게나 암흑시대가 찾아올 수 있는 법이오."

그는 예언자처럼 음울하게 되풀이했다.

"그렇지 않아요! 그런 말 하지 말아요!"

그는 입을 다물었다. 그러나 그녀는 그의 마음속에 있는 절망적인 공허를 느낄 수 있었다.

그것은 모든 욕망의 죽음, 모든 사랑의 죽음을 의미했다. 남자들의 마음속 에 있는 어두운 동굴 같은 이 절망감, 그 속에서 그들의 정신은 사라지는 것 이다.

그녀가 말했다.

"그리고 섹스에 대해 무척 차갑게 말하는군요. 마치 자신의 기쁨과 만족만 을 추구하고 있었던 것처럼."

그녀는 신경질적으로 항의했다.

"아니오. 나는 여자한테서 기쁨과 만족을 얻고 싶었지만 한 번도 얻지 못했 소. 난 여자가 동시에 나한테서 기쁨과 만족을 얻지 못한다면 나도 기쁨과 만 족을 얻을 수 없을 거요. 그리고 그런 일은 한 번도 없었소. 거기에는 두 사람 의 협조가 필요해요."

"하지만 당신은 당신의 여자들을 믿지 않았던 거예요. 나도 정말은 믿고 있 지 않은 걸요."

"여자를 믿는다는 게 어떤 의미인지 나는 모르겠는데요."

"바로 그거예요!"

그녀는 아직도 그의 무릎 위에서 몸을 웅크리고 있었다. 그러나 그의 마음은 잿빛으로 텅 비어 있었다. 그는 그녀에게는 그곳에 존재하고 있지 않은 것과 마찬가지였다. 그녀가 하는 말 모두가 그를 더욱 멀리 밀어내고 있었다.

"그렇다면 도대체 무엇을 믿고 있나요?"

그녀가 집요하게 물었다.

"모르겠소."

"아무것도 믿지 않는군요. 지금까지 내가 알았던 남자는 모두 다 그랬어요."

두 사람 다 입을 다물었다. 그러다가 그가 깜짝 놀란 듯 말했다.

"아니오, 물론 난 무언가를 믿고 있어요. 난 따뜻한 배려를 믿고 있소. 특히 배려가 있는 사랑, 따뜻한 마음으로 여자와 섹스하는 것을 믿어요. 만약 남자들이 따뜻한 마음으로 여자와 할 수 있고, 여자가 그것을 포근하게 받아들인다면, 모든 것이 잘 될 거라고 믿소. 차디찬 마음으로 섹스를 하는 것이야말로 죽음이고, 어리석은 짓이오."

"하지만 당신은 차가운 마음으로 나를 안지는 않아요."

그녀가 항의했다.

"당신하고는 전혀 하고 싶지 않소. 지금 내 마음은 식어버린 감자처럼 차가우니까."

그녀는 놀리듯이 그에게 키스한 뒤 말했다.

"어머! 그렇다면 그 감자를 버터에 구워서 소테를 만들어요."

그는 웃으며 똑바로 앉았다.

"그건 사실이오. 조금이라도 따뜻한 마음을 얻을 수 있다면 뭐든지 좋아요. 그러나 여자들을 그걸 좋아하지 않소. 당신도 사실은 좋아하지 않소. 당신들은 날카롭게 찌르는 듯한 차가운 마음으로 한 뒤, 그게 정말 꿀처럼 달콤했던 척하는 것을 좋아하지. 나에 대한 당신의 애정 어린 마음은 어디에 있는 거요? 고양이가 개에게 경계를 늦추지 않는 것처럼 당신도 나를 의심하고 있소. 알겠소? 부드럽고 따뜻하게 하는 것조차도 두 사람의 인간이 필요한 거요. 당신은 그걸 좋아하는 건 사실이지. 하지만 당신은 그것이 뭔가 훌륭하고 신비로운 것이라고 말해주길 바라고 있소. 다만 당신의 자부심을 만족시키기 위해서. 당신에게는 자신의 자부심이 어떤 남자보다, 또는 남자와 함께 사는 것보다 더 몇 십 배나 더 중요한 거요."

"그건 내가 당신에게 하고 싶은 말이에요. 당신의 자부심이야말로 당신의 모든 것이에요."

그는 일어서려는 듯이 몸을 움직이면서 말했다.

"아아…… 좋아요! 그럼, 우리 서로 떨어져 있습시다. 이렇게 차가운 마음으로 당신과 할 바엔 차라리 죽는 게 나으니까."

그녀는 그의 무릎에서 떨어졌고 그는 일어섰다.

"그렇다면 내 쪽에서 그걸 원하고 있다고 생각해요?"

그가 대답했다.

"그렇지 않기를 바랍니다. 어쨌든 당신은 침대에 가서 자요. 난 여기서 잘 테니까."

그녀는 그를 쳐다보았다. 안색이 창백하고 미간은 흐려 있었다. 그의 마음은 추운 극지만큼이나 멀리 떨어져서 위축되어 있었다. 남자들이란 결국 다 똑같다.

"난 아침까지 집에 갈 수 없어요."

"물론이지! 어서 침대로 가요. 벌써 1시 15분전이오."

"절대로 싫어요."

그는 걸어가서 구두를 집어 들었다.

"그럼 내가 나가겠소!"

그가 부츠를 신기 시작했다. 그녀는 눈을 동그랗게 뜨고 그를 지켜보았다.

그녀가 더듬거리며 말했다.

"잠깐만! 기다려요! 우리, 도대체 어떻게 된 거예요?"

그는 등을 구부리고 부츠 끈을 매기만 할 뿐 대답은 없었다. 시간은 째깍째깍 흘러갔다. 의식을 잃을 것 같은 뭔가 멍한 기분이 그녀를 덮쳤다. 의식이 완전히 사라진 무의식 상태에서 눈을 크게 뜬 채 그를 지긋이 응시하며 그 자리에 서 있는 그녀는 이미 아무것도 식별하지 못하고 있었다.

조용해진 걸 느끼고 그가 고개를 들어보니, 그녀가 눈을 크게 뜨고 쓰러질 것처럼 서 있는 게 아닌가! 그는 바람에 휩쓸린 것처럼 벌떡 일어나 한쪽 구두만 신은 채 절름거리면서 그녀에게 다가갔다. 그리고 얼른 그녀를 두 팔로 받아 자기 쪽으로 끌어당기는 바람에, 몸 안에 뭔가 아픔이 느껴질 정도였다. 그는 그녀를 안고 그대로 꼼짝도 하지 않았다.

잠시 뒤 그의 손이 맹목적으로 아래로 내려가, 그녀의 옷 속을, 그녀의 매끄럽고 따뜻한 그곳을 찾아 더듬어갔다.

그가 중얼거렸다.

"나의 연인! 나의 귀여운 연인, 싸우는 건 그만둡시다! 이제 절대로 싸우지 않겠소! 나는 당신을 사랑하고 있고, 당신을 이렇게 만지는 것이 좋아. 말다툼은 이제 그만! 그만! 그만! 그만! 당신과 함께 있고 싶소!"

그녀는 얼굴을 들고 그를 쳐다보았다.

그녀는 차분하게 말했다.

"놀라지 말아요. 놀랄 것 없어요. 당신, 정말 나와 함께 있고 싶은 거예요?"

그녀는 눈을 크게 뜨고 지그시 응시하는 눈길로 그의 얼굴을 들여다보았다. 그는 움직임을 멈추고 갑자기 조용해지더니 얼굴을 돌렸다. 온몸이 굳어졌지만 그대로 떨어지지는 않았다.

그는 고개를 들어 기묘하게 조롱하는 듯한 웃음을 언뜻 비치더니, 그녀의 눈을 들여다보면서 말했다.

"그래, 그래요! 맹세코 함께 있고 싶소."

"정말이에요?"

그녀는 눈에 눈물을 가득 글썽이며 말했다.

"정말이고말고. 심장과 배와 거기에 걸고."

그는 아직 희미하게 웃고 있었지만, 눈에는 비웃음의 섬광과 약간의 곤혹스러움이 어려 있었다.

그녀는 소리 없이 울고 있었다. 그는 난로 앞 깔개 위에 그녀와 나란히 누워, 그녀의 몸속으로 헤치고 들어갔다. 이리하여 그들은 어느 정도 마음의 평온함을 얻었다. 그런 다음 두 사람은 서둘러 침대로 옮겨 갔다. 점점 추워지고 있었고, 둘 다 지쳐있었던 것이다. 그녀는 자신이 조그맣게 폭 싸이는 것을 느끼며 그의 품안에 꼭 안겨 있었다. 그들은 이내 잠속에 빠져들었다. 한번도 깨지 않는 숙면이었다. 그리고 아침 해가 숲 위로 떠오르고 새로운 하루가 시작될 때까지 미동도 하지 않았다.

그는 눈을 뜨고 빛을 보았다. 커튼은 닫혀있었다. 숲 속에서 지빠귀가 새된 목소리로 요란하게 지저귀는 소리에 귀를 기울였다. 화창한 아침인 것 같았다. 그가 늘 일어나는 시간인 5시 반이었다. 이렇게 깊은 단잠을 잤다니! 참으로 멋진 새로운 하루! 여자는 아직도 몸을 동그랗게 오그리고 편안하게 잠들어 있었다. 그의 손이 움직여 여자에게 닿았다. 그러자 여자는 의아한 듯이 푸른 눈을 뜨더니 자기도 모르게 그의 얼굴을 향해 생긋 웃었다.

"벌써 일어났어요?"

그는 그녀의 눈을 들여다보았다. 그리고 싱긋 웃으며 그녀에게 키스했다.

그 순간 그녀는 완전히 잠에서 깨어나 몸을 일으켰다.

"어머나, 내가 여기 있었군요!"

그녀는 경사진 천장과 하얀 커튼이 걸려 있는 박공창의 그 새하얗고 작은 침실을 둘러보았다. 방안에는 노란색을 칠한 작은 옷장과 의자, 그리고 물론 그와 함께 잔 자그마하고 하얀 침대 외에는 아무것도 없었다.

"우리가 이곳에 있다니! 정말 놀라운 일 아니에요?"

그녀가 그를 내려다보면서 말했다. 그는 누운 채 엷은 나이트가운 속의 그녀의 젖가슴을 손가락으로 어루만지면서, 가만히 그녀를 들여다보았다. 따뜻한 곳에서 얼굴의 주름이 펴진 그는 젊고 잘생겨 보였다. 눈도 무척 다정하게 보였다. 그리고 그녀는 한 송이 꽃처럼 싱싱하고 젊었다.

"이걸 벗기고 싶은걸!"

그는 엷은 무명 잠옷을 말아 올려 그녀의 머리 위로 잡아당겼다. 그녀는 어깨와 희미하게 금빛을 띤 기름한 유방을 드러내고 앉아 있었다. 그는 그 유방을 방울처럼 가만히 흔들며 재미있어했다.

"당신 잠옷도 벗길 거예요."

"뭐? 안돼!"

"안돼요! 벗어요!"

그녀가 명령했다.

그러자 그는 낡은 무명 잠옷 윗도리를 벗고 바지도 내렸다. 두 손, 손목, 얼굴, 목외에는 우유처럼 뽀얗고 결이 고운 살결에 날씬한 근육질이었다. 코니 앞에서, 그날 오후 그가 몸을 씻고 있는 광경을 보았을 때처럼, 그가 갑자기 가슴을 찌르는 듯한, 숨이 막힐 것 같은 아름다움을 재현하고 있었던 것이다.

황금빛 햇살이 드리워진 하얀 커튼 사이로 비쳐 들었다. 그녀에게는 햇살이 방안으로 들어오고 싶어 하는 것처럼 느껴졌다.

"어서 커튼을 열어봐요! 새들이 지저귀고 있어요! 햇살이 들어오게 해요."

그는 그녀에게 여윈 새하얀 등을 보인 채 침대에서 가만히 빠져나가, 창가에 가서 몸을 약간 구부리고 커튼을 연 다음 잠시 밖을 내다보았다. 등은 하얗고 부드러웠고, 작은 엉덩이는 우아하고 섬세한 남성미가 있어 아름다웠다. 목덜미는 불그레하고 화사하면서도 강한 힘이 느껴졌다. 그 섬세하고 아름다운 몸에는 외면이 아니라 내면의 힘이 간직되어 있었다.

그녀는 두 팔을 내밀며 말했다.

"당신, 정말 아름다워요! 어쩌면 그렇게 순결하고 아름다울 수가 있어요? 자, 이리 와요!"

그는 그녀를 향해 돌아서는 것이 멋쩍었다. 무엇보다 그의 음부가 잠에서 깨어나 있었던 것이다.

그는 바닥에서 셔츠를 집어 들어 앞을 슬쩍 가리고 그녀에게 갔다.

"안돼요!"

그녀는 약간 늘어진 듯한 유방 앞으로 아름답고 늘씬한 두 팔을 아직도 내민 채 말했다.

"어디 보여 주세요."

그는 셔츠를 떨어뜨리고 그녀를 바라보면서 그대로 서있었다. 나지막한 창문을 통해 들어온 한 줄기 햇살이, 그의 넓적다리와 탄탄한 배, 그리고 약간의 구름이 서려 있는 듯한, 선명한 금빛이 감도는 붉은 털 속에서 거무스름하게 정욕을 가득 품고 우뚝 서 있는 그의 남근을 선명하게 비춰주었다. 그녀는 몸이 굳어버리는 것 같은 놀라움과 두려움을 느꼈다.

그녀는 천천히 말했다.

"정말 신기하기도 해라! 거기 그렇게 서 있는 그것, 너무 신기해요. 저렇게 크고 저렇게 검고 저렇게 자신만만하게! 언제나 그래요?"

남자는 자신의 늘씬하고 하얀 몸을 내려다보며 웃었다. 탄탄한 젖꼭지 사이에 나 있는 가슴털은 거의 검은 색에 가까웠다. 그러나 아랫도리의 굵은 남근이 활처럼 휘어져 서있는 곳에서 약간의 수풀을 이룬 그것은 선명한 금빛이 감도는 붉은 색이었다.

"오오, 굉장히 자랑스러워하고 있어요! 그리고 무척 위엄이 있어요. 이제 알겠어요, 남자들이 어째서 그렇게 우쭐거리는 건지! 하지만 정말 귀여워요. 마치 다른 생물 같아요! 약간 무섭기도 하지만 정말 사랑스러워요! 저것이 나에게 오는 거군요!"

그녀는 흥분한 모습으로 중얼거리며 두려움과 흥분으로 아랫입술을 지그시 깨물었다.

남자는 말없이, 힘차게 긴장하고 있는 남근을 내려다보았다. 아무런 변화도 없었다.

그는 드디어 작은 목소리로 말했다.

"그래! 이 녀석아, 그만하면 잘했어. 그래, 넌 그렇게 고개를 쳐들고 있어야 하지. 자신의 힘으로 그렇게 하고 있는 거야, 응? 남이야 어떻든 상관없어, 존 토머스! 나 같은 건 무시해도 상관없단 말이야. 네가 두목이라고? 나의? 아, 좋지. 넌 나보다 더 우쭐대고 있으면서도 넌 별로 그렇지도 않다는 시늉이구나. 존 토머스, 그녀를 원하는 거냐? 레이디 제인을 원하는 거야? 넌 나를 다시 그 속에 잠길 수 있게 해주었어. 그래, 그리고 넌 아무리 혹사당해도 지치지 않고 다시 일어서는 거야. 그리고 부탁해야 해. 레이디 제인에게 부탁해야 한다구. 이를테면, 영광스러운 왕이 들어가실 수 있도록 당신의 문을 살짝 들어올려 열어달라고 말하는 거지. 그래, 넌 뻔뻔스러운 놈이야! 칸트, 네가 원하는 건 그거지? 레이디 제인에게 칸트를 원한다고 말해. 존 토머스, 레이디 제인의 칸트 말이야."

"그만해요, 그를 그만 괴롭혀요."

코니는 그렇게 말하면서 침대 위에 무릎을 꿇고, 천천히 멜러스 쪽으로 앉은걸음으로 다가가서, 그의 하얗고 날씬한 허리에 팔을 감고 끌어당겼다.

그녀의 늘어진 유방이 흔들리면서, 흥분하여 움찔움찔 움직이고 있는 곤두선 남근 끝에 닿자, 한 방울의 섬세한 물방울이 묻었다. 그녀는 남자를 꼭 끌어안았다.

그가 말했다.

"누워요! 어서 누워요! 내가 갈 테니까."

그에게는 이미 긴급한 사태였다.

그리고 그들의 움직임이 완전히 멎었을 때, 여자는 다시 남자를 알몸으로 만들지 않을 수 없었다. 남근의 신비를 보기 위해.

그녀는 말랑말랑해진 작은 음경을 손에 잡고 말했다.

"어머나, 벌써 생명의 작은 봉오리처럼 작고 부드러워졌어요! 왜 그런지 귀여위 죽겠어요! 자신의 힘만으로 그토록! 너무 신비로워요! 그러면서도 무척 순진해 보이는군요. 이것이 내 몸에 그토록 깊숙이 들어오다니! 당신은 그를 절대로 모욕해선 안 돼요! 그는 내 것이기도 하니까요. 당신만의 것이 아니에요, 내 것이에요. 너무 사랑스럽고 순진해요."

그녀는 음경을 가만히 손에 쥐었다.

그가 웃으면서 말했다.

"우리의 마음을 동족애로 맺어준 인연에 축복이 있기를!"

그녀도 말했다.

"물론이에요! 부드럽게 작아졌어도 내 마음은 그와 성실하게 맺어져 있는 것을 느끼는 걸요. 그리고 여기 있는 당신의 털은 어쩌면 이렇게도 아름다울까? 정말, 정말 이상한 색깔이에요!"

"그건 존 토머스의 털이지 내 것이 아니오."

"존 토머스! 존 토머스!" 그녀는 재빨리 그 부드러운 음경에 입을 맞췄다. 그러자 그것은 다시 꿈틀 일어나기 시작했다. 남자는 괴로운 듯이 몸을 쭉 펴면서 말했다.

"아아! 이 녀석은 내 마음 속에 뿌리를 내리고 있어, 이 신사는! 그러나 때로는 어떻게 처리해야 할지 모를 때도 있지. 그래, 이 녀석은 자신의 의지를 가지고 있어. 그래서 이 녀석에게 장단을 맞춰주는 건 어려운 일이야. 그렇다고 녀석의 숨통을 끊어놓고 싶지는 않아."

"남자들이 언제나 그를 두려워하는 것도 무리가 아니군요! 그는 아무래도 두려운 것인가봐요."

전율이 남자의 몸을 훑고 지나가자, 의식의 흐름이 방향을 바꾸어 다시 아래쪽을 향하는 것이었다. 그리고 서서히 부드럽게 물결치는 페니스가 충만해져서 벌떡 일어서더니, 점점 단단해져서 그 기묘하게 우뚝 선 모습으로, 확고하고 자신만만하게 그곳에 버티고 있으니, 그는 또다시 어떻게 할 수도 없이 무력해지고 말았다. 여자도 그것을 지그시 지켜보면서 약간 몸을 떨었다.

"자, 받아주오, 응? 당신 거니까."

남자가 말했다.

그러자 그녀는 몸은 전율했지만 마음은 이미 녹아버렸다. 그가 안에 들어오자, 뭐라 형용할 수 없는 기쁨의 날카롭고도 부드러운 파도가 그녀의 온몸을 훑으면서 점점 퍼져가더니, 녹아버릴 것 같은 그 기묘한 전율이 일어난 뒤, 마침내 극한의, 최후의 걷잡을 수 없는 폭발과 동시에 그녀는 무아의 경지를 헤매고 있었다.

그는 멀리서 7시를 알리는 스택스게이트의 기적소리를 들었다. 월요일 아침이었다. 그는 가볍게 몸서리를 친 뒤, 그녀의 젖무덤 사이에 얼굴을 묻고 자신의 귀를 막으려는 듯이 부드러운 유방에 밀어붙였다.

그녀의 귀에는 기적 소리 같은 건 들리지도 않았다. 그녀는 마음이 깨끗하게 정화되어 투명해진 것인지, 누운 채 완전히 정지된 상태에 있었다.

"이봐요, 이제 일어나야 하지 않겠소?"

"몇 시예요?"

그녀의 단조로운 목소리.

"7시 기적이 방금 울렸소."

"그럼 가야겠군요."

언제나 그렇지만 그녀는 외부의 강제에 화가 났다.

그는 상반신을 일으키고 물끄러미 창 밖을 내다보았다.

"당신, 정말 나를 사랑하는 거죠?"

그녀가 평온한 목소리로 물었다.

그는 그녀를 내려다보았다.

"그건 당신이 잘 알지 않소. 무엇 때문에 묻소?"

그가 약간 화난 듯이 대답했다.

"날 붙들어 주었으면 해서요, 돌려보내지 말고."

그의 눈은 생각도 할 수 없다는 듯이, 따뜻하고 조용한 어둠에 차있었다.

"언제? 지금?"

"아시겠지만 지금. 그리고 당장이라도 여기 와서 늘 함께 있고 싶어요."

그는 생각이 정리되지 않아서 고개를 떨어뜨린 채 알몸으로 침대에 앉아 있었다.

"당신은 그러고 싶지 않아요?"

그녀가 물었다.

"그러고 싶고말고!"

그때 그는 의식의 다른 광채 때문에 어두워진 건지, 거의 자고 있는 것 같은 눈으로 그녀를 보았다.

"지금은 내게 그런 것 요구하지 말아주시오. 이대로 날 내버려 둬요. 난 당신이 좋소. 당신이 거기 누워 있을 때는 당신을 사랑하오. 깊숙이 들어가 그것을 할 때, 여자는 얼마나 사랑스러운지 몰라. 게다가 좋은 칸트를 가지고 있으면 더더욱! 난 당신을 사랑하고 있소. 당신의 다리, 당신의 자태, 당신의 여자다운 점. 난 당신의 여자다움을 사랑하고 있소. 나의 페니스와 마음으로 사랑하오. 하지만 나에게 아무것도 요구하지 말아요. 아무 말도 시키지 말아요. 지금은 될 수 있는 한 가만히 있게 해주시오. 나중엔 뭐든지 요구해도 좋소. 하지만 지금은 이대로 내버려 둬요."

그리고 그녀의 다리 사이에 융기한 비너스의 언덕의, 부드러운 갈색 음모에 가만히 손을 얹고, 침대 위에 알몸으로 가만히 앉아 있었다. 방심상태에서 그의 얼굴은 거의 불상처럼 아무런 움직임이 없었다. 꼼짝도 하지 않는 부동의 자세 그대로, 다른 의식의 눈에 보이지 않는 빛을 받으며, 손을 그녀의 음모에 올려놓은 채 의식의 변화를 기다리고 있었다.

잠시 뒤 그는 셔츠에 손을 뻗어 몸에 걸치고, 말없이 재빨리 옷을 차려입었다. 그리고 침대 위에 아직도 알몸으로 〈디종의 영광〉이라는 장미처럼 희미하게 금빛을 띠며 누워 있는 여자에게 눈길을 한 번 준 뒤 방에서 나갔다. 아래층에서 그가 문을 여는 소리가 들려왔다.

코니는 여전히 생각에 잠긴 채 누워있었다. 돌아가기가 몹시 싫었다. 그의 포옹의 여운에서 빠져나가는 것은 괴로운 일이었다. 그가 아래층에서 소리쳤다.

"7시 반이오!"

그녀는 한숨을 쉬며 침대에서 몸을 일으켰다. 아무런 장식도 없는 작은 방! 조그마한 옷장과 작은 침대 외에는 아무것도 없다. 그러나 마룻바닥은 반짝반짝 윤이 났다. 그리고 박공창 구석에 있는 나무선반에 몇 권의 책과 순회도서관에서 빌린 책도 몇 권 있었다. 그것을 살펴보니, 과격파 러시아에 관한 책, 여행기, 원자와 전자에 관한 책이 한 권, 지각의 구성과 지진의 원인에 대한 책이 한 권, 그리고 몇 권의 소설과 인도와 관련된 책이 세 권 있었다. 그러고 보면 요컨대 독서가인 것 같았다.

박공창을 통해 햇살이 그녀의 팔다리에 쏟아지고 있었다. 밖에서 플로시가 어슬렁거리고 있는 것이 보였다. 안개 낀 개암나무 숲은 녹색으로 흔들리고 있고, 그 아래쪽에는 어두운 녹색의 산쪽풀이 자라고 있었다. 새들이 의기양양하게 날아다니며 지저귀는 맑고 상쾌한 아침이었다. 아아, 내내 이곳에 머무를 수만 있다면! 철과 연기가 자욱한 또 하나의 소름끼치는 세계가 없다면! 만약 그의 세계를 그녀만으로 가득 채워준다면!

그녀는 가파르고 좁은 나무계단을 통해 아래층으로 내려갔다. 이렇게 조그만 집이라도 그것만으로 세계를 이루고 있다면, 그녀는 이 집만으로도 충분히 만족하련만.

그는 세수를 하여 상쾌해 보였다. 난로불이 벌써 타고 있었다.

"뭘 좀 먹겠소?"

"아뇨! 빗 좀 빌려주세요."

그녀는 그를 따라 부엌으로 들어가 뒷문 옆에 있는 손바닥만한 거울 앞에서 머리를 빗었다. 이제 돌아갈 준비가 되었다.

그녀는 조그만 앞뜰에 서서 이슬에 젖은 꽃들, 벌써 봉오리가 맺힌 패랭이꽃의 잿빛 꽃밭을 바라보았다.

"세상의 다른 것은 모두 사라져버리고 이곳에서 당신과 살았으면!"

"사라질 리는 없을 거요."

두 사람은 아름다운 이슬에 젖은 숲 속을 거의 아무 말 없이 걸어갔다. 그러나 그들은 두 사람만의 세계에 함께 있었다.

라그비 저택을 향해 걸어가는 것은 그녀에게는 괴로운 일이었다.

"금방이라도 돌아와서, 정말 당신하고 살고 싶어요."

헤어질 때 그녀가 말했다.

그는 웃기만 할 뿐 대답하지 않았다.

그녀는 누구에게도 들키지 않고 조용히 집에 돌아가 자기 방으로 올라갔다.


15

아침 식탁에 힐다한테서 온 편지가 놓여 있었다.


"아버지께선 이번 주에 런던으로 가신단다. 난 다음 주 목요일, 6월 17일에 너에게 갈 생각이야. 그러니까 금방 출발할 수 있도록 준비해 둬. 라그비에서 시간을 보내고 싶진 않아. 끔찍한 곳이니까. 난 아마 그날 밤에는 레드포드의 콜먼 씨 집에서 묵게 될 거야. 그러니까 목요일에는 너하고 점심식사를 같이 하게 되겠지. 그러면 차 마시는 시간에 출발해서 그랜덤에 묵을 수 있을 거야. 클리포드와 하룻밤을 보내는 건 시간낭비야. 그 사람이 네가 떠나는 걸 못마땅해 한다면, 그에게는 조금도 즐겁지 않은 일일 테니까 말이야."

그렇다! 코니는 다시 체스판 위를 이리저리 끌려다니는 말인 것이다.

클리포드는 그녀가 가는 것을 못마땅하게 여겼는데, 그것은 다만 그녀가 옆에 있지 않으면 안정이 되지 않기 때문이었다. 그녀가 있으면 안심하고, 자신이 손대고 있는 여러 가지 일을 자유롭게 할 수 있다고 생각하는 것이다. 그는 대개 탄광에 있으면서 가장 경제적인 방법으로 석탄을 캐내어 그것을 판다는, 거의 가망성이 없는 문제의 해결에 몰두하고 있었다. 그는 석탄의 이용법이나 전환법을 발견해야 한다는 건 알고 있었다. 그러면 그것을 팔 필요도 없고 팔지 못해서 걱정할 일도 없는 것이다. 그러나 설사 전력을 만든다 해도 그가 그것을 팔거나 이용할 수 있을까? 게다가 기름으로 전환하는 것은 지금까지는 너무 많은 비용과 너무 많은 노력이 들었다. 사업을 존속시키기 위해서는 미친 사람처럼 더 많은 근면과 노력이 없으면 안 된다.

그것은 광기였고, 사업에 성공하려면 광인이 필요했다. 그는 정말 얼마간 미쳐있다고 코니는 생각했다. 탄광 문제에 대한 그의 과도한 열성과 기묘하게 광채를 띠는 눈이야말로 그녀에게는 광기의 표시로 생각되었다. 그의 착상의 묘는 바로 광기어린 번뜩임이었다.

그는 중요한 계획에 대해서는 모두 그녀에게 얘기했고, 그녀는 일종의 경이를 느끼며 귀 기울여 그의 얘기를 들어주었다. 그런 다음 이야기의 흐름이 중단되면, 그는 라디오 확성기의 스위치를 넣고 공허한 표정으로 돌아갔다. 그러나 그의 계획은 일종의 꿈처럼 그의 마음속에서 한 켠을 차지하고 있는 것은 분명했다.

그리고 지금은 매일 밤 볼턴 부인과 6펜스씩 걸고 영국 병사들이 하는 카드놀이인 폰툰을 즐겼다. 그는 또 다시, 일종의 무의식에서, 또는 공허한 도취에서, 아니면 공허함에 도취하여, 그것이 무엇이든 가리지 않고 내기에 열중하게 되었다. 코니는 그런 그의 모습은 보는 것조차 싫었다. 그러나 그녀가 잠자리에 든 뒤에도 그와 볼턴 부인은 새벽 두세 시까지 지치지도 않고 이상한 욕망에 사로잡혀 내기를 계속하는 것이었다. 볼턴 부인도 클리포드 못지않게 그 욕망의 포로가 되어갔다. 그녀는 거의 항상 지고 있었기 때문에 갈수록 오기가 나는 것이었다.

어느 날 그녀는 코니에게 말했다.

"어젯밤엔 클리포드 나리께 23실링이나 잃었어요."

"그래서 그 분이 그 돈을 받던가요?"

코니는 어처구니가 없어서 물었다.

"네, 물론이지요, 마님! 신용 빚도 빚인 걸요!"

코니는 화가 나서 그들 두 사람을 엄격하게 비난했다. 그 결과 클리포드는 볼턴 부인의 급료를 1년에 100파운드나 올렸고, 그 덕분에 그녀는 얼마든지 내기를 할 수 있게 되었다. 그런 일들을 겪으면서 코니는 클리포드가 갈수록 지쳐가고 있다는 것을 느껴졌다.

드디어 그녀는 17일에 출발한다고 그에게 알렸다.

"17일! 그래, 언제 돌아올 거요?"

"늦어도 7월 20일까지는."

"그래? 7월 20일이라."

그는 이상한 듯이 멍하니 그녀를 바라보았다. 그것은 어린아이처럼 멍한 눈길이었지만 묘하게 노인의 얼뜬 교활함도 띠고 있었다.

"설마 나를 배신할 생각은 아니겠지?"

"어째서요?"

"그쪽에 가 있는 동안 말이야. 다시 말해, 반드시 돌아와 줄 거지?"

"내가 돌아오는 건 무엇보다 확실한 일이에요."

"그래! 7월 20일이란 말이지."

그는 무척 이상한 듯이 그녀를 바라보았다.

그러나 그는 사실은 그녀가 가주기를 바랐다. 그것은 참으로 기묘한 얘기였다. 그는 그녀에게 적극적으로 가서 가벼운 연애라도 하여, 어쩌면 임신을 해서 돌아오게 되기를 바라고 있었던 것이다. 그러나 그와 동시에 그녀가 떠나는 것을 두려워하고도 있었다.

그녀도 두려워하고 있었다. 그와 단호하게 헤어질 기회를 엿보면서 그녀 자신에게나 그에게나 그 시기가 무르익기를 기다리고 있었다.

그녀는 산지기에게 가서 자신의 외국 여행에 대해 이야기했다.

"그리고 그 뒤 돌아오면, 클리포드에게 헤어지자고 이야기할 수 있을 거예요. 그렇게 되면 당신과 난 나갈 수 있어요. 상대가 당신이라는 것도 모르게. 우리는 외국에 갈 수 있겠죠? 아프리카나 오스트레일리아로, 네?"

그녀는 자신의 계획에 완전히 흥분하고 있었다.

"당신은 영국의 식민지에 가본 적이 없지요?"

"네, 당신은?"

"난 인도와 남아프리카, 그리고 이집트에는 가 보았소."

"남아프리카로 가는 게 어떨까요?"

"좋겠지."

그는 천천히 말했다.

"아니면 나하고 같이 가는 게 싫은가요?"

"난 상관없소. 난 어떻게 하든 상관이 없어요."

"그렇게 하면 당신은 행복해질 수 없는 거예요? 왜요? 우린 가난하지 않을 거예요. 내게는 1년에 600파운드의 수입이 있어요. 편지로 물어 보았어요. 많지는 않지만 그만하면 충분하지 않을까요?"

"내가 보기엔 큰돈이오."

"아아, 얼마나 즐거울까!"

"하지만 난 이혼해야 하오, 당신도 그렇고. 그렇지 않으면 귀찮은 일이 일어날 테니까."

생각할 문제가 한두 가지가 아니었다.


그 뒤 어느 날 그녀는 그의 신상에 대해 이것저것 물어보았다. 그들은 오두막에 있었는데, 밖에는 천둥비가 퍼붓고 있었다.

"그래서, 당신이 중위이고 신사였을 때는 행복하지 않았나요?"

"행복? 물론 행복했소. 난 그 대령을 좋아했소."

"그 사람을 사랑했나요?"

"그렇소, 사랑했소."

"그분도 당신을 사랑했고?"

"아, 어떤 의미에서는 사랑해주었지."

"그분 이야기를 좀 해주세요."

"무슨 얘기를 하면 좋을까? 대령은 병졸에서부터 출세한 사람이었소. 그는 군대를 사랑했소. 그래서 결혼도 하지 않았지. 나보다 스무 살이나 위였고 머리가 무척 좋은 사람이었소. 그런 사람들이 흔히 그렇듯 군대에서도 외토리였소. 나름대로 정열적인데다 아주 현명한 장교였지. 대령과 함께 군대에 있는 동안 난 그의 매력에 푹 빠져 지냈어요. 그 분이 온통 내 생활을 지배하고 있었다고 할까? 하지만 난 조금도 후회하지 않소."

"그래서 그분이 죽었을 때 무척 타격을 받았겠군요?"

"꼭 나 자신이 죽은 것 같았지요. 그러나 제정신이 들었을 때 나의 다른 부분이 끝났다는 것을 알았소. 그렇지만 그런 일은 죽음으로 끝나는 것이라는 걸 언제나 난 알고 있었소. 그런 일에 관한 한, 모든 것은 죽음으로 끝나는 법이니까."

그녀는 앉아서 생각에 잠겼다. 밖에서 천둥소리가 요란하게 울렸다. 마치 노아의 홍수 때의 작은 방주에 타고 있는 것 같았다.

"당신은 무척 많은 과거를 가지고 있는 것 같군요."

"그럴까요? 난 나 자신이 이미 한두 번은 죽었던 것 같소. 하지만 난 지금 이곳에 있소. 열심히 일하면서 말이오. 앞으로는 더 많은 고생이 기다리고 있는 셈이지만."

그녀는 여전히 폭풍 소리를 들으면서 곰곰이 생각하고 있었다.

"그럼, 당신의 대령님이 죽었을 때 당신은 장교로서 또 신사로서 행복하지 않았던 거군요?"

"그랬지, 하잘것없는 사람들뿐이었으니까."

그는 갑자기 웃기 시작했다.

"대령은 자주 이런 말을 했소. '여보게, 영국의 중산계급은 음식을 먹을 때마다 서른 번은 씹어야 하는 사람들이야. 창자가 너무 가늘어서 콩알만한 크기에도 창자가 막혀버리거든. 그들은 지금까지 창조된 것 중에서 가장 인색하고 여자 같은 하찮은 인간들이야. 자만심에 가득 차서 하다못해 구두끈이 조금만 비뚤어져 있어도 깜짝 놀라고, 악취를 풍기는 먹잇감처럼 썩어 있지만, 그래도 그들이 하는 말은 언제나 이치에 맞거든. 거기에는 나도 두 손 들었어. 중국인처럼 머리를 조아려라, 굽실굽실 머리를 숙이며 혀가 굳어버릴 때까지 아첨을 떨어라. 하지만 그들은 언제나 이치에 맞단 말이야. 게다가 잘난척하는 놈들뿐이지. 잘난 척! 전부 여자처럼 으스대고 불알도 한쪽밖에 없는 놈들이라구' 하고 말이오."

코니는 웃었다. 비가 억수같이 퍼붓고 있었다.

"대령님은 중산계급을 미워했나 보군요!"

"아니, 관심도 없었소. 그저 싫어했을 뿐이지. 세상은 변했소. 대령도 말했지만, 군인들도 모두 마찬가지로 잘난 척하고 불알도 한쪽뿐, 창자도 가늘어져 있으니까. 뭐 그렇게 되는 것도 다 인류의 운명이지만."

"서민들도? 노동자도 말인가요?"

"전부 다. 담력이 완전히 사라져버렸어. 자동차, 영화, 비행기가 그들에게서 남은 마지막 재까지 빨아먹은 셈이지. 한 세대마다 더욱 더 겁 많은 세대가 태어나고 있소. 창자는 고무관 같고 양철다리와 양철 얼굴을 한 인간들이지! 양철로 만들어진 민중! 인간다운 것은 전부 제거하고 기계적인 것을 숭배하는 것은 바로 일종의 충실한 공산주의적 과격주의요. 돈, 돈, 돈! 현대의 대중은 모두 구 옛날의 아담과 이브를 여지없이 말살하고, 인간에게서 옛날의 인간적인 감정을 뿌리째 제거해버리는 것을 진심으로 통쾌해하고 있소. 대중은 모두 다 똑같아요, 세상도 마찬가지고. 인간적인 실체를 근절해버리고 포피(包皮) 한 장에 1파운드니, 불알 한 쌍에 2파운드니 하면서 값을 매기는 것처럼. 여자의 그것도 섹스용 기계가 아니고 무엇이오? 모두 마찬가지지. 세상의 모든 남근을 잘라버리는 데 돈을 지불하라. 인간에게서 간담을 빼앗는 자들에게 돈, 돈, 돈을 지불하라. 그리고 놈들에게 만지작거리고 놀 수 있는 작은 기계를 남겨주어라."

그는 그곳에, 오두막 안에 앉아, 얼굴에 비웃는 듯한 조소적인 표정을 짓고 있었다. 그러나 그때도 뒤쪽에 주의를 기울이며, 숲을 덮치는 비바람 소리에 귀를 기울였다. 그런 그의 모습이 몹시도 고독을 느끼게 했다.

"하지만 언젠가는 끝나지 않을까요?"

그녀가 말했다.

"아, 그래요, 인간은 스스로 구원을 이룩할 거요. 최후의 진정한 남자가 살해되고, 모든 사람에게서 기개가 사라졌을 때, 백인이고, 흑인이고, 황색인이고,

모든 인종에게서 기개가 사라졌을 때, 그때는 모두 미쳐버리게 되겠지요. 올바른 정신의 근원은 불알 안에 있으니까. 그때는 모두 미치광이가 되어 최대의 '아우토다페'를 내리게 될 거요. 아우토다페란 신앙상의 판결 선고라는 의미인데, 당신도 이교도에 대한 화형을 알고 있겠지? 바로 그거요, 그들은 모두 자기 손으로 최대의 신앙판결을 내릴 거요. 서로가 서로에게 산 제물로서 자신을 바치면서 말이오."

"서로 죽이고 죽는다는 말인가요?"

"바로 그거요! 나의 귀여운 사람! 만약 현재의 상태가 계속된다면 앞으로 백년 안에 이 섬나라에는 만 명의 인간도 남지 않을 거요. 아니, 열 명도 안 될지도 모르지. 서로에게 애정을 담아 말살해버리는 거지요."

천둥이 무서운 소리를 내면서 멀어져 갔다.

"얼마나 좋은 일이에요?"

"참 좋은 일이지요! 인류의 절멸과, 뭔가 다른 종이 나타날 때까지의 긴 공백을 생각하면, 다른 어떤 것보다 더욱 마음이 냉정해져요. 그래서 만약 모두가, 지식계급이나 예술가, 정부, 산업자본가, 노동자, 이 모든 사람들이 마지막 남은 인간적인 감정과 얼마 남지 않은 직관, 마지막 남은 건강한 본능을 미친 듯이 말살하면서 계속 나아간다면, 그것이 현재 진행되고 있는 것처럼 기하급수적으로 진행된다면, 그때야말로 인류는 안녕을 고하는 거지요! 잘 가게, 사랑하는 사람들이여! 뱀은 자기 자신을 삼켜버리고 그 자리에 심하게 어질러진 공허를 남기지만, 자신의 힘을 잃을 만큼 절망적이지는 않아요. 아주 좋은 일이지! 사나운 들개들이 텅빈 라그비 저택 안에서 짖어대고, 야생화하여 거칠어진, 탄광의 조랑말들이 티버셜의 아무도 없는 갱구를 짓밟을 때, 우리는 신을 찬양해마지 않을 것이오."

코니는 웃었지만 썩 기분이 좋은 것 같지는 않았다.

"그럼, 당신은 모두가 과격주의자인 것을 기뻐해야겠군요. 그들이 종국을 향해 치닫고 있는 것을 기뻐해야겠군요."

"그래요. 난 그들을 막지 않을 거요. 그리고 싶어도 나에게는 불가능한 일이니까."

"그런데 왜 그렇게 침울한가요?"

"그렇지 않소, 만약 나의 페니스가 최후의 외침을 토해낸다 해도 난 아무렇지도 않을 거요."

"하지만 만약 당신의 아이가 태어난다면?"

그는 고개를 떨어뜨렸다.

그는 이윽고 말했다.

"아무래도 나에게는, 이 세상에 아이를 낳는다는 건 잘못된 고통스러운 행위라는 생각이 들어요."

"안돼요, 그런 말은 안돼요. 그런 말은 제발 하지 말아요! 나, 아이가 생길 것 같은 느낌이 들어요. 그렇게 되면 기쁘다고 말해줘야 해요."

그녀는 자신의 손을 그의 손 위에 얹었다.

"당신이 기뻐한다면 나도 기뻐요. 하지만 나로서는 그건 아직 태어나지 않은 아이에 대한 끔찍한 배신처럼 생각되는군요."

그녀는 충격을 받고 말했다.

"아아, 아니에요! 그렇다면 당신은 진심으로 나를 원할 리가 없어요! 만약 당신이 그런 마음이라면 나를 원할 리가 없어요!"

그는 다시 입을 다물었다. 얼굴을 찌푸리고 있었다. 밖에서는 오직 비가 퍼붓는 소리뿐이었다.

그녀는 속삭였다.

"지금 한 말 전부 사실이 아니에요. 전부 다 진실인 것은 아니에요. 진실이 또 하나 있는 걸요."

그녀는 깊이 생각한 끝에, 그가 지금 침울한 이유가 어느 정도는, 자신이 베니스로 여행을 떠나 그와 헤어지려 하고 있기 때문이라고 그녀는 생각했다. 그것은 그녀를 약간 기쁘게 했다.

그녀는 그의 옷을 벌려 배를 드러나게 한 뒤 그의 배꼽에 키스했다. 그러고 나서 그의 배에 뺨을 대고 한 팔을 그의 말없는 따뜻한 허리에 감아 껴안았다. 폭우 속에서 고독한 두 남녀.

"네? 아이를 원한다고, 기대하고 있다고 말해줘요."

그녀는 그의 배에 얼굴을 밀착시키고 소곤거렸다.

"그렇다고 말해줘요, 네?"

"물론이오!"

그는 가까스로 입을 열었다. 그러나 그녀는 변화하는 의식과 마음의 이완에서 오는 묘한 떨림이 그의 몸을 훑고 지나가는 것이 느껴졌다.

"그래, 이따금 생각한 적은 있소. 이곳의 광부들 속에서라도! 그들은 지금 무척 혹독한 조건에서 일하고 있지만 돈은 쥐꼬리만큼 받고 있소. 돈만 생각하는 건 그만두라고 누군가가 그들에게 말해줄 수 있다면 좋겠군. 우리는 돈은 많지 않지만 아직 굶어죽을 정도는 아니다, 돈을 위해 사는 것은 그만둬야 하지 않겠느냐고 말이오."

그녀는 그의 배에 뺨을 가만히 부비며 그의 고환을 손바닥 안에 쥐었다. 페니스가 신기한 생기를 머금고 조용하게 꿈틀 움직였지만, 일어서지는 않았다. 밖에는 장대 같은 비가 내렸다.

"뭔가 다른 것을 위해 살도록 하자. 돈을 벌기 위해 사는 것은 그만 두자. 우리 자신을 위해서나, 다른 사람들을 위해서나. 지금 우리는 그렇게 하도록 강요받고 있는 상태다. 우리 자신을 위해서는 조금만, 그러나 고용주를 위해서는 상당히 많은 돈을 벌지 않으면 안 된다. 이런 일은 그만둬야 하지 않겠는가? 서서히 그만두기로 하자! 큰 소리로 외칠 필요는 없다. 조금씩 서서히 산업노동자의 생활을 모두 그만두고 옛날로 돌아가자. 최소한의 돈만 있으면 족하다. 모든 사람에게 있어서, 나와 당신, 고용주와 자본가에게 있어서도, 왕에게 있어서도 그건 마찬가지다. 최소한의 돈만 있으면 정말로 충분하다. 단 그렇게 하겠다고 결심만 하면 궁지를 벗어날 수 있을 것이다!"

그는 사이를 두었다가 다시 계속했다.

"그리고 그들에게 말하자. 보라! 조를 보라! 그의 움직임은 아름답다! 생기에 넘치고 있는 의식적인 그의 움직임을 보라. 그는 아름답다. 그런데 이번에는 조나를 보라! 그는 더럽고 추악하다. 그는 결코 떨치고 일어나려 하지 않기 때문이다. 나는 그들에게 말할 것이다. 보라! 너 자신을 보라고. 한쪽 어깨가 다른 쪽 어깨보다 올라가 있고, 다리는 뒤틀리고 발은 물집 투성이. 너희들은 그 저주받은 일을 하면서 자신의 몸에 무슨 짓을 했는가? 몸을 망쳐버리지 않았느냐? 그렇게 될 때까지 일할 필요는 없다. 옷을 벗고 네 몸을 들여다보라. 발랄하고 아름다워야 할 네 몸이 추한 모습으로 반쯤 죽어 있다. 난 그들에게 그렇게 말하겠소. 그리고 색다른 옷을 입히겠소. 아마, 몸에 딱 들러붙는 빨간 바지, 밝은 빨강. 그리고 작고 짧은 흰 재킷. 물론 남자가 화려한 빨간색 바지를 입고 있으면, 그것만으로도 한 달 만에 남자를 바꾸게 되겠지. 그들은 다시 한

번 남자가 되기 시작하는 거요. 남자가! 그렇게 되면 여자들은 자기가 좋아하는 옷을 입으면 되는 거요. 만약 남자들이 몸에 꼭 맞는 선명한 붉은 색 바지와 작고 하얀 재킷 아래 눈에 확 들어오는 붉은 엉덩이로 걷게 된다면, 그때부터 여자들도 여자가 되기 시작할 테니까. 남자가 남자가 아니기 때문에 여자가 남자처럼 되어버리는 거요. 그리고 곧 티버셜을 파괴하고 아름다운 빌딩을 두세 채 짓는 거요. 우리 모두를 수용할 수 있는 것을 말이오. 그리하여 이 지방을 다시 아름답게 정리하는 거지. 그리고 아이를 너무 많이 만들지 않도록 해야 하오, 세상은 안 그래도 인간들로 넘치고 있으니까.

하지만 난 설교를 할 생각은 없소. 그저 남자들을 발가벗겨 놓고 말할 뿐이오. 자신의 몸을 보라! 그것이 돈을 위해 일한다는 것이다. 자신의 몸에 귀를 기울여라! 그것이 돈을 위해 일한다는 것이다. 모두를 돈을 위해 일해 왔다. 티버셜을 보라! 저 끔찍한 모습을. 모두가 돈을 위해 일하는 동안 세워진 마을이기 때문이다. 너희들의 여자 친구를 보라! 그녀들은 너희들 따위는 안중에도 없고, 너희들도 그녀들을 아랑곳하지 않는다. 그것은 너희들 모두가 돈을 위해 일하고, 돈을 소중히 여기며 시간을 보내왔기 때문이다. 너희들은 이야기를 할 수도 움직일 수도 살 수도 없다. 한 사람의 여자와 서로 어울려 살 수가 없다. 너희들은 살아 있는 것이 아니다. 너 자신을 보라! 하고 말이오."

거기서 이야기가 뚝 끊어졌다. 코니는 얘기에 반쯤 귀를 기울이면서, 오두막으로 오는 길에 꺾어온 물망초 몇 송이를 그의 아랫배의 털에 꽂고 있었다. 바깥세상은 조용해졌고 또 약간 추워졌다.

"당신에게는 네 종류의 털이 있군요. 가슴은 검은 색인데 머리카락은 검지 않아요. 하지만 빳빳한 수염은 검붉은 색이고, 이곳에 있는 털은 아이! 당신의 사랑의 털은 겨우살이처럼 밝은 붉은색이 감도는 작은 황금빛 숲 같아요. 이게 가장 멋진 색이에요."

그가 내려다보니, 불두덩의 털 속에서 우윳빛의 작은 물망초가 보였다.

"아, 거기가 바로 물망초에게 최고의 장소로군, 남자든 여자든. 그렇지만 당신은 미래가 걱정되지 않소?"

그녀는 그를 올려다보았다.

"아뇨, 무척 걱정돼요!"

"인간 세계의 운명은 결정되어 있소. 게다가 그 자신의 비천한 동물적 상태에 의해 스스로 운명을 파멸로 이끌어왔다고 생각할 때, 나는 남아프리카의 식민지도 충분히 멀리 떨어진 곳은 아니라고 생각하오. 달세계도 마찬가지이고. 그곳에서도, 돌아서면 모든 별 가운데 가장 더럽고 추악하고 악취가 나는 지구, 인간에 의해 더럽혀진 지구가 보일 테니까. 그 때는 쓸개즙을 마신 느낌이겠지. 그리고 그것이 내 뱃속을 갉아먹으려 할 거요. 게다가 달아날 수 있을 만큼 멀리 떨어진 곳은 어디에도 없소. 그러나 뭐, 나에게 의식의 변화가 있으면, 난 그런 건 다시 까맣게 잊어버릴 거요. 부끄러운 일이지만 지난 수백 년 동안 인간이 무엇을 이룩해 왔을까? 인간은 다만 일벌레로 변해버렸소. 그리고 남자다움이라는 것은 깡그리 빼앗기고 말았지. 그리고 남자의 진정한 생활도. 난 지구상에서 기계류를 깨끗이 쓸어버리고 옛날로 돌아가, 공업시대라는 사악한 과오에 종지부를 찍고 싶소. 하지만 난 그런 일을 할 수 없고, 또 누구도 할 수 없는 일이므로, 난 내 평화를 지키고 내 방식대로 사는 것이 낫겠지요. 나에게 살아갈 만한 가치가 있는 생활이 있다면 말이지만, 그건 아마 상당히 의심스러운 일인 것 같소."

밖에서는 천둥은 멎었지만 잠시 그쳤던 비가, 사라져가는 폭풍의 잔해인 파르스름한 번갯불과 웅얼거림을 동반하여 갑자기 퍼붓기 시작했다. 코니는 불안해졌다. 그는 오랫동안 이야기를 하고 있었지만, 그건 거의 혼잣말이나 다름없었고 코니에게 들려주고 있었던 것은 아니었다. 그는 갑자기 절망에 사로잡힌 것 같았으나 그녀는 행복을 느끼고 있었다. 절망하기는 싫었다. 그는 그녀가 자신을 남기고 여행을 떠난다는 것을 이제야 겨우 마음속에서 납득했는데, 그것이 그를 이런 기분에 빠지게 한 것임을 그녀는 알았다. 그렇게 생각하자 그녀의 마음은 약간 의기양양해졌다.

그녀는 문을 열고 수직으로 내리퍼붓는 장대비를 바라보았다. 마치 철의 장막 같았다. 그러자 갑자기 빗속으로 뛰어들어 마구 달리고 싶은 충동이 일었다. 그녀는 일어나서 재빨리 양말과 옷과 속옷을 벗었다. 그는 숨을 삼키며 바라보았다. 그녀의 뾰족하고 예민하며 육감적인 유방이 그녀가 몸을 움직일 때마다 좌우로 기울어지며 흔들렸다. 파란 빛을 받으며 불빛 아래 선 그녀의 몸은 상아빛이었다. 그녀는 신을 신고 미친 듯이 작은 소리로 웃으면서 밖으로 달려 나갔다. 그리고 억수같은 비에 젖가슴을 내밀고, 두 팔을 활짝 벌리며, 옛날 드레스덴에서 배운 경쾌한 리듬댄스의 몸짓을 하면서 빗속을 마구 달려갔다. 그녀의 모습은 점차 흐릿해지면서 파르스름한 그림자가 되어, 올라갔다 내려갔다 휘어지기도 하는 가운데, 빗줄기가 풍만한 엉덩이를 때릴 때마다 번쩍번쩍 빛을 발하더니, 다시 일렁일렁 흔들리면서 몸을 일으켜 빗속에 배를 내밀고 다가오는가 하면, 다시 몸을 웅크리고 풍만한 허리와 엉덩이만을 내밀고, 경의를 표하는 것처럼 그를 향해 활기찬 인사를 되풀이해 바치는 것이었다.

그는 쓸쓸하게 웃으면서 옷을 벗어던졌다. 무척 추웠다. 그는 하얀 벌거숭이가 되어 부르르 몸을 한번 떤 뒤, 옆으로 세차게 때리는 빗속에 뛰어들었다. 플로시가 앞에서 미친 듯이 짖으면서 날뛰었다. 코니는 흠뻑 젖은 머리카락이 달라붙어 있는, 상기된 얼굴을 돌려 그를 쳐다보았다. 그녀의 푸른 눈이 흥분으로 빛나고 있었다. 그녀는 방향을 바꿔 묘하게 도전하는 듯한 동작으로 빈터를 지나 젖은 나뭇가지가 채찍처럼 몸 때리는 것도 아랑곳하지 않고 오솔길을 쏜살같이 달려갔다. 그녀가 달리는 동안, 그에게는 비에 젖은 둥근 머리와 앞으로 숙인 자세로 달아나는 젖은 등, 번들거리며 어른거리는 둥그런 엉덩이밖에 보이지 않았다. 달아나는 여자의 점점 작아져가는 멋진 알몸!

그녀가 넓은 찻길에 거의 이르렀을 때, 그는 그녀를 따라잡아 그녀의 젖은 부드러운 알몸의 허리에 팔을 둘렀다. 그녀는 날카로운 소리를 지르며 몸을 곧추세웠다. 부드럽고 차가운 살이 묵직하게 그의 몸에 부딪쳐왔다. 그는 그것을 미친 듯이 끌어안았다. 여자의 부드럽고 차가운 살이 그에게 닿자 어느새 불꽃처럼 따뜻해졌다. 두 사람의 몸에 빗물이 흐르고 있었지만, 곧 두 사람한테서 김이 피어올랐다. 그는 그녀의 사랑스럽고 풍만한 엉덩이를 두 손에 한쪽씩 움켜잡고, 미친 듯이 자신의 몸에 밀어붙인 채, 빗속에서 떨면서도 움직이지 않고 가만히 있었다. 그러다가 빗소리만이 들리고 있는 정적 속에서, 갑자기 그녀의 몸을 기울이더니 그대로 안은 채 오솔길 위에 쿵 하고 쓰러졌다. 그리고 짧고 날카롭게, 동물처럼 짧고 날카롭게 그녀를 덮치고, 그리고 끝냈다.

그는 이내 일어나서 눈에서 빗물을 털었다.

"오두막으로 돌아갑시다."

그가 말했다. 두 사람은 오두막을 향해 달리기 시작했다. 그는 그대로 곧장 달려갔다. 그는 비를 싫어했다. 그러나 그녀는 몇 걸음 달리다가 물망초나 패랭이꽃, 히아신스를 꺾으며, 그가 나는 듯이 자꾸자꾸 멀어져가는 것을 보면서 평소보다 천천히 걸어갔다.

꽃을 들고 숨을 헐떡이며 오두막에 들어섰을 때 그는 벌써 불을 지펴놓고 있었다. 나뭇가지가 탁탁 소리를 내며 타고 있었다. 뾰족한 유방이 아래위로 흔들리고 머리는 비에 젖어 착 달라붙어 있고, 얼굴은 상기되어 발그레했다. 빗방울이 뚝뚝 떨어지는 몸은 반짝반짝 빛나고 있었다. 흠뻑 젖은 조그마한 머리와, 빗물이 번들거리고 있는 풍만하고 소박해 보이는 엉덩이로, 눈을 크게 뜨고 숨을 헐떡이는 그녀는 마치 딴 사람처럼 보였다.

그는 낡은 시트를 꺼내 그녀의 몸을 싹싹 비벼주었다. 그녀는 그가 하는 대로 어린아이처럼 가만히 서 있었다. 그런 다음 그는 오두막의 문을 닫고 자신의 몸을 문질렀다. 난롯불은 활활 타오르고 있었다. 그녀는 시트 한쪽 자락에 머리를 집어넣고 젖은 머리를 비볐다.

"수건 하나로 둘이 함께 닦고 있군. 이러다가 싸우겠는걸!"

그가 말했다. 그것은 사람들 사이에 퍼져 있는 미신이었다.

그녀는 힐끗 얼굴을 들어 그를 보았다. 머리칼이 마구 흐트러져 있었다.

그녀는 눈을 동그랗게 뜨고 말했다.

"아니에요! 수건이 아니라 시트예요."

그리고 그녀는 계속 열심히 머리를 비볐고 그도 열심히 머리를 비벼댔다. 두 사람은 한바탕 강렬하게 몸을 움직인 뒤라 아직도 숨을 헐떡이면서 각자 군용 담요를 몸에 두르고, 몸 앞쪽은 난롯불을 향해 벌린 채 통나무 위에 나란히 걸터앉아 쉬었다. 코니는 살에 닿는 담요의 감촉이 싫었지만, 시트가 온통 젖어 있어서 하는 수 없었다.

그녀는 담요를 벗어버리고 난롯가의 점토바닥에 무릎을 꿇고 머리를 불쪽으로 내민 채 머리를 흔들어 말렸다. 그는 그녀의 풍만한 엉덩이에서 아름답게 곡선을 그리며 내려가는 하강선에 시선을 빼앗기고 있었다. 오늘 그는 그것에 매혹당했던 것이다. 엉덩이의 묵직하고 둥근 언덕을 감싸고 흐르는 저 풍만한 곡선! 그리고 그 갈라진 사이에는 비밀의 입구가 은밀하고 따뜻하게 숨어 있다!

그는 손으로 그녀의 엉덩이를 쓰다듬으며, 오랫동안 민감하게 그 둥근 엉덩이와 곡선을 실감하고 있었다.

"당신은 정말 멋진 엉덩이를 가졌소."

그는 갈라진 목소리로 기분을 맞춰주려는 듯한 사투리로 말했다.

"당신은 누구보다 멋진 엉덩이를 가졌어. 정말 최고야, 최고의 엉덩이! 어디를 봐도 여자다운, 여자 중의 여자! 당신은 사내처럼 조그만 엉덩이를 가진 여자와는 달라. 부드럽고 둥근 진짜 엉덩이, 남자들이 반할만한, 마치 세상을 들어올릴 수 있을 것 같은 엉덩이야, 정말!"

그는 얘기하면서 줄곧 그 둥그런 엉덩이를 절묘한 손길로 어루만지다가, 결국 걷잡을 수 없는 열정의 불꽃이 엉덩이에서 그의 두 손 안에 흘러들어온 것처럼 느껴질 정도로, 거기에 몰입해 있었다. 그의 손가락 끝은 불같은 열정의 부드럽고 작은 솔이 되어, 이따금 그녀의 몸 안으로 통하는 비밀스러운 두 개의 문을 스쳤다.

"그리고, 만약 당신이 여기로 똥을 누고 오줌을 눈다 해도 나는 기쁠 거요. 똥도 오줌도 못 누는 여자는 필요 없어."

코니는 너무 놀란 나머지 자기도 모르게 커다랗게 웃음을 터뜨리지 않을 수 없었다. 그러나 그는 아랑곳하지 않고 계속했다.

"당신은 진짜요, 틀림없는 진짜! 아주 약간 음란한 데가 있다 할지라도. 이곳은 당신이 똥을 눌 곳이고, 이곳은 오줌을 누는 곳이지. 난 그 양쪽에 손을 대고 있소. 그래서 난 당신이 좋아. 당신은 진정한 암컷의 엉덩이를 가졌어. 또 그걸 자랑스러워하고 있는 엉덩이. 자신을 전혀 부끄러워하지 않아, 이 엉덩이는"

그는 그녀의 비밀스러운 두 곳을, 일종의 친숙한 인사를 하는 것처럼 힘 있게 손으로 꼭 덮었다.

그가 말했다.

"난 이게 좋아. 난 이것이 마음에 들어. 비록 10분밖에 살지 못한다 해도, 당신의 엉덩이를 쓰다듬으며 그것과 친밀해질 수만 있다면, 난 한 생애를 보냈다고 생각할 거요. 알겠소? 산업조직이 어떻게 돌아가든! 여기에 내 생애의 일면이 있는 거요."

그녀는 빙글 몸을 돌려 그의 무릎에 올라가서 매달렸다.

"키스해 줘요."

그녀가 속삭였다.

그녀는 이별이라는 생각이 아직도 두 사람의 마음에 도사리고 있다는 것을 알았다. 그러자 그녀는 서글퍼졌다.

그녀는 그의 넓적다리 위에 앉아, 머리를 그의 가슴에 기대어 상아빛으로 빛나는 다리를 벌리고 있었고, 난롯불은 두 사람을 고르지 않게 붉은 빛으로 비추고 있었다. 그는 머리를 숙이고 앉아, 불빛에 드러난 그녀의 몸의 굴복을 보고, 그녀의 벌어진 넓적다리 사이 끝까지 드리워져 있는 부드러운 갈색의 풍성한 털을 보았다. 그는 뒤에 있는 테이블에 손을 뻗어, 그녀가 딴 꽃다발을 집어 들었다. 아직 흠뻑 젖어 있어서 물방울이 뚝뚝 그녀의 몸 위로 떨어졌다.

"꽃은 비가 오나 안 오나 밖에서만 지내야하는군. 꽃에겐 집이 없으니까."

그가 말했다.

"그래요, 오두막조차 없어요!"

그녀도 중얼거렸다.

그는 미끄럽게 움직이는 손가락으로, 아랫배의 비너스의 언덕에서 양털처럼 곱슬거리는 아름다운 갈색 털에 물망초를 몇 송이 꽂았다.

"자! 이걸 봐요. 오오! 제자리를 찾은 물망초여!"

그녀는 하반신 끝에 있는 비너스의 갈색 털에 섞여 있는 우윳빛의 기묘한 작은 꽃을 내려다보았다.

"너무 예뻐요!"

"정말 예뻐."

그는 그 털 사이에 분홍빛 히아신스 꽃봉오리를 꽂았다.

"자, 이건 나요. 그곳에서는 당신도 나도 잊지 않을 테지. 이 녀석은 갈대 속에 있는 모세요."

"당신, 반대하는 건 아니겠죠, 내가 여행 떠나는 것?"

그녀는 그의 얼굴을 살피는 것처럼 올려다보면서 슬픈 듯이 물었다.

그러나 짙은 눈썹 아래의 그의 표정은 좀처럼 읽을 수가 없었다. 그는 지극히 무표정한 얼굴을 고수했다.

"당신이 하고 싶은 대로 해요."

그는 훌륭한 표준어로 말했다.

"당신이 정 싫다면 나, 가지 않겠어요."

그녀는 그에게 매달리면서 말했다.

얘기가 끊어졌다. 그는 앞으로 몸을 숙여 불속에 장작을 하나 던져 넣었다. 입을 다물고 있는 공허한 그의 얼굴을 불꽃이 붉게 비추었다. 코니는 기다렸다. 그러나 그는 아무 말도 하지 않았다. 그녀는 다시 말을 잇기 시작했다.

"클리포드와 헤어지는 계기로는 그것이 가장 좋은 방법이라고 생각했어요. 그리고 꼭 아이를 갖고 싶어요. 그래서 여행을 가면 기회가……."

"사람들이 사실이 아닌 것을 상상하게 하기 위한 기회 말이오?"

"그래요, 다른 것도 있지만 특히. 당신은 그 사람들이 사실을 알아주기를 바라나요?"

"남들이 어떻게 생각하든 난 상관없소."

"난 아니에요. 그들이 불쾌하고 차가운 마음으로 나를 대하는 건 싫어요. 아직 라그비에 있는 동안은 싫어요. 내가 최종적으로 나가 버린 뒤에는 멋대로 생각해도 상관없지만."

그는 잠자코 있었다.

"그러나 클리포드 경은 당신이 돌아올 걸로 생각하고 있을 텐데?"

"네, 난 돌아와야 해요."

다시 침묵이 흘렀다.

"그럼 당신은 라그비 저택에서 아이를 낳을 생각이오?"

그녀는 두 팔로 그의 목을 끌어안았다.

"만약 당신이 나를 어디로든지 데리고 가주지 않으면 나로선 그렇게 할 수밖에 없을 거예요."

"당신을 어디로 데려간단 말이오?"

"어디든지 먼 곳으로! 이 라그비 저택에서 최대한 먼 곳으로."

"언제?"

"물론 내가 돌아왔을 때죠."

"그렇지만 한번 가버리면 그만이지 다시 돌아와서 같은 짓을 되풀이할 필요가 있소?"

"오오, 그건 내가 돌아오지 않으면 안 되기 때문이에요. 난 약속했는걸요. 반드시 돌아오겠다고 약속했어요. 그리고 그건 사실은 당신한테 돌아오는 거예요."

"당신 남편의 고용인인 산지기에게?"

"그런 건 문제가 되지 않는다고 생각해요."

그는 잠시 생각에 잠겼다.

"그럴까? 그럼 언제 다시 나갈 생각이오? 정확하게 언제?"

"그건 모르겠어요. 내가 베니스에서 돌아온 다음 우리는 만반의 준비를 해야겠지요."

"어떻게 준비할 거요?"

"클리포드에게 이야기하겠어요. 이야기하지 않으면 안돼요."

"그렇소?"

그는 입을 다물었다. 그녀는 두 팔을 그의 목에 꼭 감았다.

"나를 위해 부탁해요, 일을 복잡하게 만들지 말아요."

그녀는 애원하듯 말했다.

"복잡하게 하다니, 무엇을?"

"내가 베니스에 가서 여러 가지 준비하는 것 말이에요."

그의 얼굴에 쓴웃음이 힐끗 스쳤다.

"난 일을 복잡하게 만들고 있지 않소. 난 당신이 원하는 것이 무엇인지 확실히 해두고 싶을 뿐이오. 하지만 당신은 사실은 자신에 대해 모르고 있소. 당신은 시간을 벌고 싶어 하고 있소. 그곳에서 상황을 바라보기 위해서. 난 당신을 책망하려는 게 아니오. 당신이 현명하다고 생각하오. 당신은 라그비 저택의 마님으로 머무르고 싶은 건지도 몰라. 당신을 나무라고 싶지 않소. 내게는 라그비 저택처럼 당신에 바칠 만한 것은 아무것도 없으니까. 당신은 앞으로 나한테서 얻을 수 있는 것이 실제로 무엇인지 정도는 알고 있을 거요. 아니, 아니, 당신 생각이 옳은 것 같소. 정말 그렇다고 생각해! 그러나 난 당신에게 얹혀살거나 포로가 되는 것은 원하지 않소. 그런 생각도 들어요."

그녀는 어쩐지 그가 그녀의 말에 반발하여 맞받아치고 있는 것처럼 느껴졌다.

"하지만 당신은 나를 필요로 하고 있죠?"

"당신에게는 내가 필요하오?"

"그렇다는 것 당신도 잘 알고 있잖아요. 말할 필요도 없는 일인걸요."

"정말이오! 그런데 당신은 언제 내가 필요하지?"

"내가 돌아오면 우리 둘이서 모든 걸 결정할 수 있을 거예요. 아, 이제 당신하고 이런 얘기 계속하는 것이 힘들어요. 마음을 가라앉히고 머리를 식혀야겠어요."

"그래, 마음을 가라앉히고 머리를 식혀요."

그녀는 조금 마음이 언짢았다.

"그렇지만 나를 믿고 있는 거죠?"

"오, 믿고말고!"

그녀는 그의 말에 조롱이 섞여있는 것을 알았다.

그녀는 단호하게 말했다.

"그럼 말해줘요. 당신은 내가 베니스에 가지 않는 것이 좋을 거라고 생각해요?"

"베니스에 반드시 가는 게 좋다고 확신하고 있소."

그는 냉정하고 조롱하는 듯한 투로 대답했다.

"다음 주 목요일인 것, 알죠?"

"응!"

이번에는 그녀가 생각에 잠기기 시작했다. 이윽고 그녀는 입을 열었다

"내가 돌아오면 우리의 입장이 좀더 확실해질 거예요."

"아, 그렇겠지!"

두 사람 사이에 침묵의 거북한 심연이 생겼다.

"난 이혼문제로 변호사를 만나고 왔소."

그는 조금 부자연스럽게 말을 꺼냈다.

그녀는 몸이 약간 떨렸다.

"그래요? 뭐라고 하던가요?"

"변호사 얘기로는 좀더 전에 이혼했어야 했다고. 지금은 좀 어렵게 될지도 모른다고 하더군. 하지만 내가 군대에 있었기 때문에 어쩌면 잘 될 수도 있대요. 다만 그렇게 되면, 그 여자의 복잡한 문제가 나한테 넘어오지 않았으면 좋겠는데."

"그 사람이 알 필요가 있을까요?"

"통지를 보낸다더군. 그 여자와 동거하고 있는 사내한테도. 이혼소송의 공동피고로서."

"여러 가지 해결해야 할 일이 있어서 싫지 않아요? 나도 클리포드를 상대로 깨끗하게 해결해야 할 텐데."

잠시 침묵이 흐른 뒤 그가 말했다.

"그리고 물론 난 그 때문에 6개월에서 8개월 동안 착실한 생활을 할 수밖에 없소. 당신이 베니스에 가면 적어도 한두 주일은 유혹에서 멀어지겠지."

그녀는 그의 얼굴을 어루만지면서 말했다.

"내가 유혹한다고요? 내가 당신을 유혹하고 있다니 정말 기쁘군요! 그건 생각하지 않기로 해요! 당신이 생각하기 시작하면 난 가슴이 두근거려요. 당신은 나를 꼼짝도 못하게 만들어 버리는 걸요. 그건 생각하지 않기로 해요! 떨어져 있으면 얼마든지 생각할 수 있을 테니까요. 그것이 중요한 점이에요! 내내 생각하던 것인데, 출발하기 전에 꼭 당신과 하룻밤 더 지낼까 해요. 한 번 더 당신 집에 가야 할 것 같아요. 목요일 밤에 와도 괜찮겠지요?"

"그날은 당신 언니가 도착하는 날 아니오?"

"맞아요, 하지만 언니는 차 마시는 시간에 떠나자고 했어요. 그러니 차 마시는 시간에는 출발할 수 있어요. 하지만 언니는 다른 곳에서 머물 거고, 난 당신과 함께 지내는 거예요!"

"하지만 그렇다면 언니에게 다 얘기해야 할 것 아니겠소?"

"네, 언니에게는 얘기하겠어요. 벌써 조금 얘기해 둔 걸요. 힐다와는 모든 걸 다 털어놓고 얘기하는 사이에요. 언니는 무척 이해심이 많아서 큰 힘이 되어 줄 거예요."

그는 그녀의 계획에 대해 생각해 보았다.

"그럼 차 마시는 시간에 라그비 저택을 떠난다는 얘기군, 런던으로 가는 것처럼 하고. 어느 길로 갈 생각이오?"

"노팅엄과 그랜덤을 지나갈 거예요."

"그런 다음 언니는 어딘가에서 당신을 내려주고, 당신은 이곳까지 걷거나 뭘 타거나 해서 돌아오겠다는 거군. 아무래도 위험할 것 같은데."

"그럴까요? 그럼 언니가 나를 데리고 돌아오는 것도 가능해요. 언니는 맨스필드에서 묵게 될 테니까 밤에 나를 이곳까지 데려다주고, 아침에 다시 데리러 와달라고 하지요. 그러면 아주 간단할 거예요."

"그러다가 누가 당신을 보면?"

"보안용 안경을 끼고 베일을 쓰겠어요."

그는 한동안 생각했다.

"그럼 좋을 대로 해요. 늘 그랬지만."

"당신 마음에는 안 들어요?"

"아니오, 마음에 꼭 들었소!"

그는 약간 딱딱한 어조로 말했다.

"나도 기회를 놓치지 않는 게 좋을 테니까. 쇠뿔은 단김에 빼라고 했소."

그녀는 갑자기 물었다.

"내가 무슨 생각을 했는지 알아요? 이런 생각이 문득 떠올랐어요. 당신은 '불타는 절굿공이 기사'라고요!"

"응? 그럼 당신은? 당신은 '빨갛게 단 절구 부인'인가?"

"그래요! 맞아요! 당신은 절굿공이 경이고 나는 절구 부인이에요."

"좋아, 이것으로 난 기사 작위를 받은 셈이군. 존 토머스는 당신의 레이디 제인에게 존 경이 되었어."

"그래요! 존 토머스는 기사 작위를 받았어요. 나는 비너스의 털의 부인이에요. 그러니까 당신도 이 꽃을 달아야 해요."

그녀는 그의 음경 위쪽의 불그스름한 금빛 수풀 속에 분홍빛 히아신스 두 송이를 꽂았다.

"자, 보세요. 멋져요, 정말 멋져요, 존 경!"

그런 다음 그의 가슴 털에도 물망초 한 송이를 밀어 넣었다.

"자, 이곳에 있는 당신은 나를 잊지 않겠죠?"

그녀는 그의 가슴에 키스한 뒤, 두 송이의 물망초를 젖꼭지에 하나씩 놓고 다시 그에게 키스했다.

"잊지 않도록 차라리 나를 달력처럼 만들구려!"

그가 웃자 꽃이 가슴 위에서 흔들리다 떨어졌다.

"잠깐 기다려요!"

그는 일어나서 오두막 문을 열었다. 현관에 누워 있던 플로시가 벌떡 일어나 그를 쳐다보았다.

"나야!"

그가 말했다.

비는 그쳐 있었다. 비에 젖어 향기로운 냄새가 감도는 정적이 무겁게 깔려 있었다. 땅거미가 다가오고 있었다.

그는 밖으로 나가 오솔길을 따라 기마도로와 반대 방향으로 향했다. 코니는 그의 여위고 하얀 뒷모습을 지켜보았다. 그건 자신에게서 멀어져가는 유령, 요괴처럼 보였다.

그가 완전히 보이지 않게 되자, 그녀의 마음은 가라앉았다. 담요로 몸을 감싸고 오두막 문 앞에 서서 온통 젖어서 아무것도 움직이지 않는 정적을 응시하고 있었다.

그는 우스꽝스러운 모습으로 꽃을 손에 들고 뛰어서 돌아왔다. 그녀는 그가 왠지 인간이 아닌 것처럼 보여서 약간 무서워졌다. 그가 다가왔을 때 그의 눈이 그녀의 눈을 들여다보았다. 그녀는 그 의미를 알 수가 없었다.

그는 들고 온 것은 매발톱꽃과 히아신스, 갓 베어낸 마른 풀, 떡갈나무 가지, 그리고 작은 봉오리가 맺혀있는 인동덩굴이었다. 그는 그녀의 젖가슴 주위에 솜털로 덮인 어린 떡갈나무 가지를 엮어놓고 히아신스와 패랭이꽃을 거기에 끼워 넣었다. 또 배꼽 속에 분홍빛 히아신스를 비너스의 털에는 물망초와 선갈퀴를 꽂았다.

그가 말했다.

"영광에 싸인 그대의 모습이여! 존 토머스와 결혼하는 레이디 제인!"

그리고 자신의 체모에도 꽃을 꽂고 페니스에 약간의 좀가지풀 덩굴을 감은 뒤, 배꼽에는 히아신스 꽃부리를 한 겹 붙여 놓았다. 그녀는 이상하게 열중하고 있는 그를 흥미롭게 바라보았다. 그리고 패랭이꽃 하나를 그의 콧수염 속에 끼워 넣었다. 꽃이 그의 코 밑에 대롱대롱 매달렸다.

"이건 레이디 제인에게 장가드는 존 토머스요. 그래서 우린 콘스탄스와 올리버를 하고 싶은 대로 하게 내버려둬야 하는 거요. 아마……."

그는 손을 벌리고 몸짓을 하다가 그만 재채기가 나오는 바람에 코와 배꼽에 붙어 있던 꽃이 떨어지고 말았다. 그는 다시 한번 재채기를 했다.

"아마?"

그녀는 그가 말을 이어주기를 기다렸다. 그는 약간 당혹한 듯이 그녀를 쳐다보았다.

"응?"

"아마 뭐예요? 무슨 말을 하려고 했는지 끝까지 말해 봐요."

그녀는 고집을 부렸다.

"아, 그렇지, 내가 뭘 말하려 했더라?"

그는 잊어버리고 말았다. 그의 얘기가 언제나 끝을 맺지 못하고 끝나는 것이, 생활 속에서 그녀를 실망시키는 일 중에 하나였다.

노란 햇살이 나무 위를 비추고 있었다.

"해가 나왔군! 자, 갈 시간이 됐어요, 마님, 시간이 되었어요. 시간이! 날개도 없는데 날아가는 게 뭐겠소? 마님, 그건 시간입니다요, 시간!"

그는 셔츠에 손을 뻗었다.

"존 토머스에게 안녕! 하고 인사나 하시오."

그는 자신의 페니스를 내려다보면서 말했다.

"이 녀석은 덩굴풀에 안겨서 무사히 있군그래. 지금의 녀석은 불타는 절굿공이라고 할 수 없겠군."

그는 플란넬 셔츠를 머리 위로 뒤집어썼다.

"남자가 가장 위험한 순간이 언젠지 알아요?"

그는 머리를 내밀면서 말했다.

"셔츠를 입을 때. 그땐 머리를 자루 속에 집어넣고 있는 것과 마찬가지니까. 그래서 난 미국제 셔츠가 좋아요. 재킷처럼 입을 수 있거든."

그녀는 아직도 선 채 그를 바라보고 있었다. 그는 바지를 입고 허리의 단추를 채웠다.

"레이디 제인을 보라! 완전히 꽃으로 장식되어 있는 제인 아가씨! 내년에는 누가 꽃치장을 해줄까? 내가? 아니면 다른 누구? '안녕, 나의 히아신스! 안녕, 사랑스런 그대여!' 난 이 노래가 싫어요. 전쟁이 시작될 무렵이었지만."

그는 앉아서 양말을 신기 시작했다. 그녀는 여전히 가만히 서있다. 그는 그녀의 엉덩이의 경사면에 손을 얹었다.

"귀여운 레이디 제인! 아마 베니스에선 당신의 비너스의 털에 재스민꽃을, 당신의 배꼽에 석류꽃을 꽃아줄 남자를 찾을 수 있을 거요. 오오, 가엾은 레이디 제인!"

그녀가 말했다.

"그런 말 하지 말아요! 그런 말은 오직 내 마음을 아프게 할 뿐이에요."

그는 고개를 떨어뜨렸다. 그리고 사투리로 말했다.

"아, 아마 그렇겠지요. 아마 그럴 거요. 이제 아무 말도 하지 않겠소, 이젠 그만. 하지만, 당신은 옷을 입고 잉글랜드의 그 웅장하고 당당한 저택으로 돌아가야 하오. 이제 시간이 되었소. 존 경과 제인 부인을 위한 시간은 지나갔소. 속옷을 입으십시오. 채털리 부인! 속옷도 없이 누더기 같은 꽃을 걸치고 거기 서있으니, 당신도 보통 여자와 다르지 않을지도 모르겠군요. 좋아요, 좋아, 그럼 내가 옷을 벗겨 드리지요. 그대, 꽁지 잘린 귀여운 새여!"

그는 그녀의 머리카락에서 나뭇잎을 떼어 낸 뒤 그 축축한 머리카락에 키스하고, 유방에서 꽃을 떼어낸 뒤 거기에 키스하고, 배꼽에 키스하고, 비너스의 털에 키스했으나, 그곳의 꽃은 그대로 두었다.

"그 꽃은 그냥 두어야겠소. 그걸 원하는 동안은. 자, 당신은 다시 알몸이 되었소. 지금은 엉덩이를 통째로 드러낸 소녀와, 약간 드러난 레이디 제인뿐! 자 속옷을 입어요. 갈 시간이 되었으니까. 안 그러면 마님께선 저녁시간에 늦어요. 그러면 어디 갔다 왔는지 물을 것 아니오, 사랑스러운 연인!"

그녀는 그가 사투리로 말할 때는 뭐라고 대답해야 할지 도무지 알 수가 없었다. 그녀는 옷을 입고 라그비 저택을 향해, 무거운 마음으로 돌아갈 채비를 했다. 더 정확하게 말하면 그렇게 느껴졌다. 약간 수치스러운 마음이 드는 거다.

그는 넓은 기마도로까지 그녀를 데려다 주겠다고 했다. 그가 키운 어린 꿩들은 모두 새집 안에 들어가 있었다.

그들이 기마도로로 나왔을 때, 볼턴 부인이 창백한 얼굴로 두 사람을 향해 비틀거리며 걸어왔다.

"어머나, 마님! 무슨 일이 생긴 게 아닌가 했어요."

"아뇨! 아무 일도 없었어요."

볼턴 부인은 남자의 얼굴을 유심히 보았다. 애정에 의해 온화하고 신선하게 보이는 얼굴이었다. 그녀는 남자의 반은 웃는 듯하고 반은 비웃는 듯한 눈과 마주쳤다. 그는 불운에 대해서는 언제나 조소하는 것이었다. 그러나 그는 그녀를 부드러운 눈길로 쳐다보았다.

"안녕하시오, 볼턴 부인! 마님께선 이젠 염려 없으실 테니까 난 이만 실례하겠소. 안녕히 주무십시오, 마님! 안녕히 주무시오, 볼턴 부인."

그는 인사를 하고 물러갔다.

## 16

코니가 집에 도착하자, 힐문의 화살이 기다리고 있었다.

클리포드는 차 마시는 시간에 외출했다가 비바람이 불기 직전에 돌아와 있었다. 그래서 코니가 어디에 있는지 찾게 된 것이다. 아무도 알고 있는 사람이 없었다. 물론 볼튼 부인만은 아마 숲으로 산책 나갔을 거라고 말했다. 이런 비바람 속에 숲으로! 클리포드는 이번만큼은 미쳐버릴 것 같은 신경을 억제할 수가 없었다. 번개가 번쩍일 때마다 놀라고 천둥이 칠 때마다 어쩔 줄 몰라 했다. 그는 이 세상에 종말이 다가온 것처럼 차가운 뇌우를 바라보고 있었다. 흥분은 갈수록 정도를 더해갔다.

볼튼 부인은 클리포드를 달래려고 애썼다.

"비바람이 그칠 때까지 오두막에서 비를 피하고 계실 거예요. 걱정 마세요, 괜찮으실 테니까요."

"이런 폭풍우 속에 숲으로 갔다는 게 도무지 못마땅해. 숲으로 가는 게 정말 마음에 안 들어. 벌써 두 시간이나 지났는데 감감무소식이잖소? 언제 나갔지?"

"나리께서 돌아오시기 조금 전이었습니다."

"정원에서는 만나지 않았어. 지금 어디서 무얼 하고 있는지 도무지 알 수가 없으니 원!"

"마님께선 아무 일도 없으실 거예요. 비가 그치면 곧 돌아오시겠지요. 이제 곧 아시게 될 겁니다. 비가 와서 오지 못하고 계신 거니까요."

그러나 코니는 비가 그친 뒤에도 얼른 돌아오지 않았다. 시간은 자꾸 흐르고, 태양이 나타나 마지막 황금빛이 어른거리기 시작했다. 그러나 그녀는 그림자조차 보이지 않았다. 해가 저물고 땅거미가 지기 시작했다. 그리고 저녁을 알리는 첫 번째 종이 울렸다.

클리포드는 격분하여 소리쳤다.

"안 되겠어. 필드와 베츠를 보내 코니를 찾아봐야겠어."

볼튼 부인이 소리쳤다.

"어머나, 그러지 마십시오! 그 두 사람은 자살이나 뭔가로 생각할 거예요. 여러 가지 억측들이 퍼지게 해서는 안 됩니다. 제가 오두막으로 가서 마님이 계신지 보고 오겠어요. 걱정 마세요, 틀림없이 제가 찾아올 테니까요."

한참동안 이렇게 설득한 끝에, 클리포드는 마지못해 그녀가 가는 것을 허락했다.

이리하여 코니는 기마도로에서 혼자 새파래진 얼굴로 헤매고 있는 볼턴 부인을 만난 것이다.

"마님, 제가 마님을 찾으러 온 것에 대해 너무 마음 쓰지 마세요. 그렇지만 클리포드 경께서 화가 나셔서 상태가 몹시 좋지 않아서요. 마님께서 벼락에 맞으시거나 쓰러지는 나무에 깔려 틀림없이 돌아가셨을 거라고 생각하고 계시거든요. 그래서 필드와 베츠를 시켜 유해를 찾으러 보내실 생각까지 하셨답니다. 그래서 전 하인들을 시켜 소동을 벌이는 것보다 제가 찾는 편이 낫겠다고 생각한 거예요."

그녀는 초조하게 얘기했다. 코니의 얼굴에서 아직도 정열에서 깨어나지 못하는 꿈결 같은 기분과 광채를 알아볼 수 있었지만, 동시에 자신에 대한 분노도 느낄 수 있었던 것이다.

"그랬어요?"

코니는 더 이상 아무 말도 하지 않았다.

두 여인은 묵묵히 젖은 대지를 걸어갔다. 그 동안 숲 속에서는 커다란 물방울이 떨어져 폭발하는 듯한 소리를 내며 사방으로 튀고 있었다. 대정원에 이르렀을 때 코니는 큰 걸음으로 앞장섰고, 볼턴 부인은 약간 숨을 헐떡이며 따라갔다. 그녀는 요즈음 다시 살이 찌고 있었다.

"클리포드도 참! 이런 일로 야단법석을 떨다니 어리석기도 하지!"

코니는 마침내 화가 나서 말했지만 그건 혼잣말이었다.

"네, 남자 분들은 다 똑같답니다. 혼자서 흥분하곤 하죠. 하지만 마님을 보시면 금방 화가 풀리실 거예요."

코니는 볼턴 부인이 자신의 비밀을 알고 있다는 것이 무척 화가 났다. 이 일로 그녀가 그것을 알고 있다는 것이 분명해졌기 때문이다.

콘스탄스는 오솔길에서 갑자기 걸음을 멈추었다.

"내 뒤를 밟다니, 너무해요."

그녀는 눈을 번쩍이면서 말했다.

"어머나, 마님! 어떻게 그런 말씀을! 나리께서는 틀림없이 그 두 사람을 보내셨을 거예요. 그랬으면 두 사람은 곧장 오두막으로 갔을 걸요. 전 오두막이 어디 있는지조차 몰랐어요, 정말이에요.”

코니는 그 암시에 발끈하여 얼굴이 더욱 빨개졌다. 그러나 자신에게 아직 정욕이 남아 있을 때는 거짓말을 할 수가 없었다. 그녀와 산지기 사이에 아무 일도 없었던 척할 수가 없었던 것이다. 그녀는 볼턴 부인을 쳐다보았다. 고개를 숙이고 서있었지만 참으로 교활해 보였다. 그러나 어쨌든 같은 여성이라는 점에서는 한 편이었다.

“좋아요. 당신이 그렇다면 그런 거겠죠. 더 이상은 얘기하지 않겠어요!”

“물론 아무 걱정 없습니다, 마님! 오두막에서 그냥 비를 피하고 계셨을 뿐인걸요. 아무 일도 아니잖아요.”

그들은 집을 향해 계속 걸었다. 코니는 성큼성큼 클리포드의 방으로 들어갔다. 그의 극도로 흥분한 창백한 얼굴과 튀어나온 눈을 보자 더욱 화가 치밀었다.

“분명히 말해둬야겠어요. 날 찾기 위해 하인들을 보낼 필요까지는 없다고 생각해요.”

그녀는 분노를 폭발시켰다. 그도 흥분하여 단숨에 말을 토해냈다.

“그게 무슨 소리요! 도대체 어디 갔었소, 마님? 몇 시간이나 집을 비우고, 더욱이 이런 폭풍우 속에서! 도대체 그 지긋지긋한 숲에는 뭐 하러 간 거요? 뭐 하러 갔느냐 말이오! 비가 그치고도 몇 시간이나 지났소, 몇 시간이나! 지금 몇 신지 알고나 있소? 사람을 이렇게 미치게 만드는 짓을! 어디 갔다 왔소? 지금까지 도대체 뭣을 했느냐 말이오?”

“내가 말하고 싶지 않다면 어떻게 하실 거예요?”

그녀는 모자를 거칠게 벗고 머리를 풀어헤쳤다.

그는 흰자위가 노래진 눈을 부릅뜨고 그녀를 쏘아보았다. 이렇게 격앙하는 것은 그의 몸에 좋지 않은 일이었다. 볼턴 부인은 그 덕분에 그 뒤 며칠 동안 그와 카드놀이를 하지 못하고 지루한 시간을 보내야 했다. 코니는 갑자기 양심의 가책을 느꼈다. 그녀는 약간 부드럽게 말했다.

“하기는 그랬겠군요. 누구라도 내가 길을 잃어버렸을 거라고 생각했을 거예요! 하지만 난 비바람이 몰아치는 동안 줄곧 오두막 안에서 가만히 앉아 있었어요. 불을 피워 몸을 녹였더니 무척 아늑했어요.”

지금은 차분한 목소리로 돌아와 있었다. 어차피 더 이상 그의 기분을 흥분시킬 필요가 있겠는가? 그는 의심스러운 듯 그녀를 쳐다보았다.

"하지만 당신 머리를 좀 보구려. 자신의 모습을 좀 보란 말이오!"

그녀는 아무렇지도 않은 듯이 대답했다.

"네! 아, 옷을 모두 벗고 빗속을 뛰어다녀서 그래요."

그는 말없이 그녀를 응시했다.

"당신 미쳤군, 틀림없어."

"왜요? 빗물로 샤워를 즐겨서요?"

"그래서, 어떻게 몸을 말렸지?"

"헌 수건하고 난롯불에."

그는 어이가 없어서 말이 안나온다는 듯이 그녀를 빤히 응시했다.

"그래서 만약 누가 온다면?"

"누가 올 거라는 거예요?"

"누구라니? 물론 누구든지! 게다가 멜러스, 그 자가 오지 않았소? 그는 저녁 때면 그곳에 가는데."

"네, 나중에 비가 완전히 개었을 때 왔어요. 꿩에게 모이를 주러 왔더군요."

코니는 놀랄 만큼 태연하게 말했다. 볼턴 부인은 옆방에서 엿듣고 있다가 그 말에 진정으로 감탄했다. 여자가 어쩌면 저토록 자연스럽게 거짓말을 할 수 있을까 하고.

"하지만 빗속에서 아무 것도 입지 않고 미친 사람처럼 뛰어다닐 때 그가 왔다면?"

"그랬으면 기겁을 하고 뒤도 돌아보지 않고 달아났겠지요."

클리포드는 그 자리에 못 박힌 듯 미동도 하지 않고 그녀를 노려보았다. 그의 잠재의식 속에서 떠오른 것을 그는 절대로 모를 것이다. 게다가 너무 놀라서, 표면의 의식에서 하나의 선명한 생각으로 정리하지 못하고 있었다. 다만 일종의 허탈상태에서 그녀가 하는 말을 듣고 있을 뿐이었다. 그는 그녀에게 감탄했다. 감탄하지 않을 수 없었다. 그녀는 정말 혈색이 좋고 아름답고 윤기가 흘러 보였다. 그것은 연애에 의한 윤기였다.

그는 침착을 되찾으며 말했다.

"그나마 심한 감기에 들지 않으면 다행인 줄 알아요."

"네, 감기에 걸리진 않아요."

그녀는 대답했다. 그녀는 은밀하게 다른 남자의 말을 떠올리고 있었다. 당신은 누구보다 멋진 엉덩이를 가졌어! 그 멋진 폭풍우 동안, 난 이런 말을 들었어요, 하고 클리포드에게 말해줄 수 있다면 얼마나 좋을까! 진심으로 그렇게 생각했다. 그러나! 그녀는 기분이 상한 여왕처럼 행동하며, 옷을 갈아입기 위해 위층으로 올라갔다.

그날 밤 클리포드는 그녀와 화해하고 싶어졌다. 그는 최근에 나온 과학적 종교서적을 읽고 있었다. 그에게는 뭔가 속임수 같은 종교에 심취하는 데가 있었고, 그의 자아의 미래에 대해 자기중심적으로 관심을 가지고 있었다. 두 사람 사이의 대화는 거의 자연발생적인 상호작용이 없으면 안 되었기 때문에, 무슨 책에 대한 얘기로 코니와 대화를 시작하는 것이 클리포드의 습관이었다. 두 사람은 머리 속에서, 대화를 자연스러운 상호작용처럼 거의 화학적으로 만들어내지 않으면 안 되었다.

그는 책으로 손을 뻗으면서 말했다.

"그런데, 이건 어떻게 생각하오? 만약 과거에 이미 두세 번의 주기적인 우주의 진화가 있었더라면, 당신이 빗속에 뛰어나가 뜨겁게 불타는 몸을 식힐 필요는 없었을 텐데. 아, 여기 있군! '전 세계는 우리에게 두 가지 국면을 보여주고 있다. 한쪽에서는 전 세계는 물질적으로 소모되어 가고 다른 한 쪽에서는 정신적으로 상승해 가고 있다.'"

코니는 그 다음 말을 기다리면서 귀를 기울였다. 그러나 클리포드는 그녀의 반응을 기대하고 있었다. 그녀는 아차 싶어서 그를 쳐다보았다.

"만약 전 세계가 정신적으로 상승한다면, 그 밑에, 전에 그것이 있었던 자리에는 무엇이 남아 있을까요?"

그가 말했다.

"아! 저자의 말은 그가 말하고자 하는 의미로서 받아들여야 해요. 상승은 그가 말하는 소모의 반대개념이라고 생각해."

"이를테면 정신적으로 풍선처럼 부푼다는 건가요?"

"아니, 농담이 아니라 진지하게, 그 말에는 뭔가 진리가 있다고 생각하지 않소?"

그녀는 다시 그를 쳐다보았다.

"물질적으로 소모하고 있다구요? 당신은 내가 보기에 점점 몸이 불어나고 있고, 나도 약해지지는 않았어요. 당신은 태양이 전보다 작아졌다고 생각해요? 내 눈엔 그렇게 보이지 않는데요. 또 아담이 이브에게 준 사과도 사실은 지금의 우리가 먹는 사과보다 그리 크지 않았을 거라고 생각해요. 안 그래요?"

"글쎄, 저자가 다음에 뭐라고 했는지 들어 보구려. '그리하여 전 세계는 서서히, 우리의 시간관념으로는 인정할 수 없을 만큼 천천히, 새로운 창조적인 상태로 옮겨간다. 그리고 그 상태에서는 현재 우리가 알고 있는 물질계는 겨우 비존재물과 식별할 수 있을 정도의 잔물결로 나타날 뿐일 것이다.'"

그녀는 재미있다는 듯이 눈을 빛내며 듣고 있었다. 모든 종류의 부적절한 것들이 그녀의 마음속에 떠올랐다. 그러나 그녀는 다만 이렇게 말했다.

"정말 어리석은 속임수예요! 저자가 자만하는 그 하찮것없는 지각(知覺)으로, 그렇게도 천천히 일어나고 있는 것을 안다고 생각하다니! 그건 단지 그 사람이 지구상에서의 물질적인 낙오자인 것을 의미하고 있는 데 지나지 않아요. 그래서 전 인류를 물질적인 낙오자로 만들고 싶은 거죠. 나는 학자입네 하는, 하잘 것 없고 오만한 사람이군요."

"글쎄, 더 들어봐요! 위대한 남자의 엄숙한 말을 방해하지 말고. '세계에 현존하는 형태의 질서는 상상도 할 수 없는 과거에 기원을 두고 있고, 상상도 할 수 없는 미래에 그 무덤이 있다. 거기에는 관념적인 형태와 그 창조물에 의해 끊임없이 새롭게 결정되고 변화하는 특성을 지닌 창조력, 그리고 질서의 모든 형태가 그 영지에 의존하고 있는 신으로 구성되는, 영원한 왕국이 존속하고 있다' ─저자는 그렇게 결론짓고 있소."

코니는 경멸하며 듣고 있었다.

"그 사람은 정신적으로 완전히 지쳐있어요. 무슨 잠꼬대 같은 소리예요? 상상할 수 없다느니, 무덤 속의 질서의 형태라느니, 관념적 형태의 왕국이라느니, 잘 속이는 특성을 지닌 창조력이라느니, 질서의 형태와 관계가 있는 신이라느니, 모두 말도 안 되는 소리예요!"

"하기는, 이것저것 적당히 그러모아 약간 불투명한 데가 있긴 해. 이를테면 온갖 기체의 혼합물이라고 할까. 하지만 전 세계는 물질적으로 소모되고 있고 정신적으로 상승하고 있다는 사상에는 일리가 있는 것 같은데."

"그래요? 그렇다면 상승시키는 게 좋겠지요. 단, 나를 이 하계에 안전하게, 또 육체적으로 틀림없이 남겨준다면요."

"당신은 당신 자신의 몸이 마음에 드오?"

"난 내 몸을 사랑해요!"

그러자 그녀의 마음속을 지나가는 말이 있었다. 당신은 누구보다 멋진 엉덩이를 가졌어, 정말 최고야!

"하지만, 그건 사실은 좀 이상한 이야기요. 육체가 거추장스러운 것임은 부정할 수 없으니까. 뭐 하기는, 여자는 정신생활에서 더할 수 없는 기쁨을 느끼지는 않을 거라고 생각하지만."

그녀는 그를 올려다보면서 말했다.

"더할 수 없는 기쁨? 그런 어리석은 것이 정신생활의 더할 수 없는 기쁨일까요? 그건 사양하겠어요, 거절하겠어요. 나에게는 육체가 더 나아요. 육체생활은 정신생활보다 더 멋진 현실이라고 믿어요. 육체가 생명에 진정으로 눈을 떴을 땐 말이에요. 그렇지만 대부분의 사람들은 당신의 멋진 환기용 송풍기처럼 시체나 다름없는 몸에 단지 마음을 붙들어 매고 있을 뿐이에요."

그는 놀라서 그녀를 쳐다보았다.

"육체생활이라는 건 단순히 동물적인 생활을 말하는 거요."

"게다가, 그 편이 학자입네 하는 시체의 생활보다 훨씬 나아요. 그렇지만 이런 표현은 정확하지 않아요! 인간의 몸은 이제 겨우 진정한 생명으로 되살아나려 하고 있어요. 그리스인들 사이에서는 육체는 아름다운 광채를 발하고 있었어요. 그 뒤 플라톤과 아리스토텔레스가 그 광채를 지워버렸고, 예수 그리스도가 완전히 숨통을 끊어놓은 거예요. 하지만 지금 육체는 진정으로 되살아나려 하고 있어요. 정말로 무덤 속에서 일어나고 있다구요. 앞으로 인간의 육체생활은 아름다운 세계에서의 즐거운, 정말 즐거운 생활이 될 거예요."

"오오, 마치 당신이 그런 시대를 오게 하고 있다는 것 같은 말투구려! 하기는 이제부터 휴가를 즐기기 위해 여행을 떠나려는 참이니까. 그렇다고 그렇게 품위 없이 마구 뽐내지는 말아줘요. 알겠소? 내가 하는 말을 믿어요. 존재하는 신이 어떤 신이든, 더욱 고등하고 더욱 정신적인 생물로 진화시키기 위해, 인간한테서 내장과 소화기 계통을 서서히 제거해가고 있소."

"도대체 왜 당신이 하는 말을 믿어야 하는 거죠? 클리포드, 어떠한 신이 존재하든, 당신의 말에 따르면 내 몸속에서 신이 이제 겨우 눈을 떠서, 그곳에서 마치 새벽이 온 것처럼 즐겁게 잔물결 같은 소리를 내고 있다고 느끼고 있는 중이에요. 내가 완전히 정반대로 느끼고 있는데, 어떻게 당신의 말을 믿을 수가 있겠어요?"

"아, 그렇군! 그런데 도대체 무엇이 당신을 그렇게 변하게 했을까? 빗속에 알몸으로 뛰어나가 바커스 신의 무녀를 흉내 내다니. 한바탕 발산하고 싶은 욕망에서일까? 아니면 베니스로 가는 기대감에서일까?"

"양쪽 다예요! 여행 때문에 그렇게 흥분하는 것이 보기 싫으세요?"

"그렇게 노골적으로 드러내 보이는 건 싫은데."

"그럼, 안에 감추어 두겠어요."

"아아, 괜찮소! 덕분에 나에게도 가슴 설레는 흥분이 전해오는 것 같아. 마치 내가 여행을 떠나는 것처럼."

"네에? 그럼 당신도 함께 가는 게 어때요?"

"그 문제는 이미 충분히 얘기하지 않았소? 그리고 실제로는, 당신의 최대의 흥분은 이곳에서의 여러 가지 일에서 잠시나마 떠날 수 있다는 데서 오는 거라고 생각하오만. 지금은 모든 것과 작별하는 것보다 더 흥분되는 일은 없을 테니까. 하지만 모든 이별은 다른 장소에서의 만남을 의미하지. 그리고 만남은 모두 새로운 속박을 의미하고."

"난 새로운 속박 같은 건 만들 생각 없어요."

"큰소리치지 말아요. 신께서 다 듣고 계시니까."

그녀는 갑자기 말문이 막혔다.

"그래요, 큰소리 같은 건 치지 않겠어요."

그래도 여행을 떠나는 것은 역시 마음 설레는 일이었다. 속박의 굴레가 툭 하고 끊어지는 느낌이 들었다. 그것을 도저히 억제할 수가 없었다.

클리포드는 잠을 이룰 수 없어서 볼턴 부인과 밤새도록 카드놀이를 했다. 그녀가 너무 졸려서 거의 죽을 지경이 될 때까지.

드디어 힐다가 오는 날이었다. 코니는 멜러스와 하룻밤을 지낼 계획이 뜻대로 잘 될 것 같으면 창문 밖에 녹색 숄을 걸겠다고 멜러스와 약속해두고 있었다. 만약 계획이 틀어질 경우에는 빨간 숄을 걸기로 했다. 볼턴 부인은 코니가 짐을 꾸리는 것을 도와주었다.

"마님께서 전지(轉地) 여행을 떠나시는 건 정말 좋은 일이에요."

"나도 그렇게 생각해요. 얼마 동안 당신에게만 클리포드를 맡겨도 괜찮을까요?"

"그럼요, 괜찮고말고요! 걱정 마세요, 나리를 다루는 방법은 충분히 터득하고 있으니까요. 그러니까, 마님의 손을 필요로 하는 일은 뭐든지 해드릴 수 있다는 얘기지만. 나리께서 전보다 건강해지신 것 같지 않으세요?"

"정말이에요, 당신이 기적을 일으킨 거예요."

"제가요? 하지만 남자 분들은 다 똑같아요. 정말 어린아이 같지요. 그래서 기분을 맞추어 주고 얼러주며, 자신이 자기 하고 싶은 대로 하고 있다고 생각하도록 해줘야 해요. 그렇게 생각하지 않으세요, 마님?"

"난 그다지 경험이 없어서."

코니는 짐을 꾸리던 손을 멈췄다.

"당신의 남편에게도 당신 생각대로 다루며 어린아이처럼 달래야 했나요?" 그녀는 볼턴 부인을 보면서 말했다.

볼턴 부인도 손을 멈췄다.

"네! 상당히 보살펴주고 어린아이처럼 달래줘야 했지요. 그렇지만 그 사람은 제가 뭘 하려는지 알고 있었답니다. 그 점은 말씀드려야겠군요. 하지만 대개는 저에게 양보했어요."

"그럼, 폭군 같은 남편은 아니었군요?"

"그럼요! 이따금 그 사람 눈에 그런 빛이 보이기는 했지만요. 그런 때는 제가 굽혀야 한다는 걸 알았어요. 하지만 대개 그 사람 쪽이 굽혀 주었지요. 그러니 폭군 남편은 전혀 아니었어요. 하지만 저도 내주장만 하는 스타일은 아니었어요. 전 더 이상은 남편을 따르게 할 수 없는 시점을 분별하고 있었어요. 그때는 제가 굽히고 양보했지요. 그게 저에게는 상당히 괴로운 적도 가끔 있었지만요."

"만약 남편에게 끝까지 고집을 부렸다면 어땠을까요?"

"글쎄요, 모르겠군요. 그런 일은 한번도 없었으니까요. 남편이 잘못했을 때도 만약 남편의 생각이 바뀌지 않는다면 제가 양보했거든요. 우리 부부 사이의 관계를 깨고 싶지 않았어요. 게다가 만약 정말로 남자에게 반항하려고 결심한다면, 그것으로 끝나는 거지요. 그 남자를 좋아한다면 그 사람이 일단 결정했을 때는 양보해야 해요. 그것이 옳든 옳지 않든 따라야 하는 거지요. 그렇지 않으면 소중한 것을 잃게 돼요. 하지만 분명히 말씀드리고 싶은 것은, 테드도 때로는 제게 양보했답니다. 제가 무언가를 굳게 결심하고, 게다가 제 쪽이 틀렸을 경우에도요. 그것이 양쪽을 위해 도움이 된다고 생각해요."

"환자들에게도 그렇게 대했나요?"

"그건 달라요. 똑같이 배려하지는 않지요. 어떻게 하는 것이 환자를 위한 것인지 잘 알고 있고, 또 그렇게 하도록 노력했어요. 환자 자신에게 이롭도록 최대한 보살펴 주려고 했을 뿐이지요. 정말로 좋아하는 사람에 대해서 하는 것과는 다르답니다. 그건 전혀 달라요. 어떤 사람을 진심으로 좋아하게 되면, 거의 모든 남자를 깊은 애정으로 대할 수가 있어요. 만약 그 사람이 자신을 조금이라도 필요로 하는 경우에요. 그렇지만 그렇다고 똑같은 것은 아니에요. 정말로 좋아하는 건 아니지요. 누군가를 진심으로 좋아하면서, 다른 사람도 똑같이 좋아하게 될 수 있을까요?"

이 말은 코니를 깜짝 놀라게 했다.

"사람은 단 한 번 밖에 사랑할 수 없다고 생각해요?"

그녀가 물었다.

"그렇지 않으면 전혀 사랑할 수 없지요. 대부분의 여자는 결코 사랑할 수 없고, 사랑하려고 하지도 않아요. 사랑한다는 것이 어떤 의미인지조차도 모르지요. 남자도 그래요. 그렇지만 사랑하는 여자들을 보면 전 마음속으로 그녀편이 되어 버린답니다."

"그리고 남자는 화를 잘 낸다고 생각하나요?"

"그렇지요, 자존심을 상하게 하면요. 하지만 여자도 마찬가지 아닐까요? 단지 마님과 저의 자존심은 약간 다르지만요."

코니는 이 말을 곰곰이 생각했다. 그녀는 여행을 떠나는 일이 다시 약간 불안해지기 시작했다. 결국 그녀는 잠깐 동안이지만 자신의 연인을 고의로 피하려는 것이 아닐까? 게다가 남자는 그것을 알고 있다. 그래서 그는 그렇게 이상한 말을 하며 잔뜩 빈정거렸던 것이다.

그러나 인간의 생존은 상당 부분 외적인 상황의 기계적인 작용에 지배를 받고 있다. 그녀는 그 기계적인 작용에 지배당하고 있었다. 그녀는 단 5분도 거기서 벗어날 수 없었다. 그것을 바라지도 않았는데.

힐다는 목요일 아침 일찌감치 날렵한 2인승 자동차 뒤꽁무니에 여행가방 하나를 단단히 비끄러매고 도착했다. 여전히 새침한 처녀처럼 보였지만 고집스러운 것은 변함없었다. 그녀의 남편도 알고 있었듯이 정말 대단한 고집이었다. 그런데 지금 그 남편은 그녀와 이혼하려 하고 있었다. 그렇다, 그녀에게 애인이 있는 것은 아니지만 남편이 이혼하기 쉽도록 일을 꾸미고 있었다. 그녀는 지금은 남자를 멀리하는 상태였다. 완전히 독립한 자유로운 몸으로, 또한 두 아이의 지배자로, 충분히 만족하고 있었다. 그녀는 아이들을, 그것이 무엇을 의미하든 '훌륭하게' 키울 생각이었다.

코니는 여행 가방을 하나만 가지고 가기로 했다. 그러나 기차로 가는 아버지에게 미리 트렁크 한 개를 보내 놓았다. 베니스까지 자동차를 몰고 가는 건 힘든 일이고, 또 이탈리아의 7월은 자동차로 입국하기에는 너무 더운 곳이었다. 그래서 아버지는 기차로 느긋하게 가기로 한 것이다. 그는 이제 막 스코틀랜드에게 잉글랜드로 내려온 참이었다.

그리하여 힐다는 출장을 떠나는 사뭇 고지식하고 순박한 판사사무관처럼, 여행에 필요한 것들을 준비하고 점검해주었다. 그녀와 코니는 3층 방에서 얘기를 나누고 있었다.

코니는 조심스럽게 말했다.

"그런데 언니! 난 오늘 밤엔 이 근처에서 머물고 싶어. 이곳이 아니라 이 근처에!"

힐다는 의아해하는 잿빛 눈으로 동생을 쳐다보았다. 겉으로는 매우 냉정해 보이지만, 사실은 가끔 화를 내는 일이 있는 그녀였다.

"이 근처라니, 어디?"

그녀는 조용히 물었다.

"저, 내가 어떤 사람을 사랑하고 있다는 것, 알고 있지?"

"그래, 짐작은 하고 있었어."

"그 사람이 이 근처에 살고 있어. 그래서 마지막 밤을 그 사람과 함께 지내고 싶어. 꼭 그렇게 하고 싶어! 이미 그러기로 약속했어."

코니는 언니를 설득하기 시작했다.

힐다는 지혜의 여신 미네르바처럼 말없이 고개를 갸웃 숙였다. 그런 다음 얼굴을 들었다.

"어떤 사람인지 말해줄 수 있겠니?"

"우리 집 산지기야."

코니는 더듬거리면서 말한 뒤 수줍어하는 어린아이처럼 얼굴을 붉혔다.

"코니!"

힐다는 코를 약간 치켜들고 반감을 드러내면서 말했다. 그것은 어머니에게서 물려받은 몸짓이었다.

"알아, 하지만 정말 좋은 사람이야. 부드러움이라는 걸 정말 이해하고 있어."

코니는 그를 변호하며 말했다.

힐다는 건강하고 혈색 좋은 아테나——그리스 신화의 여신——처럼 고개를 숙이고 생각에 잠겼다. 사실은 격분하고 있었으나, 그것을 겉으로 드러내는 것을 극도로 자제하고 있었다. 코니는 아버지를 닮아 금방 막무가내가 되어 도저히 말릴 수 없을 때가 있기 때문이었다.

힐다가 클리포드를 좋아하지 않는 것은 사실이었다. 자신을 대단한 인물로 생각하는 뻔뻔스러운 자신감이 싫었다. 그는 부끄러운 줄도 모르고 뻔뻔스럽게 코니를 이용하고 있다고 그녀는 생각했다. 그녀는 동생이 그와 헤어지기를 전부터 바라고 있었다. 그러나 힐다는 스코틀랜드의 견실한 중산 계급으로서, 자신이나 가족이 조금이라도 불명예스러운 일을 하는 것을 혐오했다. 이윽고 그녀는 얼굴을 들고 말했다.

"후회하게 될 거야."

코니는 얼굴을 붉히며 소리쳤다.

"후회하지 않아! 그는 정말 특별한 사람이야. 난 진심으로 그를 사랑하고 있어. 그는 애인으로서 정말 멋진 사람이야."

힐다는 다시 생각에 잠겼다.

"그 사람과는 곧 끝나고, 그 일에 대해 자신을 부끄러워하면서 살게 될 거야."

"그렇지 않아, 난 그 사람의 아이까지 갖고 싶은 걸."

"코니!"

힐다는 분노로 새파랗게 질려 쇠망치로 내리치듯 격하게 소리쳤다.

"만약의 경우에 생긴다면 말이야. 만약 그의 아이를 낳는다면 무척 자랑스럽게 생각할 거야."

얘기를 해도 소용없을 것 같았다. 힐다는 깊이 생각했다.

"그래서 클리포드가 의심하고 있지는 않니?"

"아니! 왜 그 사람이?"

"넌 틀림없이 의심받을 짓을 많이 했을 것 같은데."

"그런 일은 전혀 없어."

"게다가 오늘 밤의 일은 하지 않아도 되는 어리석은 짓 같아, 그 사람 사는 곳이 어디니?"

"숲 저쪽에."

"독신이니?"

"아니, 아내가 집을 나갔어."

"나이는?"

"몰라, 나보다는 위야."

힐다는 대답을 들을수록 점점 더 화가 치밀었다. 그녀의 어머니가 그랬던 것처럼 일종의 발작처럼 화가 났다. 그래도 겉으로는 드러내지 않았다.

"나라면 오늘 밤의 경솔한 행동은 그만두겠어."

그녀는 냉정하게 충고했다.

"그럴 수 없어! 오늘 밤엔 그 사람 집에서 꼭 함께 보내야 해. 그렇지 않으면 베니스에 갈 수 없어. 정말이야."

힐다는 다시금 아버지의 목소리를 듣는 것 같아서, 일단 양보하기로 했다. 그리고 둘이서 맨스필드로 가서 저녁 식사를 하고, 어두워진 뒤 오솔길 입구까지 코니를 데려다 준 뒤, 이튿날 아침 코니를 다시 데리러 가는 데 동의했다. 자신은 자동차로 빨리 달려 약 30분 걸리는 맨스필드에서 머물기로 했다. 그러나 힐다는 잔뜩 화가 나 있었다. 자신의 여행 계획이 코니에 의해 차질이 생긴 것에 대해, 그녀는 동생에 대한 분노를 또 한 가지 마음에 담아두었다.

코니는 창문턱에 에메랄드 빛 숄을 내걸었다.

힐다는 동생에 대한 분노 때문에 오히려 클리포드에게 동정심이 솟아났다. 누가 뭐라 해도 그에게는 마음이라는 것이 있었다. 그리고 그에게 기능적으로 성욕이 없다면, 오히려 그편이 낫다고 생각했다. 그것 때문에 서로 싸울 일도 그만큼 적어지는 것이다. 힐다는 이미 성에 대한 것에는 관심이 없었다. 섹스에서는 남자들은 음란하고 이기적이며, 약간 소름 끼칠 정도로 이상한 도깨비가 된다. 만약 그 사실을 안다면, 코니는 사실은 대부분의 여자들보다 참아야 할 일이 오히려 적은 것인데.

한편 클리포드는, 힐다는 결국 지적인 여성이며 남편이 만약 정치에 열중한다면 가장 좋은 내조자가 될 수 있을 거라고 생각했다. 정말 그녀에게는 코니처럼 어리석은 데가 전혀 없는데 비해, 코니는 마치 어린아이 같았다. 그러나 그녀를 위해 변호해주지 않으면 안 되었다. 왜냐하면 그녀가 전혀 의지가 되지 않는 것은 아니었기 때문이다.

거실에서는 차가 약간 일찍 나왔다. 햇빛이 잘 들어오도록 문은 활짝 열려 있었다. 모두들 약간 들떠 있는 것 같았다.

"안녕, 코니! 무사히 다녀오구려."

"잘 계세요, 클리포드! 오래 머물진 않을 거예요."

코니는 상냥하게 말했다.

"안녕히! 힐다, 저 사람한테서 눈을 떼시면 안 됩니다."

힐다가 말했다. "두 눈 똑바로 뜨고 잘 감시할 테니 염려 마세요! 길을 잃을 정도로 멀리 내보내진 않겠어요."

"약속했습니다!"

"볼턴 부인. 당신이라면 클리포드 경을 잘 돌봐줄 거예요."

"염려 마세요. 부인"

"무슨 일이 생기면 편지로 알려 줘요, 그리고 클리포드에 대한 소식도……."

"알겠습니다, 마님. 그렇게 하겠어요. 그럼 잘 다녀오세요. 돌아오셔서 우리를 기쁘게 해 주세요."

모두들 손을 흔들었다. 자동차가 달리는 시작했다. 코니가 뒤돌아보니 클리포드가 휠체어를 타고 계단까지 나와 있었다. 어쨌든 그는 그녀의 남편이었고 라그비 저택은 그녀의 집이었다. 환경에 의해 그렇게 되어버린 거지만.

체임버스 부인이 정원 문을 붙잡아 주며 휴가 잘 보내고 오라고 인사했다. 자동차는 대정원을 뒤덮고 있는 어두운 잡목림을 빠져나가, 광부들이 길게 줄을 지어 집으로 돌아가고 있는 큰길을 향해 달렸다. 힐다는 차를 크로스힐 가도로 돌렸다. 큰길은 아니지만 맨스필드로 가는 길이었다. 코니는 오토바이용 보안경을 썼다. 차는 철도를 따라 달렸다. 철도는 아래쪽에 새로 난 길을 지나고 있었다. 거기서 다리를 지나 그 철길을 건넜다.

"저기가 그 사람 집으로 가는 길이야!"

코니가 말했다.

힐다는 신경질적으로 힐끗 고개를 돌렸을 뿐이었다.

그녀가 말했다.

"이대로 곧장 떠날 수 없다니 정말 유감이야! 그러면 9시까지는 런던의 펠맬에 갈 수 있는데."

"미안해, 언니."

코니는 커다란 안경 밑에서 말했다.

두 사람은 곧 맨스필드에 도착했다. 예전에는 낭만적인 도시였지만 지금은 마음이 우울해지는 탄광도시다. 힐다는 자동차 안내서에 씌어있는 호텔에 차를 세우고 방을 잡았다. 모든 것이 기분이 나지 않아서 힐다는 거의 말도 하지 않을 만큼 화가 나 있었다. 그러나 코니는 남자의 경력에 대해 조금이라도 얘기하지 않을 수 없었다.

"그 사람, 그 사람, 도대체 이름이 뭐니? 넌 언제나 그 사람이라고만 하더구나."

"난 이름을 불러본 적이 한번도 없어. 그 사람도 그래. 그렇지만 생각해보니 이상하긴 해. 우린 레이디 제인이니 존 토머스니 하고 부를 뿐이야. 하지만 그 사람 이름은 올리버 멜러스야."

"그런데 어째서 채털리 부인이 아니라 그냥 올리버 멜러스 부인이 되고 싶은 거니?"

"그게 좋으니까."

코니에게는 도저히 어쩔 도리가 없었다. 그러나 아무튼 그 남자가 4, 5년 동안 인도에서 육군중위로 지냈다면 그다지 볼품없는 외모가 아닌 것은 분명했다. 외견상으로는 자격이 있는 셈이었다. 힐다는 마음이 약간 풀리기 시작했다.

"하지만 넌 금방 헤어지게 될 거야. 그리고 그 사람과 관계한 것을 부끄럽게 생각할 걸. 노동자하고는 잘 될 리가 없어."

"하지만 언니는 대단한 사회주의자 아니었어? 언제나 노동자 편이었잖아."

"정치적 위기가 닥쳤을 때는 그들을 편들었지. 하지만 막상 그들 편을 들고 보니, 그들과 함께 생활하는 것은 도저히 무리라는 걸 알겠더구나. 상류계급을 대단하게 생각해서가 아니라, 생활의 리듬이라는 것이 전혀 다르기 때문이야."

힐다는 진짜 정계의 지식인들 사이에서 살아 왔다. 그런 만큼 코니는 비참하게도 반박할 수가 없었다.

호텔에서 특별히 할 얘기도 없는 시간이 지루하게 지나가고, 결국 두 사람은 평범하기 짝이 없는 저녁식사를 했다. 그런 다음 코니는 작은 비단 주머니에 약간의 일용품을 넣고 다시 한 번 머리를 매만졌다.

"결국은 언니, 연애는 멋진 일이야. 살아있다는 걸 느끼면서 뭔가 창조하는 것에 몰두하고 있을 때면 말이야."

이 말은 스스로 자만하고 있는 것과 같은 것이었다.

"모기들도 다 그렇게 느낄 걸?"

힐다가 말했다.

"그렇게 생각해? 그렇담 모기에게도 정말 좋은 일이지!"

석양이 놀랄 만큼 밝아서 그 작은 도시는 언제까지나 빛이 감돌고 있었다. 아마 희끄무레하게 밝은 밤이 될 것 같았다. 힐다는 화가 나서 가면 같은 얼굴을 하고 다시 차를 몰았다. 아까 왔던 길을 서둘러 돌아가 볼소버를 지나가는 다른 길을 달려갔다.

코니는 보안경과 변장용 모자를 쓰고 말없이 앉아 있었다. 힐다의 반대에 오히려 더욱 맹렬하게 그 남자 편이 되어, 모든 난관을 헤치고 그를 지킬 생각이었다.

크로스힐을 지날 때까지는 헤드라이트를 켜고 달렸다. 산기슭을 뚫어 만든 철길을 불을 밝히고 칙칙거리며 지나가는 작은 기차가 벌써 한밤중이 되었음을 느끼게 했다. 힐다는 다리 옆에서 돌아 오솔길로 들어갈 생각이었다. 속도를 급히 늦추고 도로에서 벗어나자 헤드라이트 불빛이 풀이 무성한 오솔길을 하얗게 비추었다. 코니는 밖을 내다보았다. 환상 같은 사람 그림자가 보이자 그녀는 차 문을 열었다.

"왔어요!"

그녀는 조용히 말했다.

그러나 힐다는 불을 끄고 차를 후진하면서 방향을 바꾸는 데 정신이 팔려 있었다.

"다리 위에 아무것도 없나요?"

그녀는 짤막하게 물었다.

"없습니다."

남자의 목소리였다.

그녀는 다리까지 계속 후진하며 도로를 따라 몇 야드 달린 뒤, 뒤로 돌아

오솔길로 들어가 풀과 양치류를 짓밟으며 느릅나무 밑에서 차를 세웠다. 라이트는 전부 껐다. 코니가 차에서 내렸다. 남자는 나무 밑에 서있었다.

"오래 기다렸어요?"

코니가 물었다.

"그다지."

그가 대답했다.

두 사람은 힐다가 나오기를 기다렸다. 그러나 힐다는 차문을 닫은 채 그대로 앉아 있었다.

"언니 힐다예요. 이리 와서 언니하고 인사하지 않으시겠어요? 언니, 이쪽은 멜러스 씨야."

산지기는 모자를 벗어 인사했지만 한 걸음도 다가가지 않았다.

코니는 애원했다.

"언니, 그 사람 집까지 함께 가지 않겠어? 그리 멀지 않아."

"차는 어떻게 하고?"

"모두들 오솔길에 세워 둬. 열쇠는 가져가고."

힐다는 잠시 생각한 다음 오솔길을 돌아보았다.

"후진하여 저 풀숲을 돌 수 있을까요?"

"물론입니다."

산지기가 대답했다.

그녀는 모퉁이를 천천히 후진으로 돌아 길에서 보이지 않는 곳에 세운 뒤 차문을 잠갔다. 밤이었지만 희끄무레하게 밝았다. 사람이 다니지 않는 오솔길 옆에 산울타리가 높게 자랄 대로 자라 있어서 깜깜했다. 신선하고 달콤한 향기가 감돌고 있었다. 산지기가 앞장서고, 코니와 힐다가 뒤따랐다. 모두들 말이 없었다. 걷기 힘든 곳에서는 그가 회중전등으로 밝게 비추어 준 뒤 다시 앞으로 나아갔다. 그 동안 부엉이가 떡갈나무 위에서 조용히 호오, 호오, 울고 있었다. 플로시는 짖지도 않고 이리저리 걸어다녔다. 아무도 말을 할 수가 없었다. 할 말이 아무것도 없었던 것이다.

이윽고 노란 불빛이 보이자 코니의 심장이 빨리 뛰기 시작했다. 그녀는 약간 두려운 마음이 들었다. 세 사람은 아메리카인디언처럼 한 줄로 서서 계속 걸어갔다.

그가 문을 열고, 따뜻하지만 가구없이 휑한 작은 방에 먼저 들어갔다. 난로 쇠창살 속에서 불이 낮고 붉게 타오르고 있었다. 테이블에는 전에 없이 고급스러운 하얀 식탁보 위에 접시 두 장과 잔 두 개가 놓여 있었다. 힐다는 머리를 가다듬으며 가구가 없는 살풍경한 방을 둘러보았다. 그리고 용기를 내어 남자를 쳐다보았다.

중키에 말랐으나 상당한 미남이었다. 그는 신분에 상응하는 거리를 조용히 유지하고 있었다. 한 마디도 하고 싶지 않다는 듯한 태도였다.

"언니, 어서 앉아."

코니가 말했다.

그도 말했다.

"앉으시지요. 차를 드릴까요, 아니면 맥주를 드시겠습니까? 아주 시원합니다."

"맥주요!"

코니가 말했다.

"나도 맥주 부탁해요!"

힐다가 부끄러워하는 것처럼 말했다. 그는 그녀를 쳐다보며 눈을 껌벅거렸다.

그는 파란 주전자를 들고 쿵쿵 소리를 내면서 부엌으로 갔다. 맥주를 가지고 돌아왔을 때 그의 얼굴은 원래대로 돌아가 있었다.

코니는 문 옆에 앉았고, 힐다는 벽을 등진 멜러스의 의자에 앉아 창문에 기대고 있었다.

"그건 저이의 의자야."

코니가 조용히 말했다. 그러자 힐다는 마치 그 의자에서 화상이라도 입은 것처럼 벌떡 일어났다.

"앉으십시오, 앉으세요! 어디든 앉고 싶으신 의자에 앉으십시오. '곰 세 마리'라는 민화는 아니지만, 여기 있는 세 사람 가운데 아무도 아빠 곰은 아니니까요."

그는 아주 침착하게 말했다.

그리고 먼저 힐다에게 컵을 가지고 가서 파란 주전자에서 맥주를 따라 주었다.

그가 말했다.

"담배는 없습니다만, 그건 당신들이 가지고 계시겠지요. 전 피우지 않습니다. 뭘 좀 드시겠습니까?"

그는 똑바로 코니 쪽을 돌아보았다.

"가져오면 뭘 좀 들겠소? 당신은 언제나 뭐든 조금만 들더군."

그는 이상하게 침착하고 태연한 태도로 사투리로 말했다. 마치 여관집 주인처럼.

"뭐가 있어요?"

코니는 얼굴을 확 붉히면서 물었다.

"볶은 햄에 치즈, 괜찮다면 소금에 절인 호두. 특별한 것은 없소."

"그거면 됐어요. 언니는 어때?"

힐다는 그를 올려다보았다.

"왜 요크셔 사투리로 말하지요?"

그녀는 온화하게 물었다.

"이, 이건 요크셔가 아니고 더비 사투리입니다."

그는 그 서먹서먹한 웃음을 희미하게 띠며 그녀를 돌아보았다.

"더비! 그럼, 왜 더비 사투리를 쓰시나요? 아까는 표준어를 쓰던데."

"그랬나요? 하지만 내가 그렇게 하고 싶으면 바꿀 수 있는 것 아닐까요? 아니, 그게 저에게 어울린다면 더비 말을 하도록 해주십시오. 굳이 반대해야 할 이유가 없다면."

"약간 부자연스러운 느낌이 드는군요."

힐다가 말했다.

"아, 그럴지도 모르겠군요! 하지만 티버셜에선 당신들의 말이 더 부자연스럽게 들릴 겁니다."

그는 광대뼈 근처에 기묘하고 경계하는 듯한 거리감을 띠며 다시 그녀를 쳐다보았다. 마치 그래서, 당신이 대체 뭔데? 하는 듯이.

그는 먹을 것을 가지러 쿵쿵거리며 부엌으로 갔다.

자매는 말없이 앉아있었다. 그는 접시 하나와 나이프와 포크를 가지고 와서 말했다.

"괜찮으시다면 평소대로 윗옷을 좀 벗겠습니다."

그는 옷을 벗어 못에 걸고 엷은 크림색 플란넬셔츠 차림으로 테이블에 앉았다.

"드십시오. 사양하지 말고 어서 드십시오."

그는 빵을 잘라 놓고는 미동도 하지 않고 앉아 있었다. 힐다는 코니도 전에 그랬던 것처럼, 그의 과묵하고 딱딱한 태도에 압도당하는 것을 강하게 느꼈다. 테이블 위에 힘을 빼고 올려놓은 그의 약간 작고 섬세한 손이 눈에 들어왔다. 그는 정말 단순한 노동자는 아니었다. 그는 다르다. 그는 그렇게 연기하고 있는 것이다! 연기를! 그녀는 치즈 조각을 집어 들면서 말했다.

"하지만 역시! 우리에게는 사투리가 아니라 표준어로 말씀해주시면 좀더 자연스러울 것 같군요."

그는 그녀의 완고한 고집을 느끼면서 그녀를 쳐다보았다.

그는 표준어로 말했다.

"그래요? 그렇습니까? 당신과 내가 나눌 수 있는 얘기 가운데, 당신 동생이 다음에 다시 나를 만나기 전에, 나 같은 사람은 죽어주었으면 좋겠다고 말하는 것 말고, 정말 자연스러운 것이 더 있을까요? 그리고 내가 뭔가 불쾌한 대답을 하는 것 외에 말입니다. 그런 얘기 말고 자연스러운 것이 있다고 생각하십니까?"

힐다는 말했다.

"물론 있지요. 올바른 예의범절이야말로 정말 자연스러운 것이죠."

그는 웃기 시작했다.

"이른바 제2의 천성이라는 것 말입니까? 아아, 예의니 뭐니 하는 건 정말 진절머리가 납니다. 그냥 편하게 하시죠!"

힐다는 곤혹감을 그대로 드러내며 몹시 분노했다. 결국, 그가 그녀의 방문에 경의를 표해도 될 것을, 그렇게 하기는커녕 오히려 거만하고 연극적인 태도로 그녀 쪽에서 경의를 표해야 하는 것으로 생각하는 것 같았던 것이다. 정말 무례하기 짝이 없었다. 길을 잘못 들어 이 남자의 손아귀에 떨어진 불쌍한 코니!

세 사람은 말없이 음식을 먹었다. 힐다는 그의 테이블 매너가 어떤지 보려고 시선을 들었다. 그녀는 그가 천성적으로 자신보다 훨씬 고상하고 품위가 있다는 것을 인정하지 않을 수 없었다. 그녀에게는 스코틀랜드인 특유의 세련되지 않은 면이 있었다. 게다가 그는 잉글랜드인답게 조용하고 침착한 자신감에 차 있는, 결코 범상치 않은 남자였다. 그 점에서 그보다 우위에 서는 것은 참으로 어려운 일인 것 같았다.

그러나 그도 그녀보다 우위에는 설 수 없을 것이다. 그녀는 좀더 인간적인 견지에서 말했다.

"그래서 당신은 정말로 이런 위험을 무릅쓸 만한 가치가 있다고 생각하시나요?"

"무슨 위험, 어떤 가치를 말씀하시는 겁니까?"

"동생과의 이런 당치도 않은 교제 말이에요."

그는 사람을 자극하는 듯한 쓴 웃음을 살짝 지었다.

"동생에게 물어보시지요."

그리고 그는 코니를 쳐다 보았다.

"당신은 스스로 이곳에 오는 거지, 내가 강요한 적 있었소?"

코니는 힐다를 쳐다보았다.

"언니, 그렇게 꼬치꼬치 들추어내려 하지 마, 부탁이야."

"물론 나도 그러고 싶지 않아. 그렇지만 누군가 한 사람은 모든 일을 함께 생각하지 않으면 안 돼. 네 생활에는 어떤 연속성이 있어야 해. 그저 혼란을 일으키러 가는 것이어서는 안 된다는 뜻이야."

잠시 침묵이 흘렀다.

그가 말했다.

"흠, 연속성이라고요? 그건 어떤 의미입니까? 당신의 생활에는 어떤 연속성이 있습니까? 당신도 이혼할 거라고 들었는데, 그건 어떤 연속성인가요? 당신의 완고함의 연속성입니까? 그렇다면 잘 알겠습니다만. 하지만 그런 것이 당신에게 무슨 도움이 될까요? 당신은 늙어서 허리가 꼬부라지기 전에 그 연속성이니 하는 것에 진절머리를 낼 겁니다. 완고한 여자, 그리고 또 그런 여자 특유의 아집, 예, 그거라면 틀림없이 연속되겠지요. 다행인 것은 당신의 상대가 내가 아니라는 사실입니다."

"나에게 그런 식으로 말하다니, 당신에게 무슨 권리가 있어서?

"권리라고요? 당신의 연속성이니 하는 것에 타인을 이용하는 건 당신에게 무슨 권리가 있어섭니까? 다른 사람의 연속성은 그 사람 각자에게 맡겨 두십시오!"

"이봐요, 난 당신과 관계가 있다고 생각하는데요."

힐다가 부드럽게 말했다.

"그래요, 있습니다. 그건 당연한 일이지요. 당신은 적어도 나의 처형이니까요."

"아직은 그렇다고 할 수 없어요. 분명히 말해두지만."

"그리 멀지 않았습니다. 분명히 말해두지만, 나에게는 나름대로 연속성이 있습니다. 당신의 생명에 맹세코. 당신의 연속성처럼 정상입니다, 언제나. 그런데 만약 저기 있는 당신 동생이 약간의 섹스와 다정한 마음을 바라고 나에게 올 때는, 무엇을 원하고 있는 건지 스스로 알고 있는 겁니다. 이미 전부터 나와 함께 자고 있습니다. 다행히도 당신에게는 연속성이 있으니까, 그런 일을 한 적이 없겠군요." 거기서 갑자기 얘기를 뚝 끊었다가, 그는 이렇게 덧붙였다. "아, 난 여자 엉덩이에 깔리거나 하지 않습니다. 하지만 만약 뜻밖의 행운이 주어진 거라면, 나는 그 행운에 감사할 겁니다. 남자는, 동생 같은 여자라면 마음껏 즐거움을 얻을 수 있습니다. 당신 같은 여자들을 상대할 때와는 비교도 할 수 없을 만큼. 애석한 일이지요, 당신도 아름답기만 한 시큼한 야생사과가 아니라 맛있는 고급사과가 될 수 있었을지도 모르는데. 당신 같은 여자한테는 적당한 접목이 필요하지요."

그는 기묘하게 씩 웃으면서 그녀를 지그시 응시했다. 그것은 희미하지만 관능적이고 감상(鑑賞)을 즐기고 있는 듯한 눈빛이었다.

그녀가 말했다.

"당신 같은 사람은 격리시켜야 해요. 남자 특유의 야비함과 이기적인 욕정을 정당화하니 말이에요."

"예, 부인. 나 같은 남자가 적지 않게 남아있다는 것은 다행스러운 일입니다. 그러나 당신은 당연한 대가를 받고 있어요. 사람들한테서 경원 당하는."

힐다는 일어서서 문 쪽으로 갔다. 그도 일어나서 못에 걸린 옷을 벗겼다.

"괜찮아요, 혼자 갈 수 있어요."

"그렇지 않을 걸요."

그는 여유롭게 대답했다.

그들은 다시 기묘하게 줄을 서서 오솔길을 묵묵히 걸어갔다. 부엉이가 아직도 울고 있었다. 그는 총으로 쏘아죽여야겠다고 생각했다.

자동차는 밤이슬에 젖은 채 그대로 서있었다. 힐다는 차에 올라타서 시동을 걸었다. 두 사람은 가만히 기다렸다.

그녀는 자신의 차 안에서 말했다.

"내가 말하고 싶은 건 당신들은 둘 다 곧 자신들이 한 짓이 그럴 만한 가치가 없었다는 걸 깨닫게 될 거라는 거예요!"

그는 어둠 속에서 대답했다.

"한 인간에게 약이 되는 것은 다른 인간에겐 독이 된다고 하니까요. 사람들다 제각각입니다. 나에게 그것은 빵이고, 술이요, 기쁨의 원천이지요."

헤드라이트가 환하게 켜졌다.

"코니, 아침에 나를 기다리게 하지 말아줘."

"알았어, 언니, 잘 가!"

자동차는 천천히 큰길을 향해 올라가기 시작하더니, 미끄러지듯이 빠르게 사라지고, 뒤에는 침묵의 밤만이 남았다.

코니는 조심스럽게 그의 팔을 붙잡았다. 두 사람은 오솔길을 내려갔다. 그는 아무 말이 없었다. 이윽고 그녀는 걸음을 멈췄다.

"키스해줘요."

그녀가 속삭였다.

"아니, 좀 기다려요! 마음을 좀 가라앉히고."

그녀는 그 말이 재미있었다. 그의 팔을 붙잡고 서둘러 오솔길을 걸어가는 그녀는 지금 그와 함께 있다는 것이 무척 기뻤다. 힐다가 어쩌면 자기를 억지로 떼어놓았을지도 모른다는 생각이 들자 새삼스럽게 몸서리가 쳐졌다. 그는 무슨 생각을 하고 있는 건지 여전히 말이 없었다.

다시 집으로 돌아왔을 때, 그녀는 뛸 듯이 기뻤다. 가까스로 언니한테서 놓여난 것이었다.

"그렇지만 언니에게 너무 심한 말을 했어요."

"미리 두 말 못하게 못을 박아둬야 해요."

"왜요? 언닌 무척 좋은 사람이에요."

그는 대답하지 않고, 침착하고 습관적인 동작으로 집안을 치우며 돌아다녔다. 그는 겉으로 분노를 드러내고 있었지만 그녀에 대해서는 아니었다. 그리고 그의 분노에 의해, 그에게서 일종의 독특한 아름다움, 그녀의 마음을 떨리게 하고 팔다리를 녹여버리는 듯한 내면적인 광채가 나타나 있는 것이었다. 그는 아직도 그녀를 쳐다보지 않고 있었다.

이윽고 그는 의자에 앉아 구두끈을 풀기 시작했다. 그는 고개를 숙인 채 그녀를 올려다보았다. 그 얼굴에는 아직도 분노가 생생하게 드러나 있었다.

"2층으로 올라가지 않겠소? 거기 초가 있소!"

그는 머리를 홱 움직여, 테이블 위에서 타고 있는 초를 가리켰다.

그녀가 얌전히 그것을 들고 첫 번째 계단에 올라서자, 그는 그녀의 풍만한 엉덩이 곡선을 빨려들어갈 듯이 쳐다보았다.

그것은 격렬하게 타오르는 욕정의 밤이었다. 그녀는 거의 몸이 굳어버릴 것처럼 놀라, 그다지 마음이 내키지 않았다. 그러나 그가 다시 침입해 오자, 찌르는 듯한 관능의 전율이 훑고 지나가는 것을 느꼈다. 그것은 부드러운 애무에 의한 전율과는 다른, 좀더 날카롭고 좀더 무서운 것이었지만, 그 순간에는 더욱 더 욕망을 불러일으키는 것이었다. 그녀는 조금 무서웠지만 그가 하는 대로 몸을 맡겼다. 분별심을 잃은, 부끄러움을 모르는 관능이 그녀를 송두리째 뒤흔들어, 그녀를 실오라기 하나 없는 알몸으로 만들어버리자, 그녀는 지금까지와는 완전히 다른 딴 여자가 되었다. 그것은 진정한 사랑은 아니었다. 육욕도 아니었다. 그것은 불꽃처럼 가혹하게 태워버리고 영혼마저 갈대처럼 태워버리는 관능이었다.

가장 비밀스러운 국소에서, 수치심, 마음속 가장 깊은 곳에서 가장 오래전부터 있는 수치심을 불태워버리는 것이었다. 그가 하고 싶어 하는 대로 하게 하고, 그가 뜻하는 대로 움직이려면 노력이 필요했다. 노예처럼, 육욕을 위한 노예처럼 수동적으로 응하는 여자가 되지 않으면 안 되었다. 그러나 정욕이 그녀를 마구 훑으면서 소모시키고, 관능의 불꽃이 그녀의 배와 가슴을 지나 차올라왔을 때, 그녀는 정말 이대로 죽을 것만 같았다. 그러나 그것은 통렬한, 믿을 수 없을 만큼 멋진 죽음이었다.

프랑스의 철학자이자 신학자였던 아벨라르가, 제자이자 수녀인 엘로이즈와 사랑을 나눴던 1년 동안, 연정의 모든 단계와 극치를 경험해버렸다고 말했을 때, 그것은 어떤 의미인지 코니는 자주 자문하곤 했다. 천 년 전에, 아니 1만 년이나 전에 똑같은 일이 있었다니! 고대 그리스의 항아리에서, 모든 곳에서 똑같은 것을 볼 수 있는 것이다! 욕정의 극치, 육욕의 방종한 탐닉! 그리고 그릇된 수치심을 불태우고, 육체라는 다루기 어려운 원석을 용해하여 순수한 결정체로 만드는 것이 필요하다, 그것도 영원히. 순수한 육욕의 불길을 통해.

그 짧은 여름밤, 코니는 참으로 많은 것을 배웠다. 예전의 그녀라면, 여자는 수치심을 느끼면 죽어야 한다고 생각했겠지만, 그러나 실제로는 반대로 수치심이 죽어버린 것이었다. 수치심, 즉 그것은 공포이다. 깊은 내부의 기관에 대한 수치심, 우리 인간의 근저에 숨어 있는 까마득한 옛날부터의 신체상의 공포. 그것은 육욕의 불길에 의해서만 몰아낼 수 있는 것으로, 지금 마침내 그것은 남자의 남근에 의한 추구에 의해 숨어 있던 장소에서 발견되어 추방된 것이다. 그리고 그녀는 자기 자신이라는 밀림의 깊은 내부 속으로 헤치고 들어가 있었다. 그때 자신의 본성이 진정한 모습을 드러냈다는 걸 느끼고, 자신은 본질적으로 정숙하지 못하고 수치심을 모르는 여자라고 생각했다. 알몸으로, 부끄러움도 없이 관능의 화신이 되어 있었던 것이다. 그녀는 승리감 속에서 기쁨을 느꼈다. 그것의 거의 자만에 가까웠다. 그렇다! 그건 바로 이런 것이었다! 그것은 바로 생명이었다! 그것이 자아의 진정한 모습이었다! 속이거나 부끄러워할 것은 이제 아무것도 없었다. 그녀는 자신이 마지막으로 가리고 숨겨야 할 국부를 한 남자와 공유한 것이다, 다른 여자가 되어.

그러나 그 남자는 어쩌면 그토록 무모하고 무자비한 사내란 말인가! 정말 악마 같았다! 그 악마를 견디기 위해서는 강해지지 않으면 안 되었다. 그러나 육체라는 밀림의 심장부, 기관으로서 부끄럽지 않은 최후의 가장 깊은 동굴에 도달하는 데는 다소 시간이 걸린다. 그곳을 탐색할 수 있는 것은 오직 남근뿐이다. 그렇다 해도, 남자는 어쩌면 그토록 강압적으로 침입하여 여자의 마음을 괴롭혔던가!

그리고 그녀는 공포에 사로잡혀 얼마나 그것을 증오했던가! 그러나 실제로는 얼마나 그것을 갈망했던가! 그녀는 이제야 알 수 있었다. 근본적으로 말하면, 그녀는 마음 속 깊은 곳에서 이 남근에 의한 탐구를 필요로 하고 있었고 또 남몰래 그것을 기다리고 있었지만, 자신이 그것을 얻는 일은 없을 거라고 믿고 있었다. 지금 그것이 갑자기 찾아와, 한 남자가 그녀가 최후에 최종적으로 숨겨야 하는 음부를 공유한 것이었다. 그리고 그녀 자신은 수치심을 잃은 여자가 되어 있었다.

시인을 비롯한 모든 사람들은 얼마나 거짓말쟁이란 말인가! 그들은 인간은 감정을 원하고 있다고 생각하게 했다. 사람이 더할 수 없이 원하고 있는 것은 이 찌르는 것처럼 공격하고 소모시키는, 다소 추한 관능인 것을! 수치심과 죄의식과 최종단계에서의 불안도 없이, 과감하게 그것을 감행하는 남자를 만나다니! 만약 남자가 일이 끝난 뒤에 부끄러워하거나 여자에게 부끄러움을 느끼게 한다면 얼마나 끔찍한 일인가? 참으로 유감스러운 일이지만, 남자는 대개 허세가 무척 강하고, 약간 천박하다. 클리포드처럼. 마이클리스도 그랬다. 두 사람 다 관능적으로는 조금은 개처럼 행동했고 굴욕적이었다. 정신적인 지고한 기쁨? 하지만 그것이 여성에게 대체 무엇이란 말인가? 현실적으로 남성에게도 무슨 의미가 있단 말인가! 남자는 심지어 정신면에서도 오직 감상에 빠져 허세를 부리곤 한다. 정신을 정화하고 활성화하는 데도 순수한 관능이 필요하다. 순수한 불같은 관능이지 과장된 감상이 아니다.

오오, 신이여! 남자란 얼마나 이상한 존재란 말인가! 남자는 누구나 할 것 없이 이리저리 냄새를 맡으며 돌아다니다 교미하는 개와 같다. 이토록 두려워하지 않고 부끄러워하지 않는 남자를 만나다니! 그녀는 새삼스럽게 그 남자를 쳐다보았다. 야생동물과 똑같은 모습으로 아득한 저편의 꿈나라로 가 있었다. 그녀는 혼자 남겨지지 않도록 그에게 몸을 바짝 붙이고 누웠다.

그가 잠에서 깨어나 상반신을 일으키고, 그녀가 완전히 눈을 뜰 때까지 그녀를 내려다보고 있었다. 그녀는 자신의 벌거벗은 몸이 그의 눈길에 노출되어 있는 것을 알았다. 그는 그녀의 몸을 직접적으로 인식하고 있던 것이다. 그녀의 알몸에 대한 남자의 움직이는 인식이, 남자의 눈에서 그녀에게로 흘러 그녀를 관능적으로 감싸는 것 같았다. 잠에서 아직 완전히 깨어나지 못하고 나른하게 욕정에 잠겨 있는 팔다리와 몸은 오오, 얼마나 관능적이고 기분 좋은 것인지!

"벌써 일어날 시간이에요?" 그녀가 물었다.

"6시 반이오."

8시에는 오솔길 끝에 가있어야 했다. 언제나, 언제나, 언제나, 이러한 강제가 따라다니는 것이다!

"아침 식사를 이리로 가져올까?"

"네, 부탁해요."

아래층에서는 플로시가 얌전하게 낑낑거리고 있었다. 멜러스는 일어나 잠옷을 벗고 수건으로 몸을 북북 문질렀다. 인간이란 용기와 생기에 가득 차 있을 때는 어쩌면 이다지도 아름답단 말인가! 그를 말없이 지켜보면서 그녀는 생각했다.

"커튼을 걷어 주세요."

태양은 벌써 아침의 부드러운 초록빛 잎사귀를 밝게 비춰주고 있었고, 근처의 파릇파릇한 숲은 신선하게 보였다. 그녀는 침대에 일어나 앉아, 벌거벗은 팔로 드러난 유방을 가리고 지붕창 너머로 꿈꾸듯이 밖을 내다보고 있었다. 그는 옷을 입고 있었다. 그녀는 생활, 그와 함께 하는 생활을 막연하게 꿈꾸고 있었다. 그저 생활을.

그는 상체를 앞으로 숙인 그녀의 위험한 알몸에서 달아나듯이 나가려고 했다.

"내 잠옷이 어디로 갔을까요? 보이지 않아요."

그는 침대 속에 손을 넣어 얇은 비단 조각을 끌어냈다.

"내 발뒤꿈치에 걸린 것은 알고 있었소만."

그 잠옷은 거의 둘로 찢어져 있었다.

"괜찮아요! 그건 사실은 이 방에서 사용하는 것이니까 두고 가겠어요."

"그래, 두고 가요. 밤에 다리 사이에 끼고 잘 테니까. 당신이라 생각하고. 거기에 이름이나 표시가 붙어 있진 않겠지?"

"그런 건 없어요, 오랜 된 거니까요."

그녀는 그 찢어진 잠옷을 걸치고 앉아 다시 꿈꾸듯 창 밖을 내다보았다. 열린 창문으로 아침 공기가 지저귀는 새소리와 함께 흘러들어왔다. 새들이 끊임없이 날아다니고 있었다. 잠시 뒤 플로시가 바깥에서 어슬렁거리고 있는 것이 보였다. 완전한 아침이었다.

아래층에서는 그가 불을 피운 뒤 펌프에서 물을 길어오고, 뒷문으로 나가는 소리가 들렸다. 곧 베이컨 냄새가 풍겨오더니, 이윽고 그가 겨우 문을 통과할 수 있는 커다란 검은 쟁반을 들고 올라왔다. 그는 쟁반을 침대에 내려놓고 차를 따랐다. 코니는 찢어진 잠옷을 입은 채 책상다리를 하고 앉아 허기진 듯이 먹기 시작했다. 그는 하나밖에 없는 의자에 앉아 무릎에 접시를 올려놓았다.

그녀가 말했다.

"정말 맛있어요! 함께 아침을 먹을 수 있다는 게 말할 수 없이 좋아요."

그는 자꾸만 흘러가는 시간에 신경을 쓰며 말없이 먹고 있었다. 그러자 그녀의 마음에 문득 떠오르는 것이 있었다.

"당신과 이곳에서 함께 있을 수 있다면 얼마나 좋을까요? 그리고 라그비 저택이 백만 마일이나 떨어져 있다면! 내가 정말로 떠나고 싶어 하는 것은 라그비 저택이에요! 그건 알고 계시죠?"

"응."

"그렇다면 약속해줘요. 당신과 나, 우리 함께 살며 함께 생활할 거라고! 약속해 주실 거죠?"

"응, 그렇게 할 수만 있다면."

"물론 할 수 있고말고요. 우리 그렇게 되도록 노력해요. 알았죠?"

그녀는 몸을 앞으로 내밀며, 차가 엎질러지는 것도 아랑곳하지 않고 그의 손목을 잡았다.

"응."

그는 찻잔을 바로 놓으면서 대답했다.

"우린 지금도 절대로 함께 살 수 없는 건 아니에요, 그렇죠?"

그녀는 애원하듯이 말했다. 그는 늘 그렇듯이 씩 쓴웃음을 지으며 그녀를 올려다보았다.

그가 말했다.

"물론이오! 하지만 이제 25분만 지나면 당신은 출발하지 않으면 안돼."

"벌써?"

그녀가 소리쳤다. 갑자기 그는 경고의 손가락을 치켜들며 일어섰다.

플로시가 짧게 짖더니, 이어서 세 번 날카롭게 경계하는 소리로 짖어댔다.

그는 말없이 쟁반에 접시를 내려놓고 아래층으로 내려갔다. 콘스탄스는 그가 뜰의 통로를 걸어가는 소리를 들었다. 자전거 벨이 그 앞의 바깥쪽에서 찌르릉 하고 울렸다.

"멜러스 씨, 안녕하십니까? 등기 우편이 왔습니다!"

"아, 그래요? 연필 갖고 있소?"

"여기 있습니다."

잠시 시간이 흘렀다.

"캐나다에선가?"

또 한 사람의 낯선 남자의 목소리였다.

"바다저편의 브리티시컬럼비아에 있는 친구인데, 등기 우편을 보내다니 모르겠는걸."

"돈이라도 보내온 모양이지."

"그랬으면 나도 좋겠군."

잠깐 사이.

"그럼 안녕히 계십시오!"

"고맙소."

"안녕히!"

"잘 가게!"

잠시 뒤 그가 다시 올라왔는데 화난 듯한 표정이었다.

"우편배달부요."

"이렇게 이른 시간에!"

"지방 배달이거든, 대개 7시에는 이곳에 오지."

"당신 친구가 좋은 거라도 보내 왔나요?"

"아니, 바다 건너 브리티시컬럼비아의 사진과 신문 같은 것이오."

"당신, 거기 갈 생각이에요?"

"어쩌면 우리, 그렇게 될지도 모를 것 같아서."

"아아, 그래요? 멋진 생각이에요!"

그러나 그는 배달부가 온 것에 화가 나 있었다.

"저 얄미운 자전거! 그 자들은 당신이 스스로 어디에 있는지 확실히 깨닫기도 전에 갑자기 찾아왔어. 뭔가 눈치 채지 않았으면 좋겠는데."

"그렇지만 무슨 눈치를 챘겠어요?"

"자, 일어나서 준비해요. 난 잠깐 밖을 둘러보고 올 테니."

그가 개를 데리고 총을 들고 오솔길을 정찰하러 가는 것이 보였다. 그녀는 아래층에 내려가 세수를 하고, 그가 돌아올 무렵에는 작은 비단 주머니에 약간의 소지품을 담고 모든 준비를 끝내고 있었다.

문을 잠그고 두 사람은 출발했다. 그러나 오솔길을 따라가지 않고 숲 속을 걸어갔다. 그는 매우 조심하고 있었다.

"사람들은 때로는 간밤의 우리처럼 사는 거라고 생각하지 않아요?"

그녀가 그에게 물었다.

"그렇지! 하지만 그밖에도 생각해야 할 일이 있을 때가 있소."

그는 약간 무뚝뚝하게 대답했다.

그들은 초목이 우거진 좁은 길을 계속 걸어갔다. 그는 말없이 앞장서서 가고 있었다.

"우리 함께 살아요, 네?"

그녀는 애원했다.

그는 돌아보지도 않고 성큼성큼 발을 옮기며 대답했다.

"그럽시다! 때가 오면! 지금은 당신이 베니스인지 어딘지로 가려하고 있지 않소?"

그녀는 잠자코 그의 뒤를 따라갔지만 마음이 침울했다. 아아, 지금 떠나지 않으면 안 된다는 것이 슬펐다.

마침내 그는 걸음을 멈췄다.

"잠깐 이쪽으로 가보고 오겠소."

그가 오른쪽을 가리키면서 말했다.

그러나 그녀는 두 팔을 그의 목에 감으며 끌어안았다. 그녀는 소곤거렸다.

"당신은 계속 나를 다정하게 생각해주시겠지요? 어젯밤 난 당신을 사랑했어요. 앞으로도 부드럽게 사랑해주실 거죠?"

그는 그녀에게 키스하고 잠시 꼭 끌어안아주었다. 그리고 나서 한숨을 내쉬고는 다시 한 번 키스했다.

"차가 와있는지 가봐야겠소."

그는 낮게 기어가는 나무딸기와 고사리를 큰 걸음으로 밟으며, 양치류 속에 발자국을 남기면서 걸어갔다. 그리고 1, 2분 동안 보이지 않더니 이내 성큼성큼 돌아왔다.

"차는 아직 안 왔소. 도로에 빵가게의 마차가 있어요."

그는 걱정스럽고 난처해하는 모습이었다.

"쉿!"

차가 다가오고 경적소리가 조용히 들려왔다. 다리에 이르자 차는 속력을 늦추었다.

그녀는 갑자기 참으로 슬픈 모습이 되어, 양치류 속의 그의 발자국을 따라 거대한 호랑가시 산울타리가 있는 곳까지 왔다. 그는 그녀의 바로 뒤에 있었다.

그는 울타리 틈새를 가리키면서 말했다.

"여기요! 저기로 빠져 나가요. 난 나가지 않겠소."

그녀는 몹시 낙담하여 그를 쳐다보았다. 그러나 그는 그녀에게 키스하고 그녀를 보냈다. 그녀는 완전히 비참한 심정으로 호랑가시나무 산울타리와 판자 담장을 빠져나가 작은 수로를 따라 비틀비틀 내려가서 오솔길로 올라갔다. 힐다가 초조해하면서 막 차에서 내린 참이었다.

힐다가 말했다.

"아, 왔구나! 그 사람은 어디 있니?"

"안 왔어."

코니가 작은 주머니를 들고 차에 올랐을 때는 얼굴이 눈물로 젖어 있었다. 힐다는 볼썽사나운 보안경이 달린 드라이브용 헬멧을 집어 들었다.

"이걸 써."

코니는 그 변장용구와 긴 드라이브용 코트를 입고 자리에 앉았다. 그녀는 보안경을 두리번거리며, 비인간적이고 정체를 알 수 없는 생물로 변해 있었다. 힐다는 능숙한 동작으로 차를 출발시켰다. 두 사람은 오솔길을 올라가 찻길을 따라 떠나갔다. 코니는 주위를 둘러보았지만 그의 모습은 끝내 보이지 않았다. 자동차는 자꾸자꾸 멀어져 갔다. 그녀는 고통스러운 눈물에 젖어서 앉아 있었다. 너무나도 순간적으로 찾아온, 전혀 예상하지 못한 방식의 작별이었다! 그건 죽음의 작별 같았다.

"이제 넌, 잠시나마 그 사람과 떨어져 있을 수 있게 됐어. 다행이야!"

힐다는 크로스힐 마을을 피하기 위해 우회하면서 말했다.

## 17

런던에 거의 다 와서 점심식사를 한 뒤 코니가 말했다.

"언니는 진정한 부드러움이나 진정한 섹스의 기쁨을 경험한 적이 없어. 만약 언니가 이 두 가지를 한 남자를 통해 알게 되면 생각이 크게 달라질 거야."

"제발 부탁이니 네 경험을 자랑하지 말아줬으면 좋겠다!"

힐다가 말했다.

"난 말이야, 자신의 온몸을 바쳐 여자와 친밀한 관계를 맺을 수 있는 남자는 아직 한번도 만난 적이 없어. 내가 원한 것은 그런 관계였어. 남자들의 자기만족에 찬 애정이나 성적 쾌락의 탐닉은 내가 원하는 것이 아니야. 남자의 귀여운 노리갯감이나 셰르 아 플레지르(위안물) 같은 건 되고 싶지 않단 말이야. 난 완전한 친밀함을 원했어. 하지만 그건 어디에도 없더구나. 난 그걸로 충분해."

코니는 그 말에 대해 곰곰이 생각했다. 완전히 친밀한 관계. 그것은 상대방에게 자신에 대한 모든 것을 드러내고, 또 상대방도 자신의 모든 것을 드러낸다는 의미일 거라고 생각했다. 그러나 그건 지겨운 일이다. 게다가 남자와 여자 사이의 그 진절머리 나는 자의식이란! 일종의 병이다!

"내 생각에는, 언니는 언제나 자신을 지나치게 의식하고 있는 것 같아, 누구한테나."

"적어도 난 노예근성은 가지고 싶지 않아."

"그렇지만 어쩌면 언니도 그걸 가지고 있는 건지 몰라! 언니는 자신에 대해, 언니 자신의 생각에 대해 노예가 되어 있는 것 같아."

힐다는 동생한테서 이렇게 당돌하게, 전에는 한번도 들어본 적 없는 무례한 말을 들은 뒤 한동안 묵묵히 자동차만 몰았다.

"적어도 난, 다른 누군가의, 나에 대한 생각의 노예는 아니야. 게다가 그 다른 누군가가 내 남편의 고용인은 더더욱 아니고!"

그녀는 마침내 분노를 터뜨리며 반박했다.

"아니냐, 그렇지 않아."

코니는 냉정하게 말했다.

지금까지는 언제나 언니에게 복종하기만 했다. 그러나 이제 그녀는, 마음 어디선가는 슬프게 울고 있지만, 다른 여자들의 지배로부터는 해방되어 있다. 아아! 다른 여자들의 기묘한 지배와 강박관념에서 해방된다는 것, 그것은 본질적으로, 다른 인생이 주어진 것과 같은 일종의 구원이었다. 여자란 얼마나 무서운 존재란 말인가!

아버지와 함께 있게 되었을 때 코니는 무척 안도했다. 그녀는 언제나 아버지의 마음에 드는 딸이었다. 그녀와 힐다는 펠멜 가(街) 외곽의 작은 호텔에 머물렀다. 아버지 멀컴 경은 클럽하우스에서 묵고 있었는데, 저녁에는 딸들을 데리고 나갔고 딸들도 기꺼이 아버지와 동행했다.

그는 아직도 풍채가 좋았고 건장했다. 그러나 그의 주변에 나타난 신기한 세상에 약간 두려움을 느끼고 있었다. 스코틀랜드에서 자기보다 젊고 부자인 두 번째 아내를 맞이했는데, 그 아내한테서 가능한 한 떨어져 휴가를 즐겼다. 그것은 첫 번째 아내의 경우에도 마찬가지였다.

코니는 오페라에서 아버지와 나란히 앉았다. 그는 적당하게 살이 쪄서 넓적다리가 굵었지만 아직도 튼튼하고 탄력이 있어서, 요컨대 인생을 즐겨온 건강한 남자의 다리였다. 유쾌한 자기 본위, 완고하다고도 할 수 있는 자립심, 후회하는 일이 없는 호색, 코니는 그런 모든 것들을 아버지의 탄탄하고 곧은 넓적다리에서 볼 수 있다고 생각했다. 그야말로 남성적이었다! 그러나 이제 그도 노경에 들어서고 있었다. 그것은 슬픈 일이었다. 그의 강하고 굵은 남자의 다리에 그것이 일단 나타나면, 결코 사라지는 법이 없기 때문이다. 거기에는 그야말로 젊음의 근원이라고 할 수 있는 민감한 감수성과 애정의 힘이 없는 것이다.

코니는 다리라는 것에 대해 새로운 인식을 가지기 시작했다. 그녀에게 다리는 얼굴보다 중요한 것이 되었다. 얼굴은 이미 실물 그 자체라고 할 수 없는 것이었다. 자신감 있고 기민한 다리를 가진 사람이 이렇게도 드물다니! 그녀는 특등석에 앉아있는 남자들을 쳐다보았다. 커다란 푸딩 같은 다리를 푸딩을 찌는 검은 천으로 감싸고 있거나, 가느다란 나무 지팡이 같은 다리를 검은 장례식용 양복지에 넣고 있고, 그것도 아니면 관능이나 부드러움, 감수성 같은 의미는 조금도 없이 경쾌하게 돌아다니는, 그저 길고 날씬하기만 한 젊은이의 다리뿐이었다. 그녀의 아버지의 다리만한 관능조차 없었다. 그들의 다리에는 모두 힘이 사라지고 없었다. 생활 때문에 무기력해진 것이다.

그러나 여자들은 그렇지 않았다. 대부분의 여자들은 제분공장의 기둥처럼 끔찍한 다리를 가지고 있었다. 참으로 놀라운 일이었다. 정말 살인도 정당화해 버릴 수 있을 것 같았다. 그렇지 않으면 말뚝처럼 말라빠진 다리. 그것도 아니면 비단 양말을 신은 예쁘고 모양은 좋지만 생기라고는 손톱만큼도 없는 다리. 수많은 무의미한 다리가 무의미하게 움직이며 돌아다니는 것은 소름이 끼칠 정도로 끔찍한 일이다!

그녀는 런던에서도 행복하지 않았다. 런던 사람들은 모두 유령 같고 무표정했다. 동작이 아무리 자신감이 넘치고 얼굴이 아무리 아름다워도, 그들에게는 생기에 넘치는 행복감이 없었다. 그것은 완전한 불모의 느낌이었다. 그러나 코니는 행복을 확신하고, 행복에 대한 여자의 맹목적인 동경을 품고 있었다.

파리에서는 그나마 조금은 관능성이 느껴졌다. 그러나 얼마나 지루하고 싫증나며 지쳐버린 것 같은 관능인지! 부드러움의 결핍으로 인한 피로. 아아! 파리는 슬프다. 가장 슬픈 도시 중의 하나이다. 현대의 기계적인 관능에 싫증나고, 돈, 돈, 돈의 긴장에 싫증나고, 울분과 자만에도 싫증나고, 다만 죽을 만큼 지루할 뿐이다. 그러면서도 3박자의 경쾌하고 기계적인 지그 댄스를 즐김으로써 그 지루함을 숨길 정도로 미국화되거나, 런던화되어 있지 않았다. 아! 이러한 남자다운 남자들, 이러한 빈둥거리는 자들, 여자에게 추파를 던지는 자들, 호화로운 식사를 하는 사람들, 그들은 얼마나 따분해 하고 있는 것일까! 서로 양보하는 약간의 부드러움이 결핍되어 있어서, 따분하고 지칠 대로 지쳐있었다. 유능하고, 때로는 매력적이기까지 한 여성이라면, 관능적 사실에 대해 조금은 경험을 가지고 있을 것이다. 그런 여자들은 프랑스풍의 지그 댄스를 추는 영국인 자매보다 그 점에서는 뛰어났다. 그러나 부드러움이라는 것에 대해서는 그 여자들이 훨씬 경험이 적었다. 무미건조, 끝없이 무미건조하고 긴장한 의지 때문에 그녀들도 지쳐버린 것이다. 인간사회는 그야말로 지칠 대로 지친 상태였다. 아마 그것은 맹렬하게 모든 것을 파괴할 것이다. 일종의 무정부 상태이다! 클리포드 식의 보수적 무정부 상태! 그러나 아마 이 보수적인 상태는 그리 오래 가지는 못할 것이다. 그리고 아마도 매우 급진적인 무정부상태로 발전해 갈 것이다.

코니는 세상을 두려워하며 위축되어 있는 자신을 깨달았다. 때로는 불바르 가로수길이나 부아 공원, 뤽상부르 공원에서 즐거운 시간을 보낼 때가 있었다. 그러나 파리는 이미, 미국인과 영국인, 특히 무척 이상한 군복을 입은 기묘한 미국인과, 외국에서 깊은 절망에 빠져버린 음울한 영국인들이 우글거리고 있었다.

그래서 그녀는 드라이브를 좋아했다. 날씨가 갑자기 더워져서, 힐다는 스위스를 지나 이탈리아와의 국경인 브렌네르 고개를 넘어, 티롤 남부의 돌로미티 알프스를 지나 베니스로 내려갈 예정이었다. 힐다는 모든 계획과 운전 등, 자신이 모든 일을 추진하는 것을 좋아했다. 코니는 그저 얌전하게 따르는 것에 완전히 만족하고 있었다.

실제로 여행은 더할 나위 없이 훌륭했다. 다만 코니는 자신에게 계속 묻고 있었다. 사실은 왜 관심이 없는 것일까? 어째서 진정으로 가슴 설레는 흥분이 전혀 없는 것일까? 풍경 같은 것에서도 이젠 아무 감흥을 느낄 수 없으니, 아, 정말 어쩌면 좋단 말인가! 하지만 사실이 그런 걸, 그건 정말 싫어. 난 정말 성(聖) 베르나르 같아. 베르나르니까, 산이나 초록색으로 비치는 호수가 있다는 걸 의식하지 못한 채, 루체른 호수를 배를 타고 건널 수 있었던 거야. 정말 이젠 경치 같은 것에는 아무 관심도 없어. 무엇 때문에 그런 것을 계속 바라보지 않으면 안 되는 거지? 어째서? 난 이제 그런 것에는 흥미가 없어.

그랬다. 그녀는 프랑스, 스위스, 티롤과 이탈리아에서 생동감 넘치는 것은 아무것도 찾지 못했다. 그저 자동차에 실려, 그런 장소를 모두 스쳐 지나갔을 뿐이다. 그리고 어디에도 라그비 저택만한 실재감이 없었다. 이제 다시는 프랑스니 스위스니 이탈리아를 보지 않아도 좋다고 생각했다. 물론 그 나라들은 앞으로도 존속하겠지만, 라그비 저택이 훨씬 실감이 있었다.

인간에 대해 말하자면, 사람은 누구나 다 마찬가지이며 거의 차이가 없었다. 모두들 다른 사람한테서 돈을 빼앗고 싶어 한다. 만약 여행자라면, 마치 돌에서 피를 짜내려는 것처럼 억지로 즐기고 싶어 하는 것이다. 가련한 산들이여! 가련한 풍경이여! 그것은 모두 사람들을 흥분시키고 즐겁게 해주기 위해, 끝없이 착취당하지 않으면 안 된다. 무슨 일이 있어도 오로지 즐겨야겠다는 인간들, 도대체 어쩌려는 것인가?

아니야! 코니는 스스로에게 말했다. 난 차라리 라그비 저택에 있는 게 나아. 거기서는 여기저기 돌아다닐 수도 있고 가만히 있을 수도 있어. 그리고 빤히 쳐다보거나 구경하는 어떤 종류의 어떠한 연기도 없어. 이 즐긴다는 관광객의 행위는 너무나 절망적이고 굴욕적이야. 이 여행은 대실패였어.

그녀는 라그비 저택으로, 클리포드의 곁으로, 그 가엾은 장애인인 클리포드가 있는 곳으로 돌아가고 싶어졌다. 어쨌든 그는 이 떼를 지어 다니는 휴가여행의 관광객만큼 어리석지는 않았다.

그러나 그녀는 잠재의식 속에서 또 한 사람의 남자와 접촉을 유지하고 있었다. 그와의 유대는 단절되어서는 안 되었다. 그렇지 않으면 이 하잘 것 없는 사치스러운 사람들과 하잘 것 없는 향락자의 세계에서 길을 잃을 것이다. 오, 탐욕스러운 향락자들! 오, '인생을 즐겁게!' 그것은 또 다른 종류의 현대병이다.

자매는 이탈리아의 도시 메스트레에서 차를 차고에 맡기고, 베니스까지 정기여객선을 타고 갔다. 화창한 여름날 오후였다. 얕은 초호(礁湖)에는 잔물결이 일렁이고, 강렬한 햇살 속, 바다 저편에서 두 사람에게 등을 돌리고 있는 베니스는 어두컴컴하게 보였다.

선착장의 잔교에서 곤돌라로 갈아탄 그들은 뱃사공에게 행선지를 가르쳐 주었다. 그는 흰색과 푸른색 가로줄 무늬의 작업복을 입은 정식 뱃사공이었다. 이렇다할 특징이 없는 얼굴이어서 인상에 조금도 남지 않았다.

"에스메랄다 별장 말씀입죠? 예, 알고 있습니다. 그곳에 계신 신사 분을 계속 모시고 있었거든요. 그런데 꽤 멀어요."

그는 약간 어린애 같은 데가 있는 성격이 급한 사람이었다. 약간 과장스러울 정도로 조급하게 노를 저으며, 몹시 미끌미끌한 녹색 벽의 어두운 운하를 지나갔다. 빈민가를 지나가는 운하로, 주변에는 높은 줄에 빨래가 주렁주렁 널려 있고 희미하게 또는 강하게 시궁창 냄새가 났다.

드디어 양쪽에 길이 나 있고, 현수교가 걸려 있는 널찍한 운하로 나왔다. 그것은 대운하와 직각을 이루며 똑바로 뻗어 있었다. 자매는 작은 차양 아래 앉아 있고, 사공은 그 뒤의 한 단 높은 곳에 있었다.

"아가씨들께선 에스메랄다 별장에 오래 묵으실 예정입니까?"

그는 천천히 노를 저으면서 흰색과 파란색의 줄무늬 손수건으로 얼굴에 흐르는 땀을 훔치면서 물었다.

"한 20일쯤요, 우린 아가씨가 아니에요, 둘 다 결혼했어요."

묘하게 낮은 목소리로 말하는 힐다의 이탈리아어는 확실하게 외국 사투리로 들렸다.

"예에, 20일요."

사공이 말했다. 잠시 얘기가 끊어진 뒤 그가 다시 물었다.

"그럼 두 부인들께선 에스메랄다에 머무시는 20일 동안 사공을 쓰실 건가요? 아니면 하루나 일 주일씩 쓰시는 방법도 있습니다만."

코니와 힐다는 생각했다. 육지에서는 전용 자동차를 가지고 있는 것이 편리하듯이, 베니스에서는 전용 곤돌라를 가지는 게 낫다.

"별장에는 어떤 배가 있나요?"

"모터보트도 있고 곤돌라도 있습니다. 하지만……."

그 '하지만'은 그것들은 당신들의 소유물이 되지는 않는다는 의미였다.

"얼마면 되죠?"

하루에 약 30실링, 일주일엔 10파운드였다.

"그게 공정 가격인가요?" 힐다가 물었다.

"공정가격보다 싸지요, 부인. 쌉니다. 공정 가격은……."

자매는 생각했다.

"그럼 내일 아침에 오세요. 그때 결정할 테니까. 이름이 뭐죠?"

이름은 지오반니이고, 몇 시에 가면 되는지, 그리고 누구를 찾으면 되는지 물었다. 힐다는 명함을 가지고 있지 않아서, 코니가 자기 명함을 한 장 주었다. 그는 그것을 열정을 띤 남국적인 푸른 눈으로 힐끗 쳐다보더니, 다시 한 번 들여다보았다.

그의 얼굴이 갑자기 환해졌다.

"아아! 밀레이디——영국 부인에 대한 존칭——, 밀레이디시군요."

"밀레이디 콘스탄차 부인이에요."

코니가 말했다.

"밀레이디 콘스탄차 부인."

그는 고개를 끄덕이면서 명함을 소중하게 윗옷 속에 집어넣었다.

에스메렐다 별장은 꽤 먼 교외의, 베니스 항 키오자아 쪽을 향한 초호 끝에 있었다. 그리 오래된 집은 아니었고, 바다를 바라보는 테라스와 아래쪽의 초호와 벽을 사이에 두고, 어둡고 수목이 무성한 대정원이 있어 쾌적했다.

별장 주인은 체격이 크고 조금 상스러워 보이는 스코틀랜드인으로, 전쟁 전에 이탈리아에서 한밑천 벌었고 전쟁 중에는 극단적인 애국주의로 기사 칭호까지 받은 사람이었다. 아내는 여위고 안색이 밝지 않지만 빈틈없어 보이는 여자로, 자기 재산이 없는 데다 남편의 상당히 호색적인 행각을 늘 단속하지 않으면 안 되는 불행을 짊어지고 있었다. 그는 하인들에게 잔소리가 심했다. 그러나 지난 겨울 가벼운 중풍에 걸려, 지금은 다루기가 약간 수월했다.

별장은 거의 만원에 가까웠다. 멀컴 경과 두 딸 외에 일곱 명의 손님들이 더 있었다. 역시 두 딸을 데리고 온 스코틀랜드인 부부와 이탈리아의 백작부인이라는 젊은 미망인. 그루지야의 젊은 공작, 그리고 폐렴을 앓은 뒤 건강 때문에 알렉산더 경의 교회사(教誨師)로 지내고 있는 젊은 영국인 목사였다. 공작은 무일푼이지만 잘 생긴 데다 일에 있어서 몰염치한 면이 있어서, 그러면 아마 훌륭한 고용운전사가 될 수 있을 것이다. 그것만으로 충분한 사람이었다. 백작 부인은 어딘가 먹잇감을 붙잡고 있은 듯한 조용한 새끼고양이 같았다. 목사는 버킹엄 주의 목사관에서 새로 온 단순한 남자. 다행히 그는 고향에 아내와 두 아이를 두고 있다. 그리고 거스리 씨네는 4인 가족이지만, 선량하고 견실한 에든버러의 중류 계급으로, 모든 것을 건전하게 즐기며 위험을 범하는 일은 일체 하지 않지만, 모든 것에 두려움 없이 도전하는 사람들이었다.

코니와 힐다는 이내 공작을 교제대상에서 제외시켜버렸다. 거스리 씨 일가는 다소나마 그녀들과 동류이고 자산가이지만 재미가 없었다. 그리고 딸들은 신랑감을 물색하는 중이었다. 목사는 나쁜 사람은 아니지만 지나치게 공손한 남자였다.

알렉산더 경은 가벼운 중풍에 걸린 뒤로는 명랑함 가운데 심하게 둔중한 데가 있었지만, 그래도 젊고 아름다운 부인들이 많이 있는 곳에서는 마음이 들뜨는 모양이었다. 쿠퍼 부인은 조용하면서도 심술궂은 사람으로, 가엾게도 고생을 하도 많이 해서 그녀의 제2의 천성이 되어버린 냉담한 경계심으로 모든 여자들을 관찰하며, 자신이 인간성 전반을 얼마나 경멸하고 있는지 보여주는 냉담하고 불쾌하며 불필요한 말들을 하곤 했다. 코니는 알고 있었지만, 이 부인도 또한 하인들을 완전히 악의적인 거만한 태도로 대했다. 그러나 어디까지나 부드럽게. 그리고 본인은 날렵하다고 믿고 있는 불룩한 배와 완전히 따분한 농담을 지껄여대는 알렉산더 경이, 자신을 마치 한 성의 전제군주인양 생각하도록, 쿠퍼 부인은 교묘하게 행동했다. 힐더는 그의 지리한 농담을 소탈하고 우스운 짓이라고 말하였다.

멀컴 경은 그림을 그렸다. 그는 지금도 이따금 고향 스코틀랜드의 풍경과 대조적인 베니스의 초호를 그리고 있었다. 그래서 아침에 커다란 캔버스를 가지고 자신의 '장소'에 보트를 타고 나갔다. 조금 뒤에는 쿠퍼부인이 스케치북과 그림물감을 가지고 보트를 타고 가는 것이었다. 오랫동안 수채화에 심취해온 그녀의 집에는 장밋빛 궁전과 어두운 운하, 잔교(桟橋), 중세건축물의 정면 같은 그림들이 가득 있었다. 그리고 조금 지나면 거스리 일가, 공작, 백작 부인,

알렉산더 경, 가끔 목사 린드 씨까지 함께 리도 섬으로 나가 해수욕을 한다. 그런 다음 1시 반쯤 늦은 점심을 먹으러 집으로 돌아온다.

별장의 손님들은 손님으로서는 의심할 여지없이 지루했다. 그러나 자매는 그들 때문에 번거로워하는 일은 없었다. 두 사람은 늘 밖으로 외출했다. 아버지가 그림들이 끝도 없이 늘어서 있는 지루한 전람회에 데리고 갔다. 루키스 별장에 있는 친구들에게 데리고 가거나, 플로리안 식당에서 저녁을 먹은 뒤, 따뜻한 밤에 피아차 광장에 앉아 있기도 하고, 극장이나 골도니의 연극에 데리고 가기도 했다. 조명이 환하게 비치는 수상제와 무도회도 있었다. 그곳은 모든 행락지 중의 행락지였다. 리도 섬은 몇 에이커나 걸쳐, 분홍빛으로 태우거나 잠옷을 입은 육체로 넘치고 있어, 마치 번식을 위해 수많은 바다표범 떼가 올라온 해안 같았다. 피아차 광장의 수많은 사람들, 또 리도 섬의 수많은 사람들의 팔다리와 몸통, 무수한 곤돌라, 모터보트, 증기선, 비둘기, 얼음, 칵테일, 팁을 기다리는 급사들, 쉴 새 없이 지껄여 대는 온갖 언어의 범람, 넘치는 햇빛, 넘치는 베니스의 냄새, 산더미 같은 딸기, 비단 숄, 노점에서 파는 쇠고기 색깔의 커다란 수박조각, 온통 넘치는 듯한 환락, 요컨대 너무 많은 환락의 과잉상태였다.

코니와 힐다는 밝은 여름옷으로 여기저기 돌아다녔다. 그녀들이 알고 있는 사람도 많았고 두 사람을 알고 있는 사람도 많았다. 그 속에 섞여 있는 악화(惡貨)처럼 뜻밖에 마이클리스가 그녀들 앞에 불쑥 나타났다.

"여어! 어디서 묵고 계십니까? 아이스크림이나 뭘 좀 드시러 오지 않겠습니까? 제 곤돌라를 타고 어디로든 함께 가실까요?"

마이클리스도 햇볕에 꽤 그을린 모습이었다. 아니 그보다 태양열로 요리되었다는 것이 모든 인간의 피부색에 적절할 것 같았다.

그것은 어떤 의미에서는 즐거운 것이었다. 거의 향락이라 해도 좋았다. 그러나 모든 칵테일과 따뜻한 물 속에 잠기거나, 뜨거운 햇살이 내리쬐는 뜨거운 모래사장에서 일광욕을 하고, 따뜻한 밤에는 어느 남자와 배를 비비며 재즈를 추거나 얼음과자를 먹고 몸을 식히지만, 그것은 완전한 마취제였다. 바로 그것이 모두가 원하고 있는 것, 마약이었다. 유유한 물의 흐름이 마약, 태양이 마약, 재즈가 마약, 담배, 칵테일, 얼음과자, 베르무트 술, 이 모두가 마약에 젖게 하는 것이었다! 향락! 향락!

힐다는 그 마약에 취하는 것이 아주 싫지는 않았다. 여러 여자들을 바라보면서 그들에 대해 이리저리 추측하는 것을 좋아했다. 여자는 같은 여자에게 주체할 수 없는 흥미를 느끼는 법이다. 저 여자의 외모가 어떻고 어떤 남자를 매혹했으며, 거기서 어떤 즐거움을 얻고 있는지—남자들은 하얀 플란넬 바지를 입은 커다란 개와 같아서, 누군가가 자기를 쓰다듬어 주기를 기다리고 재밌는 일을 기대하며, 재즈댄스에서 어느 여자의 배에 자신의 배를 비비댈 수 있기를 기다리고 있다.

힐다는 재즈댄스를 좋아했다. 자신의 배를 이른바 남자다운 남자의 배에 밀착시키고, 넓은 플로어를 마음껏 누비며, 남자가 자신의 배의 중심부로 리드하는 대로 움직일 수 있고, 또 그 뒤에는 깨끗하게 떨어져서 '그 생물'을 씻은 듯이 무시해버릴 수 있기 때문이다. 그 남자는 단순히 이용당한 것에 지나지 않는다.

코니는 가엾게도 무척 비참한 심정이었다. 그녀는 재즈에는 도저히 익숙해지지가 않았다. 자신의 배를 낯선 '생물'의 배에 대고 비빌 수가 없다는, 단지 그것 때문이었다. 또 리도 섬의 해안에 모여드는 누드에 가까운 몸도 싫었다. 그런 군중들이 한꺼번에 해수욕을 하기에는 물이 모자랄 것만 같았다. 그녀는 알렉산더 경과 쿠퍼 부인을 싫어했다. 마이클리스나 누군가가 자기 뒤를 따라다니는 것도 싫었다.

코니에게 가장 즐거운 것은 힐다를 꼬여서, 베니스의 초호를 건너 저 멀리 인적 없는 자갈투성이의 해안으로 갈 때였다. 거기서는 곤돌라를 모래톱 안쪽에 두고 둘이서만 해수욕을 즐길 수 있었다.

지오반니는 다른 한 사공의 도움을 얻기로 했다. 왜냐하면 멀리 떨어진 곳인 데다 햇빛이 쨍쨍 내리쬐어 땀을 많이 흘렸기 때문이다. 지오반니는 무척 좋은 사람이었다. 이탈리아인답게 인정이 많고, 그러면서도 전혀 정열적이지 않았다. 이탈리아인은 정열적이지는 않다. 정열은 가장 깊은 곳에 간직되어 있는 법이다. 이탈리아인은 쉽게 감동하고, 종종 애정에 넘치는 언동을 하지만, 그들에게는 오래 지속되는 정열은 좀처럼 없다.

그래서 지오반니는 과거에 귀부인 손님들에게 헌신했던 것처럼, 지금의 귀부인들에게도 이미 헌신할 준비가 되어있었다. 만약 자매가 원한다면 기꺼이 몸을 팔 각오도 충분히 하고 있었다. 그는 은근히 그녀들이 자신을 원하기를 바랐다. 그렇게 되면 그녀들은 흔쾌하게 선물을 줄 것이고, 그런 것은 마침 곧 결혼할 예정인 그에게는 무척 요긴하게 쓰일 것이었다. 그는 자신의 결혼에 대해 이야기했다. 두 사람은 적당한 관심을 표시했다.

그는 이렇게 초호를 건너 인적 없는 해안으로 가는 것은 아마 속셈이 있어서일 거라고 생각했다. 그 속셈이란 라모레, 즉 정사(情事)였다. 그래서 그는 도와 줄 사람을 구한 것이었다. 무엇보다 물길이 멀기 때문이기도 했지만, 뭐니 뭐니 해도 상대가 둘이었기 때문이다. 두 귀부인에게는 두 마리의 고등어를! 뭐, 정확한 계산이 아니겠는가! 게다가 미인들이다. 그가 자매를 자랑스럽게 여기는 것은 당연한 일이었다. 그리고 그에게 돈을 주며 명령을 내리는 것은 언니 쪽이었지만, 정사를 위해 자신을 선택하는 건 젊은 쪽이기를 바랐다. 그녀 같으면 돈도 더 줄 것이다.

그가 데리고 온 동료는 다니엘레라는 청년이었다. 곤돌라 사공이 본직이 아니었기 때문에 그에게는 매음이나 구걸하는 근성 같은 것은 전혀 없었다. 그는 산돌라 사공이었다. 산돌라는 섬에서 과일이나 생산물을 나르는 커다란 보트를 말한다.

다니엘레는 키가 크고 얼굴도 잘 생기고 아름다웠다. 조그맣고 야무진 굽실굽실한 숱이 많은 우아한 금발의 곱슬머리, 조금은 사자를 연상시키는 미남자의 얼굴, 그리고 먼 곳을 바라보는 듯한 푸른 눈을 갖고 있었다. 그는 지오반니처럼 감정표현이 과장스럽지도 않고 말도 많지 않으며 술을 좋아하지도 않았다. 그는 묵묵히 힘을 주며, 마치 혼자 물 위에 있는 것처럼 가볍게, 노를 젓고 있었다. 귀부인은 그와는 거리가 먼 신분의 부인일 뿐이다. 그는 그녀들에게는 눈길도 주지 않았다. 언제나 앞쪽을 바라보고 있었다.

그는 진짜 남자였다. 지오반니가 와인을 너무 많이 마셔서, 큰 노를 커다란 동작으로 휘젓거나 서투르게 저을 때는 약간 화를 냈다. 멜러스 같은 남자가 진짜 남자라고 한다면 그도 진짜 남자였으며, 몸을 파는 일은 하지 않았다. 코니는 쉽게 감정과잉이 되는 지오반니의 아내가 될 여자가 가엾게 생각되었다. 그러나 다니엘레의 아내는 그 미궁 같은 도시의 깊숙한 곳에서 지금도 볼 수 있는 사람들 중에서도, 얌전하고 꽃 같은 마음씨 고운 베니스 여인일 것이다.

아아, 남자가 최초로 여자를 사고, 그 뒤 여자가 남자를 사게 된 것은 얼마나 슬픈 일이란 말인가! 지오반니는 끊임없이 몸을 팔고 싶어 하고, 개처럼 침을 흘리면서 여자에게 몸을 맡기고 싶어 했다. 그것도 돈 때문에!

코니는 아득한 저쪽, 물 위에 낮게 장밋빛으로 누워있는 베니스를 바라보았다. 돈으로 건설되고, 돈으로 꽃을 피웠으며, 돈으로 멸망했다. 돈에 의한 쇠망. 돈, 돈, 돈, 매음과 쇠망.

그러나 다니엘레는 남자로서 그 무엇에도 얽매이지 않고 끝까지 충절을 지킬 수 있는 남자였다. 그는 곤돌라 사공들이 입는 작업복은 입지 않고 푸른 스웨터만 입었다. 그는 약간 거칠고 무뚝뚝하며 자존심이 강했다. 앞에서 말한 것처럼 그는 상당히 개를 닮은 지오반니에게 고용되었고, 지오반니는 또 두 여자에게 고용된 사람이었다. 그것이 현실이다! 그리스도는 악마의 돈을 거절했을 때, 형세 전체를 좌우할 수 있는 유대인 은행가 같은 악마와 절연했다고 하지만.

코니가 불타는 것처럼 빛나는 초호에서 일종의 무감각한 마비상태로 돌아오니, 마침 집에서 편지가 와 있었다. 클리포드는 정기적으로 꼬박꼬박 편지를 보내오고 있었다. 그의 편지는 무척 훌륭했다. 그것을 모두 모아 인쇄한다면 한 권의 책이 될 수 있을 정도였다. 그리고 바로 그 점 때문에 코니에게는 그다지 흥미가 없었다.

그녀는 초호의 빛깔, 밀려오는 조수에서 나는 소금 냄새, 공간, 공허, 무(無)에 마비된 것 같은 상태로 지냈다. 그러나 건강했다. 건강 그 자체, 건강에 의한 완전한 마비상태였다. 게다가 그녀는 임신하고 있었다. 지금은 그것을 확실하게 알고 있었다. 그래서 햇빛이나 초호의 소금 냄새, 해수욕, 그리고 자갈 위에 누워있거나 조개를 줍기도 하고, 곤돌라를 타고 목적지도 없이 떠다니는 것에 마비된 무감각 상태는, 잉태라고 하는 만족스럽고 몽롱한 또 하나의 건강한 충실감에 의해 더욱 완전한 것이 되어 있었다.

그녀가 베니스에 온 지 벌써 2주일이 지났다. 그리고 앞으로도 열흘이나 2주일가량 더 머물 예정이었다. 햇살은 언제나 반짝반짝 빛나고, 건강한 육체의 충실감은 모든 것을 잊게 해주었다. 그녀는 행복한 나머지 일종의 감각 마비상태에 있었다. 클리포드의 편지는 그녀를 그런 상태에서 깨어나게 했다.

"이곳에도 조그마한 시골다운 사건이 있었소. 산지기 멜러스의 게으름뱅이 여편네가 나타났는데, 도무지 환영을 받지 못했던 것이오. 산지기는 여편네를 쫓아내고 문을 잠가 버렸다는구려. 그러나 소문에 의하면, 그가 숲에서 돌아와 보니 이제는 아름답지도 않은 그 여자가 그의 침대에 떡하니 들어가 있었다는 거요. 그것도 태어났을 때의 모습 그대로. 아니면 불순한 알몸이라고 하는 것이 나을지도 모르겠소. 그 여자는 창문을 부수고 들어갔다고 하는데, 멜러스는 약간 거칠게 다루기는 했지만 그 알몸의 비너스를 자신의 침대에서 쫓아내지 못하고, 자기가 티버셜에 있는 어머니의 집으로 물러갔다고 하오. 스택스게이트의 이 비너스는 멜러스의 집에 그대로 눌러 앉아 자기 집이라고 주장하고 있고, 비너스의 남편 아폴로는 아무래도 티버셜에서 살기로 한 모양이오.

이상은 소문을 토대로 얘기한 것이지 멜러스가 나한테 직접 얘기한 것은 아니오. 시골의 하찮은 이 소문 얘기는 우리의 방앗간 참새, 우리의 따오기, 우리의 하이에나, 볼턴 부인한테서 들은 것이오. 만일 그녀가 다음과 같이 외치지 않았다면, 난 그 소문에 대한 이야기를 여기에 자세히 전하지는 않았을 것이오. '마님께선 이젠 숲으로 가지 않으실 거예요. 그 여자가 그곳에 얼씬거리고 있는 한.'

멀컴 경이 백발을 날리며, 분홍색 피부를 반짝이면서 바다 속으로 성큼성큼 걸어들어가는 당신의 그림은 무척 좋았소. 그곳의 햇살을 쬐고 있는 당신이 부럽구려. 이곳에는 비가 오고 있소. 난 멀컴 경의 뿌리 깊은, 현세적인 육욕은 부럽지 않아요. 하지만 그분의 나이에는 어울릴 거라고 생각하오. 사람은 나이가 들수록 더욱 육욕적이고 더욱 현세적이 되는 것이 분명한 것 같소. 젊은이만이 불멸의 맛을 경험할 수 있는 것이오."

이 소식은 행복으로 가득 차 반쯤 몽롱한 상태에 있던 코니에게 분노의 고통을 주게 되었다. 마침내 그 짐승 같은 여자가 그를 괴롭히기 시작한 것이다! 깜짝 놀란 그녀는 초조해져서 어쩔 줄 몰라 했다. 멜러스한테서는 편지가 오지 않았다. 편지는 절대로 쓰지 않기로 약속했던 것이다. 그러나 지금은 그가 직접 쓴 편지를 받고 싶었다. 무엇보다 그는 머지않아 태어날 아이의 아버지였다. 그에게 편지를 쓰게 해야 한다.

그러나 어떻게 이런 끔찍한 일이! 이제 모든 것이 뒤죽박죽이 되어버린 것이다. 그 저속한 사람들은 어쩌면 그토록 비열할 수 있단 말인가! 그 잉글랜드 중부의 그 음침함에 비하면, 햇빛을 쬐며 아무것도 하지 않고 한가롭게 지낼 수 있는 이곳은 얼마나 멋진 곳인가! 결국 생활에서 가장 중요하다고 할 수 있는 것은 맑은 하늘이었다.

그녀는 임신한 사실을 힐다에게도 말하지 않았다. 정확한 정보를 얻기 위해 그녀는 볼턴 부인에게 편지를 썼다.

일가의 친구인 화가 던컨 포브스가 로마에서 올라와 에스메랄다 별장에 와 있었다. 지금 그는 두 사람의 곤돌라에 세 번째 손님이 되어, 그녀들과 초호 건너에서 해수욕을 즐기면서 자매의 호위역할을 겸하고 있었다. 거의 말이 없는 조용한 젊은이지만 예술면에서는 무척 전위적이었다.

코니는 볼턴 부인에게서 편지를 받았다.


"마님은 클리포드 나리를 만나시게 되면 틀림없이 기뻐하시게 될 겁니다. 정말 원기왕성한 모습으로 열심히 일하시며, 희망에 차계십니다. 물론 나리께선 마님이 다시 저희들 곁으로 돌아오실 날을 고대하고 계십니다. 지금은 마님이 계시지 않으니 집안이 온통 허전하기만 하답니다. 그래서 다시 저희들 곁으로 돌아오시기를 손꼽아 기다리고 있습니다.

멜러스 씨에 대해서 클리포드 나리께서 어디까지 얘기하셨는지는 모르겠지만, 어느 날 오후 그의 아내가 느닷없이 나타났고 멜러스 씨가 숲에서 돌아와 보니 그 여자가 문 앞 계단에 앉아 있었다는군요. 그 여자는 자기는 본처이고 이혼할 생각이 없으니 그에게 돌아와 다시 함께 살고 싶다고 했답니다. 그것은 멜러스 씨가 이혼하려고 했기 때문인 것 같습니다. 그러나 그는 다시는 그녀와 관계를 맺을 생각이 없었고, 따라서 그녀를 집 안에 들여 놓지 않았을 뿐만 아니라, 자신도 들어가지 않고 문도 열지 않은 채 숲으로 되돌아갔습니다.

그러나 어두워진 뒤에 다시 가보니 누군가가 그의 집에 침입해 있었고, 그래서 그 여자가 무슨 짓을 했나 하고 2층으로 올라가보니, 그 여자가 실오라기 하나 걸치지 않은 몸으로 침대에 누워 있더랍니다. 그는 돈을 주려 했지만, 여자는 자기는 그의 아내이니까 자기를 도로 데리고 와야 한다고 했답니다. 그때 두 사람 사이에 어떤 소동이 벌어졌는지는 모릅니다. 그의 어머니가 제게 얘기해 주었는데, 그 여자는 제정신이 아니었다고 합니다. 그는 그 여자와 다시 사느니 차라리 죽는 편이 낫다고 말하고, 자기 소지품을 챙겨서 티버셜 마을의 언덕에 있는 어머니의 집으로 곧장 가 버렸습니다. 그날 밤에는 거기서 자고 이튿날 대정원을 지나 숲으로 가서는 자기 집에는 얼씬도 하지 않았습니다. 그 날은 그의 아내를 한번도 만나지 않았던 것 같습니다. 하지만 그 다음 날 그녀는 베갈리에 있는 자기 오빠 댄의 집에 가서 욕을 퍼붓고 푸념하면서, 자기가 그 사람의 본처인데 그가 집에 다른 여자들을 끌어들이고 있다고 말했답니다. 그 증거로 그의 서랍 속에 향수병과 재떨이 속에서 금빛 물부리가 달린 담배꽁초가 있더라는 겁니다. 저는 어찌된 영문인지 전혀 모르겠습니다만. 그리고 우편배달부 프레드 커크가 말하기를, 어느 날 아침 일찍 멜러스 씨의 침실에서 누군가가 얘기하는 소리를 들었고, 또 오솔길에 자동차가 서있었다고 말한 모양입니다.

멜러스 씨는 그 뒤 내내 어머니 집에서 지내며 숲에는 대정원을 통해 가곤 합니다. 그 여자는 멜러스 씨의 집에 그대로 눌러 앉은 모양입니다. 하기는 소문이란 밑도 끝도 없는 것이니까요. 결국 멜러스 씨는 톰 필립과 함께 자기 집으로 가서 가구와 침구를 대부분 내오고, 펌프의 손잡이까지 빼갔기 때문에 그녀는 하는 수 없이 나갔습니다. 하지만 스택스게이트로 돌아가지 않고 베갈리의 그 스웨인 부인의 집에 갔답니다. 그녀의 오빠 댄의 아내가 그녀를 받아들이지 않았기 때문이지요. 그녀는 멜러스를 붙잡으려고 멜러스 어머니의 집으로 계속 찾아가곤 했는데, 그녀는 그동안 멜러스 씨가 자신의 집에서 자기와 침대를 함께 썼다고 말하더니, 그에게서 위자료를 받아내겠다고 변호사를 찾아갔답니다. 그녀는 전보다 더 뚱뚱해지고, 더 천박하고 황소처럼 억세졌답니다. 또 그에 대해 끔찍한 말을 지껄이고 다닌다고 합니다. 자기 집에서 여자와 관계를 가진 방법이 어땠다느니, 그들이 결혼했을 때 그가 자기에게 어떤 식으로 행동했다느니, 짐승처럼 추잡한 짓을 당했다느니 하면서 떠들고 다닌답니다. 그리고 저는 진상을 모두 알고 있는 것은 아니지만, 확실히 여자가 한번 입을 뗐다 하면, 그것이 미치는 재앙은 참으로 무서운 것입니다. 여자가 아무리 천박해도 그 말을 믿는 사람도 있고, 여자의 악담에는 듣는 사람의 마음에 달라붙어 떠나지 않는 것도 있는 것이 사실입니다. 분명히, 멜러스 씨가 여자에 대해 그렇게 더럽고 짐승 같은 사람이었다고 주장하는 그 여자의 방식은 그야말로 혐오해야 마땅한 것이겠지요. 하지만 세상 사람들은 남에게 불리한 일, 특히 방금 말한 것 같은 일은 조금은 믿고 싶어 하기 마련입니다. 그 여자는 그가 살아 있는 한 절대로 그를 놓아주지 않겠다고 선언했답니다. 이건

제 의견인데, 만약 그 사람이 정말 그 여자를 그렇게 짐승처럼 다루었다면, 그런 사람한테 왜 그토록 돌아오고 싶어 하는 건지 모르겠습니다. 물론 그 여자는 이제 갱년기가 다가오고 있습니다. 그 여자가 나이가 더 많으니까요. 그리고 그런 천박하고 사나운 여자는 갱년기가 갑자기 찾아오면 대부분 제정신이 아니게 된답니다."

이 편지는 코니에게 크나큰 충격을 주었다. 바야흐로 그녀도 그 외설스러운 소문과 추문에 휘말리려 하고 있는 것이 분명했다. 그가 버사 쿠츠라는 여자와 깨끗하게 인연을 끊지 않았던 것이, 아니, 애초에 그런 여자와 결혼한 것조차 그녀는 화가 나서 견딜 수가 없었다. 아마 그에게는 야수 같은 것을 원하는 강한 욕망이 있는 것이 틀림없었다. 코니는 그와 함께 지낸 마지막 밤을 떠올리며 몸을 떨었다. 그 관능의 탐닉을 그는 버사 쿠츠라는 여자와도 이미 모두 경험했던 것이다! 정말 구역질이 나고 토할 것만 같았다. 그와는 완전히 결별하는 것이 좋을 것이다. 그는 정말 저속하고 정말로 야비한 남자일지도 모른다.

그녀는 이러한 모든 일에 염증이 나서, 거스리 씨네 딸들의 우스꽝스러운 미숙함과 시골처녀 같은 점마저 부러울 지경이었다. 그리고 지금 자신과 산지기의 관계를 모두들 알고 있을 거라고 생각하자 공포가 엄습해왔다.

이 무슨 말할 수 없는 굴욕이란 말인가! 그녀는 모든 것이 싫어지고 무서워졌다. 그리고 무슨 일이 있어도 사회적으로 존경받는 완벽한 품위, 거스리 씨 딸들의 촌스럽고 생기 없는 품위에까지 부러움을 느꼈다. 만약 클리포드가 그녀의 정사에 대해 안다면 얼마나 견디기 힘든 굴욕일까? 그녀는 두려웠다. 세상 사람들과 그 더러운 손가락질이 두려웠다. 아이를 지우고, 깨끗이 옛날로 돌아갈 수 있었으면 하는 마음까지 있었다. 요컨대 그녀는 겁을 집어먹은 것이었다.

향수병은 그녀의 경솔함 때문에 그렇게 된 것이었다. 그녀는 단순히 어린아이 같은 생각에서 서랍 속에 있는 그의 손수건과 셔츠에 자신의 향수를 뿌려주었다. 그리고 그의 물건 사이에 반쯤 남아 있는 코티 산(産) 제비꽃 향수병을 넣어두었다. 그 향기로 자신을 떠올려주기를 바랐던 것이다. 담배꽁초는 힐다가 핀 것이었다.

코니는 던컨 포브스에게 그 이야기를 조금 털어놓지 않을 수 없었다. 자기와 산지기의 관계에 대해서는 말하지 않고 그 남자를 좋아한다는 정도로만 얘기한 뒤, 그의 과거에 대해 얘기했다.

포브스가 말했다.

"그래요? 곧 알게 되겠지만, 세상은 그 남자를 끌고 다니면서 죽을 때까지 결코 놓아주지 않을 겁니다. 그에게 그럴 기회가 있었는데도 중류 계급으로 발돋움하려 하지 않았다면, 아니면 섹스에서 자신의 방식을 끝까지 지키려 하는 남자라면, 세상은 틀림없이 그를 파멸시켜 버릴 겁니다. 세상은 성에 대해 솔직하고 아무것도 숨기지 않는 사람을 용서하지 않는 것이 그 이유의 하나입니다. 누구나 하고 싶은 대로 더러운 짓을 할 수는 있습니다. 사실, 섹스에서는 저속하면 저속할수록 세상 사람들은 더 재미있어 하는 법이지요. 하지만 자기 식의 섹스를 신봉하며 저속한 짓을 하지 않으면, 그들은 그 사람을 때려눕혀 버릴 겁니다. 자연스럽고, 생명에 필요한 것으로서의 섹스는 아직도 남아 있는 유일한 광적인 터부, 사회적 법도입니다. 세상은 그것을 허락하지 않을 겁니다. 그리고 그 사람이 그런 일을 하기 전에 그 사람을 죽여버릴 것입니다. 세상은 당신의 그 남자를 끝까지 쫓아가서 붙잡아버립니다. 그러나 결국 그가 무슨 짓을 했다는 겁니까? 만약 그 남자가 자신의 아내와 철저하게 섹스를 했다면, 그건 그 사람의 권리가 아닐까요? 그 아내는 그것을 자랑으로 여겨야 할 겁니다. 그러나 비열한 창녀 같은 여자라도 그에게 엄니를 드러내고, 섹스에 반대하는 군중의 하이에나 같은 잔인한 본능을 이용하여 그를 쓰러뜨릴 겁니다. 그렇게 되면 인간은 고개를 늘어뜨리고, 자신의 섹스에 대해 죄의식을 느끼거나 공포를 느끼지 않을 수 없는 거지요. 아아, 세상은 그 가련한 남자를 궁지에 몰아넣고 때려눕히고 말 겁니다."

코니의 감정은 이번에는 정반대로 돌변해버렸다. 결국 그가 무슨 짓을 했다는 건가? 그녀 자신에게 그가 한 일은 무엇이었나? 코니여, 강렬한 열락과 해방감, 생명감을 준 것이 아니었던가? 그는 그녀의 따뜻하고 자연스러운 성욕의 흐름을 해방시켜 주었다. 그런데 그것 때문에 세상은 그를 몰아세우고 파멸시키고 하고 있다.

아니야, 안돼, 그런 일이 있어서는 안돼. 그녀는 그의 모습을 떠올렸다. 얼굴과 손이 햇볕에 그을린 하얀 알몸으로, 얼굴에 기묘한 엷은 미소를 짓고, 마치 별개의 생물 같은 자신의 꼿꼿하게 선 페니스를 내려다보면서 얘기하고 있었다. 그의 목소리도 들려왔다. 당신은 누구보다 멋진 엉덩이를 가졌어! 그러자 그의 손이 축복을 내리는 것처럼, 다시 엉덩이와 두 개의 숨겨진 비밀스러운 곳을 따뜻하게 가만히 덮어오는 것을 느꼈다. 그리고 그 따뜻함이 자궁을 뚫는 작은 불꽃이 되어, 두 무릎 사이에서 어른거렸다. 그녀는 말했다.

"그래, 그것을 거부해서는 안되는 거야! 그와 인연을 끊으면 안돼! 그를, 그리고 여러 가지 일들을 통해 그에게서 얻은 것을 놓쳐서는 안돼. 그가 나에게 주기 전까지는, 나에게는 따뜻한 불꽃같은 생활은 없었어. 그래, 그것을 거부하지는 않겠어."

그녀는 이번에는 무모한 행동을 했다. 아이비 볼턴에게 편지를 보냈는데, 산지기에게 보내는 짧은 편지를 동봉해서 그에게 전해달라고 부탁한 것이다. 그녀는 이렇게 썼다.

"당신 부인이 당신을 괴롭힌다는 얘기를 듣고 무척 슬퍼하고 있어요. 그렇지만 너무 걱정하지 마세요. 그건 일종의 발작에 지나지 않는 거니까요. 그런 일은 갑자기 시작된 것처럼 갑자기 씻은 듯이 끝나게 될 거예요. 하지만 그 일에 대해서는 몹시 가슴이 아파요. 너무 걱정하지 않았으면 좋겠어요. 어차피 그럴 가치가 없는 일인 걸요. 그녀는 당신을 해치고 싶어 히스테리를 일으킨 것에 지나지 않아요. 전 열흘 뒤에 돌아갈 거예요. 모든 일이 잘 되기를 기도할게요."

며칠 뒤 클리포드한테서 편지가 왔다. 그는 명백히 동요하고 있었다.

"당신이 16일에 베니스에서 출발할 예정이라는 얘기를 듣고 기뻐하고 있소. 그러나 그쪽에서의 생활이 즐겁다면 서둘러 돌아오지 않아도 난 괜찮소. 우리 모두 당신이 없어서 무척 쓸쓸해하고 있소. 라그비 저택도 허전해하고 있어요. 그러나 당신이 충분한 일광욕을, 리도 해변의 광고에도 씌어 있듯이, 파자마 차림으로 일광욕을 하는 것이 중요하오. 그러니 아무 걱정말고 며칠 더 머물러주기 바라오. 그러는 편이 당신을 더욱 건강하게 하고, 이곳의 정말 끔찍한 겨울에 대한 준비가 된다면 말이오. 오늘도 여기는 비가 오고 있소.

볼턴 부인은 정말 칭찬해 주고 싶을 정도로 내 시중을 잘 들어 주고 있소.

그녀는 참으로 이상한 여자요. 살아가면 살아갈수록 난 인간이 얼마나 기묘한 생물인지 깨닫게 된다오. 인간 중에는 차라리 지네처럼 백 개의 다리를, 또는 새우처럼 여섯 개의 다리를 가지는 게 나은 사람이 있어요. 사람이 자신의 종족에게 기대하고 있는 인간다운 절조나 위엄은 실제로는 존재하지 않는 것이 아닌가 하는 생각이 드는구려. 심지어 나 자신 속에도 그런 건 존재하고 있지 않다는 생각까지 드는군.

산지기의 추문은 아직도 끝나기는커녕 갈수록 눈덩이처럼 커지고 있소. 볼턴 부인이 나의 소식통이라오. 그녀는 물고기를 연상시켜요. 물고기는 말은 하지 못하지만 살아있는 한 늘 아가미를 통해 무언의 입질로 뻐끔뻐끔 소문얘기를 전하고 있는 것만 같소. 모든 것이 그녀의 아가미를 통해 걸러지고 있고, 그런 그녀를 놀라게 하는 일은 아무것도 없소. 마치 다른 사람들의 생활에서 일어나는 모든 사건들이 그녀에게 없어서는 안 되는 산소인 것처럼.

그녀는 지금 멜러스의 추문에 푹 빠져있소. 그래서 그녀가 이야기하는 대로 내버려 두면, 나를 끝도 없이 깊은 곳으로 끌고 간다오. 그녀가 격분하는 것은 멜러스의 아내에 대해서인데, 그녀는 그 여자를 어디까지나 버사 쿠츠라고 부르고 있고, 그런 때에도 마치 어떤 역할을 연기하고 있는 여배우가 분개하고 있는 것 같더군. 나는 현세의 버사 쿠츠 같은 여자의 진흙탕 같은 생활 속에 깊이 빠져버렸소. 그리고 이 추문의 물결에서 해방되어 다시 천천히 수면 위로 떠올랐을 때, 그곳에 있어 마땅한 햇빛을 경이의 눈으로 바라보았소.

우리의 세계는 우리에게는 모든 사물의 표면인 것처럼 보이지만, 실은 심해의 바다이라는 말을, 나는 정말 맞는 말이라고 생각하오. 즉 이 세상의 나무들은 모두 바다 밑에서 자라고 있는 것이고, 우리 인간은 작은 새우 같은 부스러기를 먹고 사는, 기묘한 비늘로 덮인 해저동물인 것이지. 다만 이따금 영혼이 우리가 살고 있는 바다 속의 바닥없는 심연을 지나, 진짜 공기가 존재하는 하늘의 표면까지 헐떡거리며 올라가는 것이오. 우리 인간이 평소에 마시고 있는 공기는 물의 일종이고, 남자와 여자는 물고기의 일종이라고 나는 확신하고 있소.

그러나 이따금 영혼은 깊은 바다 속에서 먹이를 다 먹은 뒤, 황홀한 기분으로 상승하여, 갈매기처럼 빛 속으로 날아가는 거요. 생각건대 인류의 해저밀림 속에서 우리의 동포인 몹시도 맛없는 수중생물을 먹으며 사는 것이, 우리들, 죽어야할 인간의 운명이오. 하지만 한번 우리가 유유하게 헤엄치고 있는 먹이를 삼키자마자, 구(舊) 대양의 표면에서 진정한 빛 속으로 뛰쳐나가, 다시 밝은 하늘로 날아가 사라지는 것이 우리의 불멸하는 영혼의 운명이오. 그때 인간은 그 영원성을 깨닫는 것이라오.

볼턴 부인의 이야기를 들을 때면, 나는 인간의 비밀이라는 물고기 떼가 꿈틀거리며 헤엄치고 있는 깊은 바다로 나 자신이 자꾸자꾸 빠져드는 것을 느끼오. 육욕은 우리에게 부리에 가득 찰 정도의 먹이만 잡을 수 있게 한다오. 그런 다음 밀집한 곳에서 나가 하늘로, 젖은 곳에서 마른 곳으로, 다시 자꾸자꾸 올라가는 것이오. 당신에게는 경과를 모두 알려줄 수 있소. 하지만 나는 볼턴 부인과 함께 있으면 그야말로 바다 속의 해초나 푸르스름한 괴물들이 모여드는 속으로, 소름이 끼칠 만큼 깊은 곳으로 가라앉는 것을 느낄 뿐이오.

우리는 어쩌면 산지기를 잃게 될지도 모르겠소. 그 게으름뱅이 여자의 추문은 가라앉기는커녕 반향이 점점 더 커져가고만 있소. 산지기는 입으로 다 말할 수 없는 여러 가지 일로 비난 받고 있고, 그 아내는 교묘하게도 광부의 아내들, 귀가 얇은 소름 끼치는 여자들의 대부분을 용케도 자신의 뒷방패로 손에 넣은 것 같소. 그래서 마을은 소문이야기로 마구 썩어 가고 있다오.

이 버사 쿠츠는 멜러스의 집과 숲 속의 오두막을 샅샅이 뒤진 뒤, 그의 어머니 집에 그를 몰아넣고 괴롭히고 있다는구려. 그 뒤 어느 날 자기를 쏙 빼닮은 딸이 학교에서 돌아오는 것을 붙들었는데, 그 어린 아이는 자기 어머니의 손에 키스는커녕 달려들어 물어뜯었고, 그것 때문에 어머니한테 세게 따귀를 맞고 비틀거리다 도랑에 빠져버렸다는군. 그 아이는 할머니가 분노하여 어쩔 줄을 몰라 하면서 도랑에서 그 아이를 건져주었다고 하오.

그 여자는 정말 엄청난 양의 독가스를 뿌리고 다녔소. 보통은 부부의 일에 대해 침묵하는, 무덤의 가장 깊은 곳에 묻혀야 할 자신의 부부생활을 시시콜콜 들추어내어 여러 쌍의 부부들에게 퍼뜨리고 다녔소. 그녀가 그런 일들을 10년 동안 묻어둔 것들을 파 들추어 기묘한 싸움을 시작한 것이라오. 나는 그 상세한 내용을 린리와 의사한테서 들었는데, 의사는 몹시 재미있어 하고 있었소. 물론 상대할 가치도 없는 일이지만. 인간은 옛날부터 이상한 성교의 체위에 대해 묘한 열망을 품어 왔소. 그리고 만약 남자가 자기 아내를, 이탈리아의 조각가 벤베누토 첼리니가 말한 '이탈리아식'(아날 섹스)으로 다루는 것을 좋아한다면, 뭐, 그건 그 사람의 기호에 관한 문제일 것이오. 그러나 우리 집의 산지기가 그런 온갖 방법들을 알고 있을 줄은 생각지도 못했소. 틀림없이 버사 쿠츠 자신이 그에게 그것을 부추겨서 하게 했을 거요. 아무튼 그들의 개인적인 추한 행위일 뿐, 어느 누구와도 상관없는 일이지.

하지만 그런 얘기에는 누구나 귀를 기울이는 법이오. 나 자신도 그렇지만. 십수 년 전 같았으면 사회 일반의 품위와 관련된 일에 대해서는 모두들 입을 다물게 했을 것이오. 하지만 이제 사회적인 품위는 더 이상 존재하지 않아요. 광부의 아내들은 모두 분노하여, 조금도 부끄러워하지 않고 발언하고 있소. 지난 50년 동안 티버셜의 모든 아이들은 성모 마리아 같은 순결한 잉태에 의한 탄생이고, 또 우리 비국교도(非國敎徒) 여자들은 모두 빛나는 잔 다르크로 생각될 정도요. 우리의 훌륭한 산지기에게 프랑스의 풍자가 라블레 같은 기질이 다소 있다는 것이, 그를 크리펜*25 같은 살인마보다 더 악랄하고 소름끼치는 인간으로 만들고 있는 것 같소. 그러나 만약 티버셜의 이러한 사람들이 그 이야기를 전부 곧이곧대로 믿는다면, 어지간히 어리석은 자들이라고 할 수밖에 없소.

그러나 난처하게도, 저 사악한 버사 쿠츠는 자신의 경험과 피해에 대해서만 말했던 것이오. 남편이 집안에 여자들을 끌어들였다고 악을 쓰고 소리지르며, 닥치는 대로 몇몇 여자의 이름을 댔다 하오. 그래서 상당한 신분의 이름들이 먹칠을 당하게 되었는데, 그 행위는 상당히 좋지 않은 결과를 가져왔소. 그녀에게 법정에서 어떤 금지명령을 내린 것이오.

나는 무엇보다 그 여자를 숲에서 쫓아낼 수 없었기 때문에, 하는 수 없이 멜러스를 만나야 했소. 그는 늘 그렇듯이 '난 아무도 상관하지 않는다. 아니, 아무도 나를 상관하지 않는다면 나도 상관하지 않겠다'는 민요 〈디 강의 방앗간〉처럼 돌아다니고 있소. 그렇지만 역시 그는 꼬리에 양철 깡통을 매단 개 같은 기분일 거라고 나는 생각하고 있소. 게다가 그는 겉으로는 교묘하게 빈 깡통 같은 건 달고 있지 않은 척하지만, 마을 여자들은 그가 지나가기만 하면 마치 사드 후작이라도 본 것처럼 아이들을 집안에 불러들이는 모양이오. 그는 약간 철면피처럼 행동하고 있으나, 빈 깡통이 꼬리에 매달려 떨어지지 않아서

---

*25 아내를 독살한 미국인 목사. 대서양 항로의 선상에서 체포되었는데, 소년으로 변장한 애인을 동반하고 있었다.

속으로 스페인 민요의 돈 로드리고처럼 되뇌이고 있지 않을까 하는 생각을 한다오. '아아, 지금 가장 죄를 범한 곳이 나를 괴롭히고 있구나!'

내가 그에게, 앞으로도 숲의 일을 할 수 있을 거라고 생각하느냐고 묻자, 그는 자기는 지금까지 일을 게을리 했다고 생각하지 않는다고 대답하더군. 그여자를 숲에 무단출입시키는 것은 곤란하다고 말하니, 그는 자신에게는 그녀를 체포할 권리가 없다는 것이었소. 그래서 추문과 그 불쾌한 소문에 대해 넌지시 내비치자, 그는 '아, 모두들 자기 하고 싶은 대로 섹스를 즐긴다면, 남의 남자가 어떻다느니 하는 쓸데없는 얘기는 들으려 하지 않게 될 겁니다' 하고 말하더군.

그는 비웃듯이 말했지만, 그 말에 현실적인 진리가 내포되어 있다는 건 의심할 여지없는 사실이오. 그러나 그 표현 방식은 세심하지도 점잖지도 않았소. 나는 그 점을 그에게 암시했소. 그러자 그의 양철 깡통이 다시 소리를 내는 것이 들려왔소. '클리포드 경, 내가 두 다리 사이에 불알을 가지고 있다고 해서 나를 힐책하는 것은, 당신 같은 육체를 가진 남자에게 어울리지 않습니다.'

이런 말을 누구에게나 가리지 않고 말했으니, 그에게 전혀 도움이 될 리가 없었지. 교구목사와 린리, 버로스 등 모두들 그 남자가 여기서 떠나주기를 바라고 있소.

그에게 집안에 귀부인들을 끌어들이고 있다는 소문이 사실이냐고 물었소. 그의 대답은 '도대체 그것이 당신과 무슨 상관입니까?' 하는 것이었소. 내가 내 땅 안에서는 체면을 지키고 싶다고 하자, '그렇다면 여자들 입에 단추를 채워 두어야겠군요.' 하고 대답합니다. 그의 생활 태도를 고쳐줬으면 좋겠다고 강하게 말했을 때, '틀림없이 당신은 나와 암캐인 플로시 사이에도 무슨 추문을 날조할지 모르겠군요. 당신은 거기서 뭔가를 잘못 짚었습니다.' 하는 것 아니겠소? 사실 무례함의 실례(實例)라는 점에서 그를 능가하는 사람은 아무도 없을 거요.

나는 그에게 다른 일을 찾기가 쉽겠는지 물어보았소. 그는 '만약 나를 이 일에서 쫓아내고 싶다는 의미라면, 눈을 한번 깜박거리는 것처럼 간단하지요.' 합디다. 그래서 다음 주말에 나가는 일에 대해서는 그는 전혀 말썽을 일으키지 않았소. 그리고 조 체임버스라는 젊은이에게 직업상의 기술을 자진해서 가르쳐 주고 있는 모양이오. 그가 떠날 때는 한 달 치 급료를 더 주겠다고 말했더니, 나에게는 양심의 부담을 덜어야 할 이유가 없으니 그 돈은 넣어두는 게 좋겠다고 그는 말했소. 그게 무슨 의미냐고 물어 보니, '당신은 나에게 필요 이상으로 받은 게 없으니까 나에게도 필요 이상의 것을 주지 않아도 됩니다. 만약 제 셔츠가 밖으로 비어져 나온 것이 보인다면 그건 가르쳐 주십시오' 하는 게 아니겠소?

그런데 지금은 사건이 일단락 지어졌소. 그 여자는 가버렸소, 어딘지는 모르지만. 만약 티버셜에 나타나면 체포를 면할 수 없을 거요. 그녀는 극단적으로 감옥을 무서워하나 봅디다. 게다가 충분히 감옥에 들어갈 만한 짓을 했고. 멜러스는 다음 주 토요일에 이곳을 떠날 것이고, 그러면 이 마을도 다시 여느 때와 마찬가지로 잠잠해질 거요.

어쨌든 사랑하는 코니, 당신이 8월 초까지 베니스나 스위스에서 즐기는 동안 이 불쾌한 소문 밖에 있을 수 있다고 생각하니 난 기쁘오. 이 달 말까지는 이 소문도 깨끗이 사라질 테니까.

앞에서 말했듯이, 우리는 깊은 바다 속의 괴물이오. 왕새우는 진흙 위를 걸을 때, 모두를 위해 진흙을 휘젓는다 하오. 우리는 어쩔 수 없이 그것을 철학적으로 생각해야 하는 것이오."

클리포드의 편지에는 사람의 신경을 긁는 데가 있었고, 또 어느 모로 보나 동정심이 없어서 코니에게 나쁜 인상을 주었다. 그러나 멜러스로부터 다음과 같은 편지를 받았을 때, 코니는 사태를 더욱 잘 알 수 있었다.

"고양이가 다른 여러 종류의 새끼고양이를 데리고 자루에서 나왔소. 그래서 자루 속의 비밀이 낱낱이 폭로되고 말았소. 아내 버사가 나의 사랑하지 않는 품으로 돌아와서, 내 집에 들어와 앉은 것은 당신도 들어서 알고 있을 거요. 여기서 있는 그대로 말하자면, 그녀는 그곳에서 코티의 작은 향수병 모양을 한 한 마리의 쥐 냄새를 맡은 것이오. 다른 증거는 적어도 며칠 동안은 발견되지 않았지만, 곧 태워버린 사진에 대해 마구 떠들어 대기 시작하더군. 손님용 침실에서 액자유리와 뒤판도 발견했소. 불행히도 뒤판에 누군가가 조그만 스케치를 여러 번 그리며, C. S. R이라는 머리글자를 적어두었던 것이오. 이것은 아무런 단서도 주지 않았지만, 그 여자가 내 집에 침입했을 때 당신의 책 중에서 속표지에 콘스탄스 스튜어트 리드라는 당신의 옛날 이름이 적힌 여배우 주디스의 자서전을 발견했소. 그 뒤 며칠 동안 그녀는 내 정부가 다름 아닌 채털리 부인이라고 소리높이 떠들고 다녔소. 그 소문은 결국 교구목사인 버로스와 클리포드 경의 귀에도 들어갔소. 그때 두 사람은 나의 충실한 아내에 대해 법적 조치를 취하기로 했고, 평소에 경찰을 끔찍하게 무서워하는 그녀는 그것 때문에 자취를 감추고 말았소.

클리포드 경이 만나고 싶다고 해서 찾아갔소. 경은 여러 가지를 장황하게 말했는데, 나 때문에 무척 난처해하고 있는 것 같았소. 그리고 부인의 이름까지 사람들의 입에 오르고 있는 것을 아느냐고 묻더군요. 나는 그런 추문 따위에는 귀를 기울이지 않으며, 그런 하잘 것 없는 말을 클리포드경의 입을 통해 듣게 된 것은 놀라울 뿐이라고 말했소. 경은 물론, 그것은 커다란 모욕이라고 말했고, 나는 그렇다면 부엌에 메리 왕비*26의 사진이 있는 달력이 있는데, 그건 왕비가 내 후궁의 한 사람이기 때문이냐고 말해주었소. 그러나 그 분은 나의 이 풍자에 대해 아무런 평가도 하지 않고, 내가 바지 앞 단추도 채우지 않고 돌아다니는 파렴치한 놈이라는 말을 했소. 그래서 나도 당신은 어쨌든 바지 앞단추를 채우지 않으면 안 되는 물건은 아무것도 달고 있지 않다고 말해주었소. 그래서 경은 나를 해고했고, 나는 다음 주 토요일 이곳을 떠날 것이오. 그 뒤, 이곳에 다시는 나타나지 않을 생각이오.

나는 런던으로 가겠소. 코버그 거리 17번지의 옛날 하숙집 여주인 잉거 부인이 나에게 방을 빌려주거나 다른 데 구해줄 것이오.

'너의 무거운 죄 반드시 그 몸에 미칠 것임을 알라.*27 만약 너에게 아내가 있고, 그 이름이 버사라면, 더더욱……'

코니에 대해서는 한 마디도 언급되어 있지 않았다. 그녀는 그 사실에 대해 분노했다. 위로의 말이나 안심시키는 말 정도는 몇 마디 해주어도 좋을 텐데. 그러나 한편으로는 그녀를 자유로운 입장에 두어, 라그비 저택이나 클리포드 곁으로 돌아가는 것도 마음대로 할 수 있게 하려는 것임을 알 수 있었다. 그러나 그것이 다시금 화가 났다. 마음에도 없이 그렇게 기사인 척할 필요는 없는

---

*26 조지 5세의 부인.
*27 구약성서, 민수기에서.

것이다. 오히려 "그 여자는 내 애인이고 정부요. 난 그것을 자랑스럽게 여기고 있소!"라고 클리포드에게 말해주었으면 얼마나 좋을까? 그러나 그에게도 그렇게까지 말할 용기는 없었을 것이다.

그리하여 티버셜에서는 그녀의 이름은 그의 이름과 묶여있었다. 그건 난처한 일이었다. 그러나 그것도 머지않아 사람들의 기억에서 사라질 것이다.

그녀는 화가 났지만, 그것은 그녀를 무기력하게 하는 복잡하게 혼란시키는 분노였다. 어떻게 해야 하는가? 어떻게 말해야 할까? 도무지 알 수가 없었다. 그래서 아무 말도 하지 않고 아무것도 하지 않았다. 여전히 베니스에 있으며 던컨 포브스와 곤돌라를 타고 뱃놀이를 하러 나가기도 하고 해수욕을 하면서 하루하루를 마냥 보내고 있었다. 던컨은 10년 전에 그녀에게 상당히 불행한 짝사랑을 한 적이 있었는데, 지금 다시 그녀에게 마음을 보내고 있었다. 그녀는 그에게 말했다.

"난 남자에게 단 한 가지밖에 바라지 않아요. 그건 말이에요, 나를 그냥 내버려 둬달라는 거예요."

그러자 던컨은 그녀를 내버려두었다. 그리고 그렇게 할 수 있어서 정말 기뻤다. 그러면서도 그녀에게 끊임없이 기묘하고 내향적인 애정을 부드럽게 쏟아붓고 있었다. 그는 그녀와 함께 있고 싶어 했다.

어느 날 던컨은 그녀에게 말했다.

"인간들에게 서로 유대가 얼마나 적은지 생각해본 적이 있습니까? 다니엘레를 보십시오! 그는 태양의 아들처럼 잘 생겼지만, 그의 아름다움에 얼마나 그의 고독함이 드러나 있는지 확인해 보십시오. 하지만 그에게는 틀림없이 아내와 가족이 있을 거예요. 그래서 무슨 일이 있어도 가족한테서 달아날 수 없을 겁니다."

"그 사람한테 물어보세요."

코니가 말했다.

던컨은 물어보았다. 다니엘레는 자기는 이미 결혼해서 일곱 살과 아홉 살 난 사내아이가 둘 있다고 했다. 그러나 그 사실을 얘기하면서 아무런 감정도 내비치지 않았다.

코니가 말했다.

"아마 진정으로 친밀해질 수 있는 사람들만이 그렇게 이 세상에 외톨이로 있는 것처럼 보이는 거겠죠. 다른 사람들은 뭔가 끈적한 데가 있어서 집단에서 떨어질 수 없는 거예요. 지오반니처럼."

그리고 그녀는 마음속으로 생각했다.

'그리고 던컨, 당신처럼.'

## 18

그녀는 어떻게 할 것인지 마음을 정해야 했다. 멜러스가 라그비를 떠나게 되는 토요일, 즉 엿새 뒤에 베니스에서 출발하기로 하자. 그러면 다음 월요일에는 런던에 도착하여 그 사람을 만날 수 있으리라. 그녀는 런던 주소로 그에게 편지를 보내, 하틀랜드 호텔로 자기한테 편지를 보내달라고 당부하고 또 월요일 밤 7시에 자기를 찾아와달라고 부탁했다.

마음속에서는 기묘하고 복잡한 분노가 치밀고 있는데도, 모든 감각이 마비된 것처럼 겉으로 드러나지는 않았다. 그녀는 힐다에게조차 마음을 털어놓으려 하지 않았다. 힐다는 코니가 언제나 굳게 입을 다물고 있는 것에 마음이 상했지만, 한 네덜란드인 부인과 친하게 지내고 있었다. 코니는 여자끼리의 이러한 약간 답답한 친분을 좋아하지 않았다. 힐다는 늘 따분함을 메우기 위해 새로운 사람들과 어울리곤 했다.

멀컴 경은 코니와 여행을 함께 하기로 결정했다. 따라서 힐다는 던컨과 함께 나중에 올 예정이었다. 언제나 사치스러운 생활을 즐기는 이 늙은 예술가는, 코니가 호화로운 기차를 싫어하는데도 베니스를 경유하는 오리엔트 특급의 침대칸을 잡았다. 오늘날에는 호화로운 열차에는 저속하고 퇴폐적인 분위기가 있지만, 그 열차로 가면 파리까지 단시간에 갈 수 있었다.

멀컴 경은 아내에게 돌아갈 때는 언제나 안절부절못했다. 그것은 첫 번째 아내 때부터의 습관이었다. 그러나 그는 뇌조 사냥을 위한 초대파티가 있어서 그 전에 여유를 가지고 집에 돌아가고 싶었다. 한편 햇볕에 그을려 아름다워진 코니는 창밖의 풍경에 대해선 완전히 무관심한 듯 말없이 앉아 있었다.

"코니, 라그비 저택으로 돌아가기가 싫은 거냐?"

그녀가 무뚝뚝하고 침울한 것을 알아차리고 아버지가 물었다.

"라그비로 돌아가기로 결정한 건 아니에요."

그녀는 상대방이 깜짝 놀랄 정도로 당돌하게 아버지의 눈을 크고 파란 눈으로 들여다보면서 말했다. 그의 크고 푸른 눈에 사회적인 도덕심이 그리 분명하다고 할 수 없는 남자의 겁먹은 표정이 떠올랐다.

"잠시 파리에 머물 예정이라는 말이니?"

"아니에요, 이제 라그비 저택에는 절대로 돌아가지 않는다는 뜻이에요."

그는 자신의 사소한 문제에 머리가 아팠기 때문에, 딸이 자기에게 걱정거리를 더해 주지 않기를 속으로 바라고 있었다.

"그게 무슨 소리냐, 갑자기?"

"저, 아이를 가졌어요."

그 말을 살아있는 사람에게 한 것은 처음이었다. 그리고 그것은 그녀의 인생이 분열한 것을 나타내는 것 같았다.

"그걸 어떻게 알지?"

그녀는 생긋 웃었다.

"어떻게 알았느냐고 저에게 물으시는 거예요?"

"물론, 물론 클리포드의 아이는 아닐 테지?"

"네, 다른 사람의 아이예요."

그녀는 아버지가 난처해하는 것이 오히려 재미있었다.

"나도 아는 남자냐?"

멀컴 경이 물었다.

"아니에요, 아직 한번도 보신 적이 없어요."

오랜 침묵이 흘렀다.

"그래서, 앞으로 어쩔 작정이냐?"

"모르겠어요. 그게 문제예요."

"클리포드는 아이를 받아들일 거예요. 지난번에 아버지가 그 사람과 얘기하신 뒤, 만약 저에게 아이가 생기더라도 상관하지 않겠다고 했거든요. 신중하게 처리하기만 하면요."

"그의 입장에서 그가 할 수 있는 유일하게 분별 있는 말이구나. 그렇다면 괜찮은 것 아니냐?"

"어떻게요?"

코니는 아버지의 눈을 들여다보면서 말했다. 코니의 눈과 상당히 비슷한 크고 푸른 그의 눈에 걱정스러운 빛이 떠올라 있었다. 늘 쾌활하고 또 조심성이 있지만, 때로는 불안한 사내아이의 표정이 되었다가, 또 때로는 비뚤어진 자기 본위의 표정이 되기도 했다.

"너는 클리포드에게 채털리 집안의 후계자를 선물하여 라그비 저택에 또 한 사람의 준남작을 만들어 줄 수 있는 것 아니겠니?"

멀컴 경의 얼굴이 약간 호색적인 미소를 지으며 웃고 있었다.

"하지만 전 그러고 싶지 않아요."

"왜? 또 한 남자와의 관계 때문에? 글쎄, 네가 내 입에서 진실한 말을 듣고 싶다면 얘야, 그건 이런 거란다. 세상은 연면히 이어져 가는 것이다. 라그비 저택은 엄연히 존재하고 있고, 앞으로도 계속 존재할 거야. 세상은 어느 정도는 고정되어 있어. 그러니 우리는 외면적으로도 거기에 순응해야 해. 개인으로는, 내 개인적인 의견으로는, 우리는 자기 하고 싶은 대로 행동할 수 있어. 감정은 변하는 것이다. 지금은 이 남자가 좋을지 모르지만 내년에는 다른 남자가 좋아질지도 몰라. 그래도 라그비 저택은 여전히 존재할 거다. 라그비가 너를 버리지 않는 한, 넌 라그비를 버려선 안 된다. 그런 상태에서 네가 하고 싶은 대로 하면 되는 거야. 그와 헤어진다고 해도 얻을 수 있는 건 아무것도 없을 게다. 무슨 일이 있어도 헤어지고 싶다면 그렇게 할 수도 있어. 너에게는 자립할 수 있는 수입이 있으니까. 너를 결코 망하게 하지 않을 유일한 것이지. 그러나 그것만으로는 얻는 게 그다지 없을 게다. 라그비에게 어린 준 남작을 안겨 주어라, 그건 상당히 즐거운 일이 될 거다."

멀컴 경은 의자에 깊숙이 앉으며 다시 미소 지었다. 코니는 대답하지 않았다.

"너도 드디어 진정한 남자를 만난 모양이구나."

그는 한참 뒤 딸에게 그렇게 말했다. 그는 남녀 문제에 대해서는 머리의 회전이 빨랐다.

"그래요. 그래서 어떻게 해야 할지 모르겠어요. 그런 사람은 그리 흔하지 않으니까요."

그는 생각에 잠겼다.

"그래, 흔하지 않겠지. 그건 그렇고, 너를 붙잡은 그 자는 틀림없이 행운아야. 널 힘들게 할 사람은 아니겠지?"

"네, 그래요, 정말 저를 자유롭게 해주는 사람이에요."

"그래, 그래야지. 성실한 남자라면 그렇겠지."

멀컴 경은 기뻐해주었다. 코니는 그가 마음에 들어 하는 딸이었다. 그는 언제나 그녀의 여자다움을 사랑했다. 코니는 힐다와 달리 어머니를 닮지 않았다. 게다가 멀컴 경은 처음부터 클리포드를 싫어했다. 그래서 그는 기뻐하며, 아직 태어나지 않은 아이가 자신의 아이인 것처럼 딸에게 다정한 배려를 기울여주었다.

그는 코니와 함께 하틀랜드 호텔로 가서 딸이 여장을 푸는 것을 지켜본 다음 자신의 클럽으로 갔다. 코니가 그날 밤 아버지와 함께 외출하는 것을 거절했기 때문이었다.

멜러스한테서 온 편지가 기다리고 있었다.

"당신의 호텔에는 가지 않겠소. 7시에 애덤 거리의 골든 코크 밖에서 기다리고 있겠소."

그는 그곳에 서있었다. 키 크고 날씬한 몸에 얇은 검은색 양복을 입고 있어서 거의 못 알아볼 뻔했다. 그는 타고난 장점이 있었지만, 그녀의 계급의 인간들처럼 판에 박은 듯한 외모와는 다른 모습이었다. 그러나 코니는 이내, 그가 어떤 장소에도 얼굴을 내밀 수 있는 사람이라는 것을 알아보았다. 실제로 판에 박은 듯한 계급의 사람들보다 훨씬 소박하고 타고난 교양을 지니고 있었다.

"아, 왔소? 아주 건강해 보이는군!"

"네, 하지만 당신은 기운이 없으시군요."

그녀는 걱정스러운 듯이 그의 얼굴을 들여다보았다. 여위어서 광대뼈가 드러나 보였다. 그러나 눈은 그녀를 향해 웃고 있었다. 그와 함께 있게 되자 코니는 마음이 편안해졌다. 역시 그랬다. 세상 사람에 대해 체면을 세우고자 하는 긴장이 단번에 사라지는 것이었다. 그로부터 뭔가가 관능적으로 흘러나와, 그녀를 마음속에 편안하고 행복하고 느긋한 기분을 불어넣어준 것이다. 행복에 대해 민감해진 여자의 본능으로, 그녀는 그것을 즉각 마음속에 받아들였다. "이 사람만 옆에 있어주면 난 행복해질 수 있어!" 이러한 마음의 팽창과 따뜻함을 준 것은 베니스의 햇살만은 아니었던 것이다.

"그 일, 당신에게는 무척 불쾌했죠?"

그녀는 테이블을 사이에 두고 그와 마주앉자 그렇게 물었다. 그가 너무나 초췌해져 있는 것을 그제야 깨달은 것이다. 그의 손은 그녀가 알고 있는 모습

그대로, 잠자고 있는 동물의 그 기묘하게 긴장이 풀린 몰아의 상태로 놓여져 있었다. 그녀는 그 손을 잡고 키스하고 싶어서 견딜 수가 없었다. 그러나 그럴 용기가 나지 않았다.

"세상 사람들은 나에게는 언제나 불쾌했소."

"그래서 많이 괴로웠어요?"

"그랬소, 늘 그렇지만. 하지만 그런 일로 괴로워하는 건 바보 같다는 걸 알았소."

"꼬리에 양철 깡통을 매단 개와 같다고 느꼈나요? 클리포드가 그렇게 말했어요. 당신이 그런 기분일 거라고."

그는 그녀를 쳐다보았다. 그녀의 이 잔인한 말은 그의 자존심에 심한 상처를 주었다.

"그랬던 것 같소."

그녀는 그가 모욕에 대해 분노를 느낄 때의 괴로운 기분을 알 리가 없었다. 그리고 얘기가 오랫동안 끊겼다.

"내가 없어서 쓸쓸했나요?"

"당신이 이 소동에서 미리 빠져 나간 걸 다행으로 생각했소."

다시 침묵이 흘렀다.

"사람들은 당신과 나의 관계를 믿었을까요?"

"아니, 그렇지는 않을 거요, 전혀."

"클리포드는요?"

"그는 믿지 않고 있소. 그런 일은 생각도 하지 않고 한 귀로 흘려버렸지. 하지만 당연히, 내 얼굴을 다시는 보고 싶지 않았을 거요."

"저, 아이를 가진 것 같아요."

그의 얼굴에서, 그의 온몸에서, 표정이 사라졌다. 어두운 눈빛으로 그녀를 바라보았지만, 그 눈길은 그녀로서는 전혀 이해할 수 없는 것이었다. 마치 유령이 어두운 불꽃을 뿜으며 자신을 쳐다보고 있는 것 같았다.

"기쁘다고 말해 줘요."

그의 손을 더듬으면서 그녀가 애원했다. 그러자 그에게 일종의 환희가 솟구쳐 오르는 것을 알 수 있었다. 그러나 그것은 그녀에게는 이해할 수 없는 일이었고, 그물에 걸린 것처럼 몽롱하기만 했다.

"그건 아직 먼 일이오."

"하지만……기쁘지 않아요?"

그녀는 집요하게 파고들었다.

"난 미래에 대해서는 철저하게 믿지 않아요."

"당신은 책임에 대해 아무것도 고민할 필요 없어요. 클리포드가 자신의 아이로 받아들일 거예요, 기쁜 마음으로."

그녀는, 그가 이 말에 얼굴이 창백해지고 마음이 위축되는 것을 느꼈다. 그는 대답하지 않았다.

"클리포드에게 돌아가 라그비 저택에 작은 준 남작을 선물할까요?"

그녀를 바라보고 있는 그의 창백한 얼굴이 무척 낯설게 느껴졌다. 그의 얼굴에 일그러진 쓴웃음이 잠시 스치고 지나갔다.

"아이의 아버지가 누구인지 클리포드 경에게 말하지 않아도 되는 거겠지?"

"오! 말하더라도 그는 아이를 받아들일 거예요. 내가 그걸 원하면 말이에요."

그는 잠시 생각에 잠겼다.

그는 마침내 혼잣말처럼 말했다.

"그래! 클리포드 경은 받아주겠지."

침묵이 이어지고, 두 사람 사이에는 커다란 심연이 가로놓여 있었다.

"하지만 내가 클리포드에게 돌아가기를 원하는 건 아니겠죠? 안 그래요?"

"당신은 어떻게 하고 싶소?"

"당신과 함께 살고 싶어요."

그녀는 주저하지 않고 대답했다.

그녀가 그렇게 말했을 때, 그는 자신도 모르게 작은 불꽃이 자신의 배를 날카롭게 훑고 지나가는 것을 느꼈다. 그는 고개를 숙였다. 그런 다음 뭔가에 사로잡힌 듯한 눈으로 그녀를 올려다보았다.

"당신에게는 그럴 가치가 있을지 몰라도 난 가진 것이 아무것도 없소."

"당신은 다른 남자들보다 많은 것을 가지고 있어요. 그건 당신도 아시잖아요?"

"어느 정도는 알고 있소."

그는 잠시 생각에 잠긴 뒤 다시 얘기를 이어갔다.

"나에게 여성적인 데가 다분히 있다는 말을 자주 들었소. 그러나 사실은 그렇지 않소. 내가 새를 쏘는 걸 싫어한다고 해서 여자라고 할 수는 없는 것이고, 또 돈을 벌거나 출세하는 걸 원하지 않는 것도 마찬가지요. 군대에서도 간단하게 출세할 수 있었지만, 난 군대를 좋아하지 않았소. 부하들을 잘 다룰 줄 알았지. 그들은 나를 좋아했고, 내가 화를 낼 때는 나를 두려워하기도 했소. 아니, 군대를 죽이는 것은 어리석고 완고한 군 수뇌들이었지. 그건 정말 개죽음이었소. 난 병사가 마음에 들었고 병사들도 나를 좋아했소. 하지만 이 세상을 지배하는 자들이 쓸데없는 말을 떠벌리며 잘난척하는 것은 참을 수가 없소. 그런 이유에서 난 출세할 수 없는 것이오. 난 돈의 오만을 싫어하고, 계급의 오만도 싫어하오. 이런 내가 세상에서 살면서 귀부인에게 바칠 수 있는 것이 무엇이겠소? 아무것도 없소."

"하지만 왜 뭔가를 바쳐야 하는 거죠? 이건 거래가 아니잖아요? 다만 우리가 서로 사랑하고 있다는 것, 그것뿐이잖아요?"

"아니, 그것뿐만이 아니오. 산다는 건 움직이는 것, 쉬지 않고 움직이는 것이오. 내 인생은 빗물받이 홈통 속으로 제대로 떨어지지 않을 것이오. 그렇게 쉽게 되지 않을 거란 말이오. 그러니 난 쓰고 난 차표 조각처럼 고독해요. 그래서 내 생활 속에 여자를 끌어들일 수가 없소. 우리 두 사람의 신선한 기분을 위해, 내 생활이 무언가를 하거나 적어도 정신적으로 어딘가를 지향하는 것이 아니라면 말이오. 만약 고립된 생활을 하게 된다면, 또 상대가 진실한 여자라면, 자기 생활의 무언가의 의미를 여자에게 보여주지 않으면 안 되오. 난 당신의 단순한 정부가 될 수는 없다는 말이오."

"어째서요?"

"물론 난 그렇게 될 수가 없기 때문이오. 게다가 당신도 그런 건 이내 싫어하게 될 거고."

"나를 믿을 수 없다고 말하는 것 같군요……"

그의 얼굴에 쓴웃음이 스치고 지나갔다.

"돈도 당신의 것, 신분도 당신의 것, 모든 결정권도 모두 당신에게 있겠지. 하지만 난 어차피 귀부인의 단순한 섹스상대가 될 수는 없소."

"그럼, 그것 말고 당신은 뭔가요?"

"그렇게 말하는 것도 무리는 아니오. 사실 그건 확실하게 모르겠소. 하지만 적어도 나 자신에게 있어서는 난 아직 제법 쓸 만한 존재요. 난 내 나름의 생활양식이 가진 좋은 점을 통찰할 수 있소. 남들은 그것을 이해하지 못한다는 걸 알지만 말이오."

"그래서 만약 저하고 함께 살면 당신의 생활양식이 가진 좋은 점이 줄어든다는 건가요?"

그는 한참 동안 잠자코 있다가 대답했다.

"그럴지도 모르겠소."

그녀도 얘기하는 것을 중단하고, 그 점에 대해 생각했다.

"그래서 당신의 생활양식이 가진 좋은 점은 뭔가요?"

"그건 눈에 보이지 않는 것이오. 난 세상을 믿지 않소. 돈과 진보, 서양문명의 미래도. 만약 인류에게 장래성이 있어야 한다면 현재와는 크게 다른 것이 아니면 안 될 거요."

"그럼 진정한 미래는 어떤 것이어야 하나요?"

"그건 신만이 아실 거요! 나는 마음으로 뭔가 느낄 수 있지만, 그것은 맹렬한 분노와 뒤섞여 있소. 하지만 미래가 실제로 어떤 것이 될지는 나도 모르겠소."

그녀는 그의 얼굴을 들여다보며 말했다.

"제가 가르쳐 드릴까요? 다른 사람들은 갖고 있지 않지만 당신은 갖고 있는 것, 그리고 미래를 만드는 것이 뭔지 가르쳐 드릴까요? 가르쳐 드려요?"

"그게 뭔지 어디 말해보구려."

"그건 당신 자신의 부드러움에서 나오는 용기, 바로 그거예요. 당신이 제 엉덩이에 손을 얹고 예쁜 엉덩이라고 말할 때처럼."

그의 얼굴에 쓴웃음이 떠올랐다.

"아, 그거 말이오?"

그는 생각에 잠겼다.

"그래, 당신 말이 옳아요. 정말로 그거요. 처음부터 내내 그랬지. 난 병사들과 생활하며 그것을 알았소. 놈들과는 몸으로 접촉하지 않으면 안 되었고, 또 그렇게 하지 않을 수 없었소. 그들을 몸으로 이해하며 조금은 부드럽게 대해주지 않으면 안 되었소. 설사 내가 그들에게 지옥의 고통을 맛보게 해주더라도 말이오. 그것은 부처님이 말했듯이 의식에 관한 문제요. 그러나 부처님조차 육체적인 의식과 적절한 남자다운 방식이라면 남자들 사이에서도 최상의 것인 그 자연스러운 육체적인 부드러움은 피하고 싶어 했소. 그것은 그들을 진정으로 남자다운 남자로 만드는 것이오. 원숭이와 똑같이 하는 것이 아니라. 그렇소! 그것은 바로 부드러움이오. 또 그건 섹스를 할 때의 의식이기도 하지. 섹스는 실은 단순한 접촉에 지나지 않지만, 모든 접촉 가운데 가장 친밀한 것이오. 또 그것은 우리가 두려워하고 있는 접촉이오. 우리는 반쯤 의식하고, 반쯤 살고 있을 뿐이오. 우리는 원기발랄하게 그 의식을 분명히 해야 할 것이오. 특히 영국 사람은 서로 접촉하지 않으면 안 돼요, 좀더 애정을 가지고 좀더 부드럽게. 그건 당장 눈앞에 닥친 시급한 일이오."

코니는 그를 쳐다보았다.

"그런데 왜 저를 두려워하는 거죠?"

그는 대답하기 전에 오랫동안 그녀를 쳐다보았다.

"그건 돈 때문이오. 정말로. 그리고 신분, 당신의 마음에 있는 세계 때문이오."

"하지만 제 마음 속에는 부드러움이 없나요?"

그녀는 슬픈 듯이 말했다.

그는 그녀를 내려다보았다. 방심한 듯한 어두운 눈길이었다.

"음, 나타났다 사라졌다, 잘 변하지. 나처럼."

"하지만 당신과 저 사이에는 그것이 있다고 믿을 수는 없는 건가요?"

그녀는 걱정스럽게 그를 응시하며 물었다.

그녀는 멜러스의 얼굴이 긴장이 풀리며 부드러워지는 것을 알 수 있었다.

"아마도!"

그는 말했다.

둘 다 입을 다물었다.

"당신 품에 안기고 싶어요. 우리에게 아기가 생겨서 기쁘다고 말해 주세요."

그녀는 참으로 사랑스럽고 따뜻하게, 그리고 뭔가가 부족한 듯이 보였고, 그의 뱃속이 그녀를 향해 꿈틀거렸다.

"내 숙소로 가겠소? 또 명예롭지 않은 일의 되풀이가 되겠지만."

그러나 그는 애정이 넘치는 온화하고 순수한 표정이 되어 세상일을 완전히 잊어버리고 있음을 그녀는 알았다.

그들은 길을 멀리 돌아 코버그 광장까지 걸어갔다. 그는 광장에 있는 건물

맨 위층의 다락방을 빌려 가스렌지로 자취하고 있었다. 좁은 방이지만 깔끔하게 정리되어 있어서 답답한 느낌은 들지 않았다.

그녀는 옷을 벗고 그에게도 그렇게 하도록 했다.

그녀는 임신 초기의 부드러운 생기로 가득 차서 매우 아름답게 보였다.

"당신을 건드리면 안 될 것 같은데?"

"싫어요! 사랑해주세요! 사랑해줘요! 그리고 절 지켜주겠다고 말해줘요. 보호해주겠다고 말해줘요! 절대로 놓치지 않겠다고 말해줘요, 세상에도, 어느 누구에게도."

그녀는 그에게 바싹 다가가서, 그의 여위고도 강인한 알몸에 꼭 매달렸다. 그녀가 알고 있는 한 단 하나의 안식처인 그의 알몸에.

"그렇다면 당신을 놓치지 않겠소. 당신이 원한다면 놓지 않겠소."

그는 그녀를 힘껏 끌어안았다.

그녀는 되풀이했다.

"그리고 아기에 대해서도 기쁘다고 말해줘요. 아기에게 키스해주세요. 자궁에 키스하고 그곳에 당신의 아이가 있는 것이 기쁘다고 말해줘요."

그러나 그에게 있어서 그것을 말하는 것은 무척 어려운 일이었다.

"난 내 아이를 이 세상에 태어나게 하는 것이 두렵소. 아이의 장래가 몹시 걱정스러워."

"하지만 내 안에 아기를 심어준 건 당신인 걸요. 다정하게 대해 주세요. 그렇게 하면 그것이 아기의 좋은 장래가 될 거예요. 키스해줘요!"

그는 부르르 몸을 떨었다. 그건 맞는 말이었다.

"다정하게 대해 주세요. 그렇게 하면 그것이 아기에게 좋은 장래를 만들어 줄 거예요."──그 말을 듣는 순간, 그는 여자에게 순수한 사랑을 느꼈다. 그는 그녀의 배에 입을 맞추고, 또 자궁과 그 안에 있는 태아에게 키스하기 위해 그녀의 비너스의 언덕에 입을 맞췄다.

"아아, 당신, 사랑해줘요! 사랑해줘요!"

그녀는 잘 알아들을 수 없는, 분명한 언어가 아닌 성애의 외침처럼, 작은 목소리로 그렇게 말했다. 그리하여 그가 그녀의 안에 조용히 들어갔을 때, 두 사람 사이에 연민의 정이 활활 타오르며, 부드러움으로 가득 찬 물결이 그의 뱃속에서 그녀의 뱃속으로 한꺼번에 해방되어 흘러들어가는 것이 느껴졌다.

그렇게 그녀 안에 들어가 있으니, 이것이 바로, 남자로서의 자존심과 위엄과 진실을 잃지 않고 부드럽게 접촉하기 위해, 자신이 하지 않으면 안 되는 일이라는 것이 실감으로 다가왔다. 결국 그녀가 돈과 재산을 가지고 있고, 자신은 무일푼이라 해도, 그것 때문에 자신의 부드러움을 그녀에게 보여주지 않고 억제하는 것은, 너무나 자존심이 강하고 지나치게 체면에 집착하는 것이었다. '인간들이 육체적으로 서로를 이해하는 접촉에 난 찬성한다.' 그는 자신에게 그렇게 말했다. '더욱이 부드러움으로 가득한 접촉, 그리고 그녀는 나의 반려다. 또 그것은 돈이나 기계, 이 세상의 생기가 없고 관념적인 원숭이 같은 풍조에 대한 싸움이다. 그렇게 되면 그녀는 주저하지 않고 뒤에서 나를 지지해줄 것이다. 내가 한 여자를 얻은 것은 행운이다! 나와 함께 있어주고, 나를 걱정하고 나를 이해해 주는 여자가 있다는 건 고마운 일이다. 못된 여자도 아니고 어리석은 여자도 아니니 얼마나 다행한 일인가! 게다가 다정하고 이해력이 높기까지 하니!' 그리고 정액이 그녀 안에 쫙 뿜어져 나갔을 때, 단순한 생식력보다 훨씬 많은 의미가 있는 창조적인 행위로서, 그의 영혼도 그녀 쪽으로 옮겨가고 있었다.

그녀는 이제 그와 자기 사이에 이별은 결코 있을 수 없다고 결심을 굳혔다. 그러나 그 수단방법은 이제부터 생각하지 않으면 안 된다.

"당신은 버사 쿠츠를 미워했나요?"

"그 여자에 대한 이야기는 하지 맙시다."

"아니에요! 꼭 물어봐야 해요. 한때는 당신이 좋아했던 사람이니까요. 그리고 한때는 지금의 나처럼 친밀했던 사이니까요. 그러니까 꼭 얘기해줘야 해요. 당신이 그토록 친밀하게 지냈던 사람을 지금은 그토록 미워한다는 건 좀 잔인한 것 아닐까요? 왜 그런 거예요?"

"모르겠소. 그 여잔 늘 본심으로 나에게 대항하려고만 했소. 무서운 여자의 본심 말이오. 그 여자의 방자함, 결국은 무시무시하고 끔찍한 위협이 되는 여자의 그 무서운 방자함, 아아, 그 여자는 나에게 언제나 방자하게 행동했소. 이를테면 내 얼굴에 황산을 끼얹는 것 같은."

"그런데 아직도 당신을 자유의 몸으로 해주지 않는군요. 지금도 당신을 사랑하고 있는 거 아니에요?"

"말도 안돼요. 설사 나를 속박하고 있다 해도, 그건 그 미친 듯한 욕망 때문이오. 그 여자는 나를 위협하려는 것뿐이오."

"하지만 틀림없이 당신을 사랑했어요."

"아니! 뭐 아주 조금은 그랬겠지. 그 여자가 나에게 끌렸던 건 사실이오. 그렇지만 그 사실조차 그녀의 마음에 들지 않았던 것 같소. 가끔은 나를 사랑했지. 그러면서도 언제 그랬냐는 듯이 나를 위협하기 시작하더군. 그녀의 마음속 가장 깊은 곳에 숨어 있는 욕망은 나를 위협하는 것이었고, 그런 그 여자의 마음은 돌릴 수가 없었소. 그녀의 본심은 처음부터 악했소."

"어쩌면, 당신이 사실은 그녀를 사랑하지 않는다는 걸 알고, 당신에게 사랑받고 싶었던 것이 아닐까요?"

"오, 그러나 그건 정말 끔찍한 강요였소."

"하지만, 사실은 그녀를 사랑하지 않았잖아요? 그렇다면 당신은 그 여자에게 잘못한 거예요."

"어째서 내가? 난 그러려고 했소. 그녀를 사랑하려고 했단 말이오. 하지만 어떻게 된 일인지 그 여자는 언제나 내 마음을 갈기갈기 찢어놓았소. 아니, 이제 그런 이야기는 그만둡시다. 그건 운명이었소. 그 여자는 그런 운명을 타고난 여자였소. 만약 허락되는 일이었다면, 이 마지막 기회에 족제비를 쏘아 죽이는 것처럼 그 여자를 쏘아 죽였을 것을! 그 여자의 모습은 미쳐 날뛰는 악운의 생물이오. 그 여자를 쏘아죽이고 이 비참한 상황을 완전히 끝낼 수 있다면 얼마나 좋을까! 그건 용서받아야 하는 일이오. 여자가 모든 일에 반항하는 자기본위의 의지에 사로잡히면, 끔찍한 일이 벌어지는 법이요. 그러니 결국 쏘아죽일 수밖에 없는 거지."

"남자라면 자기본위의 의지에 사로잡혀도 결코 쏘아죽여서는 안된다는 건가요?"

"으음. 그건 마찬가지요! 하지만 난 그 여자한테서 해방되어야 해요. 그렇지 않으면 또 다시 나에게 덤벼들 테니까. 당신한테 얘기하고 싶었는데, 내가 순조롭게 이혼할 수 있도록 우린 조심해서 행동해야 해요. 나와 당신이 함께 있는 것을 들켜선 안 돼요. 만약 그 여자가 나와 당신을 비난하기 시작하면 정말 감당할 수 없게 될 테니까."

코니는 이 문제에 대해 깊이 생각해 보았다.

"그렇다면 우리는 함께 있어선 안 되겠군요?"

"여섯 달 정도는. 내 이혼은 9월쯤 인정될 것 같으니까 그때부터 3월까지요."

"아기는 아마 2월 말쯤에는 태어날 텐데요."

그는 아무 말도 하지 않았다.

"클리포드나 버사 같은 자들이 모두 죽어 없어졌으면 좋겠소."

"그건 그 사람들에게 동정심을 가지지 않는 일이에요."

"그들에게 동정심을 가지라고? 그래, 그렇다 하더라도, 그 자들을 위해 베풀어줄 수 있는 가장 친절한 일은 아마 죽음을 안겨주는 일일 거요. 그들은 살아있어서는 안돼! 오직 삶을 방해할 뿐이니까. 그들의 정신은 육체 안에서 끔찍하게 썩어가고 있소. 그들에게 죽음은 쾌적한 것일 거요. 그러니까 내가 그들을 죽이는 건 허락되어야 마땅하오."

"하지만 당신, 설마 그런 일을 하진 않을 거죠?"

"얼마든지 할 수 있소. 그것도 족제비를 쏘는 것만큼의 가책도 느끼지 않고! 족제비에게는 어쨌든 가련함과 고독이 있소. 그러나 그런 자들은 전투군단이오. 아아, 그들을 정말 쏘아죽이고 싶소!"

"그렇다면 당신에게 그럴 배짱이 없는 것이 정말 다행이에요."

"그런 셈이지."

코니는 지금 생각해야할 것이 너무 많았다. 그가 정말로 버사 쿠츠한테서 해방되고 싶어 한다는 건 명백했다. 또 그가 한 말도 지당하다고 생각했다. 무엇보다 그 마지막 공격은 너무나 잔인한 것이었다 — 그것은 봄까지 그녀가 혼자 살아야하는 것을 의미했다. 아마 클리포드와 이혼하는 건 가능할 것이다. 그러나 어떤 방법으로? 만약 그때 멜러스의 이름이 등장한다면 그의 이혼은 불가능해진다. 정말 난처한 일이 아닐 수 없다. 지금 당장이라도 지구 끝까지 달아나서, 이런 모든 일에서 해방되는 건 불가능한 일일까?

그것은 불가능한 일이다. 그 세상의 끝은 오늘날에는 런던의 채링크로스 광장에서 채 5분도 걸리지 않는 곳이다. 무선전신이 작동하고 있는 한 지구의 끝은 없다. 아프리카의 작은 나라 다호메이의 왕들과 티베트의 라마승도 런던과 런던의 방송을 듣고 있다.

인내! 인내다! 세계는 기구가 광대할 뿐만 아니라 무서울 만큼 복잡하게 얽혀 있다. 그러므로 거기에 걸려들어 난도질당하지 않도록 주의해야 한다.

코니는 아버지에게 사정을 털어놓았다.

"아버지, 그 사람은 클리포드의 산지기였어요. 하지만 인도에서는 육군장교로 지냈죠. 그 사람은 C.E. 플로렌스 대령을 닮았어요.*28 다시 한번 일개 병사로 돌아가고 싶어 했다는 그 대령 말이에요."

그러나 멀컴 경은 그 유명한 C.E. 플로렌스 대령의 불충분하고 애매한 사고에는 공감하지 않았다. 스스로를 비하하는 그 모든 것 뒤에 과대한 선전이 빤히 들여다보인다고 그는 생각했다. 그것은 바로 기사인 멀컴 경이 가장 혐오하는 자만, 겸손이라는 이름의 자만과 같은 것이었다.

"그 산지기는 어디 출신이냐?"

멀컴 경은 신경질적으로 물었다.

"티버셜 마을 광부의 아들이에요. 그렇지만 어디 내놓아도 부끄럽지 않은 사람이에요."

이 기사 칭호를 가지고 있는 화가는 더욱 화가 났다.

"내겐 금광을 파는 노다지꾼처럼 생각되는구나. 그리고 넌 가엾게도 채굴되기 쉬운 금맥이고."

"아니에요, 아버지. 그렇지 않아요. 한 번 만나 보시면 아시게 될 거예요. 정말 남자다운 사람이에요. 클리포드는 언제나 그의 태도가 오만하다고 싫어했지만요."

"클리포드도 그때만큼은 직감이 뛰어났던 모양이군!"

멀컴 경이 참을 수 없었던 것은 자기 딸이 산지기와 정사를 가졌다는 추문이었다. 그는 정사에 대해선 상관하지 않았다. 그러나 추문만은 마음에 걸렸다.

"나는 그 남자에 대해서는 아무것도 상관하지 않겠다. 너를 보기 좋게 구워삶은 건 분명해. 하지만 세상의 소문을 생각해 보렴. 네 계모가 그것을 어떻게 생각하겠니?"

"그건 저도 알고 있어요. 소문은 저도 꺼림칙하구요, 특히 사교계에서 사는 사람한테는 더더욱 그렇죠. 그런데 그 사람도 자기 아내와 어떻게든 이혼하고 싶어 해요. 어쩌면 아기는 다른 남자의 아이로 하고 멜러스의 이름은 아예 꺼

---

*28 아라비아의 로렌스로 유명한 T.E. 로렌스를 가리킴.

내지 않는 게 좋지 않을까 싶어요."

"다른 남자라니! 누구 말이냐?"

"아마 던컨 포브스가 되겠죠. 그 사람은 태어나서 지금까지 내내 친구였으니까요. 게다가 화가로도 이름이 알려져 있고, 또 절 좋아해요."

"저런! 불쌍한 던컨! 난 아마 지옥에 떨어질 거다. 그래서 그 사람에게는 어떤 보상이 주어지는 거냐?"

"모르겠어요. 하지만 그 사람이라면 오히려 더 좋아할지도 몰라요."

"그럴지도 모르겠다만, 만약 정말 그렇다면 그 사람도 이상한 남자로군. 그 사람하고 관계를 가진 적은 한번도 없었겠지?"

"없었어요! 그 사람, 사실은 그런 건 바라지도 않았어요. 그저 제가 옆에 있어주기를 원했을 뿐, 육체적 관계는 싫어해요."

"허! 이해 못할 세대로군!"

"그 사람은 저에게 무엇보다 자기가 그리는 그림의 모델이 되어주기를 원했어요. 전 절대로 그럴 마음이 없었지만."

"불쌍해라. 신이시여, 도와주소서. 그 자는 무슨 일에서든 마구 짓밟히고 있는 것 같구나."

"하지만 아버지, 던컨과의 소문이라면 괜찮으시겠죠?"

"저런! 애야, 그건 너무 잔인한 획책이다."

"저도 알아요! 정말 구역질나는 일이죠! 하지만 달리 무슨 방법이 있어요?"

"획책하고 묵인하고, 묵인하고는 획책하고. 아무래도 내가 너무 오래 산 것 같다."

"아버지도 참! 아버지도 지금까지 획책이나 나쁜 짓을 묵인하신 적이 있으면서 그런 말씀을 하시는 거예요?"

"그러나 분명히 말해 이건 내용이 달라."

"그야 뭐든 다 다르지요."

힐다가 도착하여 상황의 새로운 진전에 대해 듣고는, 예상했던 대로 불같이 화를 냈다. 그녀도 동생과 산지기의 추문이 세상에 퍼질 것을 생각하니 참을 수가 없었던 것이다. 너무나 굴욕적인 일이었다!

코니가 말했다.

"그럼 우리 두 사람이 따로따로 자취를 감춘 뒤 캐나다의 브리티시컬럼비아로 가는 건 어때요? 그러면 소문이 나지 않을 것 아니에요?"

그러나 그것도 소용없는 일이었다. 소문이라는 것은 아무래도 세상에 드러나기 마련이다. 그리고 만약 코니가 남자와 달아날 바에는 그 남자와 결혼할 수 있는 상태인 경우가 낫다. 그것이 힐다의 의견이었다. 멀컴 경은 여전히 결정하지 못하고 있었다. 이 연애사건은 어쩌면 쉽게 잊혀질지도 모른다.

"그이를 한번 만나주시겠어요, 아버지?"

가엾은 멀컴 경! 그는 그런 일은 결코 원하지 않았다. 그리고 가엾은 멜러스! 그는 더더욱 원치 않았다. 그러나 그 만남은 이루어졌다. 그들은 서로 머리끝에서 발끝까지 상대를 관찰하면서 클럽 밀실에서 단둘이 점심식사를 했다.

멀컴 경은 위스키를 꽤 많이 마셨고 멜러스도 마셨다. 그 동안 두 사람은 내내 인도에 대한 얘기만 했다. 그 나라에 대해 청년은 꽤 넓은 견문을 가지고 있었다.

식사하는 동안 내내 그런 이야기가 계속되었다. 커피가 나오고 급사가 물러갔을 때, 비로소 멀컴 경은 잎담배에 불을 붙이며 유쾌하게 말했다.

"그런데 젊은이, 내 딸을 어떻게 할 생각인가?"

멜러스의 얼굴에 쓴웃음이 얼핏 떠올랐다.

"글쎄요, 따님이 어쨌는데요?"

"그 아이 뱃속에 틀림없이 자네 아이가 있는 모양인데."

"그건 영광으로 생각합니다."

멜러스가 싱긋 웃었다.

멀컴 경은 짧게 웃음을 터뜨리더니 스코틀랜드인답게 호색적인 표정을 지었다.

"영광? 그렇지! 영광이라! 그래, 어땠나, 응? 좋았나 자네, 어땠어?"

"좋았습니다."

"그랬을 걸세. 하하! 내 딸이거든, 나를 정말 쏙 빼닮았단 말이야! 나 자신도 줄기차게 즐겼지만 도무지 쇠락하는 일이 없었다네. 하기는 그 애 어머니와는, 오, 성스러운 영혼이여!"

그는 하늘을 향해 눈을 희번덕거렸다.

"그러나 자네는 내 딸을 불타게 해줬을 것 같군 그래. 난 알 수 있다네. 하하핫! 그 애에겐 내 피가 흐르고 있어! 자넨 명백하게 그 애의 마른 풀에 불을 붙인 거야. 하하핫! 사실은 난 그게 정말 기쁘네. 그 애에겐 그게 필요했어, 암! 그 앤 좋은 여자야, 좋은 여자. 그래서 난 알고 있었지, 누구든 고약한 녀석이 그 애의 마른 풀에 불을 붙여주기만 하면 그 앤 멋진 여자가 될 거라고. 하하하! 산지기라고 했나, 자네? 정말 대단한 밀렵꾼이야, 말하자면 말일세, 하하! 그런데 여보게, 이젠 진지한 얘기를, 그 일에 대해선 어떻게 할 생각인가? 중요한 얘기야, 알고 있겠지!"

진지한 이야기가 시작되자 두 사람의 대화는 그다지 진전이 없었다. 멜러스는 제법 거나하게 취하기는 했지만, 멀컴 경에 비하면 훨씬 덜했다. 그는 이야기를 가능한 한 지적(知的)인 것으로 유지했다. 단, 그것은 너무 많은 말을 하는 것을 의미하는 것은 아니었다.

"그래, 자넨 산지기란 말이지. 아, 자넨 그야말로 올바른 일을 한 거네. 그런 일은 남자로서 해볼만한 가치가 있지, 안 그런가? 여자의 가치는 엉덩이를 꼬집어보면 알 수 있어. 여자의 엉덩이는 만져보기만 해도 알 수 있다네. 여자가 적당히 흥분해줄지 어떨지 말이야. 하하! 자네가 부럽네. 그런데 자네 나이가 몇인가?"

"서른아홉입니다."

기사는 눈썹을 꿈틀 치켜 올렸다.

"그렇게나? 뭐 내가 보기에는 아직 20년은 문제없을 것 같군. 그래, 산지기든 뭐든 자넨 좋은 남자야. 한쪽 눈을 감고도 그쯤은 알 수 있지. 그 저주받은 클리포드하고는 달라. 그 자는 한번도 흘레라는 걸 해본 적이 없는 겁쟁이 개라네. 정말 한 번도 해본 적이 없어. 난 자네가 마음에 들었네. 이보게, 자넨 틀림없이 좋은 물건을 달고 있을 거야. 음, 자넨 싸움닭이야, 난 알 수 있어. 자넨 투사라구. 이보게, 산지기 군, 하하! 나 같으면 자네한테 내 사냥감을 맡기진 않겠어! 그런데 말일세, 진지하게 말해서 그 일은 어떻게 하면 좋겠는가? 세상에는 말 많은 여자들이 하도 많아서 말이야."

이 진지한 대화에서 그들은 서로 남성의 호색성에 의한 동료의식을 다졌을 뿐, 그 일에 대해서는 아무것도 얘기한 것이 없었다.

"그리고 말이야 자네, 내가 뭔가 자네에게 도움이 될 수 있다면, 나를 믿고 의지해도 돼. 자네 산지기라고 했지? 야아, 거참 재미있군. 난 마음에 들었네, 응? 마음에 들었어! 그 애도 보통내기가 아닌데? 안 그래? 어쨌든 자네, 그 애에게는 자신의 수입이 있네. 대단한 건 아니지만 밥을 먹을 정도는 되지. 그리고 나도 능력껏 남겨줄 작정일세, 반드시. 그 아인 낡아빠진 여자들 사이에서 용기를 보여주었으니 당연히 그럴 자격이 있어. 나도 70년 동안 그런 여자들의 치마폭에는 가까이 가지 않도록 노력해 왔지만, 아직도 그게 잘 안돼. 하지만 자넨 진짜 남자야. 난 그걸 알 수 있어."

"그렇게 생각해주시니 감사합니다. 세상의 그런 여자들은 대개 저를 원숭이라고 뒤에서 손가락질합니다만."

"아, 그럴 거야! 이보게, 그런 낡은 여자들에게 자네는 숲 속에 사는 원숭이로 밖에 안 보일 걸세."

두 사람은 우정어린 분위기에서 헤어졌고, 멜러스는 그 뒤 하루 종일 속으로 웃음 지었다.

이튿날, 그는 주의 깊게 고른 어떤 장소에서 힐다를 동반한 코니와 점심식사를 했다.

"사방이 막혀있는 답답한 상황이어서 정말 유감이에요."

힐다가 말했다.

"난 그런 점들이 재미있습니다."

멜러스가 대꾸했다.

"두 사람이 자유롭게 결혼해서 떳떳하게 아이를 가질 수 있을 때까지, 아이 문제는 미루는 것이 좋지 않았을까요?"

"신께서 좀 일찍 불꽃에 숨결을 불어넣으신 모양입니다."

"하느님이 이 일과 무슨 상관있어요? 물론 코니는 두 사람이 먹고 살 수 있을 만큼의 돈은 가지고 있어요. 하지만 현재의 상황은 도저히 견딜 수 없을 거예요."

"하지만 만약 그렇다 해도, 당신은 이 곤경의 일부 이상의 것은 부담하실 필요가 없다고 생각합니다만."

"당신이 동생과 같은 계급이었다면."

"아니면 내가 동물원의 우리 속에 있었다면."

침묵이 흘렀다. 힐다가 다시 말했다.

"난 이렇게 생각해요. 만약 코니가 공동피고로서 완전히 다른 남자의 이름을 대고, 당신은 전혀 관계가 없는 것으로 하는 것이 가장 좋을 거라고."

"그러나 나는 이미 한쪽 발을 깊숙이 들여놓았다고 생각합니다."

"내가 말하는 것은 이혼소송에 대해서예요."

그는 깜짝 놀라 힐다를 쳐다보았다.

코니는 던컨을 이용하려는 계획을 그에게 털어놓을 용기가 없었다.

"무슨 말인지 잘 모르겠군요."

"우리에게 한 친구가 있는데, 아마 공동피고로서 지명되는 데 반대하지 않을 거예요. 그러니까 당신의 이름은 꺼내지 않아도 된다는 거죠."

힐다가 말했다.

"남자이겠군요?"

"물론이에요!"

"그렇지만 코니에겐 다른 남자는 없는 걸로 알고 있는데요?"

그는 놀라서 코니를 쳐다보았다.

그녀는 당황해서 말했다.

"아니에요, 아니에요! 그저 옛날부터의 친구일 뿐이에요. 연애감정 같은 건 없는 지극히 단순한 친구."

"그렇다면 그 사람이 왜 그런 책임을 떠맡는단 말입니까? 당신한테서 아무 것도 얻을 것이 없다면?"

"용기를 가지고 있고, 여자한테서 아무것도 바라지 않는 남자도 간혹 있어요."

"나를 대신할 남자라, 호오, 그게 대체 누굽니까?"

"우리가 스코틀랜드에서 어릴 때부터 알고 지내던 친군데, 화가예요."

"던컨 포브스로군요."

그가 대뜸 말했다. 실은 전에 코니가 그에게 얘기한 적이 있었던 것이다.

"그렇지만 어떻게 그 사람에게 책임을 덮어씌울 겁니까?"

"어떤 호텔에 함께 있었다거나, 코니가 그 사람 아파트에서 묵었다고 해도 되겠지요."

"내게는 쓸데없는 소동같이 생각되는데요."

힐다가 물었다.

"그렇다면 당신에게 무슨 좋은 계책이 있나요? 만약 당신 이름이 나오면, 당신은 부인과 이혼할 수 없을 거예요. 부인을 끌어들이게 되면 도저히 감당할 수 없을 텐데요."

"그것뿐입니까?"

그는 엄격한 어조로 말했다.

긴 침묵이 흘렀다.

"우린 당장이라도 달아날 수 있습니다."

"코니한테는 쉬운 일이 아니에요. 그러기에는 클리포드의 이름이 너무 많이 알려져 있어요."

다시금 좌절감에 의한 침묵이 다시 이어졌다.

"세상은 그런 거예요. 박해를 받지 않고 함께 살고 싶다면 우선 결혼을 해야 해요. 결혼하기 위해서는 두 사람 다 이혼해야겠지요. 그런 문제를 두 사람은 어떻게 할 작정인가요?"

그는 오랫동안 잠자코 있었다.

"당신은 우릴 위해 어떻게 해주실 생각입니까?"

"던컨이 공동피고의 역할을 승낙해줄지 알아보겠어요. 그러고 나서 클리포드와 코니가 이혼하도록 해야겠지요. 그리고 당신도 당신의 이혼을 진행시켜야 하고, 둘 다 자유로운 몸이 될 때까지 떨어져 있어야 해요."

"정신병원 같군요."

"그럴지도 모르죠! 하지만 세상은 당신과 코니를 정신이상자로 생각할 거예요. 아니면 더 나쁘게 볼 수도 있고."

"더 나쁘다는 건 무슨 얘깁니까?"

"범죄자겠지요."

"몇 번 더 칼을 휘두르고 싶어지는군요."

그는 씩 웃으면서 말했다. 그리고 입을 다물고 분노하고 있었다.

"좋아요."

드디어 그가 입을 열었다.

"난 뭐든지 동의하겠어요. 세상 사람들은 헛소리나 하는 바보들이오. 하지만 세상을 물리칠 수 있는 사람은 아무도 없겠지요. 아무튼 난 최선을 다할 겁니다. 당신 말이 옳아요. 우리는 최선을 다해 스스로를 구하지 않으면 안 됩니다."

그는 굴욕과 분노와 피로와 비참함이 섞인 눈길로 코니를 바라보며 말했다.

"온 세상이 당신을 몰아넣고 사로잡으려 하는군."

"둘이서 그렇게 하지 못하게 하면 돼요."

그녀가 말했다.

그녀는 세상에 대항하는 이 공모에 대해 조금도 개의치 않았다.

던컨에게 이야기를 꺼내자, 그가 의무불이행자인 산지기를 꼭 만나고 싶다고 해서, 이번에는 던컨의 아파트에서 네 사람이 함께 저녁식사를 하게 됐다. 던컨은 키는 작지만 어깨가 넓고, 검은 피부에 검은 직모, 말수가 적은 햄릿형 남자로, 켈트민족의 묘한 자부심을 가지고 있었다. 그의 그림은 모두 밸브나 관, 나선 같은 것을 현란하고 기묘한 색조로 그린 초현대적인 것이었는데, 거기에는 일종의 힘과 형체나 배색에 어떤 순수성이 있었다. 다만, 멜러스에게는 그것은 비참한 느낌과 혐오감을 불러일으키는 것이었다. 그러나 그것을 굳이 입 밖에 내지는 않았다. 던컨이 자신의 예술에 대해 거의 광기 같은 것을 지니고 있었기 때문이다. 그에게 있어서 자신의 예술은 개인적인 신앙, 개인적인 종교였다.

모두들 아틀리에에서 그림을 보고 있는 가운데, 던컨의 약간 작은 갈색 눈은 또 한 사람의 남자에게 쏠려 있었다. 그는 이 산지기가 무슨 말을 하는지 들어 보고 싶었다. 코니와 힐다의 의견은 이미 알고 있었다.

"단순한 살인화(殺人畵) 같군요."

멜러스가 마침내 말했다. 던컨으로서는 자기가 산지기한테서 이런 말을 들을 줄은 꿈에도 생각하지 못한 일이었다.

"그래서 누가 살해된다는 건가요?"

힐다가 약간 냉소적으로 경멸하듯이 물었다.

"납니다! 이 그림은 인간에게 있는 연민의 정을 모조리 말살하고 있어요."

그는 그 화가에게 순전한 증오의 감정이 치솟았다. 또 한 남자의 목소리에 혐오와 경멸의 울림을 들었던 것이다. 그리고 그 자신은 연민의 정이라는 말에 가슴이 메슥거렸다. 구토가 날 것 같은 감상이었다.

상당히 키가 크고 여윈 멜러스는 초췌한 얼굴로 우뚝 서서, 날고 있는 모기가 팔랑팔랑 춤을 추는 듯, 무관심한 표정을 얼핏얼핏 떠올리며 그림을 응시하고 있었다.

"아마 어리석음이 말살되어 있는 거겠지요. 감상적인 어리석음 말이오."

화가는 차갑게 조소했다.

"그렇게 생각하시오? 난 이런 관이나 물결 모양의 진동은 누구의 눈에도 충분히 어리석게 보이고, 또 상당히 감상적이라고 생각하는데. 지나친 자기연민과 지극히 신경질적인 자만을 나타내고 있는 것 같소만."

새롭게 치솟는 증오심으로 화가의 얼굴이 노랗게 변했다. 그러나 그는 아무 말 없이, 일종의 오만함으로 그림을 벽 쪽으로 돌려놓고 말았다.

"이제 식당으로 가실까요?"

그가 말했다.

모두들 침울한 표정으로 따라갔다.

커피를 마신 뒤 던컨이 말했다.

"나는 코니의 아기의 아버지인 척하는 것에 전혀 이의가 없습니다. 단, 코니가 제 모델이 되어준다는 조건이라면. 벌써 몇 년 전부터 코니에게 부탁했지만 늘 거절당했지요."

그는 화형을 선고하는 종교재판관처럼 어둡고 결연한 어조로 그렇게 말했다.

"아아, 그럼 당신은 그런 조건이면 하겠다는 얘깁니까?"

"그렇소! 난 그 조건만 받아들인다면 하겠소."

화가는 자신의 말에 상대에 대한 최대의 모욕을 담으려고 했다. 그러나 그건 좀 지나친 것이었다.

멜러스가 말했다.

"그렇다면 나도 함께 모델로 써주시지요. 우리를 함께 그리는 게 좋을 거요. 예술이라는 그물을 뒤집어쓴 불과 대장장이의 신 벌컨(비너스는 그 아내)으로서 말이오. 난 산지기가 되기 전에는 대장장이였소."

화가가 말했다.

"고맙지만 난 벌컨의 몸에는 그다지 흥미가 없소만."

"벌컨을 관처럼 만들어 치장해도 말이오?"

대답이 없었다. 화가는 그 이상 대답하기에는 너무 오만했던 것이다.

우울한 파티였다. 화가는 그 뒤, 또 한 남자의 존재를 완전히 무시하고 부인들과, 마치 언어를 자신의 음울한 거만함의 깊은 밑바닥에서 짜내는 것처럼 그냥 단순한 얘기를 할 뿐이었다.

"그 사람이 마음에 들지 않았나보군요. 하지만 사실은 보기보다 좋은 사람이에요. 정말 친절한 사람이거든요."

돌아오는 길에 코니가 설명했다.

"그 자는 홍역에 걸려 잔뜩 주름살이 잡힌 검은 강아지에 불과하오."

멜러스가 말했다.

"아니에요, 오늘은 인상이 그다지 좋지 않았지만."

"그럼, 당신은 그의 모델이 되겠단 말이오?"

"전 아무래도 상관없어요. 그 사람, 저에게 손을 대지는 않을 거예요. 전 당신과 저의 동거생활에 도움이 된다면 어떤 일도 상관하지 않을 거예요."

"그렇지만 그 자는 캔버스 위의 당신에게 똥칠을 할 뿐일 걸."

"상관없어요. 그 사람은 저에 대한 그 자신의 느낌을 그려낼 뿐이겠지만, 그런 짓을 한다 해도 전 괜찮아요. 내 몸에는 무슨 일이 있어도 손대지 못하게 할 테니까요. 그리고 그가 만약 예술가입네 하며 부엉이처럼 뚫어지게 쳐다보기만 하고, 무슨 일이든 할 수 있다고 생각하지 않는 한, 전 상관하지 않겠어요. 그렇게 하도록 내버려 둘 거예요. 하고 싶은 대로, 나한테서 속이 빈 관이나 물결 모양을 마음껏 만들어 내라지요. 그건 그 사람에게만 관계되는 일이에요. 그 사람은 당신이 한 말 때문에 당신을 싫어하는 거예요. 그 사람의 그관그림은 감상적이고 거만하다고 한 말. 하지만 물론 그건 진실이에요."

19

"친애하는 클리포드, 유감스럽게도 당신이 예견했던 일이 일어나고 말았어요. 저는 다른 사람을 사랑하고 있어요. 그래서 이혼해주시기를 간절히 바랍니다. 저는 지금 던컨과 함께 그의 아파트에서 지내고 있어요. 던컨이 저와 함께 베니스에 있다는 건 이미 알려드렸지요? 당신을 생각하면 마음이 정말 슬퍼집니다. 하지만 부디 마음을 가라앉히고 이번 일을 받아들여주시기 바랍니다. 당신은 이제 더 이상 나를 필요로 하지 않고, 저 역시 라그비 저택에 돌아가는 것이 괴롭습니다. 정말 미안하게 생각합니다. 아무쪼록 절 용서하고 이혼해주세요. 그리고 저보다 나은 분을 찾도록 하세요. 저는 사실 당신에게 어울리지 않는 여자예요. 참을성이 부족한 데다 이기적이라고 할까요? 당신과 함께 살기 위해 다시 돌아가는 것은 이젠 도저히 불가능해요. 당신을 생각하면 이런 모든 일들이 정말, 정말 죄송한 마음뿐이에요. 하지만 당신이 스스로 냉정하게 생각해 보신다면 그렇게 마음 쓰실 필요가 없다는 것을 깨달으실 거예요. 사실은 당신 개인으로서는 저에 대해 전혀 신경 쓰지 않았으니까요. 그러니 부디 용서하시고 저를 자유로운 몸이 될 수 있게 해주시기 바랍니다."

클리포드는 이 편지를 받고 속으로는 그다지 놀라지 않았다. 그녀가 자신의 곁을 떠날 거라는 것은 오래 전부터 마음속으로는 알고 있었던 일이다. 그러나 겉으로는 그것을 절대로 용인하려 하지 않았다. 그러므로 외면적으로 그것은 그에게 있어서 가장 무서운 타격이었고 충격이었다. 아내를 신뢰하고 있는 겉모습은 완전히 평정하게 유지해 오고 있었으니까.

우리 인간들은 그런 것이다. 의지의 힘으로 마음속의 직관적 인식을, 스스로 그 가능성을 인정한 의식에서 배제해버린다. 이것이 공포와 걱정의 상태를 불러일으키고, 또 그것 때문에 실제로 일이 일어났을 때 그 타격은 열배나 더 커지는 것이다.

클리포드는 히스테리를 일으킨 어린아이 같았다. 그는 죽은 사람처럼 공허한 표정으로 침대에서 몸을 일으켜, 볼턴 부인을 소스라치도록 놀라게 했다.

"어머나, 나리, 왜 그러세요?"

대답이 없었다. 발작을 일으킨 것이 아닐까 하고 생각한 그녀는 가슴이 덜컥 내려앉았다. 급히 그의 얼굴을 만져보고 맥을 짚었다.

"아프세요? 어디가 아프신지 말씀해주세요, 제발!"

여전히 대답이 없었다!

"이를 어쩌! 이를 어쩌! 그럼 셰필드에 전화해서 캐링턴 박사를 부르겠어요. 레키 선생님도 곧 와달라고 하는 게 좋겠군요."

그녀가 문 쪽으로 몸을 돌렸을 때 클리포드가 공허한 목소리로 말했다.

"안돼!"

그녀는 멈춰 서서 그를 가만히 바라보았다. 얼굴이 샛노랗고 생기가 없는 것이 마치 바보가 된 것 같았다.

"의사를 부르지 말라는 말씀이세요?"

"그래! 의사는 필요 없어."

유령처럼 낮게 웅얼거리는 목소리였다.

"하지만 나리께서는 병이 나신 거예요. 저는 책임 있는 처치를 할 수 없는 입장이어서, 의사를 부르지 않으면 제가 나중에 원망을 듣게 됩니다."

또 대답이 없다가, 잠시 뒤 공허한 목소리가 들려왔다.

"난 병에 걸린 게 아니야. 아내가 돌아오지 않겠다는군."

마치 조각상이 말하는 것 같았다.

볼턴 부인은 침대로 가까이 다가섰다.

"돌아오지 않으신다구요? 마님께서? 오, 그런 말을 믿으시면 안 됩니다. 마님께선 틀림없이 돌아오실 거라고 믿으세요."

침대 위의 조각상에 변화는 없었지만, 이불 위에 한 통의 편지를 꺼내놓았다.

"이걸 읽어봐요."

유령 같은 낮은 목소리였다.

"네? 마님한테서 온 편지라면, 제가 그걸 클리포드 경에게 읽어드리는 걸 마님은 틀림없이 원치 않으실 거예요. 나리께서 꼭 원하신다면, 마님께서 뭐라고 하셨는지 저에게 말씀해주세요."

그러나 튀어나온 푸른 눈을 한 곳에 고정한 채 표정은 그대로였다.

"읽어 보래도!"

그가 거듭 말했다.

"네, 정 그러시다면 시키시는 대로 하겠습니다, 나리."

그녀는 편지를 읽었다.

"어머나, 마님께서 이러실 줄이야! 정말 놀랍군요. 돌아오신다고 그렇게 철석같이 약속하시고선!"

침대 위의 얼굴에는 거의 미친 듯한, 미동도 하지 않는 광기어린 표정이 짙게 떠올라 있었다. 볼턴 부인은 그 얼굴을 보자 걱정이 되었다. 자신이 직면하고 있는 것이 무엇인지 그녀는 깨달았다. 그것은 남자의 히스테리였다. 병사들을 간호한 적이 있는 그녀는, 참으로 불쾌한 그 병에 대해 약간 알고 있었다.

그녀는 클리포드 경이 약간 딱하게 생각되었다. 다소 분별력이 있는 남자라면 자기 아내가 다른 남자를 사랑하고 있고, 자신과 헤어지려 하고 있다는 것쯤은 이미 알고 있었어야 하는 것 아닌가? 클리포드 경도 마음속으로는 그것을 눈치 채고 있다고 그녀는 확신하고 있었지만, 다만 그것을 스스로 인정하려 하지 않을 뿐이었다. 만약 그가 그것을 인정하고 그것에 대한 마음의 준비를 해 놓았거나, 그것을 인정하고 그것에 저항하며 아내와 적극적으로 싸웠더라면, 그건 남자다운 행동이라고 할 수 있다. 그러나 그렇지가 않았다. 그는 이미 눈치 채고 있었으면서도 언제나 그렇지 않다고 자신을 속이려 한 것이다. 자신이 악마의 손아귀에 걸려들었다는 걸 느끼면서도, 그것은 자신에게 미소를 보내고 있는 천사라고 주장했다. 이 기만의 상태가 지금, 그 기만과 혼란이라는 중대한 단계, 즉 히스테리를 가져오고 만 것이다. 그것은 일종의 광기였다. 볼턴 부인은 기묘하게 약간 혐오감을 느끼면서 속으로 생각했다.

"내 이럴 줄 알았어. 언제나 자기밖에 모르기 때문이야. 끊임없이 이기심에 사로잡혀 있기 때문에 실제로 충격을 받으면 자신의 붕대에 감긴 미라처럼 되는 거지. 내 이럴 줄 알았다니까!"

그러나 히스테리는 위험하다. 게다가 간호사인 그녀는 그를 그런 상태에서 끄집어내는 것이 그녀의 임무였다. 클리포드의 남성다움이나 자존심을 자각시키려 하는 시도는 무엇이든 사태를 더욱 악화시킬 뿐이다. 왜냐하면 그의 남성다움은 설사 최종적이지는 않더라도 일시적으로 죽어있기 때문이다. 그는 지렁이처럼 꿈틀꿈틀 몸을 비틀며 점점 더 미쳐갈 뿐이다.

단 한 가지 중요한 것은 그는 자기연민을 발산시키는 것이었다. 테니슨의 시에 나오는 귀부인처럼 그는 실컷 울어버리거나, 그렇지 않으면 죽을 수밖에 없다.

그렇게 생각한 볼턴 부인은 자기가 먼저 울기 시작했다. 얼굴을 한 손으로 가리고 느닷없이 작은 소리로 흐느껴 울기 시작했다.

"마님의 그런 말씀, 저 같으면 절대로 믿지 않겠어요, 저 같으면 절대로!"

그녀는 갑자기 지난날의 자신의 슬픔과 비통한 느낌을 최대한 떠올리며 자기감정에 빠져들어 눈물을 흘리며 흐느꼈다. 한번 울기 시작하자 그녀는 어느새 진심으로 울고 있었다. 왜냐하면 그녀에게도 뭔가 울 만한 일이 있었기 때문이다.

클리포드는 코니라는 여자에게 어떤 식으로 배신당했는지에 대해 생각하고 있었다. 그러자 볼턴 부인의 슬픔이 전염되었는지, 눈에 눈물이 고이더니 뺨을 타고 흘러내리기 시작했다. 그는 자기 자신을 위해 울고 있었다. 볼턴 부인은 그의 허탈한 얼굴에 눈물이 흐르는 것을 보자, 서둘러 자신의 젖은 얼굴을 작은 손수건으로 닦은 뒤 그를 향해 상체를 굽혔다.

그녀는 감동의 기쁨에 잠겨 말했다.

"저런, 너무 상심하지 마세요, 나리. 그렇게 상심하시면 몸만 해칠 뿐이에요!"

소리 없이 흐느껴 울면서 숨을 삼키던 클리포드의 몸이 갑자기 부르르 떨면서, 눈물이 더욱 빠르게 얼굴을 적시기 시작했다. 그녀는 그의 팔에 손을 얹고 자신도 다시 눈물을 흘렸다. 떨림이 그의 온몸을 경련처럼 훑고 지나가자, 그녀는 그의 어깨에 팔을 둘렀다.

"자아, 자! 이제 그만하세요, 나리. 이렇게 너무 슬퍼하시면 안돼요. 아셨어요? 이제 제발 그만하세요."

그녀는 자신도 눈물을 흘리면서 울먹이는 목소리로 그에게 말했다. 그리고 그를 끌어당겨 두 팔로 그 커다란 어깨를 안아주었다. 그러자 그는 그녀의 가슴에 얼굴을 묻고 유난히 벌어진 어깨를 더욱 크게 들먹이면서 흐느껴 울었다. 그 동안 그녀는 그의 짙은 금발을 가만히 쓰다듬으면서 말했다.

"자, 자, 이제 그만 우세요! 너무 걱정하지 마시고, 이제 그만하세요, 네!"

그러자 그는 어린아이처럼 그녀를 끌어안고, 풀을 먹인 하얀 앞치마의 가슴받이와 연푸른색 무명옷의 앞자락을 눈물로 적셨다. 그는 마침내 자제심을 잃고 있었다.

이리하여 마침내 그녀는 그에게 키스하고, 가슴에 안은 그의 몸을 흔들어주면서 마음속으로 자신에게 말했다.

"아아, 클리포드 나리! 고귀하고 강대한 채털리 집안! 당신들은 끝내 이렇게 되고 말았군요!"

그리고 마침내 그는 어린아이처럼 잠에 빠져들었다. 그녀는 극도의 피로를 느끼며 자기 방으로 돌아왔다. 그러자 이번에는 그녀 자신이 히스테리를 일으켜 웃기도 하고 울기도 하는 것이었다. 정말 우스꽝스럽고 추한 일이야! 이렇게까지 영락하다니! 정말 부끄러운 일이 아닌가! 그리고 이렇게도 사람을 놀라게 하다니!

그 뒤 클리포드는 볼턴 부인 앞에서는 정말 어린아이처럼 되었다. 그는 그녀의 손을 잡고 그녀의 가슴에 머리를 묻곤 했다. 그녀가 가볍게 키스해 주면 "그래, 키스해 줘, 키스해 줘" 하고 말했다. 또 그의 크고 하얀 몸을 스펀지로 씻어줄 때도 그는 키스해달라고 말하는 것이었다. 그러면 그녀는 마치 장난하는 것처럼 그의 몸 어디에고 가볍게 키스해주는 것이었다.

그러면 그는 어린아이처럼 경탄의 빛이 섞인, 어린아이처럼 묘하고 멍한 얼굴로 누워 있었다. 그리고 마치 성모를 숭배하는 이완된 마음으로, 어린아이처럼 눈을 크게 뜨고 그녀를 가만히 응시했다. 그로서는 그것은 순수한 휴식이었고, 자신이 성인이라는 것을 까맣게 잊고 비뚤어진 어린아이의 입장으로 다시 돌아가는 것이었다. 그리고 그녀의 품안에 손을 넣고 젖가슴을 만지며 황홀감 속에 유방에 키스했다. 그것은 어른인데도 어린아이가 되고자 하는 도착적인 환희였다.

그럴 때면 볼턴 부인은 짜릿한 흥분을 느꼈지만, 한편으로는 수치스럽기도 했다. 또 즐겁기도 하고 혐오감도 들었다. 그러나 그를 결코 거부하지 않았고 비난도 하지 않았다. 이렇게 해서 두 사람의 관계는 육체적으로 점점 가까워져서, 일종의 도착된 친밀감에 자꾸만 빠져들었다. 그때 그는 외견상 솔직하게 경탄하는 모습을 보이며, 비탄에 빠진 어린아이 같았는데, 그것은 거의 법열에 가까워 보였다. '너희는 다시 어린아이로 돌아가지 않으면'(마태복음) 이라는 말의 그릇된, 글자 그대로의 표현이었다. 한편 볼턴 부인은 힘과 능력으로 가득 차, 금발의 그 커다란 어린 어른을 오로지 자신의 의지와 애무로 지배하고 있는 위대한 어머니였다.

기묘한 일이지만 지금의 클리포드, 그것도 오랫동안 그렇게 변해온 이 어린 어른, 차일드맨은 세상에 나갔을 때는 진정한 어른이었을 때보다 더욱 빈틈없고 더욱 예리했다. 이 도착적인 차일드맨은 이제 진정한 사업가가 되어 있었다. 사업에 관한 한 그는 남자다운 남자로, 바늘처럼 날카롭고 강철처럼 완강하여 타협할 줄을 몰랐다. 자신의 목적을 추구하거나, 자신의 탄광 작업장을 개선하며 밖에서 사람들 틈에 섞여 있을 때는, 이상할 정도로 빈틈없고, 가혹하고, 게다가 논리정연하고 예리하며 박력이 있었다. 마치 마그나메이터, 즉 위대한 어머니에게 어린아이처럼 따르며 몸을 바치는 것이, 그에게 물질적인 사업업무에 대한 통찰력과 일종의 이상한 초인적 능력을 주는 것 같았다. 개인적인 감정에 빠져 자신의 남자다운 자아의 품위를 완전히 포기해버리는 것이, 그에게 냉정하고 거의 환상적인 사업의 재능이라는 제2의 천성을 그에게 주고 있는 것처럼 생각되었다. 사업에 있어서 그는 지극히 비인간적이었다.

볼턴 부인은 그런 사실을 무척 자랑스럽게 생각했다.

"나리께서 저토록 훌륭하게 잘 해내실 줄이야! 게다가 이건 모두 내 덕분이야. 채털리 부인이 옆에 있었어도 이렇게까지 잘 하지는 못했을 걸. 그 분은 남자를 전면에 내세워주는 분은 아니야. 자기 자신의 욕구가 너무 많았으니까."

동시에 기묘한 여심의 한쪽 구석에서는 클리포드를 얼마나 경멸하고 싫어했던가! 그녀에게 그는 쓰러진 짐승, 몸부림치며 기어다니는 괴물이었다. 할 수 있는 한 옆에서 그를 격려하면서도, 한편으로는 옛날부터의 건전한 여자다운 마음에서 가장 멀리 떨어진 곳에서, 한없이 잔인한 경멸을 품고 그를 멸시하고 있었다. 하찮은 부랑자도 그보다는 나을 것 같았다.

코니에 대한 그의 태도는 참으로 기묘했다. 무슨 일이 있어도 다시 한 번 그녀를 만나고 싶다고 고집하는 것이었다. 그리고 그녀는 라그비 저택에 와야 한다고 주장했다. 이 점에 대해서는 그는 최종적으로, 또한 절대적으로 마음을 굳히고 있었다. 어쨌든 코니는 라그비 저택으로 돌아오겠다고 굳게 약속하지 않았는가?

볼턴 부인이 말했다.

"하지만 그런다고 무슨 소용 있겠어요? 마님과 헤어지시고 자유로워지시는 게 어떨까요?"

"안돼! 돌아오겠다고 한 이상 반드시 와야 해!"

볼턴 부인은 더 이상 반대하지 않았다. 그녀가 상대하고 있는 사람이 어떤 사람인지 잘 알고 있었기 때문이다.

그는 런던에 있는 코니에게 편지를 보냈다.


"당신의 편지가 나에게 어떤 영향을 미쳤는지에 대해서는 말할 필요도 없을 것이오. 그건 당신이 마음만 먹으면 얼마든지 상상할 수 있을 테니까. 하기는 당신은, 나를 위해 일부러 상상력을 발휘하려 하지는 않을 것이 틀림없지만.

그 대답으로 내가 할 수 있는 말은 단 한 가지뿐이오. 그건 내가 뭔가 행동을 일으키기 전에, 반드시 이곳 라그비에서 당신을 직접 만나야 한다는 것이오. 당신은 라그비로 돌아오겠다고 굳게 약속했으니 그 약속을 지켜주기 바라오. 나는 이곳에서, 정상적인 상황 하에서 당신을 직접 만날 때까지는 아무것도 믿지 않고 아무것도 이해하지 않겠소. 여기서는 당신에 대해 의심하는 사람이 아무도 없다는 건 말할 것도 없소. 그러니 당신이 돌아오는 건 지극히 자연스러운 일이오. 그때 우리 두 사람이 여러 모로 대화한 끝에도 당신의 마음이 돌아서지 않는다면, 그때는 둘이서 반드시 매듭을 지을 수 있을 것이오."

코니는 이 편지를 멜러스에게 보여주었다.
"그는 당신에게 보복을 하려는 거요."
그는 편지를 돌려주면서 말했다.
코니는 대답하지 않았다. 그녀는 자기가 클리포드를 두려워하고 있는 것을 알고 스스로 약간 놀라고 있었다. 그에게 가까이 가는 것이 두려웠다. 그가 마치 흉악하고 위험한 사람인 것처럼 무서웠다.
"어떻게 하죠?"
"당신이 아무것도 하고 싶지 않다면 그냥 내버려 두는 거지."
그녀는 클리포드의 요구를 적당히 미루려고 답장을 보냈다. 클리포드도 이에 대해 회답을 보냈다.

"당신이 지금 당장 라그비로 돌아오지 않더라도 언젠가는 돌아올 것으로 생각하고, 그에 상응하게 행동하겠소. 나는 전과 다름없이 여기서 당신을 기다리리다. 설사 50년을 기다리는 한이 있더라도."

그녀는 오싹 소름이 끼치는 걸 느꼈다. 그것은 음험한 위협이었다. 그가 진심으로 말하고 있다는 건 의심할 여지가 없었다. 그는 이혼할 생각이 없고, 따라서 아이는, 만약 그녀가 그 아이가 사생아임을 입증하는 방법을 찾지 못하면 클리포드의 아이가 될 것이다.
그녀는 한동안 걱정하고 고민한 끝에 라그비행을 결심했다. 힐다가 함께 가줄 것이다. 그 뜻을 알리자 클리포드한테서 답장이 왔다.

"당신 언니를 환영하지는 않지만, 그렇다고 그녀에게 문을 열어주지 않는 일은 없을 거요. 당신이 의무와 책임을 포기한 것을 언니가 묵인해 온 것은 의심의 여지가 없다고 생각하오. 그러므로 내가 그녀를 반가워할 거라는 생각은 하지 말아주기 바라오."

두 자매는 라그비로 갔다. 그녀들이 도착했을 때 클리포드는 집에 없었다. 대신 볼턴 부인이 맞아주었다.

"어머나, 마님! 마님이 돌아오시기를 저희들이 얼마나 기다렸는지 아세요?"

볼턴 부인이 말했다.

"그래요?"

그러고 보니 이 여자는 모든 일을 알고 있었다. 다른 하인들은 얼마나 알고 있을까? 또는 어디까지 의심하고 있을까?

코니는 지금은 온몸으로 싫어하고 있는 그 집으로 들어갔다. 그 계획없이 아무렇게나 증축한 커다란 덩어리 같은 집이 그녀에게는 흉악하게 머리 위를 덮쳐오는 단순한 협박물로 생각되었다. 그녀는 이제 이 집의 안주인이 아니라 희생자였다.

"난 이제 이 집에 오래 있을 수가 없어."

그녀는 겁을 먹고 힐다에게 속삭였다. 그리고 아무 일도 없었던 것처럼 평정을 되찾아, 자신의 침실로 들어갔다. 라그비 저택의 담장 안에서는 1분1분이 괴로웠다.

자매가 클리포드를 만난 것은 저녁을 먹으러 아래층에 내려갔을 때였다. 그는 야회복으로 정장을 갖춰 입고 검은 넥타이를 매고 있었다. 조금 서먹했지만 훌륭한 신사의 태도를 보여주었다. 식사하는 동안에도 깍듯이 예의를 지키며 고상한 대화를 내내 유지했다. 그러나 그런 모든 행동에서 왠지 모르게 일종의 광기 같은 것이 느껴졌다.

"하인들은 얼마나 알고 있나요?"

하녀가 방에서 나가자 코니가 물었다.

"당신의 생각에 대해서 말이오? 아무도 모르고 있소."

"볼턴 부인은 알고 있어요."

그의 안색이 변했다.

"정확하게 말하면 볼턴 부인은 하인이 아니오."

"뭐, 저야 어느 쪽이든 상관없어요."

커피를 마신 뒤에도 긴장된 공기가 감돌았다. 힐다는 자기 방으로 가겠다며 나가버렸다.

클리포드와 코니는 힐다가 나간 뒤에도 말없이 앉아 있었다. 어느 쪽도 입을 열려고 하지 않았다. 코니는 그의 태도가 감상적이지 않은 것을 다행으로 생각하며 될 수 있는 한 그가 오만한 태도를 유지하기를 바랐다. 그녀는 가만히 앉아 자신의 손을 응시하고 있었다.

"당신은 자신이 한 약속을 어긴 것을 아무렇지도 않게 생각하는 것 같군."

마침내 그가 입을 열었다.

"어쩔 수가 없었어요."

"당신이 어쩔 수 없다면 누가 할 수 있단 말이오?"

"아무도 없겠죠."

그는 기묘하게 냉담한 분노의 표정으로 그녀를 쳐다보았다. 그는 아내에 대해 잘 알고 있었다. 그녀는 말하자면 그의 의지 속에 묻혀있는 것과 같았다. 그런데 지금, 어째서 그를 배반하고 그의 일상생활이 만들어내는 구조를 무너뜨리는 짓을 한단 말인가? 어쩌면 이렇게도 뻔뻔스럽게, 그의 인격을 혼란시키려 한단 말인가?

"당신은 무엇 때문에 모든 것을 배반하려는 거요?"

"사랑 때문이에요!"

코니가 대답했다. 이런 때는 진부한 말이 가장 좋다.

"던컨 포브스에 대한 사랑? 그러나 당신이 나와 만났을 때는 그를 대수롭지 않게 여겼던 것 같은데? 그런데 지금은 인생의 다른 무엇보다 그를 사랑한다는 말이오?"

"사람은 변하게 마련이에요."

"그럴지도 모르지! 어쩌면 당신의 변덕일지도 모르지만, 그래도 역시 그 변심의 동기를 나에게 이해시켜 주어야겠소. 난 던컨 포브스에 대한 사랑 같은 건 믿지 않으니까."

"하지만 왜 당신이 그걸 믿지 않으면 안 되나요? 당신은 나의 감정을 믿는 것이 아니라, 나와 이혼해주기만 하면 되는 거예요."

"하지만 왜 내가 이혼해야 한단 말이오?"

"왜냐하면, 난 이곳에서는 더 이상 살고 싶지 않기 때문이에요. 게다가 이제 당신에겐 내가 필요하지 않아요."

"잠깐! 난 아무것도 달라지지 않았소. 나로서는 당신이 나의 아내인 이상, 우리 집에서 품위를 유지하며 조용히 있어주기를 원하는 거요. 개인적인 감정은 제쳐 놓고 단언하건대, 나로선 커다란 양보를 하고 있소. 이 라그비에서 이 생활의 질서가 뒤죽박죽이 되고 일상생활의 품위가 파괴되는 건, 나에게는 죽음처럼 괴로운 일이오. 그것도 단지 당신의 일시적인 감정 때문에 말이오."

잠시 침묵이 흐른 뒤 그녀는 말했다.

"하는 수 없군요. 난 나가야만 해요. 아이가 태어날 테니까요."

다시 한동안 침묵이 흘렀다.

"그럼, 당신은 아이 때문에 떠나려는 거요?"

그가 이윽고 물었다.

그녀는 고개를 끄덕였다.

"하지만 왜? 던컨 포브스가 그토록 자신의 자식을 원하는 거요?"

"당신 이상으로 원하는 건 확실해요."

"그게 정말이오? 난 아내를 원하고 있고, 또 아내를 놓아줘야 할 이유를 찾을 수가 없소. 만약 아내가 내 집 지붕 아래에서 아이를 낳고 싶다면 환영할 것이고, 그 아이도 기꺼이 받아들일 거요. 다만 생활의 체면과 질서가 유지되기만 한다면 말이오. 당신은 던컨 포브스가 나보다 강한 힘으로 당신의 마음을 사로잡았다고 말하려는 거요? 난 그렇게 믿지 않소."

얘기가 중단되었다.

코니가 말했다.

"정말 모르시겠어요? 난 당신 곁을 떠나지 않을 수 없어요. 그리고 사랑하는 사람과 살지 않으면 안 된다구요."

"아니, 난 모르겠소! 당신의 연애 따위에는 2펜스도 지불하지 않을 것이고, 당신이 사랑하는 남자에 대해서도 마찬가지요. 그런 위선적인 말은 믿을 수가 없소!"

"하지만 난 믿어요."

"그럴까? 사랑하는 코니, 당신은 머리가 좋아. 그러니까 던컨 포브스를 사랑한다는 건 당신 자신부터 믿지 않고 있소. 내 말을 믿어요. 지금도 당신은 그자보다는 나를 더 좋아하고 있소. 그런데 왜 내가 그런 바보 같은 말에 따라야 한단 말이오!"

그 점에서는 그의 말이 옳다고 그녀는 생각했다. 그리고 이제 더 이상은 입을 다물고 있을 수 없다고 느꼈다.

"사실은 제가 정말로 사랑하는 사람은 던컨이 아니에요."

코니는 그를 올려다보면서 말했다.

"당신에게 마음의 상처를 주지 않기 위해 던컨이라고 말했을 뿐이에요."

"나에게 상처를 주지 않기 위해?"

"네, 그래요! 왜냐하면 내가 진심으로 사랑하는 사람은, 사실을 알면 틀림없이 나를 싫어하게 될 테니까 말하는 거지만, 멜러스예요. 우리 집 산지기였던 바로 그 사람요."

만약 그의 몸이 허락했다면, 그는 의자에서 펄쩍 뛰어올랐을 것이다. 이 갑작스러운 재앙에 그의 얼굴은 노랗게 변하고 그녀를 노려보는 눈은 더욱 더 튀어나왔다.

그는 의자 등받이에 털썩 등을 기대고 앉아, 숨을 헐떡이며 천장을 올려다보았다.

이윽고 그는 다시 똑바로 고쳐 앉았다.

"지금 한 말이 사실이오?"

그가 무서운 형상으로 말했다.

"네, 사실이에요."

"그래, 그 자와는 언제부터 시작되었소?"

"봄부터."

그는 덫에 걸린 짐승처럼 입을 다물었다.

"그럼, 산지기의 침실에 있었던 여자가 당신이었소?"

사실 그는 마음속으로는 이미 그것을 알고 있었다.

"그래요."

그는 아직 의자에서 몸을 앞으로 숙인 채 덫에 걸린 짐승처럼 그녀를 쏘아보았다.

"어떻게 그런! 아아, 당신은 지구상에서 사라져야 마땅해!"

"왜요?"

코니는 약간 자신감이 없는 목소리로 소리쳤다.

그러나 그에게는 들리지 않은 모양이었다.

"그 쓰레기 같은 놈이! 그 시건방진 촌놈이! 그 비천한 악당이! 그런데 당신이 이 집에 살면서, 놈이 고용인의 한 사람이었던 동안 내내 그 놈과 정을 통하고 있었다니! 아아, 맙소사, 맙소사! 여자의 동물적인 타락에는 한계가 없단 말인가!"

그녀가 예상했던 대로, 그는 마침내 분노가 폭발하여 거의 미친 사람처럼 되었다.

"그래서 당신은 그런 비천한 악당의 아이를 낳고 싶단 말이오?"

"네, 그럴 생각이에요."

"그럴 생각이라고? 그렇다면 확실하다는 말이군. 확실하다고 생각한 지 얼마나 됐소?"

"6월부터예요."

그는 할말을 잃었다. 그리고 어린아이 같은 묘하게 멍한 표정이 다시 나타났다.

"그런 생물의 탄생이 허락된다면, 사람들은 아마 놀라겠지."

"어떤 생물이요?"

코니가 물었다.

그는 대답하지 않고 이상한 듯이 그녀를 쳐다보았다. 그는 멜러스라는 존재가 자신의 인생에 어떤 형태로든 연관성을 가지는 것은 도저히 받아들일 수가 없었다. 그것은 순전한, 언어로 표현할 수 없는 무력한 증오였다.

"그래서 당신은 그 자와 결혼하겠다는 거군. 그리고 자신의 이름에 놈의 더러운 성을 붙이겠다는 거지?"

이윽고 그가 물었다.

"네, 그게 제가 원하는 거예요."

그는 기가 막혀서 말도 나오지 않는다는 듯이 다시 입을 다물었다.

그는 마지막으로 말했다.

"그래! 이것으로, 당신에 대해 내가 늘 생각하던 것이 옳다는 게 증명된 셈이군. 당신은 정상이 아니다, 올바른 정신상태가 아니다, 난 늘 그렇게 생각했거든. 당신은 타락에 빠지지 않을 수 없는 반미치광이 같은 여자야. 바로 노스탈지 드 라 부(타락에 대한 향수)!"

그는 갑자기 생각에 빠진 듯한 모습으로, 자신은 도덕적으로 선의 화신, 멜러스와 코니 같은 사람은 저열한 악의 화신으로 간주하고 있었다. 그는 성인처럼 빛나는 후광에 싸여 자신의 몸이 점점 어슴푸레하게 보이는 것 같았다.

"그러니까 나하고 이혼해서 그런 모든 것과 인연을 끊는 것이 좋다고 생각하지 않으세요?"

"아니야! 당신은 가고 싶은 곳으로 가. 그러나 이혼은 하지 않겠어."

그는 백치처럼 말했다.

"왜 안 한다는 거죠?"

그는 잠자코 있었지만, 그것은 어리석은 자의 완고한 침묵이었다.

"그렇다면 당신은 이 아이가 법적으로 당신의 아이가 되고 당신의 후계자가 되어도 좋다는 건가요?"

"아이에 대한 건 아무래도 좋아."

"그렇지만 만약 사내아이라면 법적으로 당신의 아들이 되는 것은 물론, 당신의 작위를 물려받고 라그비의 지주가 될 거예요!"

"그런 건 아무래도 상관없다니까."

"하지만 틀림없이 나중에 상관하게 될 거예요! 난 가능하면 이 아이를 법적으로 당신 아이가 되지 않게 할 생각이에요. 오히려 사생아로서 내 아이가 되는 편이 훨씬 나아요. 만약 멜러스의 아이가 될 수 없다면 말이에요."

"그 일에 대해서는 마음대로 해!"

그는 한발짝도 움직이려 하지 않았다.

"그리고 이혼해주세요. 던컨을 구실로 이용해도 좋아요! 그러면 멜러스의 이름을 밝힐 필요가 없을 테니까요. 던컨은 상관하지 않을 거예요."

"난 절대로 이혼하지 않아."

그는 못을 박듯이 단호하게 말했다.

"왜요? 내가 그것을 원하기 때문인가요?"

"내가 그러고 싶지 않기 때문이오. 지금은 이혼할 마음이 없소."

이제는 더 어쩔 수가 없었다. 그녀는 2층으로 올라가서 힐다에게 결과를 얘기했다.

힐다가 말했다.

"내일 떠나는 게 좋겠다. 그리고 저 사람의 마음이 가라앉기를 기다리는 거야."

그래서 코니는 그날 밤 늦게까지 자신의 중요한 소지품만 챙겨서 짐을 꾸렸다. 이튿날 아침, 그녀는 클리포드에게 아무 말도 하지 않고 짐을 역으로 보냈다. 클리포드는 단지 작별인사를 하기 위해 점심식사 전에 만나기로 마음먹었다.

그러나 볼턴 부인에게는 이야기했다.

"볼턴 부인, 이제 정말 헤어져야 할 것 같군요. 그 이유는 알고 있겠죠? 하지만 당신이라면 잠자코 있어줄 거라고 믿어요."

"네, 그 점은 믿으셔도 됩니다, 마님. 여기 남아있는 저희들에게는 정말 슬픈 충격이지만, 부디 다른 신사분과 행복하게 사세요."

"다른 신사분이라니! 그건 멜러스예요. 난 그이를 사랑해요. 클리포드도 알고 있어요. 하지만 다른 사람에겐 아무 얘기도 하지 말아 줘요. 그리고 언젠가 클리포드 경이 이혼에 응해줄지도 모른다는 생각이 들면, 나에게 알려 줘요. 난 내가 사랑하는 사람과 정식으로 결혼하고 싶어요."

"그러시겠지요, 마님. 저를 믿어 주세요. 전 클리포드 나리를 충실하게 모시고, 또 마님께도 충성을 다하겠어요. 전 두 분이 하시는 말씀이 다 옳다고 생각해요."

"고마워요! 이걸 당신에게 주고 싶어요. 괜찮죠?"

이리하여 코니는 다시 라그비 저택을 뒤로 하고, 힐다와 함께 스코틀랜드로 갔다. 멜러스는 어느 시골에 가서 농장에 일자리를 얻었다. 그는 코니가 이혼하든 안하든 상관없이 가능한 한 자신의 이혼을 성립시켜야 한다고 생각했다. 그리고 그와 코니가 언젠가는 어디서 자신들의 작은 농장, 그가 정력을 쏟아넣을 수 있는 농장을 가질 수 있도록, 여섯 달 동안 농업에 종사해야겠다고 생각했다. 그는 무슨 일이든, 설사 힘든 일이라도 하지 않으면 안 될 것이고, 그 자본은 코니가 댄다 하더라도 자신의 생활비만은 자기 손으로 벌어야 하기 때문이었다.

그래서 그들은 완연한 봄이 될 때까지, 아기가 태어날 때까지, 아니면 초여름이 다시 돌아올 때까지 기다려야 했다.

올드 히너, 그랜지 농장 9월 29일

난 계획하는 바가 있어 이곳의 농장에 들어왔소. 그것은 군대에 있을 때, 이 회사의 기사(技師)인 리처드를 알게 된 덕분이오. 개인이 경영하는 농장이 아니라 버틀러 앤드 스미섬 탄광 회사에 소속된 농장인데, 탄광의 망아지에게 먹일 건초와 귀리를 재배하고 있는 곳이오. 소와 돼지는 물론 여러 가지 가축도 키우고 있는 이곳에서, 난 노동자로서 일하며 일주일에 30실링의 보수를 받고 있소. 농장주 롤리는 지금부터 내년 부활제까지 가능한 한 모든 일을 배울 수 있도록 나에게 많은 일을 가르쳐줄 것이오. 버사에 대해서는 아무 소식도 듣지 못했소. 그녀가 이혼 재판에 왜 나타나지 않았는지, 지금 어디서 무엇을 하고 있는지, 전혀 모르고 있소. 그러나 3월까지 얌전하게 기다리고 있으면 자유의 몸이 될 수 있을 거라고 생각하오. 클리포드 경에 대해서는 걱정하지 마시오. 당신을 곧 놓아주게 될 테니까. 만약 당신을 이대로 내버려 둔다면, 그것도 운명이라고 생각합시다.

엔진 마을에 약간 낡았지만 꽤 좋은 집에 방을 얻었소. 주인은 하이파크의 기관수인데, 키가 크고 턱수염을 기른, 열성적인 비국교파라오. 안주인은 좋은 물건이면 뭐든지 좋아하고, 표준어인 킹스 잉글리시를 사랑하며, 늘 '죄송합니다'를 입에 달고 있는 작은 새 같은 여자라오. 그러나 전쟁에서 외아들을 잃어, 부부의 마음은 구멍이 뻥 뚫린 것처럼 쓸쓸하다오. 키가 껑충하고 볼품없이 생긴 딸이 교사가 되기 위해 공부하고 있는데, 내가 가끔 공부를 봐주기 때문에 나를 거의 한 가족이나 다름없이 생각하고 있소. 그들은 모두 예의바른 사람들로, 나에게 무척 친절하게 대해주고 있소. 그러고 보니 당신보다 내가 더 편하게 지내고 있는 것 같구려.

난 확실히 농장경영을 좋아하는 것 같소. 그렇다고 사람의 마음을 고무하는 정도는 아니고, 나 역시 그런 건 바라지도 않소. 말과 암소와 친해졌는데, 녀석들은 무척 얌전해서 내 마음을 따뜻하게 해준다오. 소 옆구리에 머리를 가까이 대고 앉아 젖을 짜노라면 정말 마음의 위로를 느낀다오. 헤리퍼드종의 상당히 좋은 소가 여섯 마리 있소. 이제 막 메귀리 타작이 끝났는데, 손이 아프고 비가 많이 왔지만 즐겁게 일했소. 다른 사람들에 대해선 그다지 신경 쓰지 않지만 그런대로 잘 어울리고 있소. 대부분의 일에는 그저 모르는 척하고 있다오.

이곳의 탄광경기는 그리 좋은 편이 아니오. 티버셜과 같은 탄광 지대이지만 이쪽이 조금 더 깨끗한 것 같소. 이따금 웰링턴이라는 술집에 가서 광부들과 얘기를 나눈다오. 모두들 불평을 늘어놓지만, 무엇 하나 바꾸려고 하지는 않소. 모두가 말하듯이 노팅엄 주와 더비 주의 광부들은 심장이 제자리에 붙어있는 선량한 사람들이오. 그러나 그들을 필요로 하지 않는 세상에서는, 그들의 인체구조의 다른 장부는 잘못된 자리에 있는 게 틀림없소. 나는 그들을 좋아하지만 나에게 그다지 활기를 불어넣지는 못하고 있소. 그들에게서 옛날의 싸움을 좋아하던 그 에너지가 사라지고 만 거요. 그들은 국유화에 대해 활발하게 토론하고 있소. 광산 사용료의 국유화, 모든 석탄업의 국유화 같은 것 말이오. 그러나 석탄은 국유화하면서, 다른 모든 업종은 지금의 상태로 내버려둘 수는 없는 일 아니겠소? 모두들 석탄을, 클리포드 경이 시도하고 있는 새로운 방법으로 이용하는 것에 대해 얘기들을 하고 있소. 그런 시도가 여기저기서 시작되고 있는지 모르지만, 일반화되기에는 아직도 멀었다고 생각하오. 무엇을 만들어 내든 제품은 팔리지 않으면 안 되오. 이곳 남자들은 매우 무기력하오. 그 골치 아픈 업종은 멸망할 운명에 있다고 모두들 느끼고 있고 나도 그렇게 생각하고 있소. 따라서 그들도 석탄업과 운명을 같이 하고 있는 셈이오. 젊은 사람들 중에는 소비에트에 대해 지껄이는 자가 있지만, 그리 확신을 가지고 있는 건 아니오. 혼란이나 경제적 곤경을 제외하고는, 어떤 일에도 확신이란 없는 것이오. 소비에트 치하에서도 역시 석탄은 팔아야 하는 것이고, 바로 그것이 어려운 점이오.

우리나라는 이 거대한 산업인구를 떠안고 그들을 먹여 살려야 하오. 그렇기 때문에 그 골치 아픈 장사를 어떻게든 계속하지 않으면 안 되는 거지. 요즘 세상에는 여자들이 남자보다 더 말이 많고, 자부심도 훨씬 강해졌소. 남자들은 유약해져서, 왠지 모르게 운명을 느끼며, 할 일이 아무것도 없는 것처럼 떠돌고 있소. 얘기는 많이 하지만, 무엇을 해야 할지 아무도 모르고 있소. 젊은이들은 용돈이 궁해서 광포해지고 있소. 그들의 모든 생활의 선악은 오로지 돈을 쓸 수 있는가 없는가에 달려있는데, 지금 그들이 쓸 수 있는 돈은 전혀 없소. 그것이 우리나라의 문명이고 교육이라오. 대중에게 인생의 가치는 오로지 돈을 쓰는 데 있다고 가르치니 돈이 부족해질 수밖에 없는 거요. 탄광은 일주일에 이틀이나 이틀 반밖에 가동하지 않고, 겨울철조차 경기가 호전될 전망이 없소. 그것은 남자들이 일주일에 25실링이나 30실링으로 가족을 부양해야 한다는 것을 의미하오. 여자들이 가장 분노를 느끼고 있소. 하기는, 오늘날 돈을 쓰는 데 가장 열광적인 것은 여자들이기 때문이오.

생활하는 것과 돈을 쓰는 것은 다르다고 가르쳐주면 될 것 같지만, 그것도 소용없는 일이오. 돈을 벌어서 낭비하는 게 아니라 생활하는 법을 배우기만 하면, 25실링으로도 그런대로 충분히 행복하게 살 수 있소. 전에도 말했듯이 남자들이 새빨간 바지를 입는다면 돈을 그렇게 중요시하지 않을 텐데 말이오. 만약 춤추고, 달리고, 뜀박질하고, 노래를 부르고, 어깨로 바람을 가르며 걸으면서 기분을 낼 수 있다면, 돈 같은 것은 거의 필요하지 않을 것이오. 그리고 그들 스스로 여자를 즐겁게 해주고 여자로부터 즐거움을 얻을 수도 있소. 모두들 꾸밈없이 유쾌하게 집단으로 노래하고, 옛날의 군무를 추며, 모두들 자신이 앉을 의자를 만들거나 장식을 하고, 자신들의 문장(紋章)에 수를 놓는 것을 배워야 하오. 그렇게 되면 돈은 필요 없게 될 것 아니겠소? 그것이 산업노동자의 문제를 해결할 수 있는 유일한 방법이오. 노동자들을 생활할 수 있도록, 그리고 낭비할 필요 없이 얼마든지 살아갈 수 있도록 교육하는 거요. 하지만 그것을 실행하기란 불가능한 일이오. 요즘 사람들은 모두 편협한 마음의 소유자들뿐이오. 그렇기 때문에 대부분의 사람들은 그런 건 생각도 하지 않을 것이오. 무엇보다 생각 같은 걸 할 수 없기 때문이오. 그들은 건강하고 활발하게 뛰어다니며, 위대한 목양신 판*²⁹에게 감사해야 할 것이오. 판은 대중에게 있어서 영원하고 유일한 신이오. 소수파는, 그들이 원한다면 더 고상한 종파를 지지할 수는 있소. 그러나 대중은 영원히 이교도로 남겨 두어야 할 것이오.

그러나 광부들은 이교도가 아니오. 이교도는커녕 오히려 슬픈 군중이지. 무기력해진 남자들의 군상. 아내에 대해 무기력하고 생활에 대해 무기력한 인간들이오. 젊은이들은 처녀들을 오토바이에 태우고 돌아다니며 기회가 있으면 재즈를 춘다오. 그러나 그들은 죽어있는 것과 같소. 하지만 돈은 필요하지. 돈은 그것을 가지고 있을 때는 독이 되고, 그것이 없을 때는 사람을 굶주리게 하오.

당신은 이런 이야기엔 틀림없이 싫증을 내겠지. 그러나 나에게는 아무 일도 없고, 나 자신에 대한 이야기는 장황하게 늘어놓고 싶지 않소. 머릿속으

---

*29 그리스 신화에 나오는 산야와 목양의 신, 풍요다산을 관장한다.

로 당신에 대해 너무 많이 생각하고 싶지도 않소. 그것은 우리 두 사람을 망칠 뿐이오. 그러나 물론 현재 내 생활의 목적은 당신과 내가 함께 사는 것이오. 실은 난 두려워하고 있소. 주위에 악마가 들끓고 있고, 그 악마들이 우리를 노리고 있는 것만 같소. 어쩌면 그건 악마가 아니라 욕심 많은 재물의 신 마몬인지도 모르겠소. 생각건대 마몬이라는 것은 돈을 원하고 생활을 싫어하는 대중의 소망을 의미하는 데 지나지 않는 것 같소. 아무튼 나는 허공에 있는, 나를 붙잡으려고 하는 커다랗고 허연 손이, 살아가려고 하는 사람, 금전을 초월한 생활을 하려는 사람의 목을 조르며 생명을 빼앗아가고 싶어 하는 것을 느껴요. 나쁜 시대가 온 것이오, 나쁜 시대가! 젊은이여, 나쁜 시대가 왔다네. 만약 상황이 현재처럼 진행한다면, 미래에는 이 산업노동자 계급에 있어서 죽음과 파괴 외에 아무것도 존재하지 않소.

나는 내 몸의 내부가 물로 변하는 것을 이따금 느끼는데, 그러면 거기에 당신이 와서 내 아이를 낳으려 하는 것이오. 하지만 걱정할 것 없소. 지금까지 있었던 나쁜 시대가 크로커스 꽃을 지게 할 수 있었던 적은 한번도 없었소. 여자의 사랑도 마찬가지요. 그러니까 내가 당신을 원하는 마음을 사라지게 할 수 없을 것이고, 당신과 나 사이에 있는 조그만 열정의 불꽃을 꺼뜨릴 수도 없을 것이오.

우린 내년에는 함께 살 수 있소. 나는 두려워하고는 있지만 당신이 나와 함께 있어 줄 것이라고 믿고 있소. 남자라면 최선의 것을 얻기 위해 노력하고 준비해야 하오. 그런 뒤에 뭔가 자신을 초월한 뛰어난 존재를 신뢰하지 않으면 안 되오. 사람은 자신의 가장 좋은 부분과, 그것을 초월한 뛰어난 능력을 진정으로 신뢰하는 것 외에, 미래를 보장할 수 있는 것은 아무것도 없소. 그러므로 나는 우리들 사이에 있는 작은 열정의 불꽃을 신뢰하오. 지금의 나에게는 그것이 이 세상에 유일한 것이니까. 내게는 친구, 마음의 친구가 없소. 오직 당신뿐이오. 그리고 지금, 그 작은 불꽃만이 내 생활에서 가장 소중한 것이오. 아기 문제가 있지만, 그건 2차적인 문제일 뿐이오. 나와 당신 사이에 있는 두 갈래의 불꽃, 그것이 나의 성령강림제요. 옛날부터 있는 성림강림제는 그 전부가 진짜인 것은 아니오. 나와 신은 아무래도 조금은 오만한 것 같구려. 그러나 당신과 나 사이에 있는 이 작은 두 갈래의 불꽃, 봐요, 바로 거기 있지 않소! 그건 내 행동의 지침이고, 또 앞으로도 그럴 것이오. 클리포드와 버사, 탄광회사와 정부, 금전에 사로잡힌 대중 따위와는 상관없이.

그런 이유로 나는 당신에 대해 현실적으로 생각하고 싶지는 않소. 그건 다만 나를 괴롭힐 뿐이고, 당신에게도 아무런 득이 되지 않기 때문이오. 당신이 나와 멀리 떨어져 있는 것은 원하지 않지만, 내가 그것에 초조해하기 시작하면 무언가를 그르치게 될 것이오. 인내, 언제까지나 인내해야 하오. 이제 나의 마흔 번째 겨울이오. 지나가 버린 모든 겨울은 이제 와서 돌이킬 수 있는 것이 아니오. 그러나 이번 겨울은 나의 성령강림제의 작은 불꽃을 충실하게 지킴으로써 약간의 평화를 얻으려 하오. 그리고 세상 사람들의 숨결에 그것이 꺼지지 않도록 하겠소. 나는 더 높은 신비의 존재를 믿소. 그 존재는 크로커스 꽃조차도 스러지게 하지 않을 것이오. 또 당신은 스코틀랜드에, 나는 중부 지방에 있고, 그래서 내가 두 팔로 당신을 포옹하고 다리로 당신을 감싸줄 수 없다 해도, 나는 당신의 무언가를 소유하고 있는 것이오. 나의 영혼은 당신과 함께 성령강림제의 작은 불꽃 속에서, 섹스의 평화로움처럼 조용히 일렁이고 있소. 우리는 교접을 하고 불꽃을 피워냈소. 꽃도 태양과 지구 사이에서 교접에 의해 태어나고 있소. 그러나 그것은 상처받기 쉬운 것이고, 인내와 오랜 휴식을 필요로 하오.

그러므로 지금 나는 순결을 소중히 간직하고 있소. 그것은 섹스에서 나오는 평화이기 때문이오. 나는 지금 순결을 지키고 있는 것이 즐겁소. 갈란투스 꽃이 눈을 즐기는 것처럼 나는 그것을 즐기고 있소. 나는 두 갈래로 갈라진 하얀 불꽃같은 갈란투스처럼, 지금 우리 사이에 있는 이 순결을 즐기고 있소. 그것은 교접 뒤의 평화로운 휴식 같은 것이오. 그리고 진정한 봄이 왔을 때, 우리는 교접을 통해 그 작은 불꽃을 노란색으로 찬연히 빛나게 할 수 있을 것이오. 그러나 지금은 안 되오. 아직은 아니오! 지금은 금욕을 지켜야할 때, 금욕과 순결은 내 마음에 청량한 물이 흐르고 있는 것처럼 무척 기분 좋은 것이라오. 바로 지금 우리 사이에 순결이 흐르고 있기 때문에, 나는 그 순결을 사랑하오. 그것은 신선한 물이나 비와 같은 것이오. 어째서 남자는 지겹도록 사랑유희를 하고 싶어 하는 건지 모르겠구려! 스페인의 탕아 돈 후안처럼, 언제나 자위행위에서 평화를 얻을 정도로 성적불구가 된다면 얼마나 비참한 일이겠소? 또 그 작은 정열의 불꽃이 타오르고 있어도,

자제심이 없고, 시원한 강가에 있는 것처럼 이따금 냉정해져서 순결을 지키지 않는다면 얼마나 비참한 일이겠소?

당신을 만질 수 없기 때문에 이렇게 장황한 말을 늘어놓았구려. 당신을 품에 안고 잠들 수 있다면 잉크가 줄어들 일은 없을 텐데. 우린 둘이서 함께 사랑을 나눌 수 있는 것처럼, 둘이서 함께 순결을 지킬 수도 있을 것이오. 그러나 떨어져 있는 것은 잠시 동안이어야 하오. 그리고 그편이 정말로 현명한 방법이라고 생각하오. 다만 자신에게 확신만 가지고 있으면 되는 거요.

아무 걱정 말아요. 아무 걱정 말아요. 우리는 잘못되지 않을 것이오. 우리는 참으로 작은 불꽃과 그것이 꺼지지 않도록 지켜주는 이름도 모를 신을 신뢰하고 있소. 이곳에는 정말 당신의 많은 부분이 나와 함께 있지만, 당신의 전부가 이곳에 있지 않은 것이 유감이구려.

클리포드 경에 대해서는 아무것도 염려할 필요 없소. 그에게서 아무 소식이 없더라도 걱정하지 말아요. 그는 정말 당신에게 아무 짓도 할 수 없을 것이오. 기다립시다. 그러면 결국 당신을 포기하고 놓아줄 테니까. 그리고 만약 그렇게 되지 않더라도, 우리 쪽에서 그에게 접근하지 않도록 합시다. 그러나 걱정할 것 없소, 그는 그렇게 할 테니까. 결국은 당신을 언짢은 물건처럼 토해내고 싶어질 거요.

지금은 당신에게 쓰는 편지를 끝내기가 싫구려.

그러나 우리의 많은 부분은 함께 있소. 그리고 현재의 상황에 순응하며, 하루빨리 재회할 수 있도록 방향을 잘 잡아 나아가는 수밖에 없소. 존 토머스는 조금 고개를 숙이고 있지만, 마음에 희망을 품고 레이디제인에게 잘 자라고 인사를 하는구려.

로렌스의 생애와 사상

# 로렌스의 생애

## 1. 로렌스가 살았던 시대

### 세계의 공장

D.H. 로렌스가 태어난 1885년은 영국의 최전성기인 빅토리아 여왕시대(1837
~1901)의 후기에 해당한다. 이 시기의 영국은 이른바 제국주의 시대여서 세계
각지에 식민지를 만들었다. 7개의 바다를 지배하고, 해가 지지 않는 나라임을
자랑하여 대영제국으로 세계에 군림했다. 1877년, 빅토리아여왕은 인도의 여
제도 겸하게 되었다. 아프리카의 식민지 획득을 둘러싸고 1899년에는 보어전쟁
이 일어났다. 영국은 '세계의 공장'으로서 식민지에 자기 나라의 공업제품을 수
출하여 거대한 부를 축적하고 있었다. 국내의 넘치는 인구를 식민지로 보내 문
화적인 면으로도 영향을 끼치고 있었다. 즉 영국은 당시 초강대국으로서 세계
의 정치·경제·군사·문화 등 여러 면에서 지배적인 힘을 지니고 있었다.

영국을 '세계의 공장'으로 만든 것은 산업혁명의 성과였지만, 그 결과 부유한
산업자본가가 대두하는 반면에 가난한 공장노동자들이 생겨났다. 여기서 노동
과 자본의 대립이 일어났다. 노동자는 임금인상과 노동시간의 단축을 요구하
여 노동조합을 만들고, 파업을 했다. 차츰 노동자의 권리가 인정되어 1871년에
노동조합은 합법화되었다. 1900년에는 노동당이 결성되어 자유당을 대신해서
세력을 쥐었고, 1924년에는 정권을 획득하기에 이르렀다.

### 참정권

산업혁명 결과, 새로이 대두한 중산계급은 1760년대부터 참정권(하원의원의
선거권)을 얻기 위해 운동을 벌이고 있었다. 격렬한 운동의 결과, 1832년에 제1
차 선거법개정이 이루어져 상류계급뿐만 아니라 중산계급도 국정에 참가할 수
있게 되었다. 그러나 이때는 재산이 없는 노동자에게는 선거권이 주어지지 않

앉으므로 노동자들은 격렬한 운동을 벌였다. 그것이 차티스트운동이었다. 그 결과 제2차, 제3차 선거법개정이 이루어졌고, 마침내 1918년에 성년 남자 모두에게 선거권이 주어졌다.

한편, 여성의 국정참가는 뒤처져 있었다. 차티스트의 요구에도 여성참정권은 들어 있지 않았다. 여성참정권획득운동은 19세기 후반부터 열기를 띠고 있었다. 전국조직이 결성되어 광범위한 운동을 전개했다. 1903년에는 종래의 온건한 단체를 대신하여 과격한 여성사회정치연맹이 주도권을 쥐고 방화, 정부요인습격, 국회난입을 포함하는 과격한 시위운동을 벌였다. 제1차 세계대전 발발로 운동은 중단되었지만, 대전 중 여성의 활약이 평가를 받아 1918년에 이르러 제한적이기는 하지만 비로소 여성참정권이 부여되었다. 그리고 1928년, 성인여자들은 모두 선거권을 받았다.

### 교육

선거권을 지닌 계층이 확대되어 감에 따라 분명해진 것은 선거권이 있어도 제대로 읽고 쓸 줄 모르는 사람들이 많다는 사실이었다. 이래서는 국정참여의 의미도 충분히 달성될 수 없었다. 그리하여 교육보급이 과제가 되었다. 1860년 초에는 잉글랜드와 웨일스의 아동 350만 명 가운데 반 정도만 정규학교에 다녔으며, 또한 학교에 다니기는 해도 읽고 쓰는 능력을 지닌 아동은 그 중 10분의 1에 그쳤다. 이런 상태를 개선하기 위해 초등교육의 의무화를 외치기 시작해 1870년에는 의무화 법률이 제정되었다. 의무교육 기간도 조금씩 연장되었다.

고등교육에 대해서는, 19세기에는 옥스퍼드, 케임브리지 대학 외에 런던대학 등 다른 대학이 발족하고, 또 비국교도에 대한 입학제한도 철폐되었다. 그러나 여자를 위한 고등교육기관은 없었다. 때문에 여성은 마땅한 직업에 종사할 수가 없었다. 마침내 세기 중반에 이르러 여자고등교육기관이 세워지기 시작했다.

### 정신풍토

빅토리아시대의 정신풍토에 대해 말하자면, 사람들은 그리스도교를 신봉하고 그리스도교 도덕을 지키고 있었다. 각 가정에는 성경이 있고, 일요일에는 교회에 가서 예배를 드렸다. 그리스도교에 바탕한 이타정신, 박애·자선·자기희생이 매우 중요한 덕목으로 여겨졌다. 부자는 가난한 사람을 도와야 했다. 이런 정신에서 부스의 '구세군'이 생겨나 가난한 사람과 범죄자를 구제했다. 그러나 게으르고, 남의 도움을 기다리는 태도는 비판받았다. 노동은 신성했다. 새뮤얼 스마일스가 《자조론》에서 강조한 것처럼 일과 스스로의 노력에 의해 길을 개척해 나가야만 했다. 사람들의 생활을 타락시키는 음주는 혹독한 비판을 받았다. 금주운동이 강력하게 추진되었다.

D.H. 로렌스(1885~1930)
1913년(28세)에 촬영된 사진

결혼생활은 신성했다. 따라서 간통은 가장 큰 죄악이었다. 성은 금기되어 있었다. 성적 연상을 하게 하는 말은 사용해서는 안 되었다. '배'라든가 '다리' 같은 단어조차 기피되었다. 여성은 얼굴과 손 이외의 육체를 남에게 보여서는 안 되었다. 복사뼈나 어깨를 보이는 것도 천박하게 여겨졌다. 1857년에는 '외설출판물규제법'이 제정되어 성적 언급이 있는 출판물은 발매가 금지되었다.

그런데 1859년에 다윈의 《종의 기원》이 출판되면서 빅토리아시대의 정신풍토의 기반은 흔들리기 시작했다. 진화론은 성경에 나와 있는 신에 의한 천지창조를 의심하게 했다. 세기말이 되자 그리스도교에 바탕한 도덕관념이 느슨해지고, 향락적이고 찰나적인 사고가 등장했다. 오스트리아의 의사 지그문트 프로이트가 정신분석학을 창시하여 성이 인간생활에 있어서 중요한 작용을 한다고 주장하기에 이르러, 성을 금기시하는 빅토리아시대의 정신풍토는 타격을 입게 되었다.

### 과학기술의 진보

19세기는 과학과 기술이 발달한 시대였다. 증기기관의 발명 등을 비롯하여 여러 과학적 발명과 발견이 이루어졌다. 그때까지 사람들의 정신을 지배하고 있었던 종교를 대신하여 과학신앙이 일어났다. 증기기선의 발명과 철도 건설에 의해 교통기관이 발달하고, 사람들의 생활은 보다 쾌적해졌다. 또한 상품의 대량생산에 의해 그때까지는 비쌌던 물건들을 살 수 있게 되었다. 물질생활 측면에서 비약적으로 풍요로워졌다. 물질문화가 번영함과 동시에 물질생활 편중의 해악도 등장했다. 즉 금전만능주의의 사고가 강해졌다. 금전, 물질이 인간평가의 기준이 되었다.

로렌스는 이런 시대의 아들이다. 그러한 시대의 흐름 속에서 살면서 사상을 형성해 나갔다. 로렌스는 탄광부의 아들로 태어났으므로 노동자의 지위향상, 교육기회의 증대 등의 혜택을 받았다. 만약 100년 일찍 태어났더라면 로렌스는 작가가 될 수 없었을 것이다. 그는 시대의 흐름에 반발했다. 그리스도교 도덕에, 성의 금기에 반발했다. 영국의 자기중심적인 세계관에, 과학신앙으로 나타나는 이성편중에 반발했다. 19세기의 중요한 문제였던 종교 대 과학의 다툼은 로렌스의 내부에서도 되풀이되었다. 또한 금전과 물질편중에 경고를 하고 있다. 로렌스는 시대의 흐름에 민감하게 반응했다. 그가 살았던 시대를 자세히 살핌으로써 로렌스의 사상을 보다 잘 이해할 수 있고, 또 반대로 로렌스의 사상을 살피면 그곳에 시대의 흐름이 반영되어 있음을 알 수 있다.

## 2. 출생과 성장

### 아름다운 자연과 그것을 더럽히는 탄광

D(데이비드).H(허버트). 로렌스는 1885년 9월 11일에 영국의 노팅엄 주의 이스트우드, 빅토리아 거리에서 태어났다. 런던에서 급행열차를 타고 북쪽으로 2시간 가량 가면 노팅엄이라는 도시에 도착한다. 잉글랜드 중부지방의 중심도

1900년 이스트우드를 관통하는 노팅엄 마을길을 서쪽에서 바라보다. '언덕 꼭대기 따라 노팅엄 마을길이 지나가며 서로 어울리지 않는 볼품없는 빅토리아 중기풍 가게들이 줄지어 있다.' 오른쪽에 로렌스가 태어난 빅토리아 거리가 있다.

1913년 노팅엄 마을길을 동쪽에서 바라보다. 노팅엄과 리플리를 잇는 첫 전차가 달리고 있다. 빅토리아 거리는 왼쪽에 있다. 전차 뒤로 보이는 곳은 조합교회.

시로서 현재 인구는 약 30만 명이다. 여기서 서북쪽으로 약 13킬로미터 되는 곳에 로렌스가 태어난 이스트우드가 있다.

　런던에서부터 평지가 이어지지만 노팅엄 부근부터는 야트막한 산들이 나타나기 시작하고, 북쪽으로 올라갈수록 산은 더욱 높아진다. 이스트우드는 이런 산 위에 있다. 이 부근은 전체적으로는 농촌지대이다. 밀밭과 목초지가 펼쳐져 있다. 매우 평화롭게 보이는 전원풍경이다.

영국의 시골은 아름답다는 정평대로 이 지방도 아름답다. 하지만 경치가 좋기로 이름난 호수지방에 비하면 풍경으로는 평범하다. 높은 산이 있는 것도 아니고 커다란 호수가 있는 것도 아니다. 그러나 로렌스는 이 지방의 자연에서 충분히 아름다움을 느꼈던 것이다. 특히 이스트우드 북쪽의 무어그린 저수지와 그 부근의 숲, 작은 개울, 밀밭, 목초지의 아름다움은 그의 마음에 깊이 새겨졌다. 40세가 지나서 쓴 에세이 《노팅엄과 탄광촌》에선 이 부근을 '더없이 아름다운 전원지대'라고 하면서 그립게 회상하고 있다.

풍경으로는 평범한 이 지방을 '가장 아름답다'고 하게 한 것은 그의 감수성이다. 로렌스는 자연의 아름다움을 느끼는 힘을 내부에 갖고 있었던 것이다. 고향의 자연은 그의 상상력에 뿌리내려 그의 사상과 문학을 형성하는 원동력이 되고 있다. 첫 장편소설 《백공작》이 무어그린 저수지와 그것을 둘러싼 숲의 묘사로 시작되는 것은 우연이 아니다.

그런 반면에 이 지방의 아름다운 자연을 파괴하는 것이 있었다. 그것은 탄광이다. 노팅엄 부근에는 탄광이 몇 군데 있었다. 잉글랜드 중부지방은 석탄산지이다. 석탄이 나는 것은 16세기 무렵부터 알려져 있었고, 당나귀를 동력으로 사용하여 채굴이 계속되고 있었다. 이 시대는 석탄 채굴이 자연을 더럽히는 일은 아니었다. 그런데 산업혁명의 결과, 석탄은 대규모로 채굴되어 아름다운 자연을 검정 얼룩처럼 더럽히게 되었다. 영국은 세계 최초로 산업혁명을 이룩해냈는데 그 이유는 기술의 개발은 물론이고, 그 원료인 철광, 그리고 에너지원으로 석탄이 있었기 때문이다.

로렌스의 아버지는 탄광노동자였다. 그의 아버지는 탄광에서 일했지만, 로렌스는 탄광은 자연을 더럽히는 것이라는 인식을 갖고 있었다. 폐석더미가 생기고 탄가루가 내려 주위를 검게 얼룩지게 하기 때문이었다. 그래서 근대산업에 대해 혐오감을 갖게 되었다. 아름다운 자연과 그것을 더럽히는 탄광이라는, 그가 태어나고 자란 환경은 로렌스의 사상과 작가로서의 상상력을 형성하는 중요한 요소가 되고 있다.

브린즐리 지하탄갱

워커 거리와 린크로프트의 교차로에서 본 블리치 그 뒤로 브린즐리 탄광. 로렌스의 집은 오른쪽에 보이는 집들의 왼쪽 끝이다..

## 아버지적인, 어머니적인 것

　태어나서 길러진 환경이 로렌스의 사상과 상상력을 형성했음은 앞서 이야기 했지만, 아버지와 어머니, 또한 그 관계가 사상이나 정신형성에 중대한 영향을 끼치는 것은 굳이 말할 필요도 없을 것이다. 로렌스는, 다른 작가 이상으로 자신의 핏줄에 흐르는 아버지적인, 어머니적인 것을 강하게 의식하고 거기서 자신의 사상을 발전시켜갔다.

로렌스의 아버지 쪽 조부 존 로렌스는 재봉사였는데, 1853년 무렵, 이스트우드 북쪽 브린즈리에서 가게를 열고 근처 탄갱부들의 작업복을 만들었다. 스포츠맨으로, 보트경쟁이나 복싱으로 유명했다고 한다. 아버지, 아서 존 로렌스는 1846년에 태어났다. 7살 때부터 탄갱으로 들어가 평생 그 일을 해왔다. 강건한 신체의 소유자였지만 당시 다른 탄갱부들처럼 교양이 부족하고 신문조차 겨우 읽을 수 있는 정도였다.(당시는 의무교육제도가 없었다. 의무교육이 시작된 때는 1870년이다.)

로렌스의 아버지는 아침 일찍 탄광으로 들어가 저녁이 되면 집으로 돌아오다가 술집에서 술을 먹고 오는 게 일상이었다. 때때로는 술을 너무 많이 마셔서 집에 늦게 들어오는 때가 있었지만 게으른 갱부는 아니었다. 게다가 나중에는 조직의 우두머리가 되었다. 3, 4명의 갱부를 아래에 둔 채 채굴을 청부하고 회사에서 받은 채굴비를 광부들에게 나누어주는 지위에 있었다. 그래서 보통 갱부들보다 수입이 많았다. 힘든 일이었지만 그 나름대로의 방법으로 하루하루를 즐겁게 보내고 있었다. 그의 아들들 또한 아버지처럼 갱부가 되려 하고 있었다. 아버지는 자신의 노동자로서의 일에 만족하고 있었다.

로렌스는 어렸을 때 아버지를 그리 좋아하지 않았다. 그는 거칠고 교양은 부족하며 난폭했다. 그러나 그 반대로 매력 또한 무의식적으로 인정하고 있었다. 그것은 아버지가 건강한 육체를 가지고 있다는 것이었다. 활력이 넘치고 '생명의 불꽃'이 몸에서 피어오르는 듯한 느낌이었다. 이러한 견해는 아마 로렌스 자신이 병약했기 때문에 우러나온 것이었으리라. 로렌스가 아버지 안에서 본 육체의 매력은 점차 부풀어 오르고 육체 찬미의 사상으로 발전해 나아가게 되었다.

어머니 리디아 비어즐은 1852년에 태어났다. 어머니의 집안 쪽에는 찬미가의 작사가로 유명한 존 뉴튼(1802~86)이 있다. 현재에도 그가 작사한 노래들이 교회에서 불러지고 있다. 로렌스는 찬미가를 좋아했는데 그것은 아마도 이 핏줄때문이리라.

리디아의 아버지 존 비어즐은 노팅엄 출신이었지만 잉글랜드 남부 항구

로렌스의 생가 노팅엄 근교 이스트우드 탄광촌에 있다. 이 집 2층에서 로렌스가 태어났다.

생가 2층 전시실 2층에는 당시 노동자계급 살림살이가 재현되어 있다.

도시 시아네스의 도크에서 지사장으로서 일했다. 아버지는 열렬한 청교도로서 리디아에게도 엄격한 교육을 했다. 청교도는 종교개혁의 결과, 로마 가톨릭에서 분리된 신교도 일파이다. 헨리 8세(1491~1547)는 자신의 이혼을 로마 법왕으로부터 인정받기 위해 로마 가톨릭으로부터 분리되어 영국 국교회를 만들었다. 이것이 영국에서 일어난 종교개혁이었다. 그러나 영국 국교는 의식을 중요시하는 점 등, 가톨릭에 가까운 부분을 보였기 때문에 개혁을 더욱 철저히 하고 교회의 정화를 목적으로 삼은 일파가 나타나게 된다. 이들이 바로 청교도인 것이다. 그러나 영국에서의 반체제 종파였기 때문에 온갖 박해를 받고 그 일부는 자유로운 신천지를 쫓아 1620년, 필그림 파더스로서 메이플라워호로 미국 대륙을 건너가 미국 합중국의 기초를 만들었다.

영국에서 청교도는 온갖 청교도 혁명을 성공시켰다. 올리버 크롬웰을 따른, 청교도 의회군은 찰스1세군을 쳐부수고 1649년에 왕을 처형하여 공화제를 설립한다. 이 전쟁으로, 허친슨 대좌(1615~64)의 지휘 아래에서 의회군은 노팅엄 지역을 지켜내고 혁명을 승리로 이끌었는데, 이 방위군에 비어즈올 집안 선조 한 사람이 참가하고 있었다. 그 뒤로 비어즈올 집안은 열렬히 청교도를 따르게 된다.

비어즈올 집안에 속해 있던 청교도 종파는 조합파라고 불린다. 이 청교도의 특징은, 금욕적이고 비타협적이며 불굴의 정신을 가지고 있었던 것이다. 로렌스의 어머니, 리디아 또한 그런 성향을 가지도록 교육을 받았다.

### 대립하는 계급의식

리디아는 1875년에 아서 존 로렌스와 결혼했다. 노팅엄에 사는 친척집에서 만난 것이 계기가 되었다. 청교도 가정에서 자라난 리디아가 어째서 정반대라고도 할 수 있는, 쾌활하고 거칠 것이 없는 광부와 결혼할 마음이 내킨 것일까? 그것은 바로 정반대라는 이유에서 이끌렸기 때문이다. 아서 존은 리디아의 아버지에게서 느낄 수 없는, 한없이 밝은 성격과 유머를 지니고 있었기 때문이다. 한편, 아서 존도 자기에게는 없는 것을 그녀에게서 발견했다. 사투리를 쓰는 자신에 비해 그녀는 잉글랜드 남부의 표준영어를 썼다. 그렇듯 광부의 아내와는 전혀 다른 '귀부인다운' 데가 있었다.

바꿔 말하면 리디아는 중산계급 가정 출신인데 비해, 아서 존은 노동자계급에 속하므로 둘의 결혼은 서로 다른 계급 간의 결혼이었다. 영국의 계급은 크게 셋으로 나뉜다. 상류계급, 중산계급, 노동자계급이다. 상류계급은 귀족으로 소수이다. 세습제이고, 재산이 있다고 귀족이 되는 것도 아니다. 노동자계급은 광산노동자 같은 육체노동자이다. 상류계급과 노동자계급 사이에 있는 것이 중산계급이다. 영국의 계급의식은 상당히 뿌리가 깊어서 리디아는 결혼 뒤에도 자신의 중산계급의식을 버리지 않았다.

결혼 초에 두 사람은 행복했지만, 그 행복은 오래 계속되지 않았다. 결혼 뒤, 아내는 남편에게 금주 맹세를 하게 했다. 청교도인 그녀에게 음주는 악덕이었

로렌스네 가족 사진 로렌스는 앞줄 어머니와 아버지 사이에 서 있다. 뒷줄은 누나와 형들이다. 앞줄 왼쪽은 여동생 '에이다'

다. 남편에게 금주를 지키고, 그 표시로 리본을 달았다. 그러나 오랫동안 이어지지 않았다. 남편은 탄광에서 돌아오는 길에 다시 술집에 들르기 시작했다. 아내는 남편과 타협할 수 없었다. 남편이 볼 때는, 집안에서 자기의 입장을 인정받지 못하므로 차츰 동료가 있고 말이 잘 통하는 술집에서 시간을 보내게 되었다.

인생관의 차이 때문에 그들 부부 사이에선 자주 다툼이 일어났다. 이 대립은 한쪽이 죽어야만 끝나는 성질의 것이었다. 나아가 이 대립은 아들 로렌스의 내부로도 옮겨갔다. 로렌스는 정반대인 부모의 성격과 사상을 물려받아 자기 내부에서 어떤 화해를 만들어내야만 했다.

### 장학금을 받아 고등학교로
로렌스는 위로 두 명의 형과 한 명의 누나가 있는 셋째 아들로 태어났다. 밑으로 여동생이 하나 더 있다.

로렌스는 태어난 지 2주도 되지 않아 기관지염에 걸려 탈 없이 자랄 수 있을지 걱정이었다. 회복은 했지만 평생 호흡기계통의 병으로 고생했다. 초등학교는 형과 누나가 다닌, 근처에 있는 공립초등학교를 다녔다. 초등학교 시절엔 크리켓과 축구 같은 운동은 싫어했다. 섬세한 신경의 소유자로 탄광촌의 거친 남자아이들과 놀기보다는 오히려 여자아이와 노는 것을 좋아했다. 작은 동물, 풀과 꽃, 나무에 관심을 가졌다. 가족들과 함께 산책을 나갈 때면 제비꽃이나 그 밖의 풀꽃이 처음 핀 것을 알아채는 것은 로렌스였다. 그런 섬세함은 어머니에게서 물려받은 것이고, 이러한 성향은 평생 계속된다. 학교에서는 두각을 나타내, 당시 새로 생긴 고등학교의 장학금시험에 합격하여 노팅엄 고등학교에 입학한다. 광부의 아들로서는 이례적인 일이었다.

장학금은 1년에 12파운드로 수업료와, 이스트우드와 노팅엄을 오가는 교통비도 되지 않을 정도였지만, 부족분은 어머니가 생활비를 쪼개서 내주었다. 성적은 좋았다. 특히 프랑스어, 독일어, 국어, 작문에 뛰어났다. 그러나 3학년 때는 성적이 떨어졌는데, 아마도 건강 때문이었을 것이다.

노팅엄 고등학교는 1289년에 세워져 오랜 역사를 갖고 있다. 재학생은 직물공장주, 상점주 등 중산계급의 자제여서 로렌스처럼 장학금을 받고 입학한 노동자계급 출신 학생은 다른 인종처럼 취급되었다. 그러나 형이나 누나들이 가지 못한 중등학교에 진학한 것은 로렌스의 장래에 있어 플러스가 된 것으로 쉽게 상상이 간다. 문필생활의 기초가 이때 만들어졌다고 할 수 있다. 그러나 그 대가도 컸다. 아침 일찍 일어나서 먼 거리를 오가야 했으므로 신체적으로 부담이 되어, 애초에 튼튼하지 못했던 그는 건강을 잃게 되었다.

**자연 속으로**

고등학교를 마칠 무렵, 로렌스는 제시 체임버스라는 소녀를 알게 된다. 그로부터 둘의 교제는 10년 이상에 걸쳐 계속된다. 로렌스의 문학적 성장에 제시의 역할은 엄청나다. 먼저 두 사람의 어머니끼리 아는 사이가 되었다. 이스트우드의 조합파 교회에서 두 어머니는 귀갓길에 마음이 맞아 대화가 시작된 것이다. 체임버스 부인도 로렌스의 어머니처럼 경건한 청교도여서 말이 잘 통했다. 체임버스 가는 이스트우드 북쪽에 있는 허그스 농장을 운영하고 있었다.

**허그스 농장** '정면에는 초록빛 숲을 따라 농장의 낮은 붉은 건물이 굳게 서 있다. 안뜰 삼면을 감싸듯이 늘어선 농가나 헛간 등은 숲을 바라보며 햇빛을 잔뜩 받고 있다. 매우 조용했다.' 앞서 편지글에서 '설령 모든 것을 잊는다 해도 허그스 농장만은 잊지 못할 것이다…'라고 했듯이 그의 작품 곳곳의 배경에 이곳 자연 풍경이 깊게 배어 있었다.

**체임버스 가족사진**(1906) 뒷줄 가운데가 제시 체임버스(당시 19세)이다.

로렌스의 어머니는 농장을 방문하기로 약속했지만 여러 사정으로 미루어지다가 3년 뒤에 겨우 로렌스를 데리고 방문한다.

허그스 농장 근처는 탄광주택지구와는 달리 아름다운 자연이 펼쳐져 있었다. 로렌스는 탄광주택지구에서만 있었다면 알 수 없었을 자연의 아름다움을 알게 된다. 처음엔 어머니와 함께였지만, 그 뒤로는 혼자서 자주 찾아간다. 그리고 집안에서 놀기만 한 것이 아니라 가족들과 함께 농장으로 나와서 일을 거들었다. 제시의 아버지는 "버트(로렌스)가 곁에 있으면 일이 매우 즐겁구나" 했다고 한다. 소 등의 가축을 가까이서 본 것도 로렌스의 동물에 대한 친근감을 늘리는 계기가 되었다.

자연의 아름다움 외에 체임버스 가의 친절한 대우도 로렌스에게 깊은 감명을 주었다. 처음엔 제시의 남자형제들과 친하게 지냈다. 그 뒤에 제시에게 관심을 갖고 둘은 깊은 교제를 하게 된다. 로렌스는 만년에 제시의 남동생 데이비드에게 다음과 같은 편지를 썼는데 그것은 거짓 없는 진심일 것이다. "설령 모든 것을 잊는다 해도 허그스 농장만은 잊지 못할 것입니다. 나는 그곳을 그토록 좋아했던 것입니다. 당신들을 만나러 가는 것이 즐거움이었습니다. 그곳에서 나의 내부에 새로운 생명이 태어난 것이지요." '새로운 생명'의 형태를 만든 것은 여러 가지가 있지만 그중에서 중요한 것은 자연에 대한 사랑의 싹틈이다.


## 3. 작가로서의 출발

### 문학친구

제시는 로렌스의 생애에 중요한 영향을 끼친 여성의 한 사람이다. 그녀는 1887년에 태어났으므로 로렌스보다 두 살 가량 어리다. 그들이 처음 만났을 때, 제시는 14세였다. 로렌스는 처음엔 남자형제들과 친하게 지냈지만, 차츰 제시에게 관심을 갖게 되었다. 그녀는 공부를 좋아하는 소녀였지만 공부할 기회가 주어지지 않았다. 당시 이 계층에선 남자라도 로렌스처럼 장학금을 받아 중등학교에 진학하는 것은 매우 예외적이었다. 특히 여자의 경우는 상급학교에서 공부하는 길은 매우 좁았다. 옥스퍼드나 케임브리지 같은 대학은 여자를 입학시키지 않았다. 여자 고등교육기관이 창립되기는 했지만 입학할 수 있는

노팅엄 대학교 로렌스는 1908년 졸업과 동시에 초등학교 교사가 되었다.

것은 겨우 몇몇이었다.

제시도 학교에서 공부할 기회를 갖지 못한 채 식사준비나 그 밖의 집안일을 도와야만 했다. 그녀는 그런 생활에 만족하지 못해 문학서적을 읽고, 상상의 세계로 빠져들곤 했다. 그런 소녀 앞에 역시 문학을 좋아하는 소년이 등장하면서 서로 친해지는 것은 당연하리라.

지식욕에 불타던 제시에게 로렌스는 고등학교에서 배운 대수, 기하, 프랑스어를 가르친다. 또 둘은 함께 문학서적을 읽고 저마다 독후감을 말했다. 이로써 서로 자극을 받고 문학취미가 배양되어 간 것은 쉽게 상상할 수 있다.

로렌스는 시집을 들고 다니면서 이따금 그녀에게 낭독해 주었는데, 읽기만 한 것이 아니라 자신도 쓰기 시작한다. 19세 때이다. 제시는 로렌스의 시를 칭찬했다. 훌륭한 이해자를 얻어 로렌스의 창작욕구는 자극되었다. 그는 이렇게 시를 지음으로써 작가에의 길을 시작하게 된다.

### 수녀

제시는 이내 로렌스에게 사랑의 감정을 갖게 된다. 여럿이 함께 소풍을 갔을 때의 일이다. 제시가 뒤떨어져 혼자서 걷고 있으려니 길 한가운데 로렌스가 쭈그리고 앉아 있었다. 그는 고장난 우산을 고치고 있었던 것이다. 형의 것을 빌린 것이어서 고쳐야 한다는 근심으로 가득 찬 로렌스의 매우 진지한 얼굴을 보고 제시는 마음이 움직였다.

두 사람은 한때 약혼을 했지만, 결혼은 하지 않았다. 로렌스에게는 제시와의 결혼을 망설이게 하는 것이 있었다. 그중 가장 큰 이유는 어머니와의 강한 유대였다. 형 윌리엄이 죽은 뒤, 어머니의 사랑은 온통 로렌스에게 쏟아졌다. 광부인 남편에게 정나미가 떨어진 어머니는 마치 남편을 사랑하듯 아들을 사랑했던 것이다. 이런 어머니와의 강한 유대 때문에 로렌스는 다른 여성을 사랑하고 결혼할 수 없는 정신상태가 되어 있었던 것이다.

또 제시는 로렌스가 이상적으로 생각하던 타입의 여성은 아니었던 점도 결혼을 망설이게 한 이유이다. 로렌스는 정열적인 여성을 동경했다. 그가 바라는 것은 사회의 풍습에 얽매이지 않고 행동하는 정열적인 여성이었다.

이에 반해 제시는 얌전하고 보수적, 도덕적인 여성이었다. 그녀의 어머니는 경건한 청교도이고, 그 영향을 받고 있었다. 로렌스는 제시를 '수녀'로 간주하게 된다. 도덕적이어서 정열이 모자란다는 것이다. 로렌스를 위해 마음을 다하고 있는 제시에게는 너무나 가혹했지만, 그것은 어쩔 수 없는 기질적 차이였다.

### 대학으로

로렌스는 겨우 일자리를 잡은 헤이우드 외과의료기구 제조회사를 폐렴 때문에 3개월 만에 그만둔 뒤, 요양을 하다가 이듬해인 1902년에 헤이우드 초등학교의 보조교사가 되었다. 마침 이 해에 신교육법이 제정되어 보조교사는 지도센터에서 강습을 받게 되었다. 로렌스는 강습생들과 '이교도'라는 그룹을 만든다. 이중에는 제시도 있었고, 뒷날 로렌스와 약혼하게 되는 루이 버로우즈도 있었다. 4년을 근무한 뒤에 로렌스는 대학에 진학할 수가 있었다.

1906년 21세 때, 로렌스는 노팅엄 대학에 입학했다. 그가 들어간 교육학부에는 과정이 둘 있었다. 하나는 문학사 학위를 받는 과정이고, 다른 하나는 교사 자격증만 취득하는 과정이었다. 로렌스가 택한 것은 후자였고, 2년 동안 다녔지만 학위는 받지 못한다. 비록 학위는 받지 못했지만 대학 진학은 작가로서의 활동에 있어서 매우 의미가 있었음은 당연하다. 많은 문학서적을 읽고 첫 장

로렌스의 동상 모교인 노팅엄 대학교 교정에 세워졌다.

편소설을 쓰기 시작한 것도 이 시기이며, 또 첫 번째 작품이 출판된 것도 재학 중일 때였다.

로렌스는 대학 수업에 대해서 그다지 만족한 것은 아니었지만, 학식으로 로렌스를 반하게 만든 교수가 있었다. 근대어 주임교수이자 프랑스어 스승이었던 어네스트 위클리다. 교수 또한 로렌스를 뛰어난 학생으로 주목하고 있었다. 대학에서 알게 된 스승과 제자는 뒷날 다시 만나 미묘한 운명의 길을 걷게 된다. 대학은 로렌스에게 예기치 못한 인생의 전환점을 마련해 주었다.

### 문단에의 등장

1908년 6월에 로렌스는 교사자격증을 얻고 대학을 졸업한 뒤, 10월부터 런던 교외의 한 초등학교에서 교편을 잡는다. 병으로 퇴직하기까지 약 3년 동안 근무했다. 교사로서는 합격점이었다. 그가 흥미를 가졌던 과목은 국어, 미술, 생물이었다.

그러나 그는 교직만으론 만족하지 못했다. 문학작품을 읽고, 첫 장편소설 《백공작》 원고도 계속해서 쓰고 있었다. 문학서적을 읽기 위해 그가 이용한 곳은 크로이든 중앙도서관이었다. 이 시기에 그는 영문학 외에 외국문학, 즉 프랑스문학, 러시아문학 등을 넓게 읽었다. 특히 러시아문학이 뜨거운 환영을 받을 즈음이었다. 이런 흐름 속에서 로렌스는 톨스토이와 도스토옙스키를 읽었다.

특히 톨스토이의 《안나 카레니나》에 대한 견해에는 당시의 로렌스의 사상이 드러나 있다. 그 작품에서 안나를 죽여선 안 된다고 로렌스는 독후감에서 밝히고 있다. 안나가 남편이 있는 처지에 브론스키와 사랑에 빠진 것은 분명한 간통이고 도덕적으로 용서받지 못할 일이기는 하지만, 그러나 인간은 사회의 도덕을 초월하는 존재이다. 그러므로 비록 사회의 도덕에는 어긋나는 일이라도 자기를 부정할 필요는 전혀 없으며, 오히려 안나는 자기 정열에 자부심을 갖고 살아가야 했다는 것이다. '정열의 자부심'에 의해 살아가는 주인공을 그리지 못한 것이 톨스토이의 한계라는 것이다.

한편, 노팅엄에서는 제시가 로렌스를 문단에 등장시키기 위해 힘쓰고 있었다. 제시는 〈영국평론〉이라는 잡지에 로렌스의 작품을 보낸다. 이것이 게재되어 로렌스는 작가가 될 계기를 얻게 된다. 제시에 따르면 필명으로라면 작품을 보내도 좋다고 로렌스가 허락했으나, 그렇지 않다면 허락하지 않았다고 한다. 이처럼 로렌스는 자신의 강한 열망 없이 보내진 투고에 의해 떠밀리듯 작가에의 길을 걷게 된다.

〈영국평론〉 1909년 11월호에 로렌스의 시 〈조용한 오후〉가 게재되었다. 이것은 작품이 문예지에 실린 맨 처음 일이고, 이를 계기로 그는 작가생활에의 순조로운 출발을 하게 된다.

## 루이 버로우즈와의 약혼

만약 제시 체임버스가 없었더라면 로렌스가 이처럼 순조롭게 작가로 출발할 수 있었을까? 없었다 해도 늦든 이르든 문단에 등장은 했겠지만, 그 시기가 늦어졌으리란 것은 충분히 짐작이 간다. 제시가 로렌스를 위해 애쓴 것은 분명하다. 로렌스의 말을 빌리면 "공주가 진수식 테이프를 끊어 배를 처음 물에 띄우듯이" 스타트를 끊었다고 하는데, 제시는 이 공주였다.

그러나 현실적으론 로렌스는 제시에게서 차츰 멀어지게 된다. 물론 이런 형태로 도움을 주는 것과 결혼은 별개이긴 하겠지만, 제시는 강한 애정을 품고 있었고, 로렌스만 좋다면 둘은 결혼도 했을 것이다. 그러나 둘의 관계는 제시의 호의를 로렌스가 배신하는 형태로 나아갔다. 이미 말한 것처럼 로렌스는 제시에게서 '수녀'적인 성격을 보고 있어 단호하게 결혼을 결심할 수가 없었던 것이다. 제시를 대신해 등장한 여성은 루이 버로우즈이다.

루이는 로렌스처럼 노팅엄 대학을 졸업한 뒤, 고향 근처인 레스터 주의 초등학교에서 교편을 잡고 있었다. 루이가 제시를 이은 친한 친구였음은, 현상단편에 응모할 때 제시와 마찬가지로 그 이름을 빌린 데서 알 수 있다. 1910년 12월 3일에 고향으로 돌아온 로렌스는 느닷없이 기차 안에서 루이에게 청혼하여 허락을 받는다. 로렌스의 설명에 따르면 제시는 '영혼까지 요구하기' 때문에 숨이 막히는 데 반해, 루이를 생각하면 '따뜻한 햇살을 느껴 행복해진다'는 것이다.

처음엔 당장에 결혼할 것 같았지만, 둘이서 생활하기 위한 경제적 기반이 아직 충분하지 않기도 해서 결혼은 자꾸 미뤄졌다. 그러는 사이 런던 교외와 레스터 주를 오가는 편지가 계속되었다. 그러나 둘의 관계는 시작과는 달리 별안간 단절되었다. 1912년에 로렌스는 약혼을 파기한다는 편지를 루이에게 보낸다. 심한 폐렴에 걸려 몸이 쇠약하여 결혼생활은 무리라고 의사가 말한 것이다. 이 폐렴으로 인해 교사직을 그만두었으므로 건강상의 이유는 충분히 헤아릴 수 있지만, 반드시 그것만이라고는 할 수 없을 것 같다. 왜냐하면 그 이유뿐이라면 결혼을 뒤로 미루는 일이 있어도 약혼을 파기할 필요는 없었기 때문이다. 로렌스는 이 일이 있고 난 3개월 뒤에 다른 여성과 사랑에 빠졌던 것이다. 그러나 그녀는 그 뒤로도 로렌스에 대한 사랑을 잊지 못해 60세가 넘을 때까지도 결혼을 하지 않았고, 그가 죽은 뒤에 남프랑스에 있는 묘소를 찾아간다. 그리고 로렌스에게서 받은 수많은 편지를 평생 보관했다.

## 어머니의 죽음

로렌스가 루이와 약혼한 바로 다음 1910년 12월에 어머니가 사망했다. 암이었다. 윌리엄이 갑자기 죽은 뒤로 어머니는 로렌스를 사랑하고 장래를 기대하고 있었다. 그런 유대는 보통의 어머니와 아들, 그 이상이었다. 자라나면서 로렌스는 어머니의 사랑을 무거운 짐으로 생각하고, 그 속박으로부터 벗어나려 하지만, 로렌스에게 어머니는 무시못할 커다란 존재였다. 그런 어머니의 죽음이었기에 정신적 타격이 컸던 것은 당연하다. 로렌스는 〈신부〉라는 시에서 다음과 같이 애도하고 있다.

사랑하는 사람은 오늘밤 소녀처럼 보이지만,
나이 들어 있다.
베개 위의 땋은 머리는
금빛이 아니고,
가느다란 은실이 섞여,
섬뜩하게 차다.

아니, 신부처럼 잠들어
충만한 삶을 꿈꾼다.
사랑하는 사람은 꿈을 꾸는 모습으로 누워 있다.
죽은 사람의 입은
저문 저녁의 개똥지빠귀처럼 노래한다.

로렌스는 첫 장편소설 《백공작(白孔雀, *The White Peacock*)》한 권을 특별히 서둘러 제본하여 어머니의 병상에 놓았지만, 이미 너무 쇠약해져서 사랑하는 아들의 화려한 데뷔를 축복해주는 것조차 할 수 없었다.

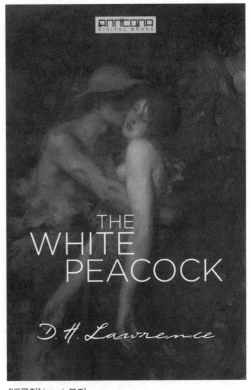

《백공작》(1911) 표지
표지 그림은 로렌스가 그렸다.

### 첫 장편소설의 출판

《백공작》은 1911년 1월에 출판되었다. 맨 처음 로렌스의 재능을 발견한 〈영국평론〉의 편집자, 포드 매덕스 포드의 노력에 의한 것이었다. 서평은 대체로 호평이어서 소설가로서의 산뜻한 출발을 했다.

이 작품은 대학에 들어가기 전부터 쓰던 것인데, 처음엔 '네자미아'라는 제목이었다. 그것은 작품 속 무어그린 저수지 부근의 지명이다. 그 저수지 근처에 제시 체임버스의 집이 있었다. 이곳의 아름다운 자연을 보며 소년시절 로렌스의 상상력은 나래를 펼친다.

등장인물도 현실의 인간을 모델로 하고 있다. 작품 속의 삭스턴 가는 체임버스 가이고, 비어스올 가는 로렌스 가이며, 템페스트 가는 탄광소유자인 바버 가이다. 줄거리는 농부인 조지 삭스턴이 레티 비어스올에게 구애하지만, 레티는 거절하고 탄광주 레슬리 템페스트와 결혼해버린다는 것이다. 여기에 로렌스의 중요한 주제인 애정과 계급이라는 문제가 나타나 있다. 농부인 조지와 중산계급인 레티의 사랑은 이루어지지 않는다. 로렌스의 아버지는 노동자계급이고 어머니는 중산계급 출신으로 두 사람 사이엔 일종의 단절감이 있었는데, 그러한 현실적 체험이 형태를 조금 바꾸어 이 소설에 등장하고 있다.

이 작품 원고의 일부는 불온하다는 이유로 출판 직전에 출판사의 요청으로 변경된다. 이것은 검열을 두려워한 조치였다. 일찍이 처녀작 출판에서 나타난 이 문제는 로렌스를 평생 괴롭히게 된다.


## 4. 새로운 여성과의 만남

### 프리다와의 만남

로렌스의 생애에서 큰 사건 중 하나는 프리다와의 만남이다. 만약 그녀와 만나지 않았다면, 로렌스의 생애는 달라졌을 것이다. 물론 집필한 작품의 성격도 달랐을 것이다.

1912년 3월, 두 사람은 처음 만났다. 로렌스는 프리다를 만난 뒤, 친구에게 쓴 편지에서 이렇게 말하고 있다.

"그녀(프리다)는 훌륭하다. 지금까지 본 적이 없는 멋진 여성이다."

이 말이 표현하듯이 프리다는 로렌스가 만난 사람들 중에서 가장 매력 있는 여성이었다.

로렌스가 프리다를 처음 만났을 땐, 이미 그녀는 노팅엄 대학교수인 어네스트 위클리의 아내이자 세 아이의 엄마였다. 위클리는 로렌스의 대학 은사였다. 그 해 3월에 근무하던 학교를 그만두고, 로렌스는 취직을 부탁하기 위해 은사의 자택을 방문했다. 로렌스는 독일의 대학에서 영어 강사가 되고 싶었다. 초등학교에 비하면 근무도 힘들지 않고, 건강을 해칠 일도 없을 거라고 생각했던 것이다. 또한 위클리는 노팅엄 대학의 교수가 되기 전에 독일 남부의 프라이부르크 대학의 영어 강사로 있었기 때문에 독일에 친구가 많았다.

로렌스는 28세이고, 프리다는 31세였다. 프리다는 처음 로렌스를 본 순간부터 무언가를 느꼈다고 한다. 잠시 둘이서 얘기를 나눌 기회가 생겼을 때, 프리다는 프로이트의 이론인 오이디푸스 콤플렉스에 대해 이야기를 했다. 그때 로렌스는 자신과 어머니와의 이상한 애착을 깨닫고 그것을 표현하려고 했던 자전 소설 《아들과 연인》을 쓰기 시작한 때라 프리다의 이야기는 공감되는 부분이 많았다. 그리고 두 사람 사이의 이해가 빠르게 깊어졌다.

집으로 돌아온 로렌스는 재빨리 그녀에게 '당신은 영국에서 가장 멋진 여성입니다' 편지를 썼다.

또 프리다가 결혼생활에 결코 만족하고 있지 않은 점을 지적했다. 분명히 표면적으로는 무엇 하나 부족함이 없는 생활을 보내고 있었지만, 프리다는 자신의 본성을 죽인 생활이라는 사실을 스스로 인정해야 했다.

### 영불해협을 넘어 독일로

프리다가 로렌스에게 애정을 느낀 것은 그 뒤 얼마 지나지 않아서이다. 그녀가 아이들을 데리고 로렌스와 함께 들판에 산책을 갔을 때, 작은 강가에서 로렌스는 아이들을 위해 종이로 배를 만들고 데이지를 강 위로 띄워 보내면서 아이들을 즐겁게 해주었다. 아이들과 노는 것에 열중한 로렌스의 모습을 보고 프리다는 자신이 그를 사랑하고 있다는 것을 느꼈다. 이것은 예전에 제시가 로렌스에게 애정을 느꼈던 때와 거의 같았다. 형에게 빌려 온 우산이 고장이 나서 그것을 고치려고 열중하던 로렌스의 모습을 봤을 때, 제시는 로렌스에게 처음으로 애정을 느꼈던 것이다.

로렌스는 위클리의 눈을 피해 정사하는 것을 거절했다. 프리다를 좋아하게 된 것은 바람을 피기 위한 상대가 아니라 결혼 상대로서였다. 그는 프리다에게, 남편을 버리고 자신과 함께 사랑의 도피를 하자고 부탁했다. 프리다는 망설였다. 아무리 남편과의 결혼생활에 불만이 있다고 하더라도, 세 아이가 있고 경제적으로도 안정적이었으며, 남편은 사회적 지위가 있었다. 그러나 이때 프리다의 마음속에서는 스스로도 어찌할 수 없는 강력한 힘이 움직였다. 두 사람은 만난 지 약 1개월 뒤인 5월 3일, 손을 잡고 영불해협을 배로 넘어서 독일로 향했다.

프리다의 아버지는 독일 귀족지주의 아들로, 남작이고 직업군인이었다. 당시 독일영역이었던 독·불 국경지대의 마을에 주둔하고 있을 때, 결혼해서 세 딸이 태어났다. 아내의 이름은 안나로, 두 번째 딸이 프리다이다.

첫째 딸 엘르제는 재능 있는 여성이었다. 17세 때 초등학교 교사가 되었고, 그 뒤에 하이델베르크 대학에 입학하여 저명한 사회학자 막스 웨버 밑에서 사회학을 전공하여 박사학위를 취득했다. 하이델베르크 대학에 입학이 허가된 첫 여성이었다는 사실에서도, 엘르제가 얼마나 선구적인 여성이었는가를 알수 있다. 졸업 뒤는 칼르스르에주의 공장조사관으로 임명받았고, 여성노동자의 권리를 지키기 위해 노력했다.

프리다가 로렌스와 함께 독일을 건넜을 무렵, 엘르제는 막스 웨버의 동생인 하이델베르크 대학의 정치경제학 교수인 알프레드 웨버와 동거생활을 하고 있었다. 이미 엘르제에게는 남편과 아이들도 있었지만, 1910년 은사인 막스 웨버와 애인관계가 되었다. 그러나 웨버의 아내가 자신의 친구였기 때문에 스스로 물러나고 그의 동생인 알프레드와 동거하게 되었다. 그녀가 남녀관계에 이처럼 자유로운 생각을 가진 배경에는 나중에 언급하겠지만, 한 명의 사상가가 존재했다.

### 프리다

프리다는 언니 엘르제와 다르게 공부를 그다지 좋아하지 않았다. 힘든 일은 하지 않고, 매일의 생활을 즐기는 타입이었다. 연병장에 가서 병사들과 함께 노래를 부르기도 하고, 남성의 관심을 끌기 위한 행동을 하기도 했다. 결혼하기 전에는 깊은 연애도 경험했다. 16세 때 사촌인 크루트와 진한 연애를 했다. 하지만 결혼까지 가지 못했다. 그 다음은 칼 중위와 교제했지만, 이번에도 결혼에 이르지 못했다. 프리다에게 재산이 없는 것이 장애가 되었다. 당시 독일 사관은 자신의 지위를 유지하기 위해 재산이 필요했다. 자신의 재산이 없을 경우는 돈이 많은 여성과 결혼하는 관습이 있었다. 칼은 프리다와 결혼하고 싶었지만, 그녀에게 재산이 없었기 때문에 단념할 수밖에 없었다. 그러나 그녀를 잊을 수 없었던 그는, 편지에 '지금에 와서 깨달았어. 당신을 많이 사랑했다는 걸. 그때 사관을 그만두고 당신과 결혼했다면 좋았을 텐데' 이렇게 썼다.

1899년 프리다는 영국의 언어학자 어네스토 위클리(1865~1954)와 결혼했다. 위클리는 집이 가난해서 고학으로 케임브리지, 런던, 베른, 파리, 프라이부르크 대학에서 공부를 했다. 1898년 34세로 노팅엄 대학의 프랑스어 교수가 되어 근대어학과의 과장을 겸임하고 1938년까지 40년간 같은 대학에 재직했다. 주요한 연구테마로는 영단어의 어원이다. 주요한 저서는 《영단어의 로맨스》(1912)와 《영어어원사전》(1921)이다. 노팅엄 대학교수직을 얻었을 때, 그는 독일 남부의 프라이부르크 대학의 영어 강사였다. 그리고 그 무렵 한 명의 아리따운 여성을 알게 되었고 단번에 그녀의 매력의 포로가 되었으니, 이 여성이 프리다

▲제시 체임버스
로렌스의 문학적 성장을 도우면서 10년
이상을 교제했지만 성격 차이로 서로 맺
어지지 못했다.

▼루이 버로우즈
1910년 로렌스가 제시와 파혼한 뒤 루이에
게 청혼하여 허락을 받아냈지만, 건강상
이유로 2년 뒤에 파혼을 통보한다. 로렌스
는 프리다에게 온통 빠져있었다. 그러나
루이는 로렌스와의 사랑을 잊지 못하고
그와 나눈 사랑의 편지를 간직한 채 평생
을 독신으로 보냈다.

▲아름다운 프리다
로렌스와 결혼하기 전 프리다는 로렌스의 대학 은사
의 아내이자 세 아이의 어머니였다. 그녀는 모든 것
을 버리고 로렌스를 따라나섰다. 그러나 이혼에 쉽사
리 응해주지 않는 전 남편과 세 아이의 문제로 고통
을 겪어야 했다.

이다. 그녀는 이 지방에 있는 기숙학교에서 신부 수업을 받고 있었다. 어느 교수의 소개로 위클리와 만나게 된 그녀에게 14세 연상의 남성과 결혼할 마음이 생긴 것은, 지금까지 교제한 남성들에게는 없었던 견실한 사고방식과 또 이 결혼으로 안정된 생활을 보낼 수 있다고 생각했기 때문이었다.

그녀는 남편을 따라서 영국으로 건너와 노팅엄에서 살게 되었다. 1남 2녀의 자녀를 두었지만, 지방도시의 자극 없는 단조로운 생활에 질려서 남편 몰래 비밀 정사를 가지게 되었다. 첫 애인은 윌이라는 레이스 직물공장의 사장이었다.

그러나 이것은 단순한 놀이에 지나지 않았다. 왜냐하면 자신의 사상을 바꾸는 연인을 만났기 때문이다. 그 사람은 오스트리아의 정신의학자 오트 그로스(1877~1920)다. 1907년 프리다는 독일로 여행을 갔고, 메츠에서 부모님을 만난 뒤 언니 엘르제를 만나기 위해 뮌헨을 방문했다.

당시 뮌헨은 자유사상이 넘쳐흐르고 있었다. 전통을 부정하는 개혁적인 예술가, 시인, 무정부주의자가 진을 치고 있었고, 보수적 정신풍토의 노팅엄과는 전혀 다른 분위기였다. 프리다는 엘르제를 통해서 급진적이고 무정부주의자인 오트를 알게 되었다. 프리다가 그를 만난 뒤에 '지금까지의 나는 인습적인 형태에 빠져서 몽유병자와 같은 생활을 보내고 있었지만, 그를 만나 내 본래의 모습을 알게 되었다' 말할 정도로 강한 영향을 받았다.

### 오트 그로스

오트의 아버지 한스 그로스는 오스트리아의 범죄학자로, 그 사상의 바탕에는 질서의 옹호가 있었다. 아버지에게 권위주의와 체제적 사상을 교육받았지만, 오트는 그것에 정면으로 반발했다. 그는 신경학과 정신의학을 전공했다. 그는 처녀작 《대뇌의 2차적 기능》(1902)에서 인간을 두 가지 타입으로 분류했다. 하나는 실제적이고 현실적인 아버지를, 다른 하나는 감수성과 상상력이 풍부한 오트 자신이다. 이와 같이 오트는 체제적 사상의 아버지와 정반대 입장이라는 사실을 밝히고, 아버지를 적대시함으로써 자신의 사상을 발전시켰다. 모든 사회의 권위주의는 아버지의 변형이라 생각했고, 오트는 아나키즘(무정부주의)과 완전한 자유를 주장했다.

오트는 정신분석 창시자 지그문트 프로이트에게 사상을 배웠다. 프로이트

가 신뢰하던 제자가 두
명 있었는데, 한 명은
독자적인 학설을 만들
어 낸 C.G. 융이고, 다
른 한 명이 오트 그로
스였다. 프로이트는 오
트의 재능을 인정하면
서도 그 방법에는 찬성
하지 않았다. 정신과의
사는 환자를 치료해야
하는데 오트는 그것에
벗어나 의사에만 만족
하지 않고, 철학자와 혁
명가가 되었다. 그는 '성
은 완전한 자유여야 한
다'고 주장했고, 지금과
같은 일부일처제 사회
제도에선 모두 노이로
제에 걸리고 말 것이라
고 했다.

폰 리히트호펜의 여장부들 앞 남작부인(어머니 안나) 뒤 왼쪽 엘르
제(첫째 딸), 오른쪽 프리다(둘째 딸)

오트는 프로이트의
학문을 높이 평가했지만, 그것은 정치적 중립으로 체재에 포함되어 있다고 비
판했다. 오트는 결혼했으나 성생활이 분방하여 많은 여성들과 관계가 있었다.
육체의 쾌락은 그에게 유일한 가치였다. 프리다 위클리도 오트의 애인 중 한
명이었다.

### 오트와 엘르제

학생 시절부터 엘르제는 오트의 아내와 친구사이였다. 그러므로 그 친구를
통해서 오트를 알게 되었지만, 그의 매력에 끌려서 애인이 되었다. 아이도 태
어났다. 그러던 어느 날부터 오트에게서 정나미가 떨어졌다. 그가 무책임한 인

간인 것을 알았기 때문이었다. 오트는 자신의 친구 중 한 명과 사귀게 되었는데 그녀가 임신하자 그 책임을 지지 않고 도망다닌 것이다. 엘르제는 그가 다른 여성과 자유롭게 육체관계를 가지는 것까지는 인정했지만 만약 아이가 태어난다면 마땅히 양육과 책임을 져야 한다고 생각했다. 그런데 그는 책임을 지기는커녕 임신한 여성을 자살로 유인하고, 국외로 도망가서 의무를 피하려고만 했다. 사상의 여하를 불문하고 이 일로 엘르제는 절대 오트를 용서할 수가 없었다.

또 오트는 코카인과 모르핀을 상습적으로 복용하고 있었다. 마약으로 정신까지 황폐해져 가는 것을 두려워한 엘르제는 말렸지만 소용이 없었다. 엘르제의 불안은 현실이 되었고, 오트는 마약으로 몸을 망치게 되었다. 1920년, 마침내 그는 마약 상용으로 폐인이 되어 객사하였다.

### 오트와 프리다

프리다가 오트와 알게 된 것은 언니인 엘르제를 통해서였다. 뮌헨의 언니 집을 방문한 프리다를 소개받은 오트는 그녀의 매력에 포로가 되었다. 처음엔 그가 말하는 사상을 이해할 수 없었지만, 차츰 그 사상은 자신이 평상시 느끼고 생각하던 것임을 알았다. 그녀는 '성이 자유로워지면 세계는 천국으로 바뀔 것이다' 생각하고 있었고, 이런 자신의 견해에 명확한 형태와 사상을 뒷받침해 준 것이 오트였다.

한편 오트도 언니인 엘르제보다 프리다에게 더 매력을 느꼈다. 그는 프리다에게 위클리와 헤어지고 자신 곁으로 오도록 권유했다. 그로부터 받은 편지를 프리다는 그와 관계가 끝난 뒤에도 소중히 보관해 두었다. 나중에 로렌스와 사랑의 도피행을 한 뒤, 오트로부터의 편지를 남편 위클리에게 보냈다. 과거의 그녀가 얼마나 노팅엄에서 결혼생활에 싫증을 느끼고 있었는지, 그리고 남편 몰래 정사에 빠졌던 것을 알리고 남편을 이혼으로 이끌었다. 오트는 프리다를 '미래의 여성'으로 말하고 있다. 다음은 그가 보낸 편지 중 일부이다.

오늘 당신은 자유입니다. 도덕면에서의 정절, 기독교, 민주주의, 그 외의 모든 당찮은 일로부터 자유로운 사람입니다. 황금의 딸이여! 당신이 어떻게 이같은 기적을 일으켰는지 음울한 2천 년 간의 저주와 추악함을, 당신의 미소와 사랑으로 어떻게 지워버릴 수 있었습니까!

오트는 프리다가 임신하기를 바랐지만, 그렇게 되지는 않았다. 프리다는 그에게 세 명의 여성상이 새겨진 반지를 보냈다. 그것에는 자신과 언니 엘르제, 오트의 아내가 그려져 있었다. 세 여성은 그의 사상에 공조하고, 그것에 따라 행동했지만 관계는 길게 가지 못했다. 엘르제는 정나미가 떨어져 떠났고, 프리다도 남편 위클리와 헤어지지 않았다. 마약중독에 걸린 그의 불건전함을 알았기 때문이다.

결국 프리다는 오트와 헤어졌지만, 그와의 만남으로 사상에 결정적인 영향을 받았다. 도덕적인 구속에서 해방된 성에 대한 자유사상은 그녀의 마음 깊이 뿌리내렸다. 로렌스가 프리다를 처음 봤을 때는, 이미 변한 뒤의 프리다였다. 그러기에 처음 본 순간부터, 지금까지 교제한 여성과는 다르다고 느끼는 것은 당연했다. 당시 뮌헨의 자유로운 분위기는 그녀를 통해 로렌스에게도 전해졌다. 보수적인 영국의 지방도시에서는 전혀 느낄 수 없는 것이었다. 그는 프리다를 보면서 이제까지 본 적도 없었던 새로운 여성을 보고, 새로운 세계를 보았다. 오트가 편지에 말한 것처럼 그녀는 도덕과 구속에서 자유로운 '기적'같은 존재였다. 청교도인 어머니나 지금까지 교제해 온 보수적이고 도덕적인 제시 체임버스나 루이 버로우즈와는 전혀 다르며 완전히 대조적인 여성이었다.

로렌스는 프리다를 오트와 같은 눈으로 보고, 프리다도 로렌스를 '오트의 재생'으로 보았다. 오트에게 공조했던 것이 로렌스에게는 있다고 느꼈다. 오트 때는 그 생활의 문란함이 싫어서 헤어졌지만, 로렌스와는 남편 위클리를 버리고 함께 영국을 떠났다.

### 프리다와의 생활

오트는 일부일처제의 결혼제도를 인정하지 않았지만, 로렌스는 달랐다. 그는 기독교의 전통적 결혼관에 충실했고, 인간생활에는 결혼이 중요하다고 생각했기 때문에 동거생활로는 만족할 수 없었다. 그는 정식으로 프리다와 결혼하려 했고, 그러기 위해서는 프리다가 위클리와 이혼할 필요가 있었다. 로렌스는 은사인 위클리에게 편지를 쓰고, 부인과 사랑의 도피를 한 것에 대해서 진심을 토로했다. 다음은 편지의 일부이다.

나는 부인을 사랑하고, 부인도 나를 사랑합니다. 나는 건방지고 변덕스러운 마음으로 이러는 것이 아닙니다. 내가 당신 곁에 있으면, 부인은 주눅이 들어 성장할 수 없습니다. 그것이 두렵습니다. 부인은 자신의 생활을 해야 합니다. 부인은 여성으로 거대해질 소질을 가지고 있습니다. 따라서 부인은 모든 장벽을 허물고, 자신의 생활을 영위해 가야 합니다.

그러나 위클리는 쉽게 이혼에 응하지 않았다. 가끔 마음을 바꾸라는 편지를 아내에게 보냈다. 프리다는 오트로부터 받은 편지를 보내고, 자신의 과거 행적을 폭로해서 단념시키려고 했다. 정식으로 이혼이 성립하는 것은 2년 뒤인 1914년 5월이다.

1912년 5월 로렌스와 프리다는 서로 손을 잡고 영불해협을 건너서, 프리다의 부모님이 있는 메츠로 갔다. 처음에 그녀는 로렌스를 부모님에게 소개하는 것을 주저했다. 그러나 우연한 사건으로 두 사람의 관계가 아버지에게 알려졌다. 로렌스가 영국의 스파이로 몰려 독일 경비군에게 체포되었기 때문이다. 프리다는 로렌스를 석방시키기 위해 아버지에게 사정을 이야기하고 그 힘을 빌려야만 했다. 아버지의 노력으로 로렌스는 풀려났지만, 메츠를 떠날 것을 강요당했다. 그는 친척이 있는 마을로 향했다.

프리다와 헤어진 뒤 로렌스는 불안했다. 프리다가 있는 곳으로 남편 위클리로부터 마음을 바꾸라는 편지가 오고, 그녀의 부모님도 만류했기 때문에, 이 상황에서는 그녀의 마음도 변할 수 있다고 충분히 생각할 수 있었다. 로렌스는 프리다에게 편지로 자신이 있는 곳으로 오도록 호소하는 방법밖에 없었다. 그러나 마음 한편으로는 그녀에 대한 신뢰와 강한 애정이 있었다. 불안과 신뢰가 뒤섞인 심정은 그가 시집 《어떤가, 우리는 끝내 해냈다》(1917) 속의 〈헨네프에게〉라는 시에 나타나 있다.

당신이 부르면 나는 대답한다.
당신은 원하면, 나는 얻을 것이다.
당신은 밤이고, 나는 낮이다.

그 밖에 무엇이 필요한가? 이것으로 충분하다.

모든 것이 완벽하다.

당신과 나만 있으면.

이 이상 무엇이 필요한가?


하지만

이상하다.

당신과 내가 있는데 이렇게 괴롭다니!

(헨네프에게)


　마침내 두 사람은 다시 만났다. 영국을 떠난 지 3주일 뒤, 두 사람은 뮌헨 근처 엘르제의 애인 알프레드 웨버에게 별장을 빌려서 신혼생활을 시작했다. 두 사람은 행복의 절정에 있었지만, 생활하면서 성격 차이를 알게 되었다. 청교도인 어머니의 교육을 받아서 검소하고 깨끗하게 가사일을 하는 로렌스에 비해, 프리다는 제멋대로였다. 아침은 늦게까지 자고 물건을 소홀히 다루었다. 아직 신을 수 있는 신발을 전혀 아까운 기색 없이 버릴 때, 로렌스는 너무 놀라서 화를 냈다.

　더욱 나쁜 점은 프리다는 영국에 두고 온 세 아이들을 생각하며, 로렌스를 괴롭혔다. 이처럼 두 사람 사이에는 의견의 대립이 있었다. 하지만 궁극적으로는 서로 신뢰하였고, 프리다가 최고의 여성인 것을 의심하는 일은 없었다.

　이 시기에 로렌스를 힘겹게 한 것은 경제문제이다. 대학을 졸업하고 나서 3년 반 동안 근무했던 교사를 병으로 퇴직한 뒤부터는 정기적인 수입이 없었다. 로렌스는 교단에 서지 않고, 평생 글만 쓸 것을 결심했다. 작가 중에는 재산을 가진 사람도 많았지만, 그의 재산이라고는 연필 한 자루였다. 그러나 그 이후로도 궁핍한 생활을 보냈지만, 다른 직업은 가지지 않고 문필로만 생계를 이어갔다.


### 이탈리아로

　로렌스와 프리다는 잠시 독일에 머무른 뒤, 1912년 8월 이탈리아를 향해 출발했다. 걸어서 알프스 산맥의 브렌나 고개를 넘고, 9월에는 북이탈리아 베로

나 부근의 가르다호반에 정착하여, 이듬해 4월까지 머물렀다. 그 뒤 독일을 거쳐서 6월에 영국으로 갔지만, 9월에 다시 이탈리아로 돌아왔다. 계속해서 이탈리아에 머무른 것은 아니지만, 실제로 꽤 오랫동안 그곳에 머물렀다.

뒤러와 괴테 등 많은 예술가나 문학자가 이탈리아에 매료되어 그 나라를 방문해서 깊은 영향을 받았는데, 로렌스도 그중 한 사람이었다. 로렌스는 이탈리아의 무엇에 끌렸던 것일까? 그것은 농민의 모습이었다. 이탈리아에서의 견문을 정리한 기행문 《이탈리아 박명》(1916)에는 이러한 농부의 모습이 묘사되어 있다.

농부인 화스치노는 포도밭에서 일하고 있다. 포도 가지를 치거나 접목시키고 비료를 주는 것이 그의 일이다. 그는 두뇌를 써서 일을 하는 것이 아니라, 감각으로 대상을 이해한다. 소똥과 석탄, 물, 흙을 손으로 섞는다. 머리가 아니라 감각으로 일을 하는 화스치노는, 식물과 비료와 대지와 '친밀한 관계를 가진 동물'이다. 생산고를 올리기 위해서만 일하는 '노동자'가 아니다.

로렌스의 눈에는 이탈리아 농부가 지성과 지식의 방해를 받지 않고, 육체와 감각으로 살고 있는 인간으로 보였다. 이것은 문명화된 인간이 잃어버린 것이기에 끌렸다. 1913년 1월, 로렌스는 이렇게 말하고 있다.

"이것이 이탈리아에서 살고 싶은 이유입니다. 인간은 의식을 가지지 않습니다. 그들은 그냥 느끼고 원하는 것뿐입니다. 그들은 지식이 없고 우리는 지식을 가지고 있습니다. 아니 지식이 많다고 생각하는 것뿐입니다."

더욱이 로렌스는 이렇게 말하고 있다.

"나의 위대한 종교는 지성보다도 현명한, 피보다 육체의 신앙입니다. 우리는 정신에 잘못을 저지르고 있습니다. 그러나 피로 느끼고, 믿고, 말하는 것은 언제나 옳은 것입니다."('의식'과 '피와 육체의 신앙'은 '사상' 참조)

'피와 육체의 신앙'은 로렌스 사상의 중핵을 이루었다. 이 사상은 그가 이탈리아에 머물던 때 표명되었다는 사실에 주목할 만하다. 이탈리아에 와서 반년 동안에 이 같은 사상이 급격히 생기리라고는 생각하기 어렵지만, 적어도 지금까지 배태하고 있던 사상이 이탈리아에 체재하면서 농부의 모습을 보는 것으로 성장하고 개화되었다고 충분히 생각할 수 있다. 이탈리아 체험은 로렌스의 사상을 지탱하는 하나의 기둥이 된 것은 분명하다. 로렌스에게 이탈리아는 영국과 비교하면, 아직 근대산업이 충분히 발달되지 않은 농업국으로 비쳤다. 근

'가르냐노는 호수 주위에 줄줄이 낡아빠진 이탈리아의 집들이 늘어선 곳. 뒤쪽이 바위산이기에 증기선으로 갈 수밖에 없다.'

대산업의 발달에 의해 영국에서 잃어버린 것이 이탈리아에는 남아 있었다. 영국에서 농부는 '노동자'이다. 비록 일하는 곳은 농지일지라도 본질적으로는 공장노동자와 다름없었다. 즉 생산고를 올리는 것이 그 사명으로 농업이라는 산업에 종사하고 있는 것이었다.

그에 비하여 이탈리아의 농부는 '노동자'가 아니었다. 농업이 산업화되면서 잃어버린 대지와 식물과의 소박한 접촉을 이탈리아의 농부는 아직 가지고 있었다. 그들에게 있어서 밭에서 일하는 것은, 대지와 식물과 함께 살고 일종의 공유를 하는 것이다. 단순히 생산고를 올리고 임금을 얻는 것만은 아니었다.

### 《아들과 연인》 출판

1912년 11월, 가르다호반에서 그의 대표작인 《아들과 연인》의 원고를 완성, 다음 해 출판했다. 이 작품은 몇 년 전부터 쓰기 시작한 것으로 자전적 소설이다. 부모와 형제 그리고 로렌스 자신과 제시 체임버스 등이 모델이다. 술고래에다 향상심이 없는 남편에게 정이 떨어진 어머니 모렐부인은 아이들에게 애정을 쏟았다. 형의 갑작스런 죽음 뒤에 어머니의 사랑은 로렌스를 모델로 한 폴에게 집중된다. 폴 또한 어머니에게 애착을 가졌으며, 어머니와의 심한 애착으로 성인이 되고 나서도 다른 여성을 사랑할 수 없는 사실에 고민한다. 이윽고 어머니의 죽음을 계기로 폴은 어머니의 정신적인 지배에서 벗어날 수 있었다.

아버지는 광부로 늠름하고 관능적인 육체를 가지고 있다. 어머니는 청교도로 금욕적이고 도덕적이다. 이 두 사람은 작가의 부모님을 모델로 한 것이 틀림없다. 로렌스는 부모를 모델로 한 모렐 부부 사이에서, 자신이 안고 있는 이미지를 표명했다. 그는 인간이 정신과 육체라는 두 근본 원리로 이루어진 존재임에도, 기독교는 정신적인 부분만 중요시하고 육체의 존재를 경시한다고 생각했다. 영적인 것은 모렐부인을 통해 표현하고, 기독교 도덕으로 경시되어 있던 육체는 아버지를 통해 표현했다. 따라서 모렐부부는 실제 인물일 뿐만 아니라, 상징적인 존재였다. 아들 폴이 어머니와 결별하는 것은, 어머니의 도덕적인 청교도 세계에서 벗어나는 것을 뜻하고 있다.

로렌스의 친구이자 그를 문단에 등단시키려고 노력했던 제시 체임버스는 이 작품에서 밀리엄 레이바즈라는 이름이다. 밀리엄은 '수녀'적인 성격을 가진 여성으로 묘사되고 있다. 처음에는 폴과 사이가 좋았지만 결혼하지 않고, 결국 헤어진다. 그 이유는 밀리엄이 자신의 어머니와 같은 도덕적 청교도인이라는 사실을 알았기 때문이다. 그 뒤 폴 앞에 정열적인 크레아라 도즈라는 기혼 여성이 나타나지만 그녀와도 헤어지게 된다.

폴 앞에 꿈같은 여성이 나타나는 것은 차기작인 《무지개》를 기다려야 한다는 내용으로 이 책은 마무리된다.

### 지그문트 프로이트와의 관계

《아들과 연인》에서 모렐부인과 폴의 애정관계는 지그문트 프로이트가 제창한 오이디푸스 콤플렉스라고 작품 출판 직후에 지적받고 있다. 프로이트는 1900년 로렌스가 고등학교에 입학했을 무렵 《꿈의 해석》을 간행했고, 정신분석학을 창시했다. 관심을 가진 사람이 차츰 늘면서, 1908년에는 정신분석학 제1회 세계집회가 열렸다.

로렌스는 《아들과 연인》 출판 때까지 프로이트의 책을 읽은 적이 없었다. 프리다가 프로이트 학설을 로렌스에게 말했기 때문에 비로소 알게 되었다. 그녀는 오트 그로스를 통해 프로이트를 알았다. 프리다는 오트와 친했을 시기에 프로이트 학설을 들은 것이다.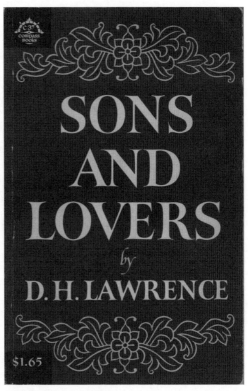
1912년 위클리가에서 로렌스
가 프리다와 처음 만났을 때,
오이디푸스 콤플렉스가 화제
가 되었다. 따라서 《아들과 연
인》 집필 당시 로렌스는 프로
이트 학설만 알고 있을 뿐이
었다.

그러나 그 지식으로만 모렐
부인과 그의 아들의 이상한
애착에 대해 쓴 것은 아니다.
이것은 로렌스 자신의 사실적
체험이 바탕을 이루게 된 것이
다. 프로이트학설의 영향을 조
금이라도 받았다고 한다면, 그
것은 체험을 정리한 것뿐이다.
분명히 《아들과 연인》에는 오
이디푸스 콤플렉스가 묘사되

《아들과 연인》(1913) 표지

어 있지만 그것은 이 작품의 주제가 아니고, 주인공이 어머니로부터 벗어나는
것이 중심된 주제이다. 이 작품은 오이디푸스 콤플렉스 병에 대해서 쓴 것이
아니다.

나중에 로렌스는 프로이트 책을 읽고, 그것에 대해서 생각하게 된다. 그는
《정신분석과 무의식》(1921), 《무의식의 환상》(1922)이라는 책을 썼다. 이 저서에
서 로렌스는 프로이트 학설에는 동의하지 않고, 독자적인 무의식론을 발전시
켰다. 그러나 무의식과 성 문제에 주목한 점에서 프로이트를 높게 평가하고 있
다. 빅토리아 시대에는 성이 지나치게 금기시되었기 때문에 프로이트의 출현을
환영했다.

## 5. 전쟁의 소용돌이 속에서

### 프리다와 결혼

1914년 7월 13일 로렌스와 프리다는 런던 등기소에서 정식으로 결혼했다. 두 사람이 사랑의 도피를 한 것이 1912년 5월이었으니까, 그로부터 2년 이상의 세월이 흘렀다. 프리다의 이혼은 이 해 5월에 성립되었고, 동거생활에 만족하지 않고 정식결혼을 바라고 있던 로렌스에게 학수고대하던 날이었다. 그러나 새로운 시련이 로렌스를 기다리고 있었다.

오스트리아의 황태자가 세르비아의 청년에게 암살된 것을 계기로, 7월 28일 오스트리아는 세르비아에 선전 포고하고 곧이어 제1차 세계대전이 발발했다. 유럽에서는 독일, 오스트리아 대 세르비아, 러시아, 프랑스, 영국이 싸우게 되었다. 예상외로 전선은 확대하고, 전투가 길어져서 근대병기가 사용되자 이전의 전쟁과는 비교되지 않을 정도로 많은 전사자가 나왔다. 영국에서만도 전사자수는 백만 명에 가까웠다.

### 오토린 모렐과의 만남

로렌스 부부는 결혼하고 나서 바로 이탈리아로 돌아갈 예정이었다. 그러나 전쟁 때문에 돌아가지 못하고, 어쩔 수 없이 영국에 머물렀다. 결혼 뒤 얼마 안 있어, 부부는 귀족의 딸이자 하원의원의 부인인 오토린 모렐(1873~1938)과 만나게 되었다.

오토린은 폴란드 공(公) 아서의 딸이며 변호사이다. 나중에 자유당 하원의원이 된 필립 모렐과 1902년에 결혼했다. 그녀는 젊은 시절, 옥스퍼드 대학의 청강생이었다. 이것은 당시의 여성으로서는 기존 형식을 깬 일로, 이 일의 허가문제를 둘러싸고 친족회의가 열릴 정도였다. 그녀는 장래 여자교육과 사회복지관계 일을 하고 싶다는 소망을 품고 있던 진보적인 여성이었다.

남편인 필립은 진보적이며 혁신적 사상을 가진 평화론자로서, 제1차 세계대전 때는 하원으로 개전반대의 연설을 하였다. 그러나 전쟁에 반대한 의원은 필립 혼자였다고 한다. 오토린도 남편과 같이 평화운동에 노력했다. 또 문학자, 예술가의 후원자로서 역할을 했다. 예를 들면 가난하지만 재능 있는 신진 화가를 위해 '현대예술협회'를 만들고, 그들의 작품을 사들였다. 부부는 런던의

로렌스가 결혼하는 날 셀우드 테라스 9번지에서 로렌스 부부와 머리 부부. '로렌스는 말라서 아이처럼 보이기도 했다. 그는 커다란 밀짚모자를 썼는데 정말 잘 어울렸다. 로렌스 부인은 황갈색 머리에 커다란 파나마모자를 쓰고 있었다. 밀짚모자를 쓰고 햇빛을 받으며 밝은 기분으로…… 정말 우리 모두 얼마나 즐거웠는지. 네 사람 다 유쾌하게 보낼 수 있는 시간이 시작됐다. 프리다는 새 결혼반지를 끼고 낡은 반지는 캐서린에게 줬다.'(J.M. 머리)

자택에서 매주 목요일에 회합을 열었는데 그곳으로 문학가, 예술가, 평화론자들이 모여들었다.

1915년에는 옥스퍼드 근처의 가싱턴으로 이사를 했다. 이 집은 옥스퍼드 마을 중심부에서 10킬로미터 정도 떨어진 웅장한 저택이다.

이사를 하고 나서도 이전과 같이 문학가, 예술가, 정치가, 병역거부자들을 모아서 머물게 했다. 또 병역거부로 직업을 잃은 사람들에게는 자신의 농장에서 일하게 했다. 그들을 위해 재판에서 변호인이 된 적도 있었다. 1927년에 다시 런던으로 이사하기 전까지는 여기에서 살았다. 로렌스 부부도 초대받아서 머문 적이 있었다.

그렇다면 오토린은 왜 로렌스를 초대한 것일까? 그 당시 로렌스는《백공작》과《아들과 연인》으로 명성이 높았고, 문학애호가라면 누구라도 그를 주목하고 있었다. 더욱이 오토린에게는 특별한 이유가 있었다. 《아들과 연인》의 무대가 그녀가 소녀시절을 보낸 곳이기 때문이다. 그래서 그 작품을 읽으면 자신이 알고 있는 들판과 숲, 광부를 연상할 수 있어서 더욱 그의 작품을 좋아하게 되었다. 그녀는 소설가 친구의 소개로 로렌스 부부를 만났다.

오토린은 로렌스에 대한 첫 인상을 이렇게 말한다. 얼굴색이 나쁘고 신체도 어린 아이처럼 보였다. 그러나 이야기를 나눠보니 생기발랄하고 모든 일에 흥미를 가진 사람이었다. 한편 로렌스는 오토린에 대해서 "섬세한 감정과 지성이 뛰어난 훌륭한 여성으로 사심이 없고, 법률을 중시하고 아이들에게 절대적인 힘을 가지고 있다"고 말했다.

한때 로렌스는 오토린 부부의 저택 가싱턴 매너를 '라나님'으로 만들려고 했다. '라나님'이란 로렌스의 러시아인 친구가 불렀던 노래에서 따온 것으로 '이상향'을 의미한다. 제1차 세계대전이 장기화되고 점점 수렁으로 빠져들자 로렌스는 어딘가에 '새로운 마을'을 만들려고 생각했다. 그것은 '유일한 재산은 고결한 성격으로' '금전과 권력을 위한' 것이 아니라, '개인의 자유와 선을 향한 공동의 노력'을 지향하는 사회였다. 처음에는 국외에 있는 섬을 생각했지만 사정이 여의치 않아 영국 내에 만들려 했고, 마침 오토린의 저택은 문학가와 병역 거부자들의 피난소였기에 후보지로서는 최적이었다. 그러나 이 '새로운 마을'의 계획은 실현하지 못했다.

## 오토린 모렐과의 절교

광부의 아들인 로렌스와 귀족의 딸인 오토린 사이의 의견 대립은 별로 없었다. 로렌스가 그녀에게 보낸 편지에 자신은 정치적으로는 민주주의지만, 문학적으로는 귀족주의라고 했다. 문학은 소수인들만 이해하기 때문에, 생활비를 벌기 위해 목적을 찾으려는 로렌스는 귀족의 삶의 방식에 공감을 한 것이다.

그러나 그는 상류사회 생활의 공허함도 알고 있었다. 문화적으로는 세련되어 있지만, 내면적으로는 공허하고 자신감이 결여되어 있다고 생각했다. 나중의 장편소설 《사랑하는 여인들》(1920)에서 오토린을 모델로 하마이오니 로디스라는 여성을 표현했다. 그녀는 사회 개선을 위해 노력하며 지적이고 교양이 있다. 그러나 언제나 유행을 쫓고 사람들의 이목을 끄는 옷을 입어서 겉모습은 화려하지만, 내면적으로 공허하여 다른 사람의 사상에 따라 사는 여성이다.

책이 출판되자 자신의 모습이 부정적으로 묘사된 것을 안 오토린은 격노하여 로렌스와 절교했다. 이처럼 두 사람의 교제는 불행한 결말로 끝났지만, 오

▲가싱턴 저택 정원
제1차 세계대전이 일어나자, 오토린 모렐 부부는 평화운동과 더불어 문학자, 예술가의 후원자로서 가난한 병역거부자·평화론자·문학자·예술가들을 이 저택에 머물게 했다. 로렌스 부부도 초대받아 머문 적이 있었다.

▶오토린 모렐

토린과 알게 된 것은 로렌스에게는 이득이었다. 그녀를 통해서 영국의 상류사회, 지적사회를 알 수 있었기 때문이다. 하지만 이것으로 로렌스의 사상이 바뀐 것이 아니라 보다 넓은 시야를 갖게 되었다. 그러므로 작가로서 로렌스에게는 중요한 일이 되었다.

## 버트란드 러셀과의 만남

오토린 모렐을 통해 로렌스는 수학자이자 철학자이며 평화운동가인 버트란드 러셀(1872~1970)을 알게 되었다. 러셀도 오토린의 저택에 자주 초대되었다. 러셀과 오토린은 어린 시절부터 서로 아는 사이였다. 그녀의 남편인 필립은 러셀의 의형과 옥스퍼드 대학 동급생이었다. 러셀은 1910년에 모교인 케임브리지 대학의 강사로 임명받아, 후일 《수학이론》을 1910~1913년에 걸쳐 집필하고 수학을 논리로 환원하는 연구를 계속했다. 그러나 그는 학구 생활에 파묻히는 것에만 만족할 수 없었고, 사회개조를 지향하여 정계로 뛰어들려고 했다.

자유당(당시의 2대 정당중 하나로, 보수당에 비해서 혁신적이다)의 후보자로서 입후보하려고 했지만 공인되지 않았다. 입후보를 하지 않는 대신에, 1910년 1월 선거에서는 응원연설을 했다. 마침 필립 모렐이 입후보했기 때문에 그 응원을 했다. 이 선거에서 모렐은 낙선했지만, 이것을 계기로 러셀과 모렐부부의 교제가 시작되었다. 1911년 3월, 러셀은 파리에서 공연을 의뢰받아 외출하던 도중 당시 런던에 있었던 모렐가를 방문하고 하룻밤 묵게 되었다. 그날 밤, 필립은 급한 일로 선거구에 나갔고, 남편이 부재중일 때 오토린은 러셀과 이야기를 나누게 되었다. 그러나 어느 틈엔가 두 사람의 마음이 맞아 애인관계가 되었다. 그리고 이 관계는 몇 년간 계속되었다. 이것을 알게 된 러셀의 부인은 별거했다(나중에 이혼하고 러셀은 다른 여성과 결혼했다).

러셀은 오토린과 애인관계였을 뿐만 아니라 정신적인 면에서도 유대감이 있었다. 오토린은 러셀의 정신적인 지주였다. 제1차 세계대전 중 러셀은 바쁜 나날을 보냈다. '징병반대동맹'의 중심적 인물로서, 전쟁반대운동을 계속한 것이다. 러셀의 애국심이란 일찍이 종교의 신앙심과 같은 것으로, 어떤 논리적 근거도 없다는 생각에 서서 징병거부자들을 원조했다.

1916년, 한 명의 징병거부자가 체포되어 중노동 2년의 판결을 받았다. '징병반대동맹'은 검거되었고, 러셀 스스로가 팸플릿의 필자이며 책임자라고 말해 재판에 송부되었다. 유죄로 벌금 100파운드를 내라는 판결이 내려졌다. 타격은 이것에만 멈추지 않고, 이 해 7월 케임브리지 대학의 강사직을 해임당했다. 그러나 러셀은 이것에 굴하지 않고 반전운동을 계속했다.

1918년 2월에 러셀은 다시 재판대에 섰다. 이것은 '징병반대동맹'의 기관지에 발표한 논문이 정부를 자극했기 때문이다. 러셀의 행동은 징병계획에 중대한 지장을 초래했기에 재판에서 6개월의 금고형을 선고받고 수감되었다.

그렇게 수감된 러셀을 찾아와 격려해 준 두 여성이 있다. 한 명은 러셀의 애인인 코렛트라는 여성과, 다른 한 명은 오토린 모렐이었다. 이미 두 사람의 관계는 정신적인 우정관계가 되어 있었다. 러셀은 오토린을 '친구'라고 부르며 용기 있는 여성이라 칭송하고, 자신은 용기 있는 여성밖에 사랑할 수 없다고 말했다.

러셀(1872~1970)

로렌스와 러셀은 공통점이 많았다. 사상이 서로 다르긴 했지만 로렌스로서는 당시 최고 지성과의 만남이었다.

### 로렌스와 러셀

러셀은 오토린을 통해서 로렌스를 알게 되었다. 1915년 초, 오토린은 러셀과 함께 서섹스 주에 체재하고 있던 로렌스 부부를 방문했다. 러셀은 로렌스를 구약성경 중의 예언자라 말하고 매우 감명을 받았다. "나는 로렌스의 불, 그의 감정의 힘과 정열을 좋아했다. 세상을 바로잡기 위해서는 근본적인 개혁이 필요하다는 그의 신념도 좋아했다." 그는 뒷날 이렇게 말하고 있다. '정치는 개인의 심리와 떼어놓을 수 없다'는 로렌스의 주장에 동의하고 '인간성의 통찰은 자신보다도 깊다' 생각했다.

러셀은 로렌스를 케임브리지 대학으로 초대하고 거기서 저명한 경제학자 J.M. 케인스와 철학자 G.E. 무어를 소개했다(그러나 로렌스는 케임브리지 대학의 지성편중에 비판적이었다).

의기투합한 러셀과 로렌스는 런던에서 전쟁반대의 강연회를 여는 것을 기획했고, 러셀이 공연 원고를 로렌스에게 보냈다(이것은 뒷날 《사회건설의 원리》

(1918)의 기본이 되었다). 그러나 그 원고를 읽은 로렌스는 러셀과의 사이에는 의견의 차이가 있음을 깨달았다. 그는 그 원고를 정정하고 반대의견을 써서 다시 보냈다. 러셀은 당연히 그것을 인정하지 않았다. 이 때문에 강연회는 실현되지 못했다. 로렌스는 러셀의 평화론을 '피에 대한 갈망이 뿌리내리고 있다'고 했다. 이것을 읽은 러셀은 그 비평이 정곡을 찌르고 있는 것을 알고, 한때는 자살까지 생각했다고 한다.

두 사람에게는 공통점도 많았다. 처음부터 의기투합한 것으로 알 수 있듯이, 두 사람 다 사회 현장에 불만이 있다는 점은 공통적이었다. 개인과 국가의 관계는 어디까지나 개인이 국가에 우선해야 한다는 생각도 같았다. 여성의 입장 존중과 산업중심주의 비판도 같은 생각이었다. 두 사람 모두 인간은 임금을 벌기 위한 노동에 얽매여서는 안 되고, 그런 종류의 노동은 하루 3, 4시간하고 나머지 시간은 개인의 창조적 생활에 써야 한다고 설명했다. 성의 중요성의 인식과 종래의 성도덕 비판도 두 사람에게 공통적으로 나타났다.

그러나 러셀은 사회전체에 대한 시야를 가지고 정치적 수단으로 사회를 개조하려는 것에 비하여, 로렌스는 개인의 심리를 중시하고 정치나 제도를 신용하지 않는 점이 달랐다.

할아버지가 총리인 정치가 지향의 러셀이 민주주의를 신뢰하고, 정치를 중시하는 것은 당연했다. 그리고 소설가이자 시인인 로렌스가 개인의 심리에 고집하는 것 또한 당연하였다.

러셀은 이성을 최우선으로 했고, 로렌스는 감정이나 직관을 우선시했다. 로렌스는 인간의 의식을 두 가지로 보고 이성과 지성을 의미하는 '지의 의식'과 감정과 본능적 충동을 의미하는 '피의 의식'으로 나눠서, 후자가 전자보다도 근원적이라고 했다. 이것에 비하여 러셀은 이 사상을 나치즘과 연결되는 것이라고 단죄하고 있다. 그러나 이것은 러셀이 로렌스의 사상을 확대 해석하고, 정치와 조급히 결부시킨 결과에서 생긴 비판이다.

결국 약 1년 만에 로렌스는 러셀과 절교하게 되지만, 이 만남을 결코 가볍게 볼 수만은 없다. 사상이 다르기는 하지만, 로렌스는 러셀에게 당시 최고 지성과 만남이었고, 그 사상과 대결하는 것으로 그 자신의 사상을 확인하게 되었다. 사실 당시 로렌스가 쓴 철학적 에세이 《왕관》도 러셀을 의식한 것이다.

또 직접적으로 로렌스는 러셀에게서 얻은 것이 있다. 그는 러셀로부터 한 권의 책을 빌렸다. 그것은 존 버넷의 《초기 영국철학》이라는 책이었다. 이 책에 대해서 로렌스는 독후감을 써 보냈고, 그중에서 특히 헤라클레이토스를 칭찬했다. 또 지금까지의 기독교적인 것을 반성하고, 이것을 계기로 기독교에서 신의 관념을 버려야 한다는 내용이었다. 이것은 로렌스의 사상형성에 중요한 계기가 되었다.

헤라클레이토스에 대해서 특히 로렌스가 감명을 받은 것은 '대립물'이라는 관념이다. 만물은 대립물로 형성되고 있다. 예를 들면 낮과 밤, 더위와 추위가 있다. 이 대립이라는 관념에 대해서 로렌스는 이미 느끼고 있었지만, 이 책을 읽음으로 인해 더욱 그것이 명확하게 각인되었다. 당시 집필했던 철학적 에세이 《왕관》에 양자대립이라는 사상을 명확히 주장하게 되었다. 즉 이 세계는 대립하는 어둠과 빛, 육체와 영혼으로 성립되고, 이 양자가 서로 싸워서 균형을 유지하는 것이 이상적인 상태다.

기독교는 대립물의 균형이라는 관념을 인정하지 않는다. 빛인 영혼만을 가치로밖에 인정하지 않고, 어둠인 육체는 낮은 것으로 보고 있다. 그것에 비하여 로렌스는 빛과 어둠, 영혼과 육체의 균형을 주장하는 것으로 기독교를 초월하는 새로운 사상에 달했다. 이것이 로렌스 사상의 중요한 핵심을 이루고 있다.

## 올더스 헉슬리와의 만남

로렌스는 오토린을 통해서 저명한 소설가이자 평론가인 올더스 헉슬리 (Aldous Huxley, 1894~1963)와도 알게 되었다. 1915년 2월 옥스퍼드 대학에 재학 중인 헉슬리는 오토린에게 가싱턴 매너로 초대받았고, 로렌스를 소개받았다. 로렌스는 처음 헉슬리를 만난 뒤, 오토린에게 보낸 편지에 '헉슬리에게 호감을 가졌다'고 했다.

헉슬리는 로렌스보다 나이가 어리고 성향은 달랐지만, 헉슬리는 로렌스를 이해하고 존경했다. 헉슬리는 브리태니커백과사전을 독파할 만큼 책을 많이 읽는 청년으로 지력면에서는 누구에게도 뒤지지 않을 자신이 있었지만, 열정이 없었다. 그는 자신과 정반대인 사람, 곧 감정이 풍부한 로렌스에게 끌렸다.

헉슬리는 소설 《대립법》(1928)에 로렌스를 마크라는 인물로 등장시키고 있다. 작가 헉슬리를 연상시키는 주인공 필립은, 두뇌만 발달되고 감정면이 고갈

되어 현실에서는 방관자적 생활밖에 할 수 없다. 그러나 마크는 지성과 감정이 균형잡힌 생활을 하고 있다. 이따금 아내인 메어리와의 사이에 심한 말다툼은 있어도 타인행의(他人行義)의 쿠올즈 부부보다는 부부생활에 충실하고 있다. 이 소설에서 헉슬리는 여러 가지 인물을 풍자했지만, 마크만은 풍자하지 않았다. 그 정도로 그는 로렌스의 삶을 높이 평가하였다.

한편 로렌스는 《대립법》을 읽고, 다음과 같은 독후감을 헉슬리에게 보냈다.

'마음이 바닥으로 가라앉는 느낌과 찬탄의 마음이 솟아오르는 기분으로 《대립법》을 읽었습니다. 당신과 당신 세대에 대한 진실을 멋진 용기로 표현했다고 생각합니다. 《채털리 부인의 연인》을 쓰는 것보다도 《대립법》을 쓰는 편이 열배 이상 용기가 필요하다고 생각됩니다. 독자가 무엇을 쓴 것인지를 이해한다면 나는 돌을 하나 던질 뿐이지만, 당신은 백 개도 던질 수 있을 것입니다.'

로렌스가 지적하려는 것은 이러했다. '현대인은 살아가는 목표를 잃고, 살인, 자살, 강간 등의 자극만을 찾아 살고 있다. 자극은 익숙해지면 자극이 아니기 때문에 점점 강한 자극을 찾는다. 현대인은 살아 있다는 느낌을 자극만을 통해 가지려고 한다. 헉슬리가 《대립법》에서 묘사한 것은 그런 인간이다.' 이것은 이 작품에 대한 최고의 평가라고 생각된다. 이처럼 두 사람은 서로에게 귀중한 영감을 얻었다. 그야말로 훌륭한 문학 친구였다.

### 프리다와 그의 아이들

여기에서 프리다에게 주의를 기울여보자. 이미 말한 것같이, 그녀에게는 위클리와의 사이에 세 아이가 있었다. 첫째는 1900년 태생의 몬타규라는 남자아이, 둘째는 엘자, 막내는 바바라라는 여자 아이였다. 프리다가 로렌스와 사랑의 도피로 독일에 갔을 때, 세 아이는 영국에 남겨두고 왔다.

남편 위클리에게는 전혀 미련이 없었지만, 남겨 두고 온 아이들은 한시도 잊을 수가 없었다. 그녀는 독일에서 로렌스와 동거생활을 하면서도 아이들이 생각나서 눈물을 흘렸다. 로렌스와의 생활은 행복했지만, 아이들에 대한 미련 때문에 완전히 행복해질 수가 없었다.

이런 프리다를 동정은 하면서도, 로렌스도 깊게 상처받았다. 그녀가 모두 잊고 자신만을 사랑해 줄 것을 바랐기 때문이다. 나중에는 프리다 안에 있는 '모

성'을 저주했다. '여성'만 있
고 '모성'이 없다면 프리다
는 로렌스를 완전히 사랑
해 줄 것이었다. 이 같은
고통을 그는 '그녀는 뒤돌
아보고 있다'라는 시에서
표현했다.

프리다는 로렌스에게 있
어서 구약성서 '창세기'에
나오는 로트의 아내와 같
았다. 로트의 아내는 신이
멸망시킨 소돔이란 마을에
남기고 온 재산에 미련이
남아서, 뒤돌아봐서는 안
된다는 신의 명령을 어기
고 뒤돌아보았다. 결국 신
이 노하여 그녀를 소금 기

올더스 헉슬리 (1894~1963)
오토린을 통해서 알게 된 헉슬리는 로렌스에게 훌륭한 문학
친구였다.

둥으로 만들어 버렸다. 남
기고 온 아이들에게 미련을 가지고 뒤돌아보고 있는 프리다도 로렌스에게는
로트의 아내와 같은 소금 기둥으로 보였다. 이 소금이 로렌스의 생살에 깊이
파고들어 고통을 주었다.

1914년, 결혼을 하기 위해 영국에 돌아 왔을 때, 프리다는 런던의 학교에 다
니고 있던 아이들을 만나려고 학교 앞에서 몰래 기다렸다. 이 일을 위클리가
알고 아이들에게 프리다와 만나는 것을 금했다. 아이들에게 수행원을 붙이고
엄마를 보면 도망가도록 일렀다. 프리다는 괴로운 나머지 재판소에 정식으로
신청을 하고, 아이들을 만날 수 있도록 청원했다. 그 결과 변호사 사무실에서
30분 동안 만나는 것이 인정되었다. 1915년 8월, 변호사 사무소에 아이들을 위
해 과자를 들고 나타난 프리다의 눈에서는 하염없이 눈물이 흘러내렸다.

로렌스는 프리다와의 사이에 아이가 태어나기를 바랐지만, 태어나지 않았
다. 자신의 아이가 있다면 로렌스의 기분도 달라졌겠지만 그렇게 되지 않았기

《무지개》 삽화 1915년 3월 2일, 로렌스는 바이올라 메이넬에게 이 그림을 보냈다. '나는 〈무지개〉를 완성해 활처럼 굽혀서 그 두 끝을 꽉 잡아 붙였습니다. 자, 이제 무지개 끝에 묻혀 있는 황금 항아리를 찾으러 떠납시다.'

때문에, 그 뒤로도 프리다의 아이들 일로 두 사람은 자주 충돌했다.

### 《무지개》 발매금지

로렌스가 오토린 모렐과 친하게 교제하고 있을 무렵, 사건이 생겼다. 1857년부터 시행되었던 '외설출판물 단속법'에 위촉되어, 1915년 9월에 출판된 소설 《무지개》가 11월에 발매금지되었다.

《무지개》는 19세기 중반 무렵부터 20세기 초기에 걸쳐 브렝웬가 3대의 변천을 그린 책이다. 각 세대의 남녀 관계가 중심 주제가 되었다. 특히 3대째의 아슈라에게 역점을 두고 있다. 작품 무대인 잉글랜드 남부지방에 산업혁명과 함께 큰 변화가 일어났다. 작품에서 언급되는 교통기관인 운하 개통은 그것을 극적으로 나타내고 있다. 농업국 영국은 공업국 영국으로 변화했다. 1대 브렝웬가는 농부였고, 2대째는 레이스 공장 기사, 3대째는 교사로 직업이 변했다.

공업화에 맞춰 사회도 변동하기 시작했다. 참정권의 확대도 그중 하나이다. 1832년에 처음으로 부르주아 남자에게 참정권이 주어졌고, 그 이후 남자참정권의 폭은 차츰 확대되었다. 그리고 여성의 참정권 획득 운동도 19세기 후반부터 활발해졌다. 20세기에 들어서자 여성 사회정치연맹의 획득운동은 과격해졌고, 1918년에 마침내 여성에게도 참정권이 주어졌다(이 해 모든 남자에게 참정권이 주어졌고, 1928년에는 모든 여성에게도 참정권이 주어졌다). 《무지개》에도 여성참정권 운동가 여성이 나타난다.

《무지개》에 대해서 로렌스는 '연애의 승리'와 '참정권보다 우수한 여성을 위한 작품'으로 설명하고 있다. 이 말에서 알 수 있듯이 로렌스는 집필 당시 한창이었던 부인 참정권 운동을 의식하고 있었다. 그러나 이 작품은 정치 활동을 하고 있는 여성이 중심인물이 아니었고, '연애의 승리'를 지향하는 정열적인 여성이 중심인물이다. 이 여성은 3대째의 아슈라에게 가장 많이 표현되어 있다. 그녀는 다양한 경험을 거쳐 연애가 삶의 모든 것이고, 그것을 방해하는 제도와 풍속은 의미가 없다는 신념에 이른다. 그녀의 원형은 오트 그로스이고 '도덕률로서의 정절, 기독교, 민주주의와

**《무지개》 초판본(1915) 표지**
당국의 검열에 걸려 발매금지당한다. 오토린 모렐의 남편이자 하원의원인 필립이 구명에 힘썼지만 발매금지는 끝내 풀리지 않았다.

다른 모든 당찮은 일로부터 자유로운 단 한 명'인 프리다라고 할 수 있다.

1915년 11월 3일, 《무지개》 출판사의 메슈엔사는 중앙경찰법정의 부름을 받았다. '몇몇 사람들이 예술적, 지적인 성과라고 할 수 있어도, 일련의 외설적인 사고, 관념, 행위로 묻혀 있다'라며 책을 회수하지 않는 이유를 물었다. 메슈엔사는 적절치 못한 부분은 작자에게 개정을 요구하고 고쳤다. 그러나 몇 군데에 대해서는 작가가 정정을 거부했기 때문에 그대로 출판할 수밖에 없었던 요지를 변명하고, 결국 당국의 주장을 전면적으로 인정해서 발매를 중지했다.

### 검열제도에 고민하다

이 작품에 대한 서평은 혹독했다. 〈데일리 뉴스〉지에 10월 5일에 게재된 작

가인 로버트의 서평은 부분적으로는 아름다움과 힘이 보였지만, '단조로운 남근숭배의 황야'라는 표현으로 작가로서 로렌스의 명성에 오점을 남게 했다. 〈스타〉지의 문예평론가이자 편집자인 제임스는 이렇게 비판했다. '의심할 것도 없이, 이런 책은 존재할 권리가 없다. 그것은 물질에 생명을 불어넣는 영혼의 의도적인 부정이다. 등장인물은 인간이 아니다. 그들은 동물원의 최하등 동물보다도 훨씬 하등의 동물이다.

발매금지 이유는 '외설출판물'이기 때문이지만, 구체적으로 무엇이 '외설'인가에 대해서는 명확하지 않았다. 그러나 성행위에 대한 언급이 그렇다는 것은 서평에서 헤아릴 수 있다. 그 시대의 판단으로는 당연한 일이었겠지만, 지금의 기준으로 본다면 그것이 발매금지의 이유로 생각할 수는 없다. 당시의 도덕의 틀을 넘었다 하더라도, 새로운 남녀의 삶을 근본적으로 받아들이기 위해서 필요한 장면을 쓴 것이다. 남녀관계 외에 아슈라와 담임 여교사 사이의 동성애적 장면도 고발 이유가 되었다고 본다. 또 일설에 의하면 발매금지처분은 '외설'보다도 정치적 이유라고도 한다. 이것은 전쟁 중이었기 때문에, 독일인인 프리다의 언니 엘르제에게 헌사를 하고 있는 점, 작품에서 보아전쟁을 비판하고 있는 점이 당국을 자극했다는 것이다.

이 발매금지는 로렌스에게 큰 타격을 주었다. 붓 한 자루로 생활을 유지하고 있었기 때문에, 이 일은 생존 그 자체를 위협하게 되었다. 《무지개》의 인세가 들어오지 않을 뿐만 아니라, 그 이후로는 출판사에서 다음 작품을 출판하지 않게 될 우려가 충분히 있었다. 이런 괴로운 처지에 있을 때, 국회의원을 남편으로 둔 오토린이 옆에 있어 주어서 마음이 든든하였다. 필립은 하원으로 두 번이나 이 사건에 대해서 질문하고 발매금지가 부당하다는 것을 주장했다. 저자에게 변호의 기회를 주지 않고 발매금지를 한 것은 타당하지 않다는 점, 또 25% 인세의 책을 중지시키는 것은 저자의 생활권을 위협한다는 점 등을 지적했다. 그리고 발매금지할 이유가 없는 증거로서 여류소설가 캐서린 맨스필드의 서평을 제출했다. 이 서평은 〈글래스고 헤럴드〉지에 게재된 것으로, 《무지개》를 '아름다운 감정과 인간생활에 대해서 정열적이고 개인적인 본질적 사상이 넘치고 있다'고 했다. 그러나 필립의 노력에도 발매금지는 풀리지 않았다.

여류소설가 캐서린 맨스필드와 평론가 존 미들턴 머리(1920)

## 러시아문학을 읽다

1914년 7월 로렌스와 프리다가 런던에서 결혼했을 때, 입회인은 문예평론가인 존 미들턴 머리(1889~1957)와 여류소설가인 캐서린 맨스필드(1888~1923)였다. 당시 머리와 캐서린은 동거 중이었고 아직 정식으로 결혼하지 않았을 때였다. 캐서린은 이미 단편집 《독일의 하숙집에서》(1911)를 출판했다.

로렌스가 머리를 알게 된 것은 1913년으로, 당시 머리가 편집하던 잡지 〈리듬〉에 대한 기고를 로렌스에게 부탁한 것이 계기가 되었다. 1914년, 로렌스 부부가 영국에 머물게 되면서 더 친밀해졌다. 프리다는 남편과 이혼할 수 없어서 로렌스와의 결혼이 늦어지고 있었고, 캐서린과 머리도 같은 처지였기 때문에 서로에게 끌렸다.

로렌스는 머리의 이웃에 살면서 서로 자주 오가며 논쟁도 많이 주고받았다. 주된 논쟁의 테마는 도스토옙스키였다. 러시아문학은 19세기후반부터 영국에 소개되었다. 그리스, 라틴, 이탈리아, 프랑스 등의 문학과는 달리 러시아 문학은 지금까지는 미지의 새로운 문학이었다. 그는 투르게네프, 톨스토이, 도스토옙스키, 체호프, 고골 등을 읽었다.

로렌스는 1908년 전후, 런던 교외에서 초등학교 교사를 하고 있을 때, 시립 중앙도서관에서 러시아 문학을 자주 읽었다. 캐서린 맨스필드는 1909년 독일에 체재하는 체호프의 작품을 알고, 그 영향을 받았다. 머리는 캐서린을 통해 러시아 문학을 알았다. 그들을 러시아 문학과 결부시키는 또 다른 한 명의 인물이 있었다. 그는 S.S. 코테리안스키라고 하는 러시아인으로 런던에 유학을 와서 1914년에 로렌스와 알게 되었다. 로렌스는 코테리안스키에게 원고의 타이프 등을 부탁했고, 코테리안스키는 러시아 문학의 영어번역을 하게 되었다. 러시아어를 잘 할 수 없었던 로렌스는 주로 번역문을 읽었다. 로렌스의 이름은 없어도 실질적으로는 같이 번역한 것과 다름없었다. 그는 체호프, 도스토옙스키 등을 번역했다. 로렌스는 코테리안스키를 통해서 러시아 문학에 더욱 가까이갈 수 있었다. 코테리안스키는 로렌스에게 소개를 받아 머리와 캐서린 등도 알게 되었다. 그 뒤 그는 캐서린의 좋은 이해자가 되었다.

로렌스는 머리와 공동으로 도스토옙스키론을 쓰려고 했지만, 두 사람의 견해는 정반대였다. 그래서 머리만 도스토옙스키론, 《도스토옙스키 비평적 연구》(1918)를 출판했다. 이것은 머리가 쓴 첫 저작으로 문예 평론가로서의 지위를 쌓은 명작이기도 했다.

두 사람은 도스토옙스키가 기독교를 사상의 중심으로 한 작가라는 견해에는 일치한다. 다른 점은 그 기독교를 어떻게 평가했느냐는 점이다. 머리는 기독교적 덕성을 긍정하고 로렌스는 부정했다. 머리는 《카라마조프 형제들》의 알료샤를 도스토옙스키가 창조한 최고의 인물로 '와야 할 시대의 상징'이라고 했다. 이것에 비하여 로렌스는 '백치'의 무이슈킨 공작에게 기독교 도덕의 궁극점을 본다. 기독교적 사랑이라는 사상을 밀고 나아가면 필연적으로 인간은 정상적인 생활을 할 수 없게 되고 '백치'가 된다는 것이다.

이 같은 의견의 대립은 있었지만, 두 사람의 우정은 매우 돈독했다. 머리는 로렌스를 창조적인 문학자로서 존경하고, 로렌스는 머리를 자신을 이해해 주는 친구로 생각하고 있었다. 로렌스는 1915년에 영국 서남부의 콘월에 머무르게 되었고, 머리와 공동생활을 하자고 권유했다. 그 강한 이끌림에 진 머리와 캐서린은 콘월의 로렌스 부부집을 방문했다. 로렌스는 머리와 '피의 맹서'를 하려고 했으나, 의견이 맞지 않아 머리와 캐서린은 콘월을 떠났다.

## 징병검사와 스파이 혐의

로렌스는 '콘월은 잉글랜드가 아니다' 말하고 있다. 분명히 콘월은 런던에서 떨어져 있고, 런던 문화의 영향을 적게 받는 곳이다. 실제는 기독교권이 있으나 로렌스는 기독교 이전 켈트민족의 종교인 드루이드교의 세계라고 느꼈다. 기독교 문화가 불만족스러운 로렌스에게 콘월은 무언가 새로운 것을 주었다. 로렌스는 그곳 토지에 고유한 땅의 정령, 곧 지령(地靈)이 있다고 믿었다. 콘월의 지령은 잉글랜드와는 다른 땅의 지령을 느끼고 기운을 북돋우었다.

여기에는 기독교 이전의 종교가 남아 있었다. 그것은 태양숭배와 달 신앙이었다. 농민들은 영성(靈性)을 중시하고, 육체를 멸시하는 기독교적 사상과는 거리가 멀었다. 농민들에게 있어서 유일한 악은 육체를 억압하고 상처를 주는 것이었다. 이 같은 삶이 로렌스의 마음에 들었다.

그는 집 근처의 농부들과 친해지고, 그 사람들의 밭에서 건초모으기 등의 일을 도왔다. 당시 로렌스의 건강상태는 안 좋았지만, 그래도 일을 했다. 농업은 소년시절 고향 허그스 농원에서 한 적이 있었다.

그러나 이 땅도 낙원이 아니라는 사실을 금방 깨닫게 되었다. 1916년 6월에는 징병검사 때문에 호출을 받았다. 출두해서 검사를 받았지만, 불합격이었다. 그 뒤 1917년, 18년에도 계속 검사를 받았지만, 불합격으로 징병되는 일은 없었다. 그러나 검사받을 때 비인간적인 취급을 받았던 탓에 로렌스는 마음에 깊은 상처를 받아 군대를 더욱 혐오하게 되었다.

로렌스는 징병검사 호출로 출두했지만, 전쟁에 찬성하지는 않았다. '싸움'을 부정한 것은 아니지만, 싸움은 자기의 영혼을 위한 것이고 군국주의와 산업자본과 국가를 위한 것이 아니었기 때문이다. 일찍이 로렌스는 독일에서 스파이 혐의로 체포된 적이 있어서 몸소 그 군국주의의 냉혹함을 체험하였다.

따라서 사랑하는 부인이 독일 태생이라고 할지라도, 독일군에 가담할 수는 없다. 그러나 영국의 입장에서 보면 산업자본가가 지배하는 이상, 노동자도 산업조직에 포함되어 있다. 이처럼 국가를 위해서 생명을 버릴 수는 없다. 로렌스 사상의 바탕에는 개인이 국가보다 우선시되어야 한다는 생각이 있었다. '싸움'은 필요하지만 '개인은 독립된 영혼'으로, 국가의 앞잡이가 되어 싸워서는 안 되었다. 당시 〈존 브류〉라는 신문은 애국심을 선동했지만 로렌스는 동조할 수 없었다.

로렌스 부부는 독일 스파이 혐의를 받았다. 농촌 사람들의 입장에서 보면 로렌스는 특정한 직업도 없이, 집필만으로 살고 있는 사람으로 정체를 알 수 없는 인물이었다. 부인이 독일 태생이라는 사실도 의심을 부추겼다. 가끔 집 안에서 들려오는 독일 노래는 마을 사람들에게 의심을 불러일으켰다. 해안 가까이에 살고 있는 것은, 독일 잠수함에 신호와 식량을 공급하기 위해서라는 의심을 받았다. 그 무렵, 독일 잠수함의 승조원이 영국 군인의 제복으로 변장해서 마을에 나타난 사건 때문에 마을사람들은 더욱 신경이 날카로웠다.

마침내 로렌스 부부는 스파이 용의로 가택조사를 받았다. 물론 그 용의를 입증하는 것은 발견되지 않았지만, 스파이가 아니라는 항의도 받아들여지지 않았다. 1917년 10월에 퇴거명령을 받고 콘월을 떠나 런던으로 돌아왔다. 런던에서도 경찰 감시를 받았다. 로렌스는 자신들이 죄가 없는데도 범죄자처럼 부당한 취급을 받는다고 느꼈다. 이 때문에 점점 당국에 대한 불신감이 강해졌다.

### 미국에 대한 동경

콘월에서의 체재기간은 로렌스에게 결코 행복한 시기라고는 할 수 없었다. 하지만 작가활동에 있어서 중요한 깨우침을 얻을 수 있었다. 그것은 미국문학의 발견이다. 로렌스와 미국과의 관계는 이보다 훨씬 과거로 거슬러 올라간다. 그는 소년시절부터 롱펠로, 에머슨, 휘트먼 등을 읽었다. 그러나 이 작품들을 미국문학으로 의식해서 읽은 것은 아니다. 이 당시에는 미국문학이 독립된 문학이 아니었다. 영국문학의 일부나 영어로 된 책이라는 인식으로 영국문학, 미국문학의 구별이 없었던 것이다.

로렌스가 미국과 직접적으로 관계를 가진 것은 장편소설 첫 작품 《백공작》(1911)의 출판 이후이다. 이 작품은 영국과 미국에서 동시에 출판되었다. 정확히 말하자면 미국판이 초판이었고, 《아들과 연인》(1913)은 영국뿐만이 아니라 미국에서도 호의적으로 받아들여졌다. 《연애시집》(1913)도 미국 잡지에서는 호평을 받았다. 이것을 계기로 미국 잡지 〈포에토리〉에 시를 발표했다. 이 같은 형태로 로렌스는 차츰 미국과의 관계를 강화해 나갔다. 1915년에는 미국행을 희망했다. 이것은 제1차 세계대전 때문에 영국에 발이 묶인 것에 대한 반발심과 미국에 대한 동경심의 표현이었다. 영국에서는 생명의 나무가 마르는 것에 비하여, 미국에서는 거칠고 세련되지는 않았지만 강한 생명력이 넘치고 있다고 느꼈다. 1915년 11월 《무지개》의 발매금지도 미국행을 재촉하는 동기가 되었다. 인습적인 영국의 정신풍토에 실망한 것이다. 로렌스는 구체적으로 미국행을 계획했지만 많은 장애가 가로막았다.

《무지개》의 발매금지에 항의하고, 법정투쟁을 하려는 움직임이 몇몇 학자 사이에 있었다. 그 때문에 영국을 떠날 수 없었다. 그러나 이 움직임은 구체적인 형태로 나타나지 못했다. 그 뒤 1917년 미국행의 여권을 신청했지만 출국하기 위해서는 징병면제의 조치가

《모비 딕》(1851) 표지
미국 소설가 멜빌이 지은 장편소설. 로렌스는 이 책을 읽고 상상력에 대한 자극을 받았다.

필요하다는 것을 알았다. 여러 번 교섭했지만 결국은 징병면제가 되지 않았고, 출국허가도 나오지 않았다.


### 미국문학에 눈뜨다

이 같은 사정으로 로렌스의 미국행은 실현하지 못했지만, 다른 형태로 미국과 미국문학에 깊이 관여하게 되었다. 콘월에서 소설가 베레스포드의 집에 머물렀을 때, 한 권의 책을 읽기 시작했다. 그것은 19세기 미국 소설가 허먼 멜빌의 소설 《모비 딕》이다. 모비 딕(Moby Dick, 백경(白鯨))이라고 이름 붙여진 이 작품은 영리하고 거대한 흰 고래에게 다리를 잘린 포경선 선장 에이허브가 보복하기 위해 추적하고 발견해서 격투하지만, 결국에는 배가 가라앉아 죽는다는 이야기다.

이 작품을 읽었을 때, 로렌스의 상상력은 큰 자극을 받았다. 지금까지 깨닫지 못한 것이 미국문학에 있는 것을 알았기 때문이다. 19세기의 다른 미국 작가의 책도 읽었다. 페니코아 쿠퍼 등도 다시 읽었다. 이런 작가들에 대해서 평론을 쓰고 1918년부터 1919년에 걸쳐 〈영국평론〉에 게재했다. 그리고 이것을 수정하고 정리하여 평론 《고전 미국문학 연구》(1923)가 나왔다. 이것은 미국문학의 평론에서 가장 빠른 것 가운데 하나이고, 미국문학의 독자성을 발견한 평론이라고 해도 좋을 것이다.

지금까지 미국문학은 아이들이 읽는 정도의 수준이라는 평가밖에 받지 못했지만, 로렌스는 미국의 본질을 표현하고 있다고 했다. 어느 서평에서는 '미국의 발견'이라는 표제로 정곡을 찌르기도 했다.

로렌스의 미국문학론의 특징은 작품의 상징적 해석이라고 했다. 예를 들어 《모비 딕》은 표면상으로는 단순한 고래잡이 이야기이다. 생각에 따라서는 아이들 이야기지만, 로렌스는 흰 고래를 단순한 고래가 아니라 하나의 상징으로 생각했다. 흰 고래는 로렌스가 '피의 의식'이라고 이름붙인 것의 상징이며, 에이허브선장은 로렌스가 '지의 의식'으로 이름붙인 것의 상징이다. '피의 의식'은 인간의 육체적 존재를 가리키고, '지의 의식'이란 인간의 영적, 지적존재를 가리킨다. 그러므로 에이허브 선장이 흰 고래를 추적하고 죽이려는 것은, 영성이 육체를 공격하고 그것을 부정하려는 것을 의미한다. 곧 로렌스 사상의 출발점이 된 영성에 의한 육체의 지배라는 주제가 이 작품에 표현되어 있다는 뜻이 된다.

로렌스는 《아들과 연인》(1913)에서 다양한 주제를 다루었다. 육체와 관능을 중심으로 삶을 살아가는 광부인 모렐과, 청교도로 영적과 도덕적인 삶을 살아가는 모렐부인의 대립과 싸움이 그 작품에 묘사되어 있다. 모렐부인의 삶은 지배적이고, 남편 모렐의 삶은 부정적이다. 《모비 딕》에서는 모렐의 변형인 흰 고래가 승리를 거두고, 모렐부인의 변형인 에이허브선장을 배와 함께 바다에 침몰시켰다.

로렌스는 19세기의 미국 소설에서 자신의 내적 드라마를 보았다. 에이허브 선장과 흰 고래의 대립의 원형을 더듬으면 기독교(특히 청교주의)와, 육체중시의 사상이 대립된다. 이 대립은 로렌스에게 빨리 나타났다. 미국문학도 이런 시점에서 보고 논했다. 따라서 《고전 미국문학 연구》의 평론은 단순히 피상적인 생각이 아니라, 로렌스 사상에 뿌리내린 본질적인 동착을 나타내고 있다.

## 《사랑하는 여인들》

《아들과 연인》, 《무지개》와 함께 대표적인 장편소설 《사랑하는 여인들》은 1920년에 출판되었다. 이 작품은 '자매'란 제목으로 쓰였고, 전반 내용이 《무지개》로 독립해서 출판된 다음, 속편의 형태로 쓰기 시작해 1916년 말에 완성했다. 그러나 《무지개》의 발매금지 영향을 받아 출판사를 찾지 못했다. 《무지개》를 출판한 메슈엔사는 다시 문제가 생기는 것을 두려워해 출판을 거부했다. 1920년 드디어 뉴욕의 토

《사랑하는 여인들》(1920) 표지

머스 제르트가 예약판매의 사가판(私家版)으로 출판했다.

《무지개》의 속편으로 두 작품에 공통된 인물이 나타났다. 여주인공인 아슈라와 그의 여동생 그도룬이다. 《무지개》에서 아슈라는 연애에 실패했지만, 《사랑하는 여인들》에서는 멋진 남성과 만나 결혼한다. 이 작품에는 두 사람의 여성 이외에 그의 연인인 두 명의 남성으로 버킨과 제럴드가 등장하고, 다른 중심인물로서 하마이오니라는 여성이 등장한다.

이 작품은 남녀관계를 주제로 하고 있다. 버킨과 아슈라의 관계, 제럴드와 그도룬 관계가 작품의 중심이 된다. 작자는 전자의 관계에 중점을 두고 있지만, 제럴드라는 남성부터 이야기하기로 한다.

그는 잉글랜드 중부지방에 있는 탄광 주인의 아들이다. 병든 아버지를 대신하여 탄광 경영을 시작한다(아버지는 끝내 죽는다). 기독교 정신이 강한 아버지

는 자선의 정신으로 노동자를 대한다. 그는 가난한 노동자가 구원을 요청하면 어떤 형태로든지 도와준다. 이것에 비하여 아들 제럴드는 기독교적인 자선의 마음을 던져 버리고, 근대적인 산업자본가의 태도를 취한다. 그에게 생산은 유일하고 절대적인 것으로 노동자는 생산을 위한 도구에 지나지 않는다. 제럴드는 '기계의 신'으로 불리고 석탄생산을 늘리기 위해 새로운 기계를 도입하고 성과를 올린다. 그는 생산의 합리화를 도모하는 현대적인 경영자이다. 그 반면 다른 사람의 인간성을 무시하고, 자신의 의지를 따르게 할 뿐이다. 그는 현대 산업자본가의 전형적인 인물이다.

제럴드는 아슈라의 동생이자 조각가인 그도룬에게 관심을 가진다. 그녀는 유행의 첨단을 걷는 복장을 하고 있는 점에서 알 수 있듯이, 예술가 특유의 자기 현시욕과 자아가 강하다. 어느 날 자신이 소를 무서워한다고 제럴드가 생각한 것에 화가 나서 그의 따귀를 때리는 기가 센 여성이다.

제럴드와 그도룬은 서로 끌리면서도 두 사람 모두 자신의 강한 자아 때문에 진심으로 사랑할 수도, 결혼할 수도 없다. 제럴드는 그도룬을 자신의 의지에 따르게 하지 못하기 때문에, 마지막에는 목을 매고 자살하려고 했다. 죽은 자로 생각하고 그 자신도 눈 덮인 산에서 죽음을 부른다.

스스로를 현대의 신 '기계의 신'으로 절대화하고, 그 절대적 의지에 따라 노동자와 여성을 지배하려고 한 제럴드를 죽임으로써, 작자는 현대의 산업중심의 생각을 비판하고 있다. 작품에 언급된 것처럼 현대의 산업, 기술의 발달에 의해 강력한 폭탄이 개발되고, 폭발로 인해 지구는 두 개로 나뉘고 각기 다른 방향으로 날아가 버릴 수 있다. 제럴드적 사고는 위험성을 내포하고 있다.

제럴드와 그도룬의 관계와는 대조적으로 버킨과 아슈라 사이를 표현했다. 시학관인 버킨은 귀족의 딸 하마이오니와 교제했지만 사회적 신분이 높은 것을 뽐내고, 그를 지배하려는 여성에게 질려서 중등학교의 교사인 아슈라를 사랑한다. 그녀도 자아가 강한 것은 하마이오니와 같지만, 하마이오니에게는 없는 '상냥함'을 가지고 있다는 것을 알고 그녀와 결혼한다.

버킨과 아슈라는 자아가 강한 사람들이지만, 제럴드와 그도룬처럼 관계가 파탄에 이르지 않은 것은 왜 그런가? 그 대답은 다음과 같은 새로운 남녀관계로서 설명되고 있다. 이제까지 남녀의 사랑은 각각 자신의 개인적 자아를 버리고 상대와 동일화하는 것이었다. 그렇지 않으면 한쪽이 다른 한쪽을 지배하는 관계였다. 그러나 새로운 남녀관계상은 개인적인 자아를 버리지 않고, 서로에게 결부시킨다. 이 관계는 '별의 균형'이라는 비유를 사용해서 설명되어 있다. 예를 들면 지구와 달을 생각해 보자. 이 두 개의 천체는 서로 인력에 의해 끌어당기면서 각각의 궤도를 운행하고 있다. 그러나 서로에게 끌리면서도 합체는 되지 않고, 서로 동떨어져서 다른 방향으로 가 버리는 것은 아니다. 두 개의 천체는 끌어당기는 힘과 떨어지는 힘 속에서 하나의 균형상태를 만들어 존재하고 있다.

버킨과 아슈라는 그들의 관계에 이 '별의 균형'을 지향한 것이다. 이것을 달성하는 것은 쉬운 일이 아니지만, 그 이외에는 두 사람이 결혼생활을 계속할 방법은 없다. 자아의 주장, 자신의 의지에 의해 상대를 지배하려는 성향은 남녀를 불문하고 현대인에게 뚜렷이 나타난다. 어떻게 하면 남녀가 함께 결혼생활을 계속할 수 있는가? 그 하나의 해답을 로렌스는 이 작품에서 그려내고 있다.

### 외설적인 비판과 모델 문제

이 소설에도 남녀의 육체 결합이 묘사되어 있기 때문에 《무지개》의 경우와 같이 외설문서라는 비난이 일부에서 쏟아졌다. 1921년 9월 〈존부르〉지는 '당국이 발매금지해야 할 책'으로 이 작품을 탄핵하고 있다. '성적 추락 연구'라는 표제로 '자연스런 인간의 본능'을 '보다 더 야하고 왜곡된 형태'로 묘사했는데도, 이 글을 읽고 기뻐하는 사람이 있다고 비난했다.

당시의 도덕 기준으로 보면 너무 야하게 쓰인 곳이 있지만, 로렌스의 의도가 피상적이 아니라 인간의 내부에 잠재된 충동을 날카롭게 지적했다고 생각하면 이 비난은 표면적인 것이다. 또 이런 종류의 비판은, 작품 전체의 테마를 알려는 노력은 하지 않고 작품 일부만을 떠벌리는 방법이므로 바른 해석이 아니다. 소설이 '외설'이라고 하지만, 결국은 서평자가 '외설'적인 눈으로 작품을 읽은 것에 지나지 않는다. 색안경을 쓰고 보면, 색깔이 있어 보이는 것이다.

〈존부르〉지의 비난에도 아랑곳없이 발매금지가 되지 않았다. 그런데 모델 문제로 재판 시비가 붙었다. 작중인물 하마이오니가 오토린 모렐을 모델로 하고 있다는 것이다. 이미 말한 바와 같이, 오토린은 《사랑하는 여인들》이 집필되었던 1915년부터 1916년까지 로렌스와 교제가 있었다. 로렌스 부부는 오토린의 저택에 초대받고 머물렀다. 또 《무지개》가 발매금지 처분을 받았을 때는 그녀의 남편이자 자유당 국회의원 필립이 하원으로 두 번에 걸쳐 그 처분이 부당하다며 철회를 요구했다. 당연히 오토린의 입장에서 보면 로렌스에게 원망을 살 이유는 없다고 생각했을 것이다.

로렌스도 감사의 뜻을 표하기 위해, 시집 한 권을 그녀에게 헌사하였다. 이렇듯 현실 생활에서 두 사람의 관계는 친밀했다.

그런데 자신에게 보내준 《사랑하는 여인들》의 마지막 부분을 읽었을 때, 오토린은 격노했다. 거기에는 하마이오니라는 여성으로, 자신이 나쁘게 묘사되어 있다는 것을 알았기 때문이다. 작품 속 이름은 달랐지만, 그녀의 저택 가싱턴 매너가 나온다. 그것은 현실을 알고 있는 사람이라면 간단하게 알 수 있다. 또 하마이오니의 얼굴모양, 목소리, 옷차림 등도 오토린을 모델로 한 것임은 의심할 여지가 없었다. 그것뿐만이 아니라, 오토린의 말을 빌리자면 하마이오니가 '색정광'으로 동성애적 성향을 가지고 로렌스 같은 인물의 정부가 되었다고 했다.

오토린은 자신의 판단이 한쪽에 편중되는 것이 두려워 올더스에게 그 원고를 읽게 했지만, 그녀도 같은 의견이었다. 오토린은 로렌스에게 항의했고, 그 결과 어느 정도 표현이 완만해졌다. 그러나 그녀는 이 사건 때문에 로렌스와 절교했다. 분명히 하마이오니는 화려한 모습이나 언동과는 반대로 내면적으로 공허하고 남성을 지배하려는 여자로 묘사되어 있다. 오토린뿐만 아니라 어느 누구와도 자신이 그 여성이라고 하면 불쾌한 기분이 들 것이다. 특히 오토린은 로렌스를 위해서 여러 방면에서 노력했기에 이 일로 배신당했다는 기분이 들 것은 당연하다.

그러나 로렌스를 변호하는 입장에서 본다면, 하마이오니는 그 윤곽은 오토린을 모델로 하고 있지만 작품 속의 인물과는 독립된 존재이다. 하마이오니는 소설 속의 인물로 로렌스가 창조한 인간일 뿐 현실의 인간이 아니다. 실제 오토린은 하마이오니로서 비판될 결점이 있다고 해도, 전체적으로는 예술 애호가이자 옹호자이고 제1차 세계대전 중의 평화운동 지원자로서 노력한 뛰어난 여성이다.

모델 문제는 이 작품에서 처음 발생한 것은 아니다. 《아들과 연인》에서도 있었다. 작품 속에서 밀리엄의 모델은 로렌스의 애인 제시 체임버스였다. 원고를

타오르미나의 폰타나 베키오

읽고 난 뒤, 제시는 격노했다. 사실과 다르게 쓰인 점과 그녀의 명예에 상처를 주는 내용이었다. 작중인물이 자신이라고 생각되면 화를 내는 것은 당연했다. 소설을 쓸 때, 로렌스는 현실의 장면과 실제 인물을 기준으로 하는 점이 많다. 그런데 로렌스는 실제 인물의 윤곽을 빌리면서 그 인물을 자신의 이미지에 맞게 변형하는 방법을 썼다. 따라서 모델이 된 사람들에게는 상처를 주게 된다.

《사랑하는 여인들》에는 오토린 이외에 로렌스와 친구였던 러셀도 등장한다. 러셀은 수학자, 철학자, 평화운동자로 유명했고, 1915년 무렵에는 로렌스와 자주 만나 영향을 주고받았다.

이 작품에서 러셀은 죠슈아라는 인물로 등장한다. 그는 '지식은 자유다'는 말을 자주 한다. 버킨 입장에서 보면 '마르고 강직한 육체'의 죠슈아가 이 말을 하면 그것이 '응고된 진정제'처럼 생각된다고 비유적으로 묘사하고 있다. 죠슈아는 지식만을 고집하고, 현실에는 눈을 돌리지 않는 인물로 비판되고 있다. 로렌스는 지식은 모든 과거의 일에 대한 것이고, 그것을 그대로 현재와 미래에 적용시키는 것으로 많은 오해가 생긴다. 러셀은 지식만으로 만족하는 죠슈아 이상의 인간인 것은 분명하다. 로렌스는 러셀의 일면을 빌리고, 한 명의 부정적인 인물을 만든 것에 지나지 않는다.

## 6. 아름다운 햇살을 찾아 여행을 떠나다

1919년 11월, 로렌스는 이탈리아로 출발했다. 지난 1914년 6월에 금방 돌아갈 예정이었지만, 제1차 세계대전 때문에 영국을 떠날 수가 없었다. 희망을 이루기까지 몇년이라는 세월이 흘렀다. 프리다는 먼저 영국을 떠났다. 전쟁 때문에 만날 수 없었던 어머니를 만나기 위해서였다. 로렌스와는 피렌체에서 만나기로 했다.

로렌스 부부는 지인의 소개로 남이탈리아의 피치니스코에 머물기로 되어 있었다. 나폴리에서 북쪽으로 약 7킬로미터 떨어진 곳으로, 철도역에서 20킬로나 더 들어가야 하는 교통이 매우 불편한 마을이었다. 여기에 지인이 살고 있어서 편의를 봐 주었다. 경제적으로 여유가 없는 로렌스 부부에게는 고마운 일이었다.

로렌스는 열차로 파리에서 토리노 경유로 이탈리아에 들어갔다. 제노바에서 해안을 따라 남하했을 때, 로렌스는 이탈리아의 아름다움에 감동하고, 이 나라에 돌아온 것을 기뻐했다.

'이탈리아는 멋지다 정말로 멋지다, 아름답다, 아름다운 태양과 바다'라는 말로 그 때의 감동을 표현하고 있다. 피렌체에서 프리다와 만나자 두 사람은 예정대로 피치니스코로 갔다. 빌린 집은 사람들과 떨어진 곳으로 근처에 가게도 없어 불편했고, 무척 추웠다. 로렌스 부부는 거기에 머물지 못하고 소설가 코무톤을 의지해서 카프리 섬으로 옮겼다.

카프리 섬에는 영국, 미국, 독일, 덴마크 등 각국의 예술가와 작가들이 살고 있어서 이야기 상대는 끊이질 않았지만, 중상과 가십에 휩싸여 2개월만 머물고 시칠리아 타오르미나로 옮겼다. 타오르미나는 시칠리아 섬의 동쪽으로 이오니아 바다에 면한 마을이다. 로렌스 부부는 '폰타나 베키오'(오래된 샘의 의미)라는 야호의 집을 빌렸다. 침실 창문에서는 태양이 떠오르는 모습이 잘 보였다. 동쪽 하늘은 처음엔 노란색으로 물들고, 점점 분홍색으로 변하더니 마침내 타는 듯한 오렌지색의 태양이 모습을 보인다. 이 광경을 바라보는 로렌스의 가슴은 행복감으로 가득 찼다. 지금까지 살고 있던 어두운 영국과는 전혀 다른 세계였다.

이처럼 풍요로운 햇살 아래 생활하면서, 작가의 눈은 자연의 새로운 모습에 눈뜨게 되었다. 로렌스의 시 가운데 가장 우수하다고 평가되는, 《새, 짐승, 꽃》(1923)의 중심을 이루는 작품이 쓰인 곳이 바로 이 곳, 타오르미나였다. 수도 설비가 없어서 로렌스는 물을 길으려고 약 100미터 떨어진 샘까지 다녀야 했다. 어느 날 물을 뜨러 가는 중에 뱀을 만났다. 물을 마시러 온 것이었다. 로렌스가 다가가도 도망가려고 하지 않고, 마치 왕자처럼 여유롭게 물을 마시고는 천천히 사라졌다고 한다.

이 때 로렌스는 충격을 받았다. 지금까지 몰랐던 뱀의 존재에 대해 알았기 때문이다. 분명히 뱀은 그 자체의 존재

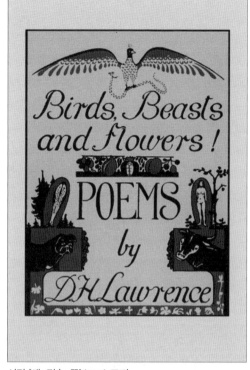

시집 《새, 짐승, 꽃》(1923) 표지
이 시 작품은 타오르미나의 풍요로운 햇살 아래 생활하면서 썼다

를 가진 동물로, 인간의 가치관에 따라 판단되어야 할 존재가 아니라는 사실을 깨달았고, 이 때 명시 '뱀'이 탄생했다.

'뱀' 이외에 '벌거벗은 무화과나무' '벌거벗은 아몬드나무' '아몬드꽃' '보랏빛 아네모네' '시칠리아의 시클라멘' '하이비스커스와 샐비어꽃' '당나귀' '영웅 산양' '암컷 산양' 등을 타오르미나에서 썼다 이 제목에서도 알 수 있듯이, 로렌스가 여기에서 무엇을 봤는지를 알 수 있다. 다루고 있는 소재는 식물과 동물로 변한 것은 없으나, 독특한 상상력으로 표현했다.

### '다른 하나의 세계' 발견

로렌스가 자연의 모습에 눈뜬 것은 시칠리아 섬에서만은 아니다. 이탈리아 본토에서도 같은 것을 말할 수 있다. 같은 시기에 잠시 머물렀던 토스카나 지

방에서도 《새, 짐승, 꽃》에 수록된 시를 썼다. '석류' '복숭아' '모과와 오슈나 나카마도' '무화과' '포도' '사이프레스' 등이 있다.

포도
또 다른 하나의 세계가 있었다.
꽃도 없는 어두운 넝쿨 세계가.
물갈퀴를 가지고 늪에 사는 생물이 있고,
해안에는 부드러운 다리를 드러내고
더러움을 모르는 원시인이 살고 있었다.
조용하고 민감하고 활발하게,
청각과 감각이 날카로웠다.
똑바른 방향으로 뻗어가는 넝쿨처럼,
바닷물을 향해 손을 뻗는 달보다 더욱 섬세한 본능으로,
손을 뻗어서 잡는 넝쿨처럼.

지금 식물의 왕자는 꽃이지만, 포도가 식물의 왕자였던 시대가 있었다고 한다. 그 시대에는 꽃 대신에 섬세한 넝쿨이 매력적인 것이었고, 그 시대의 사람은 두뇌가 아니라 넝쿨처럼 섬세한 청각과 감각으로 살고 있었다. 그 원시인에 비교하면, 현대인은 감각의 예민함을 잃고 타락해 버렸다. 로렌스가 그 같은 원시인에 대해 언급할 때, 로마인이 침입하기 전 토스카나 지방에 살고 있던 에트루리아인을 생각했다. 에트루리아인은 포도넝쿨처럼 섬세한 감각을 가지고, 추상적인 관념에 의해 방해받는 일 없이 식물처럼 생기발랄하게 생활했다. 그러나 로마인에게 멸망당했다. 에트루리아인은 멸망했지만, 그 삶의 방식은 포도넝쿨에서 느낄 수가 있었다.

1921년 1월 로렌스 부부는 사르데냐 섬을 여행했다. 약 1주일 간의 여행이었다. 이 여행의 견문은 여행기 《바다와 사르데냐》에 수록되었다. 여행은 로렌스에게 단순한 관광이 아니라, 그 토지 고유의 지령을 만날 수 있는 것이다. 사르데냐 여행의 목적도 지령을 만나기 위한 것이었다.

로렌스는 사르데냐가 유럽의 일부라고 하지만, 사실은 그렇지 않다. 유럽문명의 영향을 받지 않는 곳이 존재하기 때문이다. 그리스문화의 영향을 받지

않고, 로마문화와 기독교의 영향을
받지 않은 점에서 문명 이전의 것이
존재한다는 것이다. 그것은 농민의
눈과 복장과 태도에 나타나 있다. 그
들에게는 기독교의 애타정신이 아니
라 자기에 대한 자부심이 있고, 그것
은 농민의 '남자다움'에 고스란히 남
아 있다. 이 '남자다움'은 유럽의 다
른 지역에서는 기독교 도덕을 위해
소멸되고 남아 있지 않다. 이처럼 로
렌스는 사르데냐에서 고유의 지령을
느끼고, 유럽문명과는 다른 문명이
남아 있는 것을 발견했다.

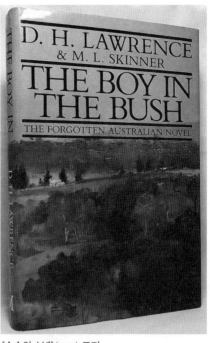

《숲속의 소년》(1923) 표지
로렌스가 오스트레일리아 여행 중에 썼다.

### 오스트레일리아를 거쳐서 미국으로

1922년 2월, 로렌스 부부는 배로
나폴리를 떠나 미국으로 향했다. 도
중에 세이론 섬, 오스트레일리아, 뉴질랜드를 지나, 9월 4일 샌프란시스코에 도
착했다. 전쟁 때부터 미국행을 계획했지만 출국허가가 나오지 않아 중지되었
다가 드디어 희망을 이루게 되었다.

1918년부터 1919년에 걸쳐서 뒤에 《고전 미국문학 연구》로서 출판되는 19세
기 미국문학론을 잡지에 발표하고, 미국문학의 의의를 확실히 했다. 또 1920년
이탈리아에 머물 때, 에세이 《미국이여! 자신의 목소리를 들어라!》를 발표하고,
유럽과는 다른 새로운 나라로서 미국에 기대하고 있다. 미국 관광객은 이탈리
아로 와서 밀라노 대성당을 보고 찬탄하고, 유럽문화의 위대한 전통을 칭찬하
며, 모국 미국에 대해서는 전통적인 문화가 아니라며 한탄했다. 그러나 로렌스
는 이 생각은 틀린 것이라고 한다. 미국인의 존경해야 할 점은 성프란체스카가
아니라 몽테즈마(미국 마지막 황제)라고 한다. 즉 미국은 유럽과는 다르지만 그
자신의 전통이 있기 때문에 유럽의 소리가 아니라, 자신의 소리에 귀 기울여
야 한다고 주장한다.

사실 미국행 실현의 배경에는 한 미국 여성의 노력이 있었다. 프리다와 나이가 같은 부유한 뉴욕 은행가의 외동딸 메이벨이었다. 사고로 첫 남편을 잃은 뒤, 결혼과 이혼을 반복했다.

메이벨은 예술과 문학 애호가로 옹호자였다. 뉴멕시코 주의 타오스에 드넓은 토지를 소유하고, 예술가, 문학자를 위한 마을을 만들려고 했다. 메이벨은 로렌스의 여행기《바다와 사르데냐》를 읽고 감탄했다. 이 같은 작가를 미국에 초대해서 타오스에 대해 써주기를 바라는 마음으로 1921년, 로렌스에게 초대장을 보내고, 답을 받아냈다. 그녀는 좀처럼 로렌스가 오지 않자, 그를 부르는 인디언 주술까지 걸 정도였다.

## 오스트레일리아의 울창한 숲에서

로렌스는 나폴리를 출항하고 14일의 선박 여행 뒤, 세이론 섬에 도착했다. 그곳에 사는 불교연구가인 브루스타를 방문했다. 그러나 세이론 섬의 더위와 불교는 로렌스의 마음에 들지 않았다. 그곳에서 2주일 체류한 뒤, 세이론을 떠나 오스트레일리아로 향해, 5월 4일 서오스트레일리아의 프리맨틀에 도착했다.

이탈리아에서 미국으로 갈 때, 오스트레일리아를 경유하는 이유가 있었다. 로렌스는 이전부터 오스트레일리아에 관심이 있었다. 1912년 친구에게 보낸 편지에서 이렇게 말하고 있다. '오스트레일리아는 새로운 국가이자 새로운 모럴을 가지고 있는 나라입니다. 이 나라는 영국의 분가가 아니라 새로운 국가입니다.' 로렌스가 프리다와 사랑의 도피를 했을 때, 두 사람은 오스트레일리아에 가려고 했다. 본디 오스트레일리아는 영국의 유형자(流刑者)들에 의해 개척되었지만, 건전한 발전을 보여 1901년에는 연방으로서 통일되었다. 제1차 세계대전에 오스트레일리아군으로 참전할 때에 통일국가로서 의식이 높아졌다. 로렌스가 '새로운 국가'로서 기대를 하는 것은 당연하다.

나폴리에서 세이론 섬으로 가는 도중에 로렌스 부부는 젠킨즈 부부와 만났다. 이 부부의 추천으로 서오스트레일리아에 들르게 되었다. 5월 4일 프리맨틀에 도착해서 젠킨즈 부부의 집에서 머물렀고, 요양소 겸 여관을 소개받아 숙박하게 되었다. 그곳의 간호사이자 관리인 모리는 작가로 소설가의 방문에 관심을 가졌다. 뒤에 그녀의 소설에 로렌스가 참가한《숲속의 소년》(1923)이 출판되었다. 이 부근의 울창한 숲에 로렌스는 마음이 끌렸다. 수목은 '벌거벗은

원주민'처럼 생각되었다. 로렌스
는 숲에서 상상력을 더욱 키워나
갔다.

## 정치에 대한 회의

로렌스는 가끔 젠킨즈 부인을
통해 문학애호가들을 소개받았으
며, 그들에게 환영받았다. 영국에
서 발매금지된《무지개》가 이 지
역 도서관에 있는 것도 그를 기쁘
게 했다. 시인인 지벤하로부터 오
스트레일리아의 정치정세를 들었
다. 그는 좌익 활동가였는데 노동
자를 선동했다는 이유로 공무원
에서 해고당했다. 이 시인을 통해
서 로렌스는 오스트레일리아의
정치에 관심을 가지게 되었고, 문
헌도 조사해 보았다. 이것은 뒷날

《캥거루》(1923) 표지
오스트레일리아의 정치무대를 묘사했다.

소설《캥거루》(1923)에 나타나게 된다.

4월 18일 프리맨틀을 떠나, 27일에 시드니에 도착했다. 이 무렵 로렌스 부부
는 가진 돈이 얼마 남지 않아 물가가 비싼 시드니에는 체재할 수 없었다. 이
시기의 오스트레일리아는 겨울이어서 해안의 보양지라면 집을 싸게 빌릴 수
있을 거라는 생각에, 시드니에서 약 5킬로 떨어진 해안에 있는 집을 빌리고 이
나라를 떠나기 전까지 여기에서 살았다.《캥거루》의 무대가 된 곳이기도 하다.

《캥거루》에서 로렌스는 오스트레일리아의 우익인 재향군인회와 좌익인 사
회주의자의 항쟁을 묘사했다. 이 책은 사실을 토대로 하고 있다. 19세기 후반
부터 유럽에서는 사회주의 물결이 확산되었다. 영국에서는 1900년에 노동당이
결성되어 차츰 세력을 넓히고 1924년에 이르러 처음 노동당 내각을 만들었다.
그 뒤 보수당과 노동당의 2대 정치의 대립이라는 형태로 현재에 이르고 있지
만, 오스트레일리아에서는 영국보다 빨리 노동당이 정권을 장악했다. 위협을

메이벨과 인디언 토니

느낀 우익세력은 '국왕·제국동맹'이라는 비밀결사를 만들고 좌익단체에 대항했다. 이 결사에는 지하군대도 있었다. 노동당 내각이 정권을 잃은 뒤, 이 결사의 실질적인 의미는 흐려졌지만 활동은 계속되었다.

로렌스가 머물고 있을 무렵의 오스트레일리아의 정치정세는 이처럼 우익, 좌익의 대립이었다. 로렌스는 우연한 계기로 우익단체와 접촉을 가지게 되었다. 지하군대의 쟈크 소령과 알게 되어 친밀조직에 대해서 정보를 얻었다. 또 뒤에 비밀결사의 국원 로젠타

소장과도 만났다(소설 《캥거루》의 중심 인물인 '캥거루'는 로젠타를 모델로 하고 있다). 다른 한편 로렌스는 사회주의 운동가와 접촉했다. 이 같은 경험을 바탕으로 소설 《캥거루》가 탄생했다. 작품에 좌향군인회와 노동자의 충돌하는 모습이 묘사되는데, 이것은 21년의 메이데이에 발생한 두 파의 충돌에 기인된다고 한다.

로렌스는 《아론의 지팡이》(1922)에 '보다 위대한 영혼'을 가진 '안내자'에게 일반 사람들은 복종해야 한다 서술하고, '안내자'로서 소설가 리리를 등장시킨다. 이 '지도자'의 주제는 '캥거루'에 이어지고 있다. 정치운동의 지도자 '캥거루'는 '지도자'이다. 이 점에서는 당시 로렌스가 가지고 있던 사상이 작품에 반영되었다고 할 수 있다. 그러나 모델인 소설가 사마즈는 정치운동에 회의적이다. 정치투쟁의 장소를 떠나 자연에서 쉬고 싶다고 생각한다. 무엇보다도 가장 중요한 것은, 개인의 내적인 자유라고 생각한다. 여기에 작자 로렌스의 사상이 나

타오스의 메이벨 저택

타나고 있다. 정치는 종국의 문제를 해결하지 않는다. 정치란 외적인 환경을 좋게 할 수 있다. 예를 들어 말하자면, 식물의 성장을 방해하는 장애를 제거하는 것은 정치이다. 그러나 식물이 자라는 힘은 정치가 부여하는 것은 아니다. 자라는 힘이란 개인이 자기 내부에 가지고 있는 것이기 때문이다.

8월 10일에 시드니를 떠나 샌프란시스코로 향했다. 도중에 뉴질랜드에 머물렀는데, 이곳 출신인 캐서린이 생각났다. 그는 그녀에 대한 생각을 지울 수가 없어서 편지를 보냈다. 있는 장소를 알 수 없었기에 오토린 모렐에게 보냈다. 오토린과는 《사랑하는 여인들》의 모델 사건으로 절교했으나, 이 뒤에 다시 교제가 시작되었다.

### 타오스에 살다

로렌스 부부는 1922년 9월 4일, 샌프란시스코에 도착했다. 메이벨은 타오스에서 가장 가까운 역까지 철도표를 보내왔다. 샌프란시스코부터는 자신의 '손님'이라는 뜻이었다. 가진 돈이 얼마 되지 않았던 로렌스 부부는 매우 기뻐했다.

열차를 타고 타오스에서 가장 가까운 역까지 갔다. 역 플랫폼까지 마중 나온 메이벨과 만났다. 메이벨은 동거중인 인디언인 토니(정식으로 결혼한 것은 다음 해)를 데리고 왔다. 이 때 처음 로렌스는 실제로 인디언을 보았다. 토니는 인디언 중에서는 인텔리였지만 영어를 할 수 없었기 때문에 침묵하고 있었다. 그들은 토니가 운전하는 자동차를 타고 타오스로 갔다.

타오스는 뉴멕시코 주 북부에 있는 마을이다. 이 부근은 북미대륙의 서쪽을 남북으로 달리는 로키 산맥의 산계에 들어간다. 산의 분지라고도 할 수 있는 곳에 타오스가 있었다. 로렌스 부부는 우선 타오스에 있는 메이벨의 집으로 안내되었다. 이 집은 미국 서남부와 멕시코에서 자주 볼 수 있는 '말린 벽돌'을 쌓아 만든 것이었다. '말린 벽돌'이란 짚을 섞은 진출을 일광에서 건조시켜 단단하게 만든 것이다. 로렌스는 이 지방의 독특한 지붕을 보고 기뻐했다.

메이벨은 개성적이고 자아가 강한 여성이었다. 같은 나이인 프리다와 공통점이 많았다. 프리다는 오트 그로스의 사상적 선례를 받아서 성의 해방을 지상의 최고라고 생각했다. '성이 자유화된다면, 세계는 천국으로 바뀐다' 믿었고, 실제로 이 신념에 바탕을 두고 행동했다. 그래서 프리다는 로렌스와 정식으로 결혼했으면서도 그것을 무시하고, 다른 남성과 정사를 가진 적이 있었다. 메이벨도 같은 사상을 가지고 있었다. 많은 문명의 병의 근원은 성의 억압 때문이라고 생각하고 성을 해방하면, 문명의 병을 고칠 수 있다고 믿었다. 그리고 당시의 성도덕을 무시했다.

이처럼 개성이 강한 두 여성 사이에서 로렌스를 둘러싸고 다툼이 일어났다. 메이벨은 로렌스가 자신의 파란만장한 생애를 소설로 써주기를 바랐다. 그 때문에 로렌스와 두 사람만 이야기하는 일이 자주 있었다. 프리다는 이것이 마음에 들지 않았다. 메이벨이 로렌스를 독점한다는 생각이 들었기 때문이다. 프리다는 로렌스의 천재성을 이해하고 그 천재성을 키울 수 있는 사람은 자신밖에 없다고 믿고 있었기에, 메이벨이 로렌스에게 접근하는 것을 참을 수가 없었다. 로렌스 부부는 메이벨과 가까운 곳에 사는 것이 좋지 않다고 느끼고, 메이벨 소유지인 델몬테 목장에 살기로 했다. 타오스에서 30킬로 떨어진 곳이었다. 이 해 12월 무렵 로렌스는 타오스에서 두 명의 화가를 만났다. 델몬테 목장으로 이사할 때 그들의 자동차를 사용한 것이 메이벨의 신경을 건드렸다. 프리다와 메이벨의 싸움은 여기에서 끝나지 않고, 로렌스가 죽을 때까지 계속되었다.

# 로렌스의 사상

## 1. 생명주의

### 생명은 모든 생물에게 존재한다

로렌스의 사상은 한 마디로 말해 '생명주의'이다. 로렌스가 말하는 '생명'이란 무엇인지, 또 '생명'을 중심으로 하는 사상이란 무엇인지 생각해보자. 모든 생물에는 생명이 있다. 반대로 말하자면, 생명이 있기 때문에 생물이라 불리는 것이다. 생물은 태어나고, 자라고, 번식하고, 죽어간다. 죽을 때까지의 활동을 뒷받침하는 힘이 생명 또는 생명력이다. 동물에도 식물에도 생명력은 존재한다. 봄이 되면 꽃이 피어나고, 말라죽은 듯 보였던 나뭇가지에서 녹색 새순이 돋는다. 이 세상에는 생명이 넘쳐흐르고 있다. 이것이 가장 근본적인 사실이며, 온갖 사상은 이 사실에서 출발해야만 한다.

로렌스는 다음의 예를 들었다. 들판에 양귀비꽃이 피어 있다. 짙은 붉은색이 아름답다. 이 꽃이야말로 양귀비의 '생명력'이다. 그런데 양귀비꽃을 대하는 사람들의 반응은 저마다 다르다. 양귀비꽃에는 독이 있다고 말하기도 하고, 진홍색 꽃은 허영의 상징이라서 마음에 안 든다는 사람도 있다. 인간은 자기중심적으로 생각하는 생물이다. 그래서 식물이나 동물 등 다른 생물을 유익하다느니 유해하다느니, 자기 기준으로 판단한다. 그러나 이 판단이 올바르다고 할 수는 없다. '생명'은 모든 생물에 존재하는 것이지, 인간이 독점할 수 있는 존재가 아니기 때문이다. 양귀비꽃이 독이라는 것도 인간의 독자적 판단에 불과하다. 인간에게 고유의 생명이 있는 것처럼, 양귀비에도 고유의 생명이 있다. 인간은 양귀비의 고유한 생명을 인정해야 한다.

또 로렌스는 생명이란 과잉의 존재라고 말한다. 공업제품은 계획에 따라 일정량밖에 생산되지 않는다. 생산량이 많아지면 생산이 중지되고, 조정 작업에 들어간다. 그러나 생명 자체에는 계획적인 요소가 없다. 생명은 일정한 용기에 딱 맞는 크기로 만들어지는 것이 아니기 때문에 일정한 용기에 억지로 집어넣으려고 하면 흘러넘치거나 비어져 나오게 된다. 예를 들어 잡초는 원하지 않는 곳에서도 마음대로 자라난다. 자라줬으면 하는 일정한 장소에서만 자라나는 풀은 없다. 풀은 인간에게 방해가 되는 곳에서는 무성해진다. 샘에서도 이런 모습을 찾아볼 수 있다. 인간이 사용하기 편하게끔, 적당한 때에 적당한 수량의 샘물이 솟아나주면 좋겠지만, 실제로는 그렇지 않다. 인간이 사용하지 않아도 샘물은 솟아나서 흘러간다. '과잉'이라는 것은 인간의 기준에서 만들어진 관념이다. 생명의 활동은 그런 기준을 훨씬 뛰어넘는다. 그러므로 이러한 생명의 본질을 충분히 통찰해야만 한다.

## 유일한 악(惡)은 생명을 부정하는 것이다

인간사회에서는 비극적인 사태가 종종 발생한다. 대규모 전쟁부터 개인적인 죽음에 이르기까지, 온갖 비참한 사건 및 싸움이 반복해서 일어난다. 이런 인간계의 비극이 식물이나 동물과는 어떤 관련이 있을까. 인간에게 무슨 일이 일어나든 봄이 되면 대지에서 새싹이 돋아나고 나무에는 꽃이 핀다. 그리고 가을이 되면 열매가 열린다. 새는 봄이 되면 교미를 하여 알을 낳고 새끼를 기른다. 인간계의 사건과는 전혀 상관없이 식물계, 동물계의 생명 활동은 계속된다. "나라가 망하고 산과 강이 있으며, 옛 성터에는 풀이 무성하다." 이 말처럼, 나라가 전쟁으로 파괴된다 해도 초목의 성장이 멈추는 것은 아니다. 봄이 되면 전쟁에 이겼을 때처럼, 초목이 무성하게 자라난다. 자연계의 커다란 조화 앞에서는, 인간계의 사건은 사소한 일에 불과할 뿐이다.

휘파람새는 로마 제국이 건설되기 전부터 노래했으며, 로마제국이 멸망한 뒤에도 노래를 계속했다. 로렌스의 이 말처럼 영원히 이어지는 것은 '생명'이다. 따라서 생명은 중시해야만 한다. 가만히 생각해보라. 인간도 동물이나 식물과 마찬가지로 생명을 부여받은 존재이다. 이 생명력을 억누르지 말고 마음껏 발휘하며 살아가는 것이, 인간의 소임이라고 로렌스는 주장했다. "유일한 악은 생명을 부정하는 것이다." 이 말은 그런 의미이다. 그런데 로렌스는 인간사회에 생명을 부정하는 것들이 많이 존재한다고 생각했다. '생명을 부정하는 것'의 존재를 알게 되면, 그것을 제거하는 것은 간단하다. 그러나 가장 큰 문제는 사람들이 그 존재조차 깨닫지 못한다는 것이다. 현대사회에 존재하는 '생명을 부정

하는 것'이란 대체 무엇일까. 로렌스는 이를 냉철하게 지적하였다. 로렌스는 그
것은 도덕이고, 제도며, 법률이라고 말했다. 그러고 보면 이들은 인간이 편리한
생활을 하기 위해 만들어낸 것이다. 따라서 도덕, 제도, 법률을 비판하는 것은
그것을 만든 문명을 비판하는 것과 같다. 사람들은 누구나 '문명은 인류의 위
대한 재산'이라고 생각한다. 로렌스는 그것을 부정하진 않았으나, 문명 안에 '생
명을 부정하는 요소'가 존재함을 지적했다. 로렌스는 현대문명에 대해 반성해
야 한다고 말했다. 그렇다면 그 본질은 도대체 무엇일까. 당시 로렌스의 머릿속
에 존재하던 현대문명은 주로 유럽문명이었다. 그러나 오늘날에는 유럽문명이
세계적으로 퍼져 있다. 그러므로 로렌스가 지적한 문제는 우리 동양인에게도
해당된다.


## 2. 기독교 비판

### 청교도주의 비판

로렌스는 생명주의에 입각하여 현대의 유럽문명을 비판했다. 로렌스가 비판
했던 유럽문명은 기독교 도덕, 생산중심주의, 계급제도, 인간중심주의 등이었
다. 그는 이 모든 것들이 여러 가지 형태로 인간을 억압하고 있다고 믿었다. 인
간이 이런 속박을 벗어던지고, 저마다 온전한 생명체로서 살아가는 것이 그의
이상(理想)이었다.

그중에서도 기독교와 로렌스 사이에는 근본적인 대립이 존재했다. 왜냐하면
기독교가 로렌스의 정신에 가장 큰 영향을 끼쳤기 때문이다. 그의 어머니는
독실한 기독교 신자였다. 로렌스는 어머니에게 교육을 받았다. 그는 교회 주일
학교를 다녔고, 설교를 들었으며, 찬송가를 불렀다. 어린 시절에 불렀던 찬송
가는 지금도 마음속 깊이 남아 있다고, 뒷날 로렌스는 회상했다. 그는 16세가
되자 기독교에 회의를 느끼게 되었다. 그러나 감수성이 풍부한 어린 시절에 접
했던 기독교는 이미 그의 정신에 큰 영향을 끼친 상태였다.

로렌스의 어머니는 청교도의 일파인 조합교회에 속해 있었다. 조합교회는
청교도 중에서도 가장 오래되었으며, 그 역사는 16세기 후반까지 거슬러 올
라간다. 루터의 종교개혁보다 조금 뒤늦게, 영국에서도 종교개혁이 단행되었

다. 헨리 8세는 자기 이혼을 인정해주지 않는 로마 교황과 결별하고 종교개혁을 실시했다. 그는 영국의 독자적인 종교, 즉 영국국교회를 설립했다. 이 교회는 형식상 신교였지만, 실제로는 구교에 가까워서 의식(儀式)을 중시하는 종교였다. 그러자 이에 반발한 청교도는 성서만을 유일한 권위로 인정하며, 교회에서 세속적인 의식을 배제해 '정화'하고자 했다.

17세기 중엽에 청교도혁명이 일어났다. 청교도들은 크롬웰의 지휘에 따라 찰스 1세의 군대와 맞서 싸웠다. 그들은 국왕군을 격파하고 혁명을 이루었다. 당시 로렌스의 외가인 비어즈올 가의 선조는 이 혁명에 참가하여 싸웠다. 그 이래로 비어즈올 가에는 청교도의 피가 흘러, 로렌스의 어머니에게까지 이어진 것이다.

청교도는 쾌락을 거부하는, 금욕적이고 근면한 생활을 중시했다. 쾌락에 빠지는 것은 악마의 유혹에 넘어가는 것과 마찬가지라고 여겼다. 청교도가 영국의 정권을 쥐었던 1642년부터 1660년까지, 런던의 극장은 폐쇄되었다. 따라서 런던 사람들은 좋아하는 연극을 볼 수 없었다. 그 밖에 경마, 투계, 내기 등의 오락과 매춘업도 금지되었다. 청교도에서는 성적 방종을 가장 두려워하였다. 그리고 안식일은 엄격하게 지켰다. 일요일에 상품을 매매하거나, 여행을 하거나, 짐을 운반하거나, 무도회, 시장, 요리점 등을 여는 것은 모두 금지되었다. 일요일에는 교회에 간다든가, 집에서는 성서를 읽거나 찬송가를 부르는 것만이 허락되었다.

로렌스의 어머니도, 이처럼 금욕적이고 엄격한 생활태도를 지켰다. 로렌스의 자전적 소설인 《아들과 연인》에는 청교도인 어머니의 모습이 그려져 있다. 여기서 어머니는 모렐 부인으로 등장한다. 그녀는 축제를 좋아하지 않는다. 축제를 좋아하는 아들에게 이끌려 가기는 해도 금방 집에 돌아온다. 그녀는 춤도 좋아하지 않는다. 아들이 댄스파티에 참석하는 것조차 불만스러워했다. 아들이 파티에서 사귄 여성이 집까지 찾아오면, 어머니는 그녀를 쫓아버렸다. 아들은 가장무도회용인 스코틀랜드풍의 의상을 입은 자기 모습을 어머니에게 보여드리고자 했지만, 어머니는 전혀 보려고 하지 않는다. 그리고 그녀는 아들의 약혼자가 노출이 심한 옷을 입고 다닌다는 사실도 불만스러웠다. 물론 음주도 달가워하지 않았다. 어머니의 남편은 술을 좋아했는데, 그녀의 요청으로 결혼한 뒤 반년 동안은 금주했다. 어머니는 자식들이 술을 마시지 않도록 교육했

〈찰스 1세의 처형〉 청교도혁명 결과, 1649년 1월 국왕 찰스 1세가 사형에 처해졌다. 끝까지 왕권 신수설을 주장하던 그는 시민들에 의해 처형당하는 비운의 왕이 되었다. 이 상황은 역사속에서 민주정치의 시작인 시민혁명의 불꽃을 지펴준 사건이 되었다. 청교도는 쾌락을 거부하는 금욕적 이고 근면한 생활을 중시한다. 그러나 로렌스는 이러한 청교도주의에 반대했다.

다. 로렌스는 어머니의 이러한 생활방식, 사고방식에 따라 성장했다. 그래서 스스로도 의식하지 못한 사이에 청교도적인 사고방식을 갖게 되었다. 로렌스는 18세 때의 자신을 회상하며 이렇게 말했다.

"우리는 성적 능력을 갖춘 평범한 인간이다. 우리는 성에 대해 비참한 '공포'를 느낄 필요가 없다. 그런데 나는 18세 무렵에는 아침에 일어날 때마다, 전날 밤의 성적인 생각이나 욕망을 떠올리고 치욕스러움을 느꼈다. 부끄러움과 분노뿐만 아니라, 그 사실이 남에게 알려질까 봐 두려움까지 느꼈다. 그래서 전날 밤의 나 자신이 미웠다."

이 말을 통해, 성에 대한 공포와 혐오감이 18세의 로렌스에게 뿌리내리고 있었음을 알 수 있다. 로렌스는 이러한 자신을 깨닫고, 자기 내부에 있는 청교도주의에 반발한다. 그는 청교도주의에서 벗어나기 위해 노력한다. 이것이 로렌스의 사상을 형성하게 된 것이다.

## 육체의 복권(復權)

기독교는 인간의 영성(靈性)만을 중시하고, 육체를 경시한다는 것이 로렌스의 생각이었다. 이것은 기독교 교의의 근본인 성서에도 드러나 있다. 신약성서 〈누가복음〉에는 다음과 같은 부분이 있다. 그리스도가 군중에게 말씀하실 때, 그중 한 여인이 나서서 그리스도를 향해 외쳤다.

"당신을 잉태했던 자궁, 당신을 먹인 유방은 얼마나 축복받은 존재일까요."

그러나 예수의 대답은 이러했다.

"아니, 축복받은 존재는 오히려 하느님의 말씀을 듣고 그것을 지키는 사람들이오."

여기서 등장한 '여인'을 그리스도의 어머니라고 해석하는 사람도 있다. 또 이스라엘을 가리키는 것이라고 해석하기도 한다. 그러나 로렌스의 해석은 이들과 달랐다. 그는 이 '여인'을 평범한 여성이라고 보았다. '여성'이 '자궁'과 '유방'이 축복받을 것이라고 말했는데, 그리스도는 그 말을 부정했다. 로렌스는 이것을 여성의 '육체'를 부정한 것이라고 해석했다. 즉 아이를 배고 낳아서 기르는 여성의 육체적 행위보다도, 하느님의 말씀을 듣고 그것에 따르는 영적인 행위가 기독교에서는 더 중시된다는 것이다.

또 〈마태복음〉에서 언급된 '독신자(성적 능력이 없는 남성)'에 대해, 로렌스는 부정적인 태도를 취했다. 제자들은 그리스도에게 말했다.

"혹시 아내를 대하는 남편이 그렇다면(남편에게 성적 능력이 없다면), 결혼하지 않는 편이 낫습니다."

이에 대해 그리스도는 다음과 같이 대답했다.

"어머니의 태내에 있을 때부터 독신자였던 자도 있고, 다른 이유로 독신자가 되는 자도 있으며, 또 천국을 위해 스스로 독신자가 되길 택하는 자도 있다. 이 말을 받아들일 수 있는 자는, 받아들이는 것이 좋다."

이처럼 그리스도는 '독신자'를 긍정했다. 로렌스는 이를 통해 기독교가 인간의 육체를 경시한다고 판단했다. 로렌스에게는 완전한 육체를 지닌 남녀가 결혼하여 아이를 낳는 것이야말로 이상적이며 축복받아야 할 일이었다.

로렌스는 이런 생각에 의거하여, 〈요한복음〉의 '말씀'과 '육체'의 관계를 해석했다. 〈요한복음〉의 서두에는 이렇게 적혀 있다.

"태초에 말씀이 계시니라. 말씀이 하느님과 함께 계셨으니, 이 말씀은 하느님이시니라. 말씀은 태초에 하느님과 함께 계셨다. 모든 것이 그로 말미암아 지은 바 되었으니……." 그리고 "말씀은 육신이 되어 우리 가운데 거하시매……"라는 구절도 등장한다. 여기서 '말씀'이란 하느님의 힘, 지혜, 사랑을 가리키는 단어이다. 그것이 육신으로 변했다는 것은, 그리스도라는 인간의 육체를 얻어 이 세상에 내려왔다는 뜻이다. 그런데 로렌스는 이 부분을 독자적으로 해석했다. 그에 따르면 '말씀'이란 인간의 영적인 부분이다. 이것이 육신으로 변했다고 〈요한복음〉은 전하고 있으나, 로렌스는 반대라고 말했다. 태초에 '육신'이 있고 그 뒤에 '말씀', 즉 영성이 태어나는 것이라고 로렌스는 주장했다. '말씀'이 '육신'으로 변했다는 말 자체가, 기독교의 육체경시 사상을 보여준다는 것이었다. 이처럼 부당한 대접을 받고 있는 육체의 권리를 되찾아주는 것이, 로렌스의 인생과 문학의 주제였다.

육체를 중시한다고 하면 무조건 관능주의를 떠올리는 경향이 있다. 그러나 로렌스는 관능주의자가 아니었다. 육체를 탐닉하는 것은, 육체를 멸시하는 것과 같다고 했다. 그 배후에도 역시 기독교의 육체경시가 존재한다는 것이다.

### 기독교의 육체 부활

신약성서 〈누가복음〉에서는 그리스도가 처형된 뒤 부활하는 장면을 다음과 같이 묘사하고 있다. '그리스도가 십자가에서 숨을 거둔 지 사흘 뒤, 어머니인 마리아와 막달라마리아는 그리스도가 묻힌 무덤에 간다. 이때 무덤을 막고 있던 돌이 치워져 있었다. 여인들이 안에 들어가 보니, 그리스도의 시신을 감쌌던 옷만 있고 시신은 온데간데없었다. 깜짝 놀란 여인들 앞에 천사가 나타나서, 그리스도는 부활했다고 일러주었다. 그 뒤 그리스도가 제자들 앞에 모습을 드러내어, 자신은 부활했다고 말했다. 그리고는 제자들에게 그는 자신의 손발을 증거로 보여주었다. 게다가 식사까지 마친 뒤, 그는 제자들 곁을 떠나 승천했다.'

로렌스는 그리스도의 부활을 주제로 단편을 하나 썼다. 《죽었던 남자》였다. 그 이야기에서 주인공의 이름은 등장하지 않는다. 그저 '죽었던 남자'라고만 나온다. 그러나 신약성서를 조금이라도 읽어본 사람은, '죽었던 남자'가 그리스도를 가리킨다는 사실을 금방 눈치 챌 수 있다. 앞서 말했듯이 그리스도는 십자가에 매달려 죽은 뒤, 사흘 만에 부활하여 승천했다고 한다. 그런데 이 글에서는 그리스도의 부활을 색다르게 다루고 있다. 즉 로렌스는 '죽었던 남자'에서 그 부활의 의미를 독자적으로 해석한 것이다.

무대는 예루살렘의 마을 변두리이다. 어느 날, 한 남자가 무덤 속에서 눈을 뜬다. 그는 처형된 뒤 무덤에 묻힌 그리스도이다. 이 '죽었던 남자'가 지금 되살아난 것이다. 그는 무덤에서 나와, 상처 입은 다리를 질질 끌면서 마을을 빠져나온다. 그러고는 한 농부를 만나 식량을 얻고, 그의 집에 몸을 숨긴다. 농부는 이 남자가 그리스도라는 사실을 안다. '죽었던 남자'는 무덤을 보러 온 마들렌(막달라마리아에 해당)과 만나, 부활한 뒤의 생활에 대해 이야기한다. 지금까지는 구세주로서 사람들에게 가르침을 전파했지만, 그 생활은 그가 처형되고나서 막을 내렸다. 이제부터는 지금까지 부정해왔던 육체로 살아가는 것이다. 지금까진 여성과 접하는 것을 피했지만, 이는 음욕의 굴절된 형태이다. 이제부터는 보다 자연스럽게 살아가야 한다. 그러나 마리아가 그리스도도 결국 다른 남자들과 마찬가지였냐며 실망하자 그녀를 뒤로 한 채, '죽었던 남자'는 여행길에 오른다.

여기서 무대가 바뀐다. 해안 가까이에 있는, 이집트 여신인 이시스를 모시는 신전. 그곳에 이시스를 모시는 여사제가 살고 있었다. 그녀는 27세의 젊은 여인이었다. 과거에 로마에서 살았던 적이 있으며, 안토니 장군과도 아는 사이였다. 안토니 장군은 그녀에게 마음을 빼앗겼으나, 그녀는 그처럼 고집 센 남자는 좋아하지 않았다. 그녀는 이시스와 같았다. 갈가리 찢긴 남편 오시리스의 시신을 찾아 헤매던 여신처럼, 그녀는 자신에게 어울리는 남자를 찾고 있었다. 이때 그녀 앞에 나타난 것이 '죽었던 남자'이다. 이시스 여신은 이 낯선 여행자를 본 순간, 오시리스와 닮았다고 생각한다. 그들은 서로에게 첫눈에 반한다. 그래서 두 사람은 이시스의 신전에서 관계를 가진다. 부활한 '죽었던 남자'의 소망이 이루어진 것이다. 이런 생활을 계속하던 중, 이시스 여신은 임신한다. '죽었던 남자'는 이에 만족하지만, 더 이상 여기서 지낼 수 없게 된다. 도망간 죄인인 '죽었던 남자'를 체포하기 위해, 로마의 추격자가 찾아왔기 때문이다. 그는 홀로 보트에 타고 해안가를 떠난다.

이것이 단편 '죽었던 남자'의 줄거리이다. 그리스도가 처형되어 무덤에 묻힌 뒤 부활했다는 것은, 신약성서에 나오는 내용이므로 전혀 놀랍지 않다. 그러나 부활한 그리스도가 생전의 영적인 생활을 부정하고, 육체를 중시하는 생활

을 시작한다는 것은 독특
하다. 이는 로렌스의 독자
적 견해가 빚어낸 허구이
다. 즉 로렌스는 육체보다
하느님의 말씀을 중시하는
〈누가복음〉의 그리스도보
다, 육체를 갖고 욕망에 따
르는 그리스도를 표현하고
싶었던 것이다.

만약 단순히 육체의 권
리를 주장하고 싶었다면,
일부러 기독교를 끌어들일
필요가 없었을 것이다. 기
독교 및 부활 이야기를 언
급했다는 것은, 로렌스가
기독교의 틀 밖으로 벗어
나지 못했다는 뜻이다. 달
리 말해 그는 기독교를 비
판할지언정 아예 무시할
수는 없었던 것이다. 로렌
스는 기독교를 수정하는
방식으로, 새로운 비전을

〈부활〉 라파엘로. 16세기
로렌스는 그리스도교가 영성을 중시하고 육체를 경시한다고
생각했다. 그러나 그의 단편 《죽었던 남자》에서 '부활한 그리
스도가 생전의 영적인 생활을 부정하고 육체를 중시하는 생
활을 시작한다'고 주장했다.

찾고자 했다. 육체로 부활한 그리스도에 대한 로렌스의 해석은 기독교 관점의
정통적인 해석과는 달랐다. 그는 그리스도의 부활을 통해 기독교를 새롭게 해
석하고, 새로운 생명을 불어넣고 싶어했다. 로렌스는 16세가 될 무렵부터 기독
교의 정통적 신앙에서 멀어졌다. 그러나 기독교와 완전히 결별할 수는 없었다.

### 그것은 새로운 해석

지금까지 신약성서에 대한 로렌스의 비판과 독자적 해석에 대해 살펴보았
다. 이제 〈요한묵시록〉에 대한 그의 견해를 알아보자. 〈요한묵시록〉은 현재 신

약성서의 끝부분에 실려 있는데, 예로부터 문제가 많은 저작으로 알려져 있다. 〈요한묵시록〉은 기독교보다 앞서 존재하던, 고대신앙과 관련된 저작일 것이라고 추측된다. 그 문서에 기독교 신학자들이 손을 대어, 기독교 교의에 맞춰서 새로 썼을 것이라는 설이 있다. 다시 쓰였으나 의문점이 많은 이 저작에 대해서 로렌스는 독자적으로 해석했다. 〈요한묵시록〉의 내용을 간단히 알아보자. 우선 처음에 조물주, 구세주로서 신이 등장한다. 예루살렘에 신의 아들, 예수 그리스도가 태어난다. 태어난 아이는 용에게 습격을 당하는데, 천사가 그를 구해준다. 로마황제는 기독교도를 박해하다가 하느님의 분노를 산다. 그래서 로마 제국은 몰락한다. 그리스도가 재림하여 이 세계를 총합함에 따라, 지복천년의 시대가 열린다. 그 뒤 최후의 심판일이 다가온다. 이렇게 해석하면, 〈요한묵시록〉은 기독교의 교의와 일치하므로 아무 문제가 없다. 그러나 로렌스의 견해는 달랐다. 이러한 기독교적 해석은 원전을 왜곡한 결과라고 생각했다. 기독교에 맞춰서 해석하여 새로 쓴 탓에, 원전의 깊은 진리가 퇴색되었다는 것이다. 그래서 로렌스는 기독교적인 왜곡을 바로잡고, 원전에 본래 담겨 있던 진리를 밝히고자 했다.

제1장에는 다음과 같은 묘사가 있다. "촛대 사이에는 아랫단이 끌리는 상의를 입고, 가슴에 금띠를 띤 사람의 아들이 서 있다. 그의 머리와 털은 눈처럼 흰 양털과 같은 순백이었으며, 그의 눈은 불꽃과 같았다. 그의 발은 풀무에서 정련한 빛나는 황동과도 같았고, 목소리는 마치 물소리가 울려 퍼지는 듯했다." 로렌스는 이 인물을 예수 그리스도라고 생각했다. 그러나 이는, 신약성서의 복음서에 등장하는 예수와는 다른 모습이다. 복음서의 예수는 겸손한 성격이며, 고뇌를 끌어안은 인간이다. 그러나 '묵시록'의 예수는 다르다. 그는 강하고, 넘치는 자긍심을 가지고 있다. 이 사실은 '불꽃'이나 '울려 퍼지는 물소리 같은' 목소리만 봐도 알 수 있다. 로렌스는 이 강력하고, 자긍심이 넘치는 예수야말로 진정한 예수의 모습이라고 주장한다. 예수는 사랑이나 도덕을 설파하는 사람이 아니라, 인간이 지닌 생명력을 드러내는 존재라고 해석한 것이다. 이렇듯 로렌스는 기독교와는 전혀 다른 견해를 보였으며, 그것이 바로 '도덕을 논하지 않고 생명력을 드러내는 예수'였다.

이번에는 제12장을 보자. 여기서 등장하는 용에 대해서도 새로운 해석을 제시하고 있다. 우선 한 여성이 나타난다. 그녀는 아이를 낳으려고 한다. "한 여자가 태양을 입고, 발아래에 달을 밟았으며, 그 머리에는 열두 별의 면류관을 쓰고 있었다. 그 여자는 아이를 배어 해산하게 되었는데, 그 고통과 고뇌 때문에 울부짖었다." 이 여자는 '이스라엘의 백성'이며, 태어날 아이는 그리스도라고 해석된다. 이때 붉은 용이 나타난다. "용은 해산하려는 여자 앞에 서서, 태어난 아이를 먹기 위해 기다리고 있었다." 이 용은 곧 태어날 그리스도를 먹으려고 한다. 즉 사악한 존재로 간주된다. 그러나 로렌스는 그 견해를 비판했다. 용은 사악한 존재가 아니다. 용은 본디 생명의 상징이었다. 예를 들어 중국에서는 용을 숭배하고 있었다. 이처럼 고대종교에서 용은 신앙의 대상이었다.

기원전 3000년에 만들어진, 바빌로니아 왕국의 성좌(星座) 중에는 '용자리'가 있었다. 용자리는 하늘의 중앙에 자리하는 중요한 성좌였다. 〈요한묵시록〉에 등장하는 용의 꼬리는 '하늘의 별 1/3을 끌어다가 지면에 던지는 꼬리'라고 묘사되고 있다. 이는 용자리가 하늘의 1/3을 차지하고 있었다는 뜻이다. 그 정도로 용은 중요한 존재였다. 용은 생명의 상징이다. 왜냐하면 그 움직임이 활발하고 힘이 넘치기 때문이다. 〈요한묵시록〉에서는 '붉은 용'이 등장하지만, 본디 용은 빛나는 황금색이었을 것이라고 로렌스는 생각했다. 황금색으로 빛나는 용이 천공을 힘차게 휘젓는 모습이야말로, 고대인이 상상하던 용 그 자체였다. 그것은 생명력의 상징이었다.

### 〈요한묵시록〉은 생명신앙의 경전

그런데 왜 용이 〈요한묵시록〉에서 사악한 존재로 등장하게 된 것일까. 그것은 기독교 신학자들이 원전을 왜곡했기 때문이다. 〈요한묵시록〉은 본디 고대 신앙의 경전이었다. 이 경전에서 용은 생명력의 상징으로서 중시되고 있었다. 그런데 도덕만을 중시하고, 생명력을 부정하는 기독교가 원전을 새로 쓴 것이다. 그 때문에 생명력의 상징이었던 용은 사악한 존재가 돼버려 악의 상징이 되었다. 예를 들어 기독교를 박해했던 로마제국은 용에 비유된다. 또 영국의 수호성인인 성 조지(Saint George)가 용을 퇴치하는 이야기에서도, 용은 퇴치해야 할 악의 화신으로 표현된다. 생명력의 상징이었던 용을 악의 화신으로 바꾼 것이야말로, 기독교의 왜곡 행위를 증명한다고 로렌스는 주장했다. 이것만 봐도 기독교는 자신들의 도덕을 기준으로, 생명을 해석하고 왜곡한다는 사실을 알 수 있다는 것이다.

이번에는 제17장을 보자. 로렌스는 여기서 나오는 '자줏빛과 붉은 옷을 입은 여성'을 새롭게 해석했다. 이 여성은 '대음녀(大淫女)'라고 불리는데, 각지의 왕들과 간음을 즐기는 사악한 여성으로 표현된다. 이 여성은 타락한 도시 바빌론을 가리킨다고 한다. 확실히 '묵시록'에는 그렇게 쓰여 있지만, 로렌스는 이것도 기독교적 왜곡의 한 예라고 생각했다. 이 여성은 사실 고대신앙에서 '곡물의 수확을 담당하는 여신', 즉 대지의 여신이라는 주장이다. 이는 생명의 원천이므로 당연히 숭배되어왔다. 그런데 기독교 신학자들에 의해 인간을 타락하게 만드는 존재로 변질된 것이다.

〈요한묵시록〉의 원전은 고대종교의 신앙을 담은 경전이었다. 생명의 근원인 태양, 식물의 생명을 관장하는 대지의 여신, 생명력의 상징인 용. 그것들을 숭배하고 중시하는 문서였다. 그런데 기독교 신학자들은 그 모든 것을 자신들의 선악관에 맞도록 왜곡하여 새로 썼다. 그 결과 생명력을 나타내는 존재들은 부당한 대접을 받게 되었다. 이처럼 기독교는 '생명력에 대한 신앙'을 무시하고 있다. 그러나 도덕만을 중시하는 기독교에서 탈피하여, 생명신앙의 종교를 똑바로 바라봐야 한다.

### 위대한 판(Pan)신

《채털리 부인의 연인》의 마지막 장면에서 숲지기 멜라스는 이렇게 말한다.

"그들(대중)은 쾌활하고 활발하게 살아가면서, 위대한 판신을 받아들여야 할 것입니다. 판신은 언제나 대중을 위해주는 유일한 신입니다."

로렌스는 첫 장편소설인 《백공작》에서 판신을 언급한 이후, 이 신을 다른 작품이나 에세이에서도 다루었다. 그리고 마지막 장편소설에서도 판신이 등장한다. 이것만 봐도 로렌스의 상상력 안에서, 판신이 얼마나 중요한 존재였는지 알 수 있다. 로렌스가 기독교를 비판했다는 것은 앞서 언급했다. 그에게 있어 판신은 기독교와 대조적인 존재이며, 때로는 그리스도를 대신하는 존재였다. 로렌스는 기독교의 신을 부정하면서도, 어떤 형태인가의 '신'을 원하고 있었다. 그 '신'이 바로 판신이었다.

판신은 본디 그리스 아르카디아 지방의 신이었다. 그 신앙이 점점 세력을 확장하더니, 마침내는 그리스 전역에 퍼지게 되었다. 헤로도토스의 《역사》에도 판신이 등장한다. 《역사》에 따르면 페르시아 전쟁 당시, 판신은 그리스 군대

의 아군으로 활약했다. 그
는 페르시아 군대를 패닉
(Panic. 판(Pan)에서 유래)
상태로 몰아넣었다.

'판'은 그리스어로 '만물,
우주'를 뜻한다. 그러므로
'자연을 의인화한 신'이라
고 볼 수 있다. 또 판신은
삼림, 목축, 수렵을 담당하
는 신이었다. 머리와 팔, 몸
통은 인간이며, 뿔이 나 있
고, 산양의 귀를 가졌으며,
하반신은 산양이다. 시간
이 흐를수록 그의 외모에
서 동물적 부분이 사라져
간다. 강한 색욕이 특징인
데, 이로 인해 풍요의 상징
으로 여겨지기도 한다. 그
는 목동과 마찬가지로 피
리를 불었으며, 춤과 오락
을 좋아하였다. 물의 정령

〈성 조지의 용 퇴치〉 귀스타브 모로. 1890.
로렌스는 생명력의 상징이었던 용을 〈요한묵시록〉에서 악의
화신으로 바꾼 것은 그리스도교의 왜곡행위를 증명한다고
주장했다.

인 시링크스를 뒤쫓다가, 그녀가 갈대로 변하자 그것을 꺾어 피리를 만들어
불었다는 전설도 있다.

판신은 그리스도가 탄생할 때쯤에 죽었다고 알려져 있다. 로마의 티베리우
스 황제가 제위에 있을 무렵, 타마스라는 선원이 지중해를 항해하고 있었다.
이때 누군가가 그의 이름을 세 번 불렀다. 그리고 "위대한 판신이 죽었다고 전
하라"라는 말이 들려왔다고 한다. 로렌스는 '미국의 판'이란 에세이에서 판신을
논했다. 그는 이 에세이를 미국에 있을 때 썼다. 로렌스가 지닌 판 신앙의 특징
은 그가 죽은 원인을 '인간과 우주의 분리'라고 보았다는 점이다. "예로부터 존
재하던 결합과 전체성이 파괴되었다. 이제는 두 번 다시 이상적인 모습으로 돌

아갈 수 없다. 위대한 판신은 죽었다." '판'은 앞서 말했듯이 '만물, 우주'를 가리킨다. 이는 인간과 우주가 하나라는 것을 뜻한다. 그러나 인간이 기계를 발명하고 자연을 정복하려 한 순간, 이 관계는 파괴되었다. 즉 이때 판신이 죽은 것이다. 현대사회에서 그가 살아 있으려면 수목의 형태를 취해야 한다. 태양을 향해 가지를 뻗고, 대지에 뿌리를 박는 모습이라야 판신답다. 또 자연과의 관계를 아직까지 유지하고 있는 인디언의 삶에도 판신의 흔적이 남아 있다.

로렌스는 죽어버린 판신을 되살려야 한다고 생각했다. 그렇다고 해서 현대인이 야만인으로 돌아가야 한다는 것은 아니었다. 중요한 것은 인간이 자연이나 우주를 '정복하려드는 관념'을 버리는 자세이다. 본래 인간은 우주—태양, 달, 별, 대지, 수목, 꽃, 새, 짐승, 다른 인간들과 조화를 이루며 살아가고 있었다. 이 관계를 무시하고 다른 존재를 정복하거나 파괴하는 것은 올바른 삶의 자세가 아니다. 자연을 계속 파괴하는 것은 인간을 자멸로 몰고 갈 뿐이다.

### 지적(知的) 의식과 피(血)의 의식

'생애'에서도 소개했듯이, 로렌스는 1913년에 이탈리아 농부의 삶을 예찬하며 이런 말을 했다.

"나의 위대한 종교는 지성보다 현명한 피와 육체의 신앙입니다. 우리의 정신은 잘못을 저지릅니다. 그러나 피로 느끼고, 믿고, 기술하는 것은 언제나 올바릅니다."

여기서 언급한 '피와 육체의 신앙'이란 무엇일까. 로렌스는 이탈리아 농민에겐 '의식'이 없으며, 그저 '느낌과 욕구'밖에 없다고 말했다. 이 '의식'이란 또 무엇일까. 게다가 그는 러셀과 벌인 논쟁이나, 19세기 미국문학론에서 '지적 의식'과 '피의 의식'이란 용어를 사용하고 있다. 이것은 무슨 의미일까. 이들은 로렌스의 독자적 사상을 이루는 기본적인 요소이다. '의식'은 '무의식'과 대비되는 말이다. 로렌스는 '무의식'에 대해 2권의 책을 냈다. 《정신분석과 무의식》(1921), 《무의식의 판타지》(1922)이다. 이 저서에서 로렌스는 독자적인 '무의식론(論)'을 전개하고 있다. '무의식'이라고 하면 정신분석학자인 프로이트를 빼놓을 수 없다. 프로이트는 '의식' 이외에도 인간을 움직이는 무의식의 세계가 있다고 지적했다. 이것은 중요한 발견이었다. 마치 수면 위에 보이는 빙산은 조그마하지만, 그 밑부분은 커다랗다는 사실을 알아낸 것과도 비슷한 발견이었다. 로렌스가 언급하는 '무의식'은 프로이트의 '무의식'과 거의 같다. 단 프로이트는 무의식 안의 성충동만을 지적했지만, 로렌스는 성충동뿐 아니라 다른 충동도 존재한 다고 말했다. 예를 들어 파나마 운하를 건설하려는 충동도, 무의식에서 비롯 된 것이다. 로렌스는 프로이트의 이론에 따르면서도, 독자적인 '무의식론'을 펼 쳤다.

무의식은 어머니 뱃속에 수태되었을 때부터 존재한다. 따라서 무의식은 달 리 말해 '원초의식'이다. 태아와 신생아는 이 무의식에 따라 행동한다. 로렌스 는 이를 근거로 '무의식은 생명 그 자체'라고 말했다. 아기가 어머니의 젖을 빨 려고 하는 것도, 무의식에 의한 행위이다. 이 시점에서 두뇌는 아직 활동하지 않는다. 그러다가 어린이가 성장함에 따라 비로소 '의식'이 생겨난다. 이때부터 정신활동 및 지적활동이 시작된다. 즉 처음에는 '무의식'만 존재하다가 그 안 에서 '의식'이 생겨난다는 것이다. '의식'이 생긴 뒤에도 '무의식'은 사라지지 않 는다. 사라지기는커녕 수면 밑에 숨어 있는 빙산처럼, 인간의 삶에 '의식'보다 더 큰 영향을 끼친다.

로렌스는 '의식'을 '지적 의식'이라고 불렀으며, '무의식'을 '피의 의식'이라 했 다. 현대인은 '지적 의식'에만 치우쳐 있다고 로렌스는 비판했다. 요즘 사람들 은 인간에게 '의식' 또는 '지적 의식'밖에 없는 것처럼 행동한다. 또는 '지적 의 식'이 '피의 의식'보다 더 뛰어나다고 생각하여 '피의 의식'을 부당하게 취급한 다. 그리고 '지적 의식'으로 '피의 의식'을 억압한다. 예를 들어 청교도주의의 도 덕은 '지적 의식'이며, 이것은 인간의 욕구를 부당하게 억압한다. 넘치는 샘물 이 흘러갈 도랑을 만들듯이, '피의 의식'을 올바른 방향으로 인도하는 것이 '지 적 의식'의 소임이다. '지적 의식'이 '피의 의식'을 억압하는 것은 옳지 못한 일 이다. 이를테면 '피의 의식'은 식물이 자라나는 힘이고 '지적 의식'은 꽃이다. 꽃 은 아름답지만, 그것만 가지고는 존재할 수 없다. '피의 의식'이라는 뿌리나 줄 기나 가지나 잎사귀가 있어야지만 존재할 수 있다. 그런데 현대인은 식물에 꽃 만 존재하는 것처럼 생각한다. 두뇌를 통해 얻은 지식이 유일한 지식이라고 여 기는 것이다. 하지만 실제로는 다른 방법을 통해서도 지식을 얻을 수 있다. 이 탈리아의 농부처럼 손의 감각을 통해, 또는 감정을 통해 무언가를 알 수 있다. 감각이나 감정은 '피의 의식'에 속하는 요소이다. 오늘날 '피의 의식'에 따르는 인간은 이탈리아 농부 이외에 인디언이 있다. 로마에게 멸망당한 에트루리아

인도 그러했다. 그리고 《모비 딕》에 등장하는 거대한 흰 고래도 '피의 의식'을 상징한다.

로렌스가 말하는 '피와 육체의 신앙'이란, 이 '피의 의식'을 중시하는 사상이다. 로렌스는 과학자와 달리, 두 개의 '의식'을 객관적으로 다루지는 않았다. 그는 신앙이라고 불러도 좋을 정도로 '피의 의식'을 높이 평가하고, 그것을 기초로 자신의 철학을 만들어냈다.


## 3. 성의 정화

### 검열제도의 희생

첫 소설 《백공작》이 막 출판되려던 때, 출판사는 로렌스에게 작품 중 일부를 수정하라고 요구했다. 수정할 부분은 애너벨이 아내가 그리는 그림의 모델이 되는 장면이었다. 이때 그가 나체라는 사실이 확실하게 묘사되어선 안 된다는 것이었다. 또한 '배(腹)'란 단어는 품위가 없으므로 빼라고 말했다. 로렌스는 변경하고 싶지 않았으나, 처음으로 출판하는 상황이라서 저항할 수 없었다. 변경된 부분은 오늘날 사람들이 보기엔 아무것도 아니지만, 1911년 당시에는 문젯거리가 되었다. 이는 19세기 빅토리아 여왕 시대의 도덕적 풍토가 남아 있었기 때문이다. 당시 여성은 다른 사람에게 신체를 보여선 안 되었으므로 긴 치마를 입었다. 뿐만 아니라 피아노 다리를 그대로 놔두는 것은 우아하지 못하다면서, 천으로 감싸는 것이 상식인 시대였다. 따라서 작품을 수정하는 것도 있을 법한 일이었다. 로렌스는 이러한 정신적 토양에서 작가로 출발하였으므로 검열제도 때문에 고생할 수밖에 없었다.

1915년에 출판된 소설 《무지개》는 발매된 지 얼마 안 되어 발매금지처분을 받았다. 출판사인 메슈엔사(社)는 법정에 소환되었다. 법정은 '일련의 외설스러운 사고, 관념, 행위로 점철된 책'을 회수하지 않는 이유를 힐문했으며, 출판사에 주의를 주었다. 메슈엔사는 불온한 부분을 작자에게 고치라고 했으나, 그중 일부는 작자가 수정하길 거부해서 그냥 출판해야만 했다고 변명했다. 결국 메슈엔사는 당국의 명령에 따라 발매를 중지했다.

《무지개》가 발매금지를 당한 여파는 컸다. 로렌스는 출판계에서 경원하는

작가가 되었다. 1916년에 집필
을 마친 《사랑하는 여인들》의
경우에는 출판사를 찾을 수
조차 없었다. 결국 이 소설은
1920년에 자비로 출판되었다.
이 작품도 하마터면 발매금지
가 될 뻔했다. 1921년 9월, 〈존
불〉지에서는 이 작품에 대해
'당국이 발매금지처분을 내려
야 할 책'이라고 비난했다. 〈존
불〉지는 '성적 타락이라고 부
를 만한 연구', '외설스러운 연
구' 등의 제목을 붙인 기사를
실어, 작가가 '성적타락의 분석
적 연구'를 하는 중이라고 주
장했다. 이처럼 악의가 가득한
서평에도, 이 책은 발매 금지
가 되진 않았다.

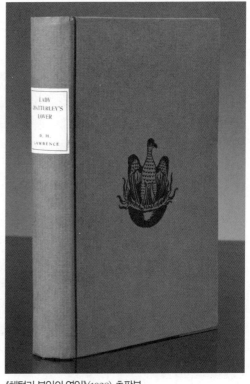

《채털리 부인의 연인》(1928) 초판본
영국 당국의 판매금지가 예상되어 피렌체에서 1천 부 한
정 예약 출판하였다.

　《채털리 부인의 연인》은 영
국에선 출판할 수 없었다. 이 소설은 이탈리아에서 사각본으로 출판되었다. 영
국 신문 〈선데이 크로니클〉에서는 이 책의 일부를 입수하여, 다음과 같은 서
평을 실어 "발매를 허가해선 안 된다"라고 주장했다. "이 작품은 문자 그대로,
차마 할 말이 없다. 외설과 성행위의 난잡함이 흘러넘치고 있다. 신문에 활자
로 실을 수 없다. 길거리에서 사용하면 법정에 기소될 만한 언어가 난무하고
있다." 영국에서 이 소설은 1960년에 재판을 통해 발매가 인정되기까지, 공개
적으로는 삭제판밖에 발매되지 못했다. 《채털리 부인의 연인》을 출판한 이듬
해인 1929년 1월, 로렌스는 시집 《팬지》의 원고를 프랑스에서 영국으로 보냈다.
이 원고는 당국에 압수되었다. 《무지개》나 《채털리 부인의 연인》의 저자인 로
렌스를, 내무성은 요주의 인물로 보았다. 결국 《팬지》에선 14편의 시가 삭제되
었다. 그리고 같은 해 6월부터 7월에 걸쳐, 런던의 워렌 화랑에서 전시회가 열

렸다. 이때도 당국은 13점의 그림을 압수했다. 《무지개》 사건과 마찬가지로 '외설출판물법'에 위배된다는 이유였다.

## 외설이란 무엇인가

이처럼 로렌스의 작가 활동은, '외설'이란 적에게 자주 위협당했다. 그래서 경제적으로도 피해를 입었다. 발매금지 처분에 의해 당연히 받아야 할 인세조차 받을 수 없었기 때문이다. 따라서 로렌스는 '외설'에 대해 심각하게 고민하였다. '외설'이란 무엇인가. 그는 이렇게 생각했다. 육체, 또는 육체와 관련된 행위 자체는 '외설'이 아니다. 그것은 초목의 뿌리가 '외설'이 아닌 것과 같다. 인간은 초목의 꽃이 아름답다며, 꽃 부분만 잘라내서 장식하고 뿌리는 버린다. 뿌리는 흙 때문에 더러우니까. 그러나 뿌리가 없는 풀이나 나무는 없다. 혹시 있다면, 그것은 생명이 없는 조화일 뿐이다.

인간의 육체도 초목과 마찬가지이다. 외설스럽다는 이유만으로 버려야 할 부분은 한 군데도 없다. 인간이 창조된 이래, 인간의 육체와 육체적 행위는 늘 존재해왔다. 육체나 육체적 행위가 더럽고 불결하다면, 인간을 만들어낸 조물주를 원망해야 한다. 하지만 조물주를 부정하기에 인간은 너무나 보잘것없는 존재다. 결국 인간은 조물주가 만들어준 그대로 살아가야 한다. 그런데도 육체나 육체적 행위를 '외설'이라고 치부하는 것은 불손한 행위이다.

따라서 '외설'이란 단어를 육체나 육체적 행위 자체에 사용해서는 안 된다. 외설스러운 것은 육체가 아니라 육체 및 육체적 행위에 대한 인간이 만들어낸 왜소한 관념이다. 아무리 깨끗한 사물이라도 더러운 손으로 만지면 더러워진다. 아무리 아름다운 사물이라도 지저분한 유리를 통해 바라보면, 아름다움을 느낄 수 없다. 이처럼 육체나 육체적 행위 자체는 더럽지 않더라도, 그것을 더러운 시선으로 보면 지저분해 보이기 마련이다. 그러므로 '외설'의 원흉은 육체나 행위가 아니라, 그것을 바라보는 인간의 관념작용이라 할 수 있다. 로렌스는 이를 명확히 구분해야 한다고 말했다. 인간은 자신의 관념이 더럽다는 사실을 깨닫지 못하고, 육체나 육체적 행위를 더럽다고 생각한다. 그것은 오해다. 육체의 중요한 활동 중 하나인 성은 더럽지도 않거니와 죄악도 아니다. 그것은 풀꽃에 존재하는 암술, 수술, 수분과도 같다. 풀꽃의 이런 요소를 부정하는 사람은 없을 것이다. 이처럼 인간의 성이나 성행위 역시 부정되어서는 안 된다.

《채털리 부인의 연인》을 사기 위해 늘어선 행렬 1960년에 영국에서 처음으로 펭귄사에서 무삭제판
으로 출판되자, 이 책을 사기 위해 수많은 사람들이 몰려왔다. 외설성 시비로 인한 재판에서 출
판사가 승소한 것이다.

혹시 누군가가 부정적인 말을 한다면, 그는 조물주에게 불경을 저지르는 셈
이다.

### '포르노'는 성을 흙투성이로 만든다

사람들은 '포르노'란 말을 들으면 성을 연상한다. 하지만 '포르노'는 본질적
으로 성과 관련이 없다. 둘 사이의 관계를 굳이 말한다면, 성은 '포르노'의 가
없은 희생자라고 할 수 있다. '포르노'는 아름다운 성을 흙투성이로 만들어버
린다. '포르노'는 인간의 지저분한 관념이 만들어낸 것이다. 성과 성행위는 본
디 자연스러운 것인데, '포르노'라는 관념이 그것을 왜곡하고 더럽힌다. 그러므
로 성은 '포르노'의 희생자다. 성과 '포르노'가 비슷하거나 똑같다고 생각해선
안 된다. 이는 큰 오해다. 성과 '포르노'는 본질적으로 관련이 없다. 조잡하고
왜소한 인간의 머리가, 그 둘을 동일하게 생각하는 것뿐이다. 로렌스는 성과
육체를 포르노에서 구해 내고자 했다. 그 당시 성은 너무나도 더럽혀져서 뭐

로렌스의 사상 543

가 뭔지 구별할 수 없을 지경이었다. 로렌스는 '포르노'와 '외설'이란 진흙탕에서 성을 구해내 정화하여, 본래의 아름다운 모습으로 되돌리고 싶어 했다.

성은 인간생활에서 중요한 부분을 차지한다. 성은 비유하자면 태양과 같다. 성적감정이 느껴질 때, 인간은 햇살을 받는 것처럼 따스함과 자연스러움을 느낀다. 성적매력은 타인을 사로잡는다. 그러나 불행하게도 현대사회에서 성은 '성범죄'나 '마약과 성행위'라는 식으로 범죄와 함께 붙어 다니고 있다. 또는 성병(性病)과 관련되고 있다. 현대인은 범죄든 병이든 간에, 모든 원흉이 성인 것처럼 몰아붙인다. 이는 누명이다. 돈벌이에 혈안이 된 일부 언론은 '포르노'라는 형식으로 성을 판매하고 있다. 본디 팔 물건이 아님에도 성을 상품화하는 것이다.

인간이 지구상에 나타난 이래, 성과 성행위는 계속 존재해왔다. 그런데 이에 대한 올바른 사상은 존재하지 않았다. 성적 감정은 무조건 저열한 감정으로 치부되었으며, 성은 금기시되고 은폐되었다. 플라톤, 그리스도, 부처와 같은 위대한 사상가들도, 성에 올바른 의의(意義)를 부여하지 못했다. 그 결과, 성은 음지에서 다루어지게 되었다. 그래서 성과 관련된 저속한 사상 및 이야기가 생겨나고, 성이 저속한 존재라는 관념이 널리 퍼졌다. 이것이 인간을 불행하게 만들었다. 로렌스는 성에 대해 올바른 사상을 구축해야 한다고 생각했다. 그래서 《채털리 부인의 연인》을 쓰고, 그것을 변호하는 에세이를 쓴 것이다. 성은 남녀 관계의 핵심이며 남녀를 이어주는 존재이다.


## 4. 사회체제 비판

### 영국의 고정적 계급제도

로렌스의 아버지는 탄광의 광부였다. 즉 노동자계급에 속했다. 영국의 계급은 상류계급, 중산계급, 노동자계급이라는 세 부류로 나뉜다. 상류계급은 귀족인데, 역사적으로는 12세기에 영국을 정복한 노르만 왕조의 가신들을 가리킨다. 한편 귀족 아래에서 일하는 사람은 농민, 즉 노동자계급이었다. 말하자면 당시에는 위와 아래, 두 계급밖에 없었던 것이다. 그러나 상업과 산업이 발달하면서 재력을 가진 계급이 새롭게 등장했다. 그들은 귀족과 노동자 사이의 위치를 차지했으며, 중산계급이라 불렸다.

이러한 계급제도는 쉽게 변하지 않았다. 귀족은 세습제이고, 선거를 거치지 않고도 상원의원이 될 수 있다. 중산계급은 돈을 벌지만, 그것만 가지고 귀족이 될 수는 없다. 노동자가 중산계급이 되는 것은 매우 어렵다. 오늘날에는 이러한 계급제도가 어느 정도 완화되고 있다. 가난한 노동자계급이라도 의욕과 능력이 있으면, 장학금을 받아 대학에 진학할 수 있다. 실제로 이 방법을 통해 사회적으로 인정받은 사람도 많다. 그러나 계급제도가 사라진 것은 아니다. 계급은 여전히 존재하고 있다.

로렌스가 살아가던 시대에는, 현재보다 더 엄격한 계급의 벽이 존재했다. 광부의 아들인 로렌스가 장학금을 받고 고등학교를 거쳐 대학까지 갔다는 사실을 볼 때, 적어도 계급 간의 격차를 줄이려는 움직임이 있었다는 것은 분명하다. 그러나 로렌스가 진학한 곳은, 옥스퍼드나 케임브리지처럼 지배층을 양성하는 대학교가 아니었다. 태어나기 전부터 인간을 구별해버리는 계급제도를 로렌스는 의식할 수밖에 없었다. 그가 인간에게 있어 계급이란 무엇인지 고민하는 것도 당연한 일이었다. 로렌스의 아버지는 노동자계급에 속했지만, 어머니는 중산계급 출신이었다. 두 사람은 출신 계급에 따라 사고방식도 달랐다. 아버지는 자식들을 자신과 마찬가지로 광부로 만들고자 했다. 노동자다운 사고방식이다. 그러나 어머니는 자식들이 육체노동이 아닌 정신노동자가 되길 원했다. 그래서 그녀는 조금 무리를 해서라도 자식들에게 교육을 시키고자 했다. 아버지는 학교에 무관심했다. 오히려 하루하루를 즐기는 것을 중시했다. 로렌스는 두 가지 상반되는 가치관 가운데서 성장하며 그 사이에 끼어 늘 괴로워했다.

### 계급제도 비판

로렌스는 젊은 시절, 존경하는 어머니의 영향을 받아 중산계급을 지향했다. 그는 열심히 공부해서 학교를 졸업하고, 지적 직업에 종사하여 중산계급이 되고자 했다. 로렌스는 아버지가 속해 있던 노동자계급의 거칠고 난폭한 성질을 견딜 수 없었다. 그러나 그는 중산계급의 공허함을 점점 깨닫게 되었다. 확실히 중산계급 사람들은 사투리를 안 쓰고, 아름다운 표준어로 대화한다. 교육도 받았고 지식도 있다. 사회적으로도 노동자보다 우위를 차지하고 있다. 그러나 로렌스는 중산계급에 존재하는 그 공허함을 무시할 수 없었다. 중산계급 사람들이 가지고 있는 것은 오직 관념밖에 없었다. 종교, 도덕, 하위계급에 대한 우월감, 품위, 지식뿐이었다. 그들이 특별히 인간적으로 뛰어나다든가 착한 마음씨를 지닌 것은 아니었다.

반면 노동자는 육체를 기반으로 살아가고 있었다. 그들은 튼튼한 신체를 소유하고 있었다. 그들의 삶에서는 감정과 감각이 중시되었다. 하루하루를 즐겁게 살아가는 기술을 갖고 있었다. 로렌스는 자신의 아버지에게서, 노동자의 전형을 발견했다. 아버지는 하루 종일 탄광 안에서 심한 노동을 한 뒤, 술집에 가서 술을 마시며 친구들과 이야기를 즐겼다. 또는 춤을 추기도 했다. 이처럼 그의 아버지는 매일 즐거운 삶을 보냈다. 학력이 없다고 해서 생활이 빈약해지는 일은 없었다. 풍부한 감정은 부족한 지식을 보충하고도 남을 정도였다. 아버지는 술을 마시면 무섭게 변했지만, 그래도 자식들에 대한 배려를 잊지 않았다. 감정과 감각이 앞서고, 관념이나 지식은 뒷전인 삶이었다.

그렇다면 가장 위에 군림하던 귀족계급은 어떨까. 로렌스의 소설인 《채털리 부인의 연인》에는 남작인 채털리 경이 등장한다. 채털리 경은 제1차 세계대전에 종군했다가 부상을 입고, 하반신불수가 되어 성기능을 잃어버린다. 로렌스는 "채털리 경을 의도적으로 하반신불수로 만든 것은 아니다. 어느새 자연스럽게 그렇게 되어 있었다" 이렇게 설명했다. 그는 다음과 같이 덧붙였다. "나는 초고를 읽었을 때 클리포드 채털리의 하반신불수는, 오늘날 그와 같은 성격이나 계급을 가진 수많은 사람들이 겪고 있는 '마비'를 상징한다고 생각했다. 그들은 지나칠 정도의 감정적 인내와 정서적 마비를 겪고 있다." 즉 하반신불수는 단순한 신체적 결함이 아니라 고갈된 감정의 상징이었다.

채털리 경은 탄광을 소유했으며, 막대한 재산과 광대한 토지도 갖고 있었다. 그는 자본가로서 노동자를 지배했다. 그는 한 인간이 더 이상 바랄 수 없을 정도로 많은 것을 가지고 있었다. 그러나 단 한 가지, 부족한 것이 있었다. 바로 그것은 따뜻한 마음이었다. 그는 노동자나 자신보다 계급이 낮은 사람을 대할 때, 늘 그들을 지배하려고만 했다. 그에게 있어 노동자는 인간이 아니었다. 석탄을 캐는 도구에 지나지 않았다. 그는 아이를 원했지만, 이는 채털리 가문을 이어나갈 후계자가 필요했기 때문이었다. 자식도 가문을 위한 도구였다.

아내인 콘스탄스는 이런 남편과 함께 하는 삶에 점점 염증을 느꼈다. 그녀는 감정이 풍부한 여성이었지만, 라그비 저택에서는 그 감정을 표현할 수 없었다. 갈수록 감정은 차갑게 얼어붙기 시작했다. 그녀는 기분전환 겸 저택 근처의 숲으로 산보를 나갔다. 그때 콘스탄스는 우연히 숲지기인 멜라스와 만나고, 그를 사랑하게 된다. 멜라스는 귀족 부인과 계급이 전혀 다른 노동자였다. 그러나 두 사람 사이에는 따뜻한 감정이 흐르고 있었다. 로렌스는 이 소설을 통해 자신의 생각을 드러냈다. 언뜻 화려해 보이는 귀족계급일지언정 따뜻한 마음을 반드시 갖고 있다고는 말할 수 없다. 중요한 것은 계급이 아니라, 인간의 애정이라고 로렌스는 말한다. 이 소설에서 콘스탄스는 결국 남편의 곁을 떠나 멜라스와 함께 살기로 결심한다. 작가는 콘스탄스로 하여금 계급을 부정하게 한 것이다. 남작의 부인이 남편과 이혼하고 숲지기와 결혼한다는 것은, 현실적으로는 있을 수 없는 일이었다. 터무니없는 결말을 일부러 소설에 집어넣었다는 것은 로렌스가 그만큼 계급을 부정하고 싶어 했다는 뜻이다.

로렌스가 중산계급과 귀족계급을 비판했다는 것은 지금까지 본 바와 같다. 그럼 그는 노동자계급을 이상적이라고 여겼을까? 노동자는 늠름한 육체와 풍부한 감정을 지녔으며, 쾌활하고 즐거운 삶을 살아간다. 로렌스는 그런 노동자들에게 친근감을 느꼈다. 그러나 그들이 조합을 만들어 임금을 올려달라고 요구한 순간, 그들에 대한 친근감은 사라져버렸다. 로렌스는 '노동자가 임금 인상을 요구한다는 것은, 그들이 자본가를 꿈꾼다는 뜻이다'라고 생각했다. 즉 노동자도 자본주의 사회 체제에 흡수돼버렸다는 것이다. 로렌스는 돈을 버는 것만이 삶의 목적은 아니라고 주장했다. 인생의 목적은 그저 일하는 것만이 아니다. 살아가는 것이야말로 인생이다. 물론 살아가려면 어느 정도 돈이 필요하다. 그러나 돈을 모으는 것이, 살아가는 목적이 되어서는 안 된다.

《채털리 부인의 연인》의 초고에 등장하는 숲지기 파킨은, 나중에 공장노동자가 된다. 그는 공산당원으로서 조합의 서기를 맡는다. 같은 노동자라도, 정치운동에 참여하는 노동자는 로렌스의 '노동자상'에 맞지 않는다. 최종 원고에서는 파킨이 사라지고, 대신 조합 및 정치운동과 무관한 숲지기 멜라스가 등장한다. 멜라스는 로렌스가 이상적으로 여기는 노동자의 모습이다. 정치적으로 조직된 노동자가 아닌, 숲지기나 농부 같은 인간이 곧 로렌스의 비전에 맞는 인간상이었다. 다시 말하자면 판신을 닮은 인간인 것이다.

## 정치, 경제, 산업체제 비판

로렌스가 살아가던 시대는 정치적으로 격동하던 시대였다. 정치적 변화 중 하나는 '사회주의의 대두'였다. 1900년에 영국 노동당이 결성되었다. 그 무렵 영국의 정치는 2대 정당이 이끌고 있었다. 2대 정당이란 보수당과 그보다 혁신적인 자유당이었다. 그러던 중 자유당을 누르고 세력을 확장한 노동당이, 1924년에 처음으로 정권을 획득했다.

그 시대의 많은 청년들과 마찬가지로 로렌스도 사회주의에 관심을 가졌다. 그의 곁에는 사회주의를 신봉하는 친구도 있었다. 또 로렌스의 아버지는 광부였으므로, 그가 사회주의에 동조하는 것은 자연스러운 일이었다. 그러나 실제로는 달랐다. 로렌스는 사회주의 정당에도, 정치운동에도, 노동조합에도 찬동하지 않았다. 왜냐하면 정치란 개인의 외적 생활 조건이나 환경을 만드는 것에 불과하기 때문이다. 노동당이 세력을 얻으면 노동자에게 유리한 법률이 제정된다. 또 노동자의 생활이 향상된다. 그러나 바뀌는 것은 어디까지나 노동자의 외적 조건뿐이다.

로렌스는 외적 조건 개선보다 더 중요한 것이 있다고 생각했다. 그것은 생명이다. 한 포기 풀을 보자. 풀은 무엇에 의해 성장하고, 또 꽃을 피우는가? 그것은 바로 내부의 생명력이다. 식물을 성장하게 만드는 법률은 만들 수 없다. 풀의 성장에 영향을 미치는 법률이란, '성장을 가로막는 장애물을 제거하는 법' 정도이다. 이러한 법은 풀의 성장을 돕는다. 그러나 아무리 법률을 제정해서 장애물을 치우더라도, 풀 자체에 생명력이 없다면 성장은 멈춰버린다. 반대로 내부에 강한 생명력이 존재하는 풀은 길거리의 포석을 들어 올리면서까지 힘차게 자라난다. 로렌스는 이러한 생명력을 가장 중시했다. 장애물을 제거하는 법률이 불필요한 것은 아니지만, 법률만 만든다고 풀이 잘 자라는 것은 아니다. 로렌스는 그 점을 지적했다.

1910년 무렵, 영국의 여성 참정권 획득 운동이 최고조에 달했다. 여성 사회의 정치 연맹이 이 운동을 주도했으며 방화를 비롯한 과격한 시위운동이 발생했다. 로렌스의 여자 친구들도 이 운동에 동조했다. 결국 1918년에 제한적이나마 영국에서 처음으로 여성이 참정권을 획득한 것이다. 그리고 1928년에는 완전한 참정권을 획득하게 되었다. 로렌스는 이 운동조차도 조금 차가운 시선으로 바라보았다. 여성이 참정권을 취득하면 여성의 권리를 지키고, 여성의 생활을 개선하는 법률을 만들 수 있다. 그러나 법률만으로는 모든 문제가 완벽하게 해결되지는 않는다. 여성 내부의 진정한 자각이 없는 이상, 여성이 완전히 해방될 수는 없다. 그것이 로렌스의 입장이었다.

로렌스는 산업주의를 비판했다. 그는 학교를 나와 취직하려던 순간, 자신이 '산업주의의 포로'가 되었다고 느꼈다. 사실 결과적으로도 그러했다. 외과 의료기구 제조회사에 사무원으로 취직한 그는 엄격한 근무조건 때문에 건강을 해치게 된 것이다. 결국 그는 3개월 만에 병으로 퇴직한다. 재산이 없는 사람은 살기 위해 일을 해야만 한다. 게다가 근로는 사회적인 미덕이다. 그러나 로렌스는 '삶'과 '노동'은 별개라고 주장했다. 인간은 돈을 벌기 위해 노동을 해야 한다. 하지만 로렌스는 그런 목적의 노동은 하루에 3~4시간이면 충분하다고 생각했다. 나머지 시간은 개인의 창조적 생활을 위해 사용해야 한다는 것이다.

로렌스가 게으름을 피워야 한다고 주장한 것은 아니다. 다만 현실을 비판한 것이다. 실제로 많은 사람들은 산업조직에 먹혀버렸다. 생산을 하는 기계의 일부가 되어버린 것이다. 확실히 생산량을 늘리는 것이 목적이라면, 인간은 기계가 되는 편이 더 효율적이다. 그러나 생명을 가진 인간이 기계가 된다는 것은 인간성을 잃는다는 뜻이다. 산업과 기술의 진보에 따라 인간의 생활은 개선되었으나, 인간은 그만큼 많은 것을 잃었다. 로렌스 자신은 까다로운 근무조건 때문에 건강을 잃었다. 로렌스가 가장 이상적으로 생각하는 것은 '과거의 농부'이다. 그들의 경우에는 삶과 노동이 일치했다. 과거의 농부는 식물 및 대지와 동화했다. 그들은 주위의 자연과 함께 살아갔다. 그러나 농업의 근대화 및 기계화가 진행되면 이러한 관계는 사라질 것이다. 그때부터는 농부도 생산성을 올리기 위한 기계의 한 부품이 돼버릴 것이기 때문이다.


## 5. 유럽 문명을 뛰어넘어

### 서구 문명 비판

로렌스는 서구 문명을 비판적으로 바라보았다. 이는 그 당시에는 특이한 일이었다. 19세기부터 20세기 초반에 걸쳐, 유럽인은 유럽 문명 이외의 문명을 얕보았다. 그들은 다른 문명은 유럽 문명보다 뒤떨어지거나 야만적이라고 생각했다. 즉 유럽인은 유럽 문명을 중심으로 세계를 바라보았다. 한 예로 19세기 영국은 '세계의 공장'으로서, 공업제품을 세계에 수출하고 세계 각국을 식민지로 만들었다. 영국은 자기 나라가 7개의 바다를 지배한다고 호언했다. 이러한 상황이고 보니 유럽인이 유럽 문명을 중시하는 것도 당연했다.

이런 상황에서 서구 문명을 비판하는 사람은 소수에 불과했다. 로렌스는 그 중 한 명이었다. 로렌스는 서구 기독교 문명이 인간의 '생명력'을 억압한다고 생각했다. 기독교는 독자적인 도덕에 따라, 인간의 자연스러운 본성을 속박한다. 인간의 영적 부분만 중시하고 육체를 경시한다. 또 산업혁명 덕분에 산업 및 기술이 발달했지만, 그 대신 노동자는 생산의 도구가 되어버렸다. 기계에 들어가는 하나의 톱니바퀴가 된 것이다. 노동을 해서 돈을 벌 수 있지만, 그 돈으로 인해 이번에는 황금만능주의에 먹혀버린다. 돈을 버는 것이 삶의 목적이 되는 것이다. 돈 버는 일에는 종착역이 없다. 당장 생활에 필요한 돈만 모으고 만족하면 좋을 텐데, 많은 사람들은 거기서 멈추지 못한다. 장래를 걱정하며 돈을 모은다. 돈을 저축하기 시작하면 끝이 없다.

로렌스는 서구 기독교 문명과 달리 '생명력'을 억압하지 않는 문명이 있을 거라고 생각했다. 그는 그 문명을 찾아 여행을 계속했다. 영국의 콘월 지방이나 사르데냐 섬을 방문한 로렌스는 기독교에 물들지 않은 문명이 그곳에 존재한다고 느꼈다. 또 이탈리아 본토의 에트루리아 문명에 흥미를 가졌으며, 미국대륙에서는 인디언에게 관심을 가졌다. 그중에서도 로렌스가 특히 관심을 가졌던 것은 에트루리아인과 인디언이었다. 그들에 대해 살펴보도록 한다.

### 말살된 에트루리아 문명

1920년 무렵부터, 로렌스는 에트루리아 문명에 관심을 갖기 시작했다. 이탈리아의 페루자 박물관에서 에트루리아 출토품을 본 것이 계기가 되었다. 로렌스는 그것에 매력을 느꼈다. 실제로 유적을 순회하고 싶었지만 기회가 좀처럼 없었다. 그러다가 1927년 3월, 드디어 소기의 목적을 달성했다. 체르베테리, 타르쿠니아, 불치, 볼테라 등의 유적을 순회하면서, 에트루리아 민족이 실제로 남긴 물건을 보았다. 기대한 대로 매우 멋졌다. 로렌스는 당시의 감동을 《에트루리아의 유적》으로 발표했다. 에트루리아 민족은 로렌스가 꿈꾸던 이상적인 민족이었다.

에트루리아 민족의 정체는 아직 제대로 밝혀지지 않았다. 그들의 기원에 대해서는 3가지 설이 있다. 하나는 동방의 소아시아에서 건너왔다는 '도래설(渡來說)'이다. 둘째는 북방에서 내려왔다는 '남하설(南下說)'이며, 마지막 하나는 '토착설(土着說)'이다. 에트루리아의 언어는 인도유럽어족에 속하지 않는다. 이 언어는 거의 해독할 수 없다. 그들이 살던 곳은 로마, 피렌체, 피사를 연결하는 삼각형 안쪽의 지역이었다. 로마인들은 에트루리아인을 '투스키'라고 불렀다. 오늘날의 지명인 토스카나는 여기에서 유래했다. 즉 토스카나 지방이 에트루리아인의 활동 영역이었다고 보면 된다.

에트루리아인은 기원전 8세기부터 이 지방에 살았다고 추측된다. 로마가 도시국가가 된 것은 기원전 7세기경의 일이다. 기원전 6세기경에는 에트루리아인의 세력이 강했고, 로마는 그들의 지배 아래 있었다. 그 뒤 로마는 세력을 키웠다. 기원전 4세기 무렵, 이번에는 로마가 에트루리아를 격파하고 지배하게 되었다. 이리하여 에트루리아 문명은 몰락하고, 성벽이나 무덤만이 유적으로 남았다. 에트루리아는 로마를 적으로 돌렸기 때문에, 유럽 문명의 손에 말살당하는 운명에 처했다. 그리스·로마 문명이 유럽 문명의 본류이므로, 그것과 대립한 문명은 무시당하거나 존재 자체가 부정될 수밖에 없다. 실제로 에트루리아 문명의 존재를 부정한 학자도 있을 정도였다.

로렌스는 그러한 '그리스·로마 문명을 중시하는 사고방식'에 반대했다. 그리고 억압받아 사라진 문명을 최대한으로 평가했다. 분명히 에트루리아는 로마에 정복되었다. 그러나 정복되었다고 해서, 그 문명이 열등하다는 뜻은 아니다. 인간은 휘파람새를 죽일 수 있지만, 그렇다고 휘파람새보다 더 아름답게 노래할 수 있는 것은 아니다. 문명도 마찬가지다. 현재 에트루리아 유적은 성벽이나 무덤 정도이다. 그중에서도 에트루리아인을 가장 잘 나타내는 것은 지하묘지의 벽화이다. 지하묘지는 지하실처럼 만들어졌다. 그 안에는 가족의 관 또는 뼈단지가 안장되어 있다. 이 지하묘실의 벽면에는 채색화가 그려져 있다. 기원전 7세기부터 5세기 사이에 그려진 벽화인데, 부분적으로 파손되긴 했으나 오늘날까지 색깔이 남아 있다. 주된 제재는 에트루리아인의 일상생활이다. 로렌스는 이 벽화를 보고, 에트루리아인 자체와 그들의 생활을 상상했다.

## 에트루리아 문명의 평가

벽화 중 하나를 살펴보자. 타르퀴니아의 지하묘지에는 '사냥과 고기잡이'라 불리는 벽화가 있다. 로렌스는 '에트루리아의 유적'에서 이 벽화를 생생하게 묘사하고 있다. 벽화의 한 부분에는 바다 위에 떠가는 조각배가 그려져 있다. 그 배에 탄 사람은 4명의 어부들인데, 또 한 사람은 노를 젓고 있다. 한 사람은 바다 속에 실을 늘어뜨리고, 물고기를 잡으려 한다. 배 뒤편에서는 돌고래가 뛰놀고 있다. 배 위에는 날개를 펼친 새가 날아가고 있다. 벽화의 다른 부분에는, 날아가는 새를 잡으려 투석기를 쥐고 있는 반라의 남성이 그려져 있다. 또 다른 부분을 살펴보면, 바위 위에서 머리를 아래로 향한 채 바다로 뛰어드는 전라의 남성이 있다. 남자들의 피부는 칙칙한 붉은색이다. 그것은 햇빛을 받아 탄 적갈색 피부를 나타내는 것이다. 노를 젓는 자, 낚시를 하는 자, 투석기로 새를 노리는 자, 다이빙을 하고 있는 자. 이들 모두에게서 생명력이 넘쳐흐른다. 날아가는 새도 마찬가지로 생동감 있다. 로렌스는 그것이 바로 에트루리아인의 삶이라고 말했다.

조각배가 그려진 벽의 윗부분에서는 사자(死者)의 향연의 모습이 묘사되어 있다. 앉아 있는 남성이 손에 술잔을 들고 있다. 맞은편의 여성은 오른손을 남성의 가슴에 놓고, 왼손에는 축제의 봉헌물인 꽃다발을 남성에게 바치고 있다. 남성의 배후에 서 있는 노예는 음악을 연주하고 있다. 또 한 명의 노예는 항아리를 들고 병에다 술을 따르고 있다. 여성의 배후에서는, 소녀가 플루트를 불고 있다. 그 뒤에는 꽃다발을 든 소녀가 있다. 사자는 살아 있을 때처럼 삶을 즐기고 있다. 바꿔 말하자면, 에트루리아인은 현세의 삶을 충분히 즐기고 있다는 뜻이다. 그리고 사후 세계에서도 현세의 삶이 이어지는 것이다. 여기에 등장하는 노예들은 후세의 노예들과 다르다. 로렌스는, 벽화 속의 노예들은 생명으로 충만하다고 지적했다.

에트루리아 문명에서 드러나는 삶은 들풀과 비슷하다. 들풀은 약하다. 칼날 아래 쉽게 잘려버린다. 그러나 들풀은 거대한 권력에 의해 만들어진 피라미드보다도 더 오래전부터 존재해왔다. 그리고 피라미드가 무너진 뒤에도 들풀은 존재할 것이다. 인간은 들풀을 하찮게 여기지만, 그것 없이는 살아갈 수 없다. 밀이나 벼, 보리 등은 인간이 창조한 것이 아니다. 들풀은 인간이 등장하기 훨씬 이전부터 존재해왔다. 에트루리아 문명을 달리 비유하자면 마치 휘파람새

**에트루리아 벽화** 1927년 4월 로마에서 50킬로미터 위치에 흩어진 에트루리아 유적 탐방 여행을 떠났다. 그는 원주민 에트루리아인이 남긴 고분과 벽화를 보고, 그 생명력에 깊은 감명을 받아 서양 근대문명의 억압에서 벗어나 자유로운 유토피아를 상상했다. 이 유적에서 촉발된 작자의 우주관은 기행문 《에트루리아의 유적》에 나타나 있다.

와 같다. 이 새는 그리스도나 부처가 가르침을 전파하기 전부터 존재했다. 또 로마제국이 건설되기 전부터 휘파람새는 아름다운 목소리로 노래했다. 그리스도, 부처, 로마제국이 잊혀지더라도 노래는 계속될 것이다. '영원한 것'이란 가르침이나 명령이 아니며 복종도 아니다. 들풀이나 휘파람새가 표현하는 '생명'이야말로 영원하다. 인간으로서 이 '생명'을 가장 잘 표현하고 있는 것은 에트루리아인이다.

### 편견에 찬 인디언관의 타파

로렌스가 에트루리아인만큼 관심을 가졌던 민족이 인디언이었다. 유럽 대륙의 백인들이 아메리카 대륙으로 이주하면서, 인디언은 박해를 받고 그들의 보호구역으로 쫓겨 들어갔다. 근대 인디언의 운명은 고대 에트루리아인의 운명과 비슷하다. 에트루리아인이 로마인에게 정복을 당했던 것처럼 인디언도 백인들에게 핍박당한 것이다.

유럽인들은 처음부터 아메리카 선주민족에 대해 편견을 가지고 있었다. 1492년에 콜럼버스는 아메리카 대륙에 도착했다. 유럽인들은 그 사실을 가리켜 '신대륙 발견'이라고 했다. 확실히 유럽인 입장에서 볼 때, 아메리카는 신대륙이었다. 그러나 실제로는 신대륙이 아니었다. 선주민족에게 있어서는 예로부터 살아오던 땅일 뿐이었다. 일설에 의하면, 인디언은 베링해협이 생겨날 무렵 아시아에서 건너간 민족이라고 한다. 이 설이 옳다면, 그들은 상당히 오래전부터 아메리카 대륙에 살고 있었다는 뜻이다. 그들은 아메리카를 신대륙이라고 생각하지 않았다. 사실 '신대륙 발견'이란 콜럼버스가 유럽인 가운데서 최초로 아메리카 대륙을 밟은 사건일 뿐이다.

유럽인은 인디언 문화의 가치를 몰랐다. 16세기에 스페인과 포르투갈에서 아메리카로 건너온 정복자들은 마야, 아스텍, 잉카제국을 정복하고 그 문화를 파괴했으며 재보(財寶)를 빼앗았다. 즉 정복자들에게는 그 문화가 아무런 가치도 없었다. 그들은 재보에만 혈안이 되어 있었다. 문화를 존중하기는커녕 인디언을 평범한 인간으로 보지 않는 경향조차 있었다. 한때 서부극에서는 인디언이 잔혹한 악당으로 묘사되었다. 백인들은 인디언과 전투를 벌였으므로, 인디언을 악당이라고 생각할 수도 있다. 그러나 혹시 백인이 인디언의 땅에 침입하지 않았다면 전투 자체가 일어나지 않았을 것이다. 영화처럼 대중을 위한 오락거리에서, 편견을 상품화하는 것은 오늘날에도 종종 있는 일이다. 그런데 이러한 편견은 지식층에도 존재했다.

벤저민 프랭클린은 18세기 미국의 정치가이자 외교관이며 독립선언의 기초위원(起草委員)이었다. 그런데 이 훌륭한 프랭클린이 인디언에 대해서는 심각한 편견을 가지고 있었다. 프랭클린은 이런 말을 했다. "인디언은 백인의 대륙 개척 사업을 방해하므로 근절하는 것이 좋다. 그들을 근절하는 방법은 간단하다. 그들에게 럼주를 먹이면 된다. 인디언은 럼주를 좋아하니까, 그걸 먹이면 취해서 쓰러질 것이다. 게다가 럼주를 손에 넣기 위해 토지를 포기할지도 모른다." 프랭클린의 이러한 주장 뒤에는, 인디언을 자신과 동등한 인간으로 보지 않는 편견이 숨어 있는 것이다.

이런 상황에 비추어볼 때, 로렌스의 인디언관은 신선했다. 그는 유럽중심의 인디언관을 버리려 했다. 코르테스를 비롯한 정복자나 프랭클린 등은, 유럽인 또는 백인을 중심으로 인디언을 바라보았다. 반면 로렌스는 유럽중심주의가

타오스 산의 인디언 마을 '3마일 떨어진 거룩한 타오스 산기슭에 인디언 마을이 있다. 그곳은 흙 색 정육면체 상자를 높이 쌓아놓은 것처럼 보인다.'

아니라 인디언 안의 독자적인 가치관을 발견하고자 했다.

### 아메리카 인디언의 종교

《아메리카여, 자신의 목소리를 들으라》라는 에세이에서, 로렌스는 아메리카 대륙의 선주민족이 지닌 의의를 높이 평가했다. 아메리카인은 유럽에서 이주한 사람들이지만, 유럽의 전통만을 고집해서는 안 된다. 예를 들어 영국의 링컨 대성당은 확실히 훌륭한 건물인지도 모른다. 그러나 아무리 훌륭하더라도 이를 모방한 건물을 세우는 것은 아메리카가 할 일은 아니다. 아메리카인은 아메리카 대륙으로서의 목소리를 들어야만 할 것이다. 아메리카인의 생활은 원주민인 인디언의 생활을 계승해야 한다. 또한 정복자들의 손에 멸망한 마야, 아스텍, 잉카의 생명도 이어받아야 한다. 아메리카의 정치가는 글래드스턴이나 크롬웰을 흉내 내지 말고, 아스텍의 몬테수마를 본받아야 할 것이다. 아메리카의 작가도 마찬가지다. 유럽에만 신경 쓰지 말고 아메리카 대륙에 눈을 돌려야 한다. "오오, 아메리카여. 자신의 목소리를 들으라. 유럽의 목소리는 들지 말라."

이것이 아메리카와 인디언에 대한 로렌스의 기본적인 생각이었다. 앞에서 말한 프랭클린의 생각과는 판이하게 다르다. 《아메리카여, 자신의 목소리를 들으라》이 에세이는, 로렌스가 아메리카 대륙으로 건너오기 전에 쓴 글이다. 그러나 1923년에 아메리카에 와서 인디언의 생활을 실제로 본 뒤에도, 로렌스의 생각은 거의 바뀌지 않았다. 에세이 《뉴멕시코》에서 그는 이렇게 말했다. "인디언은 그리스인이나 이집트인보다도 더 유서 깊은 민족이다. 또 현존하는 민족 중에서 가장 종교적이다." 여기서 '종교'란 기독교가 아니다. 또한 일신교도 아니다. 그것은 세상 만물에는, 바위에든 산에든 생명이 깃들어 있다고 믿는 종교다. 로렌스는 이 같은 원시종교가 존재했으며, 현재 인디언이 그 종교를 계승하고 있다고 말했다. 이는 로렌스가 인디언을 실제로 관찰하면서 그들에게 받은 인상이다. 특히 로렌스는 인디언의 춤에 깊이 감동했다. 그 춤과 대지의 생명 사이에는 일체감이 넘쳐흐르고 있었다.

로렌스는 인디언 속에서 서구문명이 잃어버린 것을 발견했다. 서구문명의 인간은 다른 존재와 격리되어 있다. 예를 들어 "태양과 인간은 교감할 수 있다" 이런 말을 들으면, 현대인은 대개 황당무계하다며 웃는다. 과학적 사고방식이 만물을 분할해버렸다. 인간과 태양은 다르다. 인간과 말은 다르다. 인간과 식물은 다르다. 이들은 서로 교감할 수 없다. 이것이 과학적 사고방식이다. 그런데 로렌스는 이런 사고방식이 등장하기 전에는 우주가 하나로 연결되어 있었다고 말한다. 인간의 혼은 다른 생물 및 물질과 교감하고 있었다. 기독교가 존재하기 전에는 그런 종교가 있었다. 우주를 분절하고 분리하는 것은 옳지 않다고 로렌스는 주장했다. 간단한 예를 들어보자. 인간이 태양빛을 받아 따뜻함을 느낄 때, 그 둘은 교감한 것이다. 그러나 따뜻함은 제쳐둔 채 햇빛을 분석하고, 태양의 구성요소를 조사하고서는 "태양의 모든 것을 파악했다" 말하는 것은 인간의 교만이다. 이럴 때 태양과 인간은 분단되고 만다. 오늘날, '우주는 하나'라는 신앙을 갖고 있는 사람은 인디언뿐이라고 로렌스는 생각하였다.

### 아메리카 문학의 발견

로렌스의 인디언관(觀)은 아메리카 문학관에서도 살펴볼 수 있다. 1923년, 로렌스는 《고전 미국문학 연구》를 출간했다. '생애'에서도 말했듯이, 이 책은 신선한 아메리카 문학론이었다. 첫째로, 아메리카 문학에 독립적 위치를 부여했다. 그 전까지 아메리카 문학은, 영국 문학의 일부로 취급되었다. 또 아동도서라는 인식 정도밖에 없었으므로 독립된 하나의 문학으로 인정받지 못했다. 로렌스는 이에 대항하여 아메리카 문학이 다른 나라의 문학과는 다른 독자적 세계를 갖고 있음을 밝혔다. 둘째로, 아메리카 문학을 독자적으로 해석했다. 로렌스는 독자적 삶의 주제에 맞춰, 아메리카 문학 작품을 해석했다. 말하자면 그는 아메리카 문학에서 '아메리카 자신의 목소리'를 들은 셈이다.

앞서 소개했듯이, 로렌스는 《고전 미국문학 연구》에서 허먼 멜빌의 《모비 딕》을 평했다. 그는 이 작품이 '지적(知的) 의식'의 상징인 에이허브 선장이 '피의 의식'을 상징하는 백경(白鯨, 흰고래)을 죽이려고 추적하는 상징적 이야기라고 말했다. 그럼 《모비 딕》 이외의 작품도 살펴보자. 이 책에서 로렌스가 '지적 의식'이라 부르는 것은 바로 청교도주의이다. 1620년에 메이플라워호를 타고 아메리카 대륙으로 건너온 청교도들은, 아메리카의 정신을 형성하는 데 중요한 역할을 했다. 로렌스도 추선은 청교도주의에 초점을 맞춘다. 그러나 그것을 긍정하진 않는다. 로렌스는 청교도주의가 인간성을 부정한다고 말한다. 이는 자신의 어머니가 갖고 있던 청교도주의를 비판한 것과 마찬가지다.

로렌스가 《고전 미국문학 연구》에서 청교도주의를 대표자로 내세운 사람은 벤저민 프랭클린이다. 프랭클린은 앞서 말했듯이, 로렌스와는 전혀 다른 인디언관(觀)을 갖고 있었다. 또한 프랭클린은 청교도주의에 관해서도 로렌스와 상반되는 입장을 취했다. 프랭클린은 청교도적 도덕을 준수했다. 그는 자신의 일상생활을 지배하는 덕목으로 '절약', '질서', '결의', '성실', '평정', '정결' 등의 13항목을 들었다. 그러나 로렌스는 그러한 덕목에 반발했다. 물론 인간에게는 '도덕'이 필요하지만, 인간은 '도덕의 기계'가 아니다. 무턱대고 선한 행동만 하고 악한 행동은 하지 않는 것이 반드시 올바른 삶은 아니다. 자신의 감정, 정열, 욕구와 같은 내부의 소리를 무시해서는 안 된다. 프랭클린은 이를 무시하고 외부에 존재하는 도덕을 행동기준으로 삼았다. 이런 방식은 인간을 '도덕에 의해 움직이는 로봇'으로 만들어버린다.

로렌스와 프랭클린의 조국은 다르다. 그래서 두 사람은 서로 멀리 떨어진 존재처럼 보인다. 하지만 실제로는 그렇게 다르지 않았다. 프랭클린은 늘 로렌스 곁에 있었다. 로렌스는 소년 시절에 프랭클린이 지은 《가난한 리처드의 달력》

을 읽으며 자랐다. 프랭클린이 모으거나 만들어낸 격언이 이 달력에는 가득 실려 있었다. 당시 베스트셀러였던 이 책은 영국에서도 팔렸으며, 로렌스 소년도 이것을 읽었다. 모친의 가르침과 마찬가지로 프랭클린의 격언 역시 로렌스의 마음에 청교도적 금욕주의를 심어주었다. 로렌스는 이러한 가르침을 '도덕적 철조망'이라고 불렀다. 그는 이 울타리에서 탈출하기까지 많은 시간이 걸렸다고 고백했다.

### 청교도적 도덕과 아스텍의 원리

프랭클린은 아메리카 문학가 중에서 가장 '지적 의식'이 뚜렷한 사람이었다. 그래서 로렌스는 그를 가장 심하게 공격했다. 그런데 다음에 소개할 나다니엘 호손의 경우에는 사정이 복잡했다. 호손은 유서 깊은 청교도 집안의 자손이었다. 그는 일견 도덕적인 청교도로 보인다. 그러나 로렌스는 "예술가를 결코 신용하지 말라. 이야기를 신뢰하라. 비평가의 할 일은, 예술가에게서 이야기를 구해내는 것이다" 말했다. 즉 작가인 호손이 아무리 청교도처럼 보인다 해도 그 모습에 속아선 안 된다는 것이다. 그 작가가 쓴 작품을 중시해야 한다. 작가의 겉모습에 현혹되지 말고, 작품이 지닌 진정한 의미를 찾아내는 것이 비평가의 소임이다. 로렌스는 '비평가'로서 호손의 작품에 숨겨진 의미를 밝혀냈다.

호손의 대표작은 《주홍글씨》(1850)다. 이 소설은 17세기 중엽, 청교도의 식민지 보스턴에서 일어난 간통사건을 다룬 작품이다. 기혼 여성인 헤스터 프린은, 의사인 남편이 없는 사이에 임신하여 여자아이를 출산한다. 명백히 간통을 한 결과였다. 헤스터는 그 죄로 광장에 끌려나온다. 사람들은 그녀의 가슴에 간통한 여자임을 나타내는 'A'란 주홍색 낙인을 찍는다. 그러나 헤스터는 간통 상대의 이름을 끝내 밝히지 않았다. 그녀는 혼자 처벌을 받고자 했다. 여행에서 돌아온 남편은 헤스터와 간통한 남자를 집요하게 찾아내려 한다. 그리고 마침내 그를 발견한다. 그런데 간통 상대는 뜻밖의 인물이었다. 그는 바로 청교도 식민지에서 정신적으로나 도덕적으로 중요한 위치에 있던, 목사 딤스데일이었다. 그는 사람들의 존경을 받는 훌륭한 목사였다. 설마 그가 헤스터의 간통 상대일 거라고는 아무도 의심하지 못했다.

상대가 목사라는 사실을 알아챈 남편은, 그 사실을 대중에게 폭로하지 않았다. 그는 모르는 척 행동하며 딤스데일을 은근하게 괴롭혔다. 의사는 자신이 헤스터의 남편이란 사실을 숨기고 있었다. 그러나 괴로움에 견디다 못한 딤스데일은, 결국 사람들 앞에서 자신의 죄를 고백하고 죽는다.

이 내용을 보면《주홍글씨》는, 청교도 목사의 죄와 속죄를 그려낸 소설처럼 보인다. 이것이 평범한 해석이다. 이런 식으로 이해한 독자는, 죄를 저지른 목사의 깊은 고통에 공감할 것이다. 그러나 로렌스는 이런 해석이 잘못되었다고 말한다. 평범한 해석은 목사에게 중점을 두고 있다. 그러나 로렌스는 헤스터 프린에게 중점을 두었다. 그는 이 소설이 헤스터 프린의 복수를 그린 작품이라고 보았다. 헤스터는 평범한 여성이다. 그런 그녀가 청교도주의라는, '금욕적이고 엄격한 계율'에 얽매인 생활에 반발한 것이다. 목사는 이 계율을 집약한 존재이다. 그래서 헤스터는 목사를 유혹하여, 그 정신을 파괴한 것이다.

또한 로렌스는 헤스터를, 유럽인이 이주하기 전부터 아메리카 대륙에 존재했던 인디언의 원리, 즉 '아스텍의 원리'와 관련지었다. 헤스터는 '아스텍의 원리'의 체현자이다. 청교도주의에 의해 파괴된 듯 보였지만, 실은 결정적인 방식으로 복수에 성공한 것이다. 이 '아스텍의 원리'란 다시 말해 '피의 의식'이며, 《모비 딕》에 있어서는 거대한 백경으로 표현된 것이다. 그리고 앞서도 말했듯이, 《주홍글씨》는 청교도 목사의 죄와 속죄를 다룬 이야기가 아니다. 그것은 청교도주의로 대표되는 '지적 의식'과, '아스텍의 원리'로 대표되는 '피의 의식'과의 대립을 그려낸 드라마이다.


## 6. 인간은 만물의 척도가 아니다

### 추방된 왕

《새, 짐승, 꽃》은 로렌스의 가장 훌륭한 시집 중 하나이다. 이 작품은 시집으로서 뛰어날 뿐 아니라, 로렌스의 사상을 잘 드러내고 있다. 우선 제재에 주목하자. 즉 이 작품은 인간 이외의 생물을 제재로 선택했다. 과거에도 동물이나 식물을 노래한 시는 종종 있었다. 따라서 제재 자체가 특이한 것은 아니다. 다만 동물이나 식물을 바라보는 관점에 로렌스의 독자적 사상이 나타나 있다. 로렌스에게 있어 동물 및 식물은 인간에게 종속되지 않는 독자적인 존재였다.

인간은 인간 이외의 생물을 볼 때, 인간을 중심으로 본다. 이를테면 익충이니 해충이니 하는 단어가 좋은 예다. 또 말은 유익한 동물이라든가, 개는 충성스런 동물이라든가, 무슨 풀은 약용식물이라든가 하는 표현 등을 예로 들 수 있다. 이처럼 인간은 동물 및 식물을 볼 때, 자신과의 관계를 중심으로 판단한다. 즉 자신에게 도움이 되는지 안 되는지를 기준으로 보는 것이다. 또 인간은 꽃을 볼 때도, 인간이 보기에 아름다운지 어떤지를 평가한다. 이런 견해는 인간이 기준일 때는 정당하지만, 절대적으로 정당한 견해라고 볼 수만은 없다. 로렌스는 이러한 평가방식은 잘못된 것이라고 단언했다.

예를 들어보자. 여기에 독뱀 한 머리가 있다. 이 뱀은 인간에게 도움이 안 될뿐더러, 해를 끼치는 위험한 존재이다. 뱀은 예로부터 인간에게 해를 끼치는 생물로서 악과 연결지었다. 구약성서에서 이브를 유혹한 것도 뱀이다. 그러므로 뱀은 악마의 화신으로 여겨진다. 그러나 인간 중심적 입장을 버리고 살펴본다면, 과연 어떨까. 독뱀도 인간과 마찬가지로 지구상에 창조된 생물이다. 독을 가지고 있는 것은 자신의 몸을 지키기 위해서이다. 혹시 뱀이 말을 할 수 있다면 인간을 이렇게 비난할 것이다. "인간은 왜 그토록 자기중심적인가. 어째서 지구가 인간만을 위한 존재라고 착각하는가? 오늘날 인간이 위세를 부리는 것은, 그저 다른 생물보다 조금 더 강하기 때문이지 않은가."

로렌스는 《사랑하는 여인들》의 한 등장인물에게 이런 의미의 말을 하게 했다. 지구상에서 인간이 사라져버린들 무슨 상관인가. 인류가 멸망해도 수목이나 풀은 남으며 토끼나 뱀도 계속 살아갈 것이다. 인간이 사라진다 해도 지구는 사라지지 않으며, 우주 또한 사라지지 않는다. 인류가 멸망하면 세상이 끝난다고 생각하는 것은 인간의 교만이다. 인간이 있든 없든 지구한테는 상관없는 문제이다. 인간이 없는 세계는 얼마든지 상상할 수 있으며, 그 세계가 딱히 나쁜 것도 아니다.

'인간은 만물의 척도이다'라는 인간중심적 가치관을 비판하는 것이 《새, 짐승, 꽃》이란 시집의 목적이다. 인간에게 인간의 존재가치가 있듯이, 동물도 식물도 그 자체의 독자적인 존재가치를 가지고 있다. 앞서 언급했던 '뱀'에 대해 더 자세히 살펴보자. 이 작품은 이미 말했듯이, 로렌스가 시칠리아 섬의 타올미나에 머무를 때 쓴 글이다.

7월의 무덥던 어느 날, '나'는 물을 푸러 샘가에 갔다. 거기서 나는 한 마뱀은 진정한 왕이다. 지금은 인간에게 쫓겨 다른 세계로 가버린 것뿐이다. 그는 왕으로서 다시 군림할지도 모른다. 그 예언이 맞는지의 여부는 제쳐두고, '나'의 심리를 살펴보자. 뱀은 보통 악한 존재로 인식된다. 하지만 그런 뱀에게도 독자적인 존재가치가 있다. 그것을 미처 눈치 채지 못한 '나'는 도량이 좁은 인간이며 잘못된 선입관에 사로잡혀 행동했다. '나'는 그 사실을 깨닫는다.

## 어둠을 원하는 것

이 시집에는 '뱀'과 같은 주제를 다룬 시가 하나 더 있다. '인간과 박쥐'라는 시다. 이야기는 피렌체의 자기 방에서 시작된다. 어느 날 아침, 작자는 방 안에 들어온 한 마리 박쥐를 발견한다. 작자는 창문을 열어 박쥐를 내보내려 한다. 그러나 박쥐는 날개를 파닥거리며 방 안에서만 날아다닐 뿐, 창문을 통해 나가려 하지 않는다. 창문 근처까지는 가도 밖으로는 나가지 않는다. 새나 곤충과는 다르다. 그러던 중 작자는, 박쥐가 나가지 않는 이유를 겨우 깨닫는다. 창 밖에는 밝은 햇살이 빛나고 있기 때문이다. 박쥐는 햇빛이 무서웠던 것이다. 그것은 인간이 훨훨 타오르는 불에 뛰어들지 못하는 것과 마찬가지였다. 빛 속에 뛰어드는 행동은 박쥐의 본성을 거스르는 일이었다. 이 깨달음이 바로 시의 절정이다.

인간은 빛을 좋아하는 생물이다. 어둠 속에서는 앞이 보이지 않으므로, 등불을 발명하고 개선해왔다. 밤을 낮처럼 밝히기 위해 노력을 거듭했다. 이러한 과거 때문에, 인간은 다른 생물들도 빛을 좋아할 것이라고 착각하기 쉽다. 그러나 박쥐처럼 빛보다 어둠을 좋아하는 생물도 있다. 자기중심으로 생각하는 인간은 그런 부분을 눈치 채지 못하는 것이다.

'뱀'과 '인간과 박쥐'는 모두 인간중심적인 관점을 비판하는 작품이다. 독뱀이면 바로 죽이려든다. 물론 독뱀은 인간에게 해를 끼치기도 한다. 그러나 애초부터 독뱀은, 인간을 위해 창조된 생물이 아니다. 독뱀은 독자적 존재가치를 지니고 있다. 그 점을 생각한다면, 독뱀을 발견하자마자 죽이지는 못할 것이다. 그러나 독뱀을 마구 죽이는 것은 인간의 제멋대로인 행동이다. 또 자신의 성질을 바탕으로 다른 생물의 습성까지 미루어 생각하는 인간은, 생물의 본성을 정확히 파악할 수 없다. 인간은 다른 생물에 대해, 너무나도 심한 편견을 가지고 있다. 이 시집은 그러한 편견을 버리고 동물 및 식물 그 자체의 생명의 본리 뱀을 만났다. 내가 다가가도 그는 달아나지 않았다. 소가 물을 마시듯이 천천히 물을 마신다. 처음에 '나'는 그 뱀을 죽여야만 한다고 생각한다. 나를 가르친 목소리는 그 뱀을 죽여야 한다고 속삭인다. 시칠리아 섬에서 검은 뱀은 무해하지만, 이 뱀처럼 황금색을 띠는 뱀은 독뱀이다. '나를 가르친 목소리'는, 말하자면 '사회적 자아'에서 비롯된 목소리이다.

한편 내 안에는 '시인으로서의 자아'도 존재한다. 나는 "난 뱀이 좋다. 뱀이 손님처럼 찾아와줘서 기쁘다"라고 말한다. 뱀이 물을 실컷 마신 뒤 구멍 속으로 들어가려는 순간, 나의 '사회적 자아'가 승리한

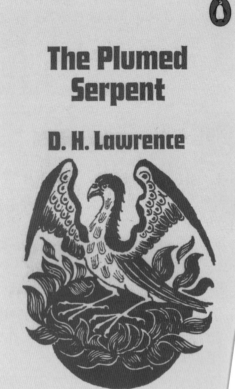

《날개 달린 뱀》(1926) 표지

다. 나는 들고 있던 물통을 내려놓고, 막대기를 손에 들고 뱀을 공격한다. 그자마자 '시인으로서의 자아'는 '사회적 자아'의 행위를 비판한다. 그 행동이열했기 때문이다. 이러한 '좁은 도량'은 인간중심적 사고에서 유래했다. 존재가치를 전혀 인정하지 않은 것이다.

'시인으로서의 자아'는 이렇게 생각했다.

내게는 그 뱀이 왕처럼 보였다.
왕좌에서 쫓겨나 다른 세계로 추방당했지만,
왕관을 다시 쓰기 위하여 돌아온 왕처럼.

로렌스의

질에 대해 알아보고자 획기적으로 기획한 것이다.

## 결론적인 물음

로렌스는 기독교를 비판했다. 그러나 이는 그가 언제나 기독교를 의식했기 때문이다. 기독교 국가에 태어난 사람이라면 다들 그렇듯, 기독교 없이는 그의 사상을 논할 수 없다. 로렌스는 단순히 '사상을 위한 사상'을 구축하고자 한 것은 아니다. 자신이 보다 완벽한 삶을 살아가기 위해 노력하던 도중에 사상이 절로 탄생한 것이다. 로렌스는 자기 내부에 존재하는 청교도주의에 반항하는 방식으로 사상을 발전시켰다.

로렌스는, 기독교가 기독교적 도덕에 따라 인간의 생명을 저해하며 속박한다고 생각했다. 그래서 도덕으로서의 기독교를 비판했다. 하나의 생물인 인간에게 있어, 생명이란 본원적인 존재이다. 이를 인간이 만든 도덕으로 속박해서는 안 된다.

기독교는 인간의 영성을 중시하고, 육체를 한 단계 아래로 취급했다. 로렌스는 그 점이 불만이었다. 육체를 멸시하는 경향은 성까지 나쁜 것으로 만들어버린다. 나중에는 성이 범죄와 연관되는 일까지 생긴다. 그러나 사실 성 자체는 매우 자연스러운 것이다. 성은 마치 태양과도 같다. 그것 없이는 생명도 존재할 수 없다. 성과 범죄가 자주 붙어 다니는 것은, 성 자체가 나쁘기 때문은 아니다. 성은 잘못된 관념에 의해 누명을 썼을 뿐이다. 대체로 포르노를 성과 동일시하는 사람들이 많은데, 사실 포르노는 성과 가장 동떨어진 존재이다. 게다가 포르노는 성을 더럽히기까지 한다.

또 로렌스는, 산업주의 역시 인간의 생명을 저해하고 있다고 생각했다. 산업 및 기술의 발달에 의해 생활이 물질적으로 윤택해진 것은 사실이다. 그러나 로렌스는 인간이 산업에 먹혀 기계의 일부가 되어버릴지도 모른다고 경고했다. 인간은 생명체이지 기계가 아니므로 단순한 생산도구로 전락해선 안된다.

기독교적 도덕이나 산업주의를 비판하는 것은 결국 유럽문명을 비판하는 행위이다. 여기서 로렌스는 유럽문명 이외의 문명에 눈을 돌렸다. 그는 부당하게 폄하된 에트루리아나 인디언 문화를 높이 평가했다. 그 문화에서는 유럽문명이 잃어버린 생명신앙을 찾아볼 수 있다. 또한 로렌스는 지금까지 유럽문명이 너무 지나치게 중시되어왔다며 사람들에게 반성을 촉구했다.

또한 로렌스는 인간 이외의 생명에도 관심을 가졌다. '인간은 만물의 척도이다'라는 말처럼, 인간은 늘 다른 생물(동물 및 식물)을 인간중심으로 바라보았다. 로렌스는 그것은 잘못된 것이라고 지적했다. 지구상에는 빛이 아닌 어둠을 좋아하는 동물도 분명 있다. 지구가 인간만을 위해 만들어진 것은 아니기 때문이다. 그러므로 지구상에서 인간이 사라져도, 다른 생물들은 계속 살아갈 것이다. 인간이 없어도 생명은 끝없이 이어진다.

로렌스는 현대문명의 올바른 모습에 대해, 근본적인 질문을 던지고 있다.

# 로렌스 연보

1885년     9월 11일에 D.H. 로렌스, 영국의 노팅엄 주, 이스트우드, 빅토리아
            거리에서 광부의 넷째 자녀로 태어나다.

1887년(2세)  1월 제시 체임버스 태어나다.
            6월 여동생 에이다 출생.
            9월 블리치라고 불리는 탄광주택으로 이사.

1888년(3세)  2월 루이 버로우즈 출생.

1891년(6세)  워커 거리로 이사. 보베르 공립초등학교 입학.

1898년(13세) 보베르 초등학교 졸업. 어머니가 체임버스 부인과 알고 지냄.
            9월 장학금을 받고 노팅엄 고등학교에 입학.

1899년(14세) 형 윌리엄 어네스트, 런던의 선박회사에 근무.

1901년(16세) 7월 고등학교 졸업. 제시 체임버스를 만남. 노팅엄의 헤이우드 외
            과의료기구 제조회사에 사무원으로 취직.
            10월 형 윌리엄 어네스트 병으로 죽다.
            12월 폐렴에 걸려 3개월 만에 직장을 그만둠.

1902년(17세) 10월 이스트우드 초등학교, 브리티시 스쿨에 보조교사로 근무. 일
            키스톤의 보조교원지도센터에서 강습을 받음.

1905년(20세) 봄, 처음으로 시를 쓰다.
            6월 대학입학자격시험을 치러 합격.

1906년(21세) 9월 노팅엄 유니버시티 칼리지(현재의 노팅엄 대학의 전신)의 교
            원양성과정에 입학. 어네스트 위클리 교수에게서 프랑스어를 배
            우다.

1907년(22세) 12월 현상에 응모한 단편 〈서곡〉이 당선되어 지방신문 〈노팅엄셔
            가디언〉에 게재되다.

1908년(23세) 교원자격증을 얻고 대학을 졸업. 10월에 런던 교외 크로이든에

있는 초등학교 데이빗슨로드 학교의 교사가 되다.

1909년(24세) 투고한 시가 문예지 〈영국평론〉 11월호에 게재되다. 편집자, 포드와 만나다.

1910년(25세) 11월 제시 체임버스와의 6년에 걸친 약혼을 취소.

12월 루이 버로우즈와 약혼. 어머니가 암으로 죽다.

1911년(26세) 1월 첫 장편소설《백공작 The White Peacock》출판.

11월 위중한 폐렴에 걸리다.

1912년(27세) 2월 루이 버로우즈와의 약혼 취소.

3월 데이빗슨 로드 학교 퇴직. 프리다 위클리와 만나다.

5월 프리다와 함께 영국을 떠나 독일로 향하다. 소설《침략자》출판. 독일에서 프리다와 동거생활 시작하다.

8월 독일을 떠나 알프스를 넘어 이탈리아로 향하다.

9월 북이탈리아, 가르다 호반에 체류.

1913년(28세) 5월《아들과 연인 Sons and Lovers》출판.

6월 영국으로 돌아오다.

7월 미들턴 머리, 캐서린 맨스필드와 만나다.

9월 독일을 돌아서 북이탈리아의 라스페치아 부근의 레리치에 도착.

1914년(29세) 5월 프리다, 위클리와의 이혼 성립.

7월 런던에서 프리다와 결혼. 캐서린 카스웰, 코테리안스키와 알고 지내다. 이즈음 캐난 부부 마크 가트라, 콤튼 매킨지와 알고 지냄.

9월 평론《토마스 하디 연구》를 집필.

12월 오토린 모렐과 만나다.

1915년(30세) 1월 버트란드 러셀과 알게 됨. 서섹스 주에서 체재.

3월 케임브리지 대학 방문. 케인즈 등과 만나다.

9월 소설《무지개》출판.

10월 도로시 브레트와 만나다. 평론 〈왕관〉의 일부를 발표.

11월《무지개》발매금지.

12월 올더스 헉슬리와 만나다. 콘월로 이사.

1916년(31세) 6월 징병검사를 받다.

11월 오토린 모렐, 머리와 절교.

1917년(32세) 1월 미국행 여권 신청했다가 거부당함.

6월 징병검사를 받지만 불합격.

10월 스파이 혐의로 콘월에서 퇴거명령을 받음. 런던으로 이사.

12월 시집 《어떤가? 우리는 살아냈다》 출판.

1918년(33세) 5월 더비 주로 이사.

9월 더비 주에서 징병검사를 받지만 불합격.

1919년(34세) 11월 영국을 떠나 이탈리아로 향하다.

12월 피치니스코 체류. 카프리 섬으로 옮김.

1920년(35세) 3월 시칠리아 섬, 타오르미나로 이사.

11월 《사랑하는 여인들》 출판.

1921년(36세) 1월 사르데냐 섬 여행.

5월 평론 《정신분석과 무의식》 출판.

11월 메이벨 루한에게서 미국으로 초대하는 편지를 받다.

1922년(37세) 2월 미국을 향해 나폴리를 출발.

3월 스리랑카 도착.

4월 소설 《아론의 지팡이》 출판. 오스트레일리아를 향해 스리랑카를 떠남.

5월 4일, 서 오스트레일리아의 프리맨틀 도착, 젠킨스 부부와 재회. 퍼스의 젠킨스 부부의 집에서 묵은 뒤, 달링턴으로 옮김. 모리 스키너와 만나다. 프리맨틀 출항. 27일, 시드니에 도착, 뉴사우스웨일스 주의 서를르에서 체류.

8월 시드니 출항.

9월 샌프란시스코 도착. 메이벨 루한과 만나다. 뉴멕시코 주의 타오스에 거주.

10월 평론 《무의식의 환상》 출판.

12월 타오스를 떠나 델몬테 목장으로 옮김. 타오스에서 비너, 화가 메릴드, 고체와 알고 지냄.

1923년(38세) 3월 멕시코 여행에 나서다.

4월 과달라하라와 챠파라 호수 여행.

7월 초, 챠파라 호수를 떠나 멕시코시티로 갔다가 베라크루스에서 뉴욕으로 향하다. 프리다는 아이들을 만나기 위해 홀로 영국으로 떠남. 로렌스는 버팔로, 시카고, 로스엔젤스를 거쳐 멕시코로 들어가다.

8월 평론 《고전 미국문학 연구》 출판.

9월 소설 《캥거루》, 시집 《새, 동물, 꽃》 출판. 9월, 10월, 11월에 걸쳐 과달라하라, 챠파라 호수 등 멕시코 각지를 여행하다.

11월 아내의 뒤를 따라 베라크루스에서 영국을 향함.

12월 런던에 도착, 프리다와 만나다.

1924년(39세) 2월 독일로 가다. 런던으로 돌아와 친구들에게 이상향 '라나님'을 이야기하고, 미국 동행을 청하다.

3월 도로시 브레트와 동행하여 타오스의 메이벨 집으로 가다.

4월 메이벨에서 로보 목장(뒷날 '카이오와'로 개명)을 증여받다. 그에 대한 답례로 《아들과 연인》의 원고를 증정.

5월 카이오와 목장에서 살기 시작.

8월 시집 《숲속의 소년》 출판. 애리조나 주의 인디언 거주지를 방문.

9월 아버지 아서 죽다(향년 78세).

10월 브레트와 함께 멕시코 여행에 나서다.

1925년(40세) 2월 말라리아에 걸려 중태. 한때 위독했으나 회복. 폐결핵 진단을 받음.

3월 타오스로 돌아오다.

9월 뉴욕에서 배를 타고 영국에 도착.

10월 고향 잉글랜드 중부지방을 방문. 독일로 향하다.

11월 북이탈리아로. 제노바 근처의 '스포토르노의 베르나르도 여관'을 빌려 이듬해 4월까지 거주.

1926년(41세) 1월 소설 《날개 달린 뱀》 출판.

2월 누이동생 에이다와 몬테카를로에 가다.

5월 피렌체 교외의 미렌다 여관을 빌림(1928년 6월까지).

7월에서 9월에 걸쳐 영국으로 가서 고향을 방문. 탄광 파업의 비참한 모습을 목격.

10월 미렌다 여관으로 돌아와 《채털리 부인의 연인》 초고를 쓰기 시작하다. 그림을 그리기 시작.

1927년(42세) 3월에서 4월에 걸쳐 에트루리아의 유적과 유물을 보고 다니며 감명을 받음. 이 체험은 기행문 《에트루리아의 유적》으로 정리됨.

7월 기관지 출혈.

1928년(43세) 6월 스위스로 향함.

7월 소설 《채털리 부인의 연인》 출판.

9월 독일로 가다.

11월 남프랑스의 반돌로 옮김.

1929년(44세) 1월 시집 《3색 제비꽃》 원고를 압수당함.

3월부터 스페인, 독일, 이탈리아를 여행하고 9월에 반돌로 돌아오다.

6월 런던에서 자작 그림 전시. 13점의 그림을 몰수당함.

1930년(45세) 2월 번스의 요양원으로 가다.

3월 1일 로벨몽 여관으로. 2일 세상을 떠나다.

### 유영(柳玲)

시인·영문학자. 호는 운향(雲鄕). 서울대 영문과 졸업. 연세대 교수 및 명예교수 역임. 1939년 〈문장〉지에 소설 《조갯살》을 발표하여 등단, 이후 시로 전향하여 백묵 자화상 산정 부채 등을 발표했다. 1983년 국민훈장 동백장 수상. 지은책 시집 《일월》《천지서(天地序)》《인간별곡》, 산문집 《나의 대학의 오솔길》《인생의 향기를 가슴에 가득히》, 연구서 《밀턴의 서사시 연구》《밀턴문학의 심층구조 연구》《현대문학의 가는 길》 등, 옮긴책 호머 《일리아드》《오디세이》 밀턴 《실낙원》《복낙원》 단테 《신곡》 제임스 조이스 《젊은 예술가의 초상》 칼릴 지브란 《예언자》 등 다수가 있다. 유영학술재단은 그의 영문학번역 업적을 기려 2007년 유영번역상을 제정, 시상하고 있다.

*World Book* 94

David Herbert Lawrence
LADY CHATTERLEY'S LOVER
# 채털리 부인의 연인
D.H. 로렌스/유영 옮김
1판 1쇄 발행/1987. 1. 1
2판 1쇄 발행/2008. 3. 1
3판 1쇄 발행/2020. 12. 25
발행인 고정일
발행처 동서문화사
창업 1956. 12. 12. 등록 16-3799
서울 중구 마른내로 144(쌍림동)
☎ 546-0331~6 Fax. 545-0331
www.dongsuhbook.com

＊

사업자등록번호 211-87-75330
ISBN 978-89-497-1791-3 04080
ISBN 978-89-497-0382-4 (세트)

# 월드북(세계문학/세계사상) 목록

| 분류 | NO. | 도서명 | 저자/역자 | 쪽수 | 가격 |
|---|---|---|---|---|---|
| 사상 | 월드북1 | 소크라테스의 변명/국가/향연 | 플라톤/왕학수 옮김 | 824 | 20,000 |
| 사상 | 월드북2 | 니코마코스윤리학/시학/정치학 | 아리스토텔레스/손명현 옮김 | 621 | 18,000 |
| 사상 | 월드북3 | 형이상학 | 아리스토텔레스/이종훈 옮김 | 560 | 15,000 |
| 사상 | 월드북4 | 세네카 삶의 지혜를 위한 편지 | 세네카/김천운 옮김 | 624 | 18,000 |
| 사상 | 월드북5 | 고백록 | 아우구스티누스/김희보·강경애 옮김 | 566 | 14,800 |
| 사상 | 월드북6 | 솔로몬 탈무드 | 이희영 | 812 | 14,000 |
| 사상 | 월드북6-1 6-2 | 바빌론 탈무드/카발라 탈무드 | 〃 | 각810 | 각18,000 |
| 사상 | 월드북7 | 삼국사기 | 김부식/신호열 역해 | 914 | 25,000 |
| 사상 | 월드북8 | 삼국유사 | 일연/권상로 역해 | 528 | 15,000 |
| 사상 | 월드북10 | 인간불평등기원론/사회 계약론 | 루소/최석기 옮김 | 530 | 15,000 |
| 사상 | 월드북11 | 마키아벨리 로마사이야기 | 마키아벨리/고산 옮김 | 674 | 18,000 |
| 사상 | 월드북12 | 몽테뉴 수상록 | 몽테뉴/손우성 옮김 | 1,344 | 28,000 |
| 사상 | 월드북13 | 법의 정신 | 몽테스키외/하재홍 옮김 | 752 | 16,000 |
| 사상 | 월드북14 | 학문의 진보/베이컨 에세이 | 베이컨/이종구 옮김 | 574 | 9,800 |
| 사상 | 월드북16 | 팡세 | 파스칼/안응렬 옮김 | 546 | 14,000 |
| 사상 | 월드북17 | 반야심경/금강경/법화경/유마경 | 홍정식 역해 | 542 | 15,000 |
| 사상 | 월드북18 | 바보예찬/잠언과 성찰/인간성격론 | 에라스무스·라로슈푸코·라브뤼예르/정병희 옮김 | 520 | 9,800 |
| 사상 | 월드북19 20 | 에밀/참회록 | 루소/정병희 홍승오 옮김 | 740/718 | 12,000/16,000 |
| 사상 | 월드북22 | 순수이성비판 | 칸트/정명오 옮김 | 770 | 25,000 |
| 사상 | 월드북23 | 로마제국쇠망사 | 에드워드 기번/강석승 옮김 | 544 | 15,000 |
| 사상 | 월드북25 | 헤로도토스 역사 | 헤로도토스/박현태 옮김 | 810 | 18,000 |
| 사상 | 월드북26 | 역사철학강의 | 헤겔/권기철 옮김 | 570 | 15,000 |
| 사상 | 월드북27-1 | 의지와 표상으로서의 세계 | 쇼펜하우어/권기철 옮김 | 564 | 15,000 |
| 사상 | 월드북28 | 괴테와의 대화 | 에커먼/곽복록 옮김 | 868 | 15,000 |
| 사상 | 월드북29 | 자성록/언행록/성학십도/논사단칠정서 | 이황/고산 역해 | 616 | 18,000 |
| 사상 | 월드북30 | 성학집요/격몽요결 | 이이/고산 역해 | 620 | 18,000 |
| 사상 | 월드북31 | 인생이란 무엇인가 | 똘스또이/채수동 고산 옮김 | 1,180 | 28,000 |
| 사상 | 월드북32 | 자조론 인격론 | 사무엘 스마일즈/장만기 옮김 | 796 | 14,000 |
| 사상 | 월드북33 | 불안의 개념/죽음에 이르는 병 | 키에르케고르/강성위 옮김 | 546 | 15,000 |
| 사상 | 월드북34 | 잠 못 이루는 밤을 위하여/행복론 | 카를 힐티/곽복록 옮김 | 937 | 15,000 |
| 사상 | 월드북35 | 아미엘 일기 | 앙리 프레데릭 아미엘/이희영 옮김 | 1,042 | 18,000 |
| 사상 | 월드북36 | 나의 참회/인생의 길 | 똘스또이/김근식 고산 옮김 | 1,008 | 18,000 |
| 사상 | 월드북37 | 인간적인 너무나 인간적인 | 니체/강두식 옮김 | 1,072 | 19,800 |
| 사상 | 월드북38 | 차라투스트라는 이렇게 말했다 | 니체/곽복록 옮김 | 1,040 | 19,800 |
| 사상 | 월드북41 | 인생 연금술 | 제임스 알렌/박지은 옮김 | 824 | 18,000 |

| | | | | | |
|---|---|---|---|---|---|
| 사상 | 월드북42 | 유토피아/자유론/통치론 | 모어·밀·로크/김현욱 옮김 | 506 | 15,000 |
| 사상 | 월드북43 | 서양의 지혜/철학이란 무엇인가 | 러셀/정광섭 옮김 | 994 | 19,800 |
| 사상 | 월드북44 | 철학이야기 | 윌 듀랜트/임헌영 옮김 | 528 | 15,000 |
| 사상 | 월드북45 | 소유냐 삶이냐/사랑한다는 것 | 프롬/고영복 이철범 옮김 | 644 | 15,000 |
| 사상 | 월드북47 | 행복론/인간론/말의 예지 | 알랭/방곤 옮김 | 528 | 15,000 |
| 사상 | 월드북48 | 인간의 역사 | 미하일 일린/동완 옮김 | 720 | 12,000 |
| 사상 | 월드북49 | 카네기 인생철학 | D. 카네기/오정환 옮김 | 546 | 9,800 |
| 사상 | 월드북50 | 무사도 | 니토베 이나조·미야모토 무사시/추영현 옮김 | 528 | 12,000 |
| 문학 | 월드북52 | 그리스비극 | 아이스킬로스·소포클레스·에우리피데스/곽복록 조우현 옮김 | 688 | 18,000 |
| 문학 | 월드북55 | 이솝우화전집 | 이솝/고산 옮김 | 760 | 15,000 |
| 문학 | 월드북56 | 데카메론 | 보카치오/한형곤 옮김 | 832 | 19,800 |
| 문학 | 월드북57 | 돈끼호테 | 세르반떼스/김현창 옮김 | 1,288 | 16,000 |
| 문학 | 월드북58 | 신곡 | 단테/허인 옮김 | 980 | 19,800 |
| 사상 | 월드북59 | 상대성이론/나의 인생관 | 아인슈타인/최규남 옮김 | 516 | 15,000 |
| 문학 | 월드북60 | 파우스트/젊은 베르테르의 슬픔 | 괴테/곽복록 옮김 | 900 | 14,000 |
| 문학 | 월드북61 | 그리스 로마 신화 | 토머스 불핀치/손명현 옮김 | 530 | 14,000 |
| 문학 | 월드북66 | 죄와 벌 | 〃 | 654 | 15,000 |
| 사상 | 월드북67 | 대중의 반란/철학이란 무엇인가 | 오르테가/김현창 옮김 | 508 | 9,800 |
| 사상 | 월드북68 | 동방견문록 | 마르코 폴로/채희순 옮김 | 478 | 9,800 |
| 문학 | 월드북69 70 | 전쟁과 평화 I II | 똘스또이/맹은빈 옮김 | 834/864 | 각18,000 |
| 사상 | 월드북71 | 철학학교/비극론/철학입문/위대한 철학자들 | 야스퍼스/전양범 옮김 | 608 | 18,000 |
| 사상 | 월드북72 | 리바이어던 | 홉스/최공웅 최진원 옮김 | 712 | 15,000 |
| 문학 | 월드북73 | 사람은 무엇으로 사는가 | 똘스또이/김근식 고산 옮김 | 560 | 14,000 |
| 사상 | 월드북74 | 웃음/창조적 진화/도덕과 종교의 두 원천 | 베르그송/이희영 옮김 | 760 | 20,000 |
| 문학 | 월드북76 | 모비딕 | 멜빌/이가형 옮김 | 744 | 18,000 |
| 사상 | 월드북77 | 갈리아전기/내전기 | 카이사르/박석일 옮김 | 544 | 15,000 |
| 사상 | 월드북78 | 에티카/정치론 | 스피노자/추영현 옮김 | 560 | 18,000 |
| 사상 | 월드북79 | 그리스철학자열전 | 라에르티오스/전양범 옮김 | 752 | 12,000 |
| 문학 | 월드북80 | 보바리 부인/여자의 일생/나나 | 플로베르·모파상·졸라/민희식 이춘복 김인환 옮김 | 1,154 | 16,000 |
| 사상 | 월드북81 | 프로테스탄티즘의 윤리와 자본주의 정신/직업으로서의 학문/직업으로서의 정치 | 막스베버/김현욱 옮김 | 577 | 14,800 |
| 사상 | 월드북82 | 민주주의와 교육/철학의 개조 | 존 듀이/김성숙 이귀학 옮김 | 624 | 15,000 |
| 문학 | 월드북83 | 레 미제라블 I | 빅토르 위고/송면 옮김 | 1,104 | 16,000 |
| 문학 | 월드북84 | 레 미제라블 II | 〃 | 1,032 | 16,000 |
| 사상 | 월드북85 | 인간이란 무엇인가 오성/정념/도덕 | 데이비드 흄/김성숙 옮김 | 808 | 18,000 |
| 문학 | 월드북86 | 대지 | 펄벅/홍사중 옮김 | 1,067 | 18,800 |
| 사상 | 월드북87 | 종의 기원 | 다윈/송철용 옮김 | 664 | 18,800 |

| 사상 | 월드북88 | 존재와 무 | 사르트르/정소성 옮김 | 1,130 | 28,000 |
|------|---------|-----------|---------------------|-------|--------|
| 문학 | 월드북89 | 롤리타/위대한 개츠비 | 나보코프 피츠제럴드/박순녀 옮김 | 524 | 9,800 |
| 문학 | 월드북90 | 마지막 잎새/원유회 | O. 헨리 맨스필드/오정환 옮김 | 572 | 9,800 |
| 문학 | 월드북91 | 아Q정전/아침 꽃을 저녁에 줍다 | 루쉰/이가원 옮김 | 538 | 9,800 |
| 사상 | 월드북92 | 논리철학논고/철학탐구/반철학적 단장 | 비트겐슈타인/김양순 옮김 | 730 | 18,000 |
| 문학 | 월드북94 | 채털리부인의 연인 | D. H. 로렌스/유영 옮김 | 550 | 15,000 |
| 문학 | 월드북95 | 백년의 고독/호밀밭의 파수꾼 | 마르케스·샐린저/이가형 옮김 | 624 | 15,000 |
| 문학 | 월드북96 97 | 고요한 돈강 I II | 숄로호프/맹은빈 옮김 | 916/1,056 | 각15,000 |
| 사상 | 월드북98 | 경제학·철학초고/자본론/공산당선언/철학의 빈곤 | 마르크스/김문운 옮김 | 768 | 18,000 |
| 사상 | 월드북99 | 간디자서전 | 간디/박석일 옮김 | 622 | 15,000 |
| 사상 | 월드북100 | 존재와 시간 | 하이데거/전양범 옮김 | 686 | 22,000 |
| 사상 | 월드북101 | 영웅숭배론/의상철학 | 토마스 칼라일/박지은 옮김 | 500 | 14,000 |
| 사상 | 월드북102 | 월든/침묵의 봄/센스 오브 원더 | 소로·카슨/오정환 옮김 | 681 | 15,000 |
| 문학 | 월드북103 | 성/심판/변신 | 카프카/김정진·박종서 옮김 | 624 | 12,000 |
| 사상 | 월드북104 | 전쟁론 | 클라우제비츠/허문순 옮김 | 992 | 19,800 |
| 문학 | 월드북105 | 폭풍의 언덕 | E. 브론테/박순녀 옮김 | 550 | 9,800 |
| 문학 | 월드북106 | 제인 에어 | C. 브론테/박순녀 옮김 | 646 | 12,000 |
| 문학 | 월드북107 | 악령 | 도스또옙프스끼/채수동 옮김 | 869 | 18,000 |
| 문학 | 월드북108 | 제2의 성 | 시몬느 드 보부아르/이희영 옮김 | 1,072 | 24,800 |
| 문학 | 월드북109 | 처녀시절/여자 한창때 | 보부아르/이혜윤 옮김 | 1,055 | 16,000 |
| 문학 | 월드북110 | 백치 | 도스또옙스끼/채수동 옮김 | 788 | 18,000 |
| 문학 | 월드북112 | 적과 흑 | 스탕달/서정철 옮김 | 672 | 12,000 |
| 문학 | 월드북113 | 양철북 | 귄터 그라스/최은희 옮김 | 644 | 15,000 |
| 사상 | 월드북114 | 비극의 탄생/즐거운 지식 | 니체/곽복록 옮김 | 584 | 15,000 |
| 사상 | 월드북115 | 아우렐리우스 명상록/키케로 인생론 | 아우렐리우스·키케로/김성숙 옮김 | 543 | 15,000 |
| 사상 | 월드북116 | 선의 연구/퇴계 경철학 | 니시다 기타로·다카하시 스스무/최박광 옮김 | 644 | 15,000 |
| 사상 | 월드북117 | 제자백가 | 김영수 역해 | 604 | 15,000 |
| 문학 | 월드북118 | 1984년/동물농장/복수는 괴로워라 | 조지 오웰/박지은 옮김 | 436 | 9,800 |
| 문학 | 월드북119 | 티보네 사람들 I | 로제 마르탱 뒤 가르/민희식 옮김 | 928 | 18,000 |
| 문학 | 월드북120 | 티보네 사람들 II | 〃 | 1,152 | 18,000 |
| 사상 | 월드북122 | 그리스도인의 자유/루터 생명의 말 | 마틴 루터/추인해 옮김 | 864 | 15,000 |
| 사상 | 월드북123 | 국화와 칼/사쿠라 마음 | 베네딕트·라프카디오 헌/추영현 옮김 | 410 | 9,800 |
| 문학 | 월드북124 | 예언자/눈물과 미소 | 칼릴 지브란/김유경 옮김 | 440 | 9,800 |
| 문학 | 월드북125 | 댈러웨이 부인/등대로 | 버지니아 울프/박지은 옮김 | 504 | 9,800 |
| 사상 | 월드북126 | 열하일기 | 박지원/고산 옮김 | 1,038 | 25,000 |
| 사상 | 월드북127 | 자기신뢰 철학/영웅이란 무엇인가 | 에머슨/정광섭 옮김 | 458 | 15,000 |
| 문학 | 월드북128 129 | 바람과 함께 사라지다 I II | 미첼/장왕록 옮김 | 644/688 | 12,000 |

| 사상 | 월드북130 | 고독한 군중 | 데이비드 리스먼/류근일 옮김 | 422 | 13,000 |
|------|----------|-------------|--------------------------|-----|--------|
| 문학 | 월드북131 | 파르마 수도원 | 스탕달/이혜윤 옮김 | 558 | 9,800 |
| 문학 | 월드북132 | 오만과 편견 | 제인 오스틴/김유경 옮김 | 422 | 9,800 |
| 문학 | 월드북133 | 아라비안나이트 I | 리처드 버턴/고산고정일 | 1,120 | 18,800 |
| 문학 | 월드북134 | 아라비안나이트 II | 〃 | 1,056 | 18,800 |
| 문학 | 월드북135 | 아라비안나이트 III | 〃 | 1,024 | 16,000 |
| 문학 | 월드북136 | 아라비안나이트 IV | 〃 | 1,112 | 16,000 |
| 문학 | 월드북137 | 아라비안나이트 V | 〃 | 1,024 | 16,000 |
| 문학 | 월드북138 | 데이비드 코퍼필드 | 찰스 디킨스/신상웅 옮김 | 1,136 | 18,800 |
| 문학 | 월드북139 | 음향과 분노/8월의 빛 | 윌리엄 포크너/오정환 옮김 | 816 | 15,000 |
| 문학 | 월드북140 | 잃어버린 시간을 찾아서 I | 마르셀 프루스트/민희식 옮김 | 1,048 | 20,000 |
| 문학 | 월드북141 | 잃어버린 시간을 찾아서 II | 〃 | 1,152 | 18,000 |
| 문학 | 월드북142 | 잃어버린 시간을 찾아서 III | 〃 | 1,168 | 18,000 |
| 사상 | 월드북143 | 법화경 | 홍정식 역해 | 728 | 18,000 |
| 사상 | 월드북144 | 중세의 가을 | 요한 하위징아/이희승맑시아 옮김 | 582 | 12,000 |
| 사상 | 월드북145 146 | 율리시스 I II | 제임스 조이스/김성숙 옮김 | 712/640 | 각15,000 |
| 문학 | 월드북147 | 데미안/지와 사랑/싯다르타 | 헤르만 헤세/송영택 옮김 | 546 | 15,000 |
| 문학 | 월드북148 149 | 장 크리스토프 I II | 로맹 롤랑/손석린 옮김 | 890/864 | 각18,000 |
| 문학 | 월드북150 | 인간의 굴레 | 서머싯 몸/조용만 옮김 | 822 | 18,000 |
| 사상 | 월드북151 | 그리스인 조르바 | 니코스 카잔차키스/박석일 옮김 | 425 | 9,800 |
| 사상 | 월드북152 | 여론이란 무엇인가/환상의 대중 | 월터 리프먼/오정환 옮김 | 488 | 15,000 |
| 문학 | 월드북153 | 허클베리 핀의 모험/인간이란 무엇인가 | 마크 트웨인/양병탁 조성출 옮김 | 704 | 12,000 |
| 문학 | 월드북154 | 이방인/페스트/시지프 신화 | 알베르 카뮈/이혜윤 옮김 | 522 | 15,000 |
| 문학 | 월드북155 | 좁은 문/전원교향악/지상의 양식 | 앙드레 지드/이휘영 이춘복 옮김 | 459 | 9,800 |
| 문학 | 월드북156 157 | 몬테크리스토 백작 I II | 알렉상드르 뒤마/이희승맑시아 옮김 | 785/832 | 각16,000 |
| 문학 | 월드북158 | 죽음의 집의 기록/가난한 사람들/백야 | 도스토옙스키/채수동 옮김 | 602 | 12,000 |
| 문학 | 월드북159 | 북회귀선/남회귀선 | 헨리 밀러/오정환 옮김 | 690 | 12,000 |
| 사상 | 월드북160 | 인간지성론 | 존 로크/추영현 옮김 | 1,016 | 22,000 |
| 사상 | 월드북161 | 중력과 은총/철학강의/신을 기다리며 | 시몬 베유/이희영 옮김 | 666 | 20,000 |
| 사상 | 월드북162 | 정신현상학 | G. W. F. 헤겔/김양순 옮김 | 572 | 15,000 |
| 사상 | 월드북163 | 인구론 | 맬서스/이서행 옮김 | 570 | 18,000 |
| 문학 | 월드북164 | 허영의 시장 | W.M.새커리/최홍규 옮김 | 925 | 18,000 |
| 사상 | 월드북165 | 목민심서 | 정약용 지음/최박광 역해 | 986 | 18,000 |
| 문학 | 월드북166 | 분노의 포도/생쥐와 인간 | 스타인벡/노희엽 옮김 | 712 | 18,000 |
| 문학 | 월드북167 | 젊은 예술가의 초상/더블린 사람들 | 제임스 조이스/김성숙 옮김 | 656 | 18,000 |
| 문학 | 월드북168 | 테스 | 하디/박순녀 옮김 | 478 | 12,000 |
| 문학 | 월드북169 | 부활 | 톨스토이/이동현 옮김 | 562 | 14,000 |

| 문학 | 월드북170 | 악덕의 번영 | 마르키 드 사드/김문운 옮김 | 602 | 25,000 |
|---|---|---|---|---|---|
| 문학 | 월드북171 | 죽은 혼/외투/코/광인일기 | 고골/김학수 옮김 | 509 | 14,000 |
| 사상 | 월드북172 | 이탈리아 르네상스 이야기 | 부르크하르트/지봉도 옮김 | 565 | 18,000 |
| 문학 | 월드북173 | 노인과 바다/무기여 잘 있거라 | 헤밍웨이/양병탁 옮김 | 685 | 14,000 |
| 문학 | 월드북174 | 구토/말 | 사르트르/이희영 옮김 | 500 | 15,000 |
| 사상 | 월드북175 | 미학이란 무엇인가 | 하르트만/ 옮김 | 590 | 18,000 |
| 사상 | 월드북176 | 과학과 방법/생명이란 무엇인가?/사람몸의 지혜 | 푸앵카레·슈뢰딩거·캐넌/조진남 옮김 | 538 | 16,000 |
| 사상 | 월드북177 | 춘추전국열전 | 김영수 역해 | 592 | 18,000 |
| 문학 | 월드북178 | 톰 존스의 모험 | 헨리 필딩/최홍규 옮김 | 912 | 25,000 |
| 문학 | 월드북179 | 난중일기 | 이순신/고산고정일 역해 | 552 | 15,000 |
| 문학 | 월드북180 | 프랭클린 자서전 | 벤저민 프랭클린/주영일 옮김 | 502 | 12,000 |
| 문학 | 월드북181 | 즉흥시인 | 한스 크리스티안 안데르센/박지은 옮김 | 515 | 15,000 |
| 문학 | 월드북182 | 고리오 영감/절대의 탐구 | 발자크/조홍식 옮김 | 562 | 12,000 |
| 문학 | 월드북183 | 도리언 그레이 초상/살로메/즐거운 인생 | 오스카 와일드/한명남 옮김 | 466 | 12,000 |
| 문학 | 월드북184 | 달과 6펜스/과자와 맥주 | 서머싯 몸/이철범 옮김 | 450 | 12,000 |
| 문학 | 월드북185 | 마음은 외로운 사냥꾼/슬픈카페의 노래 | 카슨 맥컬러스/강혜숙 옮김 | 442 | 12,000 |
| 문학 | 월드북186 | 걸리버 여행기/통 이야기 | 조나단 스위프트/유영 옮김 | 492 | 12,000 |
| 사상 | 월드북187 | 조선상고사/한국통사 | 신채호/박은식/윤재영 역해 | 576 | 18,000 |
| 문학 | 월드북188 | 인간의 조건/왕의 길 | 앙드레 말로/윤옥일 옮김 | 494 | 12,000 |
| 사상 | 월드북189 | 예술의 역사 | 반 룬/이철범 옮김 | 774 | 18,000 |
| 문학 | 월드북190 | 퀴리부인 | 에브 퀴리/안응렬 옮김 | 442 | 12,000 |
| 문학 | 월드북191 | 귀여운 여인/약혼녀/골짜기 | 체호프/동완 옮김 | 450 | 12,000 |
| 문학 | 월드북192 | 갈매기/세 자매/바냐 아저씨/벚꽃 동산 | 체호프/동완 옮김 | 450 | 15,000 |
| 문학 | 월드북193 | 로빈슨 크루소 | 다니엘 디포/유영 옮김 | 600 | 15,000 |
| 문학 | 월드북194 | 위대한 유산 | 찰스 디킨스/한명남 옮김 | 560 | 15,000 |
| 사상 | 월드북195 | 우파니샤드 | 김세현 역해 | 570 | 15,000 |
| 사상 | 월드북196 | 천로역정/예수의 생애 | 버니언/르낭/강경애 옮김 | 560 | 14,000 |
| 문학 | 월드북197 | 악의 꽃/파리의 우울 | 보들레르/박철화 옮김 | 482 | 15,000 |
| 문학 | 월드북198 | 노트르담 드 파리 | 빅토르 위고/송면 옮김 | 614 | 15,000 |
| 문학 | 월드북199 | 위험한 관계 | 피에르 쇼데를로 드 라클로/윤옥일 옮김 | 428 | 12,000 |
| 문학 | 월드북200 | 주홍글자/큰바위 얼굴 | N.호손/김병철 옮김 | 524 | 12,000 |
| 사상 | 월드북201 | 소돔의 120일 | 마르키 드 사드/김문운 옮김 | 440 | 20,000 |
| 문학 | 월드북202 | 사냥꾼의 수기/첫사랑/산문시 | 이반 투르게네프/김학수 | 590 | 15,000 |
| 문학 | 월드북203 | 인형의 집/유령/민중의 적/들오리 | 헨리크 입센/소두영 옮김 | 480 | 12,000 |
| 사상 | 월드북204 | 인간과 상징 | 카를 융 외/김양순 옮김 | 634 | 25,000 |
| 문학 | 월드북205 | 철가면 | 부아고베/김문운 옮김 | 755 | 18,000 |
| 문학 | 월드북206 | 실낙원 | 밀턴/이창배 옮김 | 648 | 19,800 |

| 문학 | 월드북207 | 데이지 밀러/나사의 회전 | 헨리 제임스/강서진 옮김 | 556 | 14,000 |
|---|---|---|---|---|---|
| 문학 | 월드북208 | 말테의 수기/두이노의 비가 | 릴케/백정승 옮김 | 480 | 14,000 |
| 문학 | 월드북209 | 캉디드/철학 콩트 | 볼테르/고원 옮김 | 470 | 12,000 |
| 문학 | 월드북211 | 카르멘/콜롱바 | 메리메/박철화 옮김 | 475 | 12,000 |
| 문학 | 월드북212 | 오네긴/대위의 딸/스페이드 여왕 | 알렉산드르 푸시킨/이동현 옮김 | 412 | 14,000 |
| 문학 | 월드북213 | 춘희/마농 레스코 | 뒤마 피스/아베 프레보/민희식 옮김 | 448 | 14,000 |
| 문학 | 월드북214 | 야성의 부르짖음/하얀 엄니 | 런던/박상은 옮김 | 434 | 12,000 |
| 문학 | 월드북215 | 지킬박사와 하이드/데이비드 모험 | 로버트 루이스 스티븐슨/강혜숙 옮김 | 526 | 14,000 |
| 문학 | 월드북216 | 홍당무/박물지/르나르 일기 | 쥘 르나르/이가림 윤옥일 옮김 | 432 | 12,000 |
| 문학 | 월드북217 | 멋진 신세계/연대대위법 | 올더스 헉슬리/이경직 옮김 | 804 | 18,000 |
| 문학 | 월드북218 | 인간의 대지/야간비행/어린왕자/남방우편기 | 생텍쥐페리/안응렬 옮김 | 448 | 12,000 |
| 문학 | 월드북219 | 학대받은 사람들 | 도스토옙스키/채수동 옮김 | 436 | 12,000 |
| 문학 | 월드북220 | 켄터베리 이야기 | 초서/김진만 옮김 | 640 | 18,000 |
| 문학 | 월드북221 | 육체의 악마/도루젤 백작 무도회/클레브 공작 부인 | 레몽 라디게/라파예트/윤옥일 옮김 | 402 | 12,000 |
| 문학 | 월드북222 | 고도를 기다리며/몰로이/첫사랑 | 사무엘 베게트/김문해 옮김 | 500 | 14,000 |
| 문학 | 월드북223 | 어린시절/세상속으로/나의 대학 | 막심 고리키/최홍근 옮김 | 800 | 18,000 |
| 문학 | 월드북224 | 어머니/밑바닥/첼카쉬 | 막심 고리키/최홍근 옮김 | 824 | 18,000 |
| 문학 | 월드북225 | 사랑의 요정/양치기 처녀/마의 늪 | 조르주 상드/김문해 옮김 | 602 | 15,000 |
| 문학 | 월드북226 | 친화력/헤르만과 도로테아 | 괴테/곽복록 옮김 | 433 | 14,000 |
| 문학 | 월드북227 | 황폐한 집 | 찰스 디킨스/정태륭 옮김 | 1,012 | 22,000 |
| 문학 | 월드북228 | 하워즈 엔드 | 에드워드 포스터/우진주 옮김 | 422 | 12,000 |
| 문학 | 월드북229 | 빌헬름 마이스터 수업시대/편력시대 | 괴테/곽복록 옮김 | 1,128 | 20,000 |
| 문학 | 월드북230 | 두 도시 이야기 | 찰스 디킨스/정태륭 옮김 | 444 | 14,000 |
| 문학 | 월드북231 | 서푼짜리 오페라/살아남은 자의 슬픔 | 베르톨트 브레히트/백정승 옮김 | 468 | 14,000 |
| 문학 | 월드북232 | 작은 아씨들 | 루이자 메이 올컷/우진주 옮김 | 1,140 | 22,000 |
| 문학 | 월드북233 | 오블로모프 | 곤차로프/노현우 옮김 | 754 | 18,000 |
| 문학 | 월드북234 | 거장과 마르가리타/개의 심장 | 미하일 불가코프/노현우 옮김 | 626 | 14,000 |
| 문학 | 월드북235 | 성 프란치스코 | 니코스 카잔차키스/박석일 옮김 | 476 | 14,000 |
| 사상 | 월드북236 | 나의 투쟁 | 아돌프 히틀러/황성모 옮김 | 1,152 | 20,000 |
| 문학 | 월드북239 | 플라테로와 나 | 후안 라몬 히메네스/김현창 옮김 | 402 | 12,000 |
| 문학 | 월드북240 | 마리 앙투아네트/모르는 여인의 편지 | 슈테판 츠바이크/양원석 옮김 | 540 | 22,000 |
| 사상 | 월드북241 | 성호사설 | 이익/고산고정일 옮김 | 1,070 | 20,000 |
| 사상 | 월드북242 | 오륜행실도 | 단원 김홍도 그림/고산고정일 옮김 | 568 | 18,000 |
| 문학 | 월드북243~245 | 플루타르코스 영웅전ⅠⅡⅢ | 플루타르코스/박현태 옮김 | 각672 | 각15,000 |
| 문학 | 월드북246 247 | 안데르센동화전집ⅠⅡ | 안데르센/곽복록 옮김 | 각800 | 각18,000 |
| 문학 | 월드북248 249 | 그림동화전집ⅠⅡ | 그림형제/금은숲 옮김 | 각672 | 각16,000 |
| 사상 | 월드북250 251 | 신국론ⅠⅡ | 아우구스티누스/추인해 추적현 옮김 | 688/736 | 각19,800 |